Kurt Flasch · Was ist Zeit?

Kurt Flasch

Was ist Zeit?

Augustinus von Hippo.
Das XI. Buch der Confessiones.
Historisch-philosophische Studie

Text – Übersetzung – Kommentar

KlostermannRoteReihe

Bibliographische Information der Deutschen Nationalbibliothek

Die Deutsche Nationalbibliothek verzeichnet diese Publikation in der Deutschen Nationalbibliographie; detaillierte bibliographische Daten sind im Internet über *http://dnb.dnb.de* abrufbar.

3. Auflage 2016
2. Auflage 2004

© Vittorio Klostermann GmbH · Frankfurt am Main · 1993
Alle Rechte vorbehalten, insbesondere die des Nachdrucks und der Übersetzung. Ohne Genehmigung des Verlages ist es nicht gestattet, dieses Werk oder Teile in einem photomechanischen oder sonstigen Reproduktionsverfahren zu verarbeiten, zu vervielfältigen und zu verbreiten.
Gedruckt auf Alster Werkdruck der Firma Geese, Hamburg.
Alterungsbeständig gemäß DIN ISO 9706
Satz: Offizin Wissenbach, Höchberg
Druck und Bindung: Hubert & Co., Göttingen
Printed in Germany
ISSN 1865-7095
ISBN 978-3-465-04263-1

INHALT

Vorwort 9

AUGUSTINS ZEITTHEORIE

I. Weltinnenraum. Momente der Modernität 15

II. Verwendungen. Augustins Zeittheorie
    in der Philosophie des 20. Jahrhunderts 27
    1. Bergson 27
    2. Paul Yorck von Wartenburg 37
    3. Husserl 42
    4. Heidegger 51
    5. Wittgenstein und Russell 64

III. Aufbau. Struktur und literarischer Ort
     von Confessiones XI 76

IV. Wandlungen. Zeittheoretisches in
    anderen Schriften Augustins 92
    1. Zeittheoretisches in Conf. XII und XIII 92
    2. Zeittheoretisches in De Genesi ad litteram 99
    3. Zeittheoretisches in De Civitate Dei 105

V. Traditionsbezüge. Confessiones XI und die
   Zeittheorien der Antike 109
   1. Platon 109
   2. Aristoteles 115
   3. Skeptische Untersuchungen: Sextus Empiricus 125
   4. Plotin 130
   5. Seneca 150

VI. Diskussionen. Confessiones XI in den
zeittheoretischen Debatten des Mittelalters 160
1. Neue Texte – Neue Deutungen 160
2. Robert Grosseteste 162
3. Albertus Magnus 165
4. Aegidius Romanus 173
5. Heinrich von Gent 176
6. Vitalis de Furno 185
7. Dietrich von Freiberg 187
8. Ende des Mittelalters 190
9. Rückblick – Vorblick 192

VII. Aspekte. Zur philosophischen Beurteilung der
Augustinischen Zeittheorie 196
1. Der rhetorisch-stilistische Aspekt 196
2. Der aporetische Aspekt 201
3. Der moralisch-religiöse Aspekt 204
4. Der ontologische Aspekt 212
5. Der kalkulatorische Aspekt 216
6. Der geistphilosophische Aspekt 218
7. Augustins Zeitlehre als denkgeschichtliches Arbeitsfeld 226

AUGUSTIN. BEKENNTNISSE. BUCH XI
Übersetzung

Lateinisch–Deutsch 232

AUGUSTIN. BEKENNTNISSE. BUCH XI
Kommentar

Vorbemerkungen zum Kommentar 282
Abkürzungen und Zitierweise 286
Buch XI. Kommentar 289

Bibliographie 415
Indices 427

Non vacant tempora nec otiose volvuntur per sensus nostros:
faciunt in animo mira opera.

Confessiones IV 8, 13, 1–3
CC 27 Verheijen p. 46.

Ubi enim nulla creatura est,
cuius mutabilibus motibus tempora peragantur,
tempora omnino esse non possunt.

De civitate Dei XII 16, 77–78
CC 47 Dombart-Kalb p. 372.

erat tempus, quando non erat homo.

De civitate Dei XII 16, 60–61
CC 47 Dombart-Kalb p. 371.

VORWORT

Zuweilen verdrängt ein Echo die Stimme.

Berühmt ist Husserls Lobrede auf Augustins Untersuchung über die Zeit im XI. Buch der *Bekenntnisse.* Heidegger hat sich in seinen Marburger Vorlesungen der Zwanziger Jahre, die jetzt zugänglich werden, immer wieder auf diesen Text bezogen. Am 26. Oktober 1930 hielt er *vor den Mönchen, Klerikern und Novizen* des Klosters Beuron einen Vortrag über *Des hl. Augustinus Betrachtung über die Zeit.* Er hat Augustin in eine Reihe gestellt mit den Zeittheoretikern Aristoteles und Kant. Wittgenstein las, wie die Biographien von Brian McGuiness und von Ray Monk anschaulich erzählen, seit seiner frühen Jugend regelmäßig in den *Confessiones,* nicht nur wegen der Zeitkapitel.

Husserl sprach davon, jeder, der sich für das Problem der Zeit interessiere, müsse Augustins Zeitabhandlung lesen. Erreicht hat er vor allem, daß sie *zitiert* wird. Was als Studium empfohlen war, geriet zum Ritual. Aktualisierende Auslegungen lösten einander ab, entfernten sich vom Text und isolierten ihn von seinem Kontext. Gegen die Tendenz der Interpretationen, sich zu verselbständigen, gibt dieses Buch Gelegenheit, zur Quelle zu kommen. Es beginnt mit einer einleitenden historisch-philosophierenden Studie, die Augustins Zeittheorie in ihrem philosophischen Gehalt und ihrer geschichtlichen Stellung charakterisiert. Es bringt sodann den lateinischen Text nach der zur Zeit verläßlichsten Ausgabe, der von Luc Verheijen (Turnhout 1981). Die Übersetzung ist neu, auch gegenüber meiner eigenen (Stuttgart 1989). Der Kommentar folgt Augustins Überlegung Schritt für Schritt, beschränkt sich aber auf das philosophisch Wichtige. Die stärker theologiegeschichtlich ausgerichteten Texterklärungen von Solignac, Meijering und der philologische Kommentar von James J. O'Donnell zu *Confessiones* XI haben diese Konzentration erleichtert. Beim Schreiben der einleitenden Abhandlung habe ich die Ergebnisse der Kommentararbeit ausgenutzt und zugespitzt. Ihre wissenschaftliche Kritik setzt die Durcharbeitung des Kommentarteils voraus.

Dieses Buch dient nicht der Aktualisierung Augustins, sondern untersucht, wie weit Augustin in dem Problem der Zeit gekommen ist. Es dient auch nicht dem Ansammeln philologischer Kenntnisse, sondern dem Nachdenken über ein Nest von Problemen. Es zeigt die geschichtlichen Denkbahnen, in denen Augustin unter den Bedingungen des ausgehenden vierten Jahrhunderts die Alltagserfahrung der *Zeit* konzeptualisiert und bewertet hat. Zugleich macht es die – fördernden und verstellenden – Vorgaben sichtbar, unter denen Augustins Zeittheorie in der Moderne gesehen worden ist. Der Gang zu neuerschlossenen mittelalterlichen Quellen ermöglicht argumentierende Distanz zu modernen Arten der Rezeption; er macht konkret von einer anderen Seite her die Geschichtlichkeit Augustins und unsere eigene kenntlich. Dieses Buch will nicht zu vager Nachdenklichkeit oder faden Erbaulichkeiten führen, sondern zum Grübeln *mit Tatsachensinn*, also zur Analyse der *Zeit* als einer geschichtlichen Erfahrung und damit zu einem Nachdenken *auch* als textnahem Studium philologischer Fakten und geschichtlicher Zusammenhänge. Es lädt ein zur Prüfung von Argumenten und zur Offenlegung historisch-faktischer Vorgaben der menschlichen Weltorientierung; es relativiert *konkret* ältere wie neuere Voreinstellungen zur Zeit, indem es Augstins Zurechtlegungen konfrontiert mit dem Text. Es zeigt an Beispielen, wie sehr der Modernisierungsdruck und die Attitude der Identifizierung mit punktuellen angeblichen Wahrheitsgehalten beim Lesen alter Bücher schadet.

Englische Zitate blieben unübersetzt. Griechische, lateinische, französische und italienische Texte habe ich zwar nicht immer übersetzt, aber im Kontext pointierend paraphrasiert, so daß man sie zur Not überspringen kann. Dies gilt nicht in gleicher Weise für das Kapitel über die mittelalterliche Rezeption der Augustinischen Zeittheorie (VI). Dort ging es um so viele neue Texte, die erst einmal als Dokumente vorgelegt zu werden verdienen, daß ihre Paraphrasierung ein eigenes Buch erfordert hätte. Andererseits sind diese Forschungen nicht ‚historistischer' Selbstzweck, sondern dienen der Historisierung von Denkbahnen und Interpretationsweisen und erlauben einen neuen Blick sowohl auf Augustins Zeittheorie wie auf seine Ausleger und ‚Verwerter' im 20. Jahrhundert. Dafür halten die Abschnitte VI 1 und VI 9 zum Ausgleich die allgemeinen Resultate dieser Recherchen fest.

Noch ein Wort zur Zitierweise. Wenn von Augustin ohne nähere Angabe des Werkes die Rede ist, spreche ich immer vom XI. Buch der *Bekenntnisse*. Dieser Text ist in größere und kleinere Kapitel eingeteilt.

Während ich beim Zitieren anderer Werke Augustins diese Doppeleinteilung regelmäßig mit angebe, zitiere ich hier das XI. Buch der *Bekenntnisse* nur nach den kleineren Textabschnitten (n. für numerus).

Ich kann dieses Vorwort nicht schließen, ohne mich bei denen zu bedanken, mit denen ich über die Arbeit sprechen konnte. Burkhard Mojsisch hat das Manuskript sorgfältig durchgesehen und eine Reihe von Verbesserungen vorgeschlagen. Wilfried Kühn (Paris) hat das Plotin-Kapitel durch seine Kritik gefördert. Udo R. Jeck hatte ich vor fünf oder sechs Jahren eingeladen, das Mittelalterkapitel dieses Buches zu schreiben. Seine Forschungen erbrachten jedoch soviel Neues, daß daraus ein eigenes Buch entstanden ist:

U.R. Jeck, Aristoteles contra Augustinum. Zur Frage nach dem Verhältnis von Zeit und Seele bei den antiken Aristoteleskommentatoren, im arabischen Aristotelismus und im 13. Jahrhundert.

Es erscheint als Band 21 der *Bochumer Studien zur Philosophie* 1993 in Amsterdam (Grüner). Ich verweise auf dieses Buch, das für jedes weitere Studium unerläßlich ist. Ich danke Udo R. Jeck für viele Hinweise in freundschaftlichen Unterhaltungen.

Mainz, 12. März 1993   Kurt Flasch.

AUGUSTINS ZEITTHEORIE

I.

WELTINNENRAUM

MOMENTE DER MODERNITÄT

1. Bücher über Augustin beginnen oder enden nicht selten mit einer Erklärung über seine besondere Aktualität. Dies muß nicht die subalterne Form annehmen, daß man Augustin anpreist als Heilmittel für ein Leiden der Gegenwart, zum Beispiel zur Überwindung der Kirchenspaltung (als hätten Luther und Erasmus versäumt, Augustin zu studieren)[1]; es gibt einleuchtendere Arten, Gedanken des Kirchenlehrers hervorzuheben und als Momente der Modernität zur Identifikation anzubieten. Gerade das XI. Buch der *Bekenntnisse* bietet dazu manchen Anreiz.

Gehen wir dieser Verlockung eine Weile nach, noch unverdorben, sozusagen, von philologischer Kleinarbeit, für die der Kommentar noch Gelegenheit genug bietet. Gestehen wir dem Identifikationssog ein anfängliches Recht zu, um ihm nachher zu widerstehen. Ihm frontal zu widersprechen, bringt nur neue Direktheiten hervor. Daß man ihm im Namen des historischen Denkens widersprechen muß, wird Augustins Text zeigen: Nichts im XI. Buch der *Confessiones* ist unter den Denk- und Lebensbedingungen der Moderne entstanden. Was noch so „modern" klingt, gehört, wie die Arbeit an den Details zeigen wird, in einen fremden Zusammenhang, der mühsam rekonstruiert werden muß: Verschiedene Varianten des Neuplatonismus (neben Plotin auch Porphyrios) wirkten auf ihn ein; er gehört in die römische Rhetoriktradition und überhaupt in die spätantike Literatur- und Ideengeschichte. Er steht in nachweisbarem Zusammenhang mit älteren *Genesis*-Kommentaren, mit der alten lateinischen Psalmenübersetzung, aber auch mit antiken Techniken der Zeitmessung. Dennoch: Einiges, was Gegenwartsbedürfnissen

---

[1] A. Trapé, Aurelius Augustinus. Ein Lebensbild. (Zuerst 1976), deutsch München 1988, 244. – Zur Wirkung Augustins auf Erasmus vgl. die einseitige Studie von Ch. Béné, Erasme et S. Augustin ou l'influence de S. Augustin sur l'Humanisme d'Erasme. (Travaux d'Humanisme et Renaissance 103) Genf 1969. Zu den Augustinstudien Luthers vgl. H. U. Delius, Augustin als Quelle Luthers, Berlin 1984.

entgegenkommt, bleibt. Einiges, gerade aus dem XI. Buch. Sehen wir uns diese Elemente näher an:

Augustins Text spricht, wenigstens passagenweise, eine Privatheit der Zeiterfahrung aus, die erstaunlich ist: Zeit soll nichts anderes sein als *mein* Erinnern, *mein* Erfassen des gegenwärtig Gegebenen und *meine* Zukunftserwartung (n. 26). Nicht die Sternenbewegungen und nicht die Diktatur von Uhren, die bereits antike Komödiendichter verspottet haben, machen die Zeit aus, sondern *mein* Rückbesinnen, *meine* Gegenwartserfahrung, *meine* Vorgriffe auf Künftiges. Nicht die staatliche und kirchliche Administration der Zeit, nicht was die Mächtigen aus den Naturphänomenen von Tag und Nacht, von Sommer und Winter gemacht haben, also nicht der kaiserzeitliche oder kirchengemeindliche Kalender prägt die Zeiterfahrung, sondern, wie Augustin sagt, *die Seele.* Zeit ist *Eigenzeit,* innenbestimmt, fragil dadurch zwar, aber meine eigene Leistung, oder sagen wir besser: meine eigene Tätigkeit, denn das Nazi-Lieblingswort *Leistung,* das gewiß eine transzendentalphilosophische Tradition hat, paßt, auch in seiner bundesrepublikanischen Verwandlung, weder zur Kontemplation des antiken Philosophen noch zur Demut des Gnadenlehrers.[2] Die Zeit kann nicht *eisern,* nicht mechanisch sein, sofern unauffällig-stille Akte wie Besinnen, Sich-ganz-auf-das-Gegenwärtige-Konzentrieren und Erwarten sie bewirken.[3]

Je eiserner, je diktatorischer die Zeiten im Gang des 20. Jahrhunderts wurden, um so willkommener wurde die stille Macht der gewaltlosen Eigenzeit. Mit ihr tat sich ein Innenraum auf, in den niemand Zutritt erzwingen konnte, in dem nicht äußere Ereignisse die Zeitdimensionen festlegten, sondern in dem *meine* Rückerinnerung *meine Vergangenheit,* ja *die* Vergangenheit war. Hier stand das *Ich* im Mittelpunkt *seiner* Gegenwart, ja *der* Gegenwart; hier erwartete es mit seiner Zukunft *die* Zu-

---

[2] Man lese im Grimmschen Wörterbuch s. v. *Leistung,* Bd. 12, 726, wie zaghaft und mit welch anderen Nuancen das ältere Deutsch (der Artikel stammt von 1885) mit dem Wort umgegangen ist.

[3] Zeiterfahrungen der Moderne gehen stimulierend und deformierend ein in die Beschäftigung mit vor-modernen Zeittheorien. Auch deshalb ist die Befassung mit ihnen unerläßlich. Aus der unübersehbaren Literatur nenne ich außer den allgemein bekannten Arbeiten von Norbert Elias und J. LeGoff nur: R. Wendorff, Zeit und Kultur-Geschichte des Zeitbewußtseins in Europa, Opladen 1980; H. Burger (Hg.), Zeit, Natur und Mensch, Berlin 1986; D. Kamper – Chr. Wulf (Hg.), Die sterbende Zeit, Darmstadt 1987; R. Zoll (Hg.), Zerstörung und Wiederaneignung von Zeit, Frankfurt 1988; H. Novotny, Eigenzeit. Entstehung und Strukturierung eines Zeitgefühls, Frankfurt 1989; A. Borst, Computus. Zeit und Zahl in der Geschichte Europas, Berlin 1990.

kunft. Nicht *Sachzwänge* bilden hier Gegenwart, sondern mein eigenes Hinsehen. Nicht die wissenschaftlich objektivierte und von staatlichen Lehrpersonen und Denkmalverwaltern okkupierte Geschichte, sondern mein individuelles Zurückgehen in meine Genese bilden Vergangenheit; statt des Objektivismus registrierter Gewesenheiten ein subjektives Wurzelgraben, ein Zurückgehen zu den Müttern, wie Augustin in den *Bekenntnissen* zurückgegangen ist zu seiner Mutter, zur überdimensional die Biographie beherrschenden Monica. Die *Bekenntnisse* führen vor Augen, wie ein Mensch mit Grübeln und mit Worten, mit Worten und Grübeln seine Privatwelt entwickeln, wie er dem Druck von Amtspflichten, privaten Verbindlichkeiten und Körperbedürfnissen ausweichen konnte. Im 14. Jahrhundert konnte ein namenloser Mönch über dieses Buch seine Eigenseele gewinnen; ein Dichter und Philosoph wie Petrarca stärkte mit seiner Hilfe Eigensinn und Eigenausdruck gegen eine Welt von Korruption, aber auch von Regeln und Schulformeln. Im 20. Jahrhundert gewann mit wachsendem Druck des Objektiven diese sublime Art der Selbstbehauptung Aktualität.

Von den drei Zeitdimensionen war es zunächst die Vergangenheit, die aufgesucht, ausgebildet, also mit Worten und mit Grübeln gewonnen werden mußte. Je mehr aufkam, was man jetzt *Tempo* nannte, je mehr *Zeit Geld* wurde, je schneller die Gegenwart Personen und Institutionen verschlang, um so lebensnotwendiger wurde die *Suche nach der verlorenen Zeit*. Individuelle Erkundungsgänge, nutzlos in einer Welt des Profits, suchten ihren Patron; sie fanden ihn in Zeittheoretikern wie Bergson; sie fanden ihn auch in dem Verfasser der *Confessiones*. Die Kindheit war zu erinnern, ohne den Wahn, sie selbst, die verlorene, wiederherstellen zu können; es ging, wie in den *Bekenntnissen*, „nur" um ihr Bild (n. 23). Nur aus Worten besteht sie jetzt, nur aus Erinnern und Rhetorik. Unter Überraschungen herausgegraben aus dem Geröll des Gedächtnisses, geformt zu Worten nach den Regeln der rhetorischen Kunst, ist sie nicht nur mein unerläßliches Lebenselement; sie kann auch Anspruch erheben, *die* Vergangenheit zu sein, die einzige, die *ist*. Bild, individuelles Gebilde, als einzige Realität des Gewesenen, das als Naturvorgang für immer dahin ist: Weltinnenraum, der uns hält. Sprachliche Form nicht nur als Lebensbedürfnis, sondern als Wirklichkeit. Poetisierende Fiktion als Gegenwart des Vergangenen. Wissen, daß es Vergangenheit nur als unsere Vergegenwärtigung des Gewesenen gibt. Das von Verlusten aller Art bedrohte Ich mochte im Erinnern seine vollständige

Welt und nur in ihr sich selbst zu finden glauben. Dies war nicht Augustins Heilmittel gegen die Vergänglichkeit der Welt gewesen, aber man konnte einige seiner Texte in diesem Sinn in Anspruch nehmen. Hatte Augustin nicht gezeigt, daß ich nicht denken und nicht wollen kann, wenn ich mich nicht erinnere? Bestand nicht am Ende das wahre, das allein beständige Ich in seinem Erinnern? Die Dichtung hatte *Kindheitsmuster* zu erkunden und festzuhalten gegen die wegreißende Zeit. Aus Bergson, Proust und Augustin-Zitaten entstand eine Poetik des Romans. Martin Walser setzte 1966 folgende Worte als Motto über seinen Roman *Das Einhorn*:
Ich bin mein Erinnern. Augustin.

2. Es wäre pedantisch, gegen Martin Walser daran zu erinnern, Augustin habe keineswegs die Seele auf das Erinnern reduziert, der Kirchendenker habe vielmehr mit Paulus die Seelen ermahnt, sich gerade nicht an das gewesene Zeitliche zu erinnern, sondern zu *vergessen, was hinter ihnen liegt* und sich auszuspannen auf das, was vor ihnen liegt, das Zeitlose. Augustin habe von seiner Vergangenheit nur gerade soviel erzählt, als nötig war, um die Einsicht vorzubereiten, alles Zeitliche sei zu verachten. Gegen *poetische* Aktualisierungen Augustins wäre die Philologen-Zuchtrute nicht nur folgenlos; sie zerstörte am Ende gar den Rezeptionsraum philologisch-historischer Studien, die allemal auch von der Aura ihres „Helden" im allgemeinen Bewußtsein zehren. Folgen wir also unbekümmert der fragmentarischen Präsenz vergangener Augustinischer Motive:

Das Erinnern verteilt sich sozusagen. Einerseits holt es das Gewesene herauf, andererseits lebt es selbst in der Gegenwart. Ohne Gegenwartsbewußtsein kann es das Frühere nicht wieder herholen; es verliert sich nicht an das Zurückliegende. Eine ähnliche Doppelung zeigt sich in der Gegenwart: Sie ist Hinsehen, gegenwärtiges Hinsehen (*contuitus*, n. 26) auf ein Gegenwärtiges. Sie ist aktuale Erfahrung, aber zugleich ein Zusehen, ein Aufmerksamsein auf dieses Erfahren. Aber das Gegenwartsbewußtsein kann sich nicht bilden ohne Erinnern. Es setzt sich nicht nur ab von dem, was früher war, es holt es auch in die Gegenwart. Das Gegenwärtige und das Frühere sind nicht so getrennt, wie man sie sich gewöhnlich vorstellt. Sie durchdringen sich, aber nicht in einer rückwärtsgewandten Identifikation mit Gewesenem, nicht in der Illusion, das pur Objektive der Vergangenheit nacherleben oder mitfühlen zu können, sondern im Erinnern, das sich als Gegenwart weiß und das weiß, daß es als Gegenwart nur wirklich ist, wenn es auf die gegenwärtige Erfahrung blickt. Das XI. Buch der *Bekenntnisse* fördert ein klares Bewußtsein des Vergangenheitsbezugs der Gegenwart, aber ohne Historismus, ohne antiquarische Selbstvergessenheit, ohne museales Objektivieren.

Aber nicht nur Erinnern, auch Vorausdenken und Voraussagen gehören zur Gegenwart. Das Zukünftige wie das Gewesene ist nicht als Naturbestand; es ist nur in mir, in meiner Gegenwart, in meinem Erwarten. Auch es, wie das Vergangene, *ist* nur als Bilderbestand oder, genauer, als das Bilden von Bildern, als *imaginatio* (n. 24). Seine Realität liegt nicht draußen, in der Natur, sondern einzig im Vor-mir-Haben, im individuellen Ausblick, im privaten Lesen von Vor-Zeichen, als Bilderspiel in der Gegenwart. Im *Da-Haben,* wie Heidegger im Rückblick auf Augustin sagte.

Die Zeitdimensionen werden nicht nur in der Gegenwart gleichzeitig hergestellt; sie durchdringen einander: Ausblick hängt ab von Rückblick, Gegebenheitserfahrungen beziehen sich innerlich, nicht nur sukzessiv, auf Erinnerungen; Gegenwartsbewußtsein bezieht Gewesenes und Kommendes spurenlesend und zeichendeutend mit ein. Was *ist,* ist allein diese dreidimensionale Gegenwart. Die *Zeit,* das ist das, was ich mir jetzt, in der Gegenwart, erzähle, was ich wahrnehme, was ich vorwegnehme. Das Erinnern, das Wahrnehmen und das Vorwegnehmen bedingen sich wechselseitig und kommen im Jetzt in dieser gegenseitigen Durchdringung zum Bewußtsein. Die Zeitdimensionen werden dreistrahlig vergegenwärtigt. Man kann fragen, ob eine von ihnen den Vorrang hat, ob dieser Vorrang de facto besteht oder prinzipiellen Charakter trägt. Dies wird uns noch beschäftigen. Aber zunächst wird der Leser des XI. Buches das Ineinander der auseinandergehenden Zeitdimensionen aufnehmen, wie es besonders in n. 26 ausgesprochen wird:

in anima tria quaedam et alibi ea non video ...
praesens de praeteritis memoria,
praesens de praesentibus contuitus,
praesens de futuris expectatio.

Das sieht nach einem ausgewogenen Gleichgewicht der drei Zeitmodi aus; der Nachdruck liegt auf ihrem Gegenwärtigsein und darauf, daß sie woanders, also etwa außerhalb der Seele, überhaupt nicht aufzufinden sind. Damit erhält freilich die Gegenwart, sofern sie als die Einheit von

Früher, Jetzt und Zukünftig gedacht ist, einen Vorrang, vereinigt sie doch in sich alle Zeiten und ist sie deren einziger ontologischer Ort. Diese Ausdrucksweise ist im Sinne des Textes wiederum zu korrigieren: Nicht *die Gegenwart* vereinigt die drei Dimensionen der Zeit, sondern die *Seele* vereinigt sie in der Gegenwart. Die Zeiten, sie sind in ihr, nur in ihr; sie sind ihr Werk. Nirgends wird gesagt, es gebe daneben noch Außenzeiten. Zeit ist Seelenzeit, nie pure Weltzeit. Die Seelenzeit ist die einzige Weltzeit, von der wir wissen. Seelenzeit kann zugleich Weltzeit sein; nie kann pure Weltzeit die Seelenzeit erklären. Der Innenraum kann Weltinnenraum sein, nicht die Welt Seelenraum. Hier liegen Probleme der Augustinischen Zeittheorie, die uns wieder und wieder begegnen werden. Beim ersten Lesen bleibt der Eindruck von Seelenmacht, die der kalten Außenwelt einen Eigenraum abgewinnt, genauer, die in ihr Eigenzeit beansprucht und die Eigenzeit für die Weltzeit ausgeben darf. Diese *Seele* baut sich eine Welt, wie ein Dichter eine Welt hinstellt, mit Worten und mit Grübeln. In dieser vorgestellten Welt gibt es alles, das Außen wie das Innen, das Vergangene wie das Zukünftige. Und doch *ist* diese Welt „nur" als gegenwärtiges Bilder-Machen. Aber dieses „nur" verliert seinen abschätzigen Sinn, wenn Zeiten anderswo nicht zu finden sind als in dieser Tätigkeit, *et alibi ea non video.*

3. Es gibt noch einen anderen Bereich, in dem ein abwertendes „nur" zu streichen ist: der Zusammenhang von Zeit und Sprache. Selbst das Wort *Zusammenhang* untertreibt hier. Zeit *ist* Sprache. *Zeit* tritt in n. 17 zuerst auf als ein vertrautes Wort, und Augustin sagt dort nicht, er wisse nicht, was das Wort *bedeute,* sondern er bemerkt, er wisse nicht, wie es jemandem erklären, *explicare,* könnte. Die soziale Situation des Sprechens, des Fragens und Antwortens ist mitgegeben. Auch wenn Augustin in seiner bischöflichen Wohnung schreibt, verläßt er, wenigstens in Gedanken, nicht die antik-öffentliche Situation der allgemeinen Unterhaltung. Er *denkt* nicht für sich; er *bekennt* seinem Gott, seinen Freunden, seiner Gemeinde, der literarischen Öffentlichkeit. Er spricht nicht mehr wie Sokrates auf dem Marktplatz von Athen; politische Implikationen liegen ihm hier, trotz seines Hinweises auf die umfassende Gemeinschaft der Gottesstadt, noch fern; aber er *spricht* zu anderen.

Wenn er die Meinung eines Gelehrten zitiert, nennt er nicht ein Buch, sondern erzählt, er habe von dieser Ansicht *gehört.* Aber nicht nur, daß der Zeittraktat stilistisch Nachklänge freundschaftlicher Unterhaltungen unter spätantiken Weisheitsfreunden zeigt, daß etwas von der kolloquialen Atmosphäre von Cassiciacum wiederkehrt: Die Welt hat ihren Anfang, das heißt: ihren Ursprung im *Wort:* die Sprache ist deshalb nie „nur" Sprache. Sie bildet den Ausgangspunkt der Zeitanalyse: *Wir reden von langer Zeit und von kurzer Zeit* (n. 18). Dies ist der Ausgangspunkt. Diese Tatsache ist zu durchdenken. Obwohl Augustin es ausspricht, daß die Sprache oft ungenau ist, daß also aus unserer Ausdrucksweise kein ontologischer Rückschluß erlaubt ist (n. 26), bewegt er sich mehr als Zeittheoretiker des 19. Jahrhunderts in der sprachlich ausgelegten Welt; dieser Zug verbindet ihn noch mit der Antike und mit der Gegenwart. Die Einkehr ins eigene Innere, die Anrede an Gott könnte, rein theoretisch, diesen Bezug auf die sprachliche Kommunikation unterbrechen: Wozu soll man aufschreiben, was man mit Gott allein ausmachen muß? Aber Augustin hat eine Reihe von Anläufen gemacht, um sich das Schriftstellern nicht durch religiöse Rückzugsübungen verderben zu lassen; auch der Anfang des XI. Buches enthält fast pfiffige Operationen, mit denen Augustin sein schriftstellerisches Talent, also die Rhetorik, den Gemeinschaftsbezug und überhaupt das öffentliche Wortemachen davor bewahrt, in die Innerlichkeit zurückgeschlungen zu werden.

Im Rahmen der antiken Kultur waren das Selbstverständlichkeiten; aber daß Augustin sie auch 397 noch nicht aufgegeben, sondern in Kirchendienst und Schriftstellerkunst umgewandelt und, vor allem, in die Zeitanalyse inhaltlich mitaufgenommen hat, erzeugt neue Momente der Modernität. Ich denke dabei insbesondere an den Zusammenhang von Gedächtnis und Sprache. Erinnern *ist* nach Augustin nicht *Erzählen* des Vergangenen, aber man lese nur n. 23, um zu sehen, wie eng, fast unlösbar Augustin den Zusammenhang von Erinnern und Erzählen knüpft: Wir holen, wenn wir vom Gewesenen wahre Sätze bilden, nicht die Dinge selbst wieder hervor, sondern *Worte, die wir aufgrund der Bilder prägten, die die vergangenen Dinge auf dem Weg über die Wahrnehmung wie feste Spuren hinterlassen haben, als sie vorbeigingen.* Dieser Satz zeigt zunächst einmal, wie wenig Augustin Zeit und Sprache von der Natur, also von dem, was man im 19. Jahrhundert *Außenwelt* nannte, abgelöst hat. *Zeit ist nicht nur Sprache.* Aber das Benennen von Zeiterfahrungen, also das Erzählen, das Als-gegenwärtig-*Nennen* und das Vorher-*Sagen* ist aus Augustins Zeituntersuchung nicht wegzudenken. Ob wir Gedächtnisbilder haben ohne entsprechende Worte? Augustin spricht dies hier nicht aus, aber es gibt Gründe anzunehmen, daß er so gedacht hat. Er lebt mehr in dem Zusammenhang von Zeiterfahren und Sprechen, als daß er ihn thematisiert. Die Lösung seiner zentralen Aporie des XI. Buches, wie nämlich Zeitmessen möglich sei, also die Überlegungen von nn. 33 bis 38, beruhen de facto auf der Möglichkeit sprachlich-rhetorischer Präsentation, ohne daß wir freilich erfahren, warum das so sein muß.

4. Wir können die vergangenen Zeitabschnitte, die nicht mehr sind, und die kommenden Zeiträume, die noch nicht sind, *messen,* weil der *Geist* die Dimensionen der Zeit in sich bewirkt.

Augustin nennt dieses zeitenbildende Wesen mit bei ihm ungewöhnlicher terminologischer Sorgfalt zumeist *Geist, animus,* im laxeren Sprachgebrauch auch *anima, Seele.* Er sagt auch nicht: *der Mensch.* Der aufmerksame Leser wird zögern, Augustins Text in diesem Sinne zu „korrigieren", also zu modernisieren. Vielleicht erinnert er sich des letzten der drei Motti, in dem Augustin lehrt, daß es Zeit gab, als es noch keine Menschen gab. Dies Zitat stammt nicht aus den *Confessiones,* sondern aus einem späteren Werk. Augustin könnte seine Theorien wieder einmal geändert haben. Lassen wir dies vorerst auf sich beruhen und halten nur fest:

Das die Zeiten begründende Wesen erscheint als eine mächtige Instanz. Es setzt sich nicht nur durch gegen die Außenwelt. Es *bildet* sie, jedenfalls was die Zeitmodi angeht. Spätestens hier aber verwickelt der Leser sich in Augustins Wertvorstellungen. Ist die zeitenbildende Kraft nicht bewunderungswürdig? Vereinigt sie nicht, was sonst zerteilt bliebe? Sie baut Bilder-Welten auf und bewahrt so etwas, das anderswo nicht mehr oder noch nicht ist. Sie erbringt eine Art poetischer, individueller Welterschaffung. Aber wo in unserem Text bewundert Augustin diese produktive Kraft? Hat er sie als Erweis der Gottebenbildlichkeit des menschlichen Geistes gedeutet? Müßte Augustin nicht sagen: So wie Gott die Welt als Ganzes erschafft, so schafft die individuelle Seele durch ihr Erinnern, durch ihre Gegenwartserfahrung und ihren Zukunftsblick die Zeiten? Wer bewirkt, nach *Confessiones* XI, die Zeiten, Gott oder die Seele?

Der Leser, der hier auf Klarheit dringt, macht überraschende Erfahrungen. Gott, nicht der Geist, ist der Bewirker der Zeiten, *operator omnium temporum* (n. 15). Von Gottebenbildlichkeit ist im ganzen Buch XI nie die Rede. Augustin setzt hier *nicht* die Dreiheit von Erinnern,

Gegenwartserfassung und Erwartung in Analogie zur göttlichen Dreieinigkeit. Das hätte nahegelegen: Das Jetzt der Ewigkeit Gottes, bildet es sich nicht ab in der Selbsterstreckung des Geistes in die Zeitdimensionen? Ist der Geist nicht eine Zusammenfassung aller seiner Jetztpunkte in einem einzigen inhaltsreichen, nicht nur punktuellen Jetzt? Der Geist erbringt, so scheint es, eine gottähnliche Synthese dessen, was sonst, außerhalb, zerteilt vorkommt; er tätigt eine unausgedehnte Ausdehnung seiner selbst, die sich ins Viele nicht verliert, sondern strikt nur in der Gegenwart lebt. Man beginnt sich zu fragen: Hat Augustin die menschliche Zeiterfahrung nicht zu sehr dem ewigen Jetzt angeglichen? Nimmt er nicht (trotz *memoria*-Theorie und Erwartungshorizont) Vergangenheit und Zukunft zu sehr ins Jetzt zurück? Der sachliche Gehalt der Augustinischen Zeittheorie drängt auf eine Aktualisierung des Gewesenen und des Kommenden in den Akten des Geistes. Dann aber erscheinen Tätigkeit und Gegenwärtigkeit, also gerade nicht das Charakteristische des Vergangenen, sozusagen sein stilles Eigenleben, das reicher ist als was wir davon realisieren, als die eigentliche Wirklichkeit und zugleich als der höchste Wert. Augustin schmilzt, so scheint es, die Zeitdimensionen ein – im ewigen Dauerakt der Gottheit, dann aber auch in der Zeitbegründung des Geistes, die Augustin beschreibt als ein Gegenwärtighaben des Vergangenen, des Gegenwärtigen und des Zukünftigen.

Es sind *wir* (was immer das heißen mag), die die Zeiten begründen. Diese Aussage steht in den *Confessiones,* also in einem Text, der die Menschen als schwach, als unzusammenhängend und als passiv beschreibt. Und doch sollen *wir* es sein, die die Vergangenheiten und das Zukünftige aktiv in der Gegenwart vereinigen. Man muß sich die Welt vor Augen zu stellen suchen, in der diese Sätze entstanden sind:

Anders als im ausgehenden 20. Jahrhundert gab es im vierten Jahrhundert keine erfahrbaren Informationszentren, in denen die erreichbaren Kenntnisse über das Gewesene, das Gegenwärtige und das Zukünftige zusammenliefen. In der vor-industriellen Welt war ein solcher aktiver Einheitspunkt eher ein Wunsch. Man litt beständig unter Entfernungen; man fand sich getrennt durch zahlreiche zeitliche und räumliche Abstände. Augustins *Geist* faßt sie *aktiv* und *je in der Gegenwart* in sich zusammen. Der heutige Leser kann auf den Verdacht kommen, hier finde er eine metaphysisch-psychologische Vorform des Aktualitätsrausches vor, in dem das Vergangene wie das Zukünftige verbrennt. Zeichnet Augustin nicht spekulativ die Metaphysik des Kapitalismus, dem das Gewesene wie das Zukünftige gleichgültig wird, da nur die Gegenwart zählt? Aber kaum hat Augustin (in n. 38 besonders) die zeitenbegründende Tätigkeit des Geistes ausgesprochen und seine zeitenübergreifende aktive Gegenwart beschrieben, bricht Augustin aus – nicht in Bewunderung für diese außerordentliche, vielheit-überwindende Kraft, nicht in den Lobpreis des gottebenbildlichen Menschen als des Herren wenigstens seiner Zeiten, der in den Einzelzeiten sich nicht verliert, weil er sie zurückversammelt in seine tätige Gegenwart, sondern – in die Klage über die Zersplitterung des Menschen in die Zeiten. Der Mensch ist, beklagt Augustin (in n. 39), wesentlich Vielheit. Nicht der Mensch, gar durch seine zeiten-setzende und damit zeitenüberspannende Tätigkeit, sondern allein der Menschensohn vermittelt zwischen dem göttlichen Einen und dem menschlichen Vielerlei: *Ich bin zersplittert in die Zeiten, deren Ordnung ich nicht kenne.* So könnte ein gegenwärtiges Ich nach dem Zusammenbruch aller Geschichtsphilosophien, nach dem Scheitern des Entwicklungsschemas des Bildungsromans und nach dem Bankrott utopischer Großprojekte von sich reden. Dieses Augustinische Ich, das sich in den Zeiten zerrinnen sieht, erbringt gerade nicht die Einheit der Zeitdimensionen, die ihm soeben noch zugeschrieben wurde. *Zerfetzt vom Aufruhr der Mannigfaltigkeiten, multipliziert in vielfachen Lebensbezügen unter vielfachen Rücksichten,* erscheint die soeben noch mächtige Seele als postmodernes Trümmerfeld. Ihre Zeitschaffung ist nicht ihr Krafterweis, sondern ihr Selbstverlust; ihr Ziel ist nicht, sich selbst anzuschauen in der Mannigfaltigkeit ihrer stets auf die Gegenwart und auf ihre Setzungskraft zurückbezogenen Hervorbringungen, sondern aus der Zeit herauszutreten und in die Ewigkeit zu kommen. *Flucht aus der Zeit,* wie *Hugo Ball* dies beschrieb, als Lebensziel, als das einzig Menschliche.

Auch dies bietet Ansätze zur Identifikation. Aber wie paßt das zu dem Pathos der Gewinnung der Eigenzeit? Sollen wir nun unsere Vergangenheit in uns suchen, oder sollen wir alle Zeiten, wenn eben möglich, als gleich hinfällig, gleich einheitszerstörend zu verlassen suchen zugunsten der Ewigkeit? Sind wir erlösungsbedürftig gerade in unserer Zeiterfahrung? Dies stimmt zu vielem, was wir sonst in den *Confessiones* lesen; die meisten Ausleger haben sich bei dieser theologischen Auskunft beruhigt. Aber so eindeutig spricht unser Text auch wieder nicht. Denn kurz nach dem soeben zitierten Lamento über das Zersplittern in die Zeiten bricht Augustin in überschwengliche Bewunderung für den zeitenumspannenden Geist aus, von dem er den ewigen Gott dann noch energischer absetzt: Der *animus,* dessen dreifache Tätigkeit die Zeiten bewirkt, ist

> *ein überaus staunenswerter Geist, den wir mit Schrecken bewundern, nimium mirabilis est animus iste atque ad horrorem stupendus* (n. 41).

Der Mensch ist, nach Augustin, sich selbst ein Rätsel. Aber redet so ein Mensch von sich selbst: *animus iste?* Woher kommen die Töne religiösen Schauderns angesichts dieses Geistes? Augustin führt diesen Riesengeist in n. 41 hypothetisch ein, *si est.* Heißt das, es gibt einen solchen Geist gar nicht? Führt er nur eine rhetorisch-hypothetische Scheinexistenz, damit der Autor desto besser die Erhabenheit Gottes ausdrücken kann? Dann beschränkte sich der Text auf die Behauptung: Gott ist weit wunderbarer und erhabener, als dieser Geist es *wäre.* Aber warum führt Augustin dann eine solche verwirrende Hypothese ein, die ihr sachliches Gewicht aus den Analysen des die Zeiten tätigenden Geistes erhält? Wenn die Selbstausdehnung des Geistes auch die Weltzeit bildet, wenn die Zukunft nur über diesen Ichpunkt den Weg in die Vergangenheit findet, dann ist dieser Geist, überblickt man nn. 33 bis 38, nachweislich *nimium mirabilis.* Gilt dies, dann fragt man wiederum, wieso die Mannigfaltigkeiten, die wir selbst bewirkt haben, uns zerfetzen (n. 39).

Hier liegen noch ungelöste Rätsel. Das Hervorkehren der Momente der Modernität führt in der Regel dazu, sie zu umgehen. Werden isolierte Motive dem gegenwärtigen *Verständnis* zuliebe aufbereitet, erspart man sich die trockene Analyse von Texten und Argumenten. Dies wollte ich einleitend zeigen. Ich wollte den Leser überzeugen, daß der Text Tücken enthält, die man um so leichter übersieht, je mehr man einige seiner Motive in seiner eigenen Gegenwartserfahrung wiederfindet. Dieses Wiederfinden ist förderlich. Wo sollen wir das Gewesene finden, wenn nicht in uns? Aber förderlich ist dies nur, wenn man nicht dem Augenblicksrausch des Verstandenhabens verfällt, sondern weiter fortschreitet mit detaillierten Untersuchungen, die den Anschein, bloße Pedanterie zu sein, nicht immer vermeiden können und auch nicht zu vermeiden brauchen. Man lernt bei kleinteiliger Arbeit an Hindernissen mehr als beim glatten Einstreichen anheimelnder Resultate. Deshalb habe ich einen Kommentar geschrieben; ich hoffe, der gegenwartsbewußte Leser, den ich mir wünsche, empfindet ihn nicht nur als Störung beim Lesegenuß, sondern auch als einen Weg zu dem Text und über den Text zu dessen Thema: *Was ist Zeit?* Dabei sind Umwege hinzunehmen. So sind wir nicht die ersten, die den Text Augustins lesen. Wir treten ein in eine Auslegungsgeschichte, die, fördernd und hemmend, zwischen Augustin und uns steht. Wir müssen sie, wenn schon nicht als ganze aufarbeiten, so doch exemplarisch wahrnehmen, beginnend mit dem 20. Jahrhundert.

II.
VERWENDUNGEN
AUGUSTINS ZEITTHEORIE IN DER
PHILOSOPHIE DES 20. JAHRHUNDERTS

1. Bergson

Als das 20. Jahrhundert begann, mochte es in der philosophischen Öffentlichkeit Deutschlands so scheinen, als habe die *Zeit* nun endlich das gefunden, was man damals mit dem Unterton der Beruhigung einen *systematischen Ort* nannte. Die akademische Philosophie hatte seit der Wiedergeburt Kants in den sechziger Jahren des 19. Jahrhunderts die Zeit untergebracht als apriorische Form der inneren Anschauung. Danach hatte die Zeit Realität, aber nur als die subjektive Bedingung aller Anschauungen, zunächst der inneren, also der Wahrnehmung unserer eigenen Zustände, doch da die Wahrnehmung äußerer Gegenstände zugleich ein innerer Zustand ist, erwies sich die Zeit als formale Bedingung aller Erscheinungen überhaupt. Damit war ihre Apriorität begreiflich gemacht: Alles, was wir anschauen können, muß unter Zeitbedingungen stehen, aber dies galt nur für *unsere* Wahrnehmung der Dinge und unserer selbst, nicht für die Welt der Dinge an sich, nicht also für das moralische Ich und den ewigen Gott. Die Zeit galt damit als universale innere Form, war aber eingeschränkt auf unsere Erfahrung. Wenn wir die Dinge nehmen mochten, wie sie an sich selbst sind, so war, unter Kantianern, die Zeit – nichts. In der Welt der wirklichen menschlichen Erfahrung war die Zeit damit sozusagen hierarchisch lokalisiert; sie betraf die Bedingungen unserer Sinnlichkeit, nicht das Denken selbst, nicht das transzendentale Subjekt, seine Wissensformen und, wie man damals zu sagen begann, seine *Werte.* Wissenschaft, Moral und Religion, vor allem auch die Philosophie selbst, standen demnach nicht unter Zeitbedingungen. Das transzendentale Subjekt, weit davon entfernt, der Zeit zu unterliegen, gar zu erliegen, konnte die Zeit als seine eigene Tätigkeit begreifen lernen.

Die gelehrten Kantkenner der Jahrhundertwende lasen bei Kant zwar auch noch ganz andere Dinge über die Zeit. Sprach Kant nicht davon, daß auch die Vernunft, also nicht nur die Sinnlichkeit, nicht nur der für die Naturerforschung zuständige Verstand, die Zeit als eine Reihe und als die formale Bedingung aller Reihen in einer gegebenen Gegenwart mitzudenken habe? Weil die Vernunft Totalität sucht, denkt sie, um einen gegebenen status quo zu erfassen, die Totalität aller früheren Zustände mit.[1] Die Hierarchisierung war also nicht radikal durchführbar. Die Zeit, die zunächst nur in der transzendentalen Ästhetik ihren Ort zu haben schien, kehrte wieder in der transzendentalen Dialektik, sozusagen an der höchsten Stelle des Systems. War dann die Vernunft von den Zeitbedingungen freizuhalten? Sie war es nicht. Kant hatte Bestimmungen wie *Möglichkeit, Wirklichkeit, Notwendigkeit* an Zeitbedingungen geknüpft, denn ihr Gebrauch sollte an ein *Schema* gebunden sein, und das Schema der Wirklichkeit war *das Dasein in einer bestimmten Zeit,* das Schema der Notwendigkeit war *das Dasein eines Gegenstandes zu aller Zeit* (A 145). Die Vernunft, vor allem sofern sie praktisch wird, steht nicht unter Zeitbedingungen, denn Zeit ist nur die Form der Erscheinungen; insofern ist sie frei, und das heißt: zeitüberlegen. Aber um etwas als wirklich, gar als notwendig bestimmen zu können, bedarf es eines sinnlichen Schemas und damit wiederum der Zeit. Was den theoretischen Gebrauch der Vernunft angeht, so wächst die Bedeutung der Zeit noch, bedenkt man die Rolle der Einbildungskraft: Sie leistet die Synthesis aller unserer Vorstellungen; alle Vorstellungen aber sind enthalten im inneren Sinn, und dessen Form ist die Zeit (A 155).

So enthielt die kantische Rollenbeschreibung der Zeit zwar weiterführende, die oberflächliche Hierarchisierung sprengende Motive, aber die akademische deutsche Philosophie des Jahrhundertbeginns hat sie nicht entfesselt. Die Neuentdeckung der Zeit seit dem ersten Jahrzehnt dieses Jahrhunderts erfolgte aus anderen als kantischen Quellen, förderte dann aber rückwirkend auch die Kantdeutung, allerdings jenseits des Neukantianismus. Die neue Temporalisierung des menschlichen Weltverhältnisses entstand in je anderer Weise bei Bergson und Yorck von Wartenburg, bei Husserl und Heidegger. Hier handelte es sich um ein

---

[1] Ich zitiere die *Kritik der reinen Vernunft* nach dem Text der Akademieausgabe, gebe aber die Seiten der Originalausgabe an, A für die erste, B für die zweite Auflage. Hier A 411–412.

Denken unter den Bedingungen des 20. Jahrhunderts; in ihm konnte Augustins Zeittraktat wenn auch keine grundlegende, so doch eine inspirierende und kontrastierende Funktion erhalten, während man bei Kant und Fichte, bei Schelling und Hegel vergeblich einen Hinweis auf die Augustinische Zeittheorie suchen würde. Franz Brentano war mit Hinweisen auf die philosophische Bedeutung der Zeitanalyse Augustins vorangegangen; daraus entwickelte sich eine ununterbrochene Auseinandersetzung mit ihr. So trat seit dem Beginn unseres Jahrhunderts eine Situation ein, wie sie analog, unter radikal anderen Gesamtbedingungen, in Deutschland zwischen 1250 und 1350 bestanden hatte: Wie damals, nach der Aristotelesrezeption, das Suchen nach einer neuen Zeittheorie nicht mehr im Nach-denken der Augustinischen Lösungen bestehen konnte, wie aber gleichwohl das im XI. Buch der *Confessiones* Erreichte eine neue Aktualität erhielt, so war *nach* Brentano und Husserl der Bezug zu Augustins Zeittheorie nicht mehr zu umgehen. Um 1300 hatte Dietrich von Freiberg eine über Averroes und Thomas von Aquino hinausgehende „Subjektivierung der Zeit" mit dem Resultat des Augustinischen Zeittraktats verknüpft, aus dem er sie aber nicht mehr hatte direkt gewinnen können. Er mußte den Weg über das seit etwa 1240 durch Aristoteles-Averroes bestimmte Gegenwartsbewußtsein nehmen, aber fand doch in Augustin einen Leitfaden, der ihn im Gestrüpp aristotelischer und averroistischer Einzelargumente führen und den er als Autorität für seine neue Kühnheit gebrauchen konnte. Seine Lösung und seine Augustindeutung waren umstritten. 1990 wurde im Rahmen des CORPUS PHILOSOPHORUM TEUTONICORUM MEDII AEVI erstmals der Zeittraktat aus der *Summa* des Nikolaus von Straßburg veröffentlicht (Band V 2[3]). Nikolaus war ein jüngerer Zeitgenosse Dietrichs, den wir bislang vor allem aus dem Prozeß um Meister Eckhart kannten. Jetzt blicken wir in die Zeitdebatte im Deutschland des frühen 14. Jahrhunderts. Sie bewegte sich unter Aristotelikern und Averroes-Lesern. Doch mußte Nikolaus sich bei seiner Bestreitung der neuen Zeittheorie Dietrichs in die Auslegungsdiskussion um die Zeittheorie Augustins verwickeln; ich werde darauf zurückkommen. Bleiben wir bei der analogen Situation unter Nach-Kantianern im 20. Jahrhundert, zunächst bei Bergson.

Ich sprach von der über den Neukantianismus hinausdrängenden Zuspitzung des Zeitproblems im ersten Jahrzehnt unseres Jahrhunderts. Diese Datierung bezog sich auf die Situation im deutschsprachigen

Raum. Sie sah zudem von Nietzsche ab, vernachlässigte das erst 1956 von Iring Fetscher edierte, aber schon 1897 geschriebene Fragment Yorcks von Wartenburg *Bewußtseinsstellung und Geschichte* und setzte ferner voraus, daß Dilthey mehr an einer kant-analogen Systematisierung der historischen Erfahrung als an radikaler Historizität und Zeitlichkeit interessiert war.[2] Bergsons erste Arbeit zum Zeitproblem, *Essai sur les données immédiates de la conscience*, erschien 1889; sein Werk *Matière et mémoire* 1896. Die erste intensive Wirkung Bergsons erfolgte in Deutschland wie in England erst gegen 1910.

Bergsons Zeitanalysen laden aus mehreren Gründen zur Annäherung an Augustin ein. Da ist erstens Bergsons eher psychologisierende als kosmologische Fragestellung. Bergson stellt die Innenzeit in Kontrast zur Weltzeit, zu deren Objektivität und Mathematisierbarkeit. *Zeit* geht Bergson an als Erlebniszeit, gerade im Unterschied zur homogenen Zeit der Physik. Da ist zweitens die hervorgehobene Funktion des Gedächtnisses, das er analysiert als das, was Dauer und damit Bewußtsein sichert, eine eigene Welt gegenüber dem Meer der Außenweltfakten. Drittens beruht Bergsons Analyse der *Dauer (durée)* ähnlich wie Augustins Zeitanalyse auf ästhetisch-rhetorischen Paradigmen. An der Erfahrung eines Liedes oder einer Melodie illustrieren beide mit Vorliebe ihre Theorie: Erinnerung, gegenwärtige Erfahrung und Vorgriff auf die Zukunft sind die seelischen Tätigkeiten, die das Ganze eines Liedes oder einer Melodie umgreifen.

Bergson hat sich nie auf Augustin berufen; Annäherungen seiner Zeittheorie an die Augustins hat er abgewehrt.[3] Bergson kannte gut die aristotelische *Physik* und war angeregt von Plotin. Vor allem aber arbeitete er unter den intellektuellen Bedingungen der letzten Jahrhundertwende. Bei näherem Zusehen verschwinden denn auch die Nähen zu Augustin. Dies ist vor allem deshalb festzuhalten, weil die Annäherung Augustins an Bergson in der französischen, aber nicht nur in der französischen Augustinusauslegung historiographische Weichen gestellt hat:

---

[2] Zu dieser Beurteilung Diltheys vgl. K. Flasch, Abschied von Dilthey. Historisches Wissen ohne „Verstehen", in: M. Ciliberto – C. Vasoli (Hg.), Filosofia e cultura. Per Eugenio Garin, Rom 1991, Band 2, 625–645.

[3] Vgl. J. Guitton, Le temps et l'éternité chez Plotin et S. Augustin, Paris ³1959, 15: *M. Bergson me dit qu'il connaissait peu saint Augustin. Les ressemblances que l'on a parfois notées entre ses images et celles de saint Augustin n'étaient pas dues à une influence directe.*

Es war eine eher unbefriedigende Bergson-Rezeption, terminologische Absonderungen vorzunehmen und den Ausdruck *temps* der äußeren, der kosmischen und mathematisierbaren Zeit, *durée* dagegen der inneren Zeiterfahrung zuzuordnen. Auch die äußeren Dinge haben nach Bergson eine *durée;* Bergsons Problem ergab sich daraus, daß eine mathematisierende Naturauffassung und eine technische Zivilisation diese äußere Dauer zum Maß unserer inneren Zeiterfahrung machen. Die Außenweltdauer ist homogen und meßbar; die innenerfahrene Dauer ist nicht homogen und wird empfunden, nicht gemessen. Sie ist *durée réelle;* in ihr folgen die Zeitpunkte nicht einander wie auf dem räumlich vorstellbaren Zeitstrahl der physikalischen Weltzeit; sie durchdringen sich; sie bilden eine Ganzheit der wechselseitigen Präsenz. Nur neigen wir dazu, diese Erfahrung und damit unser Tiefen-Ich, *le moi fondamental,* nach den Gleichförmigkeiten der äußeren Zeit auszulegen und dadurch unser reelles Leben zu verfehlen. Nun geht es auch in Augustins Denken um die Rettung des *moi fondamental;* aber es wäre ein Spiel mit Vokabeln, wollte man eine theoretische Gemeinsamkeit postulieren: Augustin hatte nicht das Problem des Kontrastes von homogener, meßbarer Außenzeit und ganzheitlicher Innenzeit. Es ist wichtig, hierauf zu bestehen, denn aus einer Reihe von Gründen, auch um Augustin durch Bergson zu aktualisieren, hat man eine solche Unterscheidung mehrerer Zeitarten in Augustins Zeittraktat hineingelesen. Sie findet im Text von *Conf.* XI keinerlei Anhalt. Augustin erklärt, er wolle erforschen, was die Zeit ist; er deutet nicht die mindeste Differenzierung an, schon gar nicht den Gegensatz Außenzeit–Innenzeit. Er besteht im Gegenteil auf der Meßbarkeit der Zeit, der einzigen Zeit, die er kennt. Dies ist weder eine Kritik an Augustin noch an Bergson, nur an den Interpreten, die beide vermengen. Bergson artikulierte eine Zeiterfahrung, die bestimmt war durch den Kontrast von mathematisierbarer Außenzeit, die nur zu sehr danach drängt, auch die menschliche Innenzeit zu bestimmen. Bergson formulierte die Zeiterfahrung einer Epoche, die mechanisierbare Vorgänge, nämlich den geregelten Gang des Räderwerks von Uhren, dem Alltagsleben einprägt; Augustin hingegen war aus guten geschichtlichen Gründen noch arglos gegenüber Meßbarkeit. Ausdehnung und räumliche Vorstellungen bleiben in seinem Zeittraktat nicht nur unkritisiert, sie durchziehen ihn als seinen Leitfaden; Bergson hingegen hatte die Verräumlichung unserer Innenwelt zu kritisieren und die Mathematisierung von der realen Innenerfahrung fernzuhalten. Man hat, wohl um Augustin im Einflußbereich Bergsons verständlicher zu machen, ihm eine Distanz zur Außenweltzeit, zur kosmischen Bewegungswelt angesonnen, die in seinem Text keinen Anhalt hat. Man hat infolgedessen sein Verhältnis zur Aristotelischen Zeitlehre wesentlich polemisch gedeutet. Man hat, umgekehrt, seinen Weg nach innen zu sehr dem Bergsonschen Erforschen des *moi fondamental* angeglichen. Man hat die Bergsonsche Analyse der Zeiterfahrung unter der Dominanz von mathematisierender Naturforschung, von Uhrentechnik und kapitalistischer Alltagspraxis ins Besinnlich-Intuitive relegiert, wozu allerdings Bergson den Anlaß bot, indem er den Gegensatz von Außenzeit, Meßbarkeit und Wissenschaft einerseits zu Innenzeit, Fühlbarkeit und Intuition andererseits etablierte. So triftig, wenigstens als Phänomenbeschreibung, Bergsons Zeit-Kontrast-Analysen sein mögen, sie dürfen nicht in die Augustinische Untersuchung eingeschoben werden, sonst verlieren historische Welten ihre jeweilige Eigenheit.

Dies gilt gerade auch für die Rolle der mémoire: Bei Bergson sichert sie die Identität des Bewußtseins; sie bildet eine Ganzheit gegenüber der Zerstückelungstendenz des modernen Lebens. In der Einzelanalyse ging es Bergson darum, menschliches Erinnern von dem Erinnern anderer Organismen qualitativ zu unterscheiden; sein Problem ergab sich aus der Biologie des Jahrhundertendes, nicht, wie bei Augustin aus der römischen Theorie der Rhetorik, aus dem platonischen Apriorismusproblem, der eignen Sündentheorie und der Bekehrungserfahrung. Bei Augustin spielt die *memoria* eine große Rolle, aber sie sichert nicht die Identität des menschlichen Bewußtseins. Sie ist die Präsenz der Vergangenheit und der Außenwelt, nicht die Eigenwelt eines vom Druck des 20. Jahrhunderts bedrohten, bedrängten Individuums.

Auch die rhetorisch-ästhetischen Paradigmen (Lied, Melodie) machen eher die Differenzen deutlich. Bei Bergson war das Lied ein Beispiel für Ganzheitserfassung, aber für Ganzheitserfassung im qualitativen Sinne, als Interdependenz und wechselseitige Durchdringung der Elemente, nicht, wie bei Augustin, für das Zusammenfassen einer Ausdehnung, für das Erinnern an den Anfang und das Erwarten des Endes. Der Ganzheitsbegriff Bergsons hat eine andere Funktion als die *extensio* in *Conf.* XI. Er soll gerade das Zersplittern verhindern, das bei Augustin die *extensio* unvermeidlich bewirkt. Nach Bergson kann das Tiefen-Ich sich selbst davor retten, wenn das *moi fondamental* sich nur nicht verschleudert an die banale Zeitstruktur der quantitativ, nicht qualitativ bestimmten Außenweltzeit.[4] Der *Essai sur les données immédiates de la conscience* kritisiert die naive Übertragung raumbezogenen Zählens auf die Innenerfahrung der Dauer, *durée* (Robinet 58–59, alle Seitenangaben beziehen sich auf diese Ausgabe). Damit löst Bergson die von Platon bzw. den Pythagoreern inaugurierte, von Aristoteles fortgesetzte Verbindung der Zeit mit der Zahl auf. Sein Protest richtet sich gegen die Verfälschung der realen Zeiterfahrung durch die Gewohnheit des Zählens von räumlich Fixiertem. Diese Mathematisierung verdingliche das Tiefen-Ich und verfälsche die wirkliche Zeiterfahrung. Die real erfahrene Dauer, *la durée pure,* ist die von der Dominanz der diskreten Raumvorstellung befreite Zeiterfahrung (67). Die gewöhnliche Erfahrung verfälscht die reine Dauer, die das Ich erfaßt, wenn es sich in seiner ursprünglichen Spontaneität gewähren läßt, *se laisse vivre.* Es muß nur aufhören, sein eigenes Leben nach dem Modell diskreter, mathematisierbarer Raumpunkte auszulegen und seinen gegenwärtigen Zustand von früheren Zuständen abzutrennen (67).

Die Zeittheorie Bergsons läuft nicht auf die bloß terminologische Reform hinaus, den Ausdruck *durée* für die Innenansicht der Zeit zu reservieren. Ihr geht es darum, mit der Gewohnheit zu brechen, die raumbestimmte Art, in der Außendinge *dauern,* auf das Dauern des Ich zu übertragen (71). Während die antiken Denker, Augustin eingeschlossen, die Zeiterfahrung an die Meßbarkeit der Zeit banden, soll Bergsons reine Dauer nicht meßbar sein (72–73). Das auch für Augustin grundlegende Theorem, daß die Dauer unendlich zerlegbar ist und auf den ausdehnungslosen Jetztpunkt zusammenschrumpft, ergibt sich nach Bergson nur, wenn man die Dauer des Ich mit dem Dauern der Dinge in ihrer mathematisierbaren Zeit verwechselt (75). Insgesamt bezieht sich Bergsons Analyse der Dauer kritisch auf eine wissenschaftlich-technische Zivilisation, die die Zeit erst kennt, nachdem sie ihr das Qualitative genommen hat (77). Die Wissenschaft interessiert sich nicht für die reale Erfahrung des Dauerns; sie hält sich, verräumlichend, an die Anfangs- und Endpunkte einer vorgestellten Zeitstrecke (77). Das Dauern des Ich

---

[4] Ich zitiere Bergson nach der *Edition du Centenaire,* hg. von A. Robinet, mit einer Einleitung von H. Gouhier, Paris 1963. – Die wichtigsten Texte sind *Essai sur les Données immédiates de la conscience* (zuerst 1889) und *Matière et Memoire* (zuerst 1896). Die ersten Übersetzungen beider Texte sowohl ins Englische wie ins Deutsche erfolgten 1909/1910.

hingegen ist eine mentale Ganzheit, und zwar in dem präzisen Sinn, daß es in ihm keine identischen Momente gibt, die einander äußerlich blieben und auf einer Strecke darstellbar wären. Die Vorstellung des *Zeitraums* hindert uns, das Dauern als das zu denken, was es ist: als heterogen, indistinkt, keine Analogie zur Zahl aufweisend (80). Ganzheit ist das Dauern insbesondere auch darin, daß sich die Bewußtseinszustände wechselseitig durchdringen; auch deshalb wird es verfehlt, wenn man es als Zeitstrahl darstellt. Die Philosophie der Zeit hat die Aufgabe, diese tiefverwurzelte Tendenz zur Verräumlichung der Zeiterfahrung zu überwinden (81). Das Konzept einer homogen im Raum ausgedehnten und deshalb abzählbaren Zeit beherrscht die Symbolik unserer Zeitbezeichnungen; diese spiegeln uns eine homogene Dauer vor. Wir haben das Abgeleitete mit dem Ursprünglichen verwechselt: Die Vorstellung homogener Dauer ist nur ein Schatten der qualitativen Vielheit wechselseitig sich durchdringender Ichzustände und ihrer Heterogenität. Indem wir unser zeitliches Leben auslegen nach dieser Projektion, verlieren wir das Tiefen-Ich, *le moi fondamental*, aus dem Auge (85). Unser verfehlter Zeitbegriff schlägt zurück auf das Konzept, das wir von unserem Leben haben. Indem wir uns selbst nach unserem verfälschenden Konzept von Zeit einrichten, entsteht das Ich der Konvention, *le moi conventionel* (88).

Bergson analysiert eine Reihe von untereinander zusammenhängenden Täuschungsfaktoren: Dominanz der Raumvorstellung, Verdinglichungstendenz des „gesunden Menschenverstands", Mathematisierung der Welt und insbesondere der Zeit, die in der Form der Uhren den Lebensstrom zerreißt. Insbesondere verhext uns die Sprache; sie suggeriert fälschlich homogene Momente und damit die Vorstellung mathematisierbarer, verdinglichter Dauer (87). Sie entspringt dem *sens commun;* dieser denkt mechanistisch und besteht auf abgrenzenden Unterscheidungen; daher ergibt sich die Vorliebe für gut definierte, scharf abgrenzende Wörter, die der Alltagsverstand gern mit Raumvorstellungen verbindet. Dieses gewöhnliche, mechanistische Denken substituiert seine Erklärungen den Fakten selbst (116–119). Dagegen ruft Bergson auf zu einer durchgängigen Kritik dieser traditionellen Verstellung des Selbst. Diese Kritik ist möglich, weil das Ich unfehlbar ist in seinen unmittelbaren Feststellungen, *dans ses constatations immédiates* (120). Wenn wir uns auf die ursprüngliche Erfahrung des Dauerns besinnen, können wir es direkt, unmittelbar erfahren. Aber dann messen wir nicht die Dauer, wir fühlen sie:

Nous ne mesurons plus alors la durée, mais nous la sentons (84). Diese Privilegierung der unmittelbaren Erfahrung und diese Unfehlbarkeit des direkt Erfaßten dürften problematisch sein. Jedenfalls widersprechen sie jeder Art von Platonismus und beziehen sich auf einen Erfahrungsstand vom Ende des 19. Jahrhunderts. Hingegen zeigt Bergson tatsächlich, wie die neukantianische Systematisierung der Zeit der Gegenwartserfahrung von 1890/1900 nicht mehr gerecht wurde. So bestreitbar seine Aufstellungen sein mögen, sie kündigen für das 20. Jahrhundert die Notwendigkeit an, die Grundbegriffe des Denkens, insbesondere, wie auch Bergson sich ausdrückte, das Verhältnis von Subjekt und Objekt nicht mehr länger nach Raumvorstellungen, sondern von der Funktion der *Zeit* her neu zu denken. Besonders in der Schrift *Matière et Mémoire* von 1896 kritisierte Bergson die Vorstellung eines direkten räumlichen Gegenüber von Betrachter und Welt. Die Zeitdimension wandere immer mit, daher komme dem Erinnern entscheidende Funktion zu. In der Wahrnehmung selbst sei die *mémoire* tätig; sie bringe das Gewesene ins Gegenwärtige; sie ziehe in einer einzigen *intuition* die verschiedenen Momente der Dauer zur Einheit zusammen. Die Analyse der Tätigkeit der *mémoire* in der gegenwärtigen Erfahrung mache die Souveränität des Geistes am ehesten faßbar; sie überwinde das mechanistische Denken und widerlege die physikalistischen und assoziationspsychologischen Gedächtnistheorien (220–223). Dazu sei nötig, die Mathematisierung des Jetzt-Begriffs zu überwinden. Das reelle, das erfahrene Jetzt sei nicht der mathematische Jetztpunkt. Im existierenden Jetzt finden wir eine unteilbare Einheit der Gegenstandswahrnehmung, der Wahrnehmung der unmittelbaren Vergangenheit und der aktiven Zuwendung zum Kommenden (280). Damit das *reine Erinnern, le souvenir pur,* zu einem Bild des Gewesenen wird, verläßt es das bloße Erinnern und mischt sich in den gegenwärtigen Zustand (283). Das wahrnehmende und beobachtende Bewußtsein ist wesentlich für die Aktion bestimmt; das reine, zweckentbundene Erinnern gehört daher dem Unbewußten an (284). Wir vergessen, was wir für Aktionen nicht mehr brauchen (287). Wir verfehlen das Unbewußte und das reine Erinnern, weil wir die verräumlichende Wo-Frage an es stellen und das Erinnern in das Schema von Behälter und Inhalt zwingen (289–290). Abstrakte Trennungsverfahren haben, Bergson zufolge, das abstrakte Konzept des Jetzt geschaffen. So hat man das Jetzt definiert als das, was ist – im Gegensatz zur Vergangenheit, die nicht mehr ist, und zur Zukunft, die noch nicht ist. Aber das Jetzt ist ein Entstehen: Es ist zukunftgerichtetes Handeln und umfaßt eine Vielzahl erinnerter Momente. Was wir das Jetzt nennen, ist das Fortschreiten des Gewesenen zum Zukünftigen. Auch die Wahrnehmung gewahrt, streng genommen, das, was soeben war (291). Das Unbewußte, das reine Erinnern und der Traum brechen mit der Aktionsgebundenheit unseres Bewußtseins (295).[5]

Bergsons Zeittheorie blickt auf eine naturwissenschaftlich ausgelegte und industriell bearbeitete Welt; ihre Problemsituation ist also durchweg eine andere als bei Augustin. Vergleiche, die auf Annäherung hinauslaufen, täuschen daher, selbst wo sie sich auf textliche Anklänge stützen können. Bei Vergleichen von Argumenten kommt es darauf an, an welcher argumentativen Stelle das Verglichene vorkommt. Wenn Augustin (ab n. 19) die Zeitdimensionen auf das ausdehnungslose Jetzt reduziert, um dann (n. 37) in diesem Jetzt die geistgewirkte Gegenwart der drei Zeitmodi wieder aufzubauen, so liegt in diesem ersten Schritt Augustins die von Bergson kritisierte mathematisierende Fassung des Jetzt tatsächlich vor. Augustin teilt sie mit Aristoteles. Man kann andererseits die Interdependenz der drei Zeitmodi im Jetzt des *animus* hervorheben, also in n. 37 eine Annäherung an Bergsons Zeittheorie sehen. Dann muß man hinzufügen, daß sich Augustin für eine aktive Interdependenz der drei Tempora nicht weiter interessiert hat. Er hat, anders als Bergson, die Tätigkeit des Geistes bei der Erstellung der Zeitdimensionen nicht unter dem Gesichtspunkt der Ganzheit analysiert. Bei ihm war das Resultat, daß der Geist selbst eine Art Ausdehnung erhält, eine Ausdehnung eigener, höherer Art, aber doch eben die Quasi-Räumlichkeit, die abzuwehren Bergsons Hauptinteresse darstellt.

Die Bedeutung der Zeittheorie Bergsons in unserem Zusammenhang besteht nicht darin, daß sie die Zeittheorie Augustins wieder aufgegriffen hätte, sondern in der selbständigen Thematisierung eines neuen Zeitbewußtseins, das dann (nicht bei Bergson selbst) auch die früheren Zeittheorien, etwa die Kants oder Augustins, in ein neues Licht rückte. Die außerordentliche Wirkung der Zeitanalyse Bergsons ging weit über die akademische Philosophie hinaus – ich erinnere nur an Proust und Svevo: Die Suche nach der verlorenen Zeit und nach weiterführenden Zeittheorien berührte den Lebensnerv des neuen Jahrhunderts.

---

[5] Zur Zeittheorie Bergsons vgl. auch *L'Evolution créatrice,* Robinet 495–503 und 1253–1258; *Le souvenir du présent,* Robinet 912–927, auch 959.

2. Paul Yorck von Wartenburg

Um die Problemsituation der Zeittheorie und die Bedingungen des neuen Interesses am XI. Buch der *Bekenntnisse* zu charakterisieren, müssen wir noch einmal in die letzten Jahre des 19. Jahrhunderts zurückkehren, diesmal in die „Thurmstube" des Herrenhauses von Klein-Oels bei Breslau. Dort widmete sich in seinen letzten Lebensmonaten – er ist am 12. September 1897 gestorben – Graf Yorck seinen philosophischen Aufzeichnungen. Sein Freund Dilthey beglückwünschte am 10. Februar 1897 den Grafen, daß er die Arbeit an seinem Heraklit-Aufsatz aufgenommen habe. Am 1. Juli schrieb Yorck an Dilthey, er wünschte ihn bei sich zu sehen, um ihm aus seiner *noch nicht beendeten so doch dem Ende sich nahenden Arbeit* vorzulesen.[6] Hierbei handelte es sich um eine Skizze seiner Philosophie als historisch belehrter Selbstbesinnung. Es ging darum zu zeigen, was Yorck seit Jahren beschäftigte – daß die Trennung von systematischer Philosophie und historischer Darstellung unphilosophisch ist.[7] Yorck hat diesen Text nicht mehr beenden können. Er wurde erst 1956 von Iring Fetscher herausgegeben[8], konnte also nicht die philosophische Entwicklung in der ersten Hälfte des Jahrhunderts beeinflussen. Dennoch ist er hier von fundamentalem Interesse, nicht wegen der Augustin-Deutung Yorcks, denn das Fragment bricht genau an der Stelle ab, wo Yorck sich Augustin zuwendet, und zwar nicht dessen Zeittheorie, sondern der Gnadenlehre und damit dem Konflikt von Selbstbehauptung und Selbsthingabe.[9] Was den unvollendeten Text Yorcks so wichtig macht, sind einige Bemerkungen zum Problem der Zeit und seiner Geschichte.

Schon der *Heraklit*-Aufsatz enthält in Kürze Yorcks Theorie zur historischen Genesis des Kontrastes von Zeit und Ewigkeit. Dieser Ge-

---

[6] S. von der Schulenburg (Hg.), Briefwechsel W. Dilthey und Graf Paul Yorck von Wartenburg, Halle 1923, 230 und 243.
[7] Vgl. dazu den Brief an Dilthey vom 11.2.84, Briefwechsel (wie Anm. 6), 251.
[8] Ich zitiere nach der Ausgabe von I. Fetscher (Hg.), Paul Yorck von Wartenburg, Bewußtseinsstellung und Geschichte. Ein Fragment, Hamburg 1991, Philosophische Bibliothek Band 442.
[9] Yorck von Wartenburg, Bewußtseinsstellung, 150. Die Richtung dieser Augustin-Deutung kündigt sich in Yorcks Anmerkungen zu Harnacks *Dogmengeschichte* an: *Erste Stufe Selbständigkeit, zweite Selbsthingabe.* Yorcks Anmerkungen zu Harnack sind ediert bei K. Gründer, Zur Philosophie des Grafen Paul Yorck von Wartenburg. Aspekte und neue Quellen, Göttingen 1970, 306.

gensatz, der den Aufbau der gesamten europäischen Metaphysik präge, verdanke sich der Erfahrung der bleibenden Ordnung der Sterne in ihrem Gegensatz zum Werden und Vergehen auf der Erde. Unveränderlichkeit und Zeitunabhängigkeit gibt es nur am Himmel. Um trotz der Todeserfahrung leben zu können, um also dem Druck der Vergänglichkeit etwas entgegenzusetzen, hätten Parmenides und Pythagoras die Dichotomie von wahrem, ewigem Sein und vergänglichem Nicht-Seienden gesetzt. Sie vollbrachten damit, Yorck zufolge, einen Akt der Selbstbehauptung von weltgeschichtlichen Konsequenzen.[10] Sichtbarkeit, Zählbarkeit und mathematische Ordnung der Himmelskörper boten sich dem Denken als Anhalt an, um die Bedrohtheit der Sterblichen und überhaupt die Vergänglichkeit des Zeitlichen aushalten zu können. Dieses konkrete Lebensbedürfnis war es, das den intellektuellen Akt der metaphysischen Kontemplation trug. Doch zerschnitt die entstehende Metaphysik diesen lebendigen Zusammenhang durch ihre Scheidung von ‚ewig‘ und ‚zeitlich‘; sie verselbständigte ihr Gedachtes in vermeintlich rein theoretischer Empfindungsferne und metaphysischer Zeitfreiheit. Indem sich das Vorstellen vom Empfinden ablöste, fixierte es aus dem fließenden Wandel der Dinge seine Gegenstände und projizierte sie in den Raum. Dieses vergegenständlichende Fixieren verdeckte die eigene Zeitlichkeit des Empfindenden, seine Bedrohtheit und Bedürftigkeit. Die ursprüngliche Lebenseinheit, in der Vorstellen, Wollen und Empfinden untrennbar vereint sind, zerlegte sich in Teilfunktionen. Unter ihnen sonderte sich das Vorstellen am weitesten ab; es zog sich aus der zeitlichen Situation des Empfindenden heraus und hielt sich an seine verdinglichten Inhalte. Sobald Vorstellungen, dem Lebenszusammenhang entfremdet, als primäre Daten gelten, entsteht – die Metaphysik.[11]

Das Fragment *Bewußtseinsstellung und Geschichte* analysiert den Zusammenhang von Vorstellungsprimat und Verräumlichungstendenz, von Verdeckung der Zeitlichkeit des Empfindens durch die Entzeitlichung des Vorstellens und erklärt so die Entstehung der Metaphysik. Der Text gibt ein Beispiel für das, was sein Verfasser eine *philosophische Geschichte der Philosophie* nennt, in knapper, nicht zur letzten Deutlichkeit ge-

---

[10] Paul Yorck von Wartenburg, Heraklit. Ein Fragment aus dem philosophischen Nachlaß, hg. v. I. Fetscher, in: Archiv für Philosophie 9 (1959) 214–289, bes. 241.
[11] Yorck von Wartenburg, Heraklit, 277.

reifter Form. Er zieht die Konsequenzen für die Geschichte des Zeitbegriffs und für den Zusammenhang der Metaphysikgeschichte mit den Zerfallstendenzen der Gegenwart. Ich hebe daraus drei Motive hervor, welche die Fragen beleuchten, die man im 20. Jahrhundert an die Augustinische Zeittheorie stellte oder doch zu stellen hatte:

a. den abstraktiv entleerten Charakter des Jetzt und die Überschätzung der „Subjektivierung",
b. den Zusammenhang von metaphysisch-verdinglichender Zeitbetrachtung und moderner Technik,
c. den problematischen Wertvorrang des Ewigen oder den Konflikt von Äternisierung und Transzendenz.

Zu a. Überblickt man den Gang der Argumentation Augustins in *Conf.* XI, so zeigt sich, daß er ab n. 17 zunächst die umgangssprachlich üblichen Zeiteinheiten (Tag, Monat, Jahr) untersucht, um die Nicht-Existenz dieser Einheiten zu beweisen. Allein das punktuelle Jetzt bleibt als wirklich bestehen. Da wir aber Zeitabstände messen, muß es Zeiterstreckungen innerhalb des allein existierenden Jetzt geben. Sie sind, Augustin zufolge, nur möglich, weil der Geist selbst sich erstreckt.

Es ist diese Art der Jetzt-Analyse, die Yorck kritisiert, ohne sich auf Augustin ausdrücklich zu beziehen: Die Zeit hat ihren Ursprung in der Empfindung[12], aber das Vorstellen – es ist *wesentlich exzentrisch*[13] – drängt von ihr weg; es projiziert seine fixierten und isolierten Gegenstände in den Raum. Es abstrahiert von der Vergänglichkeit des Empfindenden und faßt so die Zeit als leeres, weil aus dem Lebensvollzug herausgehobenes Jetzt. Die ursprüngliche Zeitlichkeit ist *als Empfindungscharakter nicht objektivierbar.* Das verdinglichende Denken legt sie sich zurecht als isolierten Jetztpunkt, als Sukzession oder als Folge. Yorck kritisiert die Selbstvergessenheit des Denkens, das seine eigene Operation bei der Herstellung der Abstraktion des bloßen Jetzt vor sich selbst verbirgt, sich also selbst ablenkt von der empfundenen und ursprünglich inhaltlich gefüllten Zeit. Er sieht darin eine Selbstbehauptung, die glaubt, die Vergänglichkeit abstreifen zu können, da sie sich als mächtig genug erfährt, ihren Gegenstand als einen identisch bestimmten festzuhalten.

---

[12] Yorck, Bewußtseinsstellung, 135: *Die Zeit originiert in der Empfindung.*
[13] Yorck, Bewußtseinsstellung, 120.

Die Verlagerung der Aufmerksamkeit vom zeitlich Empfindenden zum identisch Vorgestellten wird nicht dadurch wirklichkeitsnäher, daß Kant sie als bloß subjektive Bedingung in das erkennende Ich zurücknimmt. Die Okularisierung der Zeit bleibt bestehen, auch in ihrer kantisch-subjektiven Form. Die *Subjektivierung der Zeit* ändert nichts an der Veräußerlichung der Innerlichkeit, die in der Projektion nach Außen liegt.[14]

Die Kritik richtet sich gegen Kant. Aber man muß sie im Sinne behalten, will man Augustins Zeittheorie geschichtlich einordnen. Es gibt immer noch Philosophiegeschichten, die sie als partielle Vorwegnahme kantischer Einsichten ansehen. Yorck hingegen sah keinen Grund, die *Kritik der reinen Vernunft* zum Maßstab Augustins zu machen. Er erinnerte daran, daß man zuerst zusehen muß, *was* subjektiviert wird und woher dessen inhaltliche Bestimmung stammt.

Zu b. Indem das projizierende Vorstellen *etwas als etwas* feststehen läßt, reißt es seinen Gegenstand aus dem Strom des Vergänglichen. Darin liegt der Anfang aller Metaphysik, den auch Kant nicht verlassen habe. Schon im *Bei-sich-Sein* liege ein *projektivistisches Moment*.[15] Diese Art aktiver Selbstbehauptung, die aus dem Lebensvollzug stammt, ihn aber vergißt, war bei den Griechen noch durch die Gestalthaftigkeit des Seienden und die Harmonie des Kosmos gebunden. Die Weltfreiheit der christlichen Bewußtseinsstellung hat dann, Yorck zufolge, alles Gestalthafte in Kraft aufgelöst und die auf Gestalt bezogene griechische Spekulation in abstraktes Herrschaftswissen verwandelt. Schon die griechische Philosophie durchzog ein Kampf zwischen metaphysischer Idealität und Technik. Mit Descartes beginnt das Vorstellen, sich der Natur zu bemächtigen. Der alte Widerstreit von Auge und Hand entscheidet sich zugunsten der Hand. Die moderne Naturbeherrschung ist demnach die äußerste Form der Selbstvergessenheit des zeitlichen, vergänglichen Ich. Die abstrahierende Negation der eigenen Zeitlichkeit wurde zur universalen Lebensform. Der äternisierende Gestus der Metaphysik, in der *das Zeitmotiv seine ontische Stelle verloren* hat, war die Vorform und die Ermöglichung der universalen Technik. Jetzt tritt das Ich, indem es seine Herkunft aus der Äternisierung des Vorstellens, also aus der Metaphy-

---

[14] Yorck, Bewußtseinsstellung, 50, 51 und 144–145.
[15] Yorck, Bewußtseinsstellung, 147.

sik, leugnet, als Konstruktionsfaktor auf und macht alles zum Material, auch sich selbst.[16] Die abstraktive Entleerung gelebter Zeitspannen auf ein gleichförmiges inhaltloses Jetzt stünde demnach am Ursprung der industriellen *Vergewaltigung der Natur* und der Selbstdisziplinierung der Menschen abstrakt zu nichts als zu Produktionsfaktoren. Für den Leser der Zeituntersuchung Augustins ergibt sich die Frage: Steht Augustin mit seiner Zeitanalyse in dieser Entwicklungsreihe, in der das eleatische *Eine* Hände und Instrumente und zuletzt Maschinen zur Entwicklung und Herstellung von Instrumenten bekommen hat? Verstärkt, unterbricht oder korrigiert Augustins Zeittheorie diese Metaphysik der Technisierung? Hat Augustin die Zeit als empfundene, inhaltlich geprägte Zeitlichkeit beschrieben? Schon in den ersten Schriften Bergsons blieb die Zeitanalyse kein rein theoretisches Unternehmen. Sie bekam es mit der Mathematisierung der menschlichen Erfahrung und dem Verschwinden des *moi fondamental* zu tun. Yorck verfolgte die sozialen, politischen und historischen Implikationen des Zeitbewußtseins bis hin zum Ursprung der Metaphysik, nicht um der Gelehrsamkeit oder der reinen Theorie willen, sondern weil er Selbstbesinnung fördern wollte und von ihr eine Lebenserneuerung erwartete. Er verknüpfte auf dem Weg über die Geschichte des Zeitproblems den Anfang der Metapysik mit der modernen Technik. Er verhielt sich nicht mehr schlicht affirmativ zu den Charakteristika der Moderne: Produktion statt Gestalt, Subjektivierung der Zeit als Form des inneren Sinns statt erfahrener Zeit. Daher ging er auch die Geschichte des Zeitproblems mit neuen Fragen an, die über die der Neukantianer weit hinausgingen. Konnte die Augustin-Rezeption daraus Gewinn ziehen?

Zu c. Yorck trägt eine eigentümliche Art von Metaphysikkritik vor. Sie ist nicht positivistisch oder empiristisch; sie ist weder sprachanalytisch noch bibeltheologisch; sie soll ein verändertes Konzept der Transzendenz erbringen, im Sinne einer Religionsphilosophie radikal-philosophierenden Luthertums, in der – mit Berufung auf Augustins Gnadenlehre – die Selbsthingabe die Selbstbehauptung überwindet, deren Ausdruck Metaphysik *und* Technik sind. Ich kann auf diese originelle Position nicht näher eingehen und hebe nur hervor, daß es nach Yorck gerade die Zeit ist, die das Philosophieren in Gang bringt, daß aber im

---

[16] Yorck, Bewußtseinsstellung, 137.

einfachen Sich-Erfassen und im Identifizieren von Gegenständen die Negation der Zeitlichkeit liegt. Nur durch Selbstbesinnung kann diese Tendenz zurückgenommen werden, aber die metaphysische Tradition – einschließlich ihrer transzendentalphilosophischen und technokratischen Variante – hat alles getan, um diese Selbstbesinnung nicht aufkommen zu lassen. Sie konstruierte Seiendes und Nicht-Seiendes, Seele und Leib, Ewiges und Zeitliches als okular evidente Kontraste und sah das kontemplative Leben in seiner möglichst großen Gleichförmigkeit mit dem ewigen Kosmos oder dem ewigen Gott als das einzig wertvolle Lebensziel an. Sie war aber, Yorck zufolge, eine Form der Selbstbehauptung gegen die ursprüngliche Zeiterfahrung; sie verschaffte dem herausgelösten Denken eine *bodenlose Selbständigkeit;* sie verdrängte das Vergänglichkeitsgefühl und hielt den Menschen an, sich mit dem Bleibenden zu identifizieren.[17] Yorcks Fragment schließt, wie gesagt, mit einer Bemerkung über Augustin. In seinem Denken vollziehe sich der Konflikt zwischen metaphysisch-ethischer Selbstgewißheit und dem christlichen Gefühl zentraler Abhängigkeit. Yorck konnte nicht mehr ausführen, wie sich dieser Konflikt gestaltet hat. Wir untersuchen, ob und wie er sich auf dem Feld der Augustinischen Zeittheorie zeigt, ohne den Anteil Schleiermachers an Yorcks Problembeschreibung zu übersehen und ohne seine protestantisch-konservative Position zum Weltschlüssel zu erheben.

3. Husserl

Husserls Forschungen zum Problem der Zeit bewegten sich, im Unterschied zur Arbeit Bergsons und Yorcks, im akademischen Rahmen. Sie hielten sich methodisch streng innerhalb der selbstgesetzten Grenzen der Phänomenologie und sahen von aller bewußtseinstranszendenten Setzung ab; d.h. sie konzentrierten sich ausschließlich auf das *innere* Zeitbewußtsein. Sie bestätigten für einige Interpreten der Augustinischen Zeitlehre die folgenreiche Vorgabe, man müsse unterscheiden zwischen *innerer* und *äußerer Zeit.* Wir finden Husserls Zeitanalysen in seinen Vorlesungen, die er im Winter 1904/05 in Göttingen gehalten und die Martin Heidegger 1928 im *Jahrbuch für Philosophie und Phänome-*

---

[17] Yorck, Bewußtseinsstellung 66, 84, 135, 144.

nologische Forschung herausgegeben hat (Bd. 9 ²1980). Darauf beziehen sich im folgenden meine Seitenangaben. Der Text auch in: Husserliana, Bd. X, Den Haag 1966. Hinzu kommen einige Bemerkungen in der Vorlesung vom Sommer 1907, die Ulrich Claesges 1973 herausgegeben hat unter dem Titel: *Ding und Raum* (Husserliana Bd. XVI, bes. S. 60–65).

Husserls Untersuchungen knüpften an die Zeitanalysen Brentanos an[18], standen unter dem Leitmotiv der Intentionalität des Bewußtseins (S. 481: *Jeder Akt ist Bewußtsein von etwas, aber jeder Akt ist auch bewußt*) und brachten eine erhebliche Verfeinerung der Analyse des inneren Zeitbewußtseins. In Auseinandersetzung mit Brentano bestimmte Husserl die Rolle der Phantasie im Zeitbewußtsein genauer, nämlich einschränkend (S. 375–377; 404). Ohne inhaltlich auf Augustin im einzelnen Bezug zu nehmen, ergänzte, vertiefte, korrigierte er dessen Untersuchung. So hob er stärker die Identität des als zeitlich Erfahrenen als ein Element der Zeiterfahrung hervor. Er korrigierte die rein punktuelle, inhaltslose Bestimmung des Jetzt und erinnerte an die Polemik des Psychologen W. Stern gegen das *Dogma von der Momentaneität eines Bewußtseinsganzen* und an Sterns Theorie, wonach sich das tatsächlich erfahrene Jetzt über eine Zeitstrecke ausdehne (S. 383). Husserl hob die inhaltliche Füllung des jeweils anderen Jetzt hervor. Das jeweilige Jetzt enthält je ein Dies (S. 421). *Im Jetzt schaue ich das Nicht-Jetzt* (S. 415). Das Jetzt-Bewußtsein konstituiert sich jeweils aufgrund einer bestimmten Materie. Notieren wir in diesem Zusammenhang auch die Formulierung Husserls: *in dem lebendigen Quellpunkt des Seins, dem Jetzt, quillt immer neues Ursein auf* (S. 424).

Das besondere Interesse Husserls galt der Analyse der Erinnerung. Husserl unterschied primäre Erinnerung oder direkt gegenstandsbezogenes Behalten (Retention) von sekundärer Erinnerung oder Reproduktion (S. 385, 395, 397, 404). Husserl präzisierte, was Augustin über die seelische Tätigkeit in den drei Zeitmodi gesagt hatte (bes. S. 385); er sprach von Retention, Präsentation und Protention und exemplifizierte wie Augustin diese drei Aspekte der Zeiterfahrung am Beispiel des Er-

---

[18] Sie sind jetzt zugänglich in Franz Brentano, Philosophische Untersuchungen zu Raum, Zeit und Kontinuum, aus dem Nachlaß mit Anmerkungen von A. Kastil herausgegeben und eingeleitet von St. Körner und R. M. Chisholm, Hamburg 1976.

klingens eines Tons. Ich höre den Ton. Ich behalte ihn, während er verklingt, und dieses Behalten ist nicht seine bewußt-präsentierende Wiedererinnerung, also keine erneute Präsentation, sondern ein Festhalten, das an eine Impression anschließt. Husserl beschreibt eingehend, wie die Einheit des präsentierenden Aktes Retention und Protention übergreift. Dieser Akt ist, wie alles Bewußtseinsleben, im beständigen Fluß. In ihm wirkt das Neue auf das Alte zurück. Vor allem ging es Husserl um den Nachweis, daß das Erleben nicht nur diese drei Zeitmodi enthält bzw. konstituiert, sondern daß es an ihm selbst zeitlich ist. Was Bergson mit der Forderung, das Verhältnis von Subjekt und Objekt in der Funktion der Zeit zu analysieren, begonnen hatte, setzte Husserl fort, indem er das Bewußtsein nicht nur als Grund der Zeitdimensionen, sondern auch in seiner eigenen Zeitlichkeit zum Problem machte, freilich immer innerhalb seines Programmes der *deskriptiven Psychologie,* während Yorck mit seiner Analyse der empfundenen *Zeitlichkeit* als Sterblichkeitserfahrung und als Grund der verräumlichten *Zeit* weitergegangen war.

L. Boros und S. Böhme haben das Thema der *Zeitlichkeit* bei Augustin untersucht, aber ihre aktualisierenden Darstellungen wecken erhebliche methodische Bedenken. Wie vorsichtig vorzugehen ist, dafür gibt *Conf.* XI einen Hinweis: In dem ganzen Text ist viel von Zeit, aber nie von Zeitlichkeit die Rede. Nicht nur, daß dieser Ausdruck nicht vorkommt. Dies ist zwar bemerkenswert, aber nicht ausschlaggebend. Entscheidend ist: Augustin weiß zwar, daß er, der sein Bekenntnis ablegt, dies in der Zeit tut. Er erkennt sich als hinfällig und deutet die eigene Sterblichkeit als Beweis für die Sünde, die wir alle in Adam begangen hätten. Er sieht sich als in die Zeiten verloren. Er hebt hervor, daß sein Reden über die Zeit *in der Zeit* geschieht. Aber er spricht nie darüber, ob das Tätigen der drei Zeitdimensionen selbst in der Zeit verläuft und ob der *animus,* der die Zeitdimensionen tätigt, selbst zeitlich ist.

Daraus folgt, daß terminologische und historische Differenzierungen im Feld von *Zeitlichkeit* und *Zeit* nötig sind. Das bedeutet nicht, Annäherungen zwischen Husserl (gar zwischen Yorck und Heidegger) einerseits und Augustin andererseits seien ausgeschlossen; nur stehen sie unter erheblichem Vorbehalt und Beweisdruck. Dies zeigt auch die Bemerkung, mit der Husserl 1904 seine Zeitvorlesung eröffnete:

Die Analyse des Zeitbewußtseins ist ein uraltes Kreuz der deskriptiven Psychologie und der Erkenntnistheorie. Der erste, der die gewaltigen

Schwierigkeiten, die hier liegen, tief empfunden und sich daran fast bis zur Verzweiflung abgemüht hat, war Augustinus. Die Kapitel 13–28 des XI. Buches der ‚Confessiones' muß auch heute noch jedermann gründlich studieren, der sich mit dem Zeitproblem beschäftigt. Denn herrlich weit gebracht und erheblich weiter gebracht als dieser große und ernst ringende Denker hat es die wissensstolze Neuzeit in diesen Dingen nicht. Noch heute mag man mit Augustinus sagen: si nemo a me quaerat, scio, si quaerenti explicare velim, nescio. Natürlich, was Zeit ist, wissen wir alle; sie ist das Allerbekannteste. Sobald wir aber den Versuch machen, uns über das Zeitbewußtsein Rechenschaft zu geben, objektive Zeit und subjektives Zeitbewußtsein in das rechte Verhältnis zu setzen und uns zum Verständnis zu bringen, wie sich zeitliche Objektivität, also individuelle Objektivität überhaupt, im subjektiven Zeitbewußtsein konstituieren kann, ja sowie wir auch nur den Versuch machen, das rein subjektive Zeitbewußtsein, den phänomenologischen Gehalt der Zeiterlebnisse einer Analyse zu unterziehen, verwickeln wir uns in die sonderbarsten Schwierigkeiten, Widersprüche, Verworrenheiten.[19]

Es gibt wenige Texte der älteren Philosophie, die sich wie *Conf.* XI einer solchen Ehrenerklärung durch einen bedeutenden Denker des 20. Jahrhunderts erfreuen können. Nicht um sie abzuschwächen, sondern um sie historisch zu situieren, ist auch auf die Differenzen zu Augustin hinzuweisen, die sie in obliquo ausspricht:

Sie faßt *Conf.* XI c. 13–28 (das sind die nn. 15–38) als einen Beitrag zur *deskriptiven Psychologie und Erkenntnistheorie*. Sie begründet weder das Recht, einen Textabschnitt derart herauszuschneiden, noch thematisiert sie, bei aller sonstigen Umständlichkeit, die Angemessenheit der Leitkonzepte *deskriptive Psychologie* und *Erkenntnistheorie*. Daß diese Sorglosigkeit sachliche Folgen hat, beweist der Fortgang von Husserls Text: Er findet deskriptive (das hieß damals: nicht-zergliedernde, nicht-empirische, nicht-assoziationspsychologische) Psychologie der Zeiterlebnisse und spricht von der Schwierigkeit, objektive Zeit und subjektives Zeitbewußtsein in das rechte Verhältnis zu setzen. Dazu ist zu sagen, daß Augustins Text nichts, aber auch gar nichts sagt zur Verhältnisbestimmung von subjektivem Zeitbewußtsein und objektiver

---

[19] E. Husserl, Vorlesungen zur Phänomenologie des inneren Zeitbewußtseins. Einleitung, in: Jahrbuch für Philosophie und phänomenologische Forschung 9 (1928) 368 = Husserliana X.

Zeit. Er will wissen, was die Zeit ist: *scire cupio vim naturamque temporis* (n. 30), und dabei setzt er sofort voraus, diese Zeit *sei* die Zeit der kosmologischen Veränderungen, der *motus corporum*. Von erkenntnistheoretischen Bedenken bezüglich des Abgrunds zwischen subjektiver Zeit und objektiver Zeit keine Spur. Diese Distinktion bleibt Augustins Nachdenken über die Zeit fremd. Man kann Augustin tadeln, diese Unterscheidung versäumt zu haben. Man kann sie ihm aber nicht einfach unterstellen. Augustins Zeittraktat enthält über die schlichten Bemerkungen in n. 36 zur Einwirkung der vorübereilenden Dinge auf den Geist hinaus keine *Erkenntnistheorie*. Aber spricht er nicht doch vom *phänomenologischen Gehalt der Zeiterlebnisse?*

Wer bestritte, daß Augustins Text, besonders nn. 33–38, Zeiterfahrungen *beschreibt* oder wer behauptete, Augustins Text eile phänomenblind auf metaphysische oder theologische Thesen zu, hat *Conf.* XI nie sorgfältig gelesen. Insofern besteht Husserls Einordnung passagenweise zu Recht. Aber selbst in diesen Passagen ist die Augustinische Metaphysik (auch die damit keineswegs identische Theologie) präsent. Dies beweist sowohl Augustins Pathos des Abstands zwischen Ewigem und Zeitlichem (z. B. in n. 13), als auch sein Interesse am ständigen Übergehen der Zeit zum Nichtsein. Insbesondere beruht *Conf.* XI auf einer Metaphysik des Geistes. Der *animus,* der die Zeitmodi tätigt (n. 33 und n. 37), ist keine phänomenologische Gegebenheit *im* Zeiterlebnis; er ist dessen metaphysischer Grund. Was genau seine metaphysische Bedeutung ist, mag hier vorerst dahingestellt bleiben; jedenfalls hat Augustin dabei die für die Phänomenologie charakteristische Reduktion nicht vorgenommen; *insofern* ist *Conf.* XI auch kein Beitrag zur Phänomenologie der Zeiterlebnisse. Augustins Text enthält viel mehr: vom Stöhnen über die Zeitgebundenheit menschlichen Lebens zur Ethik der Befreiung von der Zeit, von Bitten um Erleuchtung zu einer Theorie der Affektionen, zur Metaphysik der Seele und zu einer metaphysischen Theologie der Zeiterfahrung mit erstaunlich deskriptiven Einlagen, die einem primär metaphysisch, gar theologisch orientierten Leser weniger auffallen, als sie Husserl mit Recht aufgefallen sind. Man kann aber genau wissen, was 1904 *Erkenntnistheorie* und was *deskriptive Psychologie* bedeutete. Husserl verstand darunter:

Ausschluß jedweder Annahmen, Festsetzungen, Überzeugungen in betreff der objektiven Zeit (S. 369).

Husserl schrieb:

So wie das wirkliche Ding, die wirkliche Welt kein phänomenologisches Datum ist, so ist es auch nicht die Weltzeit, die reale Zeit, die Zeit der Natur (S. 369, vgl. 370 und 373).

Derartige theoretische Selbstbeschränkungen treffen auf keine Zeile Augustins zu. Husserls Einseitigkeit, einen so reichen Text in sein eigenes Methodenprogramm einzuordnen, konnte nicht das letzte Wort der Deutung von *Conf.* XI bleiben; der Reichtum dieses Textes an ästhetischen, ethischen, religionsphilosophischen und psychologischen Assoziationen, sein Charakter als ein historisches Dokument der christlichen Spätantike im Spannungsfeld von Neuem Testament, hellenistischer Popularphilosophie, römischer Bildungstradition und Neuplatonismus war gegen Husserls rigorose Einordnungsgeste wiederherzustellen.

Nun hat 1985 Ernst A. Schmidt eine Abhandlung über *Zeit und Geschichte bei Augustin* (Heidelberg 1985) vorgelegt, die, was die Zeitanalyse angeht, ihr Ergebnis als eine *Rückkehr zu Husserl (S. 7)* zusammenfaßt: *Die Voraussetzung Husserls, bei Augustins Zeittheorie handle es sich um „deskriptive Psychologie" oder „Erkenntnistheorie", klärt den Charakter der Bekenntnisse in literarischer und theologischer Hinsicht; sie ist hier eben auch aus solchem Interesse wiedergewonnen worden"* (S. 63).

Schmidt hat diesen Versuch, Husserls Augustin-Deutung zu erneuern, mit philologischer Kennerschaft und reichem Material entfaltet. Einem solchen Unternehmen ist mit punktuellem Widerspruch nicht zu begegnen; das Gespräch mit Ernst A. Schmidt muß sich im Kommentar fortsetzen.

Doch hierher gehört die Beobachtung, daß Schmidt die Husserlschen Termini *deskriptive Psychologie* und *Erkenntnistheorie,* zu denen auch noch *Phänomenologie des inneren Zeitbewußtseins* zu zählen ist, nicht in ihrem präzisen Sinn genommen hat; er hat das Beweisziel, bei Augustin eine metaphysikfreie beschreibende Psychologie der Zeiterfahrung und eine in phänomenologischer Epochē durchgehaltene Analyse des inneren Zeiterlebnisses aufzuweisen, nicht ins Auge gefaßt. Er kehrt zu der Einordnung von *Conf.* XI als *deskriptive Psychologie und Erkenntnistheorie* schon deswegen zurück, weil ihm der Nachweis gelingt, wie fremd einige theologische Adaptionen der Philosophie Heideggers dem Text Augustins sind. Schmidt verwirft damit Auslegungen, nach denen Augustins Zeitlehre eine *Theorie der Existenz des Menschen als Zeitlichkeit* hätte geben wollen. Schmidt zeigt überzeugend, es gehe in *Conf.* XI nicht um eine Analyse des zeitlichen Ausgespanntseins des menschlichen Lebens im Sinne einer Ausrichtung auf die Zukunft. Schmidt setzt dieser Interpretation entgegen, Augustins Thema sei die *Zeitlichkeit des menschlichen Wissens*. Als sehe er, daß damit Augustins Thematik in *Conf.* XI eng gefaßt wird, fügt er den Hinweis hinzu, die damit aufgewiesene Grenze menschlichen Wissens dürfe nicht *zu eng gedacht werden: die Zeitlichkeit des Wissens prägt das menschliche Dasein in der Welt entscheidend* (63). Dieser Hinweis gewinnt allerdings in Schmidts Analysen keine argumentative Konsistenz. Dies war auch nicht möglich, ohne die soeben mit Hilfe Husserls erneuerte Einengung auf Erkenntnistheorie zu sprengen. Schon das gerade zitierte Minimum an Argumentation, das Schmidt der Sache nach hierzu vorbringt, bildet einen Bruch mit Husserl. Denn Husserl hat mit dem Terminus *Erkenntnistheorie* nicht die Prägung des *menschlichen Daseins* durch die *Zeitlichkeit des Wissens* bezeichnet. Noch diese Formulierung, die die Rückkehr zu Husserl zusammenfassen soll, distanziert sich der Sache nach von ihm.

Die Arbeit Schmidts bringt überzeugende Argumente gegen den existenzphilosophischen Film, den seit 1950 vor allem deutsche Interpreten über Augustins Zeittraktat gezogen haben. Er beweist, daß Augustins Zeitlehre keineswegs die *Zukunft* auszeichnet; er verwirft das historiographische Schema, wonach Augustins Zeitlehre das zyklische Zeitverständnis der Griechen überwunden habe zugunsten einer Neubewertung der gerichteten Geschichtszeit und einer Privilegierung der Zukunft. Schmidt kritisiert, wie ich finde, mit unwiderleglichen Argumenten Autoren wie Ladislas Boros, Erich Lampey, Rudolph Berlinger, Erich Dinkler, Ulrich Duchrow und Hans Georg Gadamer. Schmidt tadelt, daß *auch* ich in meinem Buch über *Augustin* von 1980 Reste der *existenzialontologischen und geschichtsphilosophischen Deutung* von *Conf.* XI habe stehenlassen (Schmidt S. 13 f. A. 10), indem ich S. 267 f. von dem „in die Zukunft ausgespannten Charakter der menschlichen Existenz" gesprochen habe. Ich kann ihm hierin nur recht geben. Schmidt hat den zitierten Satz, der, wie Schmidt andeutet, auch 1980 nicht zur Substanz meiner Darstellung der Augustinischen Zeitlehre gehört hat, widerlegt, und mit Schmidt (S. 13–15) ist festzuhalten:

Augustins *Conf.* XI erklärt nicht die Zukunft als das Wesen der Zeitlichkeit. Zukunft ist hier *Erwartung, nicht Hoffnung* (36). Überhaupt spielt die Zukunft *keine ausgezeichnete Rolle, ist vielmehr der Gegenwart und Vergangenheit eindeutig nachgeordnet. Es gibt keinen Anhalt, das Wesen der augustinischen Zeit als Zukünftigkeit im Sinn einer in die Zukunft gerichteten „distentio animi" zu verstehen* (38);

Augustin denkt nicht die Ewigkeit als Zukunft; eher eliminiert er die Zukunft durch Ewigkeit (45);

die Zeit, die Augustin in *Conf.* XI analysiert, zeigt keine geschichtstheologische oder geschichtsphilosophische Gerichtetheit.

Diese Ergebnisse Schmidts haben für die Texterklärung, auch für die Übersetzung, konkrete Folgen. Zum Beispiel die, daß *distentio* in n. 30 und n. 33 nicht aufgrund genereller Vorwegnahmen als *Zerstreuung*, als Fragmentierung und Selbstverlust oder als Ausspannung auf die Zukunft gelesen werden kann, sondern als *Ausdehnung* (Schmidt 23 f. A. 36). Dies sind wichtige, methodisch gesicherte Ergebnisse, die freilich bezüglich der *distentio* oder des Vorrangs von *Gegenwart und Vergangenheit* der Nuancierung bedürfen. Sie machen die Untersuchung Schmidts zu einem unentbehrlichen Buch über Augustins Zeitlehre. Aber motivieren sie eine *Rückkehr* zu Husserls Deutung? Kann man auf diesem Wege begründen, es sei Augustin um *deskriptive Psychologie* und um *Erkenntnistheorie* gegangen?

Schmidt unterscheidet bei Augustin eine *Zeit in der Seele* und eine *Zeit der Kreatur* (54). Ich will hier nicht um Vokabeln streiten, aber da bei Augustin die Seele auch geschaffen ist, wäre es wohl im Sinne Schmidts, die *Zeit in der Seele* zu unterscheiden von der *Zeit in der Natur*, was immer noch besser wäre als die Ausdrücke *objektive* oder *physikalische Zeit*. Richtig hebt Schmidt (55) hervor, daß Augustin in *Conf.* XI die *Zeit der Kreatur* kennt. Gott ist der Bewirker aller Zeiten (n. 15); er hat die Zeit gemacht (n. 17), die Zeiten entstehen durch Veränderungen der Dinge (*Conf.* XII 8,8). Gegen Duchrow, 281 f. kann er zeigen, die Zeit in der Seele bedeute nach Augustin nicht das Nichtsein der Zeit der Natur. Schmidt resümiert dann aber, Augustin habe *zwei Zeitbegriffe*, die er am Ende auch terminologisch auseinanderhalte (56), indem Augustin die *personale Zeit* als *visio temporalis* von der Naturzeit unterscheide. Personale Zeit sei nichts anderes als eine *zeitliche Anschauung, zeitlich bedingte und differenzierte, dazu sich verändernde Erkenntnis* (58). Thema der Zeitanalyse des XI. Buches sei also die *zeitliche Be-*

dingtheit und Strukturierung menschlicher Erkenntnis. Zeit heiße hier: Vielheit zeitlich differenzierter menschlicher Erkenntnisweisen. Dieses zeitgebundene Erkennen sieht Schmidt in protestantisch-schroffer, von keiner Analogie, von keinem Urbild-Abbildverhältnis gemilderter Differenz zur Ewigkeit und interpretiert die Husserlsche Einordnung als Erkenntnistheorie im Sinne der Erkenntnis der Grenzen zeitgebundener Anschauung, als Nachweis der Zeitlichkeit des Wissens (60–63). So richtig daran ist, daß Augustins Zeitlehre die Zeit nicht reduziert auf ein *subjektives oder psychologisches Phänomen* (61), so zeigt diese Auslegung doch zugleich die Nachteile, mit denen sie ihre Rückkehr zu Husserl erkauft:

1. Auch wenn der Ausdruck *visio temporalis* vorkommt, legt er keine terminologische Unterscheidung nahe, wie sie nach Schmidt von Augustin erwartet werden muß;

2. Schmidts Interpretation reduziert zunehmend Zeit auf *personale Zeit* und personale Zeit auf *zeitliche Anschauung* oder *zeitliche Bedingtheit* menschlicher Erkenntnis. Diese Einengung wird weder sachlich einleuchtend gemacht noch aus dem Text Augustins aufgewiesen;

3. Vor allem aber – unter Philologen –: Augustin sagt mit unwiderleglicher Deutlichkeit, daß er nicht nur den zeitlichen Aspekt menschlicher Erkenntnis, auch nicht nur die personale Zeit im Unterschied zur Naturzeit erforschen will, sondern das Wesen der Zeit, ohne jede Einschränkung:

Quid est enim tempus? (n. 17),
Quid est ergo tempus? (n. 17),
Scire cupio vim naturamque temporis (n. 30)
... quid sit tempus (n. 32).

Nehmen wir Augustins zusammenfassende Formulierung:

Inde mihi visum est nihil esse aliud tempus quam distentionem: sed cuius rei nescio, et mirum, si non ipsius animi (n. 33).

Ein zentraler Satz wie dieser verlöre jeden philosophischen Anspruch, wenn man ihn erst dahin korrigieren müßte, er meine nicht die Zeit schlechthin, sondern nur eine Unterart von Zeit, ja, nur den zeitlichen Aspekt menschlicher Erkenntnis. Welche im Text Augustins genannten Gründe machen es einsichtig, daß sich die Frage nach dem Wesen der Zeit einengt auf die Untersuchung, wie die Zeit *auch den Menschen in seiner Erkenntnis bestimmt* (61)? Wohin verschwinden plötzlich die anderen Aspekte, die Schmidt damit anerkennt? Alle Distinktionen, die man vorschlägt, sind Hilfsmittel, die sich am Text selbst ausweisen müssen. Die Unterscheidung Schmidts weist sich überhaupt nicht aus, weder dem sachlichen Gehalt nach noch philologisch. Sie ist der Preis, den ein Philologe für seine Husserlverehrung zahlt. Richtig ist, daß *wir* das Problem haben, wie subjektive Zeit oder *personale Zeit* zugleich die Zeit der Natur sein kann; Augustin hatte es offenbar nicht. Daß er es nicht hatte, beweist e contrario, daß seine Zeitanalyse keine Erkenntnistheorie sein will. Als solche wäre sie indiskutabel rudimentär und überdies naiv. Damit sind keineswegs alle Fragen beantwortet, die Schmidts unbestreitbare Ergebnisse neu aufwerfen. Nur sind sie nicht zu lösen auf dem reduktiven Weg, den Schmidt zuletzt (60–63) einschlägt mit seiner Rückkehr zu Husserls Einordnung der Zeituntersuchung Augustins.

4. Heidegger

Heideggers Nachdenken über die Zeit hat kraft seines argumentativen Gewichtes und seines weiten historischen Horizontes mehr als jede andere Philosophie des 20. Jahrhunderts die Deutung von *Conf.* XI mitbestimmt. Dies gilt zumindest für Deutschland und bis zu dem Einspruch von Ernst A. Schmidt.

Heidegger hat sich, wie er 1925 öffentlich mitteilte, spätestens seit 1918 gründlich mit Augustin befaßt und ist immer wieder auf Augustin und seine Zeitlehre zurückgekommen. Die Texte reichen von der Vorlesung des Sommersemesters 1921 über Augustinus und den Neuplatonismus sowie den Beuroner Vortrag vom Oktober 1930 *Des hl. Augustinus Betrachtung über die Zeit* bis zum Paragraphen 81 von *Sein und Zeit* und zu den Zollikoner Seminaren. Die berühmten Paragraphen 78–82 von *Sein und Zeit* sind heute zu lesen im Kontext folgender Marburger Vorlesungen Heideggers[20]:

---

[20] Ich zitiere die Marburger Vorlesungen nach Band und Seite der Ausgaben innerhalb der II. Abteilung der Gesamtausgabe, abgekürzt nach den unterstrichenen Titelstichworten, den Beuroner Vortrag vom 26.10.1930 *Des hl. Augustinus Betrachtung über die Zeit* nach den Seitenzahlen des Typoskripts der *Bibliotheca Beuronensis*. – Das Selbstzeugnis Heideggers über seine Augustinus-Studien steht in *Prolegomena* 20, 418.

Prolegomena zur Geschichte des Zeitbegriffs. Marburger Vorlesung Sommersemester 1925, hg. v. P. Jaeger, Frankfurt ²1988, Gesamtausgabe, II. Abt., Band 20;
Logik. Die Frage nach der Wahrheit. Marburger Vorlesung Wintersemester 1925/26, hg. v. W. Biemel, Frankfurt 1976, Gesamtausgabe, II. Abt., Band 21;
Die Grundprobleme der Phänomenologie. Marburger Vorlesung Sommersemester 1927, hg. v. F.-W. v. Herrmann, Frankfurt ²1989, Gesamtausgabe, II. Abt., Band 24;
Phänomenologische Interpretation von Kants Kritik der reinen Vernunft. Marburger Vorlesung Wintersemester 1927/28, hg. v. I. Görland, Frankfurt ²1987, Gesamtausgabe, II. Abt., Band 25.

Dem Denken Heideggers über die Zeit und seinen historischen Interpretationen im einzelnen zu folgen, würde den Rahmen eines Buches über die Zeitlehre Augustins sprengen. Auch der Umstand, daß noch nicht alle wichtigen Texte Heideggers ediert sind, legt dem Historiker eine gewisse Zurückhaltung auf. Ich beschränke mich daher auf einige Motive, die im Gang meiner Untersuchung und für die Kommentararbeit wesentlich sind. Diese Ad hoc-Beschränkung scheint um so eher erlaubt, als die qualifizierten Studien von M. Fleischer, Die Zeitanalysen in Heideggers Sein und Zeit, Würzburg 1991 und von F.-W. von Herrmann, Augustinus und die phänomenologische Frage nach der Zeit, Frankfurt 1992 vorliegen.

Heideggers Analysen der Zeit setzen – ähnlich wie die Bergsons und Yorcks – voraus, das europäische Denken habe die reale Zeiterfahrung entstellt und entleert. Schon in den Marburger Vorlesungen ging es Heidegger um die Freilegung der ursprünglichen Zeitlichkeit des Daseins. Diese werde traditionell verdeckt durch die Fixierung der philosophischen Tradition auf die vulgäre Zeiterfahrung, die nur die *Weltzeit* kenne. Sie zerlege die Zeit des Daseins in eine Reihe von Jetztpunkten und verkenne den Ursprung der Zeit im tätigen und leidenden Gegenwärtigen, das immer das Gegenwärtige von etwas ist, so daß dem realen Jetzt die Inhaltslosigkeit gerade nicht zukomme, welche die traditionalen Zeitanalysen ihm zuschrieben. Die gewöhnliche Zeitauffassung behalte als zur alltäglichen Seinsart des Daseins gehörig ihr natürliches Recht, aber für die philosophische Analyse hänge alles davon ab, daß das vulgäre Zeitkonzept als Derivat erfaßt und kritisiert werde.[21] Die Analyse der maßgeblichen Zeittheorien habe zu zeigen, wieweit sie das vulgäre Zeitverständnis nur artikuliert und begrifflich gefaßt oder wieweit sie es problematisiert und damit überwindbar gemacht hätten.

Heidegger hat mehrfach die drei entscheidenden Zeittheorien der europäischen Philosophie genannt und analysiert: die Aristotelische, die Augustinische und die Kantische. Alle drei bleiben, Heidegger zufolge, dem vulgären Zeitbegriff verhaftet und enthalten gleichwohl weiterführende Momente. Dies sei bei Aristoteles insbesondere der Hinweis auf den notwendigen Zusammenhang von Zeit und Seele. Augustins Zeituntersuchung erhält, Heidegger zufolge, ihre Besonderheit daraus, daß sie diesen Zusammenhang intensiver erforsche als Aristoteles.[22] Bevor ich auf diese Sonderstellung der Zeitlehre Augustins in der Sicht Heideggers eingehe, ist festzuhalten: Die Geschichte der Zeittheorie ist insgesamt ein Symptom der europäischen Verfallsgeschichte. Durchgängig zeigt sich die Verkennung der Zeit und die Verwechslung der naturalisierten und objektivierten Zeit mit der diese Zeit begründenden Zeitlichkeit des Daseins. Die Art der Verkennung der ursprünglichen Zeitlichkeit ist jeweils eine andere, je nachdem, ob sie im Kontext einer Grundlegung der *Physik,* einer neuplatonisch-christlichen Distanzierung von zeitlicher Schöpfung und göttlicher Ewigkeit oder im Rahmen einer *Kritik der reinen Vernunft* entwickelt wird. Am weitesten sei noch Kant gekommen, aber nicht etwa durch seine Theorie von der Zeit als einer subjektiven Form der Sinnlichkeit, sondern in seiner Zeitanalyse im Schematismuskapitel. Die subjektive Wende als solche erbrachte noch keine Reform der Zeitanalyse:

Bei Kant wird die Zeit zwar „subjektiv", steht aber unverbunden „*neben*" *dem „Ich denke".*[23] Daher scheidet auch für Heidegger (wie schon für Yorck) die Subjektivierung als Kriterium der Beurteilung des Fortschritts in der Zeittheorie aus. Kants Lehre von der Subjektivität der Zeit ist eine Konsequenz seines Systems, aber sie ist, Heidegger zufolge, phänomenologisch nicht ausgewiesen[24]. Überhaupt sei die Unterscheidung von *subjektiver* und *objektiver Zeit* zu abgeleitet und vorausset-

---

[21] Vgl. besonders M. Heidegger, Logik 21, 398; Grundprobleme 24, 329 und 380–381.
[22] M. Heidegger, Grundprobleme 24, 361.
[23] M. Heidegger, Sein und Zeit, 427.
[24] M. Heidegger, Logik 21, 278.

zungsreich, um bei der Beurteilung der philosophischen Tradition der Zeitphilosophie als Kriterium dienen zu können. Damit weist Heidegger die Vorstellung a limine ab, Augustins Zeitlehre als eine frühe Vorform der Kantischen Theorie von der Subjektivität der Zeit zu würdigen. Es stehen heute grundlegendere Fragen an, nach denen der Wert der traditionellen Zeit-Theorie zu bestimmen ist. Selbst Kant, dem die Theorie der Zeit gleichwohl viel verdanke, sei dabei nicht *ins Freie* gekommen.[25] Heute stehe die Aufgabe an, die Entstehung des vulgären Zeitbegriffs und seine Herrschaft über das europäische Philosophieren aufzudecken und dabei zu zeigen, daß auch Augustinus und Kant prinzipiell den Rahmen des Aristotelischen Zeitkonzepts nicht überwunden haben, trotz vertiefter Analyse der Beziehung von Zeit und Seele und trotz subjektiver Wende.

Das entscheidende Kriterium ist die Fassung des Jetztbegriffs: Wird das Jetzt als Jetztpunkt in einer Reihe gleichartiger Punkte gefaßt, dann spricht man schon nicht mehr von dem realen Jetzt, das immer ein inhaltliches ist. In der phänomenologischen Untersuchung zeigt sich jedes Jetzt als ein Jetzt-Das. Diese Intentionalität des Zeitbezugs hat die europäische Philosophie verfehlt. Sie isolierte und entleerte den Jetztpunkt. Danach nutzte es auch nichts, von ihm zu behaupten, er bewege sich oder er werde vom Subjekt konstituiert oder er bilde Teil einer Ganzheit. Sie behielt stes nur ein Jetzt-Fragment zurück und mühte sich ab mit der selbstgeschaffenen Schwierigkeit, ob dieses Jetzt wirklich sei. Aber die Frage *nach dem Sein der Zeit hat die Zeit schon mißverstanden. Klassisch sind die Schwierigkeiten, in die sich Augustinus ("Confessiones" lib. 10) mit dieser Frage hineintreibt.*[26]

Diese Analyse zeigt die Aporien der Zeitlehre der Tradition als selbstverschuldet. Noch deren tiefsinnigste Darlegung wiederholt demnach nur ihre verdinglichende Ausgangsannahme: Die Zeit, das ist die *Jetzt-Zeit, in der Vorhandenes begegnet.*[27] Die so vergegenständlichte Zeit gehört primär in die griechisch gedachte Natur, in die neuplatonisch-christlich konzipierte Schöpfung oder in die technisch beherrschte Außenwelt. Bei der philosophischen Bewertung einer Philosophie der Zeit komme es auf diese jeweils anderen, aber historisch verknüpften

---

[25] M. Heidegger, Logik 21, 293.
[26] M. Heidegger, Logik, 21, 398 f. – Merkwürdig ist, daß vom X., statt vom XI. Buch die Rede ist und daß der Herausgeber dies unbemerkt durchgehen ließ.
[27] M. Heidegger, Logik 21, 248.

Zusammenhänge an, in denen die Zeit thematisiert worden ist, nicht auf Einzelthesen. Diese historischen Stadien haben nach Heidegger gemeinsam die Verhinderung des durch das Jetzt hindurchgehenden Begegnenlassens. Von Aristoteles bis Hegel kam es ausnahmslos zur Inhaltsentleerung und Fragmentierung der Zeiterfahrung, ihre Reduktion auf die Natur oder die Welt oder die Schöpfung.[28] Verborgen blieb die ursprüngliche Zeitlichkeit, die den vulgären Zeitbegriff allererst ermöglicht. Es fehlte dieser Tradition der Schlüssel – die phänomenologisch eingelöste Intentionalität.[29] Metaphysik und Technik als Signatur Europas, die auf der Verkennung der ursprünglichen Zeitlichkeit beruht, diese Konzeption Yorcks von Wartenburg verbindet sich in Heideggers Untersuchungen mit husserlianisch gewendeten Anregungen Brentanos und mit einem eigenen Studium des Aristoteles und Augustins. Kant kann nicht mehr wie von den Neukantianern als die geheime Teleologie der Philosophiegeschichte beansprucht werden, auch wenn er in der Zeitanalyse weiter gekommen ist als andere. Damit öffnete sich für Heidegger die breite Fülle zeittheoretischer Texte der Tradition. Sie waren nicht mehr länger nach irgendeinem Fortschrittsmodell anzuordnen. Ihr aporetischer Charakter trat offen zutage; eine neue Offenheit für Texte und geschichtliche Stadien konnte entstehen, freilich innerhalb einer Philosophie, die die wahre Analyse der Zeitlichkeit glaubte gefunden zu haben und die nach Vorgängern suchte, die auf halbem Wege hatten steckenbleiben müssen.

Zu dieser Perspektivengebundenheit der Heideggerschen Bewertung der Zeittheorie Augustins traten kontingente Grenzen. Ich nenne deren drei:

a. Heidegger wußte nicht oder verlor die Tatsache aus dem Blick, daß Aristoteles ein Buch über das Gedächtnis geschrieben hat. Er war lange, zumindest bis 1963, der Meinung, Augustins Untersuchung über die *memoria* im X. Buch der *Confessiones* sei die älteste Analyse des Gedächtnisses und des Erinnerns.[30] Noch weniger achtete Heidegger auf die römisch-rhetorische Tradition und ihre Gedächtnistheorien. Dadurch ordnete er Augustins *memoria*-Untersuchungen historisch falsch

---

[28] M. Heidegger, Logik 21, 249. Vgl. auch 348 f. Zur Reduktion der Zeitlichkeit auf Weltzeit vgl. auch M. Heidegger, Grundprobleme 24, 370 und 383.
[29] M. Heidegger, Logik 21, 290, vor allem aber Grundprobleme 24, 80 ff.
[30] Vgl. noch Heideggers Brief vom 20.1.1963 an M. Boss in: Zollikoner Seminare, 323.

ein und maß ihnen eine Originalität bei, die sie in dieser Weise nicht haben.

b. Heidegger kannte Plotins Untersuchung über den Äon und die Zeit, aber er schätzte sie gering ein und befaßte sich nicht inhaltlich mit ihr. Vermutlich unter dem Einfluß abschätziger Urteile Brentanos über Plotin wertete Heidegger Plotins Zeittraktat ab: Plotin gebe *mehr eine theosophische Spekulation über die Zeit als eine streng am Phänomen selbst bleibende und das Phänomen in den Begriff zwingende Interpretation*.[31] Darin lag eine Geschichtsphilosophie, welche die Spätantike als Verfallszeit markierte. Danach war *Aristoteles der letzte der großen Philosophen, die Augen hatten zu sehen*.[32]

Diese Verurteilung der spätantiken Philosophie insgesamt kam dann zwar Augustin zugute, der, Heidegger zufolge, *einige Dimensionen des Zeitphänomens ursprünglicher sieht* als Aristoteles[33], der also dann doch wohl Augen hatte, zu sehen. Aber da, Heidegger zufolge, die geschichtliche Bedeutung der Augustinischen Zeittheorie vor allem in der vertieften Untersuchung des Zusammenhangs von Geist und Zeit besteht, verschob die Vernachlässigung Plotins, der gerade diesen Zusammenhang intensiver erforscht hat als Augustin, die geschichtliche Bewertung Augustins.

c. Indem Heidegger seine geschichtliche Orientierung auf die Gipfel: Aristoteles, Augustinus, Kant konzentrierte, verkürzte sich ihm insbesondere das Mittelalter auf die scholastischen Aristoteliker unter den Zeittheoretikern, de facto auf Thomas von Aquino und Suarez.[34] Der dramatische geschichtliche Vorgang eines phasen- und ideenreichen Konfliktes zwischen Aristoteles und Augustinus im Mittelalter, den jetzt die Untersuchung von Udo R. Jeck dokumentiert, blieb ihm unter diesen Prämissen ebenso verborgen wie die Debatten der arabischen Philosophen. Sein „Mittelalter" blieb ungeschichtlich monochrom wie das der Neuscholastiker.

---

[31] M. Heidegger, Grundprobleme 24, 327 f.
[32] M. Heidegger, Grundprobleme 24, 329.
[33] M. Heidegger, Grundprobleme 24, 329. Die widersprechenden Urteile stehen dort auf derselben Seite: Aristoteles war der letzte, der *Augen hatte zu sehen* und: *Im Vergleich sind die Aristotelischen Untersuchungen begrifflich strenger und stärker, während Augustinus einige Dimensionen des Zeitphänomens ursprünglicher sieht*.
[34] M. Heidegger, Grundprobleme 24, 328.

Die umfassendste Äußerung Heideggers zu Augustins Zeiterörterung findet sich in dem Vortrag, den er am 26. Oktober 1930 im Kloster Beuron gehalten hat. Heidegger hebt hervor, für die Zeituntersuchung Augustins sei es kein Nebenumstand, daß sie sich gegen Ende der *Confessiones* finde. Es sei für die drei großen Zeittheorien charakteristisch, in welchem Kontext sie stünden – bei Aristoteles sei dies die Theorie der kinesis in der *Physik*, bei Augustin der Zusammenhang von Zeit und Seele in den *Bekenntnissen*, bei Kant die Zeit als Bedingung des Gebrauchs der reinen Verstandesbegriffe im Zusammenhang der *Kritik der reinen Vernunft* (Schematismuskapitel). Heidegger wiederholt hier nicht seine prinzipiellen Vorbehalte gegen die traditionale Zeittheorie; er arbeitet die gedankliche Struktur des XI. Buches der *Confessiones* heraus, um zu zeigen: *In ihrer Zeitbetrachtung gewinnen die Confessiones erst ihr eigentliches Ziel, d.h. den metaphysischen Boden ihrer selbst* (Typoskript S. 3). Die Zeitabhandlung sei kein Fremdkörper in Augustins *Confessiones*, sondern gebe überhaupt erst *den entscheidenden Aufschluß über dieses grandiose Werk, das man schon hoffnungslos mißverstanden hat, wenn man es unter die Selbstbiographien einreiht* (S. 4). Diese Polemik richtet sich gegen Georg Misch, der in seiner *Geschichte der Autobiographie, Band 1, 1907, S. 402–440*, die letzten drei Bücher der *Confessiones* mit verblümten Worten als uninteressant deklariert, aber auch gegen Georg von Hertling, der in seiner Übersetzung der *Confessiones* die letzten drei Bücher einfach weggelassen hatte (S. 3 a).

Heidegger arbeitet durch eine textnahe Untersuchung heraus, daß Augustin den Zusammenhang von Zeit und Seele, den Aristoteles nur eben ausgesprochen hatte, dahin präzisiert, daß die Zeit das *dreifach gestreute Sicherstrecken* ist, als *Behalten, Erwarten, Gegenwärtigen*. Die Seele *bildet als blickbares Bild* die Vergangenheit, die Zukunft, die Gegenwart. Damit ist die Zeit bei Augustin mehr als das *bloße Nacheinander – eindimensional – der abfolgenden Jetztpunkte; keine bloße Reihe, die irgendwie abläuft, auch nicht das bloße „Dauern", wie man distentio vielfach nimmt. Die Zeit ist distentio. Erstrecktheit ist der Grundcharakter der vita actionis, des Seins des menschlichen Verhaltens ... Das menschliche Sein als solches ist dreifach gestreutes Sicherstrecken* (S. 10).

Heidegger faßte 1930 die Augustinische Zeituntersuchung nicht als rein theoretische Position, sondern als die Selbstvergewisserung und als Rückruf des Menschen, dessen *Erstrecktheit* sich gewöhnlich in Zer-

streuung verwandelt. Die Zerstreuung erscheint als der *alltägliche Modus* der *distentio* (S. 10). Augustins Zeitlehre zeigt dem Menschen, daß er sich gewinnen oder verlieren kann, und daß gerade die Erstrecktheit es ist, an der sich Verlust oder Selbstfindung zeigt. Augustin denke *im Wesen der Zeit das Wesen der Existenz des Menschen.* (S. 10). Augustin sehe den Menschen als zeitliches Wesen, nicht in dem banalen Sinn, *daß er vergänglich ist und daß sein Tun in der Zeit abläuft, was vom Stein ebenso gilt wie vom Tier; sondern: die Zeit als Distentio ist das Wesen der Existenz des Menschen. Er west als die Zeit* (S. 11). So werde erst aus dem Wesen der Zeit verständlich, warum wir Menschen ständig mit der Zeit rechnen und sie in diesem Sinne *messen* müssen. Die Frage, was die Zeit sei, erweise sich als die Frage, was der Mensch sei. *Aber dieses Fragen ist das innerste Fragen der Confessiones* (S. 11). Deshalb erreichten die *Confessiones* mit der Zeitbetrachtung *ihre eigentliche Tiefe und in dieser tiefsten Tiefe die meiste Weite* (S. 11).

Heideggers Vortrag konstruiert in großer Textnähe eine kohärente Argumentationslinie des XI. Buches und sieht in ihr *den* Schlüssel zu den *Confessiones*. Heidegger verliert kein Wort darüber, daß *nach* dem elften Buch noch zwei weitere Bücher folgen; er behandelt die letzten zwei Bücher ebenso verächtlich, wie die von ihm kritisierten Georg Misch und Georg von Hertling die letzten drei Bücher behandelt haben. Heidegger erwähnt nicht, daß es in den letzten drei Büchern um die Erklärung der Welterschaffung im Anschluß an *Genesis 1* geht. Dies verschafft ihm die Möglichkeit, die *Confessiones* auf die Frage zu konzentrieren, was der Mensch sei. Da das XI. Buch diese Frage dahin beantworte, daß der Mensch als die Zeit *west,* erscheinen die *Confessiones* mit der Betrachtung über die Zeit an ihrem Ziel angekommen.

So berechtigt Heideggers Kritik an der Gewohnheit, die *Confessiones* nur als Autobiographie zu lesen, auch gewesen sein mag, so wenig war es berechtigt, die *Confessiones* auf die Frage zu reduzieren, was der Mensch ist. Es geht in den drei letzten Büchern um die Wahrheit über den Ursprung von Himmel und Erde. Daß Heidegger dies abblendet, hat für seine Darstellung der Zeitanalyse Augustins inhaltlich Konsequenzen: Augustins Zeittheorie erscheint in Heideggers Resümé losgelöst vom *motus corporum*. Indem Heidegger den Naturgrund der Zeit bei Augustin, also die Veränderungen der Körper, übersieht oder doch wesentlich reduziert, kann er Augustins Zeituntersuchung als Frage nach dem Wesen des Menschen stilisieren, was sie de facto nicht ist. Heidegger könnte antworten, die Naturbasis der Zeit sei der aristotelische Grundton, den Augustins Zeittheorie freilich nie verlassen habe[35]; ihm gehe es aber um die Herausarbeitung des Neuen in den *Confessiones*. Aber dann fragt sich eben doch, wie die individuelle Seele die Naturprozesse zeitlich dimensionieren kann. Auch diese Frage stellt Heidegger nicht; er übersieht, daß *der Geist*, aber nicht *der Mensch* die zentrale Instanz der Augustinischen Zeituntersuchung ist. Heidegger klammert den Zusammenhang mit der Entstehung des Universums ebenso aus wie die Gnadenlehre. Es fällt auch kein Wort über die ganze erste Hälfte von Buch XI. Heidegger hat Augustins Text durch das Zurückdrängen äußerlicher Fragen (nach innerer oder äußerer Zeit, nach subjektiver oder objektiver Zeit, nach griechischer oder christlicher Zeitauffassung) neu zum Sprechen gebracht. Zugleich hat er ihn seiner eigenen Philosophie angenähert, indem er die Frage des Menschen nach sich selbst als die Grundfrage der *Confessiones* deklariert und indem er die ex-tentio als ex-sistere deutet (S. 10). Die Frage des Menschen nach sich selbst, die im Ganzen der *Confessiones* gewiß ihren Ort hat, konnte nicht der Zielpunkt der *Bekenntnisse* sein.

Heideggers Augustinus-Vortrag von 1930 widerspricht nicht seiner sonst ausgesprochenen Gesamtbewertung des Laufes der europäischen Philosophiegeschichte als eines Verfalls. Zwar attestiert er Augustin, die Zeit nicht mehr als *das bloße Nacheinander der abfolgenden Jetztpunkte* (S. 10) zu sehen. Aber das früher ausgesprochene Verdikt, Augustins Probleme mit dem Sein der Zeit ergäben sich allein aus der prekären Existenz ebensolcher Jetztpunkte, bleibt bestehen. So konnte Heidegger im Paragraphen 81 von *Sein und Zeit* schreiben:

Alle nachkommende Erörterung des Begriffes der Zeit hält sich grundsätzlich an die Aristotelische Definition.[36] In *Sein und Zeit* besteht Heidegger darauf, der vulgäre Zeitbegriff sei nicht schon dadurch verlassen, daß man den Jetztpunkt zum bleibenden Wesen der Ewigkeit überhöht und ihm das schwindende Zeitliche entgegensetzt. Diese Bemerkung Heideggers trifft der Sache nach auch Augustinus. Heidegger wird noch expliziter: Die Ewigkeit als ständige Vorhandenheit sei eine Fortschreibung des vulgären Zeitbegriffs. Die Orientierung des vulgären Zeitbe-

---

[35] Dazu auch M. Heidegger, Grundprobleme 24, 327: *Augustinus kommt auch in einer Reihe von wesentlichen Bestimmungen mit Aristoteles überein.*
[36] M. Heidegger, Sein und Zeit, ⁹1960, 411.

griffs an der Weltzeit werde nicht dadurch überwunden, daß man einen ausgezeichneten Bezug zwischen Zeit und Seele anerkenne, wie es bei Aristoteles und bei Augustinus der Fall sei. Daran zeige sich: Die Interpretation des Daseins als Zeitlichkeit liege nicht prinzipiell außerhalb des Horizontes des vulgären Zeitbegriffs.[37] Nach *Sein und Zeit* zeitigt sich die ek-statische Zeitlichkeit primär aus der Zukunft; das vulgäre Zeitverständnis hingegen sieht im Jetzt das Grundphänomen der Zeit.[38] Heidegger sah, daß Augustin beim vulgären Zeitbegriff und seinem Vorrang des Jetzt verblieben ist. Im Gegensatz zu heideggerisierenden Augustin-Auslegern hat Heidegger sein Konzept der ekstatisch-horizontalen Zeitlichkeit Augustin nicht a-historisch angesonnen. Zwar schreibt er Augustin eine Zeitauffassung zu, die das Vorsich-hinweg-Sein des Daseins als Grund der Zeiterfahrung wenigstens berührt. Aber er hob gleichzeitig hervor, die Zukunft, von der im Zusammenhang der Zeitlichkeit des Daseins die Rede sei, sei nicht zu verwechseln mit der *Zukunft* des vulgären Zeitkonzepts; sie hat keinen konkreten Inhalt wie etwa die Hoffnung; sie ist also nicht integrierbar in eschatologische Kategorien von Theologen oder Utopisten.[39]

Natürlich kann bei Heidegger nicht von einer geschmäcklerischen Auswahl zwischen den Zeitdimensionen die Rede sein. Er erteilt nicht einer von ihnen dezisionistisch den Vorrang. Was Augustin selbst angeht, hat Heidegger sorgfältig unterschieden, was das *ante* in *Conf.* XI bedeute, nämlich keinesfalls ein zeitlich Zukünftiges, also auch nichts Eschatologisches, sondern *1) das schlechthin Anwesende, im Angesicht; 2) was vor aller Zeit – Ewigkeit – praesentissimum, ständige Anwesenheit, das nunc stans* (Typoskript S. 10). Augustin blieb also nach Heidegger insgesamt ein Theoretiker der vulgären Zeiterfahrung, nur habe er, deutlicher als Aristoteles, im vulgären Zeitverständnis verharrend, den ausgezeichneten Bezug von Zeit und Seele ausgesprochen, ohne noch, wie Kant, das philosophische Fragen primär am *Subjekt zu orientieren.*[40] Heidegger wollte also eine transzendentalphilosophische Aktualisierung der Augustinischen Zeitlehre ebenso vermieden sehen wie eine nachträgliche Aufbesserung in Sinne seiner eigenen Zeitlehre; insofern ist er für die rückdatierenden Umschreibungen von *Conf.* XI im Sinne einer

---

[37] M. Heidegger, Sein und Zeit, ⁹1960, 427.
[38] M. Heidegger, Sein und Zeit, 426. Vgl. auch 373, 421–424, 431.
[39] M. Heidegger, Sein und Zeit, 427.
[40] M. Heidegger, Sein und Zeit, 427.

ursprünglichen Zeitlichkeit des Daseins nicht verantwortlich zu machen. Er beharrte nur darauf, mit Berufung auf Augustin, *Conf.* XI n. 33, *die Interpretation des Daseins als Zeitlichkeit liege nicht grundsätzlich außerhalb des Horizonts des vulgären Zeitbegriffs,* dem Augustin mit seinem Ausgehen von der Weltzeit, mit seiner Hervorhebung des Jetzt und mit dem Konzept der Ewigkeit als *nunc stans* verhaftet bleibe; die Ewigkeit Gottes lasse sich, wenn überhaupt, nur als ursprüngliche und „unendliche" Zeitlichkeit *konstruieren,* was Augustin aber nicht geleistet habe. Sieht man auf das Prinzipielle in Augustins Zeittheorie, so bleibt sie, Heidegger zufolge, auf den von Aristoteles vorgezeichneten Bahnen. Der Text von *Conf.* XI *(motus corporum* als Grund der Zeit) und der Kontext dieses Buches, nämlich die Genesis-*Erklärung,* verlangen, dieses Urteil Heideggers heute noch zu verstärken. Dabei ist von direkten *Einflüssen* hier nicht die Rede.

Indem Heidegger ein neues Konzept von Zeitlichkeit als dem Ursprung der vulgären Zeiterfahrung und der traditionellen Zeittheorie entwickelte, hat er dem Nachdenken über *Conf.* XI neue Wege erschlossen, die über Husserls Einordnung in *deskriptive Psychologie* und *Erkenntnistheorie* weit hinausführten, auch wenn er gleichzeitig zum Patron mancher philologischer Verwilderung wurde, die Schmidt in den Arbeiten von Boros, von Berlinger und Lampey, zum Teil auch bei Duchrow, zu Recht kritisiert hat. Heidegger sah, daß Augustins Zeittheorie keine bloße Theorie ist, sondern eine Selbstbesinnung und Neuorientierung des Lebens, die uns klarmachen kann, daß *wir selbst die Zeit sind* und daß Augustin von seinem Gott dies erbittet, *daß wir uns eigentlich in sie versetzen, eigentlich zeitlich sein können.* Das Heraustreten aus dem uneigentlichen Leben besteht, wie Heidegger historisch hervorhebt, bei Augustin darin: *gesammelt sich herausstrecken zur aeternitas* (S. 12), also im Verlassen der Zeit. Der Leser Heideggers tritt an *Confessiones XI* heran mit der Frage, wieweit dort, ähnlich wie bei Heidegger, die Zeitanalyse sich im Spannungsfeld von Verfallenheit und Eigentlichkeit entwickelt, wobei die Differenz in die Augen springt, daß nach Heidegger der Geist nicht mehr, wie noch bei Hegel, in die Zeit *gefallen* oder *in sie zersplittert ist.* Heidegger hat die Möglichkeiten der traditionellen Zeitanalyse, an die Entdeckung der ursprünglichen Zeitlichkeit heranzureichen, intensiv herausgearbeitet. Bemüht, die Grenzen des Anachronismus zu meiden, hat er sie doch überschritten, indem er die Entdeckung, daß *wir selbst die Zeit sind,* als den inneren Zielpunkt der

Confessiones bezeichnete und dem Zeitbezug des Menschen eine Wesensbedeutung gab, die er bei Augustin nicht haben konnte. Bei Augustin *west* der Mensch *nicht* als die Zeit. Der Mensch, das ist bei Augustin wie bei Aristoteles der *animus*, und dieser ist in die Zeit gestürzt, aus deren Zerrissenheit er sich seit 397 nicht aus eigener Kraft befreien kann. Indem Heidegger die Gnadenlehre abgeblendet hat, hat er die Zeitanalyse Augustins ahistorisch aktualisiert.

Mir scheint auch, Heidegger habe die Gründe des ungewöhnlichen Interesses, das Philosophen des 20. Jahrhunderts an Augustins Zeitabhandlung nehmen, dadurch verdeckt, daß er die Gemeinsamkeit zwischen seinen eigenen Zeit-Forschungen und denen Bergsons minimalisiert hat. Aber das *historische Phänomen,* das Heidegger selbst nicht überschauen konnte, ist die fundamentale Konvergenz zwischen Bergson, Yorck und Heidegger selbst in der Abwehr der Vorherrschaft eines abgeleiteten Zeitkonzepts. Die Unterschiede dieser drei Zeittheorien sind offensichtlich. Sie sind nicht bestritten, wenn man feststellt, daß Heidegger, der den wichtigsten Text Yorcks nicht kennen konnte, die strukturelle Verwandtschaft zwischen der von ihm gelehrten Polarität von ursprünglicher, ekstatisch-horizontaler Zeitlichkeit des Daseins und deren Nivellierung *im* vulgären Zeitverständnis mit dem Gegensatz der mathematisierten Zeit und der gelebten Dauer bei Bergson heruntergespielt hat. Die forcierte Polemik gegen Bergson, die der historischen Analyse kaum standhält, zieht sich durch von der *Logik* bis zu den Zollikoner Seminaren.[41] Die Ambiguität im Zeitbegriff Kants hat Heidegger hingegen sorgfältig untersucht. Er kündigte am Ende von *Sein und Zeit* an, zu Beginn *des zweiten Teils der Abhandlung* zu zeigen, wie bei Kant ein radikaleres Verständnis der Zeit *aufbricht,* wenn auch insgesamt bei Kant die Zeit zwar „subjektiv" sei, aber doch *unverbunden neben dem „ich denke"* stehe. Die Marburger Kant-Vorlesung von 1927/28 gibt schon vor *Kant und das Problem der Metaphysik* einen Begriff davon, wie sich die Zeitanalyse Kants im neuen Licht darstellte.[42]

Die *Beiträge zur Philosophie* von 1936 zeigen, vor allem im Textabschnitt 239 (Gesamtausgabe III. Abt., Bd. 65, bes. S. 376), wie Heidegger mit Rückverweis auf Augustinus die Geschichte des Zeitproblems als

---

[41] M. Heidegger, Logik 21, 194 und 249–252 und 266–268; Grundprobleme 24, 328 und 543 und 545; Sein und Zeit, 333 und 432; Zollikoner Seminare 47–48.
[42] M. Heidegger, Kant 25, 388–399.

Vorgeschichte der Mathematisierung der Zeit und des Raums gelesen hat. Doch auch bei dieser Destruktion der Berech*enbarkeit* kam es nicht zu dem Gespräch mit Bergson, das der Zusammenhang nahelegte. Heidegger hob hervor, es sei eine historische Frage von sachlichem Gewicht, herauszufinden, wie es dazu kam, daß der gewöhnliche Begriff von Zeit diese als Zeit-Raum vorstellt:

Aber alle diese seit dem 19. Jahrhundert mehrfach versuchten historischen Darstellungen sind blind und nutzlos und ohne wirkliche philosophierende Frage, abgesehen davon, daß sie nur die ‚Stellen' aus den jeweiligen Fragezusammenhängen herauspicken und aufreihen.

Die Geschichte dieser ‚Vorstellungen' ist die Geschichte der Wahrheit des Seyns und kann nur in eins mit der Geschichte der Leitfrage philosophisch fruchtbar herausgestellt werden. Alles andere ist gelehrte Mache, die nur noch mehr zur Äußerlichkeit des Stellensammelns und Vergleichens verführt.[43]

Heidegger fuhr fort, von Bergson mit Herablassung zu sprechen und sein eigenes Zeitdenken nicht auf Bergson, sondern auf das Gespräch mit Husserl, Brentano und den Griechen zurückzuführen. Vielleicht rächt sich ein Leser Bergsons einmal, indem er Heideggers Zeitanalyse als die deutsch-fundamentalontologisch-schwerfällige Version der Bergsonschen Suche nach dem *moi fondamental* unter dem mathematisierten und gesellschaftlich nivellierten *moi conventionel* darstellt. Auch dies dürfte nicht über die geschichtliche Gemeinsamkeit zwischen Bergson, Yorck und Heidegger hinwegtäuschen. Diese Zeitdenker brachten die Neuerung, nicht, wie Husserl, beim *inneren Zeitbewußtsein* stehenzubleiben, sondern nach dem Ursprung der Zeit schlechtweg in der Zeitlichkeit oder im lebendigen Tiefen-Ich zu fragen. Sie schufen ein neues Interesse für Augustins Zeituntersuchung. Denn sie entdeckten, daß die Arbeit an der Geschichte des Zeitproblems mehr ist als die gelehrte Vervollständigung von Datensammlungen. Sie bestimmen den Sinn einer solchen historischen Forschung neu – als eine mögliche Funktion der Selbstentdeckung in der Gegenwart, im Konflikt mit der universalen Berechenbarkeit, deren Genesis sie dokumentiert und gegen den Schein des Selbstverständlichen präsentiert.

---

[43] M. Heidegger, Beiträge zur Philosophie, Nr. 241, Gesamtausgabe III. Abt., Bd. 65, 378–379.

5. Wittgenstein und Russell

LUDWIG WITTGENSTEIN

Augustins *Bekenntnisse* gehörten zu den Lieblingsbüchern Wittgensteins. Er las sie von seiner Jugend an im lateinischen Original, kritisierte im einzelnen die Übersetzungen und kam immer wieder auf den lateinischen Text zurück. Was ihn anzog, war die Vereinigung von literarischer Qualität und philosophierender Haltung, wahrscheinlich auch Augustins Arbeit am Problem der Schuld, ferner seine kritisch-genaue Art, die Fehler der Kindheit und der Erziehung zu analysieren, vielleicht auch die große Bedeutung der Freundschaft unter Männern. Die Lebenszeugnisse, die gerade in den letzten Jahren zugänglich geworden sind und die in den Biographien von Brian McGuiness und Ray Monk aufgearbeitet sind, belegen sein frühes und andauerndes Interesse.[44] Ohne ihre theologisch-dogmatische Position zu teilen[45], distanziert gegenüber Augustins Mißachtung der Sexualität[46], kam Wittgenstein in Gesprächen gern auf die *Confessiones* zurück, schlug sie auf und fand mit erstaunlicher Schnelligkeit die gesuchte Stelle. Von Wright schreibt, die philosophischen Abschnitte in Augustins *Bekenntnissen* wiesen eine frappierende Ähnlichkeit auf mit Wittgensteins eigenen Arbeiten.[47] Bekanntlich beginnen Wittgensteins *Philosophische Untersuchungen* mit einer eingehenden Kritik an Augustins Theorie der Sprache in den *Confessiones*. Wittgenstein hat sich denn auch eingehend mit Augustins Zeittraktat beschäftigt.

Die *Philosophischen Bemerkungen* und das *Blaue Buch* enthalten Resultate dieser Auseinandersetzung. Wittgenstein kritisiert, daß Augustin eine Definition von *Zeit* für nötig hielt. Warum soll es beunruhigend sein, *Zeit* nicht definieren zu können, wenn wir im Alltag mit diesem Wort recht gut umgehen können? Zeigte sich Augustin ebenso beunruhigt, daß er das Wort *Stuhl* nicht definiert fand? Eine Definition hätte ihn auf neue, undefinierte Worte gebracht, über die er sich wiederum hätte beunruhigen müssen. Dies ist in der Tat der Fall. Weder *distentio*

---

[44] R. Rhees (Hg.), Ludwig Wittgenstein, Porträts und Gespräche (revidierte Erstfassung Oxford 1984, deutsch Frankfurt 1987, bes. 16, 132–134, 138, 206; B. McGuiness, Wittgensteins frühe Jahre (zuerst London 1988, dt. Frankfurt 1988), bes. 66, 81, 85, 90, 203, 349; R. Monk, L. Wittgenstein. The Duty of Genius, London 1990, dt. Stuttgart 1991.
[45] Vgl. R. Rhees, L. Wittgenstein, 138.
[46] Vgl. R. Rhees, L. Wittgenstein, 206.
[47] R. Rhees, L. Wittgenstein, 128.

noch *animus* sind sonderlich eindeutig, und doch bestreitet Augustin mit ihnen seine Antwort auf die Zeit-Frage. Um für den Alltag die Grammatik des Wortes *Zeit* festzulegen, brauchen wir keine Definition; sobald man die Frage nach dem Wesen der Zeit zu beantworten sucht, gerät man in neue Definitionszwänge. Die Aporien des Zeittraktats, die Augustin durch Zurücknahme der Zeit in die Seele zu lösen gedachte, erklärt Wittgenstein durch einen falschen Gebrauch, den Augustin von der Philosophie machte. Die *Philosophischen Untersuchungen* Nr. 89 und 90 (Bd. 1, 336–337) exemplifizieren an Augustins Frage nach dem Wesen der Zeit die Irreführung des Denkens durch Philosophie: Es genüge, wenn man im Alltag wisse, was Zeit ist, d.h. wie dieses Wort im Alltag gebraucht wird. Augustins Aporien seien nur dadurch zustandegekommen, daß er die Grammatik des Wortes *Zeit* mißverstehe. Augustins Erörterung gehe zudem von der unnötigen Voraussetzung aus, das Wort *Zeit* habe nur *eine* Bedeutung, die ihm wie von einer unabhängigen Macht gegeben worden sei und die es jetzt aufzufinden gelte. Die Lösung Augustins – die Zeit ist in der Seele, die ihr durch ihre dreifache Tätigkeit Ausdehnung und Kontinuität verschafft – erübrige sich, weil sie auf einer zu engen Auslegung des Ausdrucks *gegenwärtig* beruhe. Nichts hindere uns, den Ausdruck *gegenwärtig* auch in einem weiteren Sinne zu benutzen, als Augustin mit seiner Einengung auf das augenblickliche Jetzt gestattet. Es ist durchaus korrekt, zu sagen: *Wir sind jetzt im 20. Jahrhundert* oder auch: *Das zwanzigste Jahrhundert ist jetzt gegenwärtig.* Ferner habe Augustin das Problem der Zeitmessung behandelt, als gehe es darum, eine bestimmte räumliche Länge zu messen, deren Anfang und Ende man sieht.[48]

Gegen diese Kritik Wittgensteins an Augustins Zeitlehre habe ich vor Jahren folgende drei Einwände vorgebracht[49]:

1. Sie verfehle Augustins Hauptproblem, die Analyse der Zeit als eines Kontinuums.
2. Jede Messung stelle eine Vergegenständlichung und damit auch eine Verräumlichung der Zeit dar. Die Verräumlichung gehe nicht auf Kosten der Zeittheorie Augustins.

---

[48] L. Wittgenstein, Philosophische Bemerkungen, bes. Kapitel V, Philosophische Schriften, Band 2, Frankfurt 1964, 80–87; Das Blaue Buch, Philosophische Schriften, Bd. 5, Frankfurt/M. 1970, 49–52.
[49] K. Flasch, Augustin, Stuttgart 1980, 285 f.

3. Wittgenstein streife die geschichtsphilosophische Problemstellung Augustins ab und verkenne die philosophische Bedeutung seines Versuchs, gegen eine auf den Ewigkeitsbezug des menschlichen Denkens fixierte Tradition den zeithaft-geschichtlichen Charakter des menschlichen Daseins zu thematisieren.

Diese drei Einwände sind nicht stichhaltig:

Zu 1. Zwar geht es Augustin in der Tat primär um die Gewinnung einer zeitlichen Erstreckung, die allein meßbar ist. Aber die Schwierigkeit erwächst ihm, wie Wittgenstein zu Recht sieht, doch daraus, daß er, voraussetzend, dem Namen *Zeit* entspreche eine Sache, diese weder in Vergangenheit noch Zukunft erkennen kann, weil Vergangenheit und Zukunft nicht *sind,* wenn das Sein auf das Jetzt eingeschränkt wird und weil der allein verbleibende Augenblick auf ein zeitloses Jetzt zusammenschrumpft, das wegen seiner Ausdehnungslosigkeit nicht meßbar ist. Hätte Augustin a) nicht darauf bestanden, das Wort *Zeit* losgelöst vom Alltagsgebrauch als sachhaltig erweisen zu wollen, b) das Sein nicht auf Gegenwärtigsein eingeengt, c) das Jetzt nicht auf einen mathematischen Jetztpunkt reduziert, hätte Augustin also eine geschmeidigere, sprachnähere, weniger abstrakte Konzeption des Jetzt erwogen, hätte er einen einfacheren Ausweg aus seiner Aporie gefunden. Wittgensteins Kritik formuliert sprachtheoretisch, was Bergson, Yorck, Husserl und Heidegger auf je andere Weise vorgebracht haben: Das ausdehnungslose mathematische Jetzt ist nicht das wirklich erfahrene Jetzt, sondern das Ergebnis einer abstrakten Operation. Deren Künstlichkeit und Nachträglichkeit liegt im 20. Jahrhundert, wenn wir auf deren führende Denker blicken, sozusagen auf der Hand. In der Antike hatte seine begriffliche Strenge vermutlich eine größere Überzeugungskraft: Das Mißverhältnis von festen Begriffen zu Veränderungen entschieden nicht nur die Eleaten, sondern auch die Sophisten und die Skeptiker zuungunsten der Veränderung. Sie alle folgerten, die Veränderung existiere nicht, sondern sei bloßer *Schein.* Augustin folgte, wie ich noch zeigen werde, einem Argument aus der in dieser Denktradition stehenden Skeptiker, als er die Zeit auf die Gegenwart und die Gegenwart auf das ausdehnungslose Jetzt reduzierte. Allerdings wandelt sich im Laufe der Untersuchung Augustins die Bedeutung des Jetzt. Das Jetzt der sich erinnernden, Gegenwärtiges auffassenden und das Kommende erwartenden Seele, also das Jetzt ab Textabschnitt n. 33, ist nicht mehr das ausdehnungslose Jetzt der vorangehenden Aporien. Nur spricht Augustin dies nicht aus; es hätte nachträglich seine Untersuchung zerstört. Insofern besteht Wittgensteins Kritik zu Recht. Heidegger war nahe daran, von zwei verschiedenen Jetzt-Konzepten bei Augustin zu sprechen: Das leere, abstrakte Jetzt, das ihn in die Aporien des Seins oder Nicht-Seins der Zeit stürzt, und das gefüllte Jetzt des sicherstreckenden Geistes, der die Jetztpunkte in sich zusammenfaßt und als Zeitraum *bildet*.

Zu 2. Richtig ist, daß Augustin nicht der ursprünglich Verantwortliche für die Verräumlichungstendenz im europäischen Zeitbegriff ist. Er ist dies so wenig wie er der Urheber der Reduktion der Zeit auf ein ausdehnungsloses Jetzt ist. Aber er hat diese Tendenz bestärkt, indem er die Zeittheorie aufgefaßt hat als das, was erklärt, wieso wir Zeit messen können. Dabei erwächst seine Aporie in der Tat daraus, daß er nicht zurechtkommt unter der Voraussetzung, wir mäßen die Zeit wie ein vorbeifließendes Band, von dem immer nur ein punktueller Abschnitt vor uns liegt, so daß wir keine Zeitausdehnung messen können. Augustin bringt – anders als Bergson – die Seele ins Spiel, weil sie allein es sei, die im Jetzt eine Ausdehnung tätigen könne und damit Meßbarkeit ermögliche. Wir müssen in n. 33 bei dem Augustinischen *animus*-Konzept moderne Assoziationen fernhalten. Was wir sonst über die Seele bei dem Theologen Augustin wissen, ist nur soweit in Anspruch zu nehmen, als es der Text unerläßlich macht. Ich komme auf dieses Problem noch zurück.

Zu 3. Einem Argument, das in sich brüchig ist, kann nicht damit geholfen werden, daß man es in einen umfassenderen Zusammenhang stellt. Dieser macht allenfalls begreiflich, wieso ein Argument als solches Anerkennung finden konnte.

Es fragt sich aber, ob Augustins Zeittheorie überhaupt den *zeithaftgeschichtlichen Charakter des menschlichen Daseins thematisiert*. Versteht man darunter eine Verlagerung des philosophischen Interesses weg von dem traditionell (übrigens auch bei Aristoteles, nicht nur bei Platon und Plotin) bevorzugten Ewigkeitsbezug, so liegt etwas derartiges in *Conf.* XI gewiß *nicht* vor. Augustin stellt durchgehend seine Zeitabhandlung unter den Kontrast von Ewigkeit und Zeit; er widerspricht in n. 39 ausdrücklich einem Vorrang der Zukunftsperspektive gegenüber dem Ewigkeitsbezug. Auch Heidegger hat dies historisch korrekt beschrieben; lediglich Vulgär-Heideggerianer haben eine Aufwertung der zeitlichen Existenz bei Augustin finden wollen. Zurückblickend auf meine frühere Kritik an Wittgenstein möchte ich sagen: Man kann nicht Augustins Zeitlehre dadurch vor der Kritik Wittgensteins retten, daß man von Wittgenstein verlangt, er solle gleichzeitig auch die Vulgata der Philosophie Heideggers widerlegen.

Wittgensteins Kritik der Zeittheorie von *Conf.* XI hat diesem Text in der Philosophie der angelsächsischen Länder Aktualität verschafft: *The interest in Augustine as a case of philosophical puzzlement is due to Wittgenstein*[50], schrieb J. N. Findlay bereits 1941. Findlay analysierte, ausgehend von Wittgenstein, wie Augustin durch Konsistenzfetischismus bei der unnötigen Frage nach dem Wesen der Zeit in folgende Verlegenheiten geraten sei:

1. Wie soll aus Jetztpunkten, die unausgedehnt sind, durch Zusammenfügen eine Zeiterstreckung entstehen können?
Dazu argumentiert Findlay: Weder müssen wir annehmen, die Jetztpunkte seien unausgedehnt, noch verhalten sich *Ereignisse* wie Raumteile, bei denen in der Tat aus Unausgedehntem nichts Ausgedehntes werden kann.

2. Wie soll etwas eine bestimmte Zeit lang dauern, wenn ein Teil dieser Zeit immer schon verschwunden, also nicht gegenwärtig ist? Wie kann ein Ganzes zustandekommen, dessen Teile schon verschwunden sind?
Auch hier macht Findlay die Verräumlichung kenntlich, die dem Argument zugrunde liegt. Teile eines *Ereignisses* sind auf andere Weise Teile als die des Raums. Es ist nicht einzusehen, wieso es nicht zeitliche Ganzheiten geben sollte, deren Teile, im Unterschied zu räumlichen Ganzen, nicht gleichzeitig sind.

3. Insbesondere wird unbegreiflich, wie wir etwas messen können, das zum Teil nicht mehr ist, zum Teil noch nicht ist.
Findlay verweist darauf, daß die Punktualisierung der Gegenwart unnötig ist. Es gibt Sukzession *in* der Gegenwart, wenn man nur *Gegenwart* nicht gegen die Erfahrung als ausdehnungsloses Jetzt definiert.

---

[50] J.N. Findlay, Time: A Treatment of some Puzzles, zuerst in: Australian Journal of Philosophy 19 (1949), dann wieder in: R.M. Gale (Hg.), The Philosophy of Time. A Collection of Essays, New Jersey 1968, 143–162. Die zitierte Stelle 150 A. 4.

Insbesondere greift Findlay Augustins Argument aus dem Nicht-Sein des Gewesenen an: Mag es ontologisch um das Gewesene stehen wie auch immer, es unterscheidet sich für uns hinreichend von allem übrigen beliebigen Nicht-Seienden. Wir können mit hinreichender Gewißheit sagen, wie es war. Dazu braucht es nicht zu *existieren* oder zu *subsistieren*.[51]

Diese Argumente Wittgensteins und Findlays haben sachliches Gewicht. Wer Augustins Zeitlehre durchdenken will, muß sie aufgreifen. Natürlich kann man von *Seele* sprechen, ohne sich auf solche Argumente einzulassen, wenn man einen nicht-theoretischen, rein erbaulichen Gebrauch von diesem Ausdruck (und eventuell von Augustins *Confessiones* insgesamt) machen will. Aber Augustin erhob theoretische Ansprüche, und die verteidigt man nicht gegen sprachanalytisch motivierte Einwände, indem man hervorhebt, die soeben kritisierten Argumente bildeten nur das Vorspiel, sozusagen dialektisches Geplänkel vor dem Aufstieg des Geistes von Raum und Zeit zur Seele. Dann verlagert man nur die Beweislast auf eine Metaphysik (oder Theologie?) der Seele. Dann schneidet man das theologisch verwertbare Resultat ab vom philosophisch-argumentativen Beweisgang. Unter Philosophen hängen Folgesätze an ihren Prämissen. Das gilt auch dann, wenn diese Prämissen zu negativen Resultaten führten, die durch die Einführung einer von ihrem Scheitern nicht betroffenen Instanz, hier der *Seele,* vermieden werden sollen. Augustin hat diese Argumente so breit vorgeführt, daß man sein Ergebnis von ihnen nicht abtrennen kann. Hätte Augustin den Schwerpunkt auf den Aufstieg aus dem Zeitlichen zur überzeitlichen Seele gelegt, hätte er nur das IX. Buch der *Confessiones* zu zitieren brauchen. Das hat er nicht getan, wohl in der Annahme, eine eigene theoretische Hinführung zum *animus* in n. 33 sei angebracht.[52]

Natürlich kann man den sprachanalytischen Kritikern vorwerfen, ihnen fehle der Sinn für Metaphysik. Aber im 20. Jahrhundert fehlt dafür den Metaphysikfreunden (im Gegensatz zu den Metaphysikern von Pla-

---

[51] J.N. Findlay, Time: A Treatment of some Puzzles, bes. 150–155.
[52] Zum Diskussionsstand vgl. R. Suter, Augustine on Time with some Criticisms from Wittgenstein, in: Revue international de Philosophie 16 (1962) 378–394; H. M. Lacey, Empiricism and Augustine's Problems about Time, in: The Review of Metaphysics 22 (1968) 219–245. Meine kritischen Bemerkungen richten sich gegen den Verteidigungsversuch von J. McEvoy, St. Augustine's Account of Time and Wittgenstein's Criticisms, in: The Review of Metaphysics 37 (1983/84) 547–577.

ton bis Leibniz) der Sinn für Argumentation. Bevor man also in jenen bequemen Standardvorwurf einstimmt, werfe man einen Blick auf die forschungsgeschichtliche Entwicklung: Wittgenstein und nach ihm Findlay haben, Augustins Argumente genau nehmend, in *Conf.* XI die Vorherrschaft eines abstrakten Theoriekonzepts analysiert, das den Jetztpunkt erfahrungsfremd zu einer mathematischen Nullinstanz reduziert. Bevor christliche Existenzialisten die todesläufige Tendenz des Jetzt zum Nicht-Sein mit ihren rhetorischen Tränen begießen konnten, hatte Wittgenstein (und nicht nur er) schon dieses Jetzt als ein philosophisches Konstrukt kritisiert. Wittgenstein hat vorgeführt, wie die Augustinischen *Bekenntnisse* in der Theoriesituation des 20. Jahrhunderts zu sprechen beginnen können; er hat den Unterschied demonstriert zwischen rückversetzenwollender Augustin-Mimikry und einer suchenden Unterhaltung unter Philosophen in ihrer jeweiligen Gegenwart.

BERTRAND RUSSELL

Seit Oktober 1911 traten Russell und Wittgenstein am Trinity College in Cambridge in enge freundschaftliche Beziehungen. Sie philosophierten zusammen, sprachen über Literatur und hörten gemeinsam Musik; schwer vorstellbar, daß dabei nicht auch der Name Augustins fiel. Wir wissen es nicht. Jedenfalls aber betrachtete Russell das XI. Buch der *Confessiones* als den besten philosophischen Text, den Augustin geschrieben habe:

It is uninteresting because it is good philosophy, not biography.[53]

In Russells *Geschichte der westlichen Philosophie* erscheint *Conf.* XI als der Haupttext der theoretischen Philosophie Augustins. Russell hebt dort den Kontext der Augustinischen Zeittheorie hervor, nämlich die Frage, warum die Welt nicht früher geschaffen worden sei. Gott als der Ewige konnte nach Augustin nicht der Welt zeitlich vorausgehen; er steht außerhalb des Stroms der Zeit; aus diesem Motiv heraus habe Augustin seine bewunderungswürdige relativistische Theorie der Zeit entwickelt.[54]

---

[53] B. Russell, History of Western Philosophy (zuerst 1945), London 1961, 351. Zur Biographie vgl. B. McGuiness, Wittgensteins frühe Jahre, bes. 146–198. Es verdient Erwähnung, daß Russell sich früh mit Bergson beschäftigte und im Frühjahr 1912 erstmals seine sehr kritische Auseinandersetzung mit Bergson vortrug.
[54] B. Russell, History, 352.

Der Kern der Augustinischen Lösung des Zeitproblems sei der subjektive Charakter der Zeit:

Time is in the human mind, which expects, considers, and remembers. It follows that there can be no time without a created being, and that to speak of time before the Creation is meaningless.

I do not myself agree with this theory, in so far as it makes time something mental. But it is really a very able theory, deserving to be seriously considered. I should go further, and say that it is a great advance on anything to be found on the subject in Greek philosophy. It contains a better and clearer statement than Kant's of the subjective theory of time.[55]

An anderer Stelle hat Russell seine inhaltlichen Bedenken gegen Augustins Zeittheorie näher entwickelt. Das Zeitkapitel von *Human Knowledge. Its scope and limits* (zuerst 1948), London [5]1966 bringt folgende Kritik an Augustins Theorie:

St. Augustine, whose absorption in the sense of sin led him to excessive subjectivity, was content to substitute subjective time for the time of history and physics. Memory, perception, and expectation, according to him, make up all that there is of time. But obviously this won't do. All his memories and all his expectations occurred at about the time of the fall of Rome, whereas mine occur at about the time of the fall of industrial civilization, which formed no part of the Bishop of Hippo's expectations. Subjective time may suffice for a solipsist for the moment, but not for a man who believes in a real past and future, even if only of his own. My momentary experience contains a space of perception, which is not the space of physics, and a time of perception and recollection, which is not the time of physics and history. My past, as it occurred, cannot be identified with my recollections of it, and my objective history, which was in objective time, differs from the subjective history of my present recollections, which, objectively, is all now.[56]

Es bleibt an den Texten – *Conf.* XI, Plotin, *Enneade* III 7 und dem vierten Buch der *Physik* des Aristoteles – zu prüfen, ob Russell Augustin zu Recht gelobt hat, eine weit über die antike Philosophie hinausgehende, subjektivistische, ja solipsistische Zeittheorie entwickelt zu haben, die

---

[55] B. Russell, History, 353.
[56] B. Russell, Human Knowledge, London 1966, 228.

klarer sei als die Kants. Hier möchte ich drei Thesen hervorheben, die in Russells Augustindeutung enthalten sind und die über Wittgensteins Diskussion hinausgehen:

1. Augustin redet in *Conf.* XI nicht von mehreren Arten von Zeit. Es gibt keine Andeutung, daß die Zeit, die sich als die Zeit in der Seele erweist, nur eine von zwei (oder gar drei) Arten von Zeit ist. Die subjektiven Tätigkeiten des Erinnerns, des Erfassens des Gegenwärtigen und des Erwartens bilden *all that there is of time*. Man macht aus Augustin einen unklaren Kopf, wenn man ihm unterstellt, es gebe *neben* der Zeit, die er in *Conf.* XI analysiert, bei ihm noch eine andere Art von Zeit. Die Texte Augustins, bes. die Formulierung seiner Fragestellung in n. 30 und n. 32, vor allem aber der Gedankengang von n. 33 bis n. 38 zeigen eindeutig, daß Augustin erklären will, was *die* Zeit, die allgemeine Natur und das Wesen der Zeit, ist. Russell hat es verschmäht, die Zeittheorie Augustins doppelbödig zu konstruieren.

2. Untersucht man Augustins Analysen genauer, so bestätigt sich auch Russells Annahme, das Erinnern, Auffassen und Erwarten, das die Zeit ausmacht, seien subjektive Akte des Individuums Augustin. Es ist sein eigenes Erinnern, Aufmerken und Erwarten, das die Zeitdimensionen ausspannt, z. B. n. 35: *in memoria m e a metior* und n. 38: *expectatio m e a ... attentio m e a*.

Allerdings gibt es eine Reihe von Stellen, die zeigen, daß die *eine* Zeit, die Augustin erforscht, auch die Zeit der Dinge ist. Augustin stellt auch nirgendwo in der Zeitabhandlung die Frage, ob die Zeit des Individuums A auch die des Individuums B sei. Dies ist für ihn kein Problem; er unterstellt die Gemeinsamkeit der *einen* Zeit. Substituierte er vielleicht doch nicht, wie Russell sagt, die objektive Zeit der Natur und der Geschichte durch die subjektive Zeit? Ist nicht anzunehmen, daß ein Vorgang von solcher theoretischen Tragweite – gerade weil er mit antiken Überzeugungen hätte brechen müssen – sehr viel expliziter hätte stattfinden müssen? Dietrich von Freiberg und Kant haben gezeigt, welchen argumentativen Aufwandes es bedurfte, eine solche Wende vorzutragen. Nun kann man einwenden, in verschiedenen kulturellen Umwelten gälten sehr verschiedenartig entwickelte Argumente als befriedigend. Nur der Text kann entscheiden, ob Augustin unterstellt oder argumentativ zu erweisen sucht, die Seelenzeit sei auch die Natur- und die Geschichtszeit. Hatte seine Theorie die Schärfe und radikale Einseitigkeit, die Russell an ihr lobt? Ihre Stellung zu anderen Zeittheorien der Antike ist neu zu untersuchen.

3. Das Statement Russells wirft die Frage auf: Kann eine auf individuellseelischen Akten aufgebaute Zeittheorie für das Denken der Natur und der Geschichte genügen? Konnte sie insbesondere Augustin genügen, wenn er von der Geschichte der Weltentstehung und der alttestamentlichen Offenbarung etwas sagen wollte? Zeigt Russell nicht einleuchtend, daß in der Zukunft eines Menschen objektiv mehr enthalten ist, als seine Erwartung darüber enthält? Weder die Vergangenheit der Natur noch die der Menschengattung ist identisch mit dem individuellen Gedächtnis. Ich werde am Text zeigen, daß Augustin keine subjektivistische Zeittheorie gelehrt hat. Aber wie konnte er die Annahme einer objektiven Zeitlichkeit mit den beiden soeben genannten Prämissen (1. keine Distinktion der Zeitarten, 2. *individuelle* seelische Akte bilden die Zeit) der Sache nach vereinbaren? Gleichzeitig ist noch einmal daran zu erinnern, daß Wörter wie *objektiv* und *subjektivistisch* der Sprache des 19. Jahrhunderts angehören, nicht Augustin selbst. Mit diesem Hinweis ist Russells Augustin-Deutung nicht widerlegt. Sie hat Verdienste: Russell war zu scharfsichtig, das Problem zu verschleiern, das hier liegt. Er ehrte Augustin und sich, indem er lieber Augustins Theorie verwarf, als daß er sie abschwächte. Er erklärte sich Augustins subjektivistische Tendenz erstens aus der allgemeinen Ideenentwicklung der Spätantike und zweitens aus dem extremen Sündenbewußtsein des Christen Augustin. Diese Erklärungen sind hochgradig spekulativ: Wieso entsteht aus dem Sündenbewußtsein eine Subjektivierung der Zeitauffassung? Zumal wenn die alles verderbende Sünde diejenige ist, die wir alle *in Adam* begangen haben? Russell scheint auch die Stelle übersehen zu haben, wonach Gott allein es ist, der die Zeiten bewirkt (n. 15: *cum sis operator omnium temporum);* er hat nicht untersucht, ob die Außeneinwirkung der Dinge (n. 36: *Affectionem, quam res praetereuntes in te faciunt)* die Seele vom Subjektivismus befreien könnte. Und schließlich hätte er sich vielleicht doch fragen können, wie ein Lehrer des Christentums eine solipsistische Zeittheorie hätte entwickeln können, nach der Adam und Christus ihre zeitliche Situierung nur durch einen Akt meines subjektiven Erinnerns erhalten könnten. Wie kann man die geschichtlichen Stadien der Stadt Gottes erzählen, wenn *mein* Erinnern ihr Gewesensein *bildet*? Oder

gibt es doch zwei Zeittheorien Augustins, einmal die subjektivistische der *Confessiones* und dann noch die objektivististische in *De civitate Dei?*

Russell war nicht der erste Philosoph, der Augustins Zeittheorie als Subjektivismus ausgelegt hat. Russell konnte freilich seinen Vorgänger in der Beurteilung der Zeittheorie Augustins nicht kennen. Denn die Zeit-Vorlesungen von Franz Brentano, die für Husserl entscheidend gewesen waren und die auch Heidegger kannte, wurden erst 1976 unter dem Titel *Philosophische Untersuchungen zu Raum, Zeit und Kontinuum* gedruckt. Auch Brentano hatte mit Lob begonnen: Augustin sei *mit echt philosophischem Staunen an die Frage über das Wesen der Zeit herangetreten ... Er erzählt, daß ihm ein gelehrter Mann erklärt habe, sie sei die Bewegung der Gestirne. Es wird ihm aber nicht schwer zu zeigen, warum diese Bestimmung, die sichtlich mit der aristotelischen zusammenhängt, unannehmbar ist. Doch minder glücklich ist er, wenn er dann selbständig eine Lösung des Problems anstrebt.*[57]

Obwohl Brentano vorsichtig dahin urteilt, die in nn. 29–31 abgelehnte Zeittheorie *hänge mit der Aristotelischen zusammen* (während Aristoteles sie verworfen hatte), deutete er die Zeittheorie von *Conf.* XI als anti-aristotelisch. Er erklärte sich das lebhafte Interesse, das sie bei mittelalterlichen Denkern gefunden habe, gerade damit, daß sie einen Affront gegen die größte philosophische Autorität des Mittelalters, nämlich Aristoteles, darstellte. Denn nach Augustin sei die Zeit subjektiv und phänomenal, nach Aristoteles objektiv und real.

Brentano faßte das XI. Buch folgendermaßen zusammen:

Unzweifelhaft dünkt ihm (Augustin)*, daß die Zeit eine Ausdehnung und meßbar sei. Indem er aber weiter fragt, wessen Ausdehnung sie sei, kommt er zu dem Ergebnis ... sie sei eine Anschauung, die den geschöpflichen Dingen zukomme, insofern sie unserem geschaffenen Geiste vorschweben als etwas, worauf er als vergangen zurückblickt, als gegenwärtig hinschaut oder was er als zukünftig erwartet. An und für sich, darum auch in der Erkenntnis Gottes, lehrt er, haben die vergänglichen Dinge eine solche Ausdehnung nicht. Andernfalls würde, meint er, die Gottheit*

---

[57] F. Brentano, Philosophische Untersuchungen zu Raum, Zeit und Kontinuum. Aus dem Nachlaß mit Anmerkungen von A. Kastil, hg. von St. Körner und R.M. Chisholm, Hamburg (Philos. Bibliothek 293), 62.

nicht frei von Wechsel sein, was ihm schlechthin unannehmbar dünkt. Hiernach müssen wir Augustinus wirklich als einen Vertreter der Subjektivität und rein phänomenalen Wahrheit der Zeit ansehen, womit es dann freilich in schneidendem Widerspruch steht, daß er auch von Dingen an sich als veränderlichen und vergänglichen spricht.[58]

Augustins Zeittheorie wäre demnach ein gebrochener Kantianismus: Nicht die Dinge an sich, sondern nur ihre Erscheinungen oder *insofern sie uns vorschweben* seien zeitlich. Nur halte Augustin diese Theorie nicht durch und rede dann doch wieder davon, die Dinge an sich seien veränderlich. Brentano untersucht nicht, ob das Kantische Begriffspaar von *Ding an sich – Erscheinung* auf Augustins Text angewendet werden kann; er schreibt den negativen Ausgang seines Versuchs Augustin zu. Dies hat Russell nicht getan; er las Augustins Zeittheorie als konsequent subjektivistisch und verwarf sie. Auch Brentano verwarf sie, aber als einen in sich widersprüchlichen Anti-Aristotelismus. Anders als Russell verknüpfte Brentano die Auslegung von *Conf.* XI mit der Frage nach der ideengeschichtlichen Position Augustins. Wir überschauen von hier aus die Schritte, die wir noch zu gehen haben: Zunächst müssen wir uns dem Text Augustins zuwenden und dabei unsere subjektiven Annäherungsversuche und die Verwendungen des Textes im 20. Jahrhundert zurückstellen. Danach werden wir seine Beziehungen zur Philosophie der Antike untersuchen und einige der zahlreichen Diskussionen der mittelalterlichen Philosophen über ihn vorstellen. Auf diese Weise können wir Abstand gewinnen von modernen Verwendungen und Umdeutungen.

---

[58] F. Brentano, Philosophische Untersuchungen, 62–63.

III.

AUFBAU

STRUKTUR UND LITERARISCHER ORT VON CONFESSIONES XI

1. Man nennt das XI. Buch der *Confessiones* gern Augustins *Zeittraktat*, und ich bin bisher dieser Gewohnheit gefolgt. Aber ein solcher Titel bildet bereits eine Auslegung, stellt er doch den Text in eine Reihe philosophischer Zeiterörterungen vom Typus der *Physik* (Buch IV) des Aristoteles und der *Enneade* III 7 Plotins. Damit lenkt er ab von dem literarischen Ort und dem charakteristischen historischen Zusammenhang des XI. Buches der *Confessiones*.

Der Titel ist überdies zweideutig: Zuweilen gebraucht man ihn für das ganze XI. Buch, zuweilen nur für den Abschnitt von nn. 17 bis 39. Im ersten Fall verdeckt er die Gliederung von Buch XI, das mit n. 17 einen neuen Abschnitt eröffnet, wobei die nn. 40 bis 41 einen Epilog zum gesamten Buch darstellen. Im zweiten Fall fragt es sich, ob diese Abschneidung eines *Zeittraktates* erlaubt ist bzw. ob man mit dieser Abtrennung nicht bereits eine bestimmte Auslegung vorwegnimmt. Nimmt man, um dies zu vermeiden, Buch XI als Ganzes, so fragt sich, wie es im Ganzen der *Confessiones* steht. Es ist nicht unproblematisch, ein einzelnes Buch aus einem Werk von 13 Büchern zu isolieren. Ich versuche diese Fragen zu klären, indem ich zunächst zum Aufbau von *Conf.* XI, sodann zum Ort von *Conf.* XI in Augustins *Bekenntnissen* einige Hinweise gebe. Dabei bemühe ich mich, schlicht den Inhalt zusammenzufassen. Kommentierende Bemerkungen sind hier ausnahmsweise kursiv gesetzt.

Buch XI setzt ein mit dem *Bekenntnis*, daß Gott ewig ist, daß er alles, auch sein Wissen, in zeitloser Gegenwart besitzt. Wir Menschen hingegen leben und wissen in der Zeit. Welchen Sinn hat es dann, sich Gott zu *bekennen*, wenn Gott schon alles weiß? Der Sinn der *Bekenntnisse* ist nicht, daß Gott etwas Neues erführe, sondern daß Augustin den eigenen Sinn und den anderer Gläubiger auf Gott richtet (n. 1).

Sodann versucht Augustin, seinen Themenwechsel zu rechtfertigen. Er will nicht fortfahren in dem quasi-biographischen Bericht der Bücher I bis IX; Zeit und Kraft reichten nicht aus, die Lebensgeschichte vom Tod der Mutter (387) bis zur Gegenwart (wohl 397) fortzuführen. Schon lange habe er die Absicht, in die Geheimnisse der Bibel tiefer einzudringen und sie anderen zu erklären (n. 2). Nach einem Gebet erklärt Augustin, was er jetzt vorhat: Er sucht die reine Freude im Durchdenken des verborgenen Sinns der Schrift. Er will dies tun für sich und für die anderen. Denn die Bibel ist nicht geschrieben, um unzugänglich zu bleiben; Gott hat gewollt, daß sie uns intellektuell erfreue und ernähre (n. 3). Augustin versichert, sein Verlangen gehe auf nichts Irdisches; er will in der Bibel alle Schätze der Weisheit und des Wissens nachweisen, beginnend mit dem ersten Buch Moses (n. 4).

Gleich der erste Vers dieses Buches *(Am Anfang machte Gott Himmel und Erde)* gibt Fragen auf. Moses hat das Buch geschrieben und starb; ihn können wir nicht mehr fragen, was es enthält. Aber nie erhalten wir Wahrheit von einem Text, also von außen, sondern allein durch den inneren Lehrer, durch das göttliche Wort, das in uns spricht (n. 5).

Zurückverwiesen aufs eigene Innere, spricht Augustin den sicheren Ausgangspunkt für alle Fragen nach der Weltentstehung aus: Alles Veränderliche war nicht immer, stammt also nicht aus sich. Damit sagt es uns, daß Gott alles gemacht hat. Man erkennt dies daran, daß die Dinge schön, gut und seiend sind, wenn auch nicht so schön, so gut und so seiend wie Gott (n. 6).

Wir wissen also, daß Gott die Welt gemacht hat. Aber *wie* hat er sie gemacht? Er machte sie nicht wie ein Handwerker, indem er seine Idee einem vorgegebenen Stoff einprägte; er machte sie durch sein Wort (n. 7).

Dieses Wort, das die Welt gemacht hat, erklang nicht zeitlich und sinnlich (n. 8). *Hier taucht, nach n. 1, das Motiv des Kontrastes von Ewigkeit und Zeitlichem erstmals wieder auf.*

Obgleich die Welt ihren Ursprung hat im ewigen Wort, ist sie veränderlich und zeitlich (n. 9).

Der Anfang, von dem der erste Bibelvers sagt, daß in ihm alles gemacht wurde, *ist* das ewige Wort. Die Weltdinge beginnen und enden, wie sie nach den Regeln der ewigen Vernunft beginnen und enden sollen (n. 10). *Erste Überwindung des Kontrastes von Ewigem und Zeitlichem.*

Das ewige Wort legt die Normen des Zeitlichen fest, erweist sich in ihm als sein Grund.
Der Ursprung, in dem alles gemacht wurde, spricht in uns als die ewige Weisheit. Sie erleuchtet uns; insofern ist sie uns nah. Aber es bleiben Dunkelheiten; insofern bleibt sie uns fern (n. 11).
Ein neuer Aspekt des Ineinander von Ewigem und Zeitlichem; sie bleiben nicht ewig getrennt. Es besteht auch nicht, wie bei vielen Augustinauslegern, ein einseitiger Vorrang der Unähnlichkeit: „Ich erschrecke, weil ich ihm unähnlich bin; ich verlange nach ihm, weil ich ihm ähnlich bin".
Augustin berichtet von einem Einwand, mit dem man Christen in bezug auf den ersten Bibelvers in Verlegenheit bringen will: Was machte Gott, bevor er Himmel und Erde machte? Wie konnte in Gott ein neuer Beschluß entstehen, wenn sein Wollen identisch ist mit seinem ewigen Wesen (n. 12)?
Augustin erklärt seine Absicht, diesen Einwand zurückzuweisen. Dazu muß man Gott intellektuell erfassen und das Verhältnis von Ewigkeit und Zeit richtig bestimmen. Es geht um diese richtige Einsicht, aber sie bedeutet zugleich eine neue Lebensorientierung (n. 13). Deswegen will Augustin argumentieren und den Einwand nicht mit einem Witzwort abtun: Gott habe, bevor er die Welt gemacht habe, eine Hölle für neugierige Frager gebaut. Augustin hebt hervor, in dieser Frage gebe es völlige Gewißheit: Bevor Gott die Welt machte, machte er nichts (n. 14). Denn bevor es die Welt gab, gab es keine Zeit. Also gab es auch kein Zuvor, in dem Gott etwas hätte machen können (n. 15). Gott geht zwar der Welt voraus, aber nicht im Sinne eines zeitlichen Vorausgehens, sondern weil seine ständige Gegenwart alles Zeitliche überragt (n. 16).
Der Einwand ist widerlegt, sogar mit apodiktischer Gewißheit, meint Augustin. Er sagt nicht, ich muß erst darlegen, was Zeit ist, um den Einwand zurückweisen zu können. Er hat einen gedanklichen Abschluß erreicht; die Anfangssätze von n. 17 resümieren dies Ergebnis; n. 40 greift es noch einmal auf, ohne die Diskussion von nn. 17–39 in die Widerlegung sachlich zu integrieren. Es besteht also kein notwendiger Zusammenhang von Teil 1 (nn. 1–16) und Teil 2 (nn. 17–39), auch wenn n. 40 auf n. 16 zurückgreift und an den thematischen Zusammenhang erinnert, der aber kein argumentativer ist. Die Differenz von thematischem und argumentativem Zusammenhang ist hier wesentlich: Ein Schriftsteller kann die These B als thematisch zu A gehörig hinstellen, ohne zu be-

haupten, sie folge argumentativ aus A. Somit ergibt sich folgende Gliederung des ersten Teils von Conf. XI:

nn. 1–5: Sinn der „Bekenntnisse". Beschluß, die Bibel als Inbegriff des Wissens darzustellen, beginnend mit Gen. 1,1.

nn. 6–11: Der ‚Anfang', in dem alles gemacht wurde, ist das ewige Wort, die ewige Weisheit.

nn. 12–16: Zurückweisung der Frage, was Gott gemacht habe, bevor er die Welt gemacht habe. Es gab ohne Welt keine Zeit und damit kein Zuvor.

Was ist die Zeit? Wir reden ständig von ihr, ohne erklären zu können, was sie ist. Jedenfalls ist sie – im Gegensatz zum bleibenden Jetzt der ewigen Gegenwart Gottes – ein ständiges Übergehen zum Nichtsein (n. 17).

Augustin setzt mit dieser Frage neu ein. Er sagt nicht, er brauche die folgende Erörterung der Zeit, um die Frage von n. 12 zu beantworten. Aber er will wissen, wovon er in n. 1, dann vor allem in nn. 8–16 geredet hat. Dort hat er gefragt, was es heißt, Gott habe ‚am Anfang' Himmel und Erde gemacht. Dort hat er das Wort ‚Zeit' gebraucht. Insofern besteht ein sachlicher Zusammenhang. Augustin will anläßlich des Einwandes das oft gebrauchte Wort auf seinen sachlichen Gehalt hin erforschen. Deshalb spreche ich von einem thematischen, nicht aber einem argumentativen Zusammenhang. Für den apologetischen Zweck wäre die weitere Untersuchung nicht notwendig. Aber Augustin will mehr als bloß Verteidigung; er sucht Einsicht in den Ursprung des Universums. Wer den Unterschied zwischen einem thematischen und einem argumentativen Zusammenhang beachtet, kann nn. 17–39 als ein relativ unabhängiges Textstück betrachten. Dies rechtfertigt den Ausdruck ‚Zeittraktat' für diesen Teil von Buch XI. Es zeigt sich die von H.I. Marrou näher analysierte Eigenart des Schriftstellers Augustin einer relativ lockeren literarischen Komposition; die Frage „Was ist Zeit" hätte sich auch bei anderem Anlaß stellen können. Die Abschnitte nn. 17–39 setzen argumentativ das in nn. 1–16 Gesagte nicht voraus.

Es ist auch nicht erst die theologie-ferne „Neuzeit" gewesen, die den philosophischen Zeittraktat von der mehr ‚theologischen' ersten Hälfte des XI. Buches abgetrennt hätte. Auch mittelalterliche Theologen und Heilige sahen in nn. 17–39 eine argumentativ in sich geschlossene Abhandlung.

Wir reden von ‚langer Zeit' und von ‚kurzer Zeit', freilich nur bei vergangener und bei zukünftiger Zeit. Aber *ist* diese Zeit? Das Vergangene ist nicht mehr, das Zukünftige noch nicht. Wie kann *lang* sein, was nicht ist (n. 18)? Kann die Gegenwart *lang* sein? *Ist* sie überhaupt? Untersuchen wir gegenwärtige Zeiträume, wie etwa das gegenwärtige Jahr, so zerfallen sie in Vergangenes, Gegenwärtiges und Zukünftiges. Eine lange Zeit ist nie gegenwärtig, weder Jahre noch Monate (n. 19). Selbst Tage zerfallen in die Zeitdimensionen. Was gegenwärtig ist, ist allein das Jetzt, das keine Ausdehnung hat. So kann keine der drei Zeiten also *lang* heißen (n. 20). Dennoch nehmen wir Zeiträume wahr und messen sie. Das ist unbegreiflich, denn wo die Zeit wirklich ist, in der Gegenwart, ist sie nicht ausgedehnt (n. 21).

Aber gibt es nicht doch, wie wir es in der Schule lernen, drei Zeiten: Vergangenheit, Gegenwart und Zukunft? Manche Menschen sagen die Zukunft voraus, und Geschichtsschreiber erzählen vom Vergangenen. Wenn sie Wahres sagen, müssen das Vergangene und das Zukünftige irgenwie *sein* (n. 22). Sie können freilich nur als gegenwärtige sein. Sie sind als das jetzige Erinnern oder Erzählen des Vergangenen und als planendes Vorausdenken: Gegenwart der Zukunft (n. 23). Das Zukünftige kann nur gesehen werden, wo es wirklich ist, also in der Gegenwart. Dort sehen wir seine Ursachen oder seine Vorzeichen (n. 24). Damit will Augustin nicht beanspruchen, eine Theorie zu geben, wie Prophetie möglich sei (n. 25). Worauf es ihm ankommt: Strenggenommen *ist* nur die Gegenwart. Sie ist in der Seele, als Erinnern an das Vergangene, als Anschauen des Gegenwärtigen und als Erwarten des Zukünftigen. Der gewöhnliche Sprachgebrauch ist ungenau, doch braucht uns das nicht zu stören; er ist es in der Regel (n. 26).

Doch wenn nur die Gegenwart *ist*, wird unbegreiflich, was schon feststand: daß wir von *langer* und *kurzer* Zeit sprechen (wie in n. 18), daß wir die Zeit messen (festgestellt in n. 21). Denn meßbar ist nur, was ist. Das ist die Gegenwart. Aber diese hat keine Ausdehnung, ist folglich nicht meßbar (n. 27). Angesichts dieser Aporie der Zeitmessung betet Augustin um Erleuchtung (n. 28).

Damit gliedert sich der zweite Teil von Buch XI: nn. 17–27 bilden eine Einheit. Unter der Voraussetzung, daß wir tatsächlich Zeit messen, untersuchen diese Abschnitte, ob das, was wir messen, überhaupt existiert. Von den drei Zeitdimensionen scheint dies nur auf die Gegenwart zuzutreffen. Aber sie ist unausgedehnt. Wie kann das Unausgedehnte gemes-

sen werden? *Die zweite Hälfte des zweiten Teils von Buch XI, die Abschnitte nn. 28 bis 39, gehen dieser Frage nach. Heidegger hat die beiden Abschnitte folgendermaßen unterschieden: Der erste Gang der Untersuchung (nn. 17–27) kommt an sein Ziel, indem er feststellt: Das, was wir messen, i s t. Der zweite Gang, ab n. 28, untersucht: W a s ist das, was wir messen?*[1] Augustin prüft zunächst, ob die Aporie vermeidbar wäre, wenn wir eine andere Zeitdefinition unterstellten. Er berichtet, von einer Zeitdefinition gehört zu haben, welche die Zeit als Bewegung der Himmelskörper bestimmt. Aber er verwirft sie: Auch wenn die Himmelsbewegungen stillstünden, gäbe es Bewegung, die in der Zeit verliefe; die Einengung auf die Bewegung der Himmelskörper ist also unbegründet. Ferner erfolgt die Bewegung zwar in der Zeit, ist aber nicht die Zeit. Man muß die Bewegung unterscheiden vom Maß der Bewegung. Letzteres könnte die Zeit sein (nn. 29–31). Nachdem Augustin die Gleichsetzung der Zeit mit der Bewegung zurückgewiesen hat, gesteht er, immer noch nicht zu wissen, was die Zeit ist, obwohl er dauernd über sie spricht und weiß, daß er dies in der Zeit tut (n. 32).

Augustin kehrt zurück zu der Frage: Wie messen wir Zeit? Er zeigt am Beispiel des Vortrags eines Gedichts, daß es nicht genügt zu sagen, wir bestimmten die längere Zeit mit Hilfe der kürzeren Zeitabschnitte. Doch dabei zeigt sich: Die Zeit ist eine Art Ausdehnung *(distentio)*, vermutlich der Geistseele (n. 33).

Die genaue Übersetzung von distentio und animus kann hier noch nicht entschieden werden. Hier ist nur der Zusammenhang mit der Möglichkeit der Zeitmessung festzuhalten: Das allein existierende Jetzt muß, soll es gemessen werden können, eine gewisse Erstreckung, eine gewisse Ausdehnung aufweisen. Es darf nicht nur auf den reinen Jetztpunkt eingeschränkt gedacht werden.

Erneut untersucht Augustin die Möglichkeit der Zeitmessung, diesmal am Beispiel des Hörens eines Liedes. Wir können seine Dauer messen, wenn wir sein Vorübergehen messen können. Dazu müssen Anfangs- und Endpunkt der Veränderung beieinander, also gegenwärtig sein (n. 34). Überhaupt messen wir nicht das vorübergehende Zeitliche in sich, sondern nur das, was von ihm in unserem Gedächtnis bleibt (n. 35). Wir messen also Zeiträume im Geist – aufgrund der Einwirkung des Vergangenen, die das Gedächtnis bewahrt und aufgrund unserer Vorweg-

---

[1] M. Heidegger, Des hl. Augustinus Betrachtung über die Zeit. Typoskript S. 8.

nahme des Zukünftigen (n. 36). Das Zukünftige, das abnimmt, und das Vergangene, das zunimmt, sie *sind* nur im Geist. Wirklich ist nur

dessen Erwarten,
dessen Erfassen des Gegenwärtigen,
dessen Erinnern.

Das Vorübergleiten der Dinge hat allein Dauer in seinem Erfassen des Gegenwärtigen. Der Übergang des Kommenden ins Gewesene geschieht nur in seiner Tätigkeit (n. 37).

Am Vortrag eines Liedes zeigt Augustin, wie wir Zukünftiges und Gewesenes vorgreifend und erinnernd in uns gegenwärtig haben. Wie mit dem Lied ist es mit dem Lebensganzen und mit der Weltzeit überhaupt (n. 38). So zeigt sich, wie wir ausgedehnt, aber damit auch aufgespalten und zerteilt sind. Nur der Menschensohn kann vermitteln zwischen der göttlichen Einheit und unserer Vielheit und Zerrissenheit (n. 39).

Rückgreifend auf nn. 12 bis 16, weist Augustin nochmals die unsinnige Frage ab, was Gott gemacht habe, bevor er die Welt machte (n. 40). Abschließend bestätigt er im Blick auf die als Erstreckung des Geistes bestimmte Zeit die Andersheit des göttlichen Seins und Wissens, die bereits in nn. 1 bis 10 ausgesprochen war: Gott *ist,* weiß und handelt ohne Erstreckung-Ausdehnung-Aufspaltung (distentio) (n. 41).

Die Feingliederung des großen Abschnitts nn. 17–38 ist nicht unabhängig von der sachlichen Konzeption des Zusammenhangs zu beschreiben. Doch scheinen sich folgende Stadien abzuzeichnen:
1. Klärung des Ausgangspunktes (n. 17). Die Zeit ist uns vertraut und dennoch unbekannt. Gleichzeitig hebt Augustin aber auch hervor, was ihm bei allem Nichtwissen unbezweifelt feststeht: Ohne daß etwas vorübergeht, gibt es nicht die Zeitdimension „Vergangenheit". Ohne daß etwas auf uns zukommt, gibt es nicht die Zeitdimension „Zukunft". Ohne daß überhaupt etwas vorhanden ist, keine „Gegenwart". Es ist wichtig, über der dann sofort einsetzenden Kadenz von Ungewißheiten dies von Augustin als gewiß Behauptete (fidenter tamen dico scire me) nicht zu vergessen.
2. Erster Durchgang der Aporien der Zeiterfahrung und Zeitmessung mit negativem Ergebnis (nn. 19–27): I s t *die Zeit überhaupt? Die Zeit*

hat Sein nur als Gegenwart. Aber in ihr als einem ausdehnungslosen Punkt ist sie nicht meßbar. Die Andeutung der Problemlösung in n. 23 geht wieder verloren. Es fehlen der Rückbezug auf die Seele und der Aufweis einer Erfahrung der Präsenz der drei Zeitdimensionen in einem Jetzt (wie das des Liedes ab n. 33).

3. Tiefpunkt der Ausweglosigkeit. Gebet (n. 28).

4. Neueinsatz: Was ist das, was wir messen? Der Versuch mit der Definition der Zeit als Gestirnbewegung bringt keinen Ausweg (nn. 29–31).

5. Eingeständnis des Nichtwissens (n. 32).

6. Ansatz zur Lösung mit Hilfe des Beispiels des Liedvortrags, in dem wir ein Jetzt erfahren, das Vergangenes und Zukünftiges in sich enthält. Ergebnis: Zeit ist distentio animi (n. 33), im Fortgang analysiert als dreidimensionale gegenwärtige Tätigkeit des „Geistes" (nn. 33–38)).

7. Epilog, mit Rückgriff auf die Themen von nn. 1–17.

2. Nach diesem Überblick über den Aufbau von Buch XI ist dessen Ort im Ganzen der *Bekenntnisse* zu beschreiben.

Die Struktur der *Confessiones* weist folgende Dreigliederung auf: Buch I–IX erzählen die sittliche, religiös-intellektuelle Entwicklung Augustins bis zum Tod der Mutter;

Buch X schildert den sittlichen, religiös-intellektuellen Stand, den der Bischof zum Zeitpunkt der Abfassung des Buches erreicht zu haben glaubt;

Buch XI–XIII illustrieren an den ersten Versen der *Genesis* die inzwischen erreichte *Einsicht* in den Ursprung des Universums.[2] Sie entfalten

---

[2] Die Vielförmigkeit der *Confessiones* ist früh bemerkt worden und hat eine reiche Diskussion ausgelöst. Lit. bei A. Solignac, Introduction, in: Œuvres de S. Augustin, Band 13: Les Confessions I–VI, Bibliothèque Augustinienne, Paris 1962, 248–250. Fortgeführt von dems., Le livre X des Confessions, in: AA. VV., Le Confessioni di Agostino d'Ippona. Lectio Augustini. Libri X–XIII, Palermo 1987, 10–11. – Besonders hervorheben möchte ich:
M. Zepf, Augustins Confessiones, Tübingen 1926; M. Pellegrino, Le ‚Confessioni' di S. Agostino, Rom 1956; P. Courcelle, Recherches sur les Confessions de S. Augustin, Paris 1950, ²1968; L.F. Pizzolato, Le ‚Confessioni' di S. Agostino. Da biografia a ‚confessio', Mailand 1968; R.J. O'Connell, St. Augustine's Confessions. The Odyssey of Soul, Cambridge, Mass., 1969; E. Dönt, Zur Frage der Einheit von Augustins Konfessionen, in: Hermes 90 (1971) 350–361; L.F. Pizzolato, Le fondazioni dello stile delle ‚Confessioni' di S. Agostino, Mailand 1972; R. Lorenz, Zwölf Jahre Augustinusforschung. 1959–1970, in: Theologische Rundschau 39 (1974) 110–119; E. Hanson-Smith, Augustine's Confessions: The Concrete Referent, in: Philosophy and Literature 2

inhaltlich die auf Umwegen gewonnene *Einsicht* in die wichtigsten Aussagen der Bibel. Sie weisen nach: Die *Genesis* ist der *Timaios* der Christen. Sie entwickeln dies mit philosophischen Argumenten, um a) apologetisch rationale Einwände gegen den Kirchenglauben rational zurückzuweisen und um b) die verborgenen Schätze des Bibeltextes, den unter dem Buchstaben enthaltenen tieferen Sinn, auszuschöpfen. Es handelt sich also nicht um ein einfaches *Bekenntnis* des Glaubens, sondern um die Darlegung seines intellektualen Wahrheitsgehaltes. So konzentriert Augustin sich im XI. Buch – nach einer Einleitung über den Begriff des *Bekenntnisses* und über sein Vorhaben in den Folgebüchern (nn. 1–3) anläßlich des ersten Satzes der Bibel *Am Anfang schuf Gott Himmel und Erde* –

a) auf die philosophierende Umdeutung des Ausdrucks *Im Anfang* im Sinne: *Im Logos, im ewigen Wort* (nn. 5–11),

b) widerlegt er mit philosophierenden, also nicht aus der Bibel oder der Kirchenautorität geschöpften Argumenten die Einrede gegen den kirchlichen Schöpfungsglauben: *Was machte euer Gott, bevor er die Welt schuf* (nn. 12–16)?

c) fragt er: *Was ist die Zeit?* Dieses Problem mochte einem philosophisch gebildeten Leser bei Augustins Erörterungen über das ewige Schöpferwort und das zeitlich Entstandene gekommen sein, aber seine Entscheidung war nicht wesentlich für den unter b) erörterten Disput. Die Bibelauslegung, der die Bücher XI–XIII insgesamt gewidmet sein sollen, spielt innerhalb dieser Untersuchung (nn. 17–39) keine Rolle. Man könnte die nn. 17–39 ohne Schaden überschlagen, wenn es in *Conf.* XI nur um Glaubensbekenntnis oder um Bibelauslegung (im nachmittelalterlichen Sinne des Wortes, als theologische Exegese) ginge; man wäre allenfalls irritiert über den Terminus *distentio* in n. 41. Augustin spricht aber selbst aus, daß er zwischen *Bekenntnis* und *in-*

(1976) 176–189; G. Luongo, Autobiografia ed esegesi nelle ‚Confessioni' di Agostino, in: La Parola del passato n. 169 (1976) 286–306; J.A. Mourant, St. Augustine on Memory, Villanova 1980; R. Herzog, Non in sua voce – Augustins Gespräch mit Gott in den ‚Confessiones', in: K. Stierle-R. Warning (Hg.), Poetik und Hermeneutik, Band 11: Das Gespräch, München 1984, 213–250; R. McMahon, Augustine's Prayerful Ascent. An Essay on the Literary Form of the Confessions, Athens, USA – London 1989. Weitere Lit. in der nächsten Anmerkung und bei J. Fontaine – M. Cristiani et al. (Hg.), S. Agostino, Confessioni, vol. 1, Libri I–III, Mailand 1992, CXLV s.

tellectus, der philosophischen Einsicht in den Wahrheitsgehalt des Geoffenbarten, unterscheidet:

*Qui intelligit, confiteatur tibi,
et qui non intelligit, confiteatur tibi (n. 41).*

Damit gibt Augustin einen wichtigen Schlüssel: Man darf *Conf.* XI nicht einseitig auf den Begriff des *Bekenntnisses* hin interpretieren. Denn den Glauben bekennen kann jeder einfache Gläubige; nicht jeder aber sucht und braucht (wie Augustin) den *intellectus,* die argumentativ gewonnene Einsicht in den intellektualen Gehalt des Geglaubten, den Augustin suchte und zu dessen Darlegung bezüglich der Weltentstehung das XI. Buch geschrieben ist. Augustin stellt den Weg vom einfachen Glaubensbekenntnis zur Einsicht in das Geglaubte exemplarisch dar. Der Kirchenglaube, den Augustin bejaht, soll sich als die Lösung der philosophischen Probleme der Spätantike erweisen. Jeder Denkende soll einsehen können, daß dieser Glaube *alle Schätze der Weisheit und der Wissenschaft* enthält, die Augustin zu heben verspricht (n. 4). Darüber hinaus dient der Glaube, gerade in nn. 17–39, als Ausgangspunkt philosophischer Explorationen, deren Ergebnis weder durch ein Schriftwort noch durch Kirchenentscheidungen vorweggenommen ist.

Bekennen soll aber jeder Gläubige, unabhängig davon, ob er philosophierend Einsicht gewonnen hat und ob er den Argumentationsweg von *Conf.* XI mitgehen konnte oder nicht. Es ist eine fideistische Reduktion Augustins, primär auf *confessio* im Sinne von Glaubensbekenntnis unter Mißachtung des von Augustin erstrebten *intellectus* zu dringen; ich werde bei der Kommentierung im einzelnen nachweisen, wie diese traditionalistische Deutung Augustins theoretischen Anspruch unterbietet.

Damit sind nicht alle Fragen beantwortet, die sich bei der Analyse des literarischen Ortes von *Conf.* XI stellen. Zwar zeigte sich schon, daß Augustin auch innerhalb eines einzelnen Buches eine erstaunlich lockere Komposition wählen konnte: Die Abschnitte 12 bis 16 und 17 bis 39 bilden thematisch wie literarisch relativ selbständige Bestandteile, woraus nichts über ihre Entstehungszeit oder über den Zeitpunkt und die Absicht ihrer Zusammenfügung folgt. Doch selbst der Leser, der durch diese Beobachtung bereits eingeübt ist in die Eigenart des Schriftstellers Augustin, die Marrou schlicht beschrieben hat mit: *Saint Augustin com-*

pose mal, auch dieser Leser wird nicht aufhören, sich über folgende Tatsachen zu wundern:

1. Augustin überspringt zwischen Buch IX und Buch X 10 Jahre seines Lebens,
2. er läßt wichtige intellektuelle und religiös-krichliche Entwicklungen beiseite. Er berichtet nicht von Priesterweihe und Bischofsamt, nicht von den einschneidenden theoretischen Wandlungen, die in den *Quaestiones ad Simplicianum* bezüglich Freiheit, Glaube und Gnade zum Ausdruck kommen und über die er sehr viel später mehrfach gesprochen hat.
3. Augustins Begründung in n. 2, warum er den biographischen Leitfaden verläßt, klingt wenig überzeugend, ja geradezu rätselhaft. Daß er keine Zeit habe, alles zu erzählen, und daß er immer schon einmal die Bibel durchdenken wollte, das fällt ihm merkwürdig spät, zu Beginn des XI. Buches, ein. Hatte er mehr Zeit, als er die Bücher I bis IX verfaßte? Wollte er nicht auch damals in die tiefere Bedeutung der Offenbarung eindringen? Kann man mitten im Werk das Thema wechseln, weil man *immer* schon eine philosophierende Bibelerklärung geben wollte?
4. Zu Beginn des XI. Buches spricht Augustin über das *Bekennen*, als habe er nicht schon 10 Bücher lang *Bekenntnisse* abgelegt. Dies klingt wie ein Neuansatz, nicht wie eine bloße Einleitung zum Zeittraktat.
5. Während der Autor dabei ist, sein früheres Vorhaben als zu groß und zu zeitraubend aufzugeben bzw. umzubauen, kündigt er ein noch größeres an: Er will die Bibel auf ihren verborgenen Sinn hin durchdenken und erklären, und zwar von der Welterschaffung bis zum Weltende, d.h. von der *Genesis* bis zur *Geheimen Offenbarung, ab usque principio, in quo fecisti caelum et terram, usque ad regnum tuum perpetuum sanctae civitatis tuae* (n. 3). Man kann fragen, ob die Bücher XI bis XIII einlösen, was Augustin hier so großartig in Aussicht stellt. Augustin brauchte allein drei Bücher, um die ersten Verse der *Genesis* zu erklären. Wenn überhaupt, so war das Programm einer Gesamtauslegung der Bibel nur zu lösen durch eine allegorische Deutung, die im Weltanfang schon das Weltende mitzudenken gestattete.

Die Beantwortung dieser Fragen überschritte den Rahmen dieses Buches. Ich muß mich auf die Fragen beschränken, die unmittelbar das

XI. Buch betreffen. Vor allem fragt es sich: Wie kommt ein Traktat über die Zeit in die *Confessiones?*

Eine Abhandlung über die Zeit gehört in die *Bekenntnisse*, sofern man mit Augustin das *Bekennen* nicht nur als Bericht über eine persönliche Entwicklung (die immer zugleich intellektuell-philosophische und religiöse Entwicklung war) versteht, sondern auch als das Aussprechen wesentlicher Erkenntnisse und verbleibender Unsicherheiten. Daß Augustin *confessio* genau so verstand, sagt er zu Beginn des XI. Buchs, in n. 2: *confessio scientiae et imperitiae.* Das Nachdenken über den Weltenursprung gehörte sowohl zur Auseinandersetzung mit der antiken Philosophie wie zu der mit den Manichäern. In der Frage: *Was machte Gott, bevor er die Welt erschuf,* kamen diese beiden Kontrahenten gemeinsam zu Wort; insofern mußte Augustin sie beantworten.

Daß er sie freilich mit dem Programm der Bibelauslegung, gar einer Auslegung von der *Genesis* bis zur *Apokalypse,* verbunden hat, bietet schon größere Erklärungsschwierigkeiten. Diese verringern sich aber in dem Maße, in dem man die Eigenart der Augustinischen Bibelauslegung beachtet und einen Gesamtentwicklungsstand in Rechnung stellt, in dem *Bibelwissenschaft* keine Fachdisziplin war und nicht durch Philologie geprägt war. Unter diesen Prämissen konnte Augustin das Nachdenken über eine theoretisch zu konstruierende Gesamtaussage der Bibel dann doch in drei Büchern konzentrieren und auf den persönlichen Bildungsgang, insbesondere auf seinen Weg durch die antiken Philosophenschulen, beziehen. Nimmt man hinzu, daß Augustin ein Schriftsteller war, der sich gern zu Weiterungen hinreißen ließ, daß er gern Assoziationen folgte und keinen streng argumentativen Aufbau seiner Texte suchte – was natürlich nicht, wie geschehen, zu der Verallgemeinerung berechtigt, antike Schriftsteller hätten überhaupt eine solch lockere Komposition bevorzugt –, dann wird die literarische Stellung von *Conf.* XI schon plausibler.

Es bleibt die Merkwürdigkeit, daß Augustin 10 Jahre seiner Entwicklung überspringt. Manche Ausleger schwächen dies Befremdliche dadurch ab, daß sie nahelegen, der Berichtteil habe mit Bekehrung und Taufe seinen Abschluß gefunden, danach, also nach Buch IX, könne sich Augustin nach einer Analyse seines augenblicklichen Entwicklungsstands (Buch X) dem objektiven Inhalt der erreichten Wahrheit zuwenden.

Daran ist mehreres falsch: Die *Bekehrung* Augustins ist kein punktuelles Ereignis, es gibt vielmehr eine Reihe von Bekehrungen; die letzte Bekehrung ist nicht eine Bekehrung vom Heidentum oder von der philosophischen Skepsis zur katholischen Kirche, sondern ein moralischer Einschnitt, insbesondere der Verzicht auf Geschlechtsverkehr und weltliche Karriere. Vor allem ist falsch, daß der Berichtteil mit Bekehrung und Taufe *ende;* das IX. Buch endet bekanntlich mit der *Vision von Ostia* und dem Tod der Mutter; die Taufe wird in knappen zwei Zeilen berichtet, aber nicht im neunten Buch. So gestehe ich denn, nicht zu wissen, warum Augustin die zehn Jahre seit dem Tod der Mutter nicht für darstellenswert hielt. Es bleibt schwer einzusehen, warum er, statt zu Ende zu berichten, im letzten Drittel seines Buches, eben am Anfang von *Conf.* XI, das Thema wechselt und eine Deutung der gesamten Bibel verspricht. Waren Priesterweihe und Bischofsamt unserem Kirchenschriftsteller nicht wichtig genug, um *nach* der ‚Vision von Ostia' noch erzählt zu werden? Unter Neoplatonikern hätte eine solche Wertpriorität Sinn: Nachdem Augustin erfaßt hat, daß wir mitten in der Zeit das Ewige als das allumfassende Gute erfassen können und darin ein unbeschreibliches Glück finden, hatten andere irdische Ereignisse, auch die kirchlichen, jedes Interesse verloren; jetzt sollte die Bibelauslegung zeigen, daß die Schrift in ihrem Grundriß das Verlassen der Zeit und den Weg zur beglückenden Ewigkeit als Anweisung für die gesamte Menschheit, sofern sie begnadet wird, enthält. Aber auch bei dieser Gesamtdeutung der *Confessiones* bleibt die Sonderstellung von Buch X schwer begreiflich und war es nicht unbedingt notwendig, zur Erklärung des ersten Bibelverses eine philosophische Zeittheorie zu entwerfen. Warum denn dann nicht auch eine Theorie des Raumes? Auch sie hätte Gelegenheit geboten, Gott sein Wissen wie sein Nichtwissen zu bekennen. Statt sich mit Augustins Unregelmäßigkeiten in den *Confessiones* abzufinden, suchen viele Autoren eine geheime, d.h. eine von Augustin selbst nicht ausgesprochene Gliederung der XIII Bücher aufzuweisen, die Lebensbericht (I–IX), Selbstanalyse (X) und Genesisauslegung (XI–XIII) zu integrieren gestatte.[3] Die Vielzahl solcher Versuche,

---

[3] Vgl. die Übersicht bei K. Grotz, Die Einheit der „Confessiones". Warum bringt Augustin in den letzten Büchern seiner „Confessiones" eine Auslegung der Genesis? Diss. Tübingen 1970, mit überzeugender Kritik an dem von U. Duchrow, Der Aufbau von Augustins Schriften ‚Confessiones' und ‚De Trinitate', in: Zeitschrift für Theologie und Kirche 62 (1965) 338–367 vorgeschlagenen Schema der Seligpreisungen (Grotz 32–34),

den Einheitspunkt der *Confessiones* zu ermitteln, muß eher bedenklich, wenn nicht ironisch stimmen: Überzeugend eher bei der Widerlegung der jeweiligen Vorgänger, vermehren sich die einheitsstiftenden Konstruktionen. Ich brauche mich mit ihnen hier nur zu befassen, soweit sie den Zeittraktat erörtern. Dabei sind vor allem zwei Hypothesen erwähnenswert. Die erste behauptet, der Zusammenhang von Buch XI mit Buch X sei durch die *memoria*-Theorie gesichert: Die Zeiterfahrung werde in XI wesentlich unter dem Gesichtspunkt des Erinnerns analysiert, und eben dies sei vorbereitet durch die *memoria*-Theorie von Buch X. Ich will mir hier nun keineswegs positiv den Nachweis zumuten, Buch X sei später eingefügt.[4] Nur knüpft XI, in dem *memoria* in der Tat eine wichtige Funktion einnimmt, nicht an die spezifischen Ausführungen von X an. Was in XI über *memoria* gesagt wird, bildet einen Neuansatz auf dem Boden allgemeiner römischer Rhetoriklehre über das Erin-

an H. Kusch, wonach Buch X–XIII den Übergang „in die vollendete Form des homo novus" darstellen sollen (was für den Zeittraktat gar nichts abgibt) (Grotz, 38–39), an V. Knauer, der aufteilt:
Buch I–IX: memoria, Buch X: contuitus, Bücher XI–XIII: expectatio, was, wie Grotz 47–50 zeigt, für Buch XI offensichtlich nicht zutrifft.
Statt mit Grotz eine neue Systematisierung, etwa: dreifaches Wirken Gottes in Erlösung (I–IX), Heiligung (X) und Schöpfung (XI–XIII) vorzuschlagen, eine Systematisierung, die sich auf Augustin nicht berufen kann und die allein schon in ihrer Reihenfolge so merkwürdig ist wie die Merkwürdigkeit, die sie wegerklären soll, empfehle ich, die Systematisierungsneigung und die Harmonisierungstendenz der neueren Ausleger als Indikatoren einer bestimmten kulturellen Situation zu analysieren. Ich kann auch in dem Versuch von W. Steidle, Augustins Confessiones als Buch (Gesamtkonzeption und Aufbau) in: G. Wirth (Hg.), Romanitas – Christianitas. Untersuchungen zur Geschichte und Literatur der römischen Kaiserzeit, Berlin-New York 1982, 436–527, keine neuen Argumente entdecken, schon gar nicht, was die Lücke von 10 Jahren und die Integration des Zeittraktats angeht. Seine Behauptung von der *Taufe* als einem *wesentlichen Höhepunkt der bisherigen Erzählung* findet keine Stütze im Text und fällt zurück hinter die gegenteilige richtige Beobachtung von Christine Mohrmann, Observations sur les Confessions de S. Augustin, in: Revue des sciences religieuses 33 (1959) 369.
Vgl. auch G. Pfligersdorffer, Augustins *Confessiones* und die Arten der Confessio, in: Salzburger Jahrbuch für Philosophie 14 (1970) S. 15–28; ders., Das Bauprinzip von Augustins Confessiones, in: D. Ableitinger – H. Gugel (Hg.), Festschrift Karl Vrestska, Heidelberg 1970, 124–147; E. Feldmann, Literarische und theologische Probleme der *Confessiones,* in: C. Mayer – K.H. Chelius (Hg.), Internationales Symposion über den Stand der Augustinus-Forschung, Würzburg 1989, 27–45; G. Madec, S. Augustin et la philosophie, Paris 1992, 67; J. J. O'Donnell, Augustine, Confessions, 3. Bd., Oxford 1992, 153–154.

[4] Doch meinte dies immerhin E. Williger, Der Aufbau der Konfessionen Augustins, in: Zeitschrift für neutestamentliche Wissenschaft 28 (1929) 81–106; vgl. dazu auch Courcelle, Recherches [2]25–26; J.J. O'Meara, The Young Augustine, London 1954, 15–16 und Solignac, Le livre X, 11.

nern, oder, anders ausgedrückt: Die *memoria*-Funktion in XI bedarf argumentativ nicht der Absicherung durch die *memoria*-Analysen von X. Der inhaltliche Vergleich der *memoria*-Theoreme in X und in XI zeigt eher die lockere Fügung dieser Bücher als ihre argumentative Verzahnung.

Einen besonders interessanten Versuch, den Zeittraktat mit dem Erzählteil I–IX zu verknüpfen, hat Paul Ricœur vorgelegt. Danach reflektiert Buch XI die Voraussetzungen von Buch I–IX. Die Zeitlehre Augustins gibt danach eine Begründung dafür, warum Erzählen möglich und sinnvoll ist.[5] Sie bildet demnach die nachgeholte Rechtfertigung dafür, daß Augustin nicht eine abstrakte Abhandlung, sondern den Bericht über sein Leben geschrieben hat. Buch XI gehört also zur Biographie wie die Erzähltheorie zur Erzählung. Ricœur stützt diese These durch den Hinweis auf das Ende des Berichtteils in Buch IX: Weil die *Vision von Ostia* mit einem Scheitern ende, weil sie beweise, daß die plotinisierende Ekstase die zeitliche Situation der Seele nie aufzuheben vermag (sowenig wie es die Bekehrung vermochte habe), wende sich Augustin jetzt der Zeit zu. Sein Ziel sei es dabei zu zeigen, daß die Zeit nicht nur gesehen werden dürfe als das, was vor der Grenzidee der Ewigkeit seine Nichtigkeit offenbart, sondern als etwas, das Ressourcen der immanenten Hierarchisierung enthalte, die eben das Erzählen ausnutzt, so daß die Ewigkeit nicht die Zeit auslöscht, sondern vertieft.

Das hieße: Die Augustinische Zeittheorie setzt dort ein, wo im Gang der *Confessiones* deutlich geworden ist, daß die Ewigkeit nicht als abstrakte Negation der Zeit gefaßt werden darf. Das Scheitern der einseitigen Gegenübersetzung von Zeit und Ewigkeit läßt Ausschau halten nach einer Sicht der Zeit, die sie als distentio erfahren läßt, aber die intentio auf das Ewige festhält; dadurch werde das zeitliche Geschehen als erzählenswert und erzählfähig begriffen.

Diese Theorie löst großzügig die kleinen philologischen Bedenklichkeiten auf, in die uns die Frage nach dem literarischen Ort von *Conf.* XI verwickelt hat. Nur ist schwer zu sehen, wie sie sich auf den Text Augustins stützen könnte. Es ist nicht ausgemacht, daß das IX. Buch mit dem Scheitern einer Entgegensetzung von Zeit und Ewigkeit endet. Es steht nicht fest, daß die Zeittheorie von *Conf.* XI die „plotinische Ekstase" ab-

---

[5] P. Ricœur, Temps et récit. Tome 1, Paris 1983, 52–53.

lösen soll und ob die Präsenz Plotins mit dieser Entgegensetzung nicht unterbelichtet bleibt. Vor allem aber fragt es sich, wo in *Conf.* XI ein Hinweis erfolgt, daß die Zeit in ihrer Innenstruktur, in ihrer Erzählbarkeit und Erzählwürdigkeit bedacht würde. Bringt *Conf.* XI ein neues Verhältnis von Zeit und Ewigkeit zur Sprache, ein Verhältnis, das nicht mehr als Entgegensetzung gelten kann, und das nicht mehr zum Verlassen der Zeit, sondern zu ihrer inneren Hierarchisierung und damit zum Erzählen des Zeitlichen auffordert? Zeigt Augustins Text, daß es bei der Zeitanalyse um eine Theorie des Erzählens und damit um eine Rechtfertigung des in I–IX Erzählten geht? Die Lösung Ricœurs ist von großräumiger Eleganz. Aber sie setzt eine bestimmte Deutung der Zeittheorie von *Conf.* XI voraus, die sich mir, um das Ergebnis des Kommentarteils vorwegzunehmen, am Text nicht bewährt hat. Die plausibelste Lösung der Unregelmäßigkeiten in der Komposition der *Confessiones* scheint mir zu sein: Die Bücher I bis IX erzählen den Weg bis hin zu der Einsicht, daß wir das Zeitliche vergessen und allein das Ewige ergreifen sollen; die Bücher XI bis XIII zeigen in lockerer Anlehnung an den Gesamtaufbau der Schrift bzw. durch deren allegorische Deutung, daß der individuelle Weg Augustins von der Zeit zur Ewigkeit der göttlich vorgedachte Weg *aller* Begnadeten ist.

IV.

WANDLUNGEN

ZEITTHEORETISCHES IN ANDEREN
SCHRIFTEN AUGUSTINS

1. Zeittheoretisches in Conf. XII und XIII

Wer heute von der „Zeittheorie" Augustins spricht, meint in der Regel diejenige des XI. Buches der *Confessiones*. Ich bin bislang diesem Sprachgebrauch gefolgt. Doch bei genauerem Hinsehen verdient er Kritik; er verdeckt die Differenzen und macht Entwicklungen unbegreiflich. Er verdankt sich der Tatsache, daß philosophisch orientierte Untersuchungen zu Augustins Zeittheorie nicht selten die Zeitanalyse des XI. Buches der *Confessiones* aus dem Zusammenhang reißen, um sie mit einer für wahr gehaltenen neueren Zeittheorie zu synthetisieren oder doch zu vergleichen. Sie lassen den theoretischen und literarischen Aufbau der *Confessiones* auf sich beruhen und vernachlässigen in der Regel zeittheoretische Elemente in *anderen* Büchern der *Bekenntnisse* und in anderen Werken Augustins. Zwar ergibt die genauere Untersuchung des Aufbaus der *Confessiones,* daß dem Text *Conf.* XI 14, 17 bis 29, 39 eine *relative* Autonomie zukommt, aber diese Eigenständigkeit reicht nicht so weit, die Vernachlässigung aller anderen zeittheoretischen Aussagen Augustins zu legitimieren. Da das vorliegende Buch die Zeittheorie im XI. Buch der *Confessiones* behandelt, kann es *andere* Texte Augustins zur *Zeit* nicht um ihrer selbst willen untersuchen, sondern nur insoweit, als sie die Zeittheorie in den *Confessiones* beleuchten. Einige elementare Feststellungen zu den wichtigsten anderen zeittheoretischen Textkomplexen sind nötig, um historisch-philologisch wohlbegründete Fragen an *Confessiones* XI stellen zu können. Denn es steht keineswegs von vornherein fest, daß zeittheoretische Aussagen Augustins außerhalb von *Conf.* XI sog. *Parallelstellen* sind. Es könnte sein, daß sie sich mit den Aussagen von *Conf.* XI nicht zu einem theoretisch einheitlichen System der Zeitanalyse synthetisieren lassen. Zumindest ist zu prüfen, ob diese anderen Texte nicht Dokumente einer Denkentwicklung sind, die keine inhaltlich zusammenfassende Einheitsaussage zuläßt, dafür aber vielleicht eine theoretische Dynamik belegen, die ein größeres philosophisches Interesse verdient als jedes ihrer Einzelstadien.

Ernst A. Schmidt hat mit einer genetisch differenzierenden Untersuchung der *Phasen* der Augustinischen Zeittheorie begonnen und nachgewiesen, daß mit philosophisch relevanten Überraschungen zu rechnen ist, wenn man auf die geschichtliche Entwicklung der Zeitanalysen Augustins achtet. Er hat insbesondere gezeigt, daß Augustin im XI. Buch der *Confessiones* nicht mehr die aus dem Platonischen *Timaios* 37 d stammende Beschreibung der Zeit als eines bewegten Bildes der Ewigkeit wiederholt hat, die er in seinen Frühschriften rezipiert hatte.

Das XII. Buch der *Confessiones* fährt fort mit der *Genesis*-Erklärung und beleuchtet die Zeitanalyse von Buch XI vor allem durch die Eindeutigkeit, mit der es die Zeit ausschließlich im *motus* der Weltdinge fundiert sein läßt. Die gesamte Welt, auch die der Geister, beruht in einem hier nicht näher zu untersuchenden Sinne auf Stofflichkeit. Und aus dieser geht die Veränderlichkeit, *mutabilitas,* aller Dinge hervor, und nur aufgrund dieser *mutabilitas* können wir Zeiten wahrnehmen und messen, XII 8, 8 Zeile 23–25 Verheijen 220. Als wäre der Ursprung der Zeit nie zum Problem geworden, erklärt Augustin im XII. Buch, die Zeiten hätten ihren Ursprung in den Veränderungen der Dinge:

rerum mutationibus fiunt tempora.

Anders ausgedrückt:

sine varietate motionum non sunt tempora,
XII 11, 14 Zeile 46 Verheijen 223.

Die Zeit ergibt sich, wenn Naturprozesse ablaufen. Folglich gab es keine Zeit, bevor es eine Schöpfung gab, XII 15, 20 Zeile 1. Dies impliziert auch, daß es Zeit nur gibt, sofern die völlige Formlosigkeit der reinen Stofflichkeit überwunden ist, also sofern spezifisch geprägte Wesen existieren. Die Natur muß *Unterschiede* aufweisen, damit Zeiten möglich sind. Man beachte oft zu wenig, daß nach Augustin jedes Werden ein Wechseln der Wesensgestalten, der Formen, ist, *transitus de forma in formam,* XII 6, 6 und 12, 15, daß er deswegen auch die erste Materie als zeitlos ansehen und die Zeit als eine Folge der Form beschreiben kann. Erst die Formen der Dinge lassen Zeiten entstehen:

formae rerum exerunt tempora, XII 29, 40, Zeile 42.

Von der *Seele* als Ursprung der Zeit ist mit keinem Wort die Rede. Als bedürfte es keiner weiteren Suche nach einem anderen Ursprung der Zeit, führt Augustin jetzt die Zeit – von Buch XI her gesehen überraschend einseitig – einzig auf Dingveränderungen zurück. Augustin greift *nicht* auf das XI. Buch zurück und erwähnt die Aktivität der *Seele* nicht, um das *Sein* der Zeit zu sichern. Wohl aber beschreibt er unsere Zeiterfahrung auf der Grundlage von *Conf.* XI: Er differenziert die Stadien des Wahrnehmens *(sentire)* und des Durchzählens *(dinumerare)* von Zeitabschnitten. Wie eindeutig Augustin in *Conf.* XII die Zeit im *motus* und nur in ihm begründet sieht, zeigt sich auch daran, daß er argumentiert: Gott ist ewig, weil in ihm keine Art von *motus* Platz hat, XII 11, 11 Zeile 3 Verheijen 221.

Das XII. Buch untersucht Geist und Urstoff als die überzeitlichen Prinzipien des Zeitlichen. Diese Prinzipien sind nicht gleichewig mit dem göttlichen Verbum, aber auch nicht zeitlich: Der *Geist* oder das *caelum caeli,* jene *creatura intellectualis,* überwindet durch ununterbrochene Anschauung ihres ersten Grundes, also Gottes, alle ihre zeitliche Veränderlichkeit, *excedit omnem volubilem vicissitudinem temporum,* während die noch ungeformte Materie, da sie noch zu keiner *species* organisiert ist, als solche auch keine Zeiträume mit ihrer numerischen Bestimmtheit aufweist, XII 9, 9 Verheijen 221. Die zeitlichen Dinge haben also zwei Prinzipien, die nicht zeitlich sind, ohne mit dem göttlichen Verbum gleichewig zu sein – den reinen Geist, der ganz nahe bei Gott steht, und die ungeformte Materie, die ganz nahe beim Nichts steht. Für unseren Zusammenhang ist die Zwischenstellung dieses reinen Geistes zwischen Ewigkeit und Zeit von Interesse. Die rein geistige Kreatur, die Augustin mit dem aus den Psalmen stammenden Ausdruck *caelum caeli* benennt, ist durch zwei Charakteristika geprägt, die für seine Zeittheorie Bedeutung haben:

I. Es handelt sich um eine überzeitliche, aber nicht mit Gott gleichewige Kreatur. Augustin stellt sie zunächst im Singular vor: Sie ist *ein Geist* und doch zugleich eine Vielheit von Geistern. Beide Aspekte – die Singularität wie die Pluralität – sind dabei festzuhalten. Augustin bezeichnet das *caelum caeli* als *mens pura,* also im Singular, zugleich aber als Gemeinschaft der reinen Geister, als *civitas* der *spiritus,* XII 11, 12 Zeile 25–27 Verheijen 222. Der Plural ist nicht weiter verwunderlich; er stimmt auch zusammen mit der in *Conf.* XI 2, 3 schon anzutreffenden

Vorstellung einer Gottesstadt. Aber daß Augustin auch von einer *mens* im Singular sprechen kann und dieser singularischen Bestimmung einen gewissen Vorrang gibt, zeigt den überindividuell-individuell konzipierten *mens*-Begriff Augustins und widerspricht der von Jean Guitton und Federico Michele Sciacca verbreiteten modern-personalistischen Deutung der Augustinischen Metaphysik des Geistes und damit auch der Zeit. Halten wir deswegen folgende Texte fest:

Augustin nennt den ursprünglichen Geist oder das *caelum caeli*
– eine *mens pura*, XII 11, 12 Zeile 25,
– *creatura aliqua intellectualis,* XII 9, 9 Zeile 4,
– *intellectualis natura,* XIII 15, 20 Zeile 36,
– *mens rationalis et intellectualis,* XIII 15, 20 Zeile 44,
– *spiritalis vel intellectualis illa creatura semper faciem dei contemplans,* XIII 17, 24 Zeile 3–5.

Augustin schreibt diesem Geist *Tätigkeiten* zu wie geistige Erkenntnis und Wollen, *castus amor, XIII* 15, 19 Zeile 22. Dieser Geist überwindet Augustin zufolge durch seine einheitliche geistige Tätigkeit die auch ihm innewohnende Veränderlichkeit; durch aktive Zuwendung zum Ewigen stellt er sie sozusagen still oder beherrscht sie, XII 11, 12 Zeile 15–21, vgl. XIII 19, 28 Zeile 7–9.

Für diesen Geist ist charakteristisch ein *nosse simul sine ulla vicissitudine temporum, XII* 13, 16 Zeile 8, also ein intellektuelles *Zugleichhaben* aller Aspekte, das ihn unterscheidet von dem *zeitlichen Sehen,* den *visiones temporales (XIII 37, 52)* der Menschen. Nun hatte Augustin auch schon in *Conf.* XI 31, 41 einen zeitübergreifenden, aber nicht ewigen Geist eingeführt und ihn sowohl vom menschlich-individuellen Geist wie vom Geist Gottes unterschieden. Er hatte ihn hypothetisch eingeführt, weil er ihn im Rahmen von *Conf. XI* weder argumentativ noch biblisch-autoritativ begründet hatte. Dies stellt an den Leser von *Conf.* XI die Frage, ob der reine Geist von *Conf.* XII identisch ist mit dem in *Conf.* XI 31, 41 nur eben erwähnten umfassenden nichtgöttlichen Geist. Welche Funktion hat er bei der Begründung von Zeit? Dieser Geist, der sich durch vereinheitlichende und einheitliche Tätigkeit auszeichnet, ist nach Augustin zugleich die Vielheit der himmlischen Heerscharen, *supercaelestes populi angelorum tuorum,* XIII 15, 18 Zeile 28. Dieser Aspekt tritt in *Conf.* XII allerdings eher zurück, vor allem im Vergleich zu *De Genesi ad litteram* und zu *De civitate Dei.* Dennoch fragt es sich, wie kann ein *Geist* zugleich ein Haus und eine Polis sein? Ist eine *mens pura* denn keine *Person?* Leser Plotins sind damit vertraut, daß der *nus* zugleich einer und viele und daß die *psyche* zugleich viele und eine ist. Jean Pépin, Aimé Solignac und Roland Teske haben denn auch das *caelum caeli* von *Conf.* XII als eine theologisierte Variante des plotinischen Nus oder der Weltseele interpretiert.[1] Man muß von einer theologisch abschwächenden Variante sprechen, denn Augustins *mens pura (diese* Bestimmung ist übrigens in den Vordergrund zu stellen, nicht, wie es üblich geworden ist, die bildhafte des *caelum caeli,* die der autoritativen Abstützung des spekulativ Erdachten dient und die diese Funktion nur haben kann innerhalb einer platonisierenden Lektüre der *Genesis)* hat keine weltbegründende Funktion mehr; sie ist zum zuschauenden himmlischen Hofstaat oder zum Botenpersonal geworden, während Nus und Psyche bei Plotin philosophische Prinzipien sind, die das *Hen* in seiner Güte als kreative Prinzipien begründet hat. Insofern ist eine zu direkte Annäherung von Augustins *mens pura* an Plotins *Nus* nicht sinnvoll. Ohne hier in die Einzelheiten einzutreten, ist die Formulierung von Solignac festzuhalten, es handle sich um *une sorte de substantialité à la fois individuelle et collective.*[2]

II. Dieser überindividuell-individuelle Geist, diese *mens pura,* ist zeitüberlegen, aber nicht mit Gott gleichewig. Augustin negiert von ihm die Zeiterfahrungen, die er in Buch XI als solche beschrieben hatte: Dieser Geist hat keine Zukunft, die er erwartet; er besitzt keine Vergangenheit, an die er sich erinnern müßte; er ist frei von jeder Veränderung und damit auch von aller zeitlichen Erstreckung, *distentio.*

Supergreditur enim omnem distentionem,
XII 15, 22 Zeile 68–69 Verheijen 226 s.

---

[1] J. Pépin, Recherches sur le sens et les origines de l'expression „caelum caeli" dans les Confessions de S. Augustin, zuerst 1953 im *Archivum Latinitatis Medii Aevi, jetzt* in: J. Pépin, „Ex Platonicorum persona". Etudes sur les lectures philosophiques de S. Augustin, Amsterdam 1977, S. 39–130; A. Solignac, Note complémentaire, Les Confessions, BA 14, S. 592–598; ders., Note complémentaire zu De Gen. ad litt. I 9, 15, BA 48, 586–588; R. Teske, The World-Soul and Time in St. Augustine, in: Augustinian Studies 14 (1983) 75–92. – Auf die Argumente, die G. Madec in der RE Aug. 31 (1985) 354 dagegen vorgebracht hat, gehe ich im Kommentarteil ein.
[2] BA 48, 586.

nec illa creatura tibi coaeterna est ... non habens futurum quod expectet nec in praeterito traiciens quod meminerit. nulla vice variatur nec in tempora ulla distenditur. XII 11, 12 Zeile 16 –21 Verheijen 222.

Deutlich bezieht Augustin sich hier zurück auf *Conf.* XI, auf die drei zeitbildenden Tätigkeiten und besonders auf das Stichwort *distentio* in XI 26, 33. Indem die reine Geistwelt sich allein dem Ewigen zuwendet, überwindet sie, ohne mit Gott gleichewig zu sein, alle zeitliche *Zerteilung.* Die Geistergemeinschaft *des caelum caeli* hat die Ewigkeit nie verlassen, *peregrinata non est, 11, 13* Zeile 35 Verheijen 222. Sie hat das Elend der Zeitlichkeit nie geteilt und gibt damit ein Muster ab, wohin wir Menschen eilen sollen. Das wahre geistige Leben ist das überzeitliche Leben oder die Teilhabe am Unveränderlichen.

Diese Einsicht wirft noch einmal Licht auf den Aufbau der *Confessiones:* Sie mochte es dem Verfasser plausibel erscheinen lassen, den autobiographischen Aspekt nur bis zur sog. „Vision von Ostia" im IX. Buch festzuhalten. Denn mit dieser Erfahrung schien ihm prinzipiell erreicht, was in diesem irdischen Leben möglich ist, nämlich der Aufblick in das ewige Jetzt als in das Ziel des menschlichen Lebens. Das Ende der *peregrinatio,* in der Mensch, aber nicht jene *mens pura* gestürzt wurde, kam damit in Sicht. Die Bibelerklärung entwickelt ab Buch XI in einer philosophierenden Auslegung das überzeitliche Ziel genauer. Sie lehrt zu differenzieren zwischen Zeit und Ewigkeit (Buch XI), zwischen der Ewigkeit Gottes und der Zeitlosigkeit der beiden zeitüberlegenen Erstlinge der Erschaffung, des reinen Geistes und der formlosen Materie (Buch XII). Sie leitet an zu einer allegorischen Deutung der sechs Schöpfungstage. Alles zielt auf die *Ruhe* der Seele am siebten Tage, d.h. in der *Zeitlosigkeit Gottes.* Das Motiv der Ruhe, *requies,* verknüpft die beiden Schlußabschnitte des XIII. Buches (37, 52 und 38, 53) mit dem Anfang des Buches I der *Bekenntnisse.* Gott selbst *ist* die Ruhe, weil er die Ewigkeit ist; er selbst und er allein *gibt* die Ruhe, weil wir, in der Zeitlichkeit verloren und zerstreut, sie uns nicht geben können. So bringt gerade das XIII. Buch eine Reihe von Formulierungen der neuen, seit den *Quaestiones ad Simplicianum* I 2 entwickelten Gnadenlehre, z. B. XIII 9, 10 Zeile 17 und 14, 15 Zeile 10–14. Buch XIII beginnt und endet mit ihr (XIII 1, 1 und 38, 53); es hebt hervor, daß *wir,* d.h. alle Menschen in Adam, uns von dem zeitlosen Licht weggewendet haben und in der Finsternis irren. *Defluximus,* wir sind von ihm weggeflossen. Wir haben unsere Einheit und unseren überzeitlichen Ursprung verlassen (vgl. XIII 8, 9). Aber es macht die Größe eines geistigen Geschöpfes aus, mit nichts Geringerem als der ewigen Ruhe, also auch nicht mit sich selbst, zufrieden zu sein. Daher die *elende Unruhe, misera inquietudo*. Augustin erinnert daran, daß nach der antiken Physik jedes Element seinem natürlichen Ort zustrebt, je nach seinem Gewicht. *Mein Gewicht, das ist meine Liebe*, aber wenn wir nach *oben* gehen, dann nur, wenn Gott es uns als Gnade gegeben hat, XIII 9, 10: *dono tuo accendimur et sursum ferimur.* Obwohl es unsere Natur ist, dem Zeitlosen zuzustreben, können wir es nicht wie die Elemente aus eigener Kraft erreichen. Die Seele bildet die göttliche Dreieinigkeit ab, indem sie *ist, weiß* und *will*, XIII 11, 12. Es ist bezeichnend, daß Augustin seine Metaphysik des trinitarischen Menschengeistes am Ende der *Confessiones* skizziert, ohne die im XI. Buch analysierte zeitbildende Tätigkeit des *animus* als Analogie zur göttlichen Dreieinheit auch nur zu erwähnen. Dies hätte er nach J. Guitton und vielen modernen Auslegern tun müssen. Es ist eine Fehlanzeige, die eine seit 1933 zählebige Interpretationstradition unhaltbar macht, daß Augustin weder im XI. Buch noch in XIII 11, 12 eine trinitarische Deutung der Zeitdimensionen gibt. *Erinnern, als gegenwärtig Auffassen, Erwarten,* das sind nach Augustin keine der göttlichen Trinität analogen geistigen Funktionen, denn man nähert sich der Ewigkeit nicht, indem man das Gewesene erinnert, sondern indem man es *vergißt*. Dies schärft Augustin XIII 13, 14 Zeile 6 Verheijen 249 nach XI 29, 39 Zeile 5 Verheijen 214 noch einmal ein. Auch das mit der neuen Gnadenlehre unlösbar verbundene Theorem der *Prädestination* tritt im XIII. Buch hervor. Für die Zeittheorie hat es zur Folge, daß es zeitliche Entwicklungen als die bloße Ausführung eines ewig Festgesetzten zu denken lehrt. Es leitet an, das göttliche Denken und Wollen nicht durch die in *Conf.* XI beschriebenen Zeitformen des Erwartens, als gegenwärtig Auffassens und Erinnerns zu denken, XII 15, 18 Zeile 9–16 Verheijen 225. Für Menschen bedeutet es: Geschichtliche und individuelle Ereignisse *manifestieren* nur, was in der göttlichen Planung längst Wirklichkeit ist, XIII 34, 49 Zeile 5–6 Verheijen 271. Augustin wiederholt noch einmal, was in diesem Zusammenhang selbstverständlich ist und was er auch in *Conf.* XI mehrfach (z. B. XI 30, 40 Zeile 11) gesagt hat, daß nämlich es *Gott* ist, der die Zeiten macht und der uns auch die *Ruhe* gibt, die das Heraustreten aus der Zeit voraussetzt, XIII 37, 52 Zeile 5–6 Verheijen 272.

2. Zeittheoretisches in De Genesi ad litteram

Augustins großer Kommentar zum ersten Buch der Bibel, *De Genesi ad litteram,* ist etwa 401 bis 414 geschrieben. Seine zeittheoretischen Aussagen finden sich vor allem in den ersten fünf Büchern, deren Abfassung zeitlich nicht weit von den letzten Büchern der *Confessiones* entfernt liegen dürfte. In beiden Texten geht es um die Auslegung der ersten Kapitel der *Genesis;* durch ihre thematische und chronologische Nähe laden diese beiden Texte zum Vergleich ein. A. Solignac hat gezeigt, inwieweit Augustins methodisches Konzept der Bibelauslegung sich verschoben hat. Augustins großer Bibelkommentar will *ad litteram* vorgehen, also nicht allegorisch, sondern historisch dem Wortlaut folgen, während *Conf.* XI bis XIII, besonders das letzte Buch, in Allegorien geradezu schwelgen.[3] Freilich faßt Augustin auch sein Vorgehen, das er abgrenzend *ad litteram* nennt, in einer freien, philosophierenden Weise auf. Dadurch verringert sich der Abstand wieder. Gemeinsamkeiten ergeben sich ferner aus der platonisierenden Lehre von der Weltentstehung aus dem Logos, die auf Philo zurückgeht. In beiden Texten bezieht Augustin das *in principio creavit Deus* des ersten Bibelverses auf die Weltbegründung im göttlichen Verbum. Wie in *Conf.* XI lehnt Augustin eine *Zeit vor der Zeit* ab und widerlegt den Einwand gegen eine zeitlich begrenzte Schöpfung – Was machte Gott, *bevor* er erschuf? Wie in *Conf.* XII lautet sein entscheidendes Argument, Zeit setze die Bewegung eines Geschöpfes voraus, so daß es keine Zeit gegeben haben könne, bevor es Geschöpfe gegeben habe. Dabei ist es in unserem Zusammenhang überaus wichtig, daß Augustin dieses gegnerische Argument zurückweist, ohne auf die in *Conf.* XI entwickelte Zeittheorie zurückzugreifen. Seine Widerlegung ist in der Tat von der in *Conf.* XI ab 13, 17 entwickelten Zeittheorie argumentativ unabhängig. Augustin war also nicht der Meinung, es bedürfe der speziellen Zeitkonzeption von *Conf.* XI, um den Einwand gegen die zeitlich begrenzte Schöpfung zurückweisen zu können. Wie in *Conf.* XII überrascht der Verfasser von *De Genesi ad litteram* den Leser von *Conf.* XI dadurch, daß er das *Sein* der Zeit überhaupt nicht mehr als Problem ansieht. Die beiden Augustin-Texte, die zunächst so benachbart erscheinen, weisen weitgehende Modifikationen

---

[3] P. Agaësse – A. Solignac, BA 48, 32–50 und zum *caelum caeli* 586–588. Instruktiv auch immer R. Sorabji, Time, creation and continuity, bes. 31–32, 163, 167–168, 233 und 251.

im Denken Augustins auf, *modifications profondes dans la pensée d'Augustin* (A. Solignac BA 48 S. 587). Sie betreffen auch die Theorie der Zeit: Die Zeit erscheint als unbezweifelter Naturbestand. Wo es Geschöpfe gibt, die dem *motus* unterliegen, gibt es Zeit. Die *mens-pura*-Spekulation wird zurückgedrängt. Die überindividuelle Individualität dieses reinen Geistes tritt zurück zugunsten der vorstellbaren Pluralität von Engelscharen im himmlischen Licht. Augustin drängt jetzt die plotinisierende Konzeption einer *mens pura* zurück, die in *Conf.* XII eine so bedeutende Rolle spielte und auf dem Weg über den großen Geist von *Conf.* XI 31, 41 auch in die Zeitanalyse einwirkte; sie hat in der Tat ihre Funktion verloren zugunsten eines vorstellbaren, anthropomorph gedachten Willensgottes, der umgeben ist von himmlischen Heerscharen, und zugunsten einer direkten Kausalität von *motus* und Zeit.[4]

Daraus ergibt sich eine konzise Auskunft über den Ursprung der Zeit:

Factae itaque creaturae motibus coeperunt currere tempora: unde ante creaturam frustra tempora requiruntur, quasi possint inveniri ante tempora tempora. Motus enim si nullus esset vel spiritalis vel corporalis creaturae, quo per praesens praeteritis futura succederent, nullum esset tempus omnino. Moveri autem creatura non utique posset, si non esset. Potius ergo tempus a creatura quam creatura coepit a tempore, utrumque autem ex Deo,
De Genesi ad litteram V 5, 12.[5]

---

[4] Der Spiritualismus Augustins und der Denktradition, aus der heraus er die Bibel auslegte, ließ es ihm unmöglich erscheinen, den „Himmel", von dessen Erschaffung der erste Bibelvers spricht, auf den sichtbaren Himmel zu beziehen. Es erschien Augustin unmöglich, daß Moses den *reinen Geist,* die *geschaffene Weisheit,* die *Engel* bei seiner Erzählung vergessen hätte. Daher mußte er Hilfskonstruktionen erfinden wie die vom *caelum caeli,* bei der nur die Vokabel alttestamentlich in lateinischer Übersetzung ist. Dabei blieb Augustin auch in *De Genesi ad litteram,* nur versteht er jetzt *caelum caeli* als *spiritalis iam facta et formata creatura,* I 9, 15 BA 48, 100 oder als *spiritalis lux,* I 10, 22 BA 48, 110. Er bezeichnet sie immerhin noch als *creata sapientia,* I 17, 32 BA 48, 126, von der man sich fragt, ob sie in intelligenten Wesen, gar in Personen existiert. Am Vorrang der Einheit vor den Vielen, der objektiven Ideengehalte vor den Individuen, hat Augustin festgehalten.
[5] Ich zitiere *De Genesi ad litteram* nach dem Text der Ausgabe der *Bibliothèque Augustinienne, Œuvres de S. Augustin,* Band 48, 390, hg. von P. Agaësse und A. Solignac, Paris 1972, auf deren wertvollen Kommentar ich ebenfalls verweise, hier Bd. 48, 659–660. Obwohl es sich um keine neue kritische Ausgabe handelt, bringt dieser Text der *Bibliothèque Augustinienne* eine Reihe von Verbesserungen gegenüber dem von Joseph Zycha in CSEL, Band XXVIII, 1.

Der motus ist etwas an den Kreaturen; die Zeit ist eine Folge des *motus;* beides ist von Gott mit den Geschöpfen mitgeschaffen. Von einer Seele als zeitgebender Instanz ist nicht die Rede; der erste Satz unseres Zitats schließt deren Notwendigkeit geradezu aus. Noch nicht einmal ein Mitwirken der Seele bei der Bildung von Zeit ist ins Auge gefaßt. Ein Text wie dieser wirft die Frage auf, ob sein Verfasser kurz vorher die Zeit von der Tätigkeit der menschlichen Seele abhängig gemacht hat. Kein skeptisches Bedenken bezüglich des *Seins* der Zeit klingt an, obwohl die aus *Conf.* XI bekannte Theorie vom Durchgang des Zukünftigen durch die Gegenwart ins Gewesene knapp wiederholt wird.

Daß es keine Zeit *vor* der Zeit gegeben haben kann, ergibt sich als evidente Konsequenz; es bedarf keiner umständlichen Untersuchung mehr. Beachtenswert ist Augustins Unterscheidung von zwei Arten von *motus, spiritalis* oder *corporalis.* Sie fehlte in *Conf.* XI. Sie hat nichts mit der modernen Distinktion von objektiver oder subjektiver Zeit zu tun; selbst die Unterscheidung von *geistiger* oder *körperlicher Veränderung* trifft nicht auf sie zu. *Spiritalis heißt alles, was die Engel betrifft.* Es hat noch nicht die Konnotation von reiner Intellektualität. *Spiritalis* schließt eine gewisse subtile Art von Körperlichkeit nicht aus. Unvereinbar ist es nur mit Sterblichkeit. Beachtet man diese Kautelen, dann kann man bezüglich *De Genesi ad litteram V* von einer Unterscheidung in Engelszeit und Naturzeit sprechen.[6] Beide sind objektiv, beide sind von Gott mit der Kreatur miterschaffen. Auch im XI. Buch der *Confessiones* läßt Augustin die Zeit durch Gott bewirkt sein, aber in *De Genesi ad litteram* steht diese Kausalität eindeutig und ausschließlich im Vordergrund: Die Zeit ist das Werk Gottes und folgt naturhaft aus jeder Art von Veränderung. Diese Theorie kann nur denjenigen überraschen, der Augustins Zeittheorie mit deren modernisierenden Darstellungen verwechselt. Gewiß verlagert Augustin in *De Genesi ad litteram* die zeittheoretischen Akzente erheblich gegenüber *Conf.* XI; ich komme darauf zurück. Aber daß die Zeit nicht von Menschen gemacht wird, ist nicht neu; schon in

---

[6] Die Sache liegt bei Augustin selbst so einfach nicht. Nach IV 34, 54–35, 56 BA 48, 364–370 gibt es in der Engelserkenntnis zwar ein *prius et posterius* – dies dürfte ein Beispiel für einen *motus spiritalis* abgeben –, aber deswegen nicht auch Zeit. Wie real Augustin diese nicht-zeitliche Abfolge in der Engelserkenntnis nimmt, zeigt seine Bemerkung, unsere irdischen sieben Tage seien nur ein Schatten, *umbra,* der zeitlosen sieben Tage, eine Spur, die uns anhalte, jene zeitlose Abfolge zu suchen. Damit nähert sich Augustin doch wieder der platonischen Beschreibung der Zeit als eines Bildes der Ewigkeit.

De Genesi contra Manichaeos I 2, 4 hatte Augustin geschrieben: Gott habe die Welt gemacht, und mit dem Entstehen der Welt hätten die Zeiten ihren Lauf begonnen. Die Zeit ist mit den veränderlichen Geschöpfen mitgeschaffen: Dies ist die prinzipielle zeittheoretische Linie in *De Genesi ad litteram*[7]; die Menschen sind an der Erschaffung nicht beteiligt, auch nicht in der Weise, daß Gott den Menschen schöpferische Kraft geschenkt hätte.[8] Gottes Erschaffen legt fest, was die Dinge zu sein und wie sie sich zu bewegen haben; es präformiert folglich auch den Ablauf der Zeiten. An einigen Stellen klingt eine fast voluntaristische Gottesvorstellung an; niemand soll sich gegen Gottes Eingriffsmöglichkeiten auf die Natur der Dinge berufen dürfen: *voluntas Dei est necessitas rerum,* VI 15, 26 BA 48, S. 486. Daher hat es Augustin zufolge auch keinen Sinn, seine Lebenszeit auf kosmologische Fragen zu verschwenden, II 9, 20 BA 48, S. 174. Indem Augustin hervorhebt, Gott habe alles, auch das Zeitliche, vorgedacht, verstärkt er gegenüber *Conf.* XI das Motiv des *ordo* und des *numerus* der Zeiten. Gott hat alles nach *Maß, Zahl und Gewicht* geschaffen, II 1, 2 BA 48, S. 148. Die Dinge selbst sind *Zahl,* I 20, 40 BA 48, 140 mit Anm. 29; sie entfalten in der Zeit ihren Zahlcharakter entsprechend ihrer spezifischen und generischen Bestimmung, V 4, 9–4, 10 BA 48, S. 384–388: Die in den Dingen angelegten Wesensgründe, die *rationes causales,* werden durch den zahlhaften Charakter ihrer je arteigenen Zeitabschnitte „expliziert", *per numeros temporum.* So haben alle Lebewesen ihre spezifischen *morae temporum.* Ihnen ist eine zahlhafte Zeitordnung je nach ihrer Art zugeteilt worden. Alle Geschöpfe haben konkrete *ordines temporum.* Die Zahl erscheint als der metaphysische Kern der Zeit; die kreatürlichen Zeitgrößen tragen in sich die ihnen vorherbestimmten Zahlen, IV 33, 52 BA 48 S. 360. Der Leser von *Conf.* XI erinnert sich erstaunt, daß Augustin dort nachdrücklich erklärt hatte, er kenne den *ordo* der Zeiten nicht, XI 29, 39 Zeile 12. Jetzt betont Augustin, daß jedes Geschöpf seine prädestinierten Zahlen hat (oder sogar: ist) und daß diese auch seine zeitliche Ausfaltung bestimmen, V 7, 22 BA 48, 404, vgl. V 4, 9–10 S. 384–388. Die Zeit erscheint nicht primär wie in *Conf.* XI 29, 39 als *regio dissimilitudinis,* sondern als die erfahrbare Schönheit der vorherbestimmten Weltord-

---

[7] Vgl. auch IV 20, 37 BA 48, 330: *temporis spatium creaturae temporali concreatum est, ac per hoc et ipsum sine dubio creatura est. Neque enim ulla tempora vel sunt vel esse potuerunt vel poterunt, quorum Deus non sit creator.*
[8] III 12, 20 BA 48, 304.

nung. Augustin verteidigt gegen Zweifler an der Vorsehung den *ordo temporum,* V 22, 43 BA 48 S. 434.

Augustin verfügt nicht über den modernen Begriff von *Präformismus.* Aber seine strikte Prädestinationslehre determiniert auch die Zeittheorie: Was in den Zeiten geschieht, ist vorgegeben und vorgeformt im genauen Plan des göttlichen Denkens.[9] Obgleich Augustin einen materiellen Anthropomorphismus abwehrt, denkt er Gott doch anthropomorph als einen *artifex* mit einem präzisen Modell, nach dem die Dinge sich in der Zeit richten. Um nur ein Beispiel für diesen metaphysischen Präformismus zu geben: Nach Augustin ist dem jugendlichen Körper eine verborgene Zahlenproportion mitgegeben, die darüber bestimmt, wie alt der Mensch wird, VI 16, 27 BA 48 S. 486.

Man könnte urteilen, Augustin setze in *De Genesi ad litteram* die Zeit in ein harmonischeres Verhältnis zur Ewigkeit als in *Conf.* XI. Tatsächlich feiert er jetzt den *ordo temporum,* den er vorher nicht zu kennen behauptete. Aber die platonische Formel von der Zeit als dem bewegten Bild der Ewigkeit griff er dennoch nicht wieder auf, auch wenn er von der *similitudo* der *inferiora* zu den *superiora* sprach, IV 4, 9 BA 48 S. 292. Er warnte davor, die Bedingungen des zeitlichen irdischen Lebens mit denen der Ewigkeit zu verwechseln: Bei uns herrscht ein Kommen und Gehen; wir können nicht das Ganze zugleich haben. Zugleichbesitz oder Zerteilung – das ist der bleibende Kontrast zwischen Ewigkeit und Zeit, IV 30, BA 47 S. 350–352. Die Zeit bleibt das, was wir hinter uns lassen sollen; sie bringt keine inhaltliche Neuentwicklung und keine objektive Bereicherung gegenüber den Ideen und Bestimmungen Gottes; die Zeit kann unmöglich zur Enwicklung neuer Arten führen, IV 12, 22 BA 48 S. 308. Sie ist, wie in *Conf.* XI, *distentio,* I 18, 20 BA 48 S. 106. Unser Ziel muß sein, den Engeln gleich zu werden in ihrer stabilen Teilnahme an der Ewigkeit. Daß *Ruhe* besser ist als die von der Zeit begleitete *Bewegung,* steht in *De Genesi ad litteram* (IV 14, 25–26 BA 48 S. 312–314) ebenso fest wie im XIII. Buch der *Confessiones.* Die *mens als mens* ist nicht zeitlich; die Zeit fällt in die *mens wie von außen, allein durch das corpus corruptibile,* IV 32, 49 BA 48 S. 354. Wir sollen werden

---

[9] *De Genesi ad litteram* V 23, 45–46 BA 48, 438–440 mit den Anmerkungen der gelehrten französischen Herausgeber, die freilich versuchen, den Präformismus abzuschwächen. Zur Sache vgl. ferner II 15, 30 BA 48, 196–198, ebenso V 4, 9 und 10 sowie IV 3, 7 BA 48, 288 mit 635–639.

wie die Engel. Das heißt nicht, wir sollten zu reinen Geistern werden, sondern zu Geistern in so subtilen Körpern, daß sie keinem Verfall mehr ausgesetzt sind. Im Himmel wird es keine Zeit mehr geben, weil die Korruptibilität des Leibes aufhört, nicht, weil der Leib aufhört: *in patria ... sine temporum vicibus*, IV 30, 47 BA 48 S. 350–352. Wenn Augustin in *De Genesi ad litteram* eine Theorie des *motus spiritalis* entwickelt, so ermöglichte er nicht nur den Engeln, sondern auch den spiritualisierten Menschenengeln am Ende der Weltgeschichte eine subtile Art von Zeit, in der wir nicht altern und nichts verlieren. Mit dem gewöhnlichen Begriff von *Zeit* hat diese verlustfreie Glorienzeit kaum noch etwas zu tun. Für die mittelalterlichen Theologen, die das vierte Buch der *Physik* studiert hatten, bildete sie eine Crux, von der sie sich zunehmend befreiten. Diese Engel-Menschen-Zeit ist eine spekulative Art, seinen Ekel vor der Zeit auszudrücken. So kommt es also in *De Genesi ad litteram* nicht zu einer Aufwertung der Zeit. Selbst die Ansätze zu einer konkreten, artspezifischen Ontologie der konkreten Dauer der Geschöpfe führen nicht in diese Richtung. Von Produktivität des Menschen bei der Zeitbildung kann keine Rede sein. *Konstituieren* kann Augustin zufolge allein der allmächtige Gott. Es bedurfte einer jahrhundertelangen Denkarbeit, bis um 1300 der Gedanke möglich wurde, menschliches Denken konstituiere primäre Realität, also nicht nur Fiktionen oder Gedankendinge.[10] Für Augustin hingegen blieb selbst die Erkenntnis der Engel an gegebene Gegenstände gebunden, IV 32, 49 BA 48 S. 356:

Quam notitiam (sc. mentis angelicae) sane praecedebant quae fiebant, quia praecedit cognitionem quidquid cognosci potest; nisi enim prius sit, quod cognoscatur, cognosci non potest.

Wir Heutigen können Augustins *De Genesi ad litteram* lesen als seinen eigenen Kommentar zum XI. Buch seiner *Bekenntnisse*. Es ist ein Kommentar, der umdeutet und wegläßt, unter anderem die ‚Kleinigkeit' der Zeittheorie von *Conf.* XI, der aber den Vorzug bietet, die Modernismen zu beseitigen, zu denen *Conf.* XI Anlaß gegeben hat. Er stellt klar: Nicht der Mensch, sondern Gott macht die Zeit.

Wir sind an der *creatio* nicht beteiligt; auch die Engel sind es nur als applaudierende Zuschauer. Zeit ist die naturhafte Folge von *motus*. Zeit ist primär ein Phänomen der Sternenbewegung, der Jahreszeiten, der

---

[10] Vgl. K. Flasch, Einleitung zu: Dietrich von Freiberg, Opera omnia, Band 3, Hamburg 1983.

Tag- und Nachtfolge, des spezifischen Wachstumsrhythmus von Tieren und Pflanzen. Neu in *De Genesi ad litteram* ist die Theorie, daß der *motus* ein *motus spiritalis* sein kann und dennoch zeitlich ist, I 9, 17 BA 48 S. 102. Die Konstitution der Zeit durch die Menschenseele bleibt vollständig außerhalb des Horizontes von *De Genesi ad litteram*. Hätte Augustin sie in *Conf.* XI tatsächlich gelehrt, müßte man einen radikalen Wandel seiner Auffassungen postulieren. Ich werde zeigen, daß dies nicht der Fall ist, auch wenn *De Genesi ad litteram* gegenüber den *Confessiones* neue Lehrentwicklungen zeigt, etwa den Abbau der *mens pura*-Spekulation, den neuen Akzent auf der Erkennbarkeit des *ordo temporum*, die Differenzierung des *motus* und damit die für das Mittelalter folgenreiche Theorie von der Engelszeit.

3. Zeittheoretisches in De civitate Dei

Augustin hat nicht weniger als fünfmal den Beginn der *Genesis* ausführlich interpretiert. *Conf.* XI–XIII bilden bereits das dritte Stadium dieser Bemühungen, *De Genesi ad litteram* das vierte. Zuletzt ist Augustin noch einmal in *De civitate Dei,* Buch XI–XIV, also deutlich nach 414, auf die Weltentstehung zurückgekommen, diesmal, um den Ursprung der beiden *civitates* zu erklären. Da Augustin keine Exegese im modernen Sinn des Wortes, sondern eine religionsphilosophisch-apologetische Bibelauslegung trieb, sind die Wandlungen bei seiner Art der Bibel-Auslegung auch von philosophischem Interesse, besonders sein allmähliches Zurückdrängen der allegorischen Methode, die besonders deutlich wird, wenn wir seine erste Genesis-Erklärung, *De Genesi contra Manichaeos, 388,* vergleichen mit seiner vierten, *De Genesi ad litteram, nach 401.*

In *De civitate Dei* kommt Augustin auf die Frage von *Conf.* XI zurück, was Gott gemacht hat, bevor er die Welt machte. Augustin untersucht, wie die Welt einen Anfang haben kann, wenn im ewigen Willen Gottes, der sein Wesen ist, keine neuen Beschlüsse entstehen können. Wiederum will er beweisen, daß es *vor* der Zeit keine Zeit hat geben können. Wiederum versucht er, das *Am Anfang* des ersten Bibelverses als Hinweis auf das göttliche Verbum zu verstehen. Ein entscheidender Text steht in *De civitate Dei* XI 6, CC 48, 326 Zeile 1–12:

Si enim recte discernuntur aeternitas et tempus, quod tempus sine aliqua mobili mutabilitate non est, in aeternitate autem nulla mutatio est: quis non videat, quod tempora non fuissent, nisi creatura fieret, quae aliquid aliqua motione mutaret, cuius motionis et mutationis cum aliud atque aliud, quae simul esse non possunt, cedit atque succedit, in brevioribus vel productioribus morarum intervallis tempus sequeretur? Cum igitur Deus, in cuius aeternitate nulla est omnino mutatio, creator sit temporum et ordinator: quo modo dicatur post temporum spatia mundum creasse non video, nisi dicatur ante mundum iam aliquam fuisse creaturam, cuius motibus tempora currerent.

Dieser Text faßt klar Augustins langjährige Überlegungen zusammen: Es gab keine Zeit *vor* der Welt, denn die Zeit hängt ab von der Existenz eines wandelbaren Geschöpfes. Nur wo *mutabilis motus* (die Differenzierung im Begriff des *motus* wirkt fort, es soll ja auch den *spiritalis motus* geben, den wir uns ohne Veränderung denken sollen) gegeben ist, kann von Zeit die Rede sein.[11] Augustin stellt diese Erkenntnis als evident hin; fast wundert er sich, daß überhaupt eine Diskussion hat aufkommen können: *quis non videat* ... Man braucht nur den Unterschied von Zeit und Ewigkeit zu begreifen. Wer diesen Unterschied richtig erfaßt, der erkennt, daß Zeit abhängt von der Wandelbarkeit der Geschöpfe. Der Unterschied liegt darin, daß die Veränderung immer Anderes hervorbringt, *aliud atque aliud,* daß durch sie immer etwas weggeht und immer etwas anderes nachkommt, *cedit et succedit,* während die Ewigkeit nicht als unvorstellbar lange Dauer, sondern als Zugleichbesitz von allem zu definieren ist, *simul omnia.* Im Rückblick auf *Conf.* XI bedeutet dieser Text die nochmalige Bestätigung, daß sich der Einwand – was machte euer Gott, bevor er die Welt machte? – widerlegen läßt, ohne auf die zeitbildende Tätigkeit der Seele zurückzugreifen. Gott, der den *motus* gemacht hat, hat auch die Zeit gemacht.[12] Zugleich hebt Augustin hervor, daß Gott der Ordner der Zeiten ist. Die Zeit erscheint – wie schon in *De Genesi ad litteram* – nicht mehr wie in *Conf.* XI 29, 39 als das Feld völlig unüberschaubarer Zersplitterung. Augustin vergleicht jetzt die göttliche Ordnung der *saecula* mit einem überaus schönen Gesang, *pulcherrimum carmen,* der nach den Regeln einer göttlichen

---

[11] Vgl. auch *De civitate Dei* XII 16 Zeile 77 CC 48, 372:
 Ubi enim nulla creatura est, cuius mutabilibus motibus tempora peragantur, tempora omnino esse non possunt.
[12] Vgl. auch *De civitate Dei* XII 26 Zeile 60 CC 48, 383: *Quis enim alius creator est temporum, nisi qui fecit ea, quorum motibus currerent tempora?*

Rhetorik aufgebaut ist. Man könnte von einer ontologischen Eloquenz sprechen. Das Weltgeschehen erschließt sich nach kontrapunktischen Regeln:

rerum eloquentia contrariorum oppositione saeculi pulchritudo componitur,
De civitate Dei XI 18 CC 48, 337 Zeile 20–21.

Diese Ästhetisierung des Weltlaufs nimmt der Zeit das charakteristisch Unübersichtliche, Bedrohliche, Geschichtliche. Augustin glaubte, sie auch zur Rechtfertigung Gottes angesichts des Übels in der Welt verwenden zu können: das Böse als dunkler Fleck im Weltgemälde, XI 23 CC 48, 342 Zeile 28. Ich gehe auf diese Fragen nicht näher ein; hier geht es einzig um den Bezug zu den Theorien von *Conf.* XI. Er ließe sich folgendermaßen zusammenfassen:

Die Probleme, ob die Zeit überhaupt *ist,* kehren *nach Conf.* XI in den Zeitpassagen der späteren Werke Augustins nicht mehr wieder. Augustin kommt nicht mehr auf die zeitbildende Tätigkeit der Seele zurück. *De civ. Dei* XI 6 ist schwerlich anders zu verstehen, als hielte Augustin jetzt den ganzen Aufwand von *Conf.* XI 14, 17 bis Ende für überflüssig. Die düstere Sicht der Zeit in einigen Passagen von *Conf.* XI – Zeit als Tendenz zum Nichtsein, als Feld der Zersplitterung und Verlorenheit – weicht einer harmonischeren Betrachtung der *pulchritudo temporum* (XII 4 Zeile 6), die allerdings nicht mehr das platonische Konzept von der Zeit als dem bewegten Bild der Ewigkeit aufgreift. Dies ist um so bemerkenswerter, als Augustin sich in *De civitate Dei* ausführlich der Timaiosübersetzung Ciceros bedient. Hingegen verstärkt Augustin das Motiv, daß alles nach *Zahlen* geordnet ist, vgl. XI 30 CC 48, 350. Mit ausdrücklicher Berufung auf den *Timaios* erklärt Augustin, daß Gott zählt, indem er die Welt schafft, XII 18 Zeile 42 und XII 19, Zeile 17–18. Dies hebt freilich den Kontrast nicht auf zwischen dem, was bleibt, also im eigentlichen Wortsinne *ist,* und dem, was zeitlich vergeht, XII 2 u. ö. Der Präformismus der Prädestinationslehre verhärtet sich: *praedestinatione fixum erat, quod suo tempore futurum erat,* XII 17 Zeile 15 CC 48, 373.

Die Erbsündenlehre legt einen Wiederholungszwang auf die Geschichte der Menscheit, in der nichts anderes entstehen kann als das verworfene Sündenfleisch:

Non enim aliud ex eis (sc. Adam et Eva), quam quod ipsi fuerant, nasceretur, XIII 3 Zeile 13 CC 48, 386. Wenn Augustin gegen die Lehre von der Ewigkeit der Welt und die These von der ewigen Wiederkehr polemisiert, geschieht dies nicht, um die *Zeit* aufzuwerten, sondern um die Eindeutigkeit des ethisch-religiösen Endschicksals der Seele festzuhalten, also um zu sichern, daß die *Befreiung aus der Zeit* endgültig und religiös-eindeutig erfolgt, XII 14–15 CC 48, 368–370, auch XII 21 CC 48, 376–379. Die zeitbildende Tätigkeit der Seele deutet Augustin nicht trinitarisch. Er erwähnt sie überhaupt nicht mehr. Dabei war es in *Conf.* XI ebenso um die Deutung der Weltentstehung gegangen wie in *De civitate Dei* XI–XIV. Augustin geht bei der *Genesis*-Erklärung auch auf die trinitarische Struktur der *mens* ein, XI, 25–26 CC 48, 344–346, aber er sieht im Erinnern, im als gegenwärtig Auffassen und im Erwarten keine Trinitätsanalogie. Als sei es eine Selbstverständlichkeit, die keiner weiteren Begründung bedarf, erklärt Augustin, daß es Zeit gab, als es noch keine Menschen gab:

erat tempus, quando non erat homo, XII 16 Zeile 60 CC 48, 371.

Wenn die zeitbildende *mens pura* aus dem Denken Augustins verschwunden ist, bleiben nur Gott und die fragile Menschenseele als mögliche Kandidaten für die Zeitkonstitution. Augustin schwankt nicht, wem er die Zeitbegründung zuerkennen soll. Ist dies der Grund, die Zeitanalyse von *Conf.* XI für überholt zu halten? Hat deswegen Augustin nie mehr auf sie Bezug genommen? Bildet die Zeittheorie von *De Gen. ad litteram* eine Korrektur der zweideutigen Theorie von *Conf.* XI? Es empfiehlt sich, diese Fragen wachzuhalten, wenn man an die Lektüre von *Conf.* XI herantritt.

V.
TRADITIONSBEZÜGE
CONFESSIONES XI UND DIE ZEITTHEORIEN DER ANTIKE

1. Platon

Augustin zitiert in *Conf.* XI keinen Autor mit Namen. Dennoch sind es zwei Polemiken, die dort jeweils den Gedanken weitertreiben: In n. 12 führt er den spöttischen Einwand vor: *Was machte euer Gott, bevor er die Welt machte?* Dieser Einwand beschäftigt ihn bis n. 16; am Ende des Buches greift Augustin ihn wieder auf (n. 40). Ein zweiter anonymer, aber einschneidender Traditionsbezug: In n. 29–31 prüft Augustin, ob die Zeit richtig als Sternenbewegung definiert wurde. Das negative Resultat dieser Untersuchung führt dann zu seiner eigenen Theorie der Zeit als *distentio animi*. Ein weiterer Traditionsbezug, ein keineswegs trivialer, ist schließlich: In n. 22 stützt sich Augustin auf die Schulgrammatik mit ihrer Lehre von den drei Zeiten. Augustin setzt sich nicht ausdrücklich mit den antiken Zeittheorien auseinander, wie sie im platonischen *Timaios*, im *vierten Buch* der *Physik* des Aristoteles, in den Schriften des Sextus Empiricus, in Plotins *Enneade* III 7 und bei Seneca vorliegen. Dennoch wimmelt es in der Literatur über Augustins Zeittheorie von Hinweisen, die seine Lehre entweder positiv oder negativ mit diesen Vorgängern in Beziehung setzen. Nicht selten sind sie mit dem Hinweis verbunden, Augustin denke *als erster* dies oder das. Oft behaupten sie – ohne Quellendiskussion – den innovativen Charakter der Augustinischen Zeittheorie. Im Kommentar werde ich mich mit solchen Aufstellungen auseinandersetzen; an dieser Stelle begnüge ich mich mit wenigen Grundlinien.

Zunächst gilt es zu sehen, daß die Gewohnheit der Interpreten, *Conf.* XI mit diesen Theorien in Verbindung zu bringen, bereits insofern einen Eingriff darstellt, als der Text selbst sie nicht nahelegt. Diese Operation der Ausleger bringt überdies die Gefahr mit sich, die römische Bildungstradition, also besonders Augustins Beziehung zu Cicero und Seneca, sowie den rhetorischen Berufshintergrund Augustins und seine

Polemik gegen Zeitgenossen, z. B. gegen die Manichäer, zu verdecken. Solche Vergleiche haben leicht etwas Beliebiges an sich, da man den Vergleichspunkt verschieden festlegen kann. Beschränkt man derartige Vergleiche zudem noch auf die sog. ‚großen' Denker, also Platon, Aristoteles und Kant, so kann dies dazu führen, Augustins Text durch eine derartige Konfrontation zu überfordern und ihm ein theoretisches Gewicht zuzumuten, das er nicht beanspruchen kann. Andererseits ist Augustins Zeittheorie zunächst ein *historisches Phänomen,* und um sie in ihrer geschichtlichen Eigenart zu zeichnen, müssen wir zuerst zu Platon, Aristoteles, Plotin und Seneca gehen, zumal die Literatur über Augustins Zeitbegriff bereits so viele und höchst diskussionsbedürftige historisch-vergleichende Einordnungen enthält. Ein Blick auf die Originaltexte wird nützlich sein, auch wenn er nicht mehr als eine eingestandenermaßen relative, auf Augustins Text bezügliche Analyse versuchen kann und wenn es nicht so einfach ist, die genannten Klippen dabei zu vermeiden. Ich spreche hier also von Platon, Aristoteles, Sextus Empiricus, Plotin und Seneca ausschließlich im Hinblick auf Augustins Zeittheorie.

Unter deutschen Philosophen ist es seit dem 19. Jahrhundert üblich geworden, Cicero zu unterschätzen. Dabei ist er für Augustin von größter Bedeutung, nicht nur als der Übersetzer des platonischen *Timaios* mit seinen Passagen über Zeit und Ewigkeit.[1] Eine Reihe neuerer Untersuchungen versucht, Cicero wieder gerechter zu werden[2]; auch auf das XI. Buch der *Confessiones* haben seine Schriften, wie ein Blick in den Kommentar von Meijering zeigt, Einfluß gehabt. Doch eine philosophische Zeittheorie wie die vorher genannten Autoren hat er nicht entwickelt.[3] Daher ist auf ihn zwar im Kommentar Rücksicht zu nehmen,

---

[1] M. Tullius Cicero, Paradoxa Stoicorum. Academicorum reliquiae cum Lucullo. Timaeus, ed. O. Plasberg, Leipzig 1908. Über Augustin und Cicero vgl. H. Hagendahl, Augustin and the Latin Classics, 2 Bände, Göteborg 1967; M. Testard, S. Augustin et Cicéron, 2 Bände, Paris 1968; E. Feldmann, Der Einfluß des Hortensius und des Manichäismus auf das Denken des jungen Augustinus von 373, Münster 1975; G. Madec 1992 a, 8, 9, 17–20, 22–23, 38, 40, 62, 100–101; J.J. O'Donnell, Bd. 2, 162–166 und 388–389.

[2] K. Büchner (Hg.), Das neue Cicerobild, Darmstadt 1971; P. MacKendrick, The Philosophical Books of Cicero, London 1989; P. Muller, Cicéron. Un philosophe pour notre temps, Paris 1990.

[3] Anders läge die Sache, ginge es hier um die Zeittheorie des 12. Jahrhunderts, das die ausgearbeitete Zeittheorie der Aristotelischen *Physik* nicht kannte. Damals konnte Cicero als Autorität auch in der Zeittheorie gelten, neben dem *Timaios* und dessen Kommentatoren (Calcidius), neben Boethius und – Augustinus. Wilhelm von Conches

aber bei der Herausarbeitung der antiken Paradigmen von Zeittheorien darf er übergangen werden, ohne der flachen Legende von Ciceros Flachheit irgendetwas zuzugestehen.

Meine Analyse der Traditionsbezüge von *Conf.* XI kann, wie gesagt, nur den Charakter einer Skizze haben. Ich kann nur die wichtigsten Stellen angeben und wenige Bemerkungen hinzufügen. Diese Theorien, die Augustin nicht ausdrücklich diskutiert hat, entstammen ihren eigenen, in sich bedeutenden, andersgearteten theoretischen und geschichtlichen Zusammenhängen, die eigens ermittelt werden müßten, was hier nicht wie nebenbei geschehen kann. Dennoch scheint der Versuch angebracht, die wichtigsten Traditionsbezüge der Zeitlehre Augustins zu charakterisieren.

Augustin lehnt in nn. 29–31 die Definition der Zeit als Sternenbewegung ab. Interpreten, die in Augustin den Überwinder der Befangenheit des antiken Denkens vorzuführen beliebten, haben diese Polemik Augustins benutzt, um seine Distanz zur antiken Philosophie hervorzuheben. Sie haben die von Augustin abgelehnte Theorie sowohl abwechselnd als platonisch als auch als aristotelisch bezeichnet. Sie ist aber weder das eine noch das andere. Sie vergröbert und isoliert einen im platonischen *Timaios* 39 c–d anklingenden, *dort* aber in einen anderen Kontext integrierten Gedanken. Im *Timaios* 37 c–39 d schildert Platon in einer Rede verminderten Wahrheitsanspruchs – sie soll eine Erzählung, ein Mythos, kein Wissen sein, weil ein solches von der Werdewelt nicht möglich sei – die Entstehung und den Aufbau der Natur. Ein göttlicher Werkmeister hat Sonne, Mond und Planeten an den Himmel gesetzt und dadurch zugleich die Zeit begründet. Die Zeit – darauf liegt der Nachdruck – ist also nicht ein eigenes Geschöpf, sondern ergibt sich aus der Schaffung der Himmelskörper durch den Demiurgen. Der Gott teilt sich in Güte mit; aber auch ihm war es nicht möglich, seine Unveränderlichkeit und Überzeit-

---

zitiert Ciceros Deskription der Zeit, welche die Zeit beschreibt als einen Teil der *aeternitas* – *aeternitas* noch im vorplotinischen Sinne genommen, der auch den Abstand zwischen Augustin und Cicero anzeigt – und in der wie bei Plotin III 7, 1 und in *Conf.* XI 14, 17 der Topos vorkommt, das Wesen der Zeit sei schwer zu bestimmen:
Tempus est autem id, quo nunc utimur (nam ipsum quidem generaliter definire difficile est), pars quaedam aeternitatis, cum alicuius annui, menstrui, diurni nocturnive spatii certa significatione.
Cicero, De inventione I 26, 38 bei Wilhelm von Conches, Glosa super Platonem, ed. E. Jeauneau, Paris 1965, 176–177. Zur zeittheoretischen Situation im 12. Jahrhundert vgl. Ch. Gross, Twelfth-Century Views of Time: Philosophical Concepts and Poetic Structures, Columbia University, N.Y., 1984, bes. 148.

lichkeit einem gewordenen Wesen mitzuteilen; dies war mit der Natur des Entstandenen nicht vereinbar. Da er die Ewigkeit nicht vermehren konnte, da sie selbst das Eine ist, *beschloß er, ein veränderliches Bild der Ewigkeit (Aion) zu machen und, indem er den Himmel ordnete, machte er gleichzeitig von der Ewigkeit, die im Einen verharrt, ein ewiges Bild, das sich bewegt, entsprechend der Zahl – eben das, dem wir den Namen ‚Zeit' gegeben haben* (37 d 5–7). Die mit der Einrichtung der Himmelskörper mitgeschaffene Zeit verhält sich zur Ewigkeit wie das Werden zum Sein, wie die Vielheit zur Einheit; sie ist charakterisiert als bewegt, d.h. als veränderlich, und als Abbild, aber als ein nach der Zahl sich bewegendes Abbild. Sie ist unvergänglich, solange und weil der Kosmos unvergänglich ist. Sie ist ein ständiges Werden, ein *Gehen* oder Fließen, aber nach rationalen Rhythmen, d.h. nach Zahlverhältnissen geordnet.[4]

Daraus ergibt sich schon, daß Platon die Zeit nicht mit den Sternbewegungen *identifiziert* hat: Sie *beruht* auf der *Bewegung*. *Bewegung, kinesis*, hat hier wie bei Aristoteles einen allgemeineren Sinn als ‚Ortsbewegung'. Die Einengung des Begriffes der *Bewegung* auf die Ortsbewegung, die im Griechischen *phora*, nicht *kinesis* heißt, erfolgte erst bei Galilei und Descartes – eine der wichtigsten terminologischen Zäsuren in der Geschichte des europäischen Denkens, die bei einer Untersuchung über den Zeitbegriff ständig zu beachten ist. *Kinesis* heißt in der Antike, ähnlich wie *motus* im Mittelalter, jede Art von körperlicher Veränderung, einschließlich qualitativer Veränderung, einschließlich sub-

---

[4] Zur vorplatonischen Zeitauffassung bleibt wichtig: H. Fränkel, Die Zeitauffassung in der frühgriechischen Literatur, in: Wege und Formen frühgriechischen Denkens, München 1960, 1–22. Zu beachten auch K. Held, Zeit als Zahl. Der pythagoreische Zug im Zeitverständnis der Antike, in: Zeiterfahrung und Personalität, hg. vom Forum für Philosophie Bad Homburg, Frankfurt 1992, 13–32.
Zu Platons Zeitlehre vgl. außer *Timaios 37c–39d* auch *Parmenides* 156 d (Über den Augenblick) und die Stellen über die Weltseele in *Phaidros* 245 c–256 a und in den *Nomoi* X 893a–896e. – Dazu A.E. Taylor, A Commentary on Plato's Timaeus, Oxford 1928, bes. 678–691; F.M. Cornford, Plato's Cosmology, New York ^{5}1957; G. Böhme, Zeit und Zahl. Studien zur Zeittheorie bei Platon, Aristoteles, Leibniz und Kant, Frankfurt 1974; R. Brague, Du temps chez Platon et Aristote, Paris 1982; R. Sorabji, Time, Creation and the Continuum. Theories in antiquity and the early middle ages, Ithaca, New York 1983 (von jetzt an zitiert als: Sorabji, Time), bes. 266–273; K. Gloy, Studien zur platonischen Naturphilosophie im Timaios, Würzburg 1986; E.A. Schmidt, Il concetto platonico del tempo, in: E. De Angelis (Ed.), Undici conferenze sul tempo, Pisa 1988, 7–25. Für die Geschichte aller mit Kosmologie verbundenen Fragen bleibt grundlegend: P. Duhem, Le système du monde. Histoire des doctrines cosmologiques de Platon a Copernic, 10 Bände, Paris 1909 ff.

stantiellen Werdens und Vergehens. Es heißt soviel wie *Naturprozeß*. Es gibt, Platon zufolge, Zeit, weil es Veränderungen gibt. Unter den Veränderungen nehmen die Gestirnbewegungen die erste Stelle ein, weil von ihnen alle Prozesse abhängen. Aber worauf es Platon ankommt, ist der Charakter der Zeit als eines *ständigen* Werdens, das nach Gesetzen der *Zahl* geregelt ist. Dadurch hat der Kosmos teil an Seele, an Geist, an Ordnung und Vernunft, also am Ewigen; durch ihren Zahlencharakter wird die Zeit zum Bild der Ewigkeit. Die Zeitanalyse Platons ist am Kosmos als an der realisierten Zahl, an der Seele und am Ewigen orientiert. *Fehlt* dieser Bezug, ist der Gedanke nicht mehr platonisch, selbst wenn Platon wörtlich zitiert würde.

Im *Timaios* stehen Zeit und Ewigkeit einander näher als in Augustins Zeittraktat. Zwar achtete auch Platon darauf, daß wir die zeitbezogenen sprachlichen Wendungen wie *war, ist, wird sein* – die Platon auch *Arten der Zeit* nennt (37 e 4) – auf das Ewige nicht übertragen dürfen, weil sie das Nicht-Sein des zeitlich Seienden zum Ausdruck bringen. Zwar liegt in der Abbild-Urbild-Beziehung auch die Differenz beider ausgesprochen. Aber in *Conf.* XI überwiegt ihr Kontrast: Neben der Ewigkeit erscheint die Zeit als nicht-seiend; hier besteht das Problem, ob die Sprache, die von der Zeit als von etwas Wirklichem spricht, überhaupt etwas Reales treffe. Bei Platon stehen die Einheit der Zeit und ihre Stabilität als Werden, insbesondere aber ihr Zahlcharakter im Vordergrund, wenn auch das Problem des Nicht-Seins des Seienden angezeigt wird; Augustin spricht abwechselnd von der *Zeit* und *den Zeiten,* und insgesamt hat bei ihm das Zeitliche etwas fast Anti-Rationales; es ist das, worin das Ich zersplittert. Das Moment der *Zahl* spielt in *Conf.* XI eine noch näher zu bestimmende unübersehbare, aber auf unser Messen von Zeitspannen eingegrenzte Rolle; jedenfalls erklärt Augustin, das in den Zeiten sich verlaufende Ich kenne deren *ordo* nicht.

Wie gesagt, bleiben solche Vergleiche prekär. Auch wenn sie zu einem negativen Resultat kommen, nähern sie das Verschiedene zu sehr an. So müßte man ständig, für jede einzelne Lehre, den mythischen Charakter der Rede des *Timaios* einlösen und die Besonderheit des Weltbegriffs Platons bedenken. Was bei Platon neu war, finden wir bei Augustin als Traditionsbestand in verwandelnder Aneignung. Dadurch ist selbst das anders, was dieselbe Theorie zu sein scheint. Nehmen wir die Termini *Zeit* und *Ewigkeit*. Dieses Kontrastpaar beherrscht Augustins Text von der ersten Zeile an. Er hat es nicht der Bibel entnommen, in der *Ewig-*

keit entweder keine oder eine abgeleitete Funktion hat[5], sondern der platonischen Tradition. Bei Platon aber *gewann* das Wort für *aeternitas*, nämlich *aion*, erst die später festliegende Bedeutung. War es doch Platon, der *aion*, das bis dahin in das Bedeutungsfeld von *Dauer, Bestand, Leben* gehörte, zum Terminus für *Ewigkeit* umprägte und im *Timaios* als Kontrastbegriff zu *Zeit* installierte, und zwar so, daß die Zeit die Ewigkeit nachahmen sollte (38 a 7).

Der *Timaios* war einer der folgenreichsten Texte der europäischen Philosophiegeschichte; er hat, direkt durch Ciceros Übersetzung und indirekt durch Plotin, auf Augustin gewirkt; er war auch im Mittelalter bekannt; er hat theoretische Verknüpfungen vorgenommen, die erst im 17. Jahrhundert aufgelöst worden sind und die von einigen theoretischen Physikern der Gegenwart wieder teilweise erneuert werden. Für unseren Zusammenhang ist wichtig, daß er die Theorie der Zeit verknüpft hat mit dem Konzept der *Weltseele*.[6] Denn es ist nach Platon die Aufgabe der Weltseele, Vernunft, Zahl und Ordnung kraftvoll in die physische Welt einzuführen. Das Konzept der *Weltseele* wird uns noch mehrfach beschäftigen. Hier, bei ihrer ersten Erwähnung, ist darauf zu bestehen, daß ihre präzise *theoretische* Funktion, also ihr *argumentativer Ort* allererst *erforscht* werden muß; sie darf so wenig wie irgend etwas anderes in einem antiken Text von vornherein als eine mythologische Konstruktion abgetan werden. Dies scheint selbstverständlich. Aber es gibt Autoren zur Augustinischen Zeittheorie – ich denke nicht an die Erbaulichen, die sich bekreuzigen, wenn sie das Wort *Weltseele* mit ihrem *Heiligen* in Verbindung gebracht sehen, sondern an einen theoretisch kultivierten Interpreten wie Josef Weis –, die Gott und Teufel, Engel und Weltende als rationale Größe anerkennen, aber die Weltseele als Fiktion behandeln. Dies ist ungeschichtlich gedacht. Instanzen, die rational klingende Namen tragen, wie z.B. *Vernunft*, könnten sich ihrerseits als ähnliche mythologische Konstruktionen erweisen; jedenfalls haben auch sie eine erforschbare Geschichte wie Engel und Teufel, Gott und das Weltende. Was zu ermitteln wäre, ist die Funktion solcher Instanzen in einem

---

[5] Vgl. O. Cullmann, Christus und die Zeit, Zürich ²1948; E. Brunner, Dogmatik I, Zürich ²1953, 285–291; F.J. Schierse, Ewigkeit, in: Lexikon für Theologie und Kirche 3 (1959) 1207–1208.

[6] Vgl. dazu generell: J. Moreaux, L'âme du monde de Platon aux Stoiciens, Paris 1939; W. Kranz, Kosmos, 2 Bände, Bonn 1955–1957.

theoretischen Entwurf. Die Texte Platons bestimmen die Funktion der Weltseele dahin, daß sie den Vorrang von Denken und Wollen vor Ausdehnung und Gewicht sichern soll. Die Weltseele sollte die limpide Ordnung der reinen Bestimmungen (Ideen) und Proportionen (Zahlen) dynamisieren und damit Gesetzmäßigkeit und Definitionskonformität in die Stoffwelt und ihre Prozesse einführen. Sie sollte sichern, daß das Logische auch Kraft erhalte. Unter bestimmten historischen Bedingungen war es rational, sie gerade für die Zeittheorie zu bemühen, zumal wenn das Moment der Zahl nicht bloß als subjektiv-menschliches Zählen, das den kosmischen Stoffmassen ewig gleichgültig bleiben müßte, sondern als Aufbaugesetz der wirklichen Natur galt. Einerseits verharrt die Seele im Einen und Selben, also im Ewigen, andererseits bewirkt sie das Leben im Kosmos als ihr eigenes Leben und sichert der Erfahrungswelt konstante Strukturen und damit Erkennbarkeit. Die Weltseele vereinigt, wie Ernst A. Schmidt formulierte, die kosmologische oder physikalische Zeit mit der erlebten und psychologischen Zeit.[7] Man muß sich diese Aufgabe klargemacht und ihre Schwierigkeiten erwogen haben, bevor man das Konstrukt *Weltseele* für untauglich erklärt.

Innerhalb des durch ewige Vernunft und Weltseele geprägten platonischen Konzepts konnten Gestirne als zeitsetzende Ordnungselemente auftreten: Sie begrenzen die Zahlenverhältnisse des ständigen Werdens, sie geben ihm einen objektiv begründeten Rhythmus und zeigen somit augenfällig, daß Vernunft und Zahl, also Seele, Macht hat in der Welt. Die Weltseele führt die Planeten nach zahlenhaften Harmonien auf ihren Bahnen, d.h. sie prägt in die wirklichen Naturabläufe mathematisch erfaßbare Ordnungen ein und begründet in diesem Sinne mit Hilfe der Himmelskörper die Zeit.

2. Aristoteles

Als Aristoteles die mythologischen Erzählungen des *Timaios* innerhalb seines Programms *Physik als Wissenschaft* transformierte, veränderte er auch diejenigen Theoreme, die im vierten Buch der *Physik* den Rahmen der Zeittheorie bilden: Zusammenhang, aber nicht Identität von Kinesis und Zeit, Zeit als die Zahlhaftigkeit naturhafter Veränderungen, Welt-

---

[7] E.A. Schmidt, Concetto platonico, 8.

seele als Funktion der Materialisierung von Strukturen, Kontrast von Ewigkeit und Zeit, Moderation des Gegensatzes zugunsten der Abbildfunktion durch den Charakter der Ständigkeit der Zeit und durch die regelhafte Rückkehr der zeitgebenden Konstellationen von Sonne, Mond und Planeten.[8] Die Aristotelische Zeittheorie dient häufig als Kontrastfolie zur Augustinischen; daher gehe ich auf den maßgebenden Text *Physik* IV näher ein. Ich hebe die Aspekte hervor, die am ehesten Augustins Text beleuchten und die am wenigsten in Detailfragen der Aristotelesphilologie führen:

Aristoteles beginnt IV 10, 217 b 30 seine Erörterung damit, daß er drei Argumente vorführt, mit deren Hilfe man bestritten hat, daß die Zeit *sei*. Es gilt am Anfang der Untersuchung, die Aporien durchzudenken, in die man bei der Frage geraten ist, ob die Zeit zu den Seienden gehöre oder zu den Nicht-Seienden. Aristoteles nennt die Gründe, die er wiedergibt, *exoterisch*. Das heißt: Sie liegen außerhalb der *Physik als strenger Wissenschaft;* sie bilden nicht wissenschaftliche Argumente, sondern dialektische Erörterungen wahrscheinlicher Gesichtspunkte; ihre Erwähnung hat einleitenden Charakter. Wie oft, beginnt Aristoteles seine Untersuchung, indem er zunächst volkstümliche Ansichten und dann die Theorien seiner Vorgänger (der Eleaten also und Platons) bespricht. Ich gebe die beiden ersten der drei Argumente wieder:

a. Die Zeit war entweder, oder sie wird sein; sie ist also nicht mehr, oder sie ist noch nicht. Aus solchen Elementen setzt sich die Zeit, sowohl die unendliche Gesamtzeit wie ein einzelner Zeitabschnitt, zusammen. Was aber aus Nichtseiendem zusammengesetzt ist, ist seinerseits nicht. b. Damit etwas Zusammengesetztes existiere, müssen alle oder doch einige seiner Teile existieren. Nun ist die Zeit etwas Zusammengesetztes. Aber das Vergangene existiert nicht mehr, das Zukünftige noch

---

[8] Zur Zeittheorie des Aristoteles vgl. W.D. Ross, Aristotle's Physics. A Revised Text with Introduction and Commentary. Oxford 1936; F. Solmsen, Aristotle's doctrine of the physical world, Ithaca 1960; P.F. Conen, Die Zeittheorie des Aristoteles, München 1964; H. Wagner, Aristoteles, Physikvorlesung, Berlin 1967; R. Sorabji, Time; J. Weis, 1984, 123–147; F. Volpi, Chronos und Psyche. Die aristotelische Aporie von Phys. IV 14, 223 a 16–29, in: E. Rudolph (Hg.), Zeit, Bewegung, Handlung. Studien zur Zeitabhandlung des Aristoteles, Stuttgart 1988, 26–62 und U.R. Jeck, Aristoteles contra Augustinum, Amsterdam 1993. Immer zu beachten: Franz Brentano, Philosophische Untersuchungen zu Raum, Zeit und Kontinuum, Hamburg 1976, 136–162; M. Heidegger, Prolegomena zur Geschichte des Zeitbegriffs. Gesamtausgabe, Abt. II Bd. 20, Frankfurt ²1988; ders., Die Grundprobleme der Phänomenologie. Gesamtausgabe, Abt. II Band 24, Frankfurt ²1989, 324–388.

nicht. Das Jetzt *(nyn)* bildet keinen Teil der Zeit. Also gehört die Zeit nicht zum Seienden. Aristoteles faßt das Jetzt als „dauerlosen Zeitpunkt" (Hans Wagner, 570). Das von ihm referierte Argument sagt: Selbst wenn dieses Jetzt real existiert, bildet es allein noch keine reale Zeit, keine Dauer. Ich lasse die Frage offen, wie sich diese Jetzt-Theorie zu derjenigen in *Conf.* XI verhält. Ich überspringe hier das dritte Argument und wende mich dem Abschnitt *Physik* IV 10, 218 a 30–218 b 9 zu. In ihm verwirft Aristoteles Theorien, die das Wesen der Zeit in der Bewegung (Veränderung) des Weltalls sehen.

Es sind zwei Hypothesen, die Aristoteles hier prüft:
a. Ob die *kinesis,* die Veränderung des Ganzen, des All, die Zeit ist; Aristoteles nennt sie auch die *periphora,* den Umschwung des Weltsystems. Er lehnt die Hypothese ab: Auch ein Teil des Umschwungs ist schon Zeit, also ist nicht der ganze Umschwung die Zeit. Auch wenn es mehrere Himmel und mehrere Weltsysteme gäbe, gäbe es doch nur *eine* Zeit. Einige antike Kommentatoren bezogen diese aristotelische Polemik auf Platon, wegen der schon besprochenen Stelle *Timaios* 39 c. Aristoteles nennt Platon hier nicht; sollte er sich auf ihn bezogen haben, dann hätte die Polemik gegen den Wortlaut die grundlegenden Gemeinsamkeiten überdeckt, denn im *Timaios* geht es darum, daß die Natur durch die geordneten Gestirnbewegungen Anteil gewinnt an der Zahl.
b. Ist die *sphaira,* die Himmelsschale, selbst die Zeit? So dachten einige, vermerkt Aristoteles, weil alles in der Zeit verläuft. Aristoteles sieht diese Ansicht als nicht diskussionsfähig an; sie ist ihm zu volkstümlich und anschauungsgebunden, obwohl sie vielleicht pythagoreische Elemente enthält.
Dieser polemische Abschnitt der Aristotelischen *Physik*, IV 10, 218 a 30–218 b 9, legt den Vergleich mit *Conf.* XI nn. 29–31 nahe: Aristoteles verwirft die Identifikation der Zeit mit der Himmelsschale oder mit dem Umschwung der Himmelsschalen. Sie ist unqualifiziert, zu global; sie läßt keine kleinen Zeitabschnitte bestehen. Sie vernachlässigt auch das Zahlmoment und damit die Tätigkeit der Seele. Dieses naiv kosmologisch orientierte Zeitkonzept fällt in den Augen des Aristoteles hinter das von Platon Erreichte zurück. Nach dessen Zurückweisung setzt Aristoteles zu seiner eigenen Antwort an: Die Zeit ist das Maß der (kontinuierlichen) Veränderung nach dem Davor und Danach, *Physik* IV 10–11, 218 b 9–219 b 12.

Zunächst insistiert Aristoteles: Die Zeit ist nicht mit Veränderung, *kinesis,* identisch. Denn Veränderung, argumentiert er, spielt sich im Veränderten ab, Zeit ist überall. Veränderungen laufen langsamer oder schneller, die Zeit nicht. Vielmehr definieren wir *langsam* und *schnell* im Hinblick auf die Zeit.

Andererseits hängt Zeit mit *kinesis* zusammen, setzt Zeit die Veränderung voraus. Dafür ist es ein Zeichen, daß, wenn wir keine Veränderung wahrnehmen, wir denken, die Zeit sei nicht vergangen. Um die Zeit zu bestimmen, müssen wir herausfinden, was an der Veränderung sie ist. Sie folgt der Veränderung; da diese kontinuierlich verläuft, ist auch die Zeit kontinuierlich. Es besteht also folgende Abfolge (219 a 10):

Größen sind kontinuierlich,
die Veränderungen folgen den Größen, sind also kontinuierlich,
die Zeit folgt den Veränderungen und ist deshalb kontinuierlich.

Lokale Differenzen sind nach Aristoteles ursprünglicher als temporale, 219 a 15. Von dieser These des Aristoteles kann man sagen, daß sie das Zeitliche an der Zeit zum Verschwinden bringt, weil sie es auf gleichzeitig existierende Raumpunkte zurückbiegt. Dies war es, was Yorck als *Okularisierung* der Zeit kritisiert hat. Andererseits ist die europäische Welt bis in den Alltag hinein der aristotelischen Wegweisung gefolgt und mißt Zeiten, indem sie die Strecken angibt, die innerhalb einer definierten Zeitspanne zurückgelegt werden. Doch folgen wir weiter dem Gedankengang der *Physik:*

Da es kein Leeres in der Natur gibt, kennt die körperliche Natur als Medium der Bewegung (Veränderung) keine Diskretheit, folglich ist Bewegung nicht diskret (H. Wagner, 572). Die Zeit nun erkennen wir, wenn wir an der Bewegung frühere und spätere Abschnitte abschneiden. Wenn die Seele sagt, zwei Jetzt seien verschieden, sie seien getrennt durch etwas, das dazwischen kam, wenn sie also das frühere Jetzt vom späteren Jetzt unterscheidet, dann erfahren wir Zeit. Was dazwischen lag und was durch das Jetzt abgegrenzt wird, das nennen wir Zeit. Sie ist Zahl der Bewegung. Wir unterscheiden ein Mehr oder Weniger durch Zahlen, ein Mehr oder Weniger an Veränderung durch die Zeit. Dabei hat *Zahl* eine doppelte Bedeutung, einmal das Gezählte, die Anzahl, sodann das, womit wir zählen, die Zählzahl. Zeit ist Zahl im ersteren Sinne. Zeit ist das Gezählte.

Der Text des Aristoteles in der Paraphrase von H. Wagner:
Die Zeit ist eine Art Anzahl, womit wir das Quantum einer Bewegung messen. Und zwar hinsichtlich der Folgeordnung ihrer Stücke, also hinsichtlich ihrer Phasenfolge im Rahmen ihrer Gesamtdauer (573).

Definiert man mit Aristoteles *Zeit als Maß der Veränderung gemäß dem Früher und dem Später,* enthält freilich dieses *Früher und Später* bereits temporale Bestimmungen. Eine ursprüngliche Entwicklung der Zeitbestimmung aus nicht-temporalen Bestimmungen erbringt die aristotelische Definition also nicht. Das Zeitmoment ist, so H. Wagner, 573, schon vorausgesetzt. Die Frage, ob es möglich wäre, eine Bestimmung der *Zeit* vorzulegen, die nicht schon Zeitmomente beansprucht, brauchen wir hier nicht zu entscheiden. Hingegen ist es für die vorliegende Untersuchung wichtig, festzuhalten, daß nach Aristoteles die Zeit nicht nur Maß der Veränderung, der Bewegung, sondern auch der Ruhe ist. Entscheidend ist nicht, daß actu etwas sich verändert, sondern daß etwas verändert werden kann (221 b 7–b 23).

Aristoteles setzt seine Erörterung fort mit einer Analyse von Zeit und Jetzt, IV 11, 219 b 33–220 a 26. Der Text ist äußerst kompliziert. Seine Hauptfrage geht dahin: Wie kann die Zeit, die doch kontinuierlich ist, nach diskreten Abschnitten unterteilt werden? Um diese Frage zu lösen, ortet Aristoteles die Zeit innerhalb des Folgeverhältnisses von Ausdehnung, Veränderung und Zeit. Ausdehnungsgrößen werden durch den Punkt geteilt und verbunden. Ähnlich fungiert bei der Zeit das Jetzt. Zeit und Jetzt sind untrennbar, ähnlich wie Veränderung und Zeit. Das Jetzt macht die Zeit kontinuierlich; zugleich trennt es die Zeitabschnitte. Es ist selbst nicht Zeit, hat keine Dauer, gehört aber zur Zeit.

In *Phys.* IV 12, 221 a 26–221 b 7 charakterisiert Aristoteles die Zeit als das, was das Zeitliche umfaßt und folglich größer ist als es. In der Zeit sein heißt auch: dem Verfall ausgesetzt sein. Die Zeit ist Grund der Zerstörung, sie hat einen negativen Richtungssinn. Ewiges ist nicht in der Zeit, nicht nur – kosmologisch gesehen –, weil es sich nicht verändert, sondern auch – axiologisch betrachtet –, weil bei ihm der negative Richtungssinn nicht zutrifft: Das Ewige ist *besser* als das Zeitliche. Wir kennen das aus dem *Timaios*. Gegenüber entplatonisierenden Aristotelesdeutungen ist dieser Platonismushintergrund hier festzuhalten. In der Zeit sein, das heißt nach Aristoteles: auch nicht sein können, zufällig existieren. Die Zeit reicht über das einzelne Vergängliche hinaus und bemißt sein Sein (221 b 23–222 b 7). Wenn die Veränderung immer ist, ist auch die Zeit immer. Die Zeit ist wie ein Kreis: Das Jetzt ist Anfang und Ende einer Zeit, aber nicht derselben Zeit. Das Jetzt ist wie ein Punkt im Kreis, konvex und konkav zugleich (IV 13, 222 a 28–222 b 7).

Das Zeit-Kreis-Motiv wird weitergeführt in IV 14, 223 b 12–224 a 2: Die Bewegung mißt die Zeit, wie die Zeit die Bewegung mißt. Wir haben also eine wechselseitige Abhängigkeit von Zeit und Veränderung. Aber beide, Naturveränderung und Zeitbestimmung, haben ihr letztes Maß in der einförmigen Kreisbewegung. Ihre Zahl ist am besten bekannt: Die Sonnenbewegung als das klar erkennbare Maß, *metron enarges,* kennen wir aus *Timaios* 39 b 2. Die Himmelsbewegungen erlauben, da sie im Unterschied zu anderen Naturveränderungen regelmäßig verlaufen, die Zeit nach ihnen als ihrem letzten Maß zu bemessen. Sie umfaßt alle menschlichen Erfahrungen; alle menschlichen Dinge verlaufen in ihrem Kreis (IV 14, 223 b 12–224 a 2). Aber das heißt nicht, die Aristotelische Zeitauffassung sei primär astronomisch oder kosmologisch im Sinne einer Bindung der Zeit an faktische Sternenbewegung. Formell konstituierend für die Zeit als *Zahl* ist die Tätigkeit der Seele. Hier, in der *Physik*, präzisiert Aristoteles nicht, ob er an die Himmelsseele oder an die einzelne Menschenseele denkt; aber aus *De caelo* kennen wir seine Ansicht von der Himmelsseele. Diese ist nicht dasselbe wie die platonische Weltseele, aber sie hat eine ähnliche Funktion: Ohne die Himmelsseele gibt es keine Sternbewegung, ohne die Sternenbewegung kann sich nichts bewegen oder verändern, also kann ohne die Seele nichts gezählt werden. Ohne Einzelseele kann keine Zahl, also auch keine Zeit sein, wohl aber ein *hypokeimenon*, ein Substrat der Zeit, welches keine Vorform der Zeit ist, sondern die Naturveränderung, die zahlenhaft ist aufgrund der Tätigkeit der Himmelsseele (IV 14, 223 a 16–29).

Die Zeittheorie des Aristoteles mit der Augustins zu konfrontieren, ist von einiger Bedeutung. Viel hängt davon ab für die geschichtliche Einordnung von *Conf.* XI und für die Beurteilung der mittelalterlichen Zeittheorien. Zunächst springen Differenzen in die Augen: Die Zeitlehre des Aristoteles steht im sachlichen und literarischen Zusammenhang der *Physik*, die Zeitlehre Augustins in dem einer biographischen Exemplifikation der neuen Gnadentheorie und der Genesisdeutung. Das hat Folgen: Die Theorie der Zeit gehört nach Aristoteles nicht in die Metaphysik – eine weittragende Entscheidung. Im Rahmen der *Physik* kann und muß Aristoteles sich mit einem kurzen Hinweis auf die Seele begnügen; deren Theorie gehört in eine andere Disziplin. Aristoteles setzt, weil er sich innerhalb der *Physik* befindet, voraus, daß Termini wie *kinesis*, Bewegung (Veränderung), bestimmt worden sind, ferner daß es kein Vakuum und folglich keine diskontinuierliche Zeit geben kann. Die kosmologischen Bezüge sind daher bei Aristoteles präzis: die ewige Kreisbewegung der obersten Himmelsschale als Maß aller Zeitbestimmungen. Ewigkeit als Maß der Zeit, bei Platon/Aristoteles wie bei Augustin, aber bei Aristoteles nicht wie bei Augustin auf den als agierend vorgestellten Gott, sondern auf den vom ersten Beweger wie von einem Geliebten bewegten Kosmos gestützt. Bei Augustin fehlt der platonische wie aristotelische Grundgedanke, Zeit sei *Zahl der Veränderung.* Augustin spricht viel von *Zeitmessung* und von zahlenhaften Proportionen von Vorgängen. Die Zeit *messen* ist ein Abzählen ihrer Einheiten, auch wenn Augustin an Alltagsvorgänge denkt, bei denen es darum geht, ob eine Bewegung lang oder kurz dauerte, nicht um mechanisierte Messung. Auch Aristoteles spricht nicht von einem Messen der Zeit mit Instrumenten; er denkt die Zeit als eine rhythmische Durchgliederung und damit Durchrationalisierung der Naturvorgänge; die Seele gibt dem ständigen Werdeprozeß Zahlcharakter. Gewiß zählt nach Augustin, wer die Länge eines Verses bestimmen will, die Silben; er stellt Proportionen auf, indem er sagt, dieser Vers sei doppelt oder dreimal so lang wie jener. Aristoteles beschreibt das Zählen der Seele nicht so genau wie Augustin. Aristoteles dachte Zahl und Proportion als Struktur der Natur, so daß die Zeit, deren Maß die ewige Struktur des Kosmos ist, qua Zahlcharakter Anteil gewinnt am Ewigen. Aristoteles ist dem *Timaios* näher geblieben als Augustin im XI. Buch der *Confessiones,* während, wie gezeigt, in späteren Texten Augustins die Zahlenhaftigkeit der Naturprozesse und ihrer Zeitrhythmen wieder in den Vordergrund rückt. Aristoteles wie Augustin erörtern einleitend die Nichtexistenz oder Kaum-Existenz der Zeit. Aber Aristoteles drückt sich distanziert aus gegenüber einer so volkstümlichen, so exoterischen Annahme; sie gewinnt bei ihm kein sachliches Gewicht. Die Zeit ist ihm etwas Reales, darüber braucht ein Physiker keine Zweifel zu nähren. Auch Augustin fängt im Laufe seiner Erörterung, wenn man so sagen darf, die Nichtexistenz wieder auf; die Zeit existiert auch nach ihm, aber als *distentio animi,* und zu deren Gewinnung ist die naturhafte Nichtexistenz (als pure Natur, ohne die Seele gedacht) die Voraussetzung. Die Nichtigkeit des Zeitlichen, bei Aristoteles Erweis der Zufälligkeit durchaus, steigert Aristoteles nicht zu Paradoxien; vielmehr weist er zu Beginn seines Zeittraktates die Zenonischen Paradoxien ab. Die Zeit, auch bei Aristoteles als Zerfallstendenz gewertet, ist nicht wie in *Conf.* XI ein Feld des heillosen Zersplitterns ins Gewesene und Zukünftige. Der Philosoph kennt den *ordo* der Zeiten, nicht zwar als Geschichtsphilosoph, sondern eher pythagoreisierend als das Wissen von deren Zahlcharakter: Der Himmelskörper wird von einer Seele bewegt, die in ihrer Begierde nach dem höchsten, unwandelbaren Prinzip den Himmel zur Rotation bringt; dadurch gewinnt der Kosmos seine rhythmischen, das Ewige nachahmenden Bewegungen. Die (Menschen-)Seele zählt diese und gewinnt so die Zeit. Die Seele vollzieht, nach Aristoteles, das kosmische Urbild geordneter Bewegung in den Erfahrungszeiten nach. Die von Augustin in nn. 29–31 abgelehnte Zeittheorie (Zeit als Sternenbewegung) ist weder platonisch, noch ist sie aristotelisch, wie erstaunlicherweise ein Aristoteleskenner wie Franz Brentano meinte.[9] Im Gegenteil: Auch Aristoteles lehnte die Identifikation der Zeit mit der Sternenbewegung ab; nach ihm setzt die Zeit die Veränderungen des Universums voraus, aber diese Veränderungen sind nicht schon die Zeit. Ebenso setzt nach Augustin die Zeit voraus, daß in der Welt etwas geschieht (bes. n. 17, noch schärfer in *De civ. Dei* XI 6). Allerdings hat die Ablehnung jener Zeitbestimmung bei Augustin einen anderen, die Aporie zur äußersten Zuspitzung treibenden Sinn: Wenn die Sternenbewegung nicht das Maß abgibt, woher soll es dann kommen? Aristoteles lehnt einleitend die Identifikation der Zeit mit der Sternenbewegung ab, kommt dann aber auf die ewige Kreisbewegung als Maß zurück. Die Ablehnung bleibt aber insofern bestehen, als die Seele allein diesem Maß Zahlcharakter verleihen kann. Augustin kennt auch die Sterne als *signa* der Zeiten (n. 29); aber sie sind allen Eingriffen des Schöpferwillens ausgesetzt; sie sind nicht in demselben Sinne Maß wie es bei Aristoteles die ewige Kreisbewegung sein kann. Wo immer wir den Vergleich ansetzen: Die Differenzen sind allgegenwärtig. So spielen bei Augustin die für Aristoteles so zentralen Termini wie *Früher* und *Später, Davor* und *Danach* gar keine Rolle; er analysiert nicht wie

---

[9] F. Brentano, Philosophische Untersuchungen zu Raum, Zeit und Kontinuum, 62, aber eher unscharf: Die abgelehnte Bestimmung *hänge sichtlich mit der aristotelischen zusammen*.

Aristoteles die grundlegende Beziehung zwischen Ausdehnung, Kinesis und Zeit. Dies hat eine Reihe von Konsequenzen, vor allem die, daß Augustin zwar eine Theorie der progressiven Punktualisierung des Jetzt, aber keine Theorie der Kontinuität der Zeit hat. Auch die Rolle des *Jetzt* ist je eine andere: Bei Aristoteles sichert es Kontinuität und Abschneidbarkeit der Zeitspannen; bei Augustin schrumpfen bei der Frage nach dem Sein der Zeit die drei Zeitdimensionen im Jetzt zusammen. Die Gegenwart von Vergangenheit, Gegenwart und Zukunft fehlt in der aristotelischen Zeittheorie, doch spielt hier wiederum das Aristotelische Programm der Disziplinentrennung herein, denn in seiner Schrift *Über das Gedächtnis (De memoria et reminiscentia)* untersucht Aristoteles die psychologische Seite der Dreizeitenlehre:

> Das Gedächtnis *(mneme)* bezieht sich auf Vergangenes,
> die Wahrnehmung des Gegebenen erfaßt das Gegenwärtige,
> das Zukünftige ist Gegenstand der Hoffnung oder der Vorwegnahme
> des Kommenden (449 b 10).[10]

So zeigen sich, mitten in Unterschieden, auch gemeinsame Züge. Es besteht sogar eine *gewisse* Parallele im Aufbau von *Conf.* XI und *Physik* IV 10–11, wie folgende Gliederung ausweist:

1. Einleitende Diskussion von Ansichten, nach denen der Zeit kein oder *kaum* Sein zukommt, weil sie entweder nicht mehr oder noch nicht ist und weil das Jetzt dauerlos bleibt, 217 b 30 – 218 a 29,
2. Zurückweisung der Identifikation der Zeit mit der Bewegung (Veränderung) des Weltalls oder der Himmelsschale, 218 a 30 – 218 b 9,
3. Eigene Lösung: 218 b 9 – 219 b 12.

Diese parallele Struktur darf weder überbewertet noch, wie es oft geschieht, übersehen werden. Augustin und Aristoteles haben gemeinsam:

– Die Ablehnung der Ansicht, die Zeit sei überhaupt nicht
  (wobei die These vom Nicht-Sein der Zeit sich zwischen Aristoteles und Augustin gewandelt hat; Aristoteles stand mit seiner Zeittheorie den Eleaten und Sophisten, Augustin den Skeptikern entgegen),
– die Verwerfung einer rein kosmologischen Zeitdefinition,
– die Abhängigkeit der Zeit von der Seele,

---

[10] Vgl. R. Sorabji, Aristotle on Memory, Providence 1972.

– die primäre Ortung der Zeit in der Natur, nicht in der Geschichte (bei Aristoteles gehört die Zeit in die *Physik*, bei Augustin in die Genesis-*Auslegung*, und dabei taucht die Geschichtszeit nur am Rande auf).

Beide denken und bewerten die Zeit von der Ewigkeit her. Beide werten das Zeitliche ab; es ist primär Zerfall. Aber die Ewigkeit hat Aristoteles kosmologisch und als göttlichen Nus, nicht, wie Augustin, „voluntaristisch" gedacht.

Beide Denker stellen Zeit, Veränderung und Zeitmessen in einen Rahmen axiologisch-metaphysischer Art. Aristoteles bändigt das Mannigfaltige, indem er es zurückbindet an den ewigen Kreislauf; Augustin hebt das Unbezwingbare des Mannigfaltigen hervor, um die Zersplitterung der unerlösten Seele in die Zeiten zu beschreiben, von denen er andererseits, und zwar eingehender als Aristoteles, zeigt, daß sie sich der Seele verdanken, ohne daß Augustin freilich davon redete, die Seele *konstituiere* die Zeit. Eine klare Differenz liegt darin, daß Aristoteles die Naturvorgänge als *hypokeimenon* der Zeit denken kann; was die Seele erbringt, ist etwas an den Naturvorgängen und wird dem ontologischen Primat der Substanz zugeschlagen; bei Augustin ist die Zeit die Ausdehnung der Seele, ohne daß ihre Naturbasis geleugnet wäre. Das Gewicht hat sich aber verlagert, weg von der Kosmologie, hin zur Seelentätigkeit.

Aristoteles rationalisiert die tägliche Zeiterfahrung; er begründet ein Schema hinlänglich rationaler Zeiterfahrung, das Augustin durch die Einführung eines Herren der Zeiten und eines Befehlshabers über die Sternenheere inhaltlich aushöhlt.

Bei Aristoteles *ist* die Zeit *immer,* wie die Bewegung. Sie ist kontinuierlich wie diese. Warum muß Aristoteles nicht behaupten, es gebe soviele Zeiten, wie es Seelen gibt? Weil die Himmelsseele alle Bewegungen verursacht und die Einzelseelen im Blick auf die kosmischen Bewegungen nur nachzählen, was die Himmelsseele vorstrukturiert hat. So bestimmt bei Aristoteles die Einheit der Zeit, abgestützt auf die Dauer kosmischer Bewegungen und auf die Kontinuität des Strebens der Himmelsseele, sein Denken; er nimmt *eine* Zeit an, selbst für den Fall der an sich abgelehnten Hypothese anderer Welten, selbst wenn Seelen sterben. Konsequent denkbar ist dies alles nur bei Annahme der Himmelsseele. Bei Augustin sind die Zeiten eher als Vielheit, oder besser: zuweilen als Einheit und oft als Vielheit gedacht. Er kann weniger als Aristoteles die Einheit der Zeiten aus seiner Zeittheorie einleuchtend machen.

3. Skeptische Untersuchungen: Sextus Empiricus

1. Wer in der Antike über die *Zeit* nachdachte, stand unter den Vorgaben der platonisch-aristotelischen Philosophie. Nicht als habe sie konkurrenzlos dagestanden, aber sie hatte einen Komplex theoretischer und praktischer Konnotationen aufgebaut, dem sich die verschiedenen Schulen spätantiken Denkens nicht mehr oder nur schwer entziehen konnten. Man kann ihn mit folgenden Stichworten umschreiben:

Das Bleibende hat einen Wertvorrang vor dem Zeitlichen.

„Prinzip" des Werdens in der Natur wie des menschlichen Wissens ist das Unzerstörbare, Notwendige, Immer-Seiende. Die Zeit ist daher schwer zu fassen; sie gehört zur Welt des Werdens, von der es unter platonistischen Voraussetzungen kein Wissen, höchstens ein mythologisches Erzählen geben kann. Die Zeit ist dem Naturprozeß zugeordnet, also mit der *kinesis* bzw. dem *motus* verbunden.

Die Zeit steht im Gegensatz zum Bleibenden, eigentlich Wirklichen, ist aber gegen die eleatischen Einwände zu verteidigen, die die *kinesis* und damit die Zeit als nicht-seiend erweisen wollen.

Es besteht eine Dualität zwischen Zeit als Maß, *metron,* und dem von ihr gemessenen Naturprozeß *(kinesis, motus).*

Diese Dualität verschärft sich, da die Zeit als *Zahl* der *kinesis* bestimmt wird.

Als Maß und Zahl ist die Zeit nicht einfach der Naturprozeß oder seine Folge, sondern sie gliedert ihn rhythmisch und verschafft ihm Anteil an Rationalität. Zeit kann daher nicht ohne die Seele sein. Dann fragt es sich, wie sie mehr sein kann als eine bloß subjektive Recheneinheit. Nur die Welt- oder Himmelsseele kann Zahlen in Naturvorgängen hervorbringen.

Dieses Gewebe von Thesen ließ verschiedene Ausformungen zu. Immer war es bedroht durch eleatische, sophistische, epikureische oder stoische Einwände. Aber es bot sich auch zu didaktischen „Synthesen" an. Denn schon in der Antike bestand das Bedürfnis, auf vereinfachte Weise zu sagen, was *die* Philosophen lehrten. Man suchte eine harmonistische Zusammenfassung der Ergebnisse *der* Philosophie. Wenn z.B. Cicero in seinen *Academica* I 6, 24 bis 7, 29 einen Überblick über die *Physik* der Philosophen gab, dann zeichnete er folgendes Gesamtbild:

Einem aktiven, begründenden Prinzip stehe ein rezeptives gegenüber. Der Weltprozeß gehe aus von einfachen Urgründen, um das Verschiedenartige und Vielheitliche zu erzeugen. Es gebe bleibende Vernunftgründe des Zeitlichen. Eine bewegende kosmische Kraft *(vis)* führe jene *rationes* im Stoff aus. Diese Kraft könne man Weltgeist *(animus mundi)* nennen, aber auch Gott *(deus),* Notwendigkeit *(necessitas)* oder *Fortuna.*[11]

Dieses Referat war der Versuch, gemeinsame Grundlehren zwischen Platon, Aristoteles und der Stoa herauszustellen. Daß es dabei zu Ungenauigkeiten und terminologischen Überlagerungen kam, versteht sich; Cicero selbst stellte die Terminologie ins Belieben seiner Leser. Ob von *psyche* oder von der *psyche des kosmos* die Rede war, ob man diese Ausdrücke im Lateinischen mit *anima* oder *animus* wiedergab, darauf kam es unter weltmännischen Gebildeten der Spätantike nicht an. Wichtig war das Gesamtkonzept. Die *Zeit* war zu denken als Maß, Zahl und Proportion des beseelten Naturprozesses *(kinesis, motus).*

2. Wie stark dieser Gesamtrahmen die Zeituntersuchungen der Spätantike bestimmte, zeigt ihre Wiederkehr in den Untersuchungen der Skeptiker, die dazu bestimmt waren, jenem Rahmen die Zustimmung zu entziehen. Sextus Empiricus gab die Argumente der Schule des Pyrrhon wieder, als er gegen 200 n. Chr. schrieb. Die Diskussionen über die Zeit finden sich im dritten Buch seiner *Pyrrhoneioi hypotyposeis,* seiner *Grundzüge der Pyrrhonischen Philosophie,* sowie im X. Buch seiner zusammenfassenden Schrift *Adversus mathematicos.*[12] Ich greife aus ihnen heraus, was den Hintergrund von *Confessiones* XI zu beleuchten imstande ist. Auch hier geht es nicht darum, was Augustin gelesen hat. Es steht fest, daß für Augustin die Auseinandersetzung mit den Skeptikern wichtig war und daß er Argumente von der Art gekannt hat, wie Sextus sie anführt. Augustin berichtet in *Conf.* V 14, 25 von einer skeptischen Krise, die er in Rom, also 383, erlebt habe.[13] Seine erste Schrift richtete sich *Contra Academicos,* und auch in anderen Texten, wie z. B. in *De magistro,* führte er skeptische Argumente vor, um die Ansprüche sinnli-

---

[11] M. Tullius Cicero, Academicorum reliquiae cum Lucullo, Liber 1 c. 5–9 § 24–29, ed. O. Plasberg, Leipzig 1908, 10–13.

[12] Sextus Empiricus, Opera, ed. H. Mutschmann – J. Mau – K. Janacek, Leipzig 1914–1961; griechisch-englisch mit der Übersetzung von R.G. Bury in der Loeb Library, 4 Bände, London, seit 1933 mehrere Auflagen; *Grundriß der Pyrrhonischen Skepsis,* deutsch von M. Hossenfelder, Frankfurt/M. 1968.

[13] Vgl. auch A. Solignac, Les Confessions, BA 13, 499 und J. Mourant, Augustin and the Academics, in: Recherches Augustiniennes 4 (1966) 67–96.

cher Gewißheit zu zerstören und alle Gewißheit aus der intelligiblen Welt oder dem göttlichen Verbum, schließlich auch aus der Autorität der Bibel abzuleiten.

Die skeptischen Überlegungen, die Sextus aus älteren Quellen referiert, leugnen nicht schlechtweg die Zeit. Sie zeigen vielmehr, daß wir im Denken über die Zeit in Widersprüche geraten, und daß diese Widersprüche es nahelegen, sich weiterer begrifflicher Erörterungen über die Zeit zu enthalten. Daß die Zeit *zu den Phänomenen* gehört (*Grundzüge* III 19, 136), daß also zum Beispiel alle Menschen oder doch die meisten von ihnen den Wechsel von Tag und Nacht erfahren, bleibt davon unberührt. Die Zeiterörterungen der Skeptiker sollten beweisen: Das Sein, *usia,* der Zeit ist allemal undenkbar. Auch Aristoteles hatte *Physik* IV 10, 217 b 32–218 a 3, das Problem aufgeworfen, ob die Zeit überhaupt sei. Er hatte die wichtigsten Gegeneinwände formuliert: Wie kann sie *sein,* wenn die Vergangenheit nicht mehr, die Zukunft aber noch nicht ist? Wie kann sie *sein,* wenn sie aus den drei Zeiten zusammengesetzt ist, diese sich aber als nicht-seiend erweisen? Wie kann die Zeit existieren, wenn nicht einmal der Jetztpunkt wirklich ist?

Aristoteles hatte diesen Einwänden kein besonderes Gewicht beigemessen. Sie dienten ihm zur Einführung in das Problem der Zeit; sie hielten den polemischen Bezug auf die eleatischen Bewegungsparadoxien und auf die sophistischen Bestreitungen der Realität der Zeit wach. Sie zeigten freilich zugleich, daß das Sein der Zeit prekär und dunkel sei. Sie mußten widerlegt werden, wenn man *Physik* treiben wollte. Innerhalb der *Physik* als einer kohärenten *Wissenschaft* konnten sie nur einleitenden Charakter haben. Die Untersuchungen der Skeptiker vertiefen hingegen nach allen Seiten die Schwierigkeit, das Sein der Zeit zu behaupten. Die beiden Zeittraktate bei Sextus, *Hypotyposeis (Grundzüge der Pyrrhonischen Philosophie)* III 19, 136 bis 150 und *Adversus Mathematicos* X 3, 169 bis 247, entwickeln die Schwierigkeiten, in die man gerät, wenn man von der Zeit behauptet, sie *sei.* Sie beleuchten den historischen Hintergrund, vor dem das XI. Buch der *Confessiones* steht. Denn auch in Augustins Zeituntersuchung verwandelt sich die Frage, was die Zeit sei, sofort in die Frage, wie sie überhaupt sein könne, da das Vergangene nicht mehr und das Zukünftige noch nicht ist, *Conf.* XI 14, 17 Verheijen 202–203. Diese Frage läßt Augustin bis zum Ende seiner Untersuchung, genau genommen bis XI 28, 27 Verheijen 214, nicht mehr los. Das Gewicht, das diese Frage bei Augustin hat, erklärt sich am ehesten aus der starken Tendenz der antiken Philosophie, das Sein der Zeit zu bestreiten. Diese Tendenz nährte sich aus eleatischen, sophistischen, epikureischen und stoischen Quellen.[14] Am lautesten wird sie in den Argumenten der Skeptiker. Sehen wir sie uns bei Sextus Empiricus näher an:

Zunächst ist auffällig: Die Diskussionen der Skeptiker bewegen sich auf der durch die platonisch-aristotelische Philosophie geschaffenen Grundlage. Auch sie setzen voraus, daß die Zeit mit der *kinesis* zusammengehöre. Unter dieser Prämisse wird gefragt, ob sie mit der *kinesis* identisch sei oder ob sie von ihr als ihr *Maß* oder ihre *Zahl* zu unterscheiden sei. Es wird unterstellt, daß sie eine besondere Beziehung zur Bewegung der Himmelskörper habe. Unter dieser Voraussetzung wird dann gefragt, ob ihre *usia* dieselbe ist wie die der Himmelskörper oder ob sie unkörperlich ist. Auch wenn gezeigt wird, daß alle diesbezüglichen Behauptungen scheitern, bewegt sich die Analyse im traditionellen Rahmen der Zeiterörterungen. Dazu gehört auch, die Alternative zu erwägen, ob die Zeit etwas Unkörperliches sei.

Die antike Philosophie hat die Zeit also nicht nur eng mit dem Kosmos verbunden; sie hat zugleich auch die Alternative aufgestellt, das Sein der Zeit zu den unkörperlichen Wesenheiten zu stellen.

Die Analysen der Skeptiker haben ferner dazu geführt, die bisher entwickelten Ansichten über die Zeit zusammenzustellen, miteinander zu vergleichen und auch gegeneinander auszuspielen. Sextus erwähnt die Ansichten des Aristoteles, Epikurs, Stratons und der Stoiker; er berichtet von der stoischen Definition der Zeit als *diastema der kinesis,* deren Schlüsselwort *diastema* wir als *distentio* bei Augustin verwandelt wiederfinden (*Grundzüge* III 136; *Adv. Math.* X 3, 170). Sextus kennt selbstverständlich die aristotelische Zeitdefinition und erörtert, wie Augustin, *Conf.* XI 23, 30 Verheijen 209, die Frage, ob die Zeit als Zahl oder Maß der Bewegung nicht auch zugleich Maß der *Ruhe* oder des Stillstands sein müsse (*Grundzüge* 136 bis 137, 140; *Adv. Math.* X 3 173 und 176/177 sowie 226). Er berichtet von der skeptischen Überlegung, daß auch die Ansicht derjenigen scheitere, welche die Zeit mit der *kinesis* identifizierten (*Grundzüge* III 136/137 und *Adv. Math.* X 3, 170). Ein Leser des Sextus war gewarnt, die Zeit mit der Bewegung gleichzuset-

---

[14] Vgl. dazu U.R. Jeck, Artistoteles contra Augustinum, 71–95.

zen: Sextus hebt hervor, wenn Aristarch den Kosmos stillstehen lasse und nur die Erdbewegung kenne, könne er gleichwohl die Zeit denken, X 3, 174. Es ist schwer, bei dieser Überlegung nicht an Augustins Beispiel mit der Töpferscheibe und an den Sonnenstillstand Josuas in *Conf.* XI 23, 29–30 Verheijen 208–209 zu denken.

3. Was viele moderne Interpreten auf die christliche Innenwelt und auf das neue, akosmische Selbstbewußtsein zurückführen, war bei den antiken Skeptikern präformiert: Nach Sextus wie nach Augustin wäre das Sein der Zeit gesichert, wenn es gelänge, sie in ihrer Verschiedenheit von der *kinesis* auch nur zu *denken*. Ein Indiz, das uns in diese Richtung weist, ist es nach Sextus, daß Blinde oder Menschen, die in einer Erdhöhle leben, Zeit wahrnehmen, obwohl sie die Himmelsbewegung nicht wahrnehmen, X 3, 175. Die Konvergenzen zwischen Augustins Zeituntersuchung und den Erörterungen der Skeptiker gehen noch weiter. Im einzelnen hebe ich im Blick auf *Conf.* XI 14, 17 bis 28, 37 hervor:

a. Das Sein der Zeit scheint undenkbar, weil es zusammengesetzt wäre aus Vergangenheit, die nicht mehr ist, und Zukunft, die noch nicht ist. Wie kann das aus Nicht-Seiendem Zusammengesetzte *sein* (*Grundzüge* III 144; *Adv. Math.* X 3, 184 und 190 sowie 192 und 197–199)?

b. Wirklich könnte von den drei Zeitdimensionen nur die Gegenwart sein. Aber auch die Gegenwart *ist* nicht. Sie geht unmittelbar in die Vergangenheit über. Undenkbar ist aber auch, daß etwas zu etwas übergeht, das nicht ist (*Grundzüge* III 142–144 sowie 145; *Adv. Math.* X 3, 195 und 197–199). Wenn Vergangenheit und Zukunft nur als Gegenwart wirklich sein können, sind sie nicht mehr Vergangenheit oder Zukunft, sondern Gegenwart. Also sind sie auf keine Weise.

c. Unmöglich erscheint, daß wir die Zeit *messen*. Soll die Zeit mit der Zeit gemessen werden? – Dann würde sie durch sich selbst gemessen (*Grundzüge* III 143). Die Zeit als Maß ist selbst in der Zeit. Das ist unmöglich (*Adv. Math.* X 3, 178).

Hier zeigt sich deutlich, wie auch innerhalb der skeptischen Untersuchung die Vorgabe einer Dualität von Maß und Gemessenem in Kraft bleibt. Es deutet sich auch ein „idealistischer" Ausweg an: Würde die Zeit von einer Instanz gemessen, z.B. von *einer Seele*, die selbst nicht der Zeit unterliegt, wäre die Zeit meßbar.

d. Sextus führt im einzelnen vor, wie ein Jahr in Tage, der Tag in Stunden zerfällt, um zu zeigen, daß weder das Jahr, noch der Tag, noch die

Stunde existiert, *Adv. Math.* X 3, 182 bis 185. Dieses Zerlegungsverfahren, das eleatische Vorbilder reproduziert, praktiziert Augustin in *Conf.* XI 15, 19–20 Verheijen 203–204. Wie Augustin, *Conf.* XI 23, 30 Verheijen 209 erklärt Sextus nebenbei, daß man das Wort ‚Tag' in einem doppelten Sinne definieren kann, *Adv. Math.* X 3, 182 und 185, ohne daß dadurch das Problem sich löst.

e. Zu den Absurditäten, die sich beim Nachdenken über die Zeit ergeben, gehört nach Sextus auch diese: Weder der Anfang noch die Anfangslosigkeit der Zeit sind widerspruchsfrei denkbar. Wenn die Zeit angefangen hat, gab es eine Zeit *vor* der Zeit. Dann wird es Zeit auch *nach* der Zeit geben. Diese aber ist unmöglich. Die Frage nach der Zeit ist zugleich die Frage, wie ihr Ursprung denkbar wäre. Nach Sextus führt sowohl die Annahme der Ewigkeit der Welt wie die These von ihrem Anfang in der Zeit zu Absurditäten (*Grundzüge* III, 141; *Adv. Math.* X 3, 169 und 189 sowie 209). Ein wichtiges Argument in diesem Zusammenhang: Entstünde die Zeit aus dem Zukünftigen, entstünde sie aus einem Nicht-Seienden. Ginge sie ins Vergangene, ginge sie in ein Nicht-Seiendes (*Grundzüge* III, 148; *Adv. Math.* X 3, 205). Unmöglich ist es also, folgt man den Skeptikern, daß die Zeit *in* der Zeit entstanden wäre (*Adv. Math.* X 3, 172). Deutet sich nicht auch hier ein Ausweg an? Wie wäre es, wenn man die Zeit aus dem Zeitlosen hervorgehen ließe? Jedenfalls nimmt Augustins Zeituntersuchung genau diesen Gang: Sie fängt die skeptischen Bedenken auf, nicht, indem sie sie direkt widerlegt, sondern indem sie sie für die sichtbare Welt bestätigt. So läßt sie die Zeit nicht aus einer früheren Zeit hervorgehen, sondern lehrt den Ursprung der Zeit im zeitlosen Wort, *Conf.* XI 5, 7 bis 9, 11, führt sodann das Nichtsein der Zeit im Sinne skeptischer Argumente vor, *Conf.* XI 14, 17 bis 26, 33, um schließlich der Zeit ein Sein in der Seele zu vindizieren, 26, 33–28, 37. Dort, in der Seele, erreichen, so scheint es, die skeptischen Einwände die Zeit nicht mehr.

4. Plotin

1. Wie bei Platon, Aristoteles und Sextus Empiricus geht es auch hier bei Plotin nicht darum, einen direkten *Einfluß* auf Augustins Zeittheorie zu behaupten, sondern um die Ausarbeitung eines geschichtlichen Feldes, innerhalb dessen sich eine spätantik-christliche Zeituntersuchung bewe-

gen konnte, also um die Gewinnung eines konkreten, nicht fiktiven, konzeptuellen und geschichtlichen Rahmens für Augustins Theorien. Ohne die Gewinnung eines solchen *geschichtlichen Feldes* erliegt, wie die Erfahrung zeigt, die Interpretation von *Confessiones* XI fast zwangsläufig dem Zug zur Modernisierung.

Die Metapher des *Einflusses* begünstigt die Idee einer mechanischen Abhängigkeit und provoziert als Gegenreaktion die Abwehr jeder historischen Plazierung und damit Relativierung Augustins. Dogmatische Augustinisten unserer Gegenwart stürzen sich daher nur zu gerne auf differenzlose, also auf geistlos gemachte Abhängigkeitsnachweise, um unter dem Vorwand, ein Autor wie Augustin sei nicht passiv dem Einfluß irgendwelcher Bücher erlegen – was richtig, aber banal ist –, ihren Heiligen als überzeitliche Wahrheit zu präparieren und aus der Geschichte möglichst herauszulösen.

Der Verzicht auf die blumige Rede vom *Einfluß* schließt natürlich die Frage einer direkten Lektüre Plotins durch Augustin nicht aus. Augustin berichtet in *De beata vita* I 4 von seiner Lektüre einiger weniger Bücher Plotins *(lectis autem Plotini paucissimis libris).* Es dient einer einseitigen antiphilosophischen Stilisierung Augustins, in diesem Selbstzeugnis den Akzent auf die *geringe* Anzahl plotinischer Texte zu legen, die Augustin gelesen haben will. Denn diese *wenigen* Texte haben, wie Augustin in *Contra Academicos* II 2, 5 berichtet, ein unglaublich intensives Feuer in ihm entfacht, *incredibile incendium concitarunt.* Diese Bücher brachten nicht nur neue Einsichten – die Überwindung des Manichäismus, der skeptischen Neigungen und des stoischen Materialismus –; sie vermittelten ein neues Lebenskonzept, und sie haben den jungen Augustin wohl auch motiviert, dann auch noch andere *Bücher der Platoniker* zu lesen. Jedenfalls berichten die *Bekenntnisse,* wie Augustin mit Hilfe der *Bücher der Platoniker* endlich die Einsicht in die reine Geistigkeit Gottes und der Seele gelungen ist (bes. VII 9, 13, bes. auch 20, 26 und VIII 2, 3 bis 4, 9 die Erzählung über Marius Victorinus). Es liegt nahe, auch hierbei an Plotins *Enneaden* zu denken. Doch warnte Augustin selbst davor, seine Verbindung zu den Platonikern nur auf Plotin zu beziehen; in *De civitate Dei* VIII 12 nennt er neben Plotin auch Porphyrios (und Jamblich) als die berühmtesten griechischen Philosophen; in *De civ. Dei* X 29 bezieht er seine Anerkennung der Platoniker (daß sie den Logos erkannt, aber die Menschwerdung mißachtet hätten) ausdrücklich auf Porphyrios; er zeigt Interesse an den Lehrunterschieden zwischen Porphyrios und dessen Lehrer Plotin (*De civ. Dei* X 30).[15] So hat bereits 1896 L. Grandgeorge[16] neben dem Einfluß Plotins auch den des Porphyrius diskutiert. Er kam zu dem Resultat, Augustin habe mit Sicherheit die Schrift des Porphyrios *De regressu animae* und folgende Teile der *Enneaden* gelesen:

I 6 Über das Schöne
III 2 Über die Vorsehung
  4 Über den Dämon, der uns erloste
IV 3 Fragen über die Seele
V 1 Über die drei ursprünglichen Hypostasen
  6 Das Prinzip jenseits des Einen denkt nicht.

Von dem Text, der uns hier insbesondere interessiert, *Enneade* III 7, behauptete Grandgeorge nicht, Augustin habe ihn zitiert, doch ließen inhaltliche Übereinstimmungen darauf schließen, Augustin habe ihn gekannt. Grandgeorge bestätigte damit einen Wissensstand, der spätestens 1859 erreicht war: M.N. Bouillet hatte in seiner kommentierten Übersetzung der *Enneaden* eine Reihe von Augustintexten aus *Conf.* XI zur *Erläuterung* der Enneade III 7 abgedruckt, *Les Enneades de Plotin*, Band 2, Paris 1859, S. 171–209. Die Frage: Porphyrios oder Plotin als Anreger Augustins? ist seitdem vielfach diskutiert worden. Während P. Henry, Plotin et l'Occident, Louvain 1934 für Plotin sprach, plädierte W. Theiler, Porphyrios und Augustin, Halle 1933 ausschließlich für Porphyrios. P. Courcelle, Les lettres grecques en Occident. De Macrobe à Cassiodore, Paris 1948, bes. 159–176 und John J. O'Meara, Porphyry's Philosophy from Oracles in Augustine, Paris 1959 wollen sowohl Plotin wie Porphyrius berücksichtigt wissen; P. Hadot, Citations de Porphyre chez Augustin, in: Revue des Etudes Augustiniennes 8 (1960) 205–244

---

[15] Vgl. J. Guitton, Le temps et l'éternité chez Plotin et S. Augustin, Paris ³1959; W. Beierwaltes (Hg.), Plotin, Über Zeit und Ewigkeit. Enneade III 7 übersetzt, eingeleitet und kommentiert, Frankfurt/M. ³1981. Dort, aber auch unten im Kommentarteil weitere Literatur zur Zeitanalyse. Eine Übersicht über die Literatur zu Plotin seit 1949 gibt der Anhang zur neuen italienischen Plotinübersetzung von G. Faggin, Plotino, Enneadi, Mailand 1992, 1377–1414.
Von den Untersuchungen zum Zeitproblem möchte ich hervorheben:
E.W. Warren, Memory in Plotinos, in: The Classical Quarterly, New Series 15 (1965) 252–260; G.J.P. O'Daly, Memory in Plotinos and two early texts of St. Augustine, in: Studia Patristica 14 (1976) 461–469; P.C. Plass, Timeless Time in Neoplatonism, in: The Modern Schoolman 55 (1977/78) 1–19; P. Manchester, Time and Soul in Plotinos III 7 (45), 11, in: Dionysius 2 (1978) 101–136.
[16] L. Grandgeorge, Saint Augustin et le Néo-Platonisme, Paris 1896, bes. 39–40 und 49.

betonte stärker den Einfluß des Porphyrius, ebenso H. Dörrie, Porphyrios' *Symmikta Zetemata*. Ihre Stellung in System und Geschichte des Neuplatonismus nebst einen Kommentar zu den Fragmenten, München 1959 und ders., Porphyrios als Mittler zwischen Plotin und Augustin, in: Antike und Orient im Mittelalter. Miscellanea Mediaevalia I, Berlin 1962, 26–47. Ein besonnenes Resümee der Debatte gab A. Solignac in seiner Einleitung zur lat.-französischen Ausgabe der *Confessiones* im Rahmen der Bibliothèque Augustinienne Bd. 13 (Paris 1962) 100–112, doch vgl. auch 682–689. Danach hat Augustin mehr gekannt als *Enneade* I 6, mit Sicherheit *Enneade* I 8, V 2, III 2 und 3, höchstwahrscheinlich auch *Enn.* V 3 und VI 6 und Porphyrius, *De regressu animae*. Letztes wird bestätigt durch I. Hadot, Arts libéraux et philosophie dans la pensée antique, Paris 1984. Diese Diskussionen haben die Ergebnisse von Grandgeorge mit neuen Argumenten gestützt, aber das Interesse an Porphyrios verstärkt. Für die Theorie der Zeit ist daher neben *Enneade* III 7 auch Porphyrios, *Sententiae ad intelligibilia ducentes,* ed. E. Lamberz, Leipzig 1975, zu beachten, speziell das Kapitel 44.[17] In bezug auf Einzelheiten in der Abgrenzung zwischen direkter Lektüre Plotins *oder* Porphyrius' empfiehlt sich im gegenwärtigen Forschungsstadium eine gewisse Zurückhaltung. Was *Conf.* XI und *Enneade* III 7 angeht, so neigt Solignac zur Annahme einer direkten Lektüre (BA 14, 586–591). Unbestritten ist, wie schon bei Bouillet und bei Grandgeorge, die *inhaltliche* Nähe der Augustinischen Zeittheorie zu derjenigen Plotins. Dies genügt zur Erarbeitung eines *historischen Feldes.* Aus dem Umkreis der Lektüre der *libri Platonicorum* zeichnen sich insbesondere zwei Prolegomena zur Augustinischen Zeittheorie ab:

a. Augustin zufolge haben die Neuplatoniker das Begründungsverhältnis Gottes zur Welt richtig erkannt, d.h. sie haben den korrekten Begriff der Erschaffung der Welt gelehrt. Damit haben sie auch das irdische, also das zeitlich Seiende in ein richtiges Licht gerückt. Sie haben erfaßt, daß es kein Sein, aber auch kein bloßes Nicht-Sein ist, *nec omnino esse, nec omnino non esse, Conf.* VII 11, 17. Diese aus der Lektüre der platonischen Bücher gewonnene Prämisse geht fortan in Augustins Theorie der Zeit ein.

---

[17] Einige nützliche Hinweise geben auch die kommentierenden Anmerkungen in A.R. Sodano (Hg.), Porfirio, Introduzione agli intelligibili, Neapel 1979.

b. Die Neuplatoniker haben die reine Geistigkeit der Seele gelehrt. Sie haben die Differenz zwischen sinnlichem und geistigem Sein scharf erfaßt. Eine Konsequenz der reinen Geistigkeit der Seele ist ihre Unsterblichkeit, und diese wiederum beleuchtet ihr Verhältnis zur Zeit. Dies zeigen die im Anschluß an die *Soliloquien* geschriebenen Texte *De immortalitate animae* und *De quantitate animae*. Sie zeigen ein zweites Prolegomenon zur Augustinischen Zeittheorie an, das freilich ein wenig umständlicher zu ermitteln ist: Augustin denkt ‚Seele' als Bewegendes, ‚Körper' als Bewegtes. Der Zusammenhang von *corpus, motus* und Zeit ist Augustin ständig präsent. Es ist die Eigenheit des Körpers, nur in der Zeit bewegt werden zu können. Der durch die *Bücher der Platoniker erweckte* Augustin glaubt beweisen zu können, daß die Seele den Körper bewegt, ohne selbst verändert zu werden, *De imm. an.* III 3 Hörmann 104, 4–6. Charakteristisch für den Körper ist die Vielheitlichkeit und Teilbarkeit; dazu gehört, daß in die Zeit zerdehnt oder verteilt ist. Sein Sein ist auch ein Nicht-Sein. Augustin erläutert das Nicht-Sein des zeitlich Erstreckten an folgendem Beispiel: Auch wenn die kleinste Silbe ausgesprochen wird, hören wir deren Ende erst, wenn wir ihren Anfang nicht mehr hören. *Handeln* heißt diese Erstreckungen überbrücken, durch Erinnern, durch aktuales Intendieren und durch Erwarten des Künftigen. Augustin analysiert schon 386/7, in *De immortalitate animae* III 3, die wechselseitige Durchdringung von Erinnern, Intendieren und Erwarten. Die *Seele* erscheint dabei als die einheitliche und unveränderte Substanz, die die Vielheit der Zwecke und Handlungen in sich zusammenhält und das Vergangene, das Gegenwärtige und das Zukünftige verbindet, III 4 Hörmann 105. Von der Begründung der Zeit durch diese drei Seelentätigkeiten ist hier noch nicht die Rede. Es geht hier um die Metaphysik der Seele: Nur durch Seelen haben Körper Bestand, sei es der einzelne Körper, sei es das Weltall, 15, 25 Hörmann 126, 1–3. Augustin findet hier an der Idee einer Weltseele nichts Befremdliches, 8, 14 Hörmann 115–116. Diese frühen Texte Augustins enthalten Aufschlüsse über eigentümliche Konnotationen des Augustinischen Konzepts der Seele und damit auch der Zeit. Instruktiv ist folgende Formulierung aus *De immortalitate animae* II 2 Hörmann 103, 11–12:

Der menschliche Geist lebt immer, sei er nun selbst die Vernunft oder
sei die Vernunft mit ihm untrennbar verbunden,
Semper ergo humanus animus vivit, sive ipse ratio sit sive in eo ratio
inseparabiliter.

Was kann die Alternative bedeuten, die Augustin hier offenläßt, aber als eine rationale Alternative einführt? Wie wäre es denkbar, daß der *humanus animus* nicht dasselbe ist wie die Vernunft? Spiegeln sich hier Diskussionen der Plotin-Schüler, die darüber uneins waren, ob *wir* auch die absolute Vernunft *sind* (Plotin) oder ob wir an ihr *teilhaben?* Wir brauchen nur *animus* als *anima* zu nehmen und *ratio* als *mens,* so erweist sich der schwerverständliche Satz als ein neoplatonisierendes Theorem, das sagt, der *Geist* lebe ausdehnungslos und ohne zeitliche Erstreckung, während die *Seele* sich in die zeitliche Dimension begibt. Jedenfalls behauptet der Text, der eigentliche Grund der Unsterblichkeit sei die *ratio* als solche, nicht der *animus.* Selbst wer gewohnt ist, Augustin im lateinischen Original zu lesen, wird erwarten, *animus* bedeute die Geistseele, deren Charakteristikum die *ratio* sei, während die Tierseele wohl *anima,* nicht aber *animus* heißen kann. Unser Text sagt, daß wir mit einer komplizierteren Terminologie zu rechnen haben. Es würde manche Unklarheiten in *Conf.* XI beseitigen, wenn wir sagen könnten: Die *Seele* ist in die Zeiten zerdehnt, der *Geist* mißt die Quasi-Quantität dieser Erstreckung. Um das Ergebnis vorwegzunehmen: Augustin hat keine Andeutung in dieser Richtung gemacht. Näheres zum Begriff der Seele, *anima,* erfahren wir aus *De quantitate animae:*

Augustin vergleicht die Seele mit der *Bedeutung, significatio,* einer Vokabel. Diese hängt nicht ab von der Länge des Wortes oder von der Länge des Zeitraums, in dem das Wort ausgesprochen wird. Alles, was wir mit Sinnen wahrnehmen, nimmt Raum und Zeit ein – das, was wir *sehen,* den Raum, das, was wir *hören,* die Zeit. Aber die *Bedeutung, significatio,* nimmt weder Raum noch Zeit ein. Nach Augustin zeigt sich die Zeitüberlegenheit des geistigen Gehaltes des Wortes daran, daß sie nicht *zerdehnt* ist in der Zeit: *significatio non distenta per tempus,* 32, 68 Hörmann 218, 8.

Begriffsinhalt und Seele haben gemeinsam, genau das nicht aufzuweisen, was die Zeit charakterisiert, die *distentio.* Die Begriffsbedeutung verliert sich nicht in der Zeit, in der das Wort ertönt. Diese Erfahrung soll uns einführen in die Ausdehnungslosigkeit oder Nicht-Zerdehntheit des Geistes, von der Plotin III 7, 2, 32, aber auch Porphyrius, *Sententiae* 44, spricht. Doch sehen wir genauer zu, was das, Augustin zufolge, bedeutet: Die Geistseele ist ihrem Wesen nach *eine* und *einheitlich.* Daher kommt ihr Teilung niemals von sich aus, sondern höchstens aufgrund des Körpers zu. Diese Unteilbarkeit wiederum versichert uns ihrer Unsterblichkeit. Jede räumliche oder zeitliche Quantität bleibt der Seele fremd. Nun hat schon P. Henry, Plotin et l'Occident, 74–75 gesehen, daß die im folgenden Zitat unterstrichenen Wörter ein wörtliches Zitat aus Plotin, *Enneade* IV 2, 1, 72–74 sind:

> ... *ut possis intellegere liquidissime, utrum quod a quibusdam doctissimis viris dicitur, ita sese habeat, <u>animam per seipsam nullo modo, sed tamen per corpus posse partiri</u>*,
> *De quant. an.* 32, 68 Hörmann 216, 17–20.

Augustin strebt die Einsicht an, welche die ‚einsichtsvollsten Denker' erreicht haben, nämlich daß die Seele unteilbar ist. Diese *doctissimi viri* sind die neuplatonischen Philosophen. Legt der Plural nahe, daß wir nicht an Plotin allein denken sollen? Muß man im Hinblick auf *Enneade* IV 8, 4 nicht daran erinnern, daß Plotin Einschränkungen angemahnt hätte? Nun hat J. Pépin, gestützt auf die Studie von Heinrich Dörrie über die *Symmikta Zetemata* des Porphyrios, zeigen können, daß Augustin über das Problem von Einheit oder Vielheit der Seele ebenso von Porphyrius wie von Plotin bestimmt sein dürfte. Das gilt insbesondere auch für *De quantitate animae* 32, 69, wo Augustin erklärt, was die Unteilbarkeit der Seele bedeutet:

> *Si enim dixero unam esse animam, conturbaberis, quod in altero beata est, in altero misera nec una res simul et beata et misera potest esse. Si unam simul et multas dicam esse, ridebis; nec mihi facile, unde tuum risum comprimam, suppetit. Sin multas tamtummodo esse dixero, ipse me ridebo minusque me mihi displicentem quam tibi proferam.*
> *De quantitate animae* 32, 69 Hörmann 217, 7–12.[18]

Augustin entwickelt drei Hypothesen. Die Einheit der Seele könnte – erstens – bedeuten –, daß es nur *eine* Seele für alle Menschen gebe. Augustin wendet gegen diese erste Hypothese ein: Dann müßte man annehmen, daß diese *eine* Seele in dem einen Menschen glückselig, in ei-

---

[18] J. Pépin, Une nouvelle source de S. Augustin, in: ders., „Ex Platonicorum persona". Etudes sur les lectures philosophiques de S. Augustin, Amsterdam 1977, 85–90. Vgl. Wolfskeel, W., Ist Augustin in *De immortalitate* von der Gedankenwelt des Porphyrios beeinflußt worden? in: Vigiliae Christianae 26 (1972) 130–145; G. Madec, Le spiritualisme augustinien à la lumière du *De immortalitate animae*, in: L'opera letteraria di Agostino tra Cassiciacum e Milano, Palermo 1987, 179–190; ders., Augustin et Porphyre. Ebauche d'un bilan des recherches et des conjectures, in: Sophiēs maiētores. „Chercheurs de sagesse". Hommage à J. Pépin, Paris 1992, 367–382.

nem anderen Menschen unglücklich wäre. Sie wäre also zugleich glücklich und unglücklich, was einen Widerspruch ergibt. Zweite Hypothese: Diese Seele ist zugleich *eine* und *viele*. Auch diese Hypothese hat ihre Schwierigkeiten. Nichts scheint widersprüchlicher, als von derselben Instanz zugleich Einheit und Vielheit auszusagen. Augustin deutet an, daß es vieler Gedankenumwege bedürfe, um den Widerspruch zu beseitigen. Aber am schlechtesten scheint ihm die dritte Hypothese. Nach ihr hätten alle menschlichen Individuen ihre je eigene, getrennt existierende Seele. In diesem Fall würde nicht nur Augustins Gesprächspartner, sondern er selbst in Gelächter ausbrechen. Augustin legt sich auf keine dieser Hypothesen fest, die aus der Unteilbarkeit der Seele folgen. Aber offensichtlich erschien ihm die zweite Version am wenigsten absurd. Am lächerlichsten kam ihm die These von der ursprünglichen Individualität der vielen Seelen vor. Sie widerspricht der Einsicht Plotins und Porphyrius', daß die Seele *von ihrer Natur aus* keine Teilung und keine *distentio* duldet. Wenn es in der Natur der Seele liegt, zugleich eine und viele zu sein, steht sowohl das Konzept von *Person* wie die Theorie der *Zeit* unter spezifischen historischen Bedingungen. Die Seelen sind nicht voneinander getrennt; sie sind in *ihrem Grunde* eine Seele. Damit ist Differenz mitgesetzt: Der Grund ist vom Begründeten *auch* verschieden. Dies schränkt ihre Individualität ein oder besser: Ihre Individualität ist ihre körperbedingte Schranke, über die sie als Seele immer schon hinaus sind. Ob dies mit dem Boethianischen Begriff von Person, gar mit dem modernen Begriff der Persönlichkeit vereinbar ist, stehe dahin; jedenfalls bringen Augustins frühe seelentheoretische Texte die Vorstellung ins Wanken, Augustins Denken unterscheide sich vom neuplatonischen gerade durch seinen *Personalismus.* Ich weiß nicht genau, was *Personalismus* bedeutet. Seinen Anhängern ist es bislang nicht gelungen, mir das zu erklären. Daß der Gott Augustins keine *Person* ist, sondern die Einheit von drei Personen und daß Augustin erklärt hat, er wisse nicht, was das Wort *Person* in diesem Zusammenhang bedeutet, steht ebenso fest, wie daß sein Begriff von *Seele* eigentümlich un-persönlich, durchlässig, fast möchte man sagen: kollektiv gefaßt ist, sofern die Seele zum *Geist* tendiert, der überindividuell ist. Die Seele ist als solche weder hier noch dort. Es fehlt ihr von ihr aus die Raumstelle. Sie ist von sich aus auch weder *jetzt* noch *dann;* es fehlt ihr die ursprüngliche Beziehung auf Zeitpunkte; sie ist so unräumlich und überzeitlich konzipiert, daß ihre Individualität schwer begreiflich wird. Ihre Unsterblichkeit erhält sie gerade nicht aus ihrer Individualität, sondern aus dem über-individuellen Moment der *ratio* oder der *mens*.

Nun stammen diese Dokumente einer neoplatonisierenden Metaphysik der zeitfremden Seele aus den Jahren 387/88. Sie sagen noch nichts über die Zeittheorie Augustins in den *Confessiones*. Sie geben aber eine Fragestellung vor. Hat Augustin in *Conf.* XI ein anderes Konzept bezüglich der Individualität und Zeitlichkeit der Seele entwickelt? Wenn dort die Seele die Zeiten bewirkt, steht sie dann in einer ursprünglicheren Beziehung zur Zeit als die Seele Plotins? Ich glaube, ein Historiker des Denkens kann diese Frage nur entweder vermeiden oder verneinen. Dies zu zeigen ist die Sache des vorliegenden Buches als ganzes. Vorerst beschäftigt uns hier nur die Beziehung der Augustinischen Zeittheorie in *Conf.* XI auf Plotins *Enneade* III 7.

2. Augustin verwandelt in *Conf.* XI die Anregungen, die er von Plotin und/oder Porphyrios aufgenommen hat, in einer so persönlichen Weise, daß Lektürenachweise, gerade wenn sie gelungen sind, immer nur die halbe Wahrheit sagen, ohne daß sie deshalb für die Gewinnung eines historischen Bildes entbehrlich würden. Aber selbst die Theoreme, die Augustin mit Plotin verbinden, zeigen immer auch Signale der Divergenz. Um in dieses Spiel von Verschiedenheit und Annäherung einzuführen, untersuche ich zunächst einige ihrer zeittheoretischen Differenzen, die zugleich Übereinstimmungen enthalten, um danach von den Annäherungen zu sprechen, die bei näherer Betrachtung auch den Abstand beider Denker zeigen.

Wie Augustin schon in der ersten Zeile von *Conf.* XI andeutet, vollzieht sich seine Theorie innerhalb des Kontrastes von Ewigkeit und Zeit. Dies ist eine Vorgabe, die Plotin, *Enneade* III 7, Porphyrius, *Sententiae* 44 und *Conf.* XI gemeinsam haben. Plotin spricht sie schärfer aus: Was Zeit ist, erfahren wir aus der Bestimmung von Aion, *Ewigkeit*, denn Zeit ist das Bild der Ewigkeit.[19] Diese platonische Wendung, die Augustin in früheren Texten sich zu eigen gemacht hatte, wird in *Conf.* XI *nicht* wiederholt – sie würde die dort scharf hergestellte Kontrastwirkung: Zeit ist *nicht* Ewigkeit, eher stören –, während Plotin sie inhaltlich ausführt:

Das *Eine* steht jenseits auch der Ewigkeit. Nicht, daß es zeitlich wäre; aber wir können keine inhaltlichen Bestimmungen von ihm behaupten.

---

[19] *Enneade* III 7, 1, 19.

Um aber sagen zu können, die Zeit sei das Bild der Ewigkeit, muß das Urbild inhaltlich begrifflich bestimmt werden. Plotin beschreibt den *Geist, Nus,* als das wahre Sein und die Ewigkeit als das unbedürftige All-Leben, das voll verwirklicht ist, also keiner Neuerwerbung durch eine nach außen gerichtete Aktivität braucht. Dies ergibt sich aus dem Platonischen Konzept von *Glück, eudaimonia,* zu dem gehört, daß man seiner sicher sein kann, so daß man nicht einen Zustand erstreben muß, in dem man nicht mehr fürchten muß, sein Glück zu verlieren, *Symposion* 200 c – e. Daher ist das Glück das Ewige. Es hat keine Erstreckungen, keine Zerdehnungen wie das Zeitliche[20]; es *ist* alles zugleich, als die lebendige, tätige Einheit von Ruhe und Bewegung, von Selbigem und Anderem. Es ist das wahre Sein und das Ewige, aber nicht einseitig als Ruhe, als *stasis,* sondern als ganzheitliches Leben und Selbstgegenwart. Unzerteilte Durchdringung der platonischen *gene* in einem *vollkommenen Lebewesen,* also die existierende platonische Dialektik, das ist das Ewige, das von den zeitlichen Wesen nachgeahmt wird, sofern diese nach immer Anderem streben, sich also in die Zukunft ausstrecken, um ihr Eigenes zu erwerben, das freilich zugleich immer an die Vergangenheit verloren geht.[21] Die zeitlichen Wesen *zehren sich auf;* sie bilden die bewegte Selbstdurchdringung der geistigen Welt ab, aber sie bleiben immer in Differenz zu dem abgebildeten vollkommenen Leben. Wie die Ewigkeit dem *Geist* zugehört, so die *Zeit* zur *Seele*[22], und die drei Hypostasen – also das Eine, der Geist und die Seele – sind nicht als getrennte Wesen, schon gar nicht wie räumlich getrennte Dinge, aber auch nicht als mythologische Größen, sondern im Horizont der spätplatonischen Philosophie als Prinzipien zu denken: Geist als die Einheit von Ruhe und Bewegung, von Selbigem und Anderem, Seele als Explikation der Vernunft und als die Darstellung dieser bewegten Einheit in der Natur, in sich verändernder Körperwelt. *Seele* ist hier Weltseele, die als Vielheit in der Einheit auch die Einzelseelen umschließt. Wenn Augustin Ewigkeit und Zeit kontrastiert, entspricht dies dem schematischen Aufriß der plotinischen Konzeption: Das wahre Sein ist das Bleibende, Ewige; die Zeit ist ein Tendieren zum Nicht-Sein. Die Zeit ist nicht nur in der theoretischen Analyse, sondern insbesondere bei ihrer Bewertung der Kon-

---

[20] *Enneade* III 7, 6, 15.
[21] *Enneade* III 7, 2–4.
[22] *Enneade* IV 4, 15, 2; Porphyrios, Sententiae 44 Lamberz 57, 17–59, 5.

trast zum Ewigen. Dabei muß für Augustin, anders als bei Plotin, das Negative überwiegen. Denn Augustin gibt die strenge Transzendenz des plotinischen Einen auf (das jenseits des Seins und des Ewigen steht) und baut die Plotinische Geisttheorie ab bzw. er faltet sie ein in das göttliche Leben: sein Gott erfüllt – ähnlich wie wohl der Gott des Porphyrios – gleichzeitig die Funktionen des plotinischen Einen und des Geistes; außerdem kommen ihm aber die anthropomorphen Prädikate des biblischen Gottes zu, seit der Entwicklung der augustinischen Gnadenlehre, also seit den *Quaestiones ad Simplicianum* I 2, in intensivierter Weise. Der Gott Augustins hat für den Lauf der Dinge konkrete Dekrete beschlossen; er ist der Wille, sie zu realisieren. Seine Ideen sind, wenigstens bis zu einem gewissen Punkt, vergleichbar mit den Projekten eines Handwerkers. Zuweilen klingt bei Augustin das spätmittelalterliche Motiv der göttlichen Allmacht und der Unvorhersehbarkeit der göttlichen Beschlüsse auf:

Tuus est dies et tua est nox:
ad nutum tuum momenta transvolant, n. 3, 13.

Daß die Zeit Gott gehört, bedeutet bei Augustin, daß sie Objekt seiner Willensbeschlüsse ist. Augustin ist überzeugt, daß göttliche Interventionen tatsächlich stattgefunden haben. So habe Gott den Lauf der Himmelskörper angehalten, weil Josua ihn darum angefleht habe, n. 29. Augustins Überlegung zielt darauf ab, Gott habe in diesem Fall zwar die Himmelsmaschine gelähmt, aber nicht den Fortgang der Zeit unterbrochen. Aber hätte sein Gott nicht auch die Zeit stillstehen lassen können? Augustin stellt diese Frage nicht, da es ihm gerade um die Ablösbarkeit der Zeit von der Himmelsbewegung geht. Dennoch zeigt der Sonnenstillstand des Josua, wie weit entfernt wir von Plotin sind, dessen Eines nicht willentlich, d.h. willkürlich die Selbstentfaltung der Seele lähmen oder augenblicksweise festhalten kann. Daß das Ewige der Grund der Zeit ist, bedeutet bei Plotin: Die Seele ist die Ursache der Bewegung und ineins damit der Zeit, III 7, 4, 32, vgl. III 7, 11, 15–20. Bei Plotin sind wir, als Denkende, immer auch der Geist und das Ewige; wir treten sozusagen auf beide Seiten des Prozesses, auf die der Ewigkeit und die der Zeit; so können wir einlösen, daß die Zeit das Abbild des Ewigen ist. Zwar hat Augustin in *De trinitate* und früher schon den menschlichen Geist als Abbild des dreieinigen Gottes gedacht; aber in *Conf.* XI bildet keine derartige Überlegung die als Zersplitterung beschriebene Zeiterfahrung zu einer harmonischen Vergegenwärtigung des Ewigen um. Die Ewigkeit gehört nur Gott, die Zeit erscheint als das Los der Verlorenen, aus dem uns nur die Gnade herausreißt, herausreißen kann, wenn es dem unerforschlichen Willen Gottes so gefällt. Nach Plotin hingegen werden wir, wenn wir nur ganz auf das Ewige hinblicken, ihm ähnlich, also selbst ewig.[23] Diese Art selbstverursachter Transformation, diese Selbstverewigung soll es nach der Gnadenlehre gerade nicht geben. Wenn Plotin das zeitliche Wesen durch seine *diastasis,* Abständigkeit, Ausdehnung charakterisiert, so entspricht dies der augustinischen *distentio.* Plotin und Augustin transponieren das zunächst stoische Konzept – die Zeit als Erstreckung, *distentio* – in ihre Theorie der Seele und des Lebens: Die Zeit ist die Dehnung der Seele und ihres vielfältig gewordenen, verzeitlichten Lebens, aber gerade darin gehen die Begriffe von Ewigkeit und Zeit bei Plotin und Augustin auseinander.

Bei Plotin ist die Ewigkeit die *usia noetē,* III 7, 2, 2. Sie ist nicht das Eine, sondern die bewegte-ruhende Einheit der obersten platonischen Gattungen. Augustin hingegen identifiziert seinen Gott mit dem *wahren Sein,* d.h. mit der ontologischen Stabilität des immer Bleibenden. Bei ihm vergrößert sich der Abstand von Zeit und Ewigkeit, auch wenn für ihn die Ewigkeit der Maßstab zur Bewertung der Zeit bleibt. Diese erscheint dann, in *Conf.* XI, primär als wilde Mannigfaltigkeit, als Tendenz zum Nicht-Sein, d.h. als Negation des Ewigen. Doch spielt diese Differenz innerhalb des gemeinsamen Konzeptes von Ewigkeit als der nicht-zerteilten Totalität des Lebens. Die Ewigkeit Plotins ist mehr als unendliche Dauer. Sie ist das nicht-zerstückelte Leben. Sie ist die qualitative Einheit aller Vollkommenheiten des Nus. Für eine historische Analyse dieser plotinischen Innovation im Begriff der Ewigkeit verweise ich auf die Studie von Denis O'Brien, Temps et éternité dans la philosophie grecque, in: D. Tiffeneau – P. Ricœur, Mythes et représentations du temps, Paris 1985, S. 59–85. Mit seiner Theorie der Ewigkeit als dem Zugleichbesitz vollkommenen Wesens wurde Plotin sowohl auf dem Weg über Augustin wie über Boethius zum Lehrer des Mittelalters.

Freilich enthält im XI. Buch der *Confessiones* weder der Begriff der Ewigkeit noch der der Zeit in sich selbst eine Vermittlung zwischen Ewigkeit und Zeit. Hier zeigt sich ein deutlicher Unterschied zwischen

---

[23] *Enneade* III 7, 5, 10.

Plotin und Augustin. Zwar vermittelt, Augustin zufolge, das göttliche Verbum zwischen dem Ewigen und der Zeit. Aber diese Vermittlung erfolgt nicht durch das göttliche Verb als der Ganzheit der göttlichen Ideen, sondern, als reiche die veränderte Ideenlehre zur Vermittlung nicht aus, durch das fleischgewordene Wort und den *Herrn Christus.* Wir als zeitliche Wesen stehen zu ihm in einem Verhältnis des hilflosen Kontrastes und der Bedürftigkeit. Gerade die Zeitlichkeit erscheint als Signatur des Unvermögens, weil des Zerfließens ins Viele. Sie ist das offene Feld der Eingriffe des *Herrn:*

Ecce distentio est vita mea, et me sucepit dextera tua in domino meo, mediatore inter te unum et nos multos, n. 39, 1–3. Das fleischgewordene Wort als der einzige Mittler zwischen der unwandelbaren Einheit Gottes und dem fragmentierten Leben der Menschen vollzieht freilich seine Vermittlung innerhalb des neuplatonischen Rahmenkontrastes zwischen dem Einen und dem Vielen. Seit der Gnadenlehre von *Quaestio I 2 ad Simplicianum* ist der Bezug der Zeit zum Ewigen weniger harmonisch. Das Jetzt der Zeit hat zwar gewisse Ähnlichkeiten mit dem Jetzt der Ewigkeit. Aber Augustin entwickelt dies nicht im XI. Buch; er deutet es nicht einmal an. Er hätte sagen können: Das gewöhnliche, abstrakte und leere *Jetzt,* das dem Nichts entgegeneilt, wird gehalten und verbunden mit dem Gewesenen und dem Kommenden im tätigen Jetzt der gottähnlichen Seele. Aber de facto hat Augustin so nicht geschrieben. Er interessiert sich nicht für die Analogie zwischen dem zeitlichen und ewigen Jetzt, auch wenn er sie in Anspruch nimmt. Es handelt sich dabei nicht mehr nur um die einfache Beziehung zwischen dem Urbild und dem Abbild. Wie erwähnt, hat Ernst A. Schmidt, Zeit und Geschichte bei Augustin, Heidelberg 1985, gezeigt, daß Augustin in den *Confessiones* diese plotinische Theorie, die er in früheren Schriften übernommen hatte, aufgegeben hat. Die Zeit denken, das heißt aufgrund der Gnadenlehre: nicht mehr nur ein immer defizientes Abbild von seinem Urbild her lesen, sondern es heißt: sich Rechenschaft geben über einen Bruch und eine eingetretene Unordnung. In der Zeit sein, das heißt: gefallen sein. Es ist kein natürlicher Zustand für den Geist, der seine Ruhe allein im Ewigen finden könnte, aber von ihm getrennt ist. Es ist ein unerträglicher Zustand der Unruhe, aus dem der Geist gerettet zu werden ersehnt – durch einen Willen, der mächtiger ist als er. Auch Plotins Philosophie enthält das Motiv des unruhigen Herzens, *Enn.* VI 7, 23. Aber: Die Erlösung aus der Zeit erhoffen, durch einen unvorhersehbaren Willen, das ist ein Bruch mit Plotin. Andererseits ging es, auch Plotin zufolge, bei der Entstehung der Zeit nicht ganz geheuer zu. Das elfte Kapitel der *Enneade* III 7 ergeht sich in dunklen Bildern: Die Zeit ist aus der Ewigkeit herausgefallen, exépese, 11, 7. Die Entstehung der Zeit erklärt Plotin mit der Aktivität einer unruhigen Natur, *physis,* im Ewigen, die sich dem Vielen zuwandte. Diese Natur wollte unabhängig sein und über sich selbst herrschen. Statt im All-Besitz ihres einheitlichen Lebens zu verharren, wollte sie immer mehr haben und begann eine unruhig-suchende und in sich sinnlose Bewegung zum jeweils Ausstehenden, Zukünftigen. Die Entstehung der Zeit ist geprägt durch Irrationalität und Verblendung. Plotin charakterisiert sie als *polypragmosynē*, als *pleon zētein* und als *tolma;* er beschreibt diese „Natur" mit den negativen Prädikaten der Laster, die Platon kritisiert. Die Seele wirft sich, ohne Not, in die Fragmentation durch das Zeitliche. Sie vergißt, in welchem privilegierten Zustand sie bereits lebte. Paradoxerweise, verrückterweise beginnt sie zu suchen, was sie schon besaß.

Doch ist dieser „Fall" nicht zu dramatisieren. Es war auch *rational,* daß die Zeit entstand: Die *Seele* wählt die einzige Alternative zur Verfassung der Vernunft, *nämlich die, nach mehr zu streben, als was jeweils da ist.* Zugleich überträgt die Seele das Vernünftige auf anderes, auf die Welt. Ihr ‚Fall' ist produktiv, denn er bringt die Zeit als das Bild der Ewigkeit hervor; er trägt den Naturlauf, der immer wieder gleiche Wesensformen erzeugt und so das Bleibende nachahmt. Er zeigt, daß im Ewigen auch eine immanente Tendenz zum Zeitlichen besteht, eine Vermittlung. Und wir, die wir in der Zeit leben, aber ihren Ursprung wissen, wir haben die Ewigkeit nie verlassen. Wir sind nicht verloren in der Zeit. In der Zeit sein, das heißt: *in* der Seele sein. Die Zeit denken, heißt, sie *in* der Seele sehen, *dei de oyk exothen tēs psychēs lambanein ton chronon,* III 7, 11, 59. Da die Seele zugleich Ursprung der Bewegung und der Zeit ist, stellt sich für Plotin die Frage nach der Objektivität der Zeit nicht. Sie ist objektiv, *weil* sie innerseelisch ist. Daß die Zeit „Maß" ist, erscheint als eine ihrer Nebeneigenschaften, anders als bei Aristoteles, III 7, 12, 41. Bei Augustin ist der ontologische Status der Zeit fragiler als bei Plotin. Die Frage der Skeptiker, ob die Zeit real existiere, drängt sich ihm stärker auf. Dadurch bekommt das Alltagsphänomen der Zeitmessung bei Augustin ein Gewicht, das es bei Plotin nicht erhalten konnte. Denn Augustin will die Realität der Zeit erweisen, indem er die Möglichkeit der Zeitmessung erklärt. Aber wenn die Körperbewegungen, die wir nach ihren Zeitintervallen messen, unabhängig sind von den menschlichen Seelen, die sie messen, wie können wir dann gewiß sein, daß unsere Maßeinheiten auch die der Naturprozesse sind? Bei Plotin umfaßt die Seele sowohl die Naturvorgänge wie die Meßakte; so kann sie die Korrespondenz von Gemessenem und Messendem sichern. Aber wie kann Augustin den Skeptizismus in seiner Zeittheorie vermeiden? Plotin zufolge wäre es lächerlich zu behaupten, ein Naturprozeß hätte seine spezifische Größe nur dann, wenn er gemessen wird, III 7, 9, 74–75, vgl. auch III 7, 9, 78–80. Aber trifft diese Kritik an der Zeittheorie des Aristoteles nicht auch die Zeittheorie des XI. Buches der *Confessiones*? Existiert die Zeit, wenn keine Seele sich erinnert, aktual auffaßt oder erwartet? Wenn Gott der *operator omnium temporum* ist, müßte man es annehmen. Aber geht dann nicht die gesamte Argumentation von n. 17 bis n. 38 verloren? Von Plotin her an *Conf.* XI herantreten, heißt fragen: Wie kann Augustins Zeittheorie den Skeptizismus vermeiden? Diese Frage ist keineswegs die Übertragung eines modernen Problems auf einen spätantiken Text. Das Problem des Skeptizismus war in der Spätantike präsent; Plotin selbst bezieht sich in seiner Zeittheorie darauf, III 7, 9, 74–75, und in Augustins Schriften ist diese Fragestellung durchaus zuhause. Nur eben im Zeittraktat stellt er diese Frage nicht. Warum nicht? Mit welchen Folgen unterläßt er sie?

Die Frage kehrt noch in einer anderen Form wieder. Die Zeit der Philosophen ist qualifiziert durch ihre Kontinuität, *syneches dei einai*, III 7, 9, 23. Bei Plotin bringt die Seele die Körperbewegungen hervor und sichert deren Kontinuität. Aber wenn es wirklich eine individuelle, veränderliche, fragile menschliche Seele ist, der Augustin die Zeitmessung zuschreibt, wie kann dann sie, die selbst in die Zeiten zersplittert ist, die Kontinuität der Naturvorgänge begründen? Dies kann sie nicht. Man kann aber auch nicht behaupten, Augustin interessiere sich für diese Kontinuität nicht. Augustin besteht auf der Kontinuität der Zeit, selbst für den Fall, daß der allmächtige Wille die Himmelsbewegung paralysiert hat. Augustin gebraucht in *Conf.* XI nicht das Wort *continuum* oder ein anderes Äquivalent für das plotinische *syneches*. Er hat keine Theorie der Kontinuität der Zeit. Aber er setzt sie voraus, ohne noch sagen zu können, warum.

Man kann die Liste der Gegensätze zwischen der Zeituntersuchung Plotins und der Augustins verlängern. Der Kosmos Plotins ist von unendlicher Dauer, folglich ist bei Plotin die Zeit endlos, während sie für

Augustin überschaubar endlich ist und vom göttlichen Willen abhängt. Doch ist diese Differenz von Plotin her gesehen geringer als für die meisten modernen Interpreten, die allzuoft die Differenz zwischen griechischem *kosmos* und augustinischem *mundus* ohne Rücksicht auf die Texte zu einem reinen Gegensatz stilisieren. Denn für Plotin schließt die quantitative Unendlichkeit der Zeit nicht ihre metaphysische Dependenz vom Ewigen aus, um die es ihm entscheidend geht.

3. Die genannten Divergenzen hindern nicht, daß es unübersehbare Analogien in den beiden Zeittheorien gibt. Sie beginnen schon damit, daß Augustins vielzitiertes Dictum *Wenn niemand mich danach fragt,* in n. 17, auch bei Plotin den Anfang der Zeiterörterung bildet[24]: Das Heraustreten aus dem alltäglichen Meinen, aus täuschenden Scheingewißheiten bildet seit dem späten Platon, in dessen *Sophistes* die plotinische und dann auch augustinische Wendung vorgebildet ist, den Anfang des Philosophierens. Dies Beispiel zeigt übrigens auch, wie man Augustin überbewertet, wenn man nicht durch Plotinlektüre vorbereitet ist. Plotin und Augustin suchen die allgemeine Natur der Zeit zu bestimmen, ohne irgendeine Einschränkung. Sie kennen beide nicht den Unterschied von objektiver oder subjektiver Zeit. Beide beschränken sich nicht auf die moralische oder die religiöse Bewertung der Zeit. Beide suchen das Wesen und den Ursprung der Zeit zu bestimmen. Gleichzeitig wird deutlich, wie verschieden der Weg Augustins von dem Plotins ist, selbst wo Annäherung stattfindet. Beide erörtern die Frage, ob der Zeit überhaupt Sein zukomme. Aber Plotin erwähnt die Frage in III 7, 13, 50 nur, um sie, wie in einem Korollarium, als sinnlos abzuwehren: Da die Seele in der Zeit ist, da die Welt in der Seele bewegt wird, ist die Welt in der Zeit – wie kann man das leugnen? Auch Aristoteles hatte die Frage aufgeworfen und dann rasch abgewiesen, aber wiederum aus anderen Gründen als Plotin; Aristoteles hatte diese Ansicht als eine außerhalb der Physik bleibende populäre Meinung draußen vor gelassen; sie widersprach zu offensichtlich, nach Aristoteles, dem Vorhaben, Physik zu treiben. Das skeptische Motiv, das sich mit der Frage nach der Existenz der Zeit leicht verband, war weder von Aristoteles noch von Plotin entwickelt worden. Anders bei Augustin. Zwar polemisiert er in *Conf.* XI nicht gegen die Akademiker. Der Beginn des elften Buches läuft eher

---

[24] *Enneade* III 7, 1, 1–12.

darauf hinaus, die Zeit vom Schöpfungsakt fernzuhalten, was auch durch eine Reduktion der Zeit auf subjektiven Schein zu erreichen wäre. Aber die Beunruhigung, ob Zeit überhaupt real sei, treibt zu der vertieften Zeitanalyse ab n. 17 und findet erst ihre – nicht-skeptische – Auflösung mit der Antwort, die Zeit *sei*, aber als Ausdehnung der Seele. Das Resultat der Augustinischen Erörterung – die Zeit kann real sein, und doch erfolgte der göttliche Schöpfungsakt nicht nach einem Zeitraum göttlicher Untätigkeit – liegt in einer anderen Denkwelt als die Zeittheorie Plotins, welche die Ewigkeit des Kosmos impliziert. Plotin und Augustin finden den Ursprung der Zeit in der Seele. Beide lehnen die kosmologische Fixierung der Zeit, ihre Identifikation mit der Sphaira des Alls und ihrer Bewegung ab, wie übrigens schon Aristoteles.[25] War bei Aristoteles die Funktion der Seele unterbelichtet bzw. blieb sie darauf beschränkt, daß es ohne Seele keine Zeit gibt, weil nur die Seele zählen kann, so geschieht nach Plotin die Weltbewegung durch die Seele, die ihrerseits durch Änderung ihrer Lebensform *(bios)* die Zeit begründet oder, plotinischer: sich selbst verzeitlicht, so daß die Natur durch die Seele zeitlich ist. Die Weltseele Plotins umfaßt einheitlich alle Naturprozesse und alle individuellen Seelenleben und markiert sie durch ihre Eigenbewegung als bewegt und als zeitlich. *Zeit* erscheint damit nicht mehr als ein Spezialproblem der *Physik;* Plotin hob die Zeitproblematik aus der Perspektive einer philosophischen Einzeldisziplin heraus; er gab ihr, gestützt auf Platons *Timaios*, einen Ort in der Theorie der Prinzipien, und zwar so, daß sich das Problem, ob die Zeit nur *unsere* Auffassung vom Naturwerden bestimme, gar nicht erst stellen konnte. Dazu gehörte, daß die Seele in Analogie zur Bewegung des Geistes sich selbst bewegt und dadurch Ursprung der Naturbewegung und aller Zeitlichkeit wird. Plotin nahm der Zeit die Naturwüchsigkeit, die sie bei Aristoteles zwar nicht als *Maß* der Bewegung, wohl aber als *Etwas an der Bewegung* hatte. Da Plotin die Zeit samt der Bewegung durch die Seele erzeugt sein ließ, konnte er die aristotelische Zeittheorie – Zeit als *Maß* der Bewegung – nur als einen untergeordneten Nebengesichtspunkt, nicht als Wesensanalyse der Zeit gelten lassen. Hatte Aristoteles schon darauf insistiert, die Zeit sei *Maß der Bewegung,* nicht diese selbst, schon gar nicht die bewegte Weltsphäre, so löste Plotin die Zeit noch weiter ab von der kosmologischen Apparatur, sofern er lehrte, selbst

---

[25] *Enneade* III 7, 7–8.

wenn der Himmel stillstünde, würde die Tätigkeit der Seele noch immer Zeit erzeugen (III 7, 8).

Augustin nun setzte wie Plotin die Zeiterfahrung von der kosmologischen Fixierung ab; die Sterne sind ihm, ähnlich wie für Plotin, III 7, 12, 25 ss., mit ihrem Umlauf *Zeichen* der Zeit, nicht diese selbst (n. 29). Die Welt ist nach Plotin in der Zeit, weil die Zeit in der Seele und die Welt in der Seele ist; die Zeit ist überall, weil die Seele überall ist (III 7, 13, 45–49). Nach VI 4, 2–3 ist die Seele nicht *wie* die Zeit überall, sondern sie ist allem präsent. Bei Plotin wird die Zeit nicht zerrissen und werden wir nicht in der Zeit zerrissen, weil *alle* Seelen *eine* Seele sind (III 7, 13, 68).

Augustin teilte nicht mehr die Plotinische Prinzipientheorie in ihrer strengen Form. Sie warf ja auch, wie angedeutet, Probleme genug auf. Augustin mußte daher erfahrungsnäher über die Zeit sprechen und die Auseinandersetzung mit der Skepsis ernster nehmen. So rückte er denn die psychischen Akte des Erinnerns, des Auffassens des Gegebenen und des Erwartens in das Zentrum seiner Analyse, gestützt auf die römisch-rhetorische Tradition. Gleichzeitig sollte aber die Zeit das Leben der Seele sein und sollte die Beziehung zum *motus* nicht abbrechen, sondern diesen zeitlich strukturieren. Dann wiederum riskierte er die Folgelasten, die daraus sich ergaben, daß er die Plotinische Prinzipientheorie nicht kohärent fortsetzen konnte. In Plotins Text III 7 kommt die *Erinnerung* als Zeitkonstituens nicht vor. Nicht als habe Plotin keine Theorie des Gedächtnisses gehabt; die Theorie des Gedächtnisses war, nach dem Muster des Aristoteles, ein Topos der antiken Philosophie. Aber in der metaphysischen Begründung der Zeit, wie sie III 7 entwickelt, kommt Plotin ohne die Erinnerung aus, die bei Augustin, zusammen mit der *attentio* und der Erwartung, die Ausspannung der Seele, d.h. die Zeit, begründet. Die Augustinische Zeittheorie brauchte nicht mehr wie die plotinische in III 7, 11 den Herausfall der Zeit aus dem Ewigen zu begründen oder wenigstens zu umschreiben: Gott der Herr hatte mit der Welt die Zeit geschaffen. Aber wenn Gott die Zeit geschaffen hat, wie kann sich dann der Bischof von Hippo über ihr Nicht-Sein so besorgt zeigen? Wenn die Seele die Zeit bildet, teilt sie sich dann diese Funktion mit Gott? Gibt uns Augustin einen theoretischen Schlüssel dazu, daß die Zeit zugleich von Gott wie von der Seele bewirkt wird? Die Plotinische Prinzipientheorie war auf solche Koproduktionen hin angelegt, aber läßt der eifersüchtige Gott Augustins eine arme Menschenseele an seinem Schöpferakt teilhaben?

Erinnern, als gegenwärtig Auffassen und Erwarten *bilden,* Augustin zufolge, die Zeitdimensionen. Die Augustinische Zeitlehre, die sich ähnlich wie die plotinische in dem durch Ähnlichkeit gemilderten, bei Augustin allerdings härter gewordenen Gegensatz von Ewigkeit und Zeit bewegt, entwickelt, was Zeit ist, nicht mehr wie Plotin vom ewigen Leben des Geistes, sondern von den die drei Zeitdimensionen bestimmenden psychischen Akten her. Dem entspricht in der Plotinischen Theorie das Suchen der Seele nach Mehr, doch verringert sich diese Gemeinsamkeit sofort wieder, weil Augustins Zeittheorie nicht mehr wie Plotin in Anspruch nehmen darf, daß wir als Denkende auch immer in der Ewigkeit sind und von ihr her das Entstehen von Zeit einsehen können, während wir nach Plotin denkend zusehen, wie die Seele durch Wechseln der Lebensform *(bios)* die Zeit *erzeugt* (III 7, 12, 21–22). So hat Augustin sich nicht ausgedrückt, nicht ausdrücken können. Seinem Leser stellt sich in *Conf.* XI die Frage, wie die individuellen Seelenakte, also z.B. das Erinnern, die objektiven Zeitdimensionen der Weltzeit konstituieren könnten. Die Zeittheorie Plotins geriet nicht in dieses Dilemma, denn sie zeigt die Seele als den Ursprung der Zeit ineins mit dem Ursprung des Naturwerdens. Wie Augustin die Leistungen der Seele beschreibt, bestehen diese – von Plotin her gesehen: nur – im gegenwärtigen Koordinieren von Affektionen der vorübergegangenen Dingwelt mit ihren Zukunftserwartungen und aktiven Vorgriffen. Erinnern, Erwarten, als gegenwärtig Wahrnehmen – dies sind Tätigkeiten der Einzelseele. Dann war Augustin konsequent, wenn er sagte, sein Ich zersplittere in den Zeiten (n. 39). Faßt man aber Augustins *animus* als menschliche Einzelseele, erweist sich die Augustinische Zeittheorie als gespalten: Wie könnte die Seelenzeit die Naturzeit und die Geschichtszeit sein? Faßt man den augustinischen zeitbegründenden *animus* doch mit Plotin als Weltseele, wird zwar begreiflich, wie verschiedene Einzelseelen untereinander gemeinsame Zeiterfahrungen haben können und wie diese insgesamt mit dem Naturablauf in derselben Zeit existieren. Aber dann fehlt in *Conf.* XI die plotinische Prinzipientheorie, also die sog. Hypostasenlehre. Die Weltseele bliebe im XI. Buch der *Bekenntnisse* ohne philosophischen Kontext, würde also erst hier zur *mythologischen Größe.*

Die Weltseele vermiede zwar die Aufspaltung der Zeit, aber wie sollte in den *Confessiones,* die ganz darauf abzielen, daß Gott der Herr und der Schöpfer der Zeit ist, die Weltseele noch einen theoretischen Ort beanspruchen können? Ich beantworte diese Frage hier nicht, sondern verweise auf meinen Kommentar, vor allem zu n. 33, nn. 36–37 und n. 41. Immerhin wird inzwischen deutlich werden: Je näher man in Augustins Text eindringt, um so größer wird die Entfernung Augustins zu Plotin. Für die philosophische Bewertung ergeben sich daraus die genannten negativen Effekte, aber auch der positive, daß Augustin bei der Analyse der Zeit die Zahl der metaphysischen Instanzen reduziert und sich einer eher phänomenologischen Analyse der Zeit genähert hat. Seine Theorie der Zeit bleibt erfahrungsnäher und einfacher, soweit nicht die Gnadentheorie sie voraussetzungsreicher und schwächer macht. Seine Theorie ist zugleich auch abstrakter, sofern sie die Zeitdimensionen nach den Regeln der eleatischen, dann skeptisch gewendeten Einwände untersucht. Was die Bewertung angeht, so läge es nach der verächtlichen Behandlung Plotins durch Guitton und seine Nachredner nahe, den Vergleich Augustins mit Plotin zuungunsten Augustins ausschlagen zu lassen. Doch das hieße, das intellektuelle Gewicht seiner Neuerungen zu unterschätzen. Ich hebe sie daher noch einmal hervor:

Die Auszeichnung der Gegenwart, der Nachweis der Immanenz von Vergangenheit und Zukunft *in* der Erstreckung der Seele, die Anknüpfung an die Erfahrung der Zeitmessung und deren sprachliche Fassung.

Doch versteife man sich nicht auf die Metaphysikferne der Augustinischen Untersuchung. Plotin hat die Grundrisse der Augustinischen Philosophie gezeichnet, und innerhalb vieler Verschiedenheiten gibt es immer wieder Berührungspunkte. So findet sich in *Enneade* III 7, 7–9 wie in *Conf.* XI nn. 29–30 folgende Themenabfolge.

Die Zeit ist nicht die Himmelsbewegung,
sie ist eine Art von *distentio,*
sie ist das Maß der Bewegung (n. 32).

Wie Plotin in III 7, 8, 65–69 hebt Augustin hervor,
auch die Ruhe (nicht nur die Bewegung) sei in der Zeit (n. 31, 8);
die Trinitätslehre nimmt die in III 7, 2–3 beschriebene bewegte Beständigkeit des Geistes wieder auf;
Augustin denkt wie Plotin das Ewige als das Gegenwärtige (III 7, 3, 20–22), analysiert das Zeitliche als das Bedürftige, Nicht-Ganzheitliche, dem das Sein nicht wesenseigen ist, es also ständig hinzuzuerwerben versucht (III 7, 4). Das *wahre Sein* ist ewig. Sein heißt Immersein (III 7, 6, 29–30); es ist nicht von außen bestimmt, von keinem Zufall erreichbar; es ist zeitlos, weil es ganz *ist.* Dabei ist freilich mitzudenken, daß das

Eine Plotins jenseits des Seins steht, also auch nicht ewig ist. Das zeitliche Sein ist aber nach Plotin wie nach Augustin eher ein Nicht-Sein, weil es auch einmal nicht war und einmal nicht sein wird; es ist veränderlich, also immer anders; es weist eine Erstreckung seines Seins, eine Abständigkeit und Ausdehnung auf; es ist, weil unvollkommen, durch Mangel, Begehren und Trieb charakterisiert (III 7, 6). Das Zeitliche ist ein *Auseinandertreten (diastasis) des Lebens* (III 7, 11, 41). Doch steht dieser gemeinsame Gedanke an systematisch verschiedener Stelle: Nach Plotin verzeitlicht sich die Seele, um das Nicht-Sein wegzuarbeiten; bei Augustin bleibt die Zeit das Nichtige, um nicht zu sagen: das Böse, das in erbarmungswürdigem Kontrast zum Ewigen steht.

5. Seneca

Platon, Aristoteles, die Skeptiker und Plotin haben die großen Muster der Zeittheorie geschaffen. Ohne deren Kenntnis läßt sich die Augustinische Philosophie der Zeit schwerlich in ihrem *theoretischen Gehalt* charakterisieren. Aber Augustin lebte nicht mehr im Umfeld der griechischen Denker; er gehört der lateinischen Zivilisation des späten vierten Jahrhunderts an. Man überfordert seine besten Texte, zu denen *Confessiones* XI gehört, wenn man sie unmittelbar konfrontiert mit den griechischen Paradigmen der Zeittheorie. Eine solche Konfrontation bleibt förderlich, wenn sie die historischen Abstände mitbedenkt und wenn sie ausgewogen wird durch die Verknüpfung Augustins mit seinen *lateinischen* Vorlagen, bei denen es zudem nicht zweifelhaft ist, daß Augustin sie gekannt hat, also vor allem mit Cicero und Seneca. Meijering hat in seinem Kommentar zu *Conf.* XI eine Reihe von Cicero-Annäherungen in Augustins Zeittraktat belegt, vor allem, was das Motiv der *brevitas vitae* angeht (S. 12, doch vgl. auch S. 23, 32, 40, 51). Ich wiederhole hier seine Nachweise nicht, sondern gehe zu Seneca, den er ausgespart hat und dessen *De brevitate vitae* mit Augustins *Confessiones* XI eine besondere thematische Verwandtschaft zeigt. Legt man beide Texte nebeneinander, werden zugleich Annäherung und Abstand deutlich.[26]

---

[26] Vgl. H. Lenzen, Senecas Dialog *De brevitate vitae*, Diss. Bonn 1937; I. Hadot, Seneca und die griechisch-römische Tradition der Seelenleitung, Berlin 1969; K. Abel, Seneca, De brevitate vitae, in: Gymnasium 79 (1972) 453–455; G. Maurach (Hg.), Seneca als Philosoph, Wege der Forschung 414, Darmstadt 1975.

Der Traktat bildet eine Werbeschrift für das theoretische Leben. Er soll den Empfänger, einen hohen römischen Verwaltungsbeamten, zurückrufen aus der Politik, zurückrufen zu sich selbst und damit zu einem Leben in der *Weisheit*. Er soll ihn überzeugen, daß die Klage über die Kürze des Lebens unberechtigt ist, auch wenn bedauerlicherweise Männer wie Hippokrates und Aristoteles diesen vulgären Irrtum geteilt haben. Nicht unser Leben ist zu kurz, sondern wir verschwenden unsere Zeit. Der Mensch soll aber *Herr* (*dominus;* c. 12, 9) seiner Zeit sein. Die Schrift fordert dazu auf, mit der schlechten Gewohnheit zu brechen, die Zeit erst zu beachten, wenn sie verflossen ist. Wir sollen ihr Fließen *jetzt,* im Augenblick erkennen; wir sollen uns erinnern, daß wir sterblich sind. Aus der Erkenntnis unserer Hinfälligkeit (*fragilitas;* c. 4, 1) erwächst eine sorgfältige Herrschaft über die Zeitgestaltung. Vor allem werden wir erkennen: Das ständige Verschieben des Beschlusses, ein Leben in Muße *(in otio)* zu führen, ist eine lächerliche und schädliche Verschwendung des Kostbarsten, nämlich der Zeit. Wir verhalten uns, als werde unser Leben ewig dauern; wer hingegen seine Fragilität erkannt hat, sucht den Zeitfluß methodisch zu beherrschen (c. 4). Das Ziel ist, durch die Zeiterfahrung zu sich selbst zurückzukehren, also nicht mehr, wie die *occupati* mit der Zeit zu zerrinnen, sondern einen durchdachten *Gebrauch* (*usus*) von der Zeit zu machen (c. 3). Im Leben der meisten gehört niemand sich selbst, *suus nemo* (c. 2, 4). Es geht aber darum, Zeit, ja alle Zeit für sich selbst zu haben und seiner selbst gewahr zu werden: *tu non inspicere te umquam, non audire dignatus es* (c. 2, 5). Dieses Leben der Selbstvergessenheit, der Unterordnung unter die Begierden und Beschäftigungen müssen wir beenden, um überhaupt zu *leben.* Das gewöhnliche Leben ist kein *Leben,* sondern bloße Quantität an Zeit: *ceterum quidem omne spatium non vita, sed tempus est* (c. 2, 2). Daher kommen wir in die tragikomische Situation, mit dem Leben dann beginnen zu wollen, wenn es zu Ende geht. Mit der Lebenserfahrung eines politikerfahrenen römischen Magnaten und mit der Satire des Komödiendichters beschreibt Seneca die Lächerlichkeit der Jagd nach der Zukunft. Er zeigt, wie sie das gegenwärtige Leben entwertet. Dazu prüft Seneca im einzelnen den Zeitgebrauch der verschiedenen Lastertypen – also nicht nur der Säufer, der Sinnengierigen und Geizhälse, sondern gerade auch das der Beamten, Richter, Advokaten, also der pflichtbewußt Geschäftigen: *Omnia istorum tempora excute* (c. 7, 2). Alle entwerten sie die Gegenwart für die unsichere Zukunft (c. 9). Keiner von ihnen kommt zu sich; keiner findet Ruhe *(quies)*. Dieses Augustinische Stichwort durchzieht den Traktat; aber nicht im Sinne des Eingangskapitels der *Confessiones*, das die Ruhe dem Jenseits vorbehält, sondern im Sinne von *De beata vita*. Die von Augustin dort gebrauchte Metapher – die Philosophie als Hafen der Ruhe im Gegensatz zur stürmischen Leidenschaft findet sich in c. 18, 1 bei Seneca: Man muß nur mit der Gewohnheit der Zeitverschwendung brechen, sich von der Masse zurückziehen, und man erreicht diesen ruhigen Hafen. Mit Spott über Cicero, der wegen seiner vielen Staatsgeschäfte von sich gesagt hatte, er sei halbfrei *(semiliber)*, schreibt Seneca, der Weise schaffe sich eine vollständige und festgegründete Freiheit, er lebe abgelöst *(solutus)* und unabhängig *(sui juris)*. *Was könnte den Weisen beherrschen, der das Schicksal beherrscht? Quid enim supra eum potest esse, qui supra fortunam est?* (c. 5, 3).

Seneca fordert vom *Weisen* Übermenschliches. Der *Weise* hält das Zerfließen der Zeit auf; er steht über dem Schicksal. Indem er seine *integra libertas* gegen Leidenschaft und Geschäftigkeit durchsetzt, überschreitet er alles Zeitliche. Er geht zum Ewigen über. Folgende Aussagen Senecas sind im Hinblick auf Augustin, *Confessiones* XI besonders wichtig:

a. Der *Weise* kennt alles schon; er *hat* alles schon. Die Zeit kann ihm nichts Neues bringen. Alle Zeitmomente nimmt er in seinen Gebrauch, *in usus suos confert* (c. 7, 1). Das heißt: Er konstruiert sie als bloße Mittel zu seinem Zweck. Er verschenkt nicht wie die *occupati* sein gegenwärtiges Leben an die Zukunft; er reiht seine Tage final an, als sei jeder von diesen sein ganzes Leben. Er bestimmt durch bewußte Lebensorientierung auch seine Geburt und seine Verwandtschaft selbst: Er beseitigt den Zufall der Zeitstelle seiner Geburt: *Nobis vero ad nostrum arbitrium nasci licet* (c. 15, 3). Er erwartet nichts und er fürchtet nichts vom ‚Morgen'. Keine künftige Stunde kann ihm eine neue Freude bringen: *Omnia nota, omnia ad satietatem percepta sunt*. Es stehen ihm keine Erfahrungen mehr bevor. Das Schicksal ist überwunden. Mag Fortuna über alle Außenumstände verfügen; sein Leben hat der Weise in Sicherheit gebracht, *vita iam in tuto est* (c. 7, 9). Dieses Programm, das auf Zeitverweigerung hinausläuft, verwirft Augustin nicht deswegen, weil er das Zeitliche höher geschätzt hätte als Seneca. Er teilt dessen Tendenz auf Entzeitlichung. Nur hielt er sie seit 397 nicht mehr als menschliche Eigentätigkeit für möglich. Wieder zeigt sich der

Zusammenhang zwischen seiner 397 zuerst entwickelten Gnadenlehre und seiner Zeitphilosophie.

b. Der Weise überwindet die Zersplitterung in die Zeitdimensionen. Da er die Zeiten mit seinem Leben füllt, sind sie nicht bloß *spatium*, sondern *vita*. Das heißt: Er überläßt nichts den Leidenschaften, nichts dem Zufall, nichts den Anderen. Er reduziert jeden Lebensaspekt auf seinen Charakter als Mittel zum Zweck des Weisen. In der Sprache Senecas, die auch die Augustins sein wird: Er beherrscht ihren *usus:* Wenn er eine neue Erfahrung macht, dann tritt er ihr entgegen wie ein Satter einem gedeckten Tisch (c. 7, 9, vgl. c. 3 zum Konzept des *usus*). Für den gegenwärtigen Augenblick bedeutet dieser *usus,* daß der Weise den Augenblick ausweitet: *ratio dilatat spatium temporis* (c. 6, 4). Natur und Vernunft vollziehen dabei entgegengesetzte Bewegungen: Die Natur läuft davon, läßt uns zurück als Gefangene des Augenblicks, den die Laster aufzehren, wie sie auch die großen Zeiträume auffressen. Hingegen hält die *ratio* fest und weitet den Augenblick aus. Sie füllt ihn mit dem Reichtum der anderen Zeitdimensionen, indem sie dem Augenblick einen Dauerinhalt gibt.

Seneca führt dies im einzelnen vor: Das Leben zerteilt sich in drei Zeitdimensionen. 1. Das, was ist, 2. das, was war und 3. das, was sein wird (c. 10, 1). Seneca untersucht diese drei Dimensionen nicht primär naturphilosophisch, sondern beschreibt sie unter ethisch-praktischem Gesichtspunkt: 1. als das, was wir tun, 2. als das, was wir getan haben und 3. als das, was wir tun werden. Was wir tun, ist kurz. Was wir tun werden, ist zweifelhaft. Nur was wir getan haben, ist gewiß. Senecas Zeitanalyse hebt daher zuerst den Memoria-Aspekt hervor: Am Vergangenen hat Fortuna ihr Recht verloren. Aber eben dies Vergangene interessiert die *occupati* nicht. Sie haben kein Interesse daran, auf das Vergangene zurückzublicken. Würden sie sich ihm widmen, erstünden ihnen unangenehme Empfindungen, z.B. Reue. Wer vom Laster beherrscht ist, blickt nicht gerne zurück. Denn im nachhinein, also im gegenwärtigen Rückblick, ist die Verlockung weggefallen, mit der das Laster uns schmeichelte, als wir ihm zu folgen beschlossen. Nur wer alle seine Taten unter seiner eigenen Oberaufsicht ausgeführt hat, wird sein Gedächtnis ausschöpfen. Nur der Tugendhafte beugt sich, erinnernd, auf das Gewesene zurück. Wer der *concupiscentia* gelebt hat und wer durch *superbia* gefehlt hat, fürchtet die Erinnerung (c. 10).

Wir finden hier wichtige Elemente der Augustinischen Theorie zur Zeit aus dem XI. Buch der *Bekenntnisse:* Dreidimensionalität der Zeit, Funktion der *memoria*, welche die Laster ohne deren Verführungsmacht erinnert, schließlich das Schema der Tugenden und Laster, einschließlich der *concupiscentia* und der *superbia*. Nicht, als habe Seneca dies alles zuerst erdacht oder als habe Augustins nichts verändert; selbstverständlich denkt er die *superbia* anders als Seneca. Aber gemeinsame Rahmenkonzepte sind unverkennbar. So verknüpfen beide die Zeitproblematik mit der Beobachtung, daß die Menschen nicht gern mit sich konfrontiert werden und daß sie über dem Vielerlei der Begierden und Beschäftigungen sich selbst vergessen. Aber was bei Seneca die Tat des Weisen war, übernimmt bei Augustin seit 397 die göttliche Gnadenführung. Sie ist es nun, die die Bewegung vollführt, die Senecas Schema vorsah, nämlich hin zur Zeitüberwindung und zur Verewigung. Allerdings stellt sie uns auch gerade das vor Augen, was nicht den Kriterien des Handelnden entsprach; sie erweist sich gerade in Sündenbekenntnis und Reue als Stärke. Dieser Konzeption verdanken wir Augustins *Bekenntnisse*.

c. Die bevorzugte Zeitdimension ist bei Seneca wie bei Augustin die Gegenwart. Aber Seneca legt den Akzent auf die sichere Herrschaft des Weisen über die ansonsten verfließenden Augenblicke. Auch die *occupati* sind vorrangig mit dem gegenwärtigen Augenblick befaßt. Aber sie sind in ihm befangen, während der Weise, so Seneca, das Gewesene gegenwärtig und durchsichtig zu halten imstande sein muß. Dies unterscheidet ihn von der Masse der *occupati;* in ihm bleiben die vergangenen Tage gegenwärtig: *Singuli ... dies ... praesentes sunt; at prateriti temporis omnes, cum jusseris, aderunt* (c. 10, 4). Die Vergangenheit liegt dem Zugriff des Weisen offen, denn er hat sich nicht in die Zeiten verloren. Die Souveränität seines Gedächtnisses ist ein Teilaspekt seiner Herrschaft über die Zeit. Er ist selbstgewissen und ruhigen Geistes: *Securae et quietis mentis est* (c. 10, 5). Er kommt auf *alle* Teile seines Lebens gern untersuchend und bewertend zurück. Die Seelen der gewöhnlichen Menschen sind hingegen wie ein Sieb, durch das die Zeit fließt und für immer verloren ist (c. 10, 5).

d. Nur wer Muße hat, *lebt* im wahren Sinne des Wortes. Er schützt nicht nur sein Leben; er fügt den Reichtum aller Zeiten seinem Leben hinzu. Er *besitzt* den unvergänglichen Ertrag aller verflossenen Jahre. Alle Jahrhunderte haben für ihn gearbeitet. Kein Jahrhundert bleibt ihm verschlossen: *nullo nobis saeculo interdictum est: in omnia admittimur* (c. 14, 1). Denn der Weise kann jederzeit mit Sokrates in Gespräche eintreten; er kann mit den Skeptikern zweifeln und mit den Epikureern seine Seelenruhe pflegen. Die *natura rerum* hat es dem Weisen gestattet, zum Zeitgenossen aller Zeiten zu werden *(in consortium omnis aevi ... incedere);* sein Leben vollzieht den Übergang von dem hinfälligen kleinen Zeitabschnitt zu den unendlichen und ewigen Dingen, zu den *immensa* und den *aeterna,* die der Mensch mit den Göttern gemeinsam hat (c. 14, 2). Der Weise verläßt also die Zeitbedingungen und geht zum Ewigen über. Wieder treffen wir auf die Überzeugung, das wahre *Leben* sei nicht in der Zeit, sondern im Ewigen.

Die ewigen Gehalte sind ihrer Natur nach mitteilsam; sie werden größer, nicht kleiner, wenn viele an ihnen teilnehmen: *maiora fient, quo illa pluribus diviseris* (c. 15, 3), eine auch für Augustin wesentliche Bestimmung. Sie entheben den Weisen dem Schicksal, denn sie erheben ihn zu einem Ort, von dem er nie mehr herabgestürzt werden kann. Sie dehnen nicht nur die sterbliche Zeit aus; sie verwandeln sie in Unsterblichkeit: *Hi tibi dabunt ad aeternitatem iter et te in illum locum ex quo nemo deiicitur sublevabunt. Haec una ratio est extendendae mortalitatis, immo in immortalitatem vertendae* (c. 15, 4). Die Weisheit erreichen, heißt die Ewigkeit erreichen; die Zeit vermag nichts gegen die Inhalte, um die es dem Weisen geht: *Nulla delebit aetas, nulla diminuet.* Dann folgt, c. 15, 5, das hohe Lied der Zeitüberwindung durch Weisheit:

Sapientis ergo multum patet vita; non idem illum qui ceteros terminus includit. Die Begrenzung auf eine kleine Zeitspanne hat für den Weisen keine Gültigkeit; er allein legt die gewöhnlichen Bedingungen des menschlichen Lebens ab: *Solus generis humani legibus solvitur.* Seneca steigert die Apotheose des zeitüberlegenen Weisen zu dem Dictum: *omnia illi saecula ut deo serviunt.* Der Weise ist wie ein Gott, der in den Zeiten nicht zerrinnt, sondern dem alle Zeiten dienen müssen. Nicht, daß der Weise unmittelbar zum Ewigen überginge. Die Zeiterfahrung bleibt ihm. Aber sie verwandelt sich oder vielmehr, er verwandelt sie:

Transiit tempus aliquod? hoc recordatione conprehendit. Instat: hoc utitur. Venturum est: hoc praecipit. Longam illi vitam facit omnium temporum in unum collatio (c. 15, 5).

Damit ist das Beweisziel Senecas in dieser Schrift erreicht: Das Leben des Weisen ist immer *lang*. Für den Leser von Augustins *Confessiones* XI ist wichtig: Seneca teilt dem Weisen die Aufgabe zu, die drei Zeitdimensionen zusammenzufassen und zu vereinen. Seneca nennt die zeitenvereinigende Tätigkeit des Weisen *collatio*.

Diese *collatio* der drei Zeitweisen besteht für das *Vergangene* in der Erinnerung, wobei Seneca die Vollständigkeit der erinnernden Erfassung betont *(conprehendit)*. Denn nur, indem wir uns das vergangene Leben vollständig vergegenwärtigen, decken wir den Verlust auf, den uns der falsche Umgang mit der Zeit eingetragen hat. Senecas Forderung: *repete memoria tecum* (c. 3, 3) bezieht sich auf alle Tage und Lebensabschnitte; man könnte sie lesen als die Aufforderung, *Confessiones* zu schreiben.

Bezüglich des *gegenwärtigen Augenblicks* erweist sich die Dominanz des Weisen über die Zeit in deren konsequentem *usus*. Hierher gehören alle Bestimmungen, mit deren Hilfe Seneca den Augenblicksbezug des Weisen von dem des *Geschäftigen*, des *occupatus*, unterscheidet: Der Weise hat in der Gegenwart die Fülle der Zeiten, weil er den Übergang zum Ewigen darin vollzieht (vgl. bes. c. 10). Was schließlich die *Zukunft* angeht, so verliert sie für den Weisen das Bedrohliche, denn er nimmt sie voraus. Das bedeutet zunächst, daß er kluge Voraussicht übt und daß er den Naturablauf kennt, der ihm Vorhersagen ermöglicht. Vor allem aber bedeutet es, daß der Weise nichts Wesentliches mehr erwartet und daß er, dem Ewigen zugewandt, von der Zukunft nichts zu fürchten hat.

Seneca bestätigt sich dieses Bild des zeitüberlegenen Weisen in c. 16, 1 noch einmal aus dem Negativbild des *Geschäftigen*: Dieser vergißt das Gewesene; er nutzt nicht das Gegenwärtige; er fürchtet das Zukünftige. Damit nimmt Seneca die Motive aus c. 9 und 10 wieder auf: Der *Geschäftige* verschiebt das gute Leben immer in die Zukunft, und er verleugnet die Erinnerung, weil er die Konfrontation mit sich fürchtet.

e. Verglichen mit Senecas Zeitanalyse in moralischer Absicht nimmt sich Augustins Zeittraktat fast transzendentalphilosophisch oder deskriptivphänomenologisch aus. Was Seneca interessiert, sind die Zeiterfahrungen der beiden Hauptgruppen von Menschen, der *Geschäftigen* einerseits, der *Weisen* andererseits. Sein Ziel ist nicht eine Theorie der Zeit, sondern die Anleitung zur Zeitüberwindung durch das Heraustreten aus engen Zeitgrenzen, in die uns die Konkupiszenz und die *superbia* eingrenzen. Aber hüten wir uns, nach-kantische Vorstellung von der Differenz praktischer und theoretischer Vernunft auf Seneca zu übertragen: Theoretische Analysen der Zeit fehlen bei Seneca nicht völlig. Er untersucht die Dreigliedrigkeit der Zeiterfahrung, allerdings in vorwiegend ethischer Absicht. Er kennt die traditionellen Aporien des Zeitbegriffs, die das Nichtsein der Zeit nahelegen. Zumindest für die Gegenwart spricht er sie aus: *Praesens tempus brevissimum est, adeo quidem ut quibusdam nullum videatur* (c. 10, 6). Aber ihn bedrängt nicht die Frage, wie man der Zeit dennoch Sein zusprechen könne. Die *collatio* der drei Zeitdimensionen (c. 15, 3) sieht er gewiß als eine Tätigkeit des *animus,* aber er bringt sie nicht ins Spiel, um die Zeit als seiend zu erweisen, sondern einzig als ethisch-praktische Zeitüberwindung: Der Weise läßt kein Zeitquäntchen unbearbeitet und ungeregelt: *Nihil inde incultum otiosumque jacuit* (c. 7, 5). Nicht nur aus der protestantischen Ethik, sondern auch aus Senecas philosophischer Tradition ließ sich das frühneuzeitliche Wirtschaftsethos und seine Zeitökonomie begründen.

Wenn den *Geschäftigen* die Zeit so wenig wert ist, daß sie sich ihre Zeit leicht von jedermann wegnehmen lassen, so hat dies nach Seneca einen theoretischen Grund: Die Zeit ist eine *res incorporalis;* sie tritt nicht direkt vor Augen und wird deswegen wenig oder gar nicht geschätzt (c. 8, 1). Worin das unkörperliche Sein der Zeit besteht, untersucht Seneca nicht, so wenig wie er Stellung bezieht in der Streitfrage nach dem Sein oder Nichtsein der Zeit. Worum es ihm geht, ist die Ruhe *(quies)* der Seele. Theoretisches und Hochspekulatives fehlt auch dabei nicht, denn zur richtigen Lebensführung gehören die freien Künste und das zeitüberlegene Geistergespräch mit den früheren Philosophen. Wer *weise* wird, erfaßt das Ewige. Er erkennt das Wesen der Götter und ihre Lebensform; er weiß, was der menschliche Geist ist und welches Leben ihn erwartet, wenn er den Körper verlassen hat (c. 19, 1). Aber der Nachdruck liegt bei Seneca auf der Kritik der zeitvergessenen *Geschäftigen,* auf der Hochschätzung und dem ständigen *usus* der Tugenden, auf der Überwindung der Begierden, auf dem Wissen, wie man leben und wie man sterben soll, kurz, auf der Seelenruhe (c. 19). In diesem Zusammenhang kommt es bei Seneca zu einer Art *curiositas*-Verbot, das man gewöhnlich erst bei Augustin erwartet. Aber die Warnung vor unnötigem und unfruchtbarem Wissensballast hat eine ältere Tradition, die Seneca aufnimmt. Er verspottet philologische Diskussionen. Fragen wie die nach dem Autor der homerischen Bücher oder gar nach der zeitlichen Priorität von Ilias oder Odyssee sind mit der Muße des Weisen unvereinbar (c. 13, 2).

Hingegen gehört es zur Weisheit, das Wesen der Zeit zu kennen. Anders ist sie nicht in rechter Weise zu *gebrauchen.* Die *Epistulae morales ad Lucilium* kommen öfter darauf zurück. Gleich der erste Brief erklärt, was mit der Zeit zu tun ist: Wir sollen erkennen, daß sie das einzige ist, was uns gehört. Wir sollen das Leben nicht auf morgen verschieben. Wir sollen keine Zeit *verlieren,* sondern den Wert des Tages richtig einschätzen. Wir sollen die zerfließende Zeit sammeln und bewahren, *colligere et servare ... omnes horas complectere.*[27] Doch besteht die Weisheit nicht nur in der Zeitverwaltung; sie hat auch theoretische Ansprüche. Zur *sapientia,* erklärt Seneca, gehören auch die vielfachen Fragen, die man über das Wesen der Zeit zu stellen pflegt. Seneca zählt einige davon auf:

Die erste Frage sei, ob der Zeit überhaupt Sein zukomme, primum an per se sit aliquid. Zweitens untersuche man, ob es vor der Zeit etwas Zeitloses gebe, deinde an aliquid ante tempus sit sine tempore. Begann die Zeit mit der Welt? Und wenn es vor der Welt etwas gab, begann dann die Zeit mit diesem? Cum mundo coeperit an etiam ante mundum quia fuerit aliquid, fuerit et tempus?[28]

Seneca zählt diese Fragen nur auf. Er entscheidet sie nicht. Seine Liste von Zeitproblemen liest sich wie eine geschichtliche Einführung in das XI. Buch der *Confessiones.* Und ist es Zufall, daß Seneca gleich im nächsten Fragenkomplex die zahlreichen Fragen aufzählt, die den *animus* betreffen? Sie waren den Standardfragen zum Zeitproblem benachbart. Die antiken Leser des XI. Buches dachten *Zeit* in den angezeigten Bahnen: Vorrang des Zeitlosen, Zerfließen der Zeit, *animus* und *sapientia* als *collatio* der auseinanderlaufenden Zeitdimensionen. Was die Ontologie und Kosmologie der Zeit betraf, so stellt Seneca in der *Epistula* 88, 33 folgende Fragen als die wichtigsten Komplexe der Zeittheorie zusammen:

1. I s t die Zeit überhaupt? Ist sie ontologisch selbständig, *per se?* Oder ist sie etwas am *motus?*
2. Gibt es Zeitloses *vor* der Zeit, und welchen Sinn kann dieses *Vor* haben?
3. Begann die Zeit mit der Welt, oder gab es eine Zeit *vor* der Weltzeit?

Dies sind die Probleme, die ein Gebildeter der Spätantike in einer Abhandlung über die Zeit gelöst zu finden hoffte. Seneca erklärt ausdrück-

---

[27] Seneca, *Epistula* 1, 1–3.
[28] Seneca, *Epistulae morales* Ep. 88, 33.

lich, daß er sie nicht erfunden hat; sie stimmen mit den bei Sextus Empiricus aufbewahrten skeptischen Untersuchungen vielfach überein. Sie haben auf die Bibel und das Kirchendenken keinen Bezug. Und doch ist unverkennbar, daß Augustin sie vor Augen hatte, als er das XI. Buch schrieb. Dessen philosophierende *Genesis*-Auslegung sollte die Antwort auf derartige Fragen der spätantiken Philosophen sein. Wer es heute liest, sollte daher den Umweg über antike zeittheoretische Texte einschlagen, damit es ihm nicht ergeht wie so vielen Theologen, die lauter Antworten haben, aber keine Fragen, weil die zu ihren Antworten gehörigen Fragen mit der antiken Welt verschwunden sind.

VI.
DISKUSSIONEN
CONFESSIONES XI IN DEN ZEITTHEORETISCHEN DEBATTEN DES MITTELALTERS

1. Neue Texte – Neue Deutungen

Wir besitzen noch keine Geschichte der Rezeption der Augustinischen Zeittheorie. Meine Hinweise hier können sie auch nicht ersetzen. Wohl aber ist es heute möglich, die Diskussionen zu verfolgen, die Augustins Zeittheorie auslöste, als die Frage akut wurde, wie sie sich zur Zeittheorie des Aristoteles verhalte. Das Mittelalter besaß keine einheitliche Zeittheorie; die Klagen über das Chaos widersprechender Ansichten wollten seit Avicenna nicht mehr verstummen. Daher kam es zu endlosen zeittheoretischen Debatten, deren bedeutendstes Thema der Konflikt zwischen Augustinischer und Aristotelischer Zeittheorie gewesen zu sein scheint. Diese Diskussionen wurden im 13. und 14. Jahrhundert mit so guter Textkenntnis sowohl des Aristoteles wie Augustins geführt, und zwar von den bedeutendsten Denkern der Zeit, daß sie rückwirkend die zeittheoretischen Passagen des Aristoteles und Augustins beleuchten. Nur unter diesem Gesichtspunkt kann ich sie hier vorstellen, immer bezogen auf das XI. Buch der *Confessiones*. Die Konfrontation von Augustinischer und Aristotelischer Zeitkonzeption verlief seit den zwanziger Jahren des 13. Jahrhunderts in komplexen Diskussionen, die heute noch niemand vollständig überschauen kann; aber durch eine Reihe glücklicher Textfunde und Editionen der letzten Jahre zeichnen sich die Hauptergebnisse und die wichtigsten Phasen ab. Nach den Studien von P. Hoßfeld zur Zeittheorie Alberts, nach der Erörterung der Zeittheorie Dietrichs von Freiberg und Eckharts durch N. Largier, vor allem aber nach der Untersuchung von T. Suarez-Nani zur Zeitphilosophie Nikolaus' von Straßburg hat U.R. Jeck einen ersten textnahen und problembezogenen Überblick über diese Debatten gegeben. Ohne seine Arbeit wäre das vorliegende Kapitel nicht zu schreiben gewesen; ich verweise nachdrücklich auf seine Studie.[1]

---

[1] Vorausgegangen waren die Untersuchungen von P. Duhem, Le temps et le mouvement selon les scolastiques, in: Revue de philosophie XXIII (1913) 453–478; XXIV, 1 (1914)

Confessiones XI in den zeittheoretischen Debatten des Mittelalters 161

In den letzten Jahren sind eine Reihe von Texten bekannt bzw. in kritischer Edition zugänglich geworden, die beweisen, daß die Debatte über Augustins Zeittheorie zwischen etwa 1220 bis mindestens 1350 ein wesentliches Thema war. Dies ist um so mehr hervorzuheben, als sich die Meinung eingebürgert hat, die Zeitlehre Augustins habe wegen ihrer Modernität im Mittelalter, von wenigen Ausnahmen abgesehen, kaum ein Echo ausgelöst.[2] Diese Ansicht – offenbar Bestandteil einer Aktualisierungsstrategie –, ist nachweislich falsch. Seit 1987 haben wir den kritischen Text der ersten vier Bücher des *Physikkommentars* Alberts (ed. P. Hossfeld, Editio Coloniensis IV 1). Im selben Jahr gab O. Lewry den Zeittraktat von Robert Kilwardby heraus, Oxford 1987. Der Zeittraktat Dietrichs von Freiberg erschien 1983 im Rahmen der *Opera omnia* (De natura et proprietate continuorum, ed. R. Rehn, *Opera omnia* Bd. 3, 241–273); die umfangreiche Zeitabhandlung Nikolaus' von Straßburg (Summa II 9, ed. T. Suarez-Nani) ist 1990 erschienen (CPTMA IV 2 [3]). Diese neuen Texte erlauben es, früher vereinzelt dastehende Äußerungen in ihren Diskussionszusammenhang einzuordnen. Dies gilt für die längst zugänglichen Darlegungen des frühen Albert in der *Summa de creaturis – De IV coaequaevis,* ferner für Thomas von Aquino (Sentenzenkommentar; Physikkommentar), für den Physikkommentar des Robert Grosseteste (ed. R.C. Dales, Boulder [Colorado] 1963), den an-

---

5–15, 136–149, 225–241, 261–380, 470–480; XXIV, 2 (1914) 104–151; S. Mansion, La théorie aristotélicienne du temps chez les péripatéticiens médiévaux. Averroès – Albert le Grand – Thomas d'Aquin, in: Revue néoscolastique de philosophie 36 (1934) 275–307; Anneliese Maier, Die Subjektivierung der Zeit in der scholastischen Philosophie, in: Philosophia Naturalis 1 (1950) 361–398; dies., Scholastische Diskussionen über die Wesensbestimmung der Zeit, in: Scholastik 26 (1951) 520–556. Zuletzt: P. Hossfeld, Studien zur Physik des Albertus Magnus. I. Ort, örtlicher Raum und Zeit, in: Miscellanea Mediaevalia 18 (1986) 1–43; T. Suarez-Nani, Tempo ed essere nell'autunno del medioevo. Il *De tempore* di Nicola di Strasburgo e il dibattito sulla natura ed il senso del tempo agli inizi del XIV secolo. Bochumer Studien zur Philosophie, 13, Amsterdam 1989; U.R. Jeck, Aristoteles contra Augustinum. Zur Frage nach dem Verhältnis von Zeit und Seele bei den arabischen Aristoteleskommentatoren, im arabischen Aristotelismus und im 13. Jahrhundert. Bochumer Studien zur Philosophie Band 21, Amsterdam 1993.

[2] E. Corsini, Lettura del XI libro delle ‚Confessioni', in: AA. VV., ‚Le Confessioni' di Agostino d'Ippona. Lectio Augustini, Libri X–XIII, Palermo 1987, 35: *Anche nella speculazione filosofica medievale, salvo qualche eccezione, tale concezione trovò scarso eco.* Als Ausnahme wird nur Alexander von Hales genannt. R. De Montecelli, Confessioni, Mailand 1991, 378: *La fortuna filosofica di questo libro è tuttavia relativamente recente; a parte Boezio, Isidoro di Siviglia e Alessandro di Hales i filosofi medievali non citano frequentemente la dottrina agostiniana del tempo.*

onymen Physikkommentar aus der Pariser Artistenfakultät von 1273 (ed. A. Zimmermann, Berlin 1968) und den Kommentar des Aegidius Romanus (*In octo libros physicorum Aristotelis*, Venedig 1502, Nachdruck: Frankfurt 1968). Das schon von A. Maier beachtete *Quodlibet* III qu. 11 des Heinrich von Gent (*Quodlibeta*, Paris 1518, fol. 63 r–65 r) tritt innerhalb dieses Zusammenhangs in ein neues Licht. Vor allem erhalten die ersten drei *Quaestiones* der *Quodlibeta* des Petrus Johannis Olivi jetzt ihr philosophisches Gewicht.[3]

Alle diese Diskussionen fanden statt auf dem Hintergrund des *Physikkommentars* des Averroes (Aristotelis Opera cum Averrois commentariis, Venedig 1562, Band 4, Nachdruck: Frankfurt 1962).

Die Rezeption der Augustinischen Zeittheorie trat in ein kritisches Stadium, als dem lateinischen Westen in den ersten Jahrzehnten des 13. Jahrhunderts der Zeittraktat des Aristoteles im IV. Buch seiner *Physik* zunehmend bekannt wurde. Die Diskussion verband sich in aller Regel mit der Debatte um die Zeittheorie des Averroes. Mußte man Augustins Zeittheorie (diesen Ausdruck gebrauche ich immer im Sinne von *Conf.* XI) aufgeben zugunsten der des Aristoteles? Waren Augustins und Aristoteles' Zeitanalysen vereinbar oder gar identisch? Gestattete die averroistische Auslegung der Aristotelischen Zeittheorie eine Annäherung zwischen den großen Autoritäten des Jahrhunderts?

2. *Robert Grosseteste*

Der erste Autor des lateinischen Westens, der mit aristotelisch geschulten Augen einen Blick auf das XI. Buch der *Confessiones* geworfen hat, war vermutlich Robert Grosseteste. Er kam auf es im Rahmen seiner Erklärung des vierten Buches der *Physik* zu sprechen; diese ist zwischen 1220 und 1240, wahrscheinlich um 1220–1225 entstanden. Aber bei Robert ist die literarische Gattung des Aristoteleskommentars noch nicht so in sich verfestigt, daß sie das Eingehen auf die lateinische Tradition der Zeitlehre (Augustinus, Boethius) ausschlösse. Doch bestimmt

---

[3] Petrus Ioannis Olivi, Quodlibeta, Venedig 1509. Vgl. dazu U.R. Jeck, Aristoteles contra Augustinum, 399–426. – Die Arbeit von U.R. Jeck enthält auf S. 460–479 eine kritische Edition der *Quaestio* III 11 des Heinrich von Gent.

bereits die Aristotelische Bewegungs- und Zeitlehre so sehr die Gesamtkonzeption, daß Robert Grosseteste das elfte Buch der *Confessiones* von dieser her liest:

Schon gleich zu Beginn seines Kommentars zum Zeittraktat des Aristoteles bemerkt Robert, die Aristotelische Definition der Zeit (als *numerus motus secundum prius et posterius*) sei so evident, daß alle, die das Wort *Zeit* hörten, dies darunter verstünden. Als Beleg für die Allgemeingültigkeit der Aristotelischen Zeitdefinition führt Robert Augustin an: Als Augustin das Wesen der Zeit suchte und von sich gestand, es (noch) nicht gefunden zu haben, da sagte er doch, er *verstünde unter Zeit das Maß der Bewegung*. Noch wußte er nicht das Wesen der Zeit, aber er erklärte: Was immer *Zeit* sein mag, jedenfalls hat sie zu tun mit der Veränderung und dient zu ihrer Messung.[4] Eine rein „subjektive" Zeittheorie fand Robert also bei Augustin nicht; er vergaß bei seinem Überblick nicht Augustins Interesse am *motus*. Er ließ auch keinen Zweifel daran, daß er die Aristotelische Zeittheorie für die klarere und inhaltsreichere im Vergleich zu der Augustins halte. Grosseteste hat sich also vor Albert *im Namen des Aristoteles* von der Zeittheorie in *Conf*. XI distanziert; er bereitete so den Weg vor, die Augustinische Zeitkonzeption entweder in die Aristotelische einzuschreiben oder auch völlig zu verwerfen. Dennoch kehren, aufs ganze gesehen, in seiner Kommentierung des vierten Buches der *Physik* Augustinische Elemente insofern zurück, als Robert die Boethianische Definition der Ewigkeit (*integra vitae possessio tota simul*), die Augustinische Motive, allerdings nicht aus *Conf*. XI, zusammenfaßt, als Leitmotiv nimmt, die Zeit als Negativfolie, als *privatio*, dieses ewigen *simul* zu deuten.[5] Aber danach kommt Robert noch einmal ausdrücklich auf Augustins Zeittheorie in *Confessiones* XI zurück und signalisiert deutlich seine Distanz zu ihr. Robert beklagt die verwirrende Vielfalt falscher Ansichten über die Zeit; Robert wußte also schon im ersten Drittel des 13. Jahrhunderts nichts von einer einheitlichen mittelalterlichen Zeitauffassung. Die Vielzahl der Zeittheorien ergebe sich daher, daß viele Menschen nicht imstande seien, *Zeit* und *zeitliche Dinge* zu unterscheiden (*discernere tempus a temporalibus*). In der lockeren Aufreihung von Notizen, die Roberts Text darstellt, folgt dann

---

[4] Robert Grosseteste, *Commentarius* in VIII libros Physicorum Aristotelis, ed. R.C. Dales, Boulder (Colorado) 1963, 88.
[5] Robert Grosseteste, *Commentarius*, Liber quartus, Dales 96.

sofort der Satz: Die Zeittheorie gehöre wohl auch nicht primär in die *Physik*; dort sei sie nur zu besprechen, sofern sie sich auf Veränderung und Veränderliches beziehe. Dies könnte bereits ein Echo auf den *Physikkommentar* des Averroes sein, der in n. 131 die Zuordnung der Zeittheorie zur *Physik* problematisiert hat. Allerdings haben Dales und Southern Buch I bis IV als eine Einheit aufgefaßt, die *vor* dem Bekanntwerden Roberts mit Averroes geschrieben sein soll.[6] Wie dem auch sei: Grosseteste sah wohl, daß Aristoteles nicht wie Boethius (Augustin) vom ewigen Jetzt ausging und die Zeit als dessen Privation dachte; die Aristotelische Zeittheorie konnte ihren Zusammenhang mit der *Physik* als einer Spezialdisziplin nicht verleugnen; im Umkreis der Nachwirkungen Augustins und Boethius' waren aber andere zeittheoretische Motive zur Diskussion gestellt. Gleich im nächsten Satz bespricht Robert die Zeittheorie von *Conf.* XI:

Einige Autoren hätten, um sich begreiflich zu machen, daß Zeit etwas Wirkliches sei (*ut invenirent tempus esse aliquod*), angenommen, die Zeit sei die Affektion, die in der Seele aus dem Vorübergang der veränderlichen Dinge in der Seele zurückbleibt (*tempus esset affectio relicta in anima ex transitu rerum mobilium*). Ich möchte Roberts Sätze nicht pressen, aber die Anspielung auf *Conf.* XI n. 36, 3–5 scheint unüberhörbar. Das hieße, Augustins Zeittheorie verwechsle, Grosseteste zufolge, die Eindrücke zeitlicher Dinge auf die Seele mit dem Wesen der Zeit selbst. Deshalb habe Augustin sagen können, die Erinnerung an das Vergangene, die anhaltende Zuwendung zum Gegenwärtigen und die Erwartung des Zukünftigen seien die drei Zeiten, die in der Seele als gegenwärtige *sind* und dort kurz oder lang sein können. Robert verzichtet darauf, dieses Referat der Zeitlehre der *Confessiones* in Beziehung zu setzen zu der Aristotelischen Zeitdefinition, die Augustin – nach Robert – bei seinen aporetischen Untersuchungen vorausgesetzt habe. Der Text ist wegen seiner lockeren Fügung nicht leicht festzulegen; aber er erweckt eher den Eindruck, als sei die Zeitlehre von *Conf.* XI eine der vielen falschen Zeitlehren, die kursieren. Robert fügt denn auch sofort hinzu, andere hätten angenommen, die Zeit sei zwar in der Seele, aber in der Himmelsseele, die kraft ihrer Vorstellung die Sternbewegung ordne, also

---

[6] Vgl. Dales in der Einleitung zu seiner Edition und vor allem R.W. Southern, Robert Grosseteste. The Growth of an English Mind in Medieval Europe, Oxford 1986, 133–134.

deren Lauf nach einem Früher und Später gliedere und mit ihrer Bewegungskraft dann ausführe.[7] Er äußert sich nicht zu der Frage, ob Aristoteles dies gelehrt habe. Aber er gibt zu verstehen, dies würde schon eher zur Aristotelischen Zeitdefinition passen. Er sucht nicht im XI. Buch der *Confessiones* nach den Spuren der Lehre von der zeitbegründenden Weltseele, aber am Ende seines Referats über diese Theorie erklärt er, die Annahme einer Himmelsseele sei eher geeignet, das Wesen der Zeit zu erfassen:

Forte autem essentia temporis sic propinquius tangeretur.[8]

Unser Autor hat also die Möglichkeit der Zeitbegründung durch die Himmelsseele wohlwollend erwogen. Robert hat zwischen 1200 und 1214 in Oxford und Paris studiert; vielleicht kannte er noch die Weltseelentheorien der Schule von Chartres.[9] Doch hat er diese Hypothese schließlich zurückgestellt, weil er im ewigen Jetzt das Maß des *Früher* und *Später der Bewegung* erblickte. Jedenfalls fand er es einleuchtender, die Einheit, Kontinuität und Meßbarkeit der Zeiten auf die Himmelsseele zurückzuführen als auf die Tätigkeit einer einzelnen Menschenseele.

3. Albertus Magnus

Albertus Magnus hatte ein überwiegendes Interesse daran, die *Zeit der Theologen* zu unterscheiden von der *Zeit der Philosophen* oder, wie die Drucke schreiben, *der Physiker*. Doch nahm Alberts Zeittheorie eine komplizierte Entwicklung. Das erwähnte Differenzierungsinteresse zeigte er nicht in allen Werken; wir müssen verschiedene Stufen unterscheiden. In seinem *Kommentar zur Aristotelischen Physik* erklärte Albert selbst, er habe früher eine andere Zeittheorie vertreten.[10] Dieses Eingeständnis fiel etwa in die Mitte der fünfziger Jahre; seine frühere Äußerung zur Zeit stammt aus den Jahren kurz vor 1246 und steht in der *Summa de creaturis*. In ihr erklärte Albert: Die Vieldeutigkeit der Vokabel *Zeit* sei so groß, daß nur die Unterscheidung zwischen der *Zeit*

---

[7] Robert Grosseteste, *Commentarius,* Liber quartus, Dales, 95.
[8] Robert Grosseteste, *Commentarius,* Liber quartus, Dales, 96. Ich habe die Schreibweise normalisiert.
[9] Wilhelm von Conches, Glosae super Platonem, ed. E. Jeauneau, Paris 1965, 178. Zum Studiengang Roberts vgl. R.W. Southern, R. Grosseteste, V und 49–70.
[10] Albertus Magnus, *Physica* lib. IV tr. 3 c. 6, Hossfeld 271 a Zeile 6–10.

der Theologen und der *Zeit der Philosophen* Klarheit bringen könne. Die Zeit der Theologen, das war für ihn das Maß jedweder Veränderung, sei sie körperlich, sei sie unkörperlich. Dieser Zeit fehlte, was für die Philosophen- und Physikerzeit charakteristisch war: das Zerfallen in ein Früher und Später. Nur fällt auf, daß Albert als Hauptautorität für die Theologenzeit nicht Augustins *Bekenntnisse* nennt, auch nicht dessen *De Genesi ad litteram*, sondern Dionysius Areopagita, und ihr stellt Albert die Aristotelische Zeit als das Maß des Früher und Später gegenüber. Dabei wehrt bereits Albert (nicht erst Thomas) den Einwand ab, die Einführung des *Früher* und *Später* in die Zeitdefinition setze die Zeit bereits voraus; denn dieses Früher und Später beziehe sich auf lokale Bestimmungen, die uns erst auf die zeitlichen Differenzen führen. Wo kommt in der *Summa de creaturis* nun die Zeitlehre aus *Confessiones* XI zu stehen? Albert eröffnet den ersten Artikel der 5. Quaestio des 2. Traktats mit der Frage: *An tempus sit a natura an in anima tantum* (Borgnet 34, 364 a). Er argumentiert einleitend gegen ein seelenunabhängiges Sein der Zeit. Er bezieht die Gegenargumente vor allem aus Aristoteles und aus Avicenna, der sie berichtet hatte, ohne sie zu teilen. Ihr Grundschema stammt aus der Aristotelischen *Physik* IV 10 217 b 30–218 a 3: Die Vergangenheit *ist* nicht, weil sie bereits vergangen ist, die Zukunft *ist* nicht, weil sie noch kommen wird; die Zeit, die sich aus diesen nicht-seienden Elementen zusammensetzt, kann nicht real existieren, weil ihre Komponenten nicht *sind*. Nachdem Albert diese Einwände breit ausgeführt hat, kommt er auf Augustins Zeitlehre zu sprechen:

His rationibus consentit Augustinus dicens, quod tempus non nisi in anima est, et tempus est secundum eum distensio animi per imaginationem inter designationem duorum momentorum. Momenta autem duo nihil aliud vocat, quam duas renovationes sitas in mobili quod movetur, sicut duas elevationes in sole, quia sol secundum cursum communes distinguit horas et momenta. Unde collectio horum momentorum per imaginationem tempus est. Hoc autem accipitur ex verbis Augustini in libro XI Confessionum (Borgnet 34, 365 b s.).

Albert las also die Zeittheorie Augustins im Rahmen der Theorie des *motus*. Darin unterschied er sich nicht von Robert Grosseteste. Was die Seele leistet, ist die Markierung von Bewegungszuständen und ihr vergleichendes Zusammenhalten. Albert löste also bei der Auslegung der Zeitlehre der *Bekenntnisse* die Zeiterfahrung nicht ab von der Sonnenbewegung und den Naturveränderungen; er ließ die Seele nur ein Früher und ein Später durch Zusammenhalten der verlaufenden Bewegungsphasen begründen. Die Seele – so legte Albert Augustin aus – spannt sich aus zwischen den Veränderungsstadien; sie bestimmt ihre Momente nach einem Früher und Später. Bemerkenswert ist, daß Albert über den Augustinustext hinausgeht und die Seelenfunktion näher bestimmt, die den Zeitablauf begründet: es ist nach Albert die *imaginatio*, die Einbildungskraft. Auch dieses Motiv fand sich bei Avicenna (*Sufficientia* II c. 10 fol. 33 r a). Überhaupt muß man sich vor Augen halten, daß Avicenna ein langes Kapitel der Übersicht über die Vielzahl verfehlter Zeittheorien gegeben hat, in dem übrigens auch die von Albert besprochenen beiden *elevationes solis* behandelt waren. Schon Grosseteste wußte von vielen falschen Ansichten über die Zeit; Einzelheiten konnte man sowohl bei Avicenna wie bei Averroes nachlesen, auch wenn Avicenna und Averroes kaum Namen an die von ihnen referierten Theorien knüpften.

Auf diese Einwände gegen ein außerseelisches Sein der Zeit – Einwände, bei denen Aristoteles, Avicenna und Augustin als Koalition erscheinen, der Albert sich nicht anschließen wird, die er aber für die Folgezeit als fruchtbare Möglichkeit erstmals zusammengestellt haben dürfte – läßt Albert eine Reihe von Gegeneinwänden folgen, denen er sich in seiner *solutio* dann auch im wesentlichen anschließt. Bei diesen Gegeneinwänden beruft Albert sich auch auf Aristoteles (z.B. Ad 2 und in der Solutio, *Borgnet* 34, 367 a). Aristoteles tritt also sowohl auf Seiten der Gegner wie auf Seiten der Befürworter einer realen außerseelischen Zeit auf, während Augustin durchaus nur auf der Seite der Gegner einer außerseelischen Zeit stehen bleibt, so daß der Artikel endet mit einer respektvollen, aber sachlich kompromißlosen Verabschiedung der Augustinischen Zeitlehre:

Hoc tamen sine praejudicio dicimus: quia Augustinus et alii Magistri videntur oppositum dicere (*Borgnet* 34, 368 b).

Albert, der hier wie nebenbei bezeugt, Augustins Zeittheorie werde von einigen *Magistri* geteilt, führt drei Gründe an, die zu dieser Distanzierung führen:

1. Die Elemente der Zeit vergehen zwar oder sind vergangen. Aber daraus folgt nicht, die Zeitteile tendierten gänzlich zum Nichtsein: *partes temporis non tendunt omnino ad non esse* – eine deutliche kritische

Anspielung auf *Conf.* XI n. 17, 19 und natürlich *Physik* IV 10 217 b 30 ff. Wenn die Zeit auch ein *schwaches Sein* hat, weil ihre Elemente nicht bleiben, so bilden sie doch eben dadurch eine reale Sukzession. Und als Sukzession hat die Zeit ein reales Sein in der Welt.

2. Es gäbe Veränderungen, *motus*, auch wenn es keine Seele gäbe. Und diese Veränderungen haben als Naturvorgänge in sich ein Maß, auch ohne die Seele. Denn Naturvorgänge sind nach ihren Quantitäten in sich bestimmt. Quantität ist eine reale Kategorie.

3. Gäbe es Zeit nur in der Seele, dann existierte die Zeit nur für denjenigen, der die Veränderung aufmerksam verfolgt, für den anderen aber nicht. Dies wäre unangemessen.

Innerseelische Zeit wäre also individuell differierende Zeit, abhängig von der Aufmerksamkeit. Aus alledem folgert Albert: Von der Seele hängt wohl ab, daß die Zeit wahrgenommen wird, nicht aber das Sein der Zeit:

Ergo esse temporis non dependet ab anima, sed temporis perceptio (*Borgnet* 34, 367 a).

Mit dieser Beantwortung der Eingangsfrage der *quaestio* verschwindet Augustin aus dem Zeittraktat der *Summa de creaturis*, denn von nun an gilt, daß die Zeit das Maß der Veränderung, in erster Linie das Maß der Bewegung des *primum mobile* ist (*Summa de creaturis* tr. 2 qu. 5 a. 4 solutio, *Borgnet* 34, 376 b). Mit Hilfe des Aristoteles setzt Albert insbesondere eine Augustin entgegengesetzte Analyse des gegenwärtigen Augenblicks durch, ohne Augustin noch eigens zu erwähnen. Danach ist das Jetzt nicht das isolierte Zeitstück, als das es Augustin in den Partien, in denen er das Sein der Zeit erörterte, hinstellte, sondern nach Albert hat Aristoteles bewiesen, daß die Gegenwart in sich verbunden ist mit dem Vergangenen und dem Zukünftigen:

probat Philosophus in Praedicamentis, quod praesens copulatur ad praeteritum et futurum,
tr. 2 qu. 5 art. 5 solutio, *Borgnet* 34, 377 b;
vgl. Albert, *De praedicamentis*, Borgnet 1, 200 a–202 b.

Das Zeitkapitel im *Physikkommentar* Alberts erörtert einleitend die Frage, ob die Zeit nur in der Seele existiere; aber diese Erörterung bezieht sich nicht in erster Linie auf Augustin. Albert kennt nun die ausführlichen antiken und arabischen Diskussionen, von denen Avicenna (*Sufficientia* II 10) berichtet; er sieht sich durch den Text des Aristoteles

(Phys. IV 10, 217 b 30 ss.) und durch den Kommentar des Averroes zu dieser Frage gedrängt, mit der auch schon die *Summa de creaturis* die Zeiterörterung eröffnet hatte. Die Diskussion wird dadurch komplex; ich hebe nur ein Hauptmotiv heraus, das Albert als ein wichtiges Argument derjenigen anführt, die der Zeit ein Sein nur in der Seele zuschreiben. Dieses Argument lautet:

Das Früher und Später der Veränderung existiert nie real zusammen; nur die Seele kann es zusammenbringen; insofern existiert die Zeit nur in der Seele:

> *Sicut prius et posterius in motu non sunt simul secundum actum, sed tantum simul sunt in acceptione animae, ita tempus oportet esse in anima et non in natura,*
> *Physica,* lib. IV tr. 3 c. 3, Hossfeld 263 b Zeile 59–62.

Dieses Argument bezeichnet in der Tat den gemeinsamen Grund, der die Aristotelische mit der Augustinischen Zeitlehre verbindet. Was Aristoteles angeht, so treten bei ihm zwei Argumente hinzu, die Albert eingehend diskutiert:

1. Wir nehmen Bewegung nur wahr, wenn wir sie in der Seele wahrnehmen.
2. Die Zeit ist *Zahl* der Bewegung. Von Zahl kann aber nur die Rede sein, wenn eine Seele existiert, die zählt. Also kann die Zeit nicht existieren ohne die Seele.

Aber nicht nur Aristoteles kommt auf die Seite der Augustinischen Zeitlehre zu stehen; auch Averroes stimmt, nach Albert, mit ihm zusammen. Nur er selbst, Albert, will den Zeittheoretikern Aristoteles, Augustinus und Averroes, gestützt auf Avicenna, widersprechen. Alberts Zeitlehre behauptet:

> *Nos autem dicimus tempus esse extra animam,*
> *Physica,* l. IV tr. 3 c. 3, Hossfeld 265 a Zeile 10–11.

Albert formuliert seine anti-augustinische Zeitlehre noch schärfer, diesmal in der Polemik gegen Averroes, nach dem die Zeit nur der Möglichkeit nach außerhalb der Seele existiert. Albert schreibt am Ende mit Anklang an die *Summa de creaturis: Die Seele ist nötig zur Erfassung der Zeit, nicht zu deren Existenz. Die Zeit existiert gänzlich auch ohne die Seele:*

Non ergo secundum potentiam solum est numerus non existente anima, sed etiam secundum habitualem formam discretionis rerum numeratarum, et hoc modo <u>penitus est etiam tempus extra animam</u>, et cum ad esse rei in se non exigatur nisi forma et materia, <u>non exigitur anima ad esse temporis in seipso</u>. Sed anima actione numerantis ponit et causat temporis deprehensionem, et quoad hunc actum non est tempus extra animam,
Physica l. IV tr. 3 c. 16, Hossfeld 290 a Zeile 8–16.

Die Argumente Alberts kann ich hier nicht alle wiedergeben. Jedenfalls erklärt er, die zahlenmäßige Bestimmtheit der Dinge sei ein primärer Seinsbestand, der nicht vom Zählenden abhängen dürfe (c. 16 S. 289 b Zeile 66 ff.). Ferner sei es lächerlich zu behaupten, die Zeit sei rein individuell:

Quod autem dicunt tempus non esse nisi numerum motus animae, irrisorium est, quia secundum hoc apud unum hominem esset tempus et non apud alium,
Physica l. IV tr. 3 c. 16, Hossfeld 290 a Zeile 31–34.

Diese Argumentation, die Albert ausdrücklich auf eine Mehrzahl von Gegnern bezieht, richtet sich direkt gegen Averroes, nicht gegen Augustin. Aber Augustin verdient nach Albert noch schärfere Kritik als Averroes (und Aristoteles), der die Zeit wenigstens der Potenz nach außerhalb der Seele bestehen ließ. Albert akzeptierte die averroistische Deutung der Zeittheorie des Aristoteles und fand beider Ansicht *unvollkommen (imperfecta)*, c. 16 S. 289 b Z. 66. Augustins Theorie, die Albert aufgrund einer Notiz des Averroes mit der Galens in Verbindung brachte, gibt Albert folgendermaßen wieder:

Augustinus etiam disputans, an tempus sit in anima, quaerit, si tempus sit extra animam, ubi sit. Praeteritum enim, cum non sit, nusquam est in rerum natura; futurum etiam cum nondum sit, non habet esse in rerum natura; ergo si tempus est in rerum natura extra animam, hoc erit praesens. Quaeramus ergo, quid sit praesens. Hoc autem est, cuius nihil praeteriit et nihil futurum est. Hoc autem non est annus vel mensis vel dies vel hora vel aliqua pars horae divisibilis; ergo praesens non est nisi indivisibile nunc. Sed indivisibile nunc non est tempus nec pars temporis; ergo ratione illius non erit tempus extra animam. His rationibus et quibusdam aliis videntur QUIDAM magnae auctoritatis VIRI inducti, ut dicant tempus non esse nisi in anima, ut etiam dicere AVER-

ROES videatur, quod tempus est extra animam in mobili, scilicet per motum, in potentia et complementum eius in actu fit ab anima et in anima.
Physica l. IV tr. 3 c. 3, Hossfeld 264 b Zeile 51–68.

Albert gibt schematisch, aber korrekt die Lehre des XI. Buches wieder: Die Frage sei, *wo* die Zeit existiere. Da Vergangenheit und Zukunft nicht *sind*, kann die Zeit nur in der Gegenwart existieren. Aber da die Gegenwart sich auf den ausdehnungslosen Jetztpunkt reduziert, kann die Zeit nur in der Seele sein.

Diese Zusammenfassung Alberts blieb maßgebend für die Diskussionen des 13. Jahrhunderts. Albert freilich konnte Augustins Zeittheorie nicht teilen. Wie schon in der *Summa de creaturis* löst er die Einwände gegen das außerseelische Sein der Seele dadurch auf, daß er

1. generell bestreitet, nur dem Bleibenden komme Sein zu,

Summa de creaturis tr. 2 qu. 5 a. 2 Borgnet 34, 371 b: *non est generaliter verum, quod nihil sit quod non permanet.* Es gibt nicht nur das bleibende Sein, sondern auch das Sukzessive,
Physica l. IV tr. 3 c. 7, Hossfeld 271 a Zeile 20–30,

2. die Analyse des Gegenwärtigen dahin verändert, daß er – wie ebenfalls schon in der *Summa de creaturis tr. 2 qu. 5 a. 5 Borgnet 34, 377 b* – zeigt: Das Gegenwärtige verbindet sich mit dem Gewesenen und dem Zukünftigen. Die Zeitelemente weisen von sich aus eine charakteristische Kontinuität auf und *sind* insofern real, *Phys.* l. IV tr. 3 c. 7, Hossfeld 271 b Zeile 30–39. Nach Albert hat Augustin beide Aspekte übersehen. Daher kommt Albert zu einem schroffen Verdikt gegen Augustins (und Galens) Zeittheorie:

nec GALIENUS nec AUGUSTINUS sciverunt bene naturas rerum,

Galen, der Arzt, und Augustin, der Theologe, verstanden nichts von Naturforschung, *Physica* l. IV tr. 3 c. 4, Hossfeld 265 b Zeile 35–36.

Albert hält ihnen nicht etwa zugute, daß er ähnliche Mängel in der Zeitlehre des Aristoteles und des Averroes zu beanstanden findet. Die Unvollkommenheiten in deren Zeitabhandlungen glaubte Albert durch eine immanente, auf Avicenna gestützte Kritik überwinden zu können, während die Augustinische Theorie mit ihrer Identifikation des Seienden mit dem Bleibenden und mit ihrer Atomisierung des Augenblicks alle Naturforschung zerstöre. Dies bedeutet auch, daß die Diskussion der Augustinischen Zeitlehre nicht eigentlich in den Physikkommentar gehört. Aber Albert hatte ohnehin im Physikkommentar des Averroes n. 131 gelesen, die Zeittheorie gehöre eher in die Metaphysik als in die Physik; nur der Vollständigkeit halber erörtere er sie hier (c. 16 S. 289). Ferner hatte die Vermischung der Zeitanalyse mit der Metaphysik des ewigen Jetzt seit Boethius eine Tradition, die noch den *Physikkommentar* des Grosseteste weitgehend bestimmt hatte. Albert drängt Augustin aus der Physik in die Theologie ab. Albert beginnt damit, die Disziplinentrennung in der Zeittheorie durchzusetzen. Er trifft zugleich eine ideenpolitische Option. Sie hat Augustins Zeittheorie für einige Jahre aus den offiziellen Diskussionen verbannt. Augustins Autorität war zu mächtig und seine Zeittheorie war zu originell, als daß es nicht schon seit den 70er Jahren des 13. Jahrhunderts zu einer Rückkehr Augustins gekommen wäre. Aber zunächst einmal legitimierte Albert im voraus das Schweigen der Physikkommentatoren der nächsten Generation über die Zeitlehre Augustins. Wer die mittelalterliche Zeittheorie nur aus dem *Physikkommentar* des Thomas von Aquino glaubte studieren zu können, traf hier Augustins Zeitlehre nicht mehr an. Aber dieser Befund kennzeichnet nicht *das* Mittelalter, sondern nur einen prekären, durch Alberts Operation erreichten Zwischenzustand, der nicht lange anhalten konnte. Alberts Entscheidung bot noch einen anderen taktischen Vorteil. Sie verdeckte den lästigen Umstand, daß die Bekämpfung der aristotelisch-averroistischen Zeittheorie zugleich eine Kritik an Augustin war. In den Universitätsauseinandersetzungen der 70er Jahre mußte eine Koalition Aristoteles-Augustin-Averroes höchst verwirrend wirken. Wenn der Bischof von Paris am 7. März 1277 die These 200 verwarf, die der Zeit nur ein Sein in der Seele zubilligte, verurteilte er dann mit Averroes zugleich auch Augustin und Aristoteles?[11] Thomas von Aquino, der in seinem *Sentenzenkommentar* noch die Zeittheorie des Averroes geteilt hatte[12], erwähnt in seinem ab 1269 geschriebenen *Physikkommentar* die Augustinische Zeitlehre nicht mehr und legt alles darauf an, die Korrek-

---

[11] Vgl. K. Flasch, Welche Zeittheorie verurteilte der Bischof von Paris am 7. März 1277? in: F. Niewöhner – L. Sturlese (Hgg.), Averroismus im Mittelalter und der Renaissance, Zürich 1994.
[12] Thomas von Aquino, In 1 Sent. 19, qu. 2 a. l, ed. Mandonnet-Moos, Bd. 1, 467: : *Illud quod est de tempore quasi materiale, fundatur in motu, completur in operatione animae numerantis, propter quod dicit Philosophus IV Physicorum text. 131, quod si non esset anima, non esset tempus.*

turen, die Albert an der Zeitlehre des Aristoteles und des Averroes glaubte vornehmen zu müssen, als von Aristoteles bereits geleistete hinzustellen, also Aristoteles von Averroes zu trennen. Averroes sollte weder Aristoteles noch Augustin als Verbündeten in der Zeittheorie behalten. Was insbesondere die Rolle der Zahl und des Gezähltwerdens im Aristotelischen Zeitkonzept angeht, so hebt Thomas jetzt hervor, die Zahl der Dinge hänge nicht vom menschlichen Intellekt ab:

Esse autem rerum numeratarum non dependet ab intellectu, nisi sit aliquis intellectus qui sit causa rerum, sicut est intellectus divinus: non autem dependet ab intellectu animae,
In Physicam l. IV 1.22 n. 629, ed. Maggiòlo, Rom–Turin 1954, S. 309.

Dies bedeutet: Nach Thomas maßt sich in der averroistischen Zeittheorie der menschliche Intellekt eine quasi-göttliche Stellung an. Aber gilt das dann nicht auch für die Zeitlehre Augustins? Oder sollte Augustin in den *Confessiones* doch nicht gelehrt haben, es gebe keine Zeit, wenn es keine Menschen gäbe?

4. Aegidius Romanus

Albert und Thomas konnten erreichen, daß Augustins Zeittheorie zeitweise aus den Physikkommentaren verschwand und in dieser Textgattung wohl erst in der Renaissance wieder auftauchte. Man sucht sie z.B. vergebens in dem *Physikkommentar* eines Autors, der Augustin eher nahestand wie Aegidius Romanus, dessen *Physikkommentar* vor 1279 entstanden ist.[13] Aber der beunruhigende Text Augustins war natürlich nicht zu verdrängen. Bei der Erörterung der Schöpfung in den Sentenzenkommentaren, vor allem bei der Lehre von den vier Gleichursprünglichen (*coaequaeva*, gemeint sind *caelum empyreum*, die Engel, die Materie der vier Elemente und eben die Zeit) ergab sich Gelegenheit, auf die Zeittheorie zurückzukommen. Wenn die Zeit ursprünglich mit der Welt geschaffen worden ist, konnte sie keine Tätigkeit der Seele sein, denn geistige Seelen, die zählen konnten, gab es erst am sechsten Tag. Thomas von Aquino, der im *Sentenzenkommentar* noch die Zeittheorie des Averroes geteilt hatte, tat sich sichtlich schwer, die Zeit zum gleichursprünglichen Schöpfungsbestand zu rechnen. Er argumentierte, *temporis ratio*

---

[13] Aegidius Romanus, *Physica*, lib. IV, lectio 18 bis 28, Venedig 1502, fol. 97 ra – 114 va.

aliquo modo completur ex actione animae numerantis: unde magis habet rationem extrinseci quam locus et ideo (!) potius connumeratur primo creatis quam locus.[14] Thomas scheint dies Argument selbst nicht einleuchtend gefunden zu haben. Denn er fügte hinzu, die Zeit werde als ursprünglich miterschaffen erwähnt, um der Irrlehre von der Ewigkeit der Welt zu widersprechen, die alle antiken Denker außer Platon vertreten hätten. Aegidius Romanus, dessen *Kommentar zum zweiten Sentenzenbuch* allerdings fast eine Generation später entstanden ist, etwa um 1310, suchte eine andere Auskunft. Auch er mußte die Zeit zu den vier *coaequaeva* zählen, sah aber zwei Schwierigkeiten. Die erste war: Wie konnte die Zeit beginnen, bevor sich das Firmament bewegte, also *vor* dem zweiten Schöpfungstag? Die zweite Schwierigkeit interessiert uns hier mehr. Sie lautet: Wie konnte von Anfang an *Zeit* sein, wenn es keine Seele gab, die zählte? Anders als Albert und als Thomas in den *nach* dem Sentenzenkommentar geschriebenen Werken anerkannte Aegidius, daß es ohne zählende Seele keine Zeit gab; er blieb also Averroes näher als Albert. Aber für die ersten Schöpfungstage begnügte er sich mit der Auskunft, daß, als es noch keine zählende menschliche Seele gab, es doch eine Weltseele gab, nämlich Gott, der das Weltall zählend geordnet habe:

tempus complementum suum habet ab anima numerante, et cum non erat anima humana numerans, erat anima mundi, idest Deus, qui sicut aethera firmabat sursum et libravit fontes aquarum, sic numerabat prius et posterius in motu illo primo, per quod complebatur ratio temporis. Erant etiam angeli, qui ista numerare poterant.

Aegidius liefert also gleich noch eine Zusatzhypothese: Es gab auch noch die Engel, die das alles zählen konnten. Aber als schwane ihm, nicht gut geantwortet zu haben, bricht er in eine Beschimpfung der bombastischen Reden der Philosophen aus, um die sich die Heilige Schrift in ihrer Einfachheit nicht kümmere und nicht zu kümmern brauche:

Vel possumus dicere, quod scriptura divina non curat de istis ampullosis verbis Philosophorum, nec de sublimitate sermonis nec de sapientia verbi, sed de ipsa re tantum. Sufficiebat ergo Sanctis, quod esset tempus, secundum quod est in re tantum (!), ad hoc, quod dicerent tempus esse unum de quattuor coaevis (In 2 Sent. 12, 2, 1, Venedig 1581, p. 529 ra).

---

[14] Thomas von Aquino, In 2 Sent., dist. 12 qu. 1 a 5, ed. Mandonnet-Moos, Bd. 2, 317.

Die Zeit ist also schließlich nur (!) in den Dingen selbst, ohne der aktuell zählenden Menschenseele zu bedürfen. Diese Diskussion führt Aegidius, ohne das XI. Buch der *Bekenntnisse* zu erwähnen. Aber er zitiert es, um folgende Einwände gegen die Theorie zu formulieren, daß die Zeit zum ursprünglichen Schöpfungsbestand der vier *coaequaeva* gehöre:

Erstens: Die Zeit *ist nicht*, folglich konnte sie auch nicht geschaffen werden. Denn die Teile der Zeit sind Vergangenheit, Gegenwart und Zukunft. Aber das Vergangene ist nicht mehr, das Zukünftige ist noch nicht, also ist die Zeit nichts. Bleibt nur die Gegenwart als der Teil der Zeit, der existieren kann. Aber wenn die Gegenwart nicht ins Gewesene überginge, wäre sie keine Zeit, sondern Ewigkeit, wie Augustin im XI. Buch der *Bekenntnisse* lehre. Der Augenblick ist aber nicht Zeit, sondern höchstens Anfang oder Ende der Zeit. Die Zeit konnte also nicht geschaffen werden. Ohne auf die Einzelheiten einzugehen, erwähne ich nur die Antwort, die Aegidius, wieder mit Berufung auf das XI. Buch der *Bekenntnisse*, auf diesen Einwand gibt:

Dies Argument darf nach Aegidius nicht so gelesen werden, als bewiese es, daß es keine Zeit gibt; es wolle nur ein Problem aufzeigen, um zu dessen Lösung aufzufordern,

Dici debet, quod istud argumentum non arguit tempus non esse, sed petit sibi quandam difficultatem solvi,

und die Lösung könne darin liegen, daß man das Bleibende zu unterscheiden lerne vom Sukzessiven: Beim Bleibenden bestehen alle Teile gleichzeitig; beim Sukzessiven bestehen sie nur nacheinander. Das Staunenswerte an den Sukzessiva sei, daß sie nicht wie die bleibenden Dinge erst zu sein beginnen, wenn alle Teile beieinander sind – etwa bei einem Haus –, sondern daß sie, sobald alle Teile zusammen sind, aufgehört haben zu sein. Dann zitiert Aegidius wiederum das XI. Buch der *Bekenntnisse: Unsere Jahre werden erst alle beisammen sein, wenn sie alle nicht mehr sein werden.*[15] Aegidius folgert aus der Augustinischen Reflexion über das Nichtsein der Realzeit nicht ihre individualseelische Herkunft; wahrscheinlich denkt er dabei an Aristoteles, *Physik* IV 10 217 b 30–218 a 3, und an Alberts Ontologie der Successiva, eine Theorie, die sie dem Zugriff der Fangfrage, wie sie sein können, da ein Teil von ihnen nicht

---

[15] Aegidius Romanus, In 2 Sent. dist. 12 qu. 2 a. 2, Venedig 1581, p. 529 b und 534 a–b.

mehr, ein andrer Teil noch nicht ist, entzieht. Er betrachtet dieses Problem durch die Unterscheidung von *permanentia* und *successiva* als erledigt. Er nimmt die Zeittheorie Augustins als aporetische Darlegung (*petit sibi quandam difficultatem solvi*), sieht aber, was Augustin als Lösung vorgebracht hat, nicht als eine Lösung an, sondern „verbessert" Augustin durch die Unterscheidung von Bleibendem und Sukzessivem.

5. *Heinrich von Gent*

Das Werk des Aegidius Romanus († 1316) verteilt sich über eine ganze Reihe von Jahrzehnten. Kommen wir also noch einmal auf die dramatischen Jahre um 1277 zurück, in die sein *Physikkommentar* gehört. Wir haben ein Dokument ersten Ranges, das die Zeitdiskussion in Paris unmittelbar nach der Verurteilung der Artes-Lehrer anzeigt, das *Quodlibet* III qu. 11 des Heinrich von Gent. Schon Anneliese Maier hat auf seine theoretische und seine historische Bedeutung hingewiesen: Handelt es sich doch um die Zeittheorie eines der wichtigsten Beteiligten bei der Erstellung der Liste von 1277. Udo Reinhold Jeck hat sie eingehend analysiert und in neues Licht gestellt; ich ziehe seine detailreichen Analysen auf einige Hinweise zusammen; ich zitiere nach der Folienzählung der Ausgabe Paris 1518 mit fortlaufender Zeilenzählung.[16]

Fast alle Historiker betrachten die Verurteilung von 219 Thesen durch Bischof Tempier in Paris anno 1277 als eine Reaktion der augustinistisch orientierten Theologen gegen die aristotelisierenden Artisten.

Der Text Heinrichs beweist zunächst einmal, daß es keine moderne Voreingenommenheit ist, in der These 200 des Verurteilungsdokuments in erster Linie eine Verwerfung der averroistischen, aber auch der augustinischen *Zeit*-Theorie zu sehen. Auch Heinrich spricht überhaupt nicht vom *aevum*, das der Bischof ebenfalls verbietet, nur in der Seele real zu finden. Vermutlich gab es keine ausgearbeitete Theorie, die das

---

[16] Außer der maßgeblichen Studie von U.R. Jeck, Aristoteles contra Augustinum, vgl. auch P. Porro, Enrico di Gand nelle Scolastica del XIII Secolo. Una questione controversa: La natura del tempo, Bari 1986; ders., Enrico di Gand sul problema della realtà del tempo, in: M. Fabris (Hg.), L'umanesimo di S. Agostino. Atti del congresso internazionale Bari 28–30 ottobre 1986, Bari 1988, 589–611. Ich danke Herrn Kollegen Matteo Fabris für freundliche Unterhaltungen und die gütige Überlassung dieses Bandes, Herrn P. Porro für Hinweise auf seine Arbeiten.

ausschließlich innerseelische Sein des *aevum* behauptete, während es bei Aristoteles und Galen, bei Augustin und bei Averroes explizite Ansichten über das innerseelische Sein der *Zeit* gab; jedenfalls spricht Heinrich ausschließlich von ihnen. Seine gesamte *Quaestio* III 11 richtete sich gegen einen Opponenten, der das rein innerseelische Sein der *Zeit* (nicht: des *aevum*) behauptet. Heinrich eröffnet sie mit einem Aristoteleszitat, wonach Zahl und Zeit nicht ohne die zählende Seele sein können (*Phys.* IV 14, 223 a 25–26). Er bringt vor Beginn der Erörterung einen einzigen Gegeneinwand, der ebenfalls aus Aristoteles stammt. Danach ist die Zeit der Bewegung gleichursprünglich (*simul*), aber Bewegung kann es nach Aristoteles auch ohne die Seele geben (*Phys.* IV 11, 219 b 2). Schon Albert hatte im *Physikkommentar* geglaubt, Aristoteles korrigieren zu müssen; Heinrich eröffnet die Diskussion neu, indem er die Position des Aristoteles als klärungsbedürftig erscheinen läßt: Steht Aristoteles auf der Seite der vom Bischof von Paris verworfenen Theoretiker einer bloß innerseelischen Realität der Zeit? Noch wichtiger aber war die Frage: Konnten die Verurteilten sich gar auf Augustin selbst berufen, dessen Verteidigung gegen die griechisch-arabischen Neuerungen Bischof Tempier und seine Beraterkommission (zu der Heinrich maßgeblich gehörte) doch übernommen hatten? Zunächst bleibt Heinrich unter Aristotelikern. Sie sind damit vertraut, daß das Sein der Zeit ein schwaches, dunkles ist und daß es Anlaß zu vielen Zweifeln gab (fol. 63 r Z. 10–14). So hätten auch Galen *et alii sapientes* (Z. 18) am außerseelischen Sein der Zeit gezweifelt; Augustins Name fällt hier noch nicht. Mit Berufung auf Averroes berichtet Heinrich, manche Philosophen hätten die Zeit mit der Bewegung identifiziert; zu ihnen gehöre Platon, gegen den Aristoteles in *Physik* IV 10, 217 b 31–218 a 2 argumentiere. Aristoteles selbst frage sich, ob die Zeit real existiere, und er bringe folgende Argumente dagegen vor:

1. Wie kann sie *sein*, wenn ihre Teile (Vergangenheit und Zukunft) nicht mehr oder noch nicht sind (fol. 63 r, Z. 25–38).

2. Wir nehmen Zeit nur wahr, wenn wir wach sind, also nur im Zusammenhang mit innerseelischen Veränderungen. Die *Zeit* erfahren heißt ein distinktes Früher und Später erfassen. Aber eine solche Distinktheit gibt es nicht an den Dingen, sondern nur in der Seele (fol. 63 r–63 v, Z. 38–56).

Daher hätten Galen und Augustin der Zeit nur ein innerseelisches Sein zugeschrieben (Z. 56–60). Diese Kombination der beiden Namen kennen wir aus Alberts *Physikkommentar*. Doch bleibt Heinrich zunächst noch bei dem Hauptargument, das Aristoteles (und mit ihm Averroes) für den Zusammenhang von Zeit und Seele vorgebracht hatten: Die Zeit ist Zahl, aber Zahl *kann nicht sein ohne zählende Seele* (fol. 63 v, Z. 61–80). Heinrich fährt fort: Dies zu zeigen sei auch die Intention Augustins gewesen: *et est intentio Augustini ... quod tempus non est nisi in anima.* Dann referiert Heinrich Augustins Zeittheorie (fol. 63 v, Z. 80 bis fol. 64 r, Zeile 172). Sein Augustinreferat umfaßt mehr Zeilen als die gesamte bisherige Erörterung; ich schließe daraus: Die Position Augustins in *der* Zeitfrage war Ostern 1278 bzw. Ostern 1279 (zwischen diesen Daten schwankt die Datierung des Textes) noch wichtiger als die des Aristoteles. Heinrich hebt dabei hervor, auch Augustin habe die Zeit im Zusammenhang mit dem *motus* gedacht; sie folge nach Augustin der Veränderung (*motus*) als deren Zahl und Maß, aber dabei beziehe sich Augustin nicht auf die Veränderungen außerhalb der Seele, sondern auf die, die in den Begriffen der Seele, *in conceptibus animae*, stattfänden, gleichgültig, ob sie sich dabei auf außerseelische Veränderungen bezögen oder nicht (Z. 80–85). Heinrich schneidet also Augustins Seelenzeit nicht ab von allen Außenweltveränderungen; er zitiert sorgfältig *Conf.* XI 14, 17 Verheijen 202–203, wonach, wenn nichts vorbeiginge, es auch keine vergangene Zeit gäbe. Aber da Augustin frage, wo das Vergangene und wo das Zukünftige seien, habe Augustin keine andere Antwort gefunden als die: Sie sind, aber nur in der geistigen Tätigkeit der Seele: *Et est responsio Augustini, quod sunt, sed non nisi in anima concipiente, non autem in re extra* (Z. 109–111). Heinrich zitiert ausführlich das XI. Buch der Bekenntnisse; er gibt, soweit ich sehen kann, das genaueste Referat der Augustinischen Zeitlehre seit Alberts *Summa de creaturis*, tr. 2 qu. 5 a. 1, Borgnet 34, 365 b–366 b. Er resümiert sein Augustinreferat:

Ecce plane, quid de proposita quaestione sensit Augustinus, videlicet quod non esset nisi in anima, et nihil aliud quam affectio seu conceptus transitus rerum pertranseuntium, manens in anima, ut quod tempus futurum nihil aliud sit quam conceptus secundum expectationem praetereundi, praeteritum nihil aliud quam conceptus secundum recordationem iam pertransiti, praesens vero nihil aliud quam conceptus secundum attentionem iam praetereuntis (fol. 63 v, Z. 146–154).

Gegenüber Alberts Referat im *Physikkommentar* fällt auf: Bei Heinrich ist von Einbildungskraft *(imaginatio)* nicht mehr die Rede. Die Zeit ist nicht die seelische Verfassung bezüglich eines Vergangenen, Gegenwärtigen oder Zukünftigen, sondern sie ist der *conceptus*, den wir aufgrund einer solchen dreigliedrigen seelischen Verfassung bilden. Stärker als die meisten Autoren des 20. Jahrhunderts hebt ein so genauer Augustinleser wie Heinrich hervor, die Zeit beziehe sich auf vorübergehende Dinge der Außenwelt, doch gerade in dieser Außenbeziehung vollzieht sie sich in der Seele. In ihr, nicht außen, messen wir die Zeit (Z. 169–171).

Nach diesem ausführlichen Bericht entwirft Heinrich seine eigene Lösung des Zeitproblems (Z. 173–300). Sie beginnt mit einem Einwand gegen Augustins Zeittheorie und gegen die vereinzelte einleitende Argumentation des Aristoteles in *Phys.* IV 217 b 32–218 a 2: Diese Argumentation aus dem Nichtsein der abgelaufenen Zeit und dem Nichtsein der zu erwartenden Zeit könnte man ebenso gegen die Realität der Veränderungen (*motus*) vorbringen. Dennoch zweifle wohl niemand an der Realität von Veränderungen (fol. 64 r, Z. 171–209). Ein Philosophiehistoriker des 20. Jahrhunderts würde das so ausdrücken: Die Argumente gegen die Realität der Zeit sind von derselben eleatischen Art wie die gegen die Veränderung überhaupt. Die Zeit habe, argumentiert Heinrich, keine andere Seinsweise als der *motus*. Der Augenblick, das *instans oder praesens, das aus der Abfolge der Veränderungsphasen folge, muß also notwendigerweise ein außerseelisches Sein in natura rei haben* (bes. Z. 187). Der Sinnenschein, auf den Heinrich sich gegen die eleatische Reflexion ungestört beruft, beweist ihm die Realität des *motus*, obwohl man auch von jeder Veränderung mit Augustins Zeitargument behaupten könne, das Abgelaufene *sei* nicht mehr, das Kommende *sei* noch nicht, also existiere die Bewegung nicht in der Realität. Auf dieses Argument gründe Augustin seine ganze Überzeugungskraft, aber hier sei ihm, mit allem Respekt, zu widersprechen: Man könne nicht gänzlich bestreiten, daß der Zeit ein außerseelisches Sein zukomme:

Super hoc enim Augustinus fundat omnem suam persuasionem. Salva ergo reverentia beati Augustini, non omnino negandum est tempus esse extra animam (fol. 64 r, Z. 207–209).

Aber dann stellt sich für Heinrich doch die Frage, ob die Seele für die Zeit gar nicht notwendig sei, ob also die Zeit ein vollständiges Sein, *perfectum suum esse*, außerhalb der Seele habe. Die Zeit dürfe nämlich auch nicht mit dem *motus* identifiziert werden. Dagegen gelte das Argument des Averroes, daß das Sein der Zeit durch die Seele vollendet werde *(completur per animam)*. Man müsse also sagen: Die Zeit habe in einem gewissen Sinne ein Sein außerhalb der Seele, in einem gewissen Sinne aber sei sie in der Seele und nicht ohne die Seele. Dies sei auch die Lehre des Aristoteles gewesen (Z. 221–235).

Heinrich trennt also nicht wie Thomas Averroes von Aristoteles. Er lehrt nicht mit Albert, die Seele habe ihr Sein *penitus* außerhalb der Seele; er bleibt in der Zeittheorie näher bei Averroes als Albert im *Physikkommentar*. Er deutet diejenigen Passagen des Aristoteles, die das Augustinische Argument für das Nichtsein der Zeit abgeben (bes. *Phys.* IV 10, 217 b 32), als vorläufige Überlegungen, die Aristoteles im Laufe der Abhandlung korrigiert habe. Heinrich sieht keine weitgehende Übereinstimmung zwischen Aristoteles und Augustin, wohl aber zwischen Aristoteles und Averroes. Er stimmt dem Hauptargument dieser beiden Zeittheoretiker soweit zu, daß die Zeit als Zahl ihr vollständiges Sein nicht ohne zählende Seele haben kann (bes. Z. 244–245). Daß Aristoteles der Zeit ein außerseelisches Sein zugeschrieben habe, gibt Heinrich mit der sibyllinischen Wendung wieder, *expresse insinuat* (Z. 234), was ja soviel heißt, daß man es folgern müsse aus dem Gesagten, vor allem aus der Stelle in *Phys.* IV 14, 223 a 16–18: Es gebe Zeit *auf der Erde, im Meer und im Himmel*. Bei Annahme einer Weltseele braucht man tatsächlich nicht auf außerseelisches Sein der Zeit zu schließen. So haben es die griechischen Aristoteleskommentatoren auch aufgefaßt. Aber Heinrich sieht, daß er mit seiner Analyse erneut einsetzen muß, um zu zeigen, wie die Zeit ein außerseelisches Sein, ein *esse utcumque* (*Aristoteles Phys.* IV 14, 223 a 27), haben könne (Z. 245–300). Er folgt dabei dem Ratschlag des Aristoteles, wer die Zeit erforschen wolle, müsse zunächst erforschen, was der *motus* sei. Heinrich unterscheidet dann im motus folgende drei Momente:

Das erste Moment der Veränderung (*motus*) ist ihre Kontinuität, *continuatio*: Ihr Fluß reißt nicht ab.
Das zweite Moment ist die Unterscheidung des Früheren und des Späteren. Vergangenes und Zukünftiges sind distinkt; sie sind aber beide ununterschieden verbunden mit dem gegenwärtigen Augenblick.
Das dritte Moment verbindet die beiden ersten: Jede Bewegungsphase ist von sich aus verbunden mit dem von ihr, was augenblicklich vorgeht; aber in ihr bleiben die früheren und die späteren Phasen getrennt (fol. 64 r, Zeile 263–fol. 64 v, Zeile 272).

Heinrich hat diese Unterscheidungen eingeführt, um über das Sein dieser Zeitelemente und ihren Zusammenhang mit der Tätigkeit der Seele entscheiden zu können:

Danach ist das erste Zeitelement, die kontinuierliche Veränderung ein reiner Naturbestand; er liefe ab, auch wenn es keine Seele gäbe, die ihn wahrnähme und zählte.

Das zweite Element verdankt sich ausschließlich der begrifflichen Tätigkeit der Seele. Denn die Unterscheidung früherer und späterer Veränderungsphasen in ihrer Differenz zum gegenwärtigen Augenblick nimmt allein der Verstand vor.

Das dritte Element findet sich teilweise in der Sache selbst, teilweise nur in der Seele. Sofern wir auf die kontinuierliche Bewegung achten, also auf das erste Element, findet es sich als purer Naturbestand, auch ohne die Seele; sofern wir dabei auf die Unterscheidung des Früher und Später sehen, findet es sich nur in der Seele (fol. 64 v, Zeile 272–281). Mit Hilfe dieser Unterscheidungen glaubt Heinrich die verschiedenen Dicta des Aristoteles einordnen zu können:

Das erste Moment, die kontinuierliche Bewegung, bestätigt die Lehre des Aristoteles, daß die Zeit dem *motus* zugeordnet ist (*Phys.* IV 11, 219 b 23); als kontinuierliche Bewegung findet sie sich „auf der Erde und im Meer und am Himmel" (*Phys.* IV 14, 223 a 17–18, sie ist gleichselbständig wie der *motus* (*Phys.* IV 14, 223 a 27–28).

Das zweite Element, die Unterscheidung des Vergangenen als Vergangenen und des Zukünftigen als Zukünftigen von dem gegenwärtigen Augenblick, also gerade als nicht-verbunden mit dem Gegenwärtigen, *ut praecisum ab instanti praesenti et non copulatum ei,* existiert allein aufgrund der begrifflichen Tätigkeit der Seele. Dies erklärt nach Heinrich, was Aristoteles einleitend über das Nichtsein des Vergangenen und des Zukünftigen und damit über das Nichtexistieren der Zeit gesagt hat (*Phys.* IV 10, 217 b 33–218 a 3). Dies ist für Heinrich nun die Stelle, das Verhältnis der Augustinischen zur Aristotelischen Zeittheorie zu klären:

Augustin habe sich an diese zweite Stufe der Analyse gehalten, während Aristoteles gerade auch die erste verfolgt und gezeigt habe, wie die Zeitteile miteinander verbunden seien, *ex copulatione seu continuatione ad instans indivisibile praesens* (Z. 307). Augustin hat also das spezifische Sein der Sukzessiva verfehlt. Wir erkennen hier Einwände aus Alberts Augustinkritik der *Summa de creaturis* wieder, tr. 2 qu. 5 a. 2, Borgnet 34, 371 b und vor allem a. 5, Borgnet 34, 377 b: *probat Philosophus*

... quod praesens copulatur ad praeteritum et futurum. Augustin hatte – argumentiert Heinrich – die abgelösten Bewegungsphasen im Auge. Diese können aufgrund ihrer Trennung vom Augenblicksgeschehen tatsächlich nur in der Seele existieren. Demnach habe Augustin auch das Jetzt als isolierten Punkt im Auge, der sofort ins Nichts übergehe. Unter dieser Voraussetzung spreche Augustin auch über kurze und lange Zeiträume: Er sehe sie immer nur in ihrer Existenz in der Seele, nicht in ihrer immanenten Verbindung zum jetzt ablaufenden Naturprozeß und Zeitpunkt. Hier widerspricht Heinrich mit Berufung auf Aristoteles dem Heiligen: Wir nennen Zeiträume *lang* oder *kurz* im Hinblick auf ihr Sein außerhalb der Seele; auch Aristoteles habe gelehrt, über Länge und Kürze von Zeitspannen entscheide die größere oder kürzere Entfernung zu dem unteilbaren Augenblick, mit dem sie von sich aus verbunden sind. Daher nennten wir den Zeitraum von der Sintflut bis heute *lang*; den Zeitraum von morgens bis mittags aber *kurz* (Z. 300–327). Hier sieht Heinrich keinen Kompromiß zwischen Augustin und Aristoteles; er stellt sich mit Albert auf seiten des Philosophen gegen den Bischof. Während Augustin auf die Frage, *wo* das Vergangene und das Zukünftige *seien*, nur zu antworten gewußt habe: *in der Seele*, habe Aristoteles gezeigt, daß sie in den Dingen selbst seien aufgrund ihrer Verbindung mit der gegenwärtigen Bewegungsphase: *Augustinus respondet: in anima. Philosophus autem dicit, quod in rebus ex continuatione illorum ad praesens, quod instat* (fol. 64 v, Z. 339–341). Wem hingegen klar werde, daß Augustin die Vergangenheits- und Zukunftsphasen isoliert und in ihrem isolierten innerseelischen Zustand, also abgelöst von ihrem realen Bewegungszusammenhang, betrachtet habe, dem werde seine gesamte Analyse in *Conf.* XI deutlich:

> *Quibus consideratis patere potest inspicienti tota determinatio Augustini prolixa in XI Confessionum* (Z. 349–351).

Denn abstrakt als Vergangenheits- und Zukunftsmomente *seien* diese Augenblicke tatsächlich nur in der Seele. Diese Analyse sei unter ihren Voraussetzungen wahr, aber sie vernachlässige das Entscheidende, die immanente Verbindung der Bewegungselemente miteinander. Insofern verfehle sie das Wesen der Zeit, *et revera quod dicit, <u>secundum considerationem suam verum est</u> .... Sed illa <u>eius consideratio multum insufficienter respexit naturam temporis</u> in praeterito et futuro, includendo ipsa inter instantia praeterita et futura et non copulando ad instans praesens,* *sicut in sua consideratione* <u>*copulavit ea Aristoteles, et valde bene*</u> (Z. 351–360; U.R. Jeck verweist auf Aristoteles, *Phys.* IV 13, 222 a 10 13).

Heinrich greift – abschließend – eine Albertsche Unterscheidung zwischen der *substantia* und dem *esse* der Zeit auf und faßt zusammen: Der Augenblick ist die ganze Substanz der Zeit, in dem das gesamte Sein der Zeit Bestand hat, die durch ihren Fluß ein jeweils anderes Sein verursacht und damit zur kontinuierlichen Zeit wird, zusammengesetzt aus dem Vergangenen und dem Zukünftigen, vom Anfang der Welt bis zu ihrem Ende, wobei es auf die Seele nicht ankommt. Isoliert man hingegen den formellen Grund der Sukzession, also die Distinktheit der früheren Phase von der späteren, dann bewegt man sich unter Abstraktionen, aber eben so vollende sich die Wesensbestimmung der Zeit. Heinrich verbindet dabei Aristotelische und Averroistische Zeittheorie und statuiert: Die Zeit hat sozusagen ihr materielles Sein in den Dingen, aber nach ihrem vollendeten und formellen Grund existiert sie in der Seele. Es sei die Eigenart der *successiva*, teils in der Natur der Dinge, teils in der Seele ihr Sein zu haben; eine ähnliche Doppelung gebe es bei den Universalien, die auch der Möglichkeit nach in den Individuen existieren, aber in ihrer abstrakten Form nur in der Seele anzutreffen seien. So sei die Zeit ihrem wahren, aber potentiellen Sein nach in der Natur, aber nach ihrem wahren und formellen Sein in der Seele. Der letzte Satz Heinrichs kritisiert noch einmal Augustins Zeitlehre: Die Zeit hätte nur ein fiktives, nicht ein wahres Sein in der Seele, wenn sich in der Natur nichts mehr veränderte, wenn also der Himmel stillstünde und die Seele sich nur noch an vergangene Weltvorgänge erinnerte (fol. 65 r, Z. 394 c – 408). Der ausführlichen Analyse der Zeittheorie Heinrichs bei U.R. Jeck wüßte ich nur wenig hinzuzufügen. Jeck weist darauf hin, daß Heinrich die bei Grosseteste begonnene, von Albert fortentwickelte Konfrontation der Aristotelischen mit der Augustinischen Zeittheorie auf einen Höhepunkt treibt. Dabei waren alle diese Autoren nicht daran interessiert, die theologischen Aspekte der Zeittheorie Augustins zu rezipieren; alle reduzierten den quasi-dialogischen Stil der *Bekenntnisse*; alle suchten feste Resultate auf Kosten der Aporetik. Um genauer zu sein: Sie *sahen* in Augustins Text nichts Aporetisches und stellen uns damit die Frage, ob Leser des 20. Jahrhunderts nicht vielleicht die Aporetik darin überbetonen. Lesen wir Heinrichs *Quaestio* als ein Zeitdokument nach der Verurteilung der These 200, so fällt seine kritische Distanz zu Augustin auf. Heinrich stellt scharf die Mängel der Augustinischen Zeittheorie heraus: Sie stilisiert die Zeit unter dem Gesichtspunkt des Discretum; sie beraubt sie ihres Charakters als Kontinuum; sie verfehlt die Seinsweise der *successiva*; sie isoliert den Augenblick aus dem konkreten Werdestrom; sie verkürzt die Weltzeit auf die Seelenperspektive eines Menschen. Heinrich macht zum Beispiel keinen Versuch, aus *De Civitate Dei* zu belegen, daß auch Augustin ein Interesse am Gesamtlauf des Weltgeschehens hatte, daß er also die Zeit nicht immer auf die Erinnerung und Erwartung der Einzelseele gegründet haben wird. Kein Wort gegen Averroes, dessen Zeitlehre Heinrich an einer Schlüsselstelle (Z. 390–397) in seine Überlegung einfügt; Aristoteles wird – anders als bei Albert – gegen den Eindruck verteidigt, auch er verflüchtige die Zeit zu einem bloß Innerseelischen. Von Aristoteles stammen die Grundthesen: Zeit als Folge des *motus*, Analyse der Kontinuität der Bewegung, insbesondere eine Theorie des Augenblicks, die diesen verknüpft zeigt mit Gewesenem und Zukünftigem. Allerdings beruft sich Heinrich auf einen Aristoteles, dessen Zeitlehre er – anders als Albert, in dessen *Summa de creaturis* er allerdings alle anderen genannten Aristotelischen Motive, besonders die Theorie des *verbundenen Augenblicks* finden konnte – „realistisch" verbessert hat. Heinrichs Kritik gilt einer Zeittheorie, die der Zeit nur ein Sein in der Seele zuschreibt; insofern bleibt sie auf der Linie der Verurteilung der These 200 von 1277. Aber deswegen triumphiert in ihr nicht Augustin über Averroes; eher siegt – bei einem Vertreter der theologischen Mehrheitsmeinung – der averroistisch gelesene Aristoteles über die als Einzelstück im Werk Augustins isoliert belassene Zeittheorie der *Bekenntnisse*. Dies zeigt, wie tief Aristoteles und selbst Averroes bereits in die konservative Mehrheit eingedrungen waren, oder auch: zu welchen Neuerungen im 13. Jahrhundert die Führer einer eher konservativen Mehrheit noch fähig waren. Heinrich dürfte Aegidius Romanus (*Physica* IV, lect. 28 fol. 113 ra) folgen, wenn er das Zeitproblem als eine Parallele zum Universalienproblem darstellt; dies mochte die salomonische Lösung: *partim in re – partim in anima*, die er durch eine Drei-Aspektenlehre der Zeit verfeinert hatte, plausibler erscheinen lassen. Aber die Frage, wo und wie die Kontinuität der Bewegung existiere, wenn doch nur der gegenwärtige Augenblick real gegeben sei, diese Frage, die sich sowohl aus Aristoteles, *Phys*. IV 10 217 b 30 ss, wie aus Augustin ergab, war damit nicht wirklich beantwortet. Heinrich appelliert an das Vorstellungsbild eines Gesamtgeschehens der Welt von ihrer Gründung bis zum Weltgericht, mit dem die Zeit aufhören wird. Er vergewissert sich sozusagen indirekt der Kontinuität, um sie dann als das aller Diskretheit vorgeordnete Naturmoment der Zeit zu behaupten. Und war wirklich die Zeit *real*, wenn nur die kontinuierliche Bewegung als ihre Grundlage real war? Lag nicht in dem Anspruch, das Sein der Zeit außerhalb der Seele zu beweisen, auch die Notwendigkeit, das Moment der Diskretheit als ebenso real zu erweisen wie das der Kontinuität?

6. *Vitalis de Furno*

Anneliese Maier[17] hat gezeigt, wie die Linien *nach* Heinrich wieder auseinandergingen: Entweder man behauptete mit Wilhelm von Alnwick, Kontinuität und Diskretheit seien beides Naturbestände der Zeit, oder man nahm beide ins innerseelische Sein zurück. Man konnte freilich auch die Position Heinrichs als eine geschickte Koordination Aristotelischer, Averroistischer und Augustinischer Motive schulmäßig ausbauen. Dies geschieht zum Beispiel in der Quaestio 18 der *Quaestiones de rerum principio*, die Duns Scotus zugeschrieben wurde, aber wahrscheinlich den Franziskaner Vitalis de Furno († 1327) zum Verfasser hat; ich zitiere nach Ioannis Duns Scoti *Quaestiones disputatae de rerum principio*, ed. M.F. Garcia, Quaracchi 1910.

Der Autor weiß, daß es sich um eine höchst umstrittene Frage handelt; schließlich hatte schon Avicenna die Meinungsvielfalt vorgeführt; Vitalis bemerkt:

magna apud auctores antiquos fuit dubitatio
(qu. 18, a. 2 n. 576, Garcia 489).

Er resümiert die Ansichten des Aristoteles und des Avicenna dahin: Die Zeit sei fundiert im *motus*, aber die *ratio* des Früher und Später finde sich nur in der Seele (n. 579, Garcia S. 493). Mit den *so* gelesenen Philosophen konkordiere auch Augustin, der ausdrücklich lehre, die Zeit *sei* nur in der Seele, aber folge dem *motus* als dessen Maß; sie folge allerdings nach Augustin nicht dem äußeren *motus, sed motum sive conceptum animae. Augustinus behaupte in den Confessiones, die Zeit sei nichts*

---

[17] A. Maier, Die Subjektivierung der Zeit in der scholastischen Philosophie, in: Philosophia naturalis 1[1950] bes. 383.

anderes als ein Begriff des Intellekts oder ein Vorübergang der vergehenden Dinge, der zusammengefaßt in der Seele verbleibt: tempus ... conceptus intellectus vel transitus rerum pertranseuntium simul manens in anima (n. 580, Garcia S. 493). Der Autor zitiert dann ähnlich ausführlich (bei Garcia zwei Seiten lang: S. 494 bis 495) wie Heinrich das XI. Buch der *Confessiones*; er hebt die Ähnlichkeit der Argumente mit denen des Aristoteles hervor; er faßt sie dann, ähnlich wie Heinrich, noch einmal zusammen:

> *Ecce igitur positio Augustini de tempore, quod non sit nisi in anima, et quod etiam eius partes praesentes sunt ac per hoc sunt. Unde ratio sua tota est, ut frequenter patuit, quod partes eius, ut sunt in re extra, non sunt; igitur nec tempus fit ex talibus, sed conceptus; ergo conceptus praesens in anima de praeterito, et conceptus praesens in anima de futuro et de praesenti, isti conceptus durant et perseverant in anima, et sunt actu entia, et mensurant motum intrinsecus aut extrinsecus, secundum modum iam dictum; et ideo tempus solum, ut dicit, est in anima* (qu. 18 a. 2 n. 580, Garcia 496).

Unser Autor wendet dann wie Heinrich ein: Dieses Argument würde ebenso auf den *motus* zutreffen; dadurch würden alle Naturvorgänge zu bloß logischen Wesenheiten. Dies sei absurd; also sei eine mittlere Position zu suchen: die Zeit teils in der Natur, teils in der Seele. Dies macht aber – nach umständlichen Ausführungen – eine erneute Kritik an Augustin notwendig (qu. 18 a. 3 Garcia 507 bis 511): Vergangenheit, Gegenwart und Zukunft haben außerhalb der Seele ein Sein; Zeitspannen sind außerhalb der Seele *lang* oder *kurz*; ihren Seinsbestand, den Augustin nur in der Seele finden wollte, haben sie in sich, und zwar aus der Natur des gegenwärtigen Augenblicks. Denn solange eine Zeitspanne dauert, findet sich in ihr eine unteilbare Gegenwart oder der Augenblick, auch wenn dieser Augenblick immer je ein anderer ist. Und in diesem Augenblick finden sich die Vergangenheit und die Zukunft. Obwohl als solche Nicht-Seiende, haben sie aufgrund der Verbindung mit dem aktuellen Augenblick ein hinreichendes Sein. Für das Sein der Sukzessiva ist ein anderer Seinsmodus aber auch nicht nötig. Und hier liege der Gegensatz zwischen Aristoteles und Augustin: Augustin habe der Vergangenheit und der Zukunft nur ein innerseelisches Sein zugestanden, während Aristoteles gezeigt habe, sie hätten ein ausreichendes Sein aufgrund der Verknüpfung mit dem existierenden Augenblick. Augustins Theorie des Augenblicks sei auch deswegen verfehlt, weil sie es so darstelle, als existiere der Augenblick, *weil* er zum Nichtsein tendiere. So lasse er dann sogar den Augenblick nur in der Seele existieren, während der Augenblick in Wahrheit eine gegenwärtige Einwirkung eines Tätigen sei. Augustins Beweisfigur sei falsch. Man könne nicht folgern:

Jede zerstörbare Kreatur tendiert zum Nichts,
also hat sie ihr Sein nur in der Seele.

Vitalis kritisiert dann insbesondere, daß nach Augustin Zeiträume nur in der Seele lang oder kurz sein sollen. Vitalis übernimmt die Kritik Heinrichs an Augustins Theorie des Augenblicks: Augustin betrachte das Vergangene und das Zukünftige als fixiert in sich, nicht in ihrer konkreten Verbindung mit dem fließenden Geschehen. Während Aristoteles den Augenblick einbinde in das Naturwerden, isoliere Augustin das Vergangene und das Zukünftige; er sehe deswegen nicht, wie durch den so gefaßten Augenblick die Zeit ein ausreichendes Realsein erhalte:

Per ipsum igitur instans sive praesens, quod vere actu est in re, quamvis semper sit aliud et aliud, totum tempus habet esse (qu. 18 a. 3 n. 592, Garcia 509).

Also auch dieser Franziskaner stellt sich auf die Seite des Aristoteles gegen die Zeitlehre Augustins; er akzentuiert bei Aristoteles diejenigen Überlegungen, die der Zeit ein Sein auch ohne die Seele zuzubilligen scheinen, selbst wenn er darüber in Gefahr gerät, die Zeit mit dem *motus* zu identifizieren. Dies letzte soll eine artifiziell-scholastische Schlußsentenz wiederum ausschließen:

Quia tota (!) realitas temporis est motus et eius realis continuitas, formalis vero ratio est discretio prioris et posterioris, ideo magis dicitur quantitas continua quam discreta, et magis accidens naturale quam intentionale (n. 595, Garcia 511).

7. Dietrich von Freiberg

Wie Heinrich stellt Vitalis die Naturzeit als die Kontinuität des *motus* vor. Nur die Markierungen des Früher und Später setzt unser Intellekt. Aber ich deutete schon an, daß diese Zwei-Schichten-Lehre nicht alle

Leser Heinrichs überzeugen konnte. Das Nebeneinander von Naturelement und Seelenfunktion in der Zeit war damit doch nur äußerlich koordiniert; hinter den glatten Distinktionen verbarg sich ein Kompromiß. Um ihn als solchen zu entlarven, mußte man nicht beim Problem des prius und posterius, auch nicht beim Problem des *motus*, sondern bei der Theorie des continuum einsetzen. Wieso mußte es reiner Naturbestand sein? Mit dieser Frage begann Dietrich von Freiberg seine Theorie der Zeit. Daher heißt sein Traktat auch, wie sein Herausgeber R. Rehn klargestellt hat, *De natura et proprietate continuorum*. Darin argumentiert Dietrich, daß nicht nur das Vorher und Nachher kein reiner Naturbestand sein kann (was Heinrich zugestanden hatte), sondern daß auch gerade das Zeitkontinuum die Grundbestimmungen der *Einheit* und der Zahl enthält, die als solche in der Natur nicht vorkommen.[18] Die gedankliche Pointe in Dietrichs Zeittheorie besteht darin: Sie überwindet das Schichtensystem, zu dem sich Heinrich gezwungen sah. Das Auflagern der intentionalen Realität auf der physischen hatte Heinrich nie recht plausibel machen können. Dietrich braucht nicht mehr an die Vorstellung eines einheitlichen Weltprozesses zu appellieren, um das Kontinuum begreiflich zu machen, auch wenn Dietrich die Weltbewegung als letztes Substrat aller Veränderung zu den entfernten Ursachen der Zeit zählt. Ferner kann Dietrich alle Einwände abwehren, die bislang gegen ein bloß innerseelisches Sein der Zeit vorgebracht worden sind. Denn nach Dietrich besitzt, genau gesprochen, die Zeit kein rein innerseelisches Sein. Sie besitzt ein primäres, kategorial bestimmtes Sein, das der Tätigkeit der Seele entstammt; diese These ist nicht zu verwechseln mit der, daß die Zeit außerhalb der Seele *kein* Sein habe. Die Zeit ist bei Dietrich, in einer späteren Sprache zu sprechen, *objektives Sein*. Der von Anneliese Maier ins Spiel gebrachte Terminus der *Subjektivierung der*

---

[18] Ich gehe Dietrichs Argumentation hier nicht näher nach, sondern verweise auf seinen Text in den *Opera omnia, Bd. 3 (Hamburg 1983), 240–273*, ferner auf dessen Analyse bei R. Rehn, *Die Frage nach dem Sein der Zeit*, in: K. Flasch (Hg.), *Von Meister Dietrich zu Meister Eckhart*. Beiheft 2 zum CORPUS PHILOSOPHORUM TEUTONICORUM MEDII AEVI, Hamburg 1984, 1–11, schließlich auch auf meine Einleitung zu Band 3 der Werke Dietrichs und auf die Dietrich-Darstellung in meinem Buch: Das philosophische Denken im Mittelalter. Von Augustin zu Machiavelli, Stuttgart 1986, 394–406. Neuestens sind dazu außer der Arbeit von U. R. Jeck zu vergleichen: T. Suarez-Nani, *Tempo ed essere nell'autunno del medioevo. Il De tempore di Nicola di Strasburgo e il dibattito sulla natura ed il senso del tempo agli inizi del XIV secolo*. Bochumer Studien zur Philosophie Bd. 13, Amsterdam 1989 und N. Largier, Zeit, Zeitlichkeit und Ewigkeit. Ein Aufriß des Zeitproblems bei Dietrich von Freiberg und Meister Eckhart, Bern 1989.

Zeit ist schon in bezug auf Augustin problematisch; bei Dietrich führt er vollends irre. Außerdem überdeckt er die Differenz zwischen Augustin und Dietrich; bei Anneliese Maier erscheinen Augustin und Dietrich gemeinsam als die Lehrer einer *völligen Subjektivierung der Zeit* (vgl. bes. 364 und Anm. 7). Zuletzt ist dieser Ausdruck nicht scharf unterschieden von dem der *Nominalisierung der Zeit*, die in der Identifikation der Zeit mit dem *motus* und dann des *motus* mit dem beweglichen Körper bei Ockham besteht. Dietrichs Zeittheorie hat ihre Besonderheit gerade darin, daß die Seele primären Seinsbestand konstituiert; Dietrich war also durch die Verurteilung der These 200 *nicht* betroffen, wohl aber die Zeittheorie des XI. Buchs der *Confessiones*. Eine weitere Finesse der Zeittheorie Dietrichs lag darin, daß sie das bei Albert vorkommende, aber wenig klar entwickelte und später vernachlässigte Thema der Rolle der Einbildungskraft bei der Zeiterfahrung neu thematisierte und von der konstitutiven Funktion des Intellekts klar schied.

Was in unserem Zusammenhang besonders interessiert, hat U. R. Jeck im einzelnen dargelegt: Dietrich mischte die Karten der herkömmlichen Zeitautoritäten neu. Er hob ohne jede Einschränkung das Zusammenstimmen von Aristoteles, Augustin und Averroes hervor. Er machte Alberts Versuch rückgängig, Augustin aus der Zeittheorie zu verdrängen; er vernachlässigte aber, um Augustin nicht als Autorität zu verlieren, momentan den „kleinen" Unterschied, ob die Zeit nur *in* der Seele, was für Augustin zutrifft, oder *ab anima*, was für Dietrich zutrifft, sei (c. 3 Zeile 44, Bd. 3 Rehn 257). Er ließ die Aristotelischen Texte, nach denen es ohne Seele keine Zeit gebe, uneingeschränkt gelten; er betonte, Aristoteles habe die Zeit nicht mit dem *motus* identifiziert; Dietrich brauchte die Aristotelische Zeitlehre also nicht mehr wie Albert zu kritisieren; er verdeutlichte die Averroistische These, daß die Zeit in der Natur nur *in potentia* vorkomme, indem er zeigte, daß alles potentielle Sein nur von seiner aktualen Form, also die Naturzeit von der Seele her zu denken sei. Mit seiner Theorie von der Konstitution primären Seinsbestands durch die Seele vermied er überdies die Zensur der These 200 von 1277.

8. Ende des Mittelalters

Mochte es für die Zeitgenossen auch ein Vorteil sein, daß Dietrich solche Autoritäten wie Aristoteles, Averroes und Augustin in eine neue, einheitliche theoretische Konstruktion einfügte, so behielten doch der traditionelle Appell an einen anschaulichen Verlauf der gesamten Weltzeit, an die Kleinheit der subjektiven Zeitperspektive und vor allem die Warnung vor einer Überschätzung des menschlichen Geistes, die wir aus der Zeittheorie des Physikkommentars des Thomas kennen, ein überragendes Gewicht. Gestehen wir auch zu: Es war unter den Voraussetzungen des endenden 13. und des beginnenden 14. Jahrhundert nicht leicht, die Theorie Dietrichs von der konstitutiven Funktion des menschlichen Intellekts zu unterscheiden von einer Reduktion der Zeit auf ein bloß chimärisches oder fiktives Sein. Die Zeit, so insistierte Nikolaus von Straßburg gegen Dietrich, muß etwas Naturhaftes sein, das nicht nach Belieben in unserer Verfügung steht. Die Diskussion konnte also bei Dietrich nicht stehenbleiben. T. Suarez-Nani hat gezeigt, wie Nikolaus von Straßburg einerseits die Sonderstellung der Zeittheorie Dietrichs bestätigt, indem er ihr große Aufmerksamkeit zukommen ließ – Nikolaus sah sie keineswegs als den Ausfluß der neuplatonischen Grundströmung, den man seit Baeumker und Grabmann allgemein der deutschen Albertschule zuschreibt –, wie er sie aber andererseits im Namen des Thomismus kritisierte, wobei Nikolaus die Position des Thomas im Sinne seines Realismus der Zeittheorie verschiebt. Dieser Realismus war aber nun zunehmender Kritik ausgesetzt. Ging man die Zeittheorien des 13. Jahrhunderts mit der Sonde der Sprachkritik durch, dann gerieten Aristoteliker wie Augustinisten in Verlegenheit. Aber der Streit um Augustins Zeittheorie war damit nicht beendet; Anneliese Maier hat dafür eine Reihe von Belegen gebracht. Es gibt dafür aber noch einen Zeugen, der im Zusammenhang der Zeittheorie selten erwähnt wird: Dr. Martin Luther. Er hatte bei Gabriel Biel die Diskussion vorgefunden, ob die Zeit in der Seele sei oder außerhalb. Biel hatte sie dahin entschieden:

quantum ad aliquid est extra animam, scilicet quantum ad motum, et quantum ad aliquid, scilicet rationem discretivam est in anima, In 4 Sent. liber II, dist., 2 qu. 1 nota 3.

Als Luther 1509 oder 1510 die *Confessiones* las, strich er sich die Hauptstelle im XI. Buch c. 33 an: *non est ergo tempus corporis motus ... mihi visum est nihil aliud tempus quam distensionem ... et miror si non ipsius animi.* Augustins Zeitthese regte Luther zu einer längeren Bemerkung an: Viele Zeitgenossen teilten diese Zeittheorie nicht, da sie das Wesen der Zeit verfehle. Aber wenn wir nicht auf die Worte, sondern auf die Sache sähen, fährt Luther fort, seien alle Moderni der Ansicht Augustins. Luther notierte sich am unteren Rand seines Augustin-Exemplars:

Hanc Augustinianam disputationem multi non acceptant quasi quae temporis naturam non apte expresserit. Vera tamen est, si inspicias, et licet in verbis discordet, in re tamen idem dicit quod moderni. Dicit enim quod tempus sit distensio sive mensura in animo de motu. Quod nullus nostrum non affirmat. Nam omnes dicimus quod tempus duo importat, scilicet motum et mutationem sive mensuram eius: quae nusquam est quam in anima. Igitur idem dicimus quod Augustinus, Weimarer Ausgabe Bd. 9, S. 9 = E. Vogelsang (Hg.), Der junge Luther. Luthers Werke in Auswahl, Bd. 5 (Berlin 1933) S. 2.

Dies war kein sonderlich origineller Beitrag zu dem anstehenden Problem; ein Leser Biels versicherte sich der Zustimmung Augustins und stellte einen Konsens *aller Moderni* her, den es in Wirklichkeit nicht gegeben hat und auch 1510 nicht gab. Aber als Zeugnis für die Fortdauer der Debatte um Augustins Zeittheorie und als Beleg für die Lebenskraft der *Confessiones* sind diese Notizen von Wert.

Als Francisco Suarez († 1617) seine gewaltigen *Disputationes metaphysicae* vollendete, schrieb er auch ein umfangreiches Kapitel über die Kategorie des *Quando*, also über Zeit und Ewigkeit. Noch Heidegger hat sich dieses Kompendiums scholastischer Lehrmeinungen bedient. Für unseren Zusammenhang ist wichtig, daß Suarez immer wieder auf das XI. Buch der *Confessiones* zu sprechen kommt. Er berichtet von Augustins Polemik gegen die Identifikation von *motus* und Zeit in n. 29–31.[19] Er hält ausdrücklich fest, Augustin und Aristoteles stimmten darin überein, daß die Zeit nicht ohne die Seele sein könne. Dies sei *sententia communis*.[20] Suarez bringt eine ausführliche Kritik an der Augustinischen Theorie des Jetzt. Sie resümiert die Ansicht derjenigen mittelalterlichen Autoren, nach denen Augustins Annihilierung der

---

[19] F. Suarez, *Disputationes metaphysicae, Liber* L, sectio VIII, Opera omnia, vol. 26, Paris 1866, p. 950 a.
[20] F. Suarez, *Disp. met.,* Liber L, sectio IX 10, p. 961 a.

Jetztpunkte durch progressive Teilung die Ontologie der Sukzessiva verfehle.[21]

9. *Rückblick – Vorblick*

1. Die vorgelegten Texte bedeuten den Tod einer Legende. Es ist eine Legende, die sich auf Heidegger berufen kann und die in den letzten Jahren wieder neu auflebt. Viele mittelalterliche Texte aber widersprechen ihr.

Sie dokumentieren eine lebhafte Diskussion mittelalterlicher Philosophen über Augustins Zeittheorie, die so ‚modern' sein soll, daß sie im Mittelalter kein Echo ausgelöst haben soll. Die angeführten Texte sind unvereinbar mit der Ansicht, Augustins XI. Buch der *Bekenntnisse* sei erst im 20. Jahrhundert gründlich studiert worden, *einige Ausnahmen abgesehen*. Alexander von Hales, *Summa theologica I inq. 1 tract. 2 qu. 4*, ed. Quaracchi, vol. 1, S. 84, 89, 94 und 96 ist schuldlos und unverdient zu dieser Ehre gekommen, vermutlich nur, weil der unendlich gelehrte Pierre Courcelle ihn in *Les Confessions de S. Augustin dans la tradition littéraire, Paris 1963, 307* zitiert hat, allerdings ohne ihn als Ausnahme zu bezeichnen. Dies ist er nun wirklich nicht, wie der Rückblick zeigt: Das XI. Buch der *Confessiones* ist von den *Libri Carolini* bis zu den *Disputationes metaphysicae* des Suarez immer wieder zitiert und auch eingehend erörtert worden. Bonaventura, In 2 Sent. p. 1 a 1 qu. 2, Opera omnia, vol. 2, Quaracchi 1885, 58 zitierte es ebenso wie Thomas von Straßburg, In 2 Sent. d. 2 qu. 1, Venedig 1564, fol. 131 vb. Johannes Duns Scotus kannte es ebenso wie Richard von Mediavilla, In 2 Sent d. 2 qu. 2 a. l; Brescia 1591, Band 2, 37 b. Im 15. Jahrhundert diskutierte Johannes Capreolus in seinen *Defensiones theologiae Sancti Thomae* mehrfach Augustins Zeitlehre, bes. in 2 Sent. d. 1 qu. a. 3 ad 9, ed. C. Paban – Th. Pègues, Tours 1902, Band 3, 176 b. Vgl. 164 b. Johannes Capreolus ist ein Zeuge aus der Dominikanerschule des 15. Jahrhunderts; die *Disputatio L* des Jesuiten Suarez stammt aus der Wende vom sechzehnten zum siebzehnten Jahrhundert. Suarez hat die mittelalterlichen Debatten detailliert, wenn auch glättend, dem 17. Jahrhundert bequem verfügbar gemacht. Auch Leibniz scheint die Zeitlehre Augustins ge-

---

[21] F. Suarez, *Disp. met.*, Liber L, sectio 9, 20–26, p. 956 b – 958 b.

kannt zu haben, zumindest durch Suarez; das Handexemplar Voltaires weist für die Kapitel XIV – XV des XI. Buches Anstreichungen auf.[22]

2. Ich habe nicht alle Texte zitiert, die Augustins Zeitlehre erörtern. Aber die angeführten Stellen beweisen bereits, daß es keine einheitliche mittelalterliche Theorie der Zeit gab. Es gab sie so wenig wie in der Antike. Die Klagen über die Vielfalt der Meinungen über die Zeit und über die Dunkelheit dieses Problems verstummten seit Robert Grosseteste nicht mehr. Allein bei Avicenna, Averroes und Albert konnte man reiches doxographisches Material finden. Selbst in dem uns hier besonders interessierenden Lehrpunkt, den Suarez als *sentenzia communis* ausgab, die Zeit könne nicht ohne Seele sein, stimmten wenige wirklich überein. Sobald man an die philosophische Erklärung kam, gingen die Theorien auseinander. In dieser Meinungsvielfalt suchten viele Autoren, *Conf*. XI auf ihre Seite zu ziehen. Um nur ein Beispiel zu geben: Capreolus zitierte *Conf*. XI als Autorität *gegen* die 1277 verurteilte These 200, daß die Zeit nur in der Seele existiere. Mit der faktisch zutreffenden Begründung, Augustin lehre dort, *Gott* sei es, der alle Zeiten geschaffen habe, In 2 Sent. d. 2. qu. 2 a. 2, ed. cit. III 164 b. Die meisten Autoren hatten *Conf*. XI anders gelesen, nämlich als Bestreitung eines Seins der Zeit außerhalb der Seele.

Conf. XI war umstritten. Aber es war präsent.

3. Versucht man, den sachlichen Ertrag der mittelalterlichen Diskussionen schematisch zusammenzufassen, so ist zunächst hervorzuheben, daß alle mittelalterlichen Interpreten von *Conf*. XI den inneren Zusammenhang von *tempus* und *motus* herausarbeiteten. Dies diente oft der Annäherung Augustins an Aristoteles. Aber es entsprach auch dem Text Augustins. Eine bloß subjektive Zeiterfahrung oder eine Ich-Zeit im Unterschied zur Weltzeit hat keiner dieser distinktionsgeübten Augustin-Leser in *Conf*. XI zu finden geglaubt. Kein mittelalterlicher Autor las bei Augustin die Lehre von zwei Arten von Zeiten. Gerade diejenigen Autoren, die in Augustins Zeitlehre die Gefahr des Relativismus hervorhoben, warfen Augustin vor, er habe *nicht* unterschieden zwischen menschlicher Zeiterfahrung und der Zeit selbst.

---

[22] Corpus des notes marginales de Voltaire, Band 1, Berlin 1979, S. 87. Ich verdanke diesen Hinweis, wie so manchen anderen, U.R. Jeck.

4. Die meisten, aber keineswegs alle mittelalterlichen Autoren waren mit dem Verfasser von *De civitate Dei* der Ansicht, daß die Zeit nicht vom Menschen abhängen könne und daß es schon Zeit gab, als noch kein Mensch existierte.

Mehrere Autoren hoben hervor, die Seele, die nach Aristoteles und nach Augustin die Zeit *bilde*, müsse die Weltseele oder Gott in der Funktion der Weltseele sein. Ich erinnere in diesem Zusammenhang an Robert Grosseteste und an Aegidius Romanus. Es war ein folgenreiches Faktum, daß Averroes, dem man Monopsychismus nachsagt, die Aristotelische Zeitlehre gerade nicht in diesem Sinne interpretiert hat, während die griechischen Aristoteleskommentatoren auf die Weltseele rekurriert hatten. Dies warf neue Schwierigkeiten auf, die zur Verurteilung von 1277 führten; es ermöglichte aber auch die neuartige Theorie des Dietrich von Freiberg. Doch sahen auch andere, daß eine gewisse Logik in der Ansicht lag, die zeitgebende Seele könne nur die Weltseele sein. So kommentierte Roger Bacon die Aristotelische *Physik* IV mit den Worten:

Vel potest exponi de anima mundi; set de illa non loquitur hic Commentator, set de anima humana,
Quaestiones supra libros octo Physicorum Aristotelis, ed. F.M. Delorme, Opera hactenus inedita Rogeri Baconi, Fasc. XIII, Oxford 1935, 250.

5. Einen wichtigen Ertrag der mittelalterlichen Diskussionen bildet das Herausarbeiten einer neuen, flexibleren Ontologie der Successiva. Es war der Versuch, die alte, ursprünglich eleatische Fangfrage abzustreifen, wonach die Zeit kein Seiendes sein könne, da die vergangene Zeit nicht mehr und die künftige noch nicht ist. Vornehmlich Albert hat durch seine Kritik an dieser Augustinischen Prämisse Schule gemacht, besonders bei Heinrich von Gent und Petrus Johannis Olivi.

Zu zeigen war, daß es keinen Widerspruch bedeutet, von der Zeit, die immer nur *wird*, zu sagen, daß sie *sei*. Das entscheidende Argument entsprang der Kritik an einer abstrakten, entleerenden Konzeption des *Jetzt*. Auf diesen zentralen Punkt kommt die Diskussion immer wieder zurück, im dreizehnten wie im zwanzigsten Jahrhundert. Albert hat geltend gemacht, das Jetzt sei in sich verbunden mit dem Vergangenen und dem Zukünftigen, und es sei die Seinsart der *Successiva*, nicht mit allen ihren Teilen zugleich zu sein. Unter Abschneidung eines komplexeren Zusammenhangs hebe ich nur noch eine einzige Formulierung aus Alberts Kommentar zum *Liber de sex principiis, tr. 4,* Borgnet 1, 337 a, hervor, die für diese Art der Kritik an Augustins Zeitlehre charakteristisch ist:

> *Hoc autem signum est, quod <u>omnia</u> quando <u>praeterita copulantur praesenti</u> vel per se vel per aliud: <u>praeteritum etiam est quod praesenti continuum est et continuatur ad praesens.</u>*

In dieser Kritik konvergiert der Gedanke Alberts mit den historisch je anders strukturierten, aber doch verwandten Jetzt-Theorien bei Bergson, Yorck, Heidegger, Wittgenstein und Findlay.

6. Streift man alle Modernisierungen von Augustins Zeittheorie ab, so steht man wie die mittelalterlichen Autoren vor dem Dilemma: Entweder ist die zeitenbildende Seele die Weltseele bzw. Gott in der Funktion der *anima mundi*, dann ist die Einzigkeit und Allgemeingültigkeit der Zeit relativ leicht zu begründen, oder man führt die Zeitenbildung auf die einzelne Menschenseele zurück. Im letzten Fall kann man mit Augustin die Menschenseele als schwankend, schwach und selber zeitlich beschreiben und damit auf die Einzigkeit und Allgemeinheit, wenn man so sagen darf, der Zeit verzichten, oder man entwickelt eine eigene Theorie, wonach die Menschenseele der Zeit ein Sein geben kann, das zwar *von der Seele* stammt, aber die Zeit nicht *in die Seele* verlegt. Dies war die Theorie Dietrichs von Freiberg. Sie blieb Augustins Zeittheorie treu, indem sie mit ihr brach.

VII.
ASPEKTE
ZUR PHILOSOPHISCHEN BEURTEILUNG DER AUGUSTINISCHEN ZEITTHEORIE

1. Der rhetorisch-stilistische Aspekt

Augustins Zeitlehre aus dem XI. Buch der *Confessiones* hat eine komplexe Vorgeschichte. Sie löste eine frühere Zeittheorie Augustins – Zeit als Bild der Ewigkeit – ab, wurde facettenreich ausgearbeitet, aber von ihrem Autor *nach* 400 nicht wieder aufgegriffen, sondern durch konkurrierende Theoreme ersetzt, so daß man insgesamt von *drei* verschiedenen Zeittheorien Augustins sprechen müßte, nicht nur von *zweien*, wie dies John L. Morrison (1971) mit überdies wenig subtilen Argumenten getan hat. Die Zeittheorie der *Confessiones* wurde seit dem 8. Jahrhundert bis in die Gegenwart intensiv diskutiert und interpretiert. Dies Ganze bildet einen so ungewöhnlichen intellektuellen Prozeß, daß die schlichte Frage, was denn dabei herausgekommen sei, weder als unphilosophisch noch als ungehörig abgewiesen werden kann. Sie ist nur nicht leicht zu beantworten.

Zunächst freilich: Es ist ein grobes Verfahren, bei einem philosophischen Gedanken-Spiel solchen Ranges zwischen seinem Verlauf und seinem Resultat zu unterscheiden. Wäre sein Ergebnis einfacher auszusprechen, hätte sein Urheber, vermutlich, diesen kurzen Weg beschritten. Wäre sein ‚haltbarer Kern‘ von seiner ‚zufälligen Schale‘ zu sondern, hätten die Debatten vermutlich früh ein Ende gefunden. Bei philosophischen Reflexionen gehören das Zögern, das Zurücktreten vom Gewonnenen und die Verweisung auf immer noch fragliche Prämissen mit zur ‚Sache‘. Ihre Bedeutungsvielfalt in veränderten geschichtlichen Situationen markiert ihre Qualität, nicht ihre Grenze. Und Augustins XI. Buch der *Confessiones* gehört zu den großen Texten der Philosophie, auch weil es nicht thetisch Resultate vorstellt und weil es nicht die Einfügung in neue Kontexte verweigert, sondern grübelnd seinen Ausgangspunkt mehrfach befragt, bevor es in den nn. 33–39 zu seinem Ergebnis kommt, das in sich bestimmt ist, aber zu seiner Stützung immer neue Substruktionen gefordert oder Kritik provoziert hat. Schon Augustin konnte nicht bei ihm stehenbleiben. Es ist, als stünde die ganze Untersuchung unter dem Vorbehalt: *Quaero, pater, non affirmo*, n. 22, 1.

Dieses Buch über Augustins Zeittheorie kann daher nicht mit einem Abschnitt enden, der die *Resultate* zusammenfaßt. Denn es ist geschrieben, um die Gedankenbewegung Augustins im einzelnen zu verfolgen, die in ihr – nach dem Maßstab Augustins – ungelösten Probleme als weitertreibendes Potential sichtbar zu machen und ihre vielfachen Spiegelungen als produktive Abwandlungen zu zeigen. Noch die Distanzierungen, die sie hervorgerufen hat, gehören ihr zu. Globale Charakteristiken der Zeittheorie Augustins können die Dynamik der Gedankenarbeit Augustins und das von ihr ausgelöste geschichtliche Wechselspiel nicht wiedergeben. Andererseits verläuft sich Augustins Zeituntersuchung auch nicht im Nebel. Daher kann man niemanden hindern, auf den groben Klotz der Examensfrage: *Was lehrt Augustinus über die Zeit?* den groben Keil folgender Antwort zu setzen:

Augustinus zeigt im XI. Buch der *Bekenntnisse*, daß die Zeit in keiner ihrer drei Dimensionen eine Ausdehnung haben und folglich gemessen werden kann. Wir messen aber die Zeit. Also muß sie eine eigene Art von Erstreckung – und damit Meßbarkeit – haben. Diese findet sich nur im Geist.

An einem solchen Resümee ist entweder alles falsch oder fast alles offen. Die Zeit *hat* ja Abmessungen; niemand bestreitet, daß ein Tag das Mehrfache einer Stunde ist. Es ist also eine bestimmte Auffassung von der Zeit, der – folgt man Augustin – nachgewiesen werden muß, daß innerhalb ihrer Voraussetzungen die Zeit keine Ausdehnung haben kann; es geht folglich um eine denkende Revision dieser Grundannahmen. Daß Zeitspannen nach Zahlen bestimmbar sind, gilt am Ende der Überlegungen Augustins ebenso wie an ihrem Anfang. Nur argumentiert Augustin für eine Veränderung der konzeptionellen Rahmenbedingungen. Kantisch ausgedrückt: Er erörtert die *Bedingungen der Möglichkeit* quantitativer Bestimmungen von Zeitspannen. Aber kann man Augustinische Gedanken kantisch ausdrücken? Genau gegen die schlechte Gewohnheit derartiger Transpositionen wendet sich das vorliegende Buch. Augustins Zeittheorie ist, wie sich gezeigt hat, weder die Kants noch die

Bergsons, noch die Heideggers. Der Leser, der den bisherigen Analysen gefolgt ist, wird kaum noch die Naivität aufbringen, die Kantische Analyse der *Bedingungen der Möglichkeit* als die Augustins auszugeben; er wird sich daran erinnern, daß Augustin nicht von der *Möglichkeit* zeitlicher Erfahrung von Menschen, sondern vom wirklichen Beginn des wirklichen Universums gesprochen hat. Er kennt die Texte, in denen Augustin das Nicht-Sein der dahinfließenden Zeit kontrastiert mit dem unveränderlichen Zugleich der Ewigkeit. Er hat gesehen, daß Augustin sich im Besitz eines inhaltsreichen Konzepts der Ewigkeit als des wahren Seins dachte. Damit sind wir weit von Kant entfernt, für den die Ewigkeit zwar keineswegs eine unendlich fortgehende Zeit, wohl aber eine mit der Zeit ganz unvergleichliche Größe war, von der wir uns nur einen negativen Begriff machen können. Das Spiel mit philosophiegeschichtlichen Analogien täuscht. Erweitert man die grobe Formel, die den *Ertrag* des XI. Buchs der *Confessiones* zusammenzufassen vorgab, gerät man in Ausweglosigkeiten; die Verkürzung auf *Ergebnisse* hin erwies sich als unmöglich. Sie würde sich noch schneller ad absurdum führen, wenn man den Antwortenden fragen würde, was er unter *Geist* verstehe. Ist *Geist* soviel wie *Menschen-Innenwelt*? Ist es *dein* Geist, ist es *mein* Geist, oder haben wir beide denselben *Geist*? Hier versagen die handbuchartigen Antworten. Kehren wir also erneut zu Augustins Text zurück und suchen statt sogenannter *Ergebnisse* nur einige Aspekte.

Dem Leser bietet sich zuerst die unverwechselbare Eigenart des Stils dar. Er ist die Eigenart des Denkens Augustins. Seine Zeitreflexion ist stilisiert als Dialog mit Gott, zuweilen mit der eigenen Seele: *anime meus*. An signifikanten Wendepunkten redet der Verfasser seinen Gott an – um Erleuchtung bittend, das Gewonnene vor seinen Augen bestätigend, Gottes Einwirkung auf andere anregend, das eigene augenblickliche Tun beschreibend. Die Gebetsform dringt in Sätze ein, die einfache Tatsachen feststellen, z.B. *domine, sentimus intervalla temporum*, n. 21, 1. Der Verfasser hält eine Alltagserfahrung fest im Angesicht der ewigen Wahrheit, um dann weiter untersuchen zu können, *wie* wir die Zeitabschnitte wahrnehmen können, wo sie doch keine Ausdehnung haben. Der Autor beruft sich für diesen Teil seiner Untersuchung nicht auf die biblische Offenbarung. Er läßt sich nicht in einem privaten Erleuchtungsspiel die Tatsache vorgeben, daß wir imstande sind, von Zeitabschnitten zu behaupten, sie seien von verschiedener Länge. Das Gebet durchzieht die gesamte Zeitreflexion des XI. Buchs, aber man achte auf seine genaue Funktion:

Unbestreitbare Erfahrungen nennt Augustin zugleich die Stimme der Dinge und die Stimme Gottes, der *innen* zu uns spricht, bes. nn. 10–11. Die Dinge verändern sich und sagen dadurch, daß sie geschaffen sind. Diese Evidenz ist ihre Stimme (n. 6). Diese Stimme wird – wie alles von außen Kommende, wie jede Rede und wie jedes Offenbarungswort – vom *inneren Ohr* aufgenommen und beurteilt. Maßstab dabei ist die innere Wahrheit. Dieses Hören – auf die Reden anderer Menschen, auf das Wort der Bibel, auf die Sprache der Dinge selbst – und das Vergleichen des Gehörten mit der im Inneren anzutreffenden Wahrheit macht die Stilisierung der Gebetsform sichtbar. Es kommt zu beschwörenden Bittgebeten, in denen es um Sündennachlaß und Einsicht, um die Befreiung vom Zerfall des Zeitlichen geht, bes. n. 4, n. 25, n. 28, n. 32 und n. 39. Immer wieder läßt sich Augustin bestätigen, daß sein Herz rein ist, daß seine Absicht selbstlos und daß seine Überlegung wahr ist. Darin liegt auch eine geschickte Apologie gegenüber Mitchristen, die eine so spekulative Bibelbetrachtung nicht teilen wollten. Der Autor stellt Gott auf *seine* Seite gegen seine mutmaßlichen Gegner, gegen die Manichäer und gegen alle, die von einer Zeit *vor* der gegenwärtigen Weltzeit reden, gegen afrikanische Mitchristen, die über Leute spotteten, die mit ihren Gedanken zu hoch hinaus wollen. Augustin läßt sich von Gott bestätigen, daß seine Sehnsucht, ins Innere der Bibelworte vorzudringen, der *Ruf* Gottes selbst sei: *vocas nos ad intellegendum verbum*, n. 9, 1. Moralisten mögen von einem unwahrhaftigen Trick sprechen. Um eine *Stilisierung* handelt es sich allemal. Die unentscheidbare und historisch verständnislose Frage, was daran *echtes Gebet* und was *bloße Rhetorik* sei, sollte man nicht stellen. Hochgradig artifiziell ist alles in den *Confessiones*. Der Begriff des *Bekennens* selbst gehört zu dieser Kunstform: Augustin gebraucht ihn anders als seine forciert-theologischen Ausleger ihn stilisieren. Man lese den Anfang von n. 33: Augustin fragt seinen Gott, ob er, Augustin, ihm denn nicht die Wahrheit bekenne, wenn er ihm bekenne, daß er Zeitabschnitte mißt. Natürlich *weiß* Augustin, daß er Zeitabschnitte mißt. Diese Gewißheit *trägt* die gesamte Zeiterörterung. Sie stammt weder aus der Bibel noch aus einer visionären *Erleuchtung*. Sie ist so evident, wie daß die Dinge sich ändern. Dieser Boden der alltäglichen Erfahrung wird dennoch zum Inhalt des *Bekennens*, weil Augustin ihn bestätigt sehen muß, um seinen weiteren Theorieaufbau zu sichern. Der Gott der *Bekenntnisse* hat nicht die Freiheit, dem Verfasser zu widersprechen. Um die rhetorisch-stilistische Rolle des Augustinischen

Gottes zu erfassen, braucht man nur folgende Frage zu stellen: Könnte der Gott Augustins auch die Sündenvergebung verweigern, um die ihn sein Verehrer am Anfang seines Buches, n. 5, 14 als um die Bedingung eindringender Erkenntnis bittet? Dann wäre das Buch vorzeitig beendet. Unser Rhetor-Philosoph käme mit seinen Zeitreflexionen überhaupt nicht in Gang. Dies bedeutet nicht, Augustins christliche Sprache sei nicht *ernst* zu nehmen. Aber abgesehen davon, daß ich nicht weiß, ob das Gebot, einen Text ernst zu nehmen, seinerseits ernst zu nehmen ist, bedeutet mein Hinweis auf die rhetorische Stilisierung des XI. Buches zumindest, daß die dialogische Form nicht schon der Beweis ist für eine *dialogische Metaphysik*. Natürlich kann man unter diesem Begriff Verschiedenes verstehen und danach auch das XI. Buch der *Bekenntnisse* verschieden auslegen. Aber es ist nicht die Beschreibung einer dialogischen Zeiterfahrung, wenn Augustin seinem Herrn bekennt, daß er die Zeitabschnitte mißt. Die religiös-philosophische Mischsprache bewirkt auch, daß der Verfasser als erleuchtet, seine Gegner als finster dastehen. Dies unterbindet jeden Dialog, der diesen Begriff erfüllt. Nicht einmal Gott – der Gott dieses Buches – kann die Sündenvergebung oder die Zustimmung verweigern. Insofern läuft der Gedanke in einer verdrehten Art von Glätte ab. Gewiß erfährt der einsam reflektierende Augustin sich nicht als isoliert. Er ist immer schon im Verbund – mit den christlichen Brüdern, die an seiner Bibelauslegung Interesse haben, mit seinen christlichen Gegnern, deren Einsprache er abwehrt, mit den Manichäern, die er widerlegt, mit seinem Gott, dessen Zustimmung er erfragt, und nicht zuletzt mit seinen Lesern, denen er sich mitteilt. Aber wie die Verbindung zwischen diesen Personen entsteht, das erfährt der Leser nicht. Es kommt nicht zu Differenzen innerhalb derer, die die Wahrheit haben; die Wahrheit tritt auf als Indifferenz. Dies aber schließt einen ernsthaften Dialog aus. Die dialogische Stilisierung verdeckt den monologischen Charakter.

Augustin verliert kein Wort darüber, daß ein anderer Mensch die Zeit anders erfährt als er. *Individuelle* Zeiterfassungen bringt er nicht zu Wort. Daß dir die Zeit doppelt so lang vorkommt wie mir, ist in dieser Zeittheorie nicht vorgesehen. Was an Empirischem genannt wird, dient der Bestätigung einer theoretischen Konzeption; es sind ausgewählte Erfahrungsbeispiele. Dieses Vorgehen hat Tradition bei den antiken Philosophen; es verdient keinen Tadel, nur verbietet es, aus der dialogischen

Stilisierung auf eine „dialogische Metaphysik" zu schließen. Augustin verschwendet keinen Gedanken daran, daß die alten Hebräer, deren Buch er auslegt, die Zeit anders erfahren haben könnten als ein Rhetor des 4. Jahrhunderts. Er nimmt das Alte Testament als Ausdruck der ewigen Wahrheit, die in seinem Innern vernehmlicher spricht. Zeitüberlegenes Einverständnis setzt er immer schon voraus; er braucht nur noch einzutreten in diesen Konsens und ihn sich bestätigen zu lassen von der ewigen Wahrheit persönlich. Die Wahrheit als Anredepartner, auch dies ist eine Stilisierung. Theologisch orientierte Ausleger erklären sie heute für einen denkerischen Fortschritt gegenüber jenen spätantiken Denkern, die sich nie gestattet hätten, *ihre* Gedanken der personifizierten Wahrheit in den Mund zu legen. Übrigens transferiert Augustin nicht nur seine *Gedanken*. Er verschafft sich auch moralische Unbedenklichkeitsbescheinigungen. Er führt sein Bewußtsein, eine gute Absicht zu haben, als Ausspruch der göttlichen Weisheit ein. Diese rhetorische Exkulpation ersetzt gerade durch ihre dialogische Stilisierung den realen Dialog.

2. Der aporetische Aspekt

Augustins Zeituntersuchung analysiert sowohl das alltägliche Zeitbewußtsein als auch dessen Formung durch die in der Schulgrammatik vorgegebene Zeitauffassung. Er insistiert auf dem Mißverhältnis zwischen der umgangssprachlichen Scheinsicherheit im Umgang mit Zeitbestimmungen und dem *Rätsel* der Zeit. Dieses Mißverhältnis bestimmt nicht nur die oft zitierte Bemerkung Augustins (n. 17), die ausdrückliche Frage nach der Zeit mache erst die Verlegenheit fühlbar, zu erklären, was die Zeit sei. Die von Augustin unentwegt wiederholte Argumentation, das Vergangene sei nicht mehr und das Zukünftige sei noch nicht, erschüttert den naiven Bezug auf Vergangenes und Zukünftiges, der sie nimmt, als wären sie vorhandene Dinge. In den Abschnitten n. 18 bis n. 33 kommt Augustin immer wieder zurück auf die Unmöglichkeit quantitativer Zeitbestimmungen, die wir gleichwohl täglich vornehmen. Der Leser weiß bald nicht mehr, ob die Vergangenheit und die Zukunft nicht doch irgendwie *sind*, und ob er die Zeiten messen kann oder nicht. Auffällig sind die Wiederholungen, die Augustin sich erlaubt oder seinem Leser zumutet, vor allem ab n. 18. Der Autor will offenbar seine

Ansicht nicht als These vorlegen, sondern den Abbau der alltäglichen Zeitüberzeugungen *einüben*. Der Text erhält dadurch den Charakter intellektueller Exerzitien, die folgende Stufen durchlaufen:

Auffassen der alltäglichen und der grammatisch-schulmäßigen Zeitauslegungen,

Destruktion der Alltagsannahmen in langen, zuweilen quälenden Aporien, die uns dem Gewohnten entreißen,

Einkehr des Denkenden in sich selbst als dem, der die Zeitdimensionen tätigt,

Vergewisserung der im Denkenden anwesenden Ewigkeit.

Nun gehört es zur Eigenart von Buch XI, die hier als dritte Stufe angezeigte Selbstbesinnung und Rückkehr des *animus* zu sich selbst nur relativ knapp, in n. 33, zu thematisieren. Sie wird eindeutig ausgesprochen und in nn. 36–38 vertieft. Aber gegenüber dem langen „Vorspann", nn. 18–32, der die erste und die zweite Stufe der Zeitreflexion vollzieht, fällt dieser Teil zurückhaltend-vorsichtig aus. Dies erzeugt im Leser den Eindruck, die Zeit sei ein undurchdringlicher Problemwald. Der Gedankengang wogt hin und her. Skeptische Motive erhalten für einige Passagen Gewicht. Wer über die Zeit nachdenkt, so scheint es, verwickelt sich in unvermeidliche Widersprüche. Die Zeit entgleitet, so scheint es, ähnlich wie bei Sextus Empiricus immer wieder der Untersuchung: Sie ist weder in der Vergangenheit noch in der Zukunft. Sie ist auch nicht in der Gegenwart, wenn Augustin die Gegenwart im Gefolge einer antik-philosophischen Tradition als ausdehnungslosen Punkt definiert.

Der aporetische Aspekt des XI. Buches ist also unübersehbar. Man könnte von breiten Feldern tentativen Vorgehens sprechen. Am Ende, nn. 33–39, erklingt kein Jubel über das gelöste Rätsel. Dennoch verläuft nicht der ganze Zeittraktat aporetisch:

Die Aporien werden aufgelöst. Jedenfalls deklariert Augustin ihre Auflösung. Der Leser weiß am Ende, wie die Zeit meßbar ist, obwohl die Vergangenheit nicht mehr, die Zukunft noch nicht, die Gegenwart ausdehnungslos ist. Er weiß, daß die Zeit eine gewisse Erstreckung ist, die nur im *animus* real existiert, und zwar dank seiner Tätigkeiten des Erinnerns, des Aufmerkens und des Erwartens. Während der gesamten Untersuchung hält Augustin an seinem metaphysischen Koordinatensystem fest, vor allem an dem Kontrast zwischen dem Stillstand der allesumfassenden Ewigkeit und dem Dahinfließen der Zeit. Nirgends setzt er in Zweifel, daß es *motus*, also Veränderungen in der Körperwelt gibt und daß wir uns verändern. Von einer skeptischen Position kann keine Rede sein: Gott ist der Bewirker aller Zeiten; die Außendinge hinterlassen in der Seele ihre Spuren, und trotz aller Schwierigkeiten können wir die Zeiten messen, eben im Geist, dessen zeitgebende Funktion kein skeptischer Einfall anficht – alles Elemente einer eher dogmatisch-zuversichtlichen philosophischen Position. Selbst wo sich der skeptische Einwand massiv aufdrängt, nämlich dort, wo die Zeitmessung in der Seele jedes objektiv-gemeinsame Zeitmaß zu zersprengen droht, übergeht Augustin ihn stillschweigend. Die aporetische Phase ist also kunstvoll moderiert eingesetzt; sie hat literarisch-didaktischen Charakter. Das *quaero, pater non affirmo*, n. 22, 1, gilt nur für diese Passagen. Erinnern wir uns, daß auch Aristoteles seine Zeituntersuchung mit Aporien über das Nichtsein der Vergangenheit und der Zukunft begonnen hat, *Phys.* IV 10. Auch Aristoteles kannte die Einwände gegen das Sein der Zeit, ohne ihnen jedoch allzuviel Gewicht zuzumessen, schon weil man keine *Physik* treiben kann, wenn man bezweifelt, ob es die Zeit gibt.

Zwischen Aristoteles und Augustin haben derartige Zweifel sich intensiviert, und dennoch bilden sie für Augustin nur einen Durchgang. Er zeigt im Text deutlich an, wo er sich der Lösung nähert; er beschreibt den Weg von *Conf.* XI als einen Weg vom Dunkel zum Licht. Er hält fest, daß er evidente Ergebnisse erreicht hat, n. 26, 1. Er sieht schließlich die Sonne der Wahrheit aufgehen über dem zerwühlten Feld seiner Zeitforschung, n. 34, 2. Der methodisch eingesetzte Aporienteil nimmt also dem Text nichts von seinem philosophisch-thetischen Charakter. Es kann keine Rede davon sein, Augustin habe das Rätsel der Zeit nicht *lösen*, sondern zu einer religiösen Besinnung aufrufen wollen. Die Rückkehr des *animus* zu sich hat für Augustin gewiß auch eine religiöse Dimension; sie ist aber ein philosophischer Akt und erfolgt argumentierend, wie der Text klar zeigt, bes. nn. 33–38. Zwar gab es schon im Mittelalter den Versuch, diesen Text in seinem Anspruch zurückzustufen, indem man ihn als rein oder doch vorwiegend aporetisch ausgab. Aegidius Romanus hat sich auf diese Weise von ihm distanziert, ist dann aber doch in seine inhaltliche Diskussion eingetreten und hat den zeitgebenden *animus* als die *anima mundi* oder als Gott in der Funktion der *anima mundi* interpretiert. Aegidius Romanus entnahm also dem XI. Buch schließlich doch eine These: Der *animus* macht die Zeit. Die "skeptischen" Einwände gegen das Sein der Zeit waren seit Aristoteles, *Phys.* IV 10, Bestandteil der philosophischen Tradition. Sie zeigen keinen prinzipiellen Skeptizismus an, sondern dienen dazu, die Zeitstiftung durch die Seele als die Auflösung aller skeptischen Einwände darzustellen. Die wahre Philosophie präsentiert sich seit Platon als durchgeführter Skeptizismus: Sie treibt die skeptischen und relativistischen Einwände so auf die Spitze, daß sie sich als deren Aufhebung erweist. Man verkennt diesen Anspruch des spekulativen Denkens, der *vollbrachte Skeptizismus* (Hegel) zu sein, wenn man in *Conf.* XI nur die aporetische Phase und die religiöse Abzweckung sieht.

Der Text legt im Gegenteil nahe, er sei gegen die frommen Skeptiker geschrieben, die angesichts des manichäischen Einwands, was Gott *vor* der Erschaffung getan habe, in den reinen Glauben flüchten. Augustin beharrt mehrfach darauf, daß wir das Recht auf rationale Untersuchung haben. Er ruft Gott an gegen die christlichen Kritiker, die kein Vertrauen zur philosophischen Argumentation haben und offensichtlich Vorbehalte gegen Augustins Art einer religionsphilosophischen Schriftauslegung hegen, n. 28, 10.

3. Der moralisch-religiöse Aspekt

Ohne einer Untersuchung über Augustins Gebrauch von Metaphern vorgreifen zu wollen, findet der Leser von *Conf.* XI:
Im streng zeittheoretischen Teil von n. 17 bis n. 38 treten die Metaphern zurück, bis auf die immer wiederkehrende Metaphorik des *tendere, attendere, distendere*, sie werden aber häufiger und erweitern ihre Funktion, sobald Augustin den moralisch-religiösen Aspekt seiner Zeitreflexion entwickelt:

Gott ist *Licht*, das in unsere Finsternis dringt;
er ist die *Stimme*, die wir hören und die uns herausführt,
n. 2, 6, ebenso in n. 3, in n. 9, n. 10 und öfter.
Er ist *reich* und beschenkt uns *Arme*, n. 3,
er *öffnet*, was uns verschlossen wäre, n. 3 und n. 4, 10.
Er gibt *Halt*, während sonst alles *zerfließt*, bes. n. 39 und 40.
Er *heilt*, was an uns *krank* ist, n. 11, 12.
Er befreit uns aus dem *Alten*, n. 12, 1.

Alle diese Metaphern bilden Gegensatzpaare, zwischen denen die Erkenntnis und die moralisch-religiöse Aufwärtsbewegung verläuft, welche die Gnade ermöglicht. Das moralisch-religiöse Motiv gehört zu *Conf.* XI ebenso wie die rhetorische Stilisierung und die aporetischen Passagen. Es ist allerdings schon eine bestimmte, nämlich eine platonistische Interpretation des Christentums, wenn Augustin dessen Ziel darin sieht, daß unser Herz nicht mehr im Zeitlichen flattert, sondern Ruhe findet im Ewigen, n. 13. Was das Christentum ist, legt Augustin erst durch eine philosophierende Deutung der autoritativen Texte und Kirchenbräuche fest. Wenn Augustin die Stimme der Wahrheit in seinem Innern – es geht dabei um die Wahrheit über die Zeitmessung – gleichsetzt mit der neutestamentlichen *Stimme des Bräutigams*, n. 10, 14, dessen Kommen das apokalyptische Harren der ersten Christen beendet, so gibt er *seine* Sicht der christlichen Wahrheit wieder, von der hier offen bleiben mag, ob sie der Endzeiterwartung der frühen Christen gerecht wird. Es ist folglich zu einfach, bei Augustin von einem *christlichen* Zeitbegriff zu sprechen. Augustin sah im Christentum die Aufforderung, das Ewige dem Zeitlichen vorzuziehen. Das Böse lag für ihn darin, daß die Seele das Ewige vernachlässigt, um dem Zeitlichen nachzujagen. Ich komme auf diese ethischen Implikationen der Augustinischen Zeittheorie noch zurück. Hier ist hervorzuheben, daß Augustins Zeitabhandlung nicht in dem Sinne ein abstrakter Traktat ist, daß sie mit der Person des Verfassers nichts zu tun hätte. Eine frömmelnde Gattung von Augustin-Literatur stellt dieses Moment, das man früher mit einem verwaschenen Ausdruck das *existenzielle* genannt hat, als eine Neuerung Augustins gegenüber den Zeitanalysen der antiken Philosophen dar. Dies ist falsch, wenn man an Platon und Plotin oder auch nur an Seneca denkt. Richtig ist, daß es in Augustins Zeituntersuchung auch um den Untersuchenden selbst geht; er weiß sich als zeitlich; er will begreifen, was es heißt, daß *seine Jahre dahinfließen*, n. 32, 3. Er ist beunruhigt, da er sieht, daß er nicht weiß, was seine eigene Zeitgebundenheit bedeutet; er erklärt, es *quäle* ihn, das Rätsel der Zeit noch nicht gelöst zu haben; er sieht sich zersplittert in den Zeitläufen; er erbittet Rettung aus der Zeit. Das Todesbewußtsein klingt in dieser Zeitanalyse an. Die Hinfälligkeit charakterisiert alles Zeitliche, darunter auch uns, n. 9, 8–10. Die Sterblichkeit wiederum stammt aus der Sünde, gemäß Augustins Konstruktion der Erbsünde. Nach Augustin waren die Menschen *vor* Adams Sünde nicht sterblich; sie wurden es erst als Strafe für Adams Ungehorsam und tragen jetzt ihre Sterblichkeit als Zeugnis ihrer Sünde mit sich herum. Diese Theorie hat Augustin kurz vor der Abfassung der *Confessiones* entwickelt; sie klingt im Text immer wieder an. Dennoch verkürzt man das XI. Buch, wenn man es primär als einen moralisch-religiösen Text liest. Es ist moralisierend, ähnlich wie übrigens Seneca, gewiß: es ist eine christliche Schrift, aber innerhalb einer intellektuellen Bewegung, die den theoretischen Begriff des christlichen Glaubens, den *intellectus fidei*, noch sucht. Die Einsicht steht Augustin höher als das bloße Glauben, und gerade in *Conf.* XI sucht er *Einsicht*. Es gibt Deutungen der *Confessiones*, die an diesem erklärten Ziel Augustins exklusiv-theologisch vorbeigehen und ihnen einen anti-kulturellen und anti-philosophischen Anstrich geben, der dem historischen Augustin fremd war. So dekretierte Hans Urs von Balthasar, die philosophische Suche sei in den *Bekenntnissen* das Unwesentliche:

Die Confessiones sind Gebet, Zwiesprache im Chor der mitbetenden Gemeinschaft; wen sie zum Mitbeten bewegen, der hat das Wesentliche an ihnen verstanden.[1]

Augustin hat, wie sein Text beweist, gebetet, um zu verstehen. Er unterschied zwei Stufen des Erkennens, Glauben und Einsicht, und schrieb sein XI. Buch, um zur Einsicht vorzudringen. Er hat seinen Gott aufgeboten, um die Widersacher im Chor der Mitbetenden zum Schweigen zu bringen. Gebetet werden sollte allemal, von denen, die ihn begriffen hatten, wie von den anderen, n. 41, 19. Aber das XI. Buch soll zum Begreifen führen und eben dadurch zum Gebet. Die grobe Unterscheidung von wesentlich und unwesentlich verkennt diese geschichtliche Sonderstellung Augustins und verstümmelt in ihrem anti-kulturellen Affront den argumentativen Reichtum und die erklärte Zielbestimmung des Textes. Sie reduziert ihn aufs Erbauliche.

Diese Gefahr besteht auch, wenn in bezug auf das XI. Buch behauptet wird, es gehe in ihm um die moralisch-religiöse Zeiterfahrung, nicht um die philosophische Erforschung des Wesens der Zeit.[2] Dies widerspricht Augustins ausdrücklicher Erklärung, er suche nach dem Wesen der Zeit in ihrer ganzen Allgemeinheit: *Scire cupio vim naturamque temporis, quo metimur corporum motus* n. 30, 1. Dies heißt doch, daß es nicht

---

[1] H.U. v. Balthasar, Augustinus, Die Bekenntnisse, Einsiedeln 1985, 29.
[2] Diese These wird so vielfältig vertreten, daß ich auf Belege verzichten kann.

schlicht um Bibelexegese geht; es heißt ebenso, daß der Text eine allgemeine Theorie der Zeit geben will, keineswegs nur eine Beschreibung des moralisch-religiösen Aspekts der Zeit. Augustin behauptet auch nicht, er suche das Spezifische der neutestamentlichen Zeiterfahrung wiederzugeben. Der Text von Buch XI entspricht seinem Programm:

Von n. 17 an nehmen Gebetsanrufe die Form von Zwischenrufen an; sie bilden kleine Unterbrechungen des argumentativen Strangs, der von ihnen unbeeinflußt weitergeht; sie dienen der Bestätigung, der Kräftigung des Fragewillens und der Hervorhebung von thematischen Höhepunkten, schließlich auch der Abwehr anti-intellektueller religiöser Eiferer, vgl. bes. n. 25, n. 28, 1–5 und n. 28, 10, n. 32 und n. 34, vor allem nn. 39–41.

Es gehört zum historisch Spezifischen der Religiosität Augustins, daß sie noch mit kosmologischen Interessen in engem Verbund stand. Dies beweisen allein schon seine mehrfachen Kommentare zur *Genesis*, zu denen auch *Conf.* XI–XIII gehören. Für ihn riefen *Himmel und Erde*, daß sie veränderlich sind und sich nicht selbst gemacht haben, n. 6. Die Zeitanalyse arbeitet ständig den Bezug der Zeit auf die Körperbewegungen heraus. Die Beispiele, die Augustin zur Illustrierung seiner Theorie vorbringt, sind nicht spezifisch moralische oder religiöse Erfahrungen, sondern vorzugsweise Veränderungen von Körpern, Bewegungen der Gestirne oder der Töpferscheibe, schließlich das Lied, das er überträgt auf Individualleben und Menschheitsgeschichte. Wo er von *vox* spricht, um Zeiterfahrungen zu verdeutlichen, meint er ausdrücklich die *vox corporis*, das heißt, den *Ton*, den auch ein Instrument erzeugen könnte, n. 34, 3. Bei Augustin haben die Natur und ihre Erkenntnis auch religiöse Bedeutung; aber sie erhalten sie im Prozeß einer intellektuellen Arbeit. Dies verändert den Begriff des *Bekennens*. Er nimmt im XI. Buch vorzugsweise, wie der Autor selbst betont, die Nuance an, daß er seine *scientia* und seine *imperitia* bekennt, n. 2, 6. Die religiöse Motivation bedeutet den Aufruf zur intellektuellen Anstrengung und zum Verharren in ihr trotz aller Schwierigkeiten: *vocas nos ad intellegendum verbum*, n. 9, 1. Augustin rühmt man nach, er habe die christliche Zeiterfahrung artikuliert. Aber er war gerade nicht damit zufrieden, seine moralisch-religiöse Selbsterfahrung umstandslos auf die Zeit aller Weltdinge zu übertragen; er wollte deren Wesen erforschen.

Man vergleiche *Conf.* XI mit Senecas *De brevitate vitae*, um zu sehen, wie sich eine moralphilosophisch orientierte Zeitanalyse unterscheidet von einer fundamentalphilosophischen, welche die moralische Perspektive einschließt. Augustin beschrieb seinen Eifer, zu wissen, was die Weltzeit ist, als brennende Sehnsucht: *Exarsit animus meus nosse istuc implicatissimum aenigma*, n. 28, 1, und er gab dieser Begierde eine religiöse Deutung. Dabei bestand seine religiöse Motivation des Erkenntnisdrangs keineswegs primär im Bewußtsein eigenen Scheiterns. Die Suche nach den *castae deliciae* der reinen Theorie, n. 3, 19 war ihm das Verlangen, *nach* der Qual des Suchens die *Stimme des Bräutigams* zu hören. Augustin betete, damit Gott ihm die Augen reinige, damit sie das göttliche Licht auffassen und sich seiner erfreuen können, n. 41, 3. Es ist ein ahistorischer Import vor allem aus der protestantischen Theologie der Gegenwart, den religiösen Aspekt der Denkarbeit Augustins vor allem als Eingeständnis des Versagens und als Düsternis zu zeichnen. Der historische Augustin sah in seinem Nachdenken das Aufgehen des göttlichen Lichtes und in seiner Textarbeit die freie und genußvolle Selbstbewegung denkender Hirsche in den nahrungsreichen Wäldern Gottes, n. 3, 25–29.

Der historisch-eigentümliche religiöse Aspekt der Zeittheorie Augustins verknüpft diese mit *Genesis*-Erklärung und folglich mit den Körperbewegungen der Welt. Der modern, meist existenzialistisch ausgemalte religiöse Aspekt lenkt von diesem Weltbezug ab und zeichnet die innerseelische Zeit als Augustins Entdeckung aus.

Selbst bei einem gedankenreichen Augustin-Leser wie Richard Schaeffler kam es zu Verzeichnungen in diesem Sinne, wenn es von Augustin heißt, *die Frage nach der Zeitlichkeit sei nicht die Frage nach einer beliebigen Proprietät eines beliebigen Gegenstandes, sondern die Frage nach der Weise des eigenen Seins.*[3] Daß Augustin in *Conf.* XI das eigene Sein als zeitliches durchdenkt, ist ebenso offensichtlich, wie daß er es als einen Fall welthafter Zeitverfallenheit überhaupt bedenkt und daß gleichwohl in der Zeitlichkeit der Welt die Seele eine tätige Funktion ausübt. Übertrüge Augustins Zeittheorie die Strukturen innerseelischer, moralisch-religiöser Zeiterfahrung auf das zeitliche Sein der Welt überhaupt, wäre sein Vorgehen als naive Transposition zu kritisieren. Doch trifft dieser Vorwurf nicht *Conf.* XI, sondern nur jene Ausleger, die Augustins Theorie des zeitlichen Seins so lange modernisierend auslegen, bis sie *die erfahrene Problematik des eigenen Lebens* (Augustins) darin

---

[3] R. Schaeffler, Die Struktur der Geschichtszeit, Frankfurt 1963, 199.

wiedererkennen. Sie fassen den *animus* von *Conf.* XI als den des Menschen und geben dem Menschen eine Mächtigkeit, die er bei Augustin nicht haben kann – gerade nicht unter moralisch-religiösem Aspekt. So geht Schaeffler, S. 201 so weit zu statuieren:

Die erkennende Seele also ist es, die den Gang der Schöpfungstage zustandebringt und damit die zeitliche Schöpfung als solche strukturiert.

Wäre dieser Satz 1270 in Paris vertreten worden, hätte Bischof Tempier ihn zweifellos zensiert. Mit Recht. Er hätte gerügt, der Mensch sei, nach der *Genesis*, am zweiten Schöpfungstag noch gar nicht dagewesen und habe folglich auch nicht die Schöpfungstage strukturieren können. Der Bischof von Paris hätte fortfahren können, diese Anthropozentrik sei Augustin, dem *doctor gratiae*, fremd, und er hätte gewiß im Namen des Schöpfungsberichts und im Namen seiner Gnadenlehre eine solche Zentralstellung der menschlichen Seele verworfen.

Solche Modernisierungen verkennen sowohl den argumentativen Gang von *Conf.* XI als auch die originale Funktion moralisch-religiöser Motive in diesem Text. Dabei kommt viel darauf an, deren fördernde *und* hemmende Präsenz in Buch XI genau zu beschreiben. So bringt der erste Vers der Genesis das Nachdenken über die Zeit in Gang. Auch der Einwand der christlichen Manichäer, was Gott *vor* der Erschaffung getan hat, ist so töricht nicht, wie Augustin ihn erscheinen läßt. Wir sahen bei Seneca, daß auch heidnische Philosophen die Frage gestellt haben, ob es vor der Entstehung der Welt und damit der Zeit schon etwas gegeben habe und ob dieses Wesen zeitlich war. Schließlich kann man Augustin selbst fragen, ob er nicht eine Zeit *nach* der Zeit annehmen muß, wenn er lehrt, mit dem jüngsten Tag würden wir aus zeitlichen in ewige Wesen umgewandelt und lebten dennoch als Menschen weiter, sogar mit einem Körper. Kann es lebendige Körper geben ohne *Zeit*? Jedenfalls regt der erwähnte Einwand die Zeitreflexion an. Selbst das biblische Motiv des Josua, der durch sein Gebet erreicht, daß Gott die Sonne in ihrem Lauf festhält, bis die Israeliten ihre Schlacht gewonnen haben – ein Motiv, dem man schwerlich nachsagen kann, es habe die Naturforschung gefördert – erhält in Augustins Nachdenken eine produktive Bedeutung; es vertieft die Differenzierung von *motus* und Zeit, die allerdings schon aristotelisch und plotinisch ist.

Die biblische Nachricht vom Wunder Josuas lieferte für Augustin nur eine faktische Bestätigung für eine von Aristoteles und Plotin herausgearbeitete Differenz von *kinesis* und Zeit, die weder von Aristoteles noch von Plotin bis zu der These hätte geführt werden können, es gäbe Zeit, auch wenn der Himmel stillstünde. Andererseits kamen aus der religiösen Überlieferung auch Hemmnisse für Augustins zeittheoretische Bemühungen. Wenn die Zeitlichkeit und Sterblichkeit des Menschen eine Folge der Sünde ist, erscheinen Zeit und Zeitlichkeit als das Fremde: Die Zeit ist einer unsterblichen Seele prinzipiell unangemessen; sie wird als etwas nur de facto Vorhandenes untersucht. Das Ziel des menschlichen Lebens liegt im Ewigen, und die allein wertvolle theoretische Bemühung gilt dem Ewigen. Der Rückzug der Seele aus dem Zeitlichen auf sich selbst soll nur der Ausgangspunkt sein für die Transzendierung der Seele zum Ewigen in ihr und über ihr. Auch der Prädestinationsgedanke, der seit den *Quaestiones ad Simplicianum* eine neue systematische Bedeutung erhalten hat, greift störend in die Zeituntersuchung ein, sofern er die Vorstellung begünstigt, alle jetzigen und alle künftigen Ereignisse existierten schon im Ratschluß Gottes und würden auf Erden nur noch *ausgeführt*. Augustin hatte bereits aus anderen, aus immanent-philosophischen Motiven eine Neigung, Vergangenes und Zukünftiges als eine Art Dinge anzusehen. Sie ergibt sich aus seiner Vorstellung, man könne nur über Seiendes wahre Sätze aufstellen. Sie verstärkt sich aufgrund seiner Überzeugung, etwas, das ist, müsse auch irgendwo sein. Das *Ubi est?* als Leitfrage führt ihn dazu, nach dem Wo des Vergangenen und des Zukünftigen zu fragen und diese Zeitdimensionen als dunkle Behälter voller Ereignisse vorzustellen. Es gehört zum philosophischen Ertrag der Debatten um Augustins Zeittheorie, daß Albert diese Lokalisierungstendenz in der Zeit-Ontologie prinzipiell kritisiert hat.[4] Augustin stellt mehrfach gegenwärtige Ereignisse so dar, als kämen sie aus dem Schoß der Zukunft hervor und träten zum Vergangenen hinüber, vgl. n. 20. Er suggeriert, ein gegenwärtiges Ereignis hätte zuvor in einem anderen Modus eine analoge Existenz gehabt, die dann natürlich etwas Dunkles an sich hat: *ex aliquo procedit occulto ... in aliquod recedit occultum*, n. 22, 5–6. Dieser Schein entsteht durch Augustins philosophische Rahmenbedingungen: Dingontologie und räumlich vorstellende

---

[4] Albertus Magnus, *De praedicamentis* tr. 3 a. 6, Borgnet 1, 204 b: *Sed nec ea quae sunt particulae temporis habent in suis partibus positionem, quia quamvis habeant connexionem et terminum communem in quo connectuntur et continuantur, tamen nullam habent in esse permanentiam; quod autem in esse non permanet, de illo non potest dici ubi situm sit. Nusquam enim situm est, quod secundum esse non est.*

Seinskonzeption, und man kann im Fortgang der Zeitanalyse beobachten, wie Augustin diese Tendenz zu korrigieren versucht, indem er zeigt, daß das Zukünftige und das Vergangene nicht sind.[5] Dennoch kehrt diese verdinglichende Vorstellung des Vergangenen und des Zukünftigen bei Augustin wieder, gefördert durch theologische Annahmen, besonders die der Prädestination:

Alles, was in der Zeit geschieht, war in einem zeitlosen Vorher in der Ewigkeit. Alles, was geschehen ist, bleibt aufbewahrt in den Archiven der Ewigkeit. Für den Ewigen gibt es keine Zukunft, nur für Geschöpfe. Man hat sich noch zu wenig gewundert, daß Augustin auf der Suche nach dem Wo von Vergangenheit und Zukunft gar nicht erst den Versuch gemacht hat, menschliches Zeitmessen auf die Gegenwart des Vergangenen und des Zukünftigen in Gott zu gründen; Augustin hätte damit nur seine eigene Illuminationstheorie der Erkenntnis auf die Zeiterkenntnis angewandt. Mathematische Wahrheiten und ethische Regeln verdanken wir nach Augustin der göttlichen Illumination. Die Aufbewahrung des Vergangenen und die Erwartung des Zukünftigen spielt aber nach Augustin in einer so niederen, ontologisch so insignifikanten Sphäre, daß er seinen Gott damit nicht befaßt. Dennoch sind, folgt man Augustin, die zeitlichen Ereignisse im göttlichen Denken präformiert; sie steigen, ohne inhaltliche Veränderung, vom göttlichen Wissen herab in ihre zeitliche Ausführung. Augustin denkt sie also technomorph als die bloß stoffliche Verwirklichung eines ideellen Bauplans. Er nimmt zeitliche Ereignisse, als seien sie allesamt Wiederholungen – nicht von zeitlich vorhergehenden Ereignissen, wohl aber von göttlichen Vorzeichnungen –, weil er das göttliche Denken anthropomorph als das Planen von Werkstücken deutet.

Dieses theologische Muster bleibt in *Conf.* XI im Hintergrund; aber in fast gleichzeitigen Texten tritt es deutlich hervor. So gehört die Schrift *De agone christiano* in die unmittelbare Nähe der *Confessiones*. In dieser vermutlich 396 verfaßten Schrift spricht Augustin von der sprachlichen Eigenheit der Bibel, zukünftige Ereignisse als bereits geschehen, also im Perfekt, auszudrücken. Augustin erklärt dies nicht aus der Eigenart der hebräischen Tempusbildung, sondern aus der Gleichgültigkeit der Zeitdimensionen für Gott, für den das Zukünftige genau festgelegt ist und

---

[5] In diesem Sinne auch R. Jürgeleit, Der Zeitbegriff bei Augustinus, in: Revue des Etudes Augustiniennes 34 (1988), 216.

der es als bereits geschehen betrachtet. Was in der Zeit geschehen[6] wird, liegt in der Ewigkeit inhaltsgleich und fertig vor. Wer verdammt werden wird, ist jetzt schon verdammt.[7] Die Verdammung wird in der Zeit nur exekutiert, ihre inhaltliche Bestimmung und das Wann ihrer Anwendung liegen zeitlos fest. Diese Theorie Augustins hat zwar für den Christen den Vorzug, daß sie die göttliche Vorsehung für jeden Einzelschritt unseres Lebens und für jedes Ereignis in der Natur als das Leitende sichtbar macht; aber philosophisch gesehen riskiert sie die Kritik, a) das göttliche Denken zu vermenschlichen, so daß es wie ein Drehbuch erscheint, das in der Zeit nur abgespielt wird, b) eine platonistische Weltverdopplung zu installieren, die, weil sie jedes Einzelereignis und sogar die Handlungen der Menschen determiniert, viel weiter geht als die sog. Ideenlehre, und c) den einmaligen Charakter von Zeitereignissen soweit zu nivellieren, daß sie keine zeitlichen Ereignisse mehr sind.

4. Der ontologische Aspekt

Ein ontologisches Leitmotiv durchzieht Augustins Zeitabhandlung: Allein die Ewigkeit *ist*, das Zeitliche verfließt und *ist* nicht. Diese Art von Platonismus hat Augustin in *Conf.* XI nirgends angezweifelt, sondern immer vorausgesetzt. Die Ewigkeit als völliger und simultaner Selbstbesitz (n. 13) steht im Kontrast zur Zeit, deren Sein der Übergang zum Nicht-Sein ist. Augustin erklärt sich die Schwierigkeit, die Zeit zu erfassen, aus ihrem instabilen ontologischen status, der eben kein status, sondern ein Sich-Verlieren ist. Er beschreibt die gedankliche Bewegung des elften Buches als den geistigen Gang von der wandelbaren Kreatur zur stillstehenden Wahrheit, n. 10, 12. Danach verdient die Zeit als das Verschwindende auch kein definitives Interesse. Der Kontrast von allein seiender Ewigkeit und von nicht-seiender Zeit bildet von Anfang an Augustins ontologische Position mit gnoseologischen und ethischen Konsequenzen. Wenn das Sein als das Bleibende definiert ist, kann das Zeitliche nur als nicht-seiend gelten. Dann steht es in einem rein negativen Verhältnis zum Ewigen. Doch sah Augustin, daß er dabei nicht stehenbleiben konnte, und so anerkannte er, daß die zeitlichen Dinge gut, schön und seiend sind, n. 6. Mit Hilfe dieser Teilhabe-Metaphysik

---

[6] Vgl. Augustinus, *De civitate Dei* X 12, 28–28 CC 47, 287: *in cuius dispositione iam tempora facta sunt quaecumque futura sunt.*
[7] Augustinus, *De agone christiano* c. 27, 29 PL 40, 305.

glaubte Augustin den biblischen Schöpfungsglauben in philosophische Einsicht verwandeln zu können. Diese Überlegung bedeutete für ihn, wie die *Confessiones* bezeugen, die denkende Überwindung des Manichäismus mit Hilfe der *platonischen Bücher*. Ein zeitliches Ding, sofern es gut und schön ist, hat teil auch am ewigen Sein und *ist* in diesem Sinne auch. Sofern es *schlecht* ist, hat es nicht teil und *ist* folglich auch nicht: dies sagt die sog. Privationstheorie des Bösen. Die Frage ist nun, ob das zeitliche Ding, sofern es zeitlich ist, teilhat am Ewigen, ob also die Zeit als Zeit ein Ebenbild oder eine Spur des Ewigen ist. Dieser in der platonischen Tradition heimische Gedanke, den Augustin in früheren Texten aufgegriffen hat, fehlt charakteristischerweise in *Conf.* XI.[8] Dies heißt nicht, es gebe keinerlei Vermittlung zwischen dem Zeitlichen und dem Ewigen. Es gibt sie, in mehrfachem Sinne: a) Augustins ontologisches Interesse führt ihn immer von den Ereignissen zu den Dingen, die aufgrund ihrer Wesensform dem göttlichen Plan entsprechen, selbst gut, einheitlich und seiend sind, b) die menschliche Geistseele steht nicht in einem nur negativen Verhältnis zum Ewigen, sondern sie ist ihm zugleich ähnlich und unähnlich, n. 11, 5. Aber die Ähnlichkeit liegt nicht gerade in ihrer Zeitlichkeit begründet, sondern in ihrer Geistigkeit und in ihrem Bezug zu ewigen Regeln, zur Wahrheit, c) sofern wir zeitlich sind, sind wir zersplittert und verlieren uns im Vielen. Aber Christus, das ewige Wort, ist ins Zeitliche eingetreten, um uns aus dem Zeitlichen zu befreien, n. 39. Er ist der einzige und wahre Mittler zwischen unserer Verlorenheit an die Zeit und dem Ewigen. Gerade weil Augustin seine Partizipationstheoreme wohl für das Gute, das Schöne und das Seiende, nicht aber für die Zeit geltend macht, erscheint die Ohnmacht des Menschen als die Voraussetzung der Funktion des Vermittlers.

Auch das Denken der Wahrheit ist ein Heraustreten aus der Zerstreuung des Zeitlichen. Es hat bei uns Menschen einen Anfang und ein Ende und ist insofern zeitlich. Aber in die inhaltliche Struktur unseres intellektuellen Habens ewiger Wahrheiten dringt die Zeit nicht ein. Mit der philosophierenden Selbstbesinnung auf unser geistiges Innen, in dem die ewige Wahrheit wohnt, haben wir begonnen, der Sphäre des Zeitlichen zu entgehen; wir hören die *Stimme des Bräutigams*. Unsere Wahrnehmungen sind zeitgebunden; unser Denken ist es nur indirekt, sofern wir die geistigen Inhalte allein unter Zeitbedingungen erreichen können.

---

[8] Dazu vgl. E.A. Schmidt, Zeit und Geschichte bei Augustin, Heidelberg 1985.

Nach E. A. Schmidt[9] intendiert Augustins Zeitabhandlung den Nachweis der *zeitlichen Bedingtheit menschlichen Erkennens*. Dies widerspricht Augustins ausdrücklicher Erklärung, er suche das Wesen der Zeit in seiner ganzen Allgemeinheit. Es entspricht Augustins Analyse, sofern auch unser Sprechen und unser Denken in der Zeit verläuft. Es widerspricht wiederum Augustins Ansicht, der Aufstieg zur Wahrheit sei, sofern er Wahrheit finde, das Herausgehen aus den Bedingtheiten des Zeitlichen. Von *inhaltlicher* Zeitlichkeit des Wissens, d.h. von der Einsicht in die historisch-kulturellen Bedingtheiten menschlichen Wissens ist Augustins Zeittheorie aufgrund ihrer platonistischen Prämissen weit entfernt.

Innerhalb des ontologischen Gesamtrahmens der Augustinischen Zeittheorie kann es weder zur Thematisierung der Zeitlichkeit unseres Wissens (die mehr wäre als okkasionelle Zeitlichkeit) noch zu einer Aufwertung der Zeit kommen. Im Kontext einer platonistischen Ontologie bedeutet auch die Inkarnation keine Umkehr der negativen Bewertung der Zeit. Die Inkarnation ist nicht die Verzeitlichung Gottes oder die Vergöttlichung der Zeit; sie ist ein phasenweiser Abstieg des Ewigen, das in seiner Unwandelbarkeit *bleibt*, um uns aus allem Zeitlichen zu erretten. Die Zeit ist, Augustin zufolge, uns ursprünglich so fremd wie der Tod. Wir sind de facto zeitlich und sterblich; wir sollten es nach dem göttlichen Plan nicht sein. Wir sind es infolge der Adamssünde. Diese akzidentelle Verflechtung in die Nichtigkeit des Zeitlichen wird durch die Erlösung für die Erwählten repariert. Christus hat unsere Natur *a temporalibus* befreit. Er ist zeitlich geworden, damit wir ewig werden. Indem er uns erlöst, macht er uns zu Ewigen. Die wenigen Erwählten werden eingehen in das ewige Heute, das kein Morgen und kein Gestern kennt. Für sie wird es keine *mutabilitas temporum* mehr geben, wie ja auch die Körper der Verdammten, also der überwiegenden Anzahl der Menschen, in unendlichen körperlichen Qualen sich winden, aber durch Gottes Allmacht davor bewahrt werden, durch Zugrundegehen ihren Leiden zu entkommen. Jede Veränderung wird aufhören; dieses sog. Leben verläuft nicht mehr in Sukzession. Wenn es auch unmöglich ist, eine solche Versteinerung als menschliches Leben wiederzuerkennen, so war dies doch Augustins – von fast allen modernen Auslegern, außer von Teske, diskret verschwiegene – Vorstellung vom zeitfreien menschlichen

---

[9] E.A. Schmidt, Zeit und Geschichte bei Augustin, 63.

Idealzustand.[10] Die Zeit kann an der Ewigkeit nicht teilhaben; aber der Weise erreicht in der Weisheit auch die Zeitüberlegenheit Gottes, denn *Weisheit* als solche *ist* jenseits aller Zeit.

Die ethischen Konsequenzen dieser Ontologie sind schon angeklungen: Die zeitlichen Dinge sind die Welt des Trugs, *Conf*. IX 4, 10 Verheijen 139. Die *libido* ist dadurch definiert, daß sie diesem Trug erliegt, d.h. sie stellt das Ewige zurück hinter das Zeitliche. Im irdischen Leben ist das Verlassen des Zeitlichen nur als Kampf möglich; im ewigen Leben der Seligen ist es vollendete Gegenwart.

Augustins Lösung des Zeiträtsels, also seine Erklärung der Zeit als Erinnern, als Aufmerken und als Erwarten, n. 26, geht über diese platonisierende Ontologie hinaus. Sie ist Augustins origineller, allerdings durch Aristoteles, die rhetorische Tradition und Plotin vorbereiteter Beitrag. Sie entspringt nicht direkt einem ontologischen, sondern eher einem empirisch-sprachlich-grammatischen Interesse, vor allem aber der Suche nach Selbsterkenntnis und Selbstübersteigung der Geistseele. Nach der platonistischen Ontologie Augustins (von Platon selbst ist hier nicht die Rede) ist die Zeit nicht: *Conf. XI* konfrontiert unser alltägliches Reden über die Zeit mit dieser Prämisse, findet sie dazu im Widerspruch und entdeckt die Zeit als seiend allein in der nicht-physikalischen Ausdehnung der erinnernden und vorausschauenden Seele. Doch sah Augustin darin keinen Bruch mit seinen ontologischen Prämissen, sondern deren Fortführung; er wendete sie daher auf sein Ergebnis an: Das Zeitliche als solches ist wenig wert. Wenn das Gedächtnis auch erstaunliche Kapazitäten hat, das Vergangene aufzubewahren, rechtfertigt dies nicht eine Suche nach der verlorenen Zeit. Das Nichtige, das gewesen ist, kann für Augustin nur Interesse finden, sofern es der Weg war, das Ewige oder die Weisheit zu erreichen. Deshalb steht die Zeiterörterung genau an der Stelle, wo der biographische Bericht *abbricht*.

Die Zeitlehre Augustins motiviert nicht zu biographischen oder autobiographischen Recherchen, sie bestimmt deren Rolle und limitiert sie dadurch. Wir sollen uns soweit erinnern, als es zur Selbsterfassung unseres geistigen Selbst führt, damit wir dieses nicht in seiner Gewordenheit, sondern in seinem Ewigkeitsbezug begreifen. Uferlose Gedächtnisempirie wäre nur libidinöse Neugier. Das Erzählen des Gewesenen hat als

---

[10] Höchst instruktiv dazu: R.J. Teske, „Vocans temporales, faciens aeternos": St. Augustine on Liberation from Time, in: Traditio 41 (1985) 29–47.

solches keinen Wert, denn wir sollen nicht zurückschauen auf das Vergangene, sondern hinblicken auf das, was *vor* uns liegt, nicht auf ein kommendes zeitliches Ereignis, sondern auf die Ewigkeit, n. 40, 10. Was uns die Zukunft bringen wird, ist als Zeitliches ebenso wertlos wie das Gewesene. Augustin überträgt die Erfahrung, die wir beim Vortrag eines Liedes machen, auf die Lebensgeschichte eines einzelnen und auf die Menschheitsgeschichte, n. 38. Aber er legitimiert weder eine Rückwendung zum Vergangenen noch eine werthafte, gar religiöse Auszeichnung der Zukunft. Dies hat E.A. Schmidt überzeugend gezeigt. Das *Vor*, das einzig zählt, ist die Ewigkeit. Die Geschichte, die in unserem Text andeutungsweise in den Blick kommt, verdient nicht als solche Interesse; schon gar nicht ist sie machbar. Sie ist Abfall vom Einen, Zerstreuung in das Viele. Sie ist wesentlich unübersichtlich, denn sie hat kein Wesen. Sie hat nicht in ihr selbst *Sinn*; ihr Sinn ist, daß begnadete Einzelne sich über sie erheben, hinauf zum Ewigen.

Man könnte im Blick auf *Conf.* XI von einer ontologischen Reduktion sowohl der Vergangenheit wie der Zukunft sprechen. Die Gegenwart ließ Augustin zu einem ausdehnungslosen Punkt zusammenschrumpfen, so daß sie als Zeit, d.h. als eine Erstreckung, ebenfalls nicht *ist*. Dabei folgte Augustin einer rigoros rationalistischen Tendenz der antiken Philosophen, die sich nicht damit zufrieden geben konnten, daß die Umgangssprache die *Gegenwart* sehr wohl hinreichend klar bestimmt und daß die so gefaßte Gegenwart als Teil einer Erstreckung selbst auch eine gewisse Erstreckung aufweist.

5. Der kalkulatorische Aspekt

Die Zeit ist das, womit wir Veränderungen der Körperwelt messen, n. 30, 1–2. Diese Annahme liegt Augustins Untersuchung von Anfang bis Ende zugrunde. Robert Grosseteste († 1253) hat Augustin vorgeworfen, er täusche sich während des ganzen Verlaufs seiner Erörterung darüber, daß er das Gesuchte schon gefunden habe, nämlich eine Definition der Zeit. Sie sei eben nichts anderes als das Maß der Veränderungen in der Körperwelt.[11]

---

[11] Robert Grosseteste, *Commentarius in VIII libros Physicorum Aristotelis,* Liber quartus, ed. R.C. Dales, Boulder (Colorado) 1963, 88: *Et Augustinus cum quaesivit essen-*

Daß das Maß nicht das Gemessene ist, versteht sich von selbst, insbesondere im Umkreis der antiken Zeittheorie. Sowohl Aristoteles wie Plotin insistierten darauf, daß die Zeit zwar zur *kinesis* gehöre, aber als ihr Maß von ihr verschieden sei.[12] Augustin griff das auf; er schuf allerdings neue Undeutlichkeiten, indem er die Zeit auch als das Maß zeitlicher Erstreckungen beschrieb, sich also dem Verdacht aussetzte, das Maß doch wieder mit dem Gemessenen zu verwechseln. Die Abschnitte nn. 30–33 sind nicht frei von der Zweideutigkeit, ob wir mit Hilfe der Zeit Veränderungen der Körperwelt messen oder ob wir Zeit, d.h. die Dauer von Veränderungen messen.

Während Augustin sich im Rahmen der aristotelischen und insbesondere der plotinischen Grundannahmen bewegte, indem er die Zeit als Maß der Bewegung untersuchte, verschob er den Akzent, indem er den kalkulatorischen Aspekt der Zeit zurückdrängte. Nirgends in *Conf.* XI sagt er, die Zeit sei Zahl. Die Zahl als Weltrhythmus – dieses pythagoreisierende Element kannte er; er brachte es in anderen Texten mit der biblischen Aussage zusammen, Gott habe alles nach Maß, Zahl und Gewicht geordnet. Aber in der Erörterung über die Zeit spielt die zahlenmäßige rhythmische Gliederung des Naturwerdens nur die in n. 21, 1–5 genau beschriebene Rolle: a) Wir spüren, *sentimus*, daß Zeiträume verschieden lang sind; b) wir können bestimmen, die Zeitspanne t sei das Mehrfache der Zeitspanne z. Bei Liedern und Gedichten konnten solche Angaben auch in der Antike exakt sein, d.h. die Zeit konnte in diesen Ausnahmefällen, auf die Augustin aber rekurriert, genau gezählt werden. Dann war die Zeit, wie bei Aristoteles, auch bei Augustin das *Gezählte*. Die Zeit *messen* hat *dann* eine präzisere Bedeutung als nur: ihre Länge abschätzen. Von exakter Messung bei Naturvorgängen konnte in der Antike ohnehin nicht die Rede sein. Dennoch unterschied Augustin die grob-alltäglichen Zeitbestimmungen von dem Zählen der Zeiteinheiten.

Daher verschwinden zahlenhafte Proportionen aus seiner Erörterung nicht völlig. Sie kehren in den Beispielen Augustins regelmäßig wieder, wenn es etwa heißt, der Zeitraum A sei doppelt oder halb so lang wie der Zeitraum B. Um derartig alltägliche, also gerade nicht metaphysisch-

---

ciam temporis adhuc sibi ignotam apertissime novit et pronunciavit tempus esse mensuram motus. Vgl. dazu U.R. Jeck, Aristoteles contra Augustinum, Amsterdam 1993, 211.
[12] Dies ist festzuhalten gegen P. Moreaux, 282, und überhaupt gegen die Tendenz neuerer Erklärer, Augustin zu stark gegen die antiken Philosophen abzusetzen.

signifikante Maßverhältnisse geht es in *Conf.* XI. Dabei geht die Kritik des Bischofs von Lincoln insofern nicht auf Augustins Problem ein, als Augustin im Kontext seiner Ontologie des Zeitlichen nach einem realfortdauernden Maß im Schwinden des Zeitlichen suchen muß. Das Erinnern, das Aufmerken und das Erwarten sind Funktionen des überdauernden *animus*, der, wenigstens für kleine Zeiträume wie für die Dauer eines Liedes, Kontinuität sichert. Wenn Augustin scholastisch-formell gesprochen hätte, hätte er unterscheiden müssen zwischen a) abstrakten, aber immer umgangssprachlichen Zeitmaßen wie Tag und Jahr, b) der Dauer von Naturveränderungen, c) dem aktiven Zusammenhalten von Anfang und Ende der Naturveränderung durch die sich erinnernde und vorausschauende Seele und damit der Beurteilung der Dauer des Vorgangs, der freilich, wie das Aufsagen eines Gedichts, nicht nur ein Naturvorgang (im modernen Wortsinn) sein kann.

Eine Zweiteilung des Zeitkonzepts ergibt sich daraus nicht.

So nenne ich noch einmal als einen Ertrag der vorliegenden Untersuchung: Augustin hat nirgends zwischen innerer und äußerer Zeit unterschieden. Es bleibt ein Faktum, das markant ist: Bei den zahlreichen Diskussionen der Augustinischen Zeittheorie im Mittelalter verfiel keiner dieser sorgfältigen Augustinleser auf die Distinktion von Ichzeit und Weltzeit.

Augustins Zeittheorie steht *nicht* in der Nähe der Unterscheidung Bergsons zwischen einer mathematisierten Zeit der Objekte und der gelebten Zeit des Bewußtseins. Nicht nur, weil Augustin die mathematisierende Zeitmessung der Physik seit Descartes, Galilei und Newton fremd ist. Seine Ontologie des Zeitlichen schließt aus, der Zeit als Zeit der Objekte Realität zuzugestehen. Die sog. Zeit der Objekte *ist* demnach gar nicht und kann allein im Überdauern der Seelentätigkeiten einen realen Halt haben.

6. Der geistphilosophische Aspekt

Augustin wollte das Rätsel der Zeit nicht nur beschreiben, sondern lösen. Die Lösung erfolgt schrittweise, ab n. 26, besonders dann in nn. 33–38: Was als Naturbestand verschwunden oder noch nicht eingetreten ist, hat Sein in der Erinnerung bzw. in der Erwartung des *animus*. Erinnern, aktuales Auffassen und Erwarten sind psychische Akte; insofern sprach man von einer *psychologisierenden* Zeittheorie bei Augustin, so wie man auch von einer *psychologischen Trinitätslehre* bei Augustin redete. Die Dreiheit von Erinnern, Aufmerken und Erwarten wird von Augustin selbst in *Conf.* XI *nicht* in Parallele zur göttlichen Trinität gesetzt; um so mehr haben sich die Augustin-Ausleger, besonders Jean Guitton, bemüht, *Conf.* XI mit *De trinitate*, bes. X 11, 18, XIV 7, 10 und XV 3,5 zusammenzubringen. Mir scheint es hingegen methodisch geboten, zunächst *Conf.* XI für sich zu nehmen und in seiner Eigenart zu beschreiben, um dann erst die Frage zu erörtern, wie sich dieser Text zu *De trinitate* und *De civitate Dei* verhält. Erst bei einer solchen methodischen Separierung fällt auf:

1. Augustin hat in *Conf.* XI die Dreiheit der die Zeit bildenden Seelentätigkeiten nicht trinitätstheologisch ausgewertet.
2. Weder in *De trinitate* noch in *De Genesi ad litteram* noch in *De civitate Dei* taucht die spezifische Zeittheorie von *Conf.* XI wieder auf.

Diese Fehlanzeigen sind sprechend. Augustin ist *nach* dem XI. Buch der *Confessiones* noch öfter auf das Problem der Zeit zurückgekommen, besonders in *De Genesi ad litteram* und in *De civitate Dei*.[13] Nirgendwo, soweit ich sehen kann, wiederholt er seine Zeittheorie aus den *Confessiones*. Er erörtert z.B. in *De Gen. ad litt.* V 6, 19 dieselbe Frage wie in *Conf.* XI 12, was Gott *vor* der Erschaffung getan habe, ohne seine „psychologische" Erklärung der Zeit zu erwähnen; er hielt sie also nicht für unentbehrlich, um diesen Einwand zurückzuweisen. Dem entspricht auch die eher zögerliche Art, mit der er seine Lösung des Zeiträtsels gegen Ende des elften Buchs präsentiert. Hat er sie als einen einmaligen Versuch gewertet, der so viele Probleme schuf, wie er zu lösen schien, so daß er ihn nicht in sein Repertoire von Doktrinen aufnahm?

Gleichwohl endet Buch XI *nicht* aporetisch, sondern mit der Reduktion der Zeit auf die drei Tätigkeiten des *animus*. Ich schlage vor, von einer *geistphilosophischen* Zeittheorie zu sprechen. Dieses Wort ist gewiß vulgär-idealistisch verbraucht. Aber es sagt deutlicher als die Rede von der *psychologischen* Zeittheorie, daß es sich um *Philosophie* der Zeit handelt. *Psychologie* ist heute eine empirische Wissenschaft; damit hat das

---

[13] Ich nenne die wichtigeren Stellen: *Conf.* XII, bes. 8, 8, 11, 12 und 15, 19 sowie 19, 28; *De Gen. ad litt.* V 5, 12; V 6, 19; VIII 20,39; *De trin.* IV 18, 24 *De civ. Dei* XI 6; XI 11; XX 1 und XII 16; XV 5; *En. in Ps.* 101, s. II 10.

XI. Buch der *Confessiones* nichts zu tun. Es handelt keineswegs, wie gezeigt, von der *inneren* Zeiterfahrung. Der moderne Gegensatz von innerer und äußerer Zeiterfahrung ist ihm fremd. Das Problem der Individualzeit faßt Augustin nicht einmal ins Auge. Augustins Zeittheorie ist keine erfahrungsfremde Spekulation – er spricht einmal sogar von einem *sentire moras*, n. 19, 2 –, aber sie ist als Theorie der Erfahrung nicht selbst empirisch und als Philosophie der Geistseele nicht psychologisch. Augustin spricht an den entscheidenden Stellen von der Tätigkeit des *animus*. Man sollte daher besser *Geist* sagen statt *Seele*, wenn man sich darüber im klaren ist, daß das Wort *animus* aus dem Kontext des vierten und nicht aus dem des 19. Jahrhunderts zu lesen ist. So ist denn auch das Wort *geistphilosophische Zeittheorie* keine Erkenntnisquelle, aus der man schöpfen könnte; es verweist zurück auf den Text. Hier geht es nur darum, es generell zu präzisieren; ich versuche dies durch vier Abgrenzungen:

a. Augustins Zeittheorie ist keine Transzendentalphilosophie, wenigstens nicht, wenn man dieses Wort im Sinne Kants verwendet – und es anders zu verwenden, schafft nur Unklarheiten. Oft hat man das Resultat des XI. Buchs mit der kantischen Zeittheorie zusammengebracht und diese noch zusätzlich mit der Entgegensetzung von innerseelischer und außerseelischer Zeit beschwert. Selbst eine Forscherin wie Anneliese Maier beschrieb die Zeittheorie der *Confessiones* als *völlige Subjektivierung der Zeit* und erklärte die Subjektivierung näherhin damit: *Die Zeit hat keinerlei außermentale Realität.*[14] Damit ist Augustins Zeittheorie zwar besser getroffen als mit dem Wort *Psychologisierung*, denn der *animus*, der die Zeitdimensionen bewirkt (n. 37, 3: *qui illud agit*), ist offenbar keine individuelle, empirisch vorfindbare Instanz, aber er ist auch keine Innenwelt gegenüber einer Außenwelt, die wiederum bloße Erscheinung wäre. Augustins zeitgebender Geist mißt die Zeit der Veränderungen der Körperwelt. Er bietet sich den Eindrücken der vorübergehenden Körper dar, die ihre Spuren in ihn eindrücken. Dies alles ist naiv realistisch gedacht, nicht transzendentalphilosophisch. Die Zeit ist bei Augustin nicht so etwas wie eine Anschauungsform. Kant mußte die Zeit als Anschauungsform konzipieren, um begreiflich zu machen, daß

---

[14] A. Maier, Die Subjektivierung der Zeit in der scholastischen Philosophie, in: Philosophia naturalis 1 (1950) 364.

alle Erscheinungen in der Zeit sind und daß wir dies wissen, obwohl kein Mensch *alle* Erscheinungen daraufhin hat empirisch untersuchen können. Auch Augustin war sich dessen gewiß, daß sich *alle* Körper in der Zeit bewegen. Aber dies war für ihn eine schlichte Gewißheit, die er nicht in Frage stellte und nicht weiter als erklärungsbedürftig ansah, während sie für jeden Leser Humes einer Erklärung bedarf. Die Zeit, die Augustins *animus* mißt, ist die der Weltdinge. Der Übertritt von Innen nach Außen erfolgt unproblematisch. Der *animus* ist gar nichts anderes als die Aufbewahrung von Außenspuren, als das aktuale Auffassen ihrer Präsenz in ihm, als die Erwartung neuer vorüberziehender Weltdinge. Augustin unterschied nicht Erscheinungen von Dingen an sich. Die Universalität der Zeitlichkeit erklärte er sich mit seiner Kontrast-Ontologie zwischen Ewigem und Zeitlichem. Er hatte nicht das Problem, wie unsere Mathematik ohne Einschränkung auf alle Körperbewegungen angewendet werden könne und woher wir wüßten, wie dies in einer aus der Empirie niemals zu sichernden Allgemeinheit möglich ist.

Die für die Transzendentalphilosophie so wichtige Frage, wie die Newtonsche Physik auf alle Körperbewegungen anwendbar sei, stellte sich ihm nicht. Es lag ihm völlig fern, seine Leser darüber zu belehren, ob die Zeit a priori oder a posteriori ist. Nimmt man seinen *animus* als den ausschließlich individuellen Geist eines einzelnen Menschen, wird die Verständigung mehrerer Menschen über Zeitbestimmungen zum Rätsel. Daß sich Augustin noch nicht einmal *diese* Frage stellt, deutet, zusammen mit dem Text n. 41, 3–12, darauf hin, daß er eher an die Weltseele gedacht hat. Aber daß er dies nicht einmal thematisiert, zeigt, wie wenig er das Problem der intersubjektiven Objektivität von Zeitbestimmungen erkannt hat. Dies auszusprechen, bedeutet nicht, Augustin zu kritisieren. Es bedeutet nur, ihn innerhalb seiner Denkvoraussetzungen aufzusuchen. Innerhalb dieser Prämissen gibt es weder ein transzendentales Ich noch eine apriorische Form der Anschauung von Erscheinungen; die Unterscheidung von <u>intramental</u> und <u>extramental</u> gehört einer anderen geschichtlichen Welt an, erst recht der Gegensatz von gelebter Innenzeit und mathematisierter Zeit der Objekte. Neukantianer konnten nicht denken, daß *Subjekt* und *Subjektivierung* historisch relative, kulturell begrenzte Denkkonstruktionen waren. Statt eben dies aus Augustins Zeitabhandlung zu lernen, übertrugen sie ihren Subjektbegriff auf den Text des ausgehenden vierten Jahrhunderts. Damit schienen sie sich vor der Relativierung durch die Zeit gesichert zu haben – bis die

Zeit auch über sie kam, d.h. bis die geschichtliche *und* die philosophische Entwicklung des 20. Jahrhunderts diese *Subjekte* mitsamt dem Apriorismus ihrer Zeitanschauung zum Aussterben verurteilte.

b. Augustins Zeittheorie bedeutet nicht die Verlagerung des philosophischen Interesses auf die sog. innere Zeiterfahrung. Sie enthält keine Andeutung einer Unterscheidung von innerer und äußerer Zeit. Was die Tätigkeiten des *animus* ermöglichen, ist die Messung der Zeit der *motus corporum*. Die Auslegung Augustins befand sich für einige Jahrzehnte in den Händen christlicher Spiritualisten – sie nannten sich selbst lieber: Personalisten – und Existenzialisten. Sie glaubten sich im XI. Buch der *Bekenntnisse* wiederzufinden; sie vermeinten den Positivismus zu überwinden, indem sie ohne Rücksicht auf Philologie und Geschichte *ihre* neuzeitlichen Trennungen von Innen und Außen sowie moderne Isolationserfahrungen auf das Innen Augustins übertrugen und es seiner historisch eigentümlichen Welthaftigkeit beraubten. Sie vergaßen, daß es in *Conf.* XI um die Entstehung von Himmel und Erde, nicht um die Zeiterfahrungen eines reichen Einzelgängers vor dem Ersten Weltkrieg ging, der seine Tage im dicht abgedunkelten Schlafzimmer am Boulevard Haussmann verbrachte, über seine inneren Zeiterfahrungen nachsinnend, die andere sein mußten als die seines Vaters, der Naturwissenschaftler und Arzt war – wie ihm sein Cousin in langen Unterhaltungen erklärte. Zufällig war sein Cousin zu solchen Erklärungen sehr wohl imstande. Denn der Vetter von Marcel Proust war *Henri Bergson*.

Christliche Personalisten, Semi-Bergsonianer und Existenzialisten vermochten niemals zu erklären, wie die Seelentätigkeit die Weltzeit bewirkt. Sie kümmerten sich nic um Augustins Ansicht, es sei das ideale Ziel des Menschen, keine Zukunft zu haben, sondern unveränderlich und *ewig gemacht* zu werden.[15] Sie statuierten sinnstiftend in bezug auf Augustin: *Zeit ist von Grund auf in der Dimension des Sinns*[16], wo die Zeit doch für Augustin nur den *einen* Sinn haben kann, daß die wenigen Auserwählten ihr für immer entgehen. Sie übersahen alle Erklärungen, wonach Zeitlichkeit und Sterblichkeit *nicht* zur Natur des Menschen gehören und daß die göttliche Güte diesen Makel der Sünde wegwischen wird von den Beseligten. Sie sagten uns nicht, wie ihr Grundbegriff der

---

[15] Ich spiele an auf *Conf.* XII 11, 12 und *Enn. in Ps.* 101, s. II 10.
[16] R. Berlinger, Augustins dialogische Metaphysik, 60.

Personalität mit der Sippenhaftung der Augustinischen Erbsündenlehre vereinbar ist: Tod und Zeitlichkeit sind in jedem von uns, weil Adam gesündigt hat. Personalisten schweigen zu der Frage: Wie kann eine so grundlegende Befindlichkeit des Menschen von dem zufälligen Faktum der moralischen Verfehlung des ersten Menschen abhängen?

c. Die geistphilosophischen Elemente der Augustinischen Zeittheorie sind im Text von *Conf.* XI ein Restbestand älterer Geistphilosophien und Weltseelenspekulationen. Griechische Aristoteleskommentatoren, selbst wenn sie Christen waren, erklärten den Satz des Aristoteles, daß es ohne Seele keine Zeit gebe, *Phys.* IV 14, mit dem Hinweis auf die Weltseele.[17] Plotin konnte die Zeit als das zerdehnte Leben der Seele beschreiben, ohne die Zeit in die innere Zeiterfahrung zurückzunehmen, denn er dachte an die Weltseele: Diese umschließt Menschen und Naturdinge; sie ermöglicht Individualitäten, zerstört sie also nicht. Augustin steht solchen Theorien nahe, sofern er die Zeit bewirkt sein läßt durch das Tun des *animus*. Er verändert die in der spätantiken Philosophie verbreiteten Zeittheorien durch die Präzisierung auf *memoria, contuitus und expectatio* als den Ursprüngen der Zeitdimensionen. Aber er verliert das Argument, das jene Philosophen noch hatten, daß die Zeit der Seele auch die Zeit der Dinge und die der anderen Personen ist. Er gibt aber die Voraussetzung keineswegs auf, die Zeit der Seele sei die Zeit der Dinge und die der anderen Personen. Er spricht erst gar nicht von einer Vielzahl von Personen. Dieses Schweigen wäre sinnvoll unter Voraussetzung der Weltseele. Sie könnte durch Seelentätigkeit Weltzeit erzeugen; sie könnte zusammenhalten, was wir mit den neuzeitlichen Ausdrücken *Subjekt* und *Objekt* auseinanderhalten. So aber entgleitet Augustin die Welthaftigkeit und Intersubjektivität der Zeit, die er gleichwohl in Anspruch nimmt. Dächte er die Erstellung der Dimension der Vergangenheit als die Tat einer einzelnen Menschenseele, müßte er behaupten, der zeitliche Vorsprung Adams vor dem menschgewordenen Christus sei durch die Einzelseele bewirkt. Die Erlösungstheorie Augustins gibt aber diesem Zeitraum und gerade der zeitlichen Priorität Adams eine ungeheure Bedeutung; diese Theorie geriete in Gefahr, wenn die Vergangenheit von der Einzelseele bewirkt würde. Was könnte Augustin dagegen vorbringen, daß jemand einwendete, die Seele des einen Individuums

---

[17] Vgl. dazu die Belege bei U.R. Jeck, Aristoteles contra Augustinum, 21–23.

bilde dieses Bild von der Vergangenheit, eine andere Seele bilde es aber nicht? Der *animus*, der die Zeitdimensionen tätigt, kann Teile von Gedichten zusammenhalten; die durchhaltende Identität des Menschen sichern kann er offenbar nicht. Denn nur durch den göttlichen Logos als den Vermittler zwischen dem Einen und dem Vielen können wir, *nach dem irdischen Leben*, aus der Zersplitterung in die Zeiten gerettet werden. Dieser Verschnitt von abgeschwächt Plotinischem mit neuplatonisierend gedeutetem Paulinischem (besonders sichtbar in der Umdeutung des ehemals apokalyptischen *ante* in n. 39, 7) läßt für die synthetisierende Tätigkeit des *animus* nur noch unbedeutende Kombinationsleistungen erwarten.

Dieser *animus* ist nicht mehr der plotinische Zugleichbesitz eines vollkommenen Lebens; er ist zersplittert trotz seiner Einheitsstiftungen, die offenbar nur Unbedeutendes, eben Zeitliches, koordinieren. Dieser *animus* hat sozusagen noch den großen Gestus der spätantiken Weltseele, aber dieser verkümmert und verliert seine den Menschen mit der Natur zusammenschließende Kraft. Diese Geistphilosophie ist ein Restbestand und soll auch nicht mehr sein, weil sie sonst die Gnadentheorie Augustins ausschlösse; sie ist reduzierter und dadurch inkohärent gewordener Plotinismus.

d. Die geistphilosophische Zeittheorie Augustins bedeutet keine Aufwertung der Stellung des Menschen in der Welt. Obgleich die Zeit vom *animus* gebildet wird, erliegt der Mensch der Zeit; er beherrscht sie nicht. Man mag dies widersprüchlich finden, aber der Text behauptet beides: der *animus* bewirkt die Zeiten, und der Mensch zerfließt in den Zeiten. Man vergleiche n. 37, 3 mit n. 39. Der *animus* holt das Gewesene in seine Gegenwart; er erdenkt angesichts der Zeichen und Ursachen des Künftigen die Zukunft; er erschafft eine erstreckte, inhaltsreiche Gegenwart – aber Augustin deutet nirgends an, daß in dieser Kraft der Vergegenwärtigung eine Ähnlichkeit zur ewigen Gegenwart Gottes besteht. Diese selbstgemachte Gegenwart höherer Ordnung erscheint ihrerseits als partiell, als flüchtig und nichtig. Augustin sah in ihr *nicht* die Gottebenbildlichkeit am Werk. Der Geist als Geist ist Gott sowohl ähnlich wie unähnlich. Aber als erinnernder und voraussehender ist er nur in die Zeiten verstrickt. Die Produktivität des *animus* erscheint als das Hervorbringen eines Nichtigen, in dem der Mensch sich verliert. Insbesondere gibt es im Text keinen Hinweis, daß der Geist im Vergangenen *sich* selbst sucht oder gar findet. Die Zeittheorie von *Conf.* XI impliziert *keine* Personalisierung des Zeitbezugs. Man *könnte* sie abstrakt aus ihr *folgern*. Aber beim Lesen eines älteren Textes gebietet es die historische Sorgfalt, genau festzustellen, wie weit der Autor eine Konsequenz *ausgesprochen* hat. Dabei stellt sich heraus, daß Augustin die gegenteilige Konsequenz gezogen hat. Er folgert nämlich aus seiner Zeitlehre, wir sollten alles Vergangene und alles bloß in der Zeit Zukünftige *vergessen*, n. 39, 5. Er selbst hat mit den *Confessiones* nicht etwa seine Vergangenheit erzählen wollen, sondern uns nur bis zu dem Punkt geführt, von dem aus er durch die Gnade Gottes befähigt wurde, das Vergangene zu vergessen.

Es kann also keine Rede davon sein, die Zeitlehre Augustins stelle den Menschen ins Zentrum des Universums – gar, wie man lobredend behauptet hat, zum *ersten Mal* in der Geschichte des Denkens – oder sie erhöhe seinen Rang. Genaugenommen ist in *Conf.* XI vom *Menschen* gar nicht die Rede, nur von seiner *anima* oder von einem *animus*, von dem man nicht weiß, ob er *nur* der des Menschen ist. Nirgends sagt Augustin, ihm seien *alle* Kreaturen kraft seines Erinnerns und Voraussehens gegenwärtig, noch weniger hat er *gefolgert, der Mensch sei der Ort der Einheit der Schöpfung.*[18] Alles dies sind unhistorische Aufbesserungen des harten Gedankens Augustins mit Hilfe neuplatonischer und humanistischer Theorien. Man muß sich fragen, warum Augustin die – theoretisch möglichen – Schlußfolgerungen nicht gezogen oder bewußt vermieden hat, die den Rang des Menschen erhöht hätten. Die Antwort lautet: Die Gnadenlehre, die Augustin seit seinen *Quaestiones ad Simplicianum* I 2 entwickelt hat, muß den Menschen als *schwach* darstellen. Augustins philosophische Wühlarbeit und seine plotinischen Reminiszenzen in *Conf.* XI *könnten* diese Verlorenheit des Menschen gefährden. Aber der Autor macht aus der zeitbegründenden Tätigkeit des *animus* nur noch einen weiteren Beleg dafür, wie wenig der Mensch vermag, der sich ins Vergangene und ins zeitlich Zukünftige verzettelt, statt sich auf dem Weg über seine Geistseele zum Ewigen zu erheben und alles Zeitliche zu verachten.[19]

---

[18] Solche personalistischen Hymnen liest man oft, beispielsweise bei T. Liuzzi, Tempo e memoria in Agostino dalle *Confessioni* al *De trinitate*, in: Rivista di Storia della Filosofia 39 (1984), bes. 49, aber auch 48 et 37 f.

[19] Vgl. Kurt Flasch, Augustinus von Hippo. Logik des Schreckens. Die Gnadenlehre von 397, Mainz 1990.

7. Augustins Zeitlehre als denkgeschichtliches Arbeitsfeld

Augustins Zeitlehre ist eine spätantik-christliche Theorie, die Prämissen der antiken Philosophie fortschreibt und teilweise korrigiert. Sie nimmt die ursprünglich eleatische, dann skeptische Zusammenziehung der Zeitspannen auf den Jetzt-Punkt und dessen Annihilierung auf, wendet sie neoplatonisierend zugunsten des *animus*, reduziert dann aber den Plotinismus, ohne den sie nicht möglich gewesen wäre, im Sinne der Gnadentheologie. Sie zehrt von der ästhetisch-literarischen Erfahrung des Autors und konfrontiert die elementaren Zeit-Konzepte der griechisch-lateinischen Grammatik und Rhetorik mit den Grundzügen einer auf den Kontrast von Ewigem und Zeitlichem zusammengezogenen platonistischen Ontologie.

Den Zusammenhang von Zeit und Seele hatten Platon und Aristoteles bereits ausgesprochen. Die griechischen *Physik*-Kommentatoren hatten gezeigt, die knappe Behauptung des Aristoteles sei nur sinnvoll, wenn man dabei an die Weltseele denke. Plotin hatte die Universalität der Zeit auf die Tätigkeit der Weltseele zurückgeführt. Augustin spielt auf die Weltseele oder auf deren theologisch depotenziertes Pendant an, aber – unter seinen Prämissen mit sachlichem Recht – nur hypothetisch. Nicht, als hätte Augustin prinzipielle Einwände gegen das Theorem von der Weltseele gehabt. Er gestand, in diesem Theorienkomplex kein eindeutiges Ergebnis erreicht zu haben.

Gleichwohl erforschte er noch die Zeit primär unter dem Aspekt der *kinesis*, also des Naturprozesses.

Auch indem Augustin die Nichtigkeit der Zeit forcierte, bewegte er sich denkend unter folgenden Voraussetzungen der antiken Philosophie, die auch die Skeptiker nicht umgestürzt hatten:

– die Konzeption des Seins als Gegenwart und als des Bleibenden,
– die Prävalenz der *aeternitas*,
– der Vorrang der optischen Wahrnehmung (*Okularität*, sagte Yorck von Wartenburg) und die Verräumlichung des Seienden,
– die *Zeit* gilt primär als Maß kosmologischer Veränderungen (*motus*), zu denen auch Tätigkeiten von Menschen zählen.

Augustins Zeitanalyse behielt die kosmologische Ausrichtung des antiken Denkens auch insofern bei, als sie die Zeit im Zusammenhang mit der *Genesis*-Erklärung thematisierte, also wie antike Philosophen, insbesondere wie der Platonische *Timaios*, die Zeit im Kontext der Frage nach dem Ursprung der Natur untersuchten. Nur unterhöhlte Augustin gleichzeitig den Boden, auf den er baute: Er nahm der *Natur* die Konsistenz und Kontinuität, dem *animus* nahm er seine Begründungsfunktion im Weltaufbau; die *Zeit* ist nicht mehr, wie bei Seneca, der Stoff, aus dem der Weise sein Leben als Kunstwerk baut. Augustin dachte in *Conf.* XI die Zeit nicht mehr als gestaltbar oder als Feld ethischer Bewährung, außer daß wir uns – nach dem Muster der ‚Vision von Ostia' – *in* der Zeit aus der Zeit heraus bewegen sollen oder vielmehr durch die Gnade herausreißen lassen sollen. Unter Augustins Voraussetzungen war eine Differenz zwischen Ichzeit und Weltzeit, wie man sie ihm oft zuschreibt, sinnlos: Als Zeitliches gehört der Mensch zur Gesamtheit der veränderlichen und damit zeitlichen Dinge; es geht darum, daß sein überzeitlicher Kern in seine zeitfreie Heimat hinübergerettet werde. Damit erübrigen sich die geschichtsphilosophischen Konstruktionen, die – unter Vernachlässigung von Augustins Texten – ihm eine Wende vom objektiven Zeitverständnis der Antike zu einem anthropologisch-ontologischen oder personalistischen Zeitverständnis attestieren. Sie verkennen Augustins durchgängig negative Bewertung der Zeit; sie ergänzen Augustins Zeittheorie um die These von der Gottebenbildlichkeit, die Augustin für den zeitbildenden *animus* unter dem Gesichtspunkt der Zeitbildung gerade *nicht* geltend gemacht hat; sie vernachlässigen den Zusammenhang der Augustinischen Zeittheorie mit der Erklärung des Schöpfungsberichts; sie unterbelichten das am Naturwerden orientierte Zeitkonzept von *Conf.* XI. und retten sich in die Unterscheidung von ‚äußerer' und ‚innerer' Zeit, die in *Conf.* XI keinen Platz findet.

Streift man solche Umdeutungen ab, bleibt ein semantisch reicher, historisch überaus signifikanter Text zurück. Was Augustins Zeittheorie an systematischer Stringenz fehlen mag, ersetzte sie durch bohrendes Fragen und durch Reichtum historisch-kultureller Assoziationen. Sie bewahrte das zeittheoretische Gerüst zugleich auf, das sie zerstörte. Sie zeigte *ex negativo*, wo man ansetzen mußte: Die Natur mußte Kontinuität, der *animus* seine ontologische Begründungsfunktion zurückgewinnen, so daß er nicht mehr nur Nichtiges und Wertloses hervorbrachte. Dies heißt nun aber nicht, die Augustinische Zeittheorie müsse *bewertet* werden unter dem Gesichtspunkt ihrer unleugbaren Defizite, die z.T. auch Albertus Magnus, Heinrich von Gent und Petrus Johannis Olivi gerügt haben. Es genügt, sie zu *beschreiben* als eine begrifflich-kulturelle Form, in der Menschen ihre *Erfahrungen* der Zeit *denken*, wobei es nicht die Ausnahme ist, daß eine solche Auslegungsform geschichtlich komplex ist bis zur Unvereinbarkeit ihrer Komponenten. Man muß nur aufhören, Augustin bedenkenlos alles zuzuschreiben, was tiefsinnig oder gefällig oder für Institutionen förderlich ist, und statt dessen seine Zeittheorie, philologisch fundiert, analysieren als ein instruktives denkgeschichtliches Arbeitsfeld.

Wendet jemand gegen denkgeschichtliche Analysen dieser Art ein, sie gäben ‚relativistisch' oder ‚historistisch' das philosophische Interesse an ‚Wahrheit' auf, so wiederholt er lediglich sein dogmatisch-systematisches Konzept von *Philosophie*. Zwar ist es richtig, daß sie nicht mehr unterstellen kann, sie konnte mit Augustin in der ‚Sache', also in einer gemeinsamen Erkenntnis *desselben Wesens der Zeit* überein und könne von dieser ‚objektiven Erkenntnis' aus sowohl auf Augustins Text wie auf unsere Vorannahmen blicken. Daß diese Illusion zerstört wird, ist einer der heilsamen Effekte der historisch philosophierenden Forschung. Wenn sie zeigen kann, wie sowohl in Augustins Zeitanalyse wie in unsere Zeitkonzepte historisch präformierte Vorannahmen eingegangen sind – Kenntnisse wie Unkenntnisse, Wertschätzungen und Abwertungen, vor allem aber sprachlich-begriffliche Terminologiebahnen, die einer exakten Erforschung zugänglich sind, zugleich aber durch die Kontrastierung unsere Weltorientierung in ihren allgemeinen Grundlinien berühren. Dieser Denkanstoß läßt sich – wie jede philosophische Reflexion – vermeiden oder verweigern, z.B. indem man Augustins Theorie abstrakt nur unter dem Gesichtspunkt, sie sich *anzueignen*, auffaßt, also das störend Fremde abblendet oder umdeutet und dieses Konstrukt als das wesentliche Wahre offeriert. Ein vorzügliches Instrument der Neutralisierung bildet die Distinktion von ‚innerer' und ‚äußerer' Zeit. Der Modernisierungsdruck, unter dem so manche neuere Darstellung der Augustinischen Zeittheorie steht, erweist sich so als eine akademische Technik, die philosophische Besinnung fernzuhalten, die eine so *fremde* Zeittheorie wie diejenige Augustins gerade durch ihre Fremdheit anregt – durch Irritation, nicht durch Identifikation mit isolierten Momenten.[20]

---

[20] Zu dem hier nur angedeuteten Konzept einer *historischen Philosophie* – der Terminus stammt von Friedrich Schlegel – vgl. K. Flasch, Wozu erforschen wir die Philosophie des Mittelalters?, in: W. Vossenkuhl – R. Schönberger (Hg.), Die Gegenwart Ockhams, Weinheim 1990, 393–409; ders., Abschied von Dilthey. Historisches Wissen ohne „Verstehen", in: M. Ciliberto – C. Vasoli (Hg.), Filosofia e cultura. Per Eugenio Garin, Rom 1991, 625–645; ders., Historische Arbeit an Zeichen, in: T. Borsche – W. Stegmaier (Hg.), Zur Philosophie des Zeichens, Berlin – New York 1992, 136–148.

AUGUSTIN

BEKENNTNISSE
BUCH XI

Lateinisch–Deutsch

Der lateinische Text des XI. Buches folgt der Ausgabe von L. Verheijen, Corpus Christianorum, Series Latina, Bd. 27, Turnhout 1981. Diese Ausgabe ist gut, auch wenn es einige diskutable Stellen gibt, was bei der ungewöhnlich großen Zahl von Handschriften – es sind über 300 – nicht verwundern kann. Verheijen verzeichnet in seiner *Introduction* S. XXXII s. die vier Stellen des XI. Buches, an denen er von der bislang besten Edition, derjenigen Skutellas, abweicht. Doch vgl. auch die *Liste récapitulative* mit 8 Stellen aus dem XI. Buch. Es handelt sich um Varianten, die für die philosophische Analyse keine Differenzen ergeben. Daher folge ich dem Text Verheijens bei der Übersetzung ausnahmslos, selbst an der einzigen Stelle, wo mich seine Textform nicht völlig überzeugt hat, nämlich in XI 11, 13 Zeile 9, wo Verheijen *morulis, quae* schreibt, was zwar einen guten Sinn ergibt und durch das nachfolgende *quae* gestützt wird, aber von der gesamten handschriftlichen Tradition abweicht, die einhellig *motibus* bietet und damit den *motus*-Aspekt der Zeitanalyse stärker betont. Vgl. dazu auch J.J. O'Donnell, Augustine, Confessions, Bd. 3, Oxford 1992, 275.

Über die Regeln, nach denen Verheijen seinen Text erstellt hat, unterrichtet er in seiner *Introduction,* S. V–XCI. Weiterführende kritische Stimmen dazu bei O'Donnell, Bd. 1, S. LVI–LX und bei M. Simonetti, S. Agostino, Confessioni, vol. I, hg. v. J. Fontaine, M. Cristiani u.a., Mailand 1992, S. CLXV–CLXVIII. Dort S. XCLI s. auch eine Literaturübersicht zu den Problemen der handschriftlichen Überlieferung der *Confessiones*.

I.1. Numquid, domine, cum tua sit aeternitas, ignoras, quae
tibi dico, aut ad tempus uides quod fit in tempore? Cur ergo tibi
tot rerum narrationes digero? Non utique ut per me noueris ea,
sed affectum meum excito in te et eorum, qui haec legunt, ut
5 dicamus omnes: magnus dominus et laudabilis ualde. Iam dixi et
dicam: amore amoris tui facio istuc. Nam et oramus, et tamen
ueritas ait: *Nouit pater uester quid uobis opus sit, priusquam petatis
ab eo.* Affectum ergo nostrum patefacimus in te confitendo tibi
miserias nostras et misericordias tuas super nos, ut liberes nos
10 omnino, quoniam coepisti, ut desinamus esse miseri in nobis et
beatificemur in te, quoniam uocasti nos, ut simus pauperes spiritu
et mites et lugentes et esurientes ac sitientes iustitiam et misericor-
des et mundicordes et pacifici. Ecce narraui tibi multa, quae potui
et quae uolui, quoniam tu prior uoluisti, ut confiterer tibi, domino
15 deo meo, quoniam bonus es, quoniam in saeculum misericordia
tua.

II.2. Quando autem sufficio lingua calami enuntiare omnia
hortamenta tua et omnes terrores tuos et consolationes et guber-
nationes, quibus me perduxisti praedicare uerbum et sacramentum tuum dispensare populo tuo? Et si sufficio haec enuntiare ex
5 ordine, caro mihi ualent stillae temporum. Et olim inardesco
meditari in lege tua et in ea tibi confiteri scientiam et imperitiam
meam, primordia inluminationis tuae et reliquias tenebrarum
mearum, quousque deuoretur a fortitudine infirmitas. Et nolo in
aliud horae diffluant, quas inuenio liberas a necessitatibus refi-
10 ciendi corporis et intentionis animi et seruitutis, quam debemus
hominibus et quam non debemus et tamen reddimus.

3. Domine deus meus, intende orationi meae, et misericordia
tua exaudiat desiderium meum, quoniam non mihi soli aestuat,

I.1. Herr, dein ist die Ewigkeit. Aber weißt du deshalb etwa nicht, was ich dir sage? Oder siehst du etwa zeitbedingt, was in der Zeit geschieht? Warum also trage ich dir all diese Geschichten der Reihe nach vor? Gewiß nicht, damit du sie durch mich erfahren sollst. Vielmehr richte ich dadurch meinen Sinn und den meiner Leser auf dich, so daß wir alle ausrufen: *Groß ist der Herr und sehr zu loben* (Psalm 47,2). Ich habe es früher schon gesagt und möchte es noch einmal sagen: Aus Liebe zu deiner Liebe tue ich dies. Wir erbitten ja auch etwas von dir, obwohl die Wahrheit sagt: *Euer Vater weiß, was Ihr braucht, bevor Ihr es von ihm erbittet* (Matth. 6,8). Unseren eigenen Sinn also öffnen wir für dich, wenn wir dir unser Elend und deine Barmherzigkeit uns gegenüber bekennen, damit du unsere Befreiung vollendest, die du schon begonnen hast, damit wir aufhören elend zu sein in uns und selig werden in dir. Denn du hast uns aufgerufen, arm zu sein am Geist, sanft und trauernd, hungernd und dürstend nach der Gerechtigkeit, barmherzig, reinen Herzens und friedfertig. Siehe, ich habe dir vieles erzählt – das, was ich konnte und wollte –, weil du zuvor gewollt hast, ich solle mich dir, meinem Herrn und Gott, bekennen. Denn *du bist gut, und immer währt dein Erbarmen* (Ps. 117,1).

II.2. Wann je reicht meine Kraft dazu aus, mit dem geschriebenen Wort dies alles zu sagen: wie du mich gemahnt, erschreckt, getröstet und gelenkt hast und mich dahin gebracht hast, dein Wort zu verkünden und dein Sakrament dem Volk auszuteilen? Auch wenn ich imstande bin, dies der Reihe nach zu erzählen, sind mir dazu die wenigen Stunden zu kostbar. Denn schon lange brenne ich vor Sehnsucht, über dein Gesetz nachzusinnen und dir dabei zu bekennen, was ich davon weiß und was ich davon nicht weiß, wie weit dein Licht mir aufgegangen ist und was mir dabei dunkel bleibt, bis die Schwachheit aufgezehrt wird durch Kraft. Ich will nicht, daß meine Stunden für irgendetwas anderes hinwegfließen, die wenigen Stunden, in denen ich frei bin von dem Zwang, mich körperlich wiederherzustellen oder meinen Geist auf andere Dinge zu richten, frei auch von dem Dienst, den wir anderen Menschen schulden und den wir ihnen manchmal leisten, auch wenn wir ihn nicht schulden.

3. Herr, mein Gott, achte auf mein Gebet. Deine Barmherzigkeit erhöre mein Verlangen, denn es brennt nicht für mich allein, sondern will der

sed usui uult esse fraternae caritati: et uides in corde meo quia sic
est. Sacrificem tibi famulatum cogitationis et linguae meae, et da
5 quod offeram tibi. Inops enim et pauper sum, | tu diues in omnes
inuocantes te, qui securus curam nostri geris. Circumcide ab omni
temeritate omnique mendacio interiora et exteriora, labia mea.
Sint castae deliciae meae scripturae tuae, nec fallar in eis nec
fallam ex eis. Domine, attende et | miserere, domine deus meus,
10 lux caecorum et uirtus infirmorum statimque lux uidentium et
uirtus fortium, attende animam meam et audi clamantem de
profundo. Nam nisi adsint et in profundo aures tuae, quo ibimus?
Quo clamabimus? Tuus est dies et tua est nox: ad nutum tuum
momenta transuolant. Largire inde spatium meditationibus nos-
15 tris in abdita legis tuae neque aduersus pulsantes claudas eam.
Neque enim frustra scribi uoluisti tot paginarum opaca secreta,
aut non habent illae siluae ceruos suos recipientes se in eas et
resumentes, ambulantes et pascentes, recumbentes et ruminantes.
O domine, perfice me et reuela mihi eas. Ecce uox tua gaudium
20 meum, uox tua super affluentiam uoluptatum. Da quod amo:
amo enim. Et hoc tu dedisti. Ne dona tua deseras nec herbam
tuam spernas sitientem. Confitear tibi quidquid inuenero in libris
tuis et audiam uocem laudis et te bibam et considerem mirabilia de
lege tua ab usque principio, in quo fecisti caelum et terram, usque
25 ad regnum tecum perpetuum sanctae ciuitatis tuae.

4. Domine, miserere mei et exaudi desiderium meum. Puto
enim, quod non sit de terra, non de auro et argento et lapidibus aut
decoris uestibus aut honoribus et potestatibus aut uoluptatibus
carnis neque de necessariis corpori et huic uitae peregrinationis
5 nostrae, quae omnia nobis apponuntur quaerentibus regnum et
iustitiam tuam. Vide, deus meus, unde sit desiderium meum.
Narrauerunt mihi iniusti delectationes, sed non sicut lex tua,
domine. Ecce unde est desiderium meum. Vide, pater, aspice et

brüderlichen Hilfe nützen. Du siehst in meinem Herzen, daß es so ist. Ich will dir den Dienst meines Denkens und meiner Sprache als Opfer darbringen. Gib mir, was ich dir darbringen soll! Hilflos bin ich und arm, du bist reich für alle, die dich anrufen, dich, der du frei von Sorge für uns sorgst. Beschneide du meine Lippen, nimm von mir jede Anmaßung und jede Lüge, innen und außen! Deine Schrift soll mir ein keuscher Genuß werden. Ich möchte mich nicht in ihr täuschen und nicht andere über sie täuschen. Herr, achte auf mich und erbarme dich meiner, Herr, mein Gott, Licht der Blinden und Kraft der Schwachen, aber zugleich Licht der Sehenden und Kraft der Starken, achte auf meine Seele und höre meinen Ruf aus der Tiefe! Denn wenn deine Ohren uns nicht auch im Abgrund hören, wohin sollen wir uns dann wenden? Wohin sollen wir rufen? Dir gehört der Tag, und dir gehört die Nacht; auf deinen Wink hin fliegen die Augenblicke vorbei. Gib uns also Zeit zum Nachdenken über den geheimen Sinn deines Gesetzes, und verschließe uns ihr Tor nicht, wenn wir anklopfen! Du wolltest nicht, daß so viele Seiten mit schwer durchdringlichen Geheimnissen umsonst geschrieben worden sind. Du wolltest, daß diese Wälder uns in sich aufnehmen wie Hirsche, die in ihnen sich erholen, die dort herumlaufen und weiden, die dort sich lagern und wiederkäuen. Herr, bringe mich zur Vollkommenheit und enthülle mir jene dunklen Seiten! Sieh, deine Stimme ist meine Freude. Deine Stimme ist mir lieber als ein Überfluß an Genüssen. Gib, was ich liebe. Denn ich liebe es, und auch das ist dein Geschenk. Jetzt verlasse deine Gaben nicht, und verachte nicht dein Gras in seinem Durst! Alles, was ich in deinen Büchern finde, will ich dir bekennen. Die Stimme deines Lobes will ich hören. Trinken will ich dich und die Wunderdinge deines Gesetzes bedenken – von dem Anfang an, als du Himmel und Erde gemacht hast, bis zu der Herrschaft deiner heiligen Stadt, die ewig währt wie du.

4. Herr, erbarme dich meiner und erhöre mein Verlangen! Es zielt nämlich, glaube ich, nicht auf die Erde, nicht auf Gold, Silber und Edelsteine, nicht auf Prunkkleider und Ehrungen, Machtposten oder fleischliche Genüsse, auch nicht auf das, was wir für den Körper und für dieses Leben in der Fremde notwendig brauchen; *dies alles wird* uns *dazugegeben,* wenn wir *dein Reich und deine Gerechtigkeit suchen* (Matth. 6,33). Sieh, mein Gott, woher mein Verlangen stammt. Ungerechte Menschen haben mir von Genüssen erzählt, aber nicht wie dein Gesetz, Herr. Sieh,

uide et approba, et placeat in conspectu misericordiae tuae
10 inuenire me gratiam ante te, ut aperiantur pulsanti mihi interiora
sermonum tuorum. Obsecro per dominum nostrum Iesum Christum filium tuum, uirum dexterae tuae, filium hominis, quem
confirmasti tibi mediatorem tuum et nostrum, per quem nos
quaesisti non quaerentes te, quaesisti autem, ut quaereremus te,
15 uerbum tuum, per quod fecisti omnia, in quibus et me, unicum
tuum, per quem uocasti in adoptionem populum credentium, in
quo et me: per eum te obsecro, qui sedet ad dexteram tuam et te
interpellat pro nobis, in quo sunt omnes thesauri sapientiae et
scientiae absconditi. Ipsos quaero in libris tuis. Moyses de illo
20 scripsit: hoc ipse ait, hoc ueritas ait. |

III.5. Audiam et intellegam, quomodo in principio | fecisti
caelum et terram. Scripsit hoc Moyses, scripsit et abiit, transiit
hinc a te ad te neque nunc ante me est. Nam si esset, tenerem eum
et rogarem eum et per te obsecrarem, ut mihi ista panderet, et
5 praeberem aures corporis mei sonis erumpentibus ex ore eius, et si
hebraea uoce loqueretur, frustra pulsaret sensum meum nec inde
mentem meam quidquam tangeret; si autem latine, scirem quid
diceret. Sed unde scirem, an uerum diceret? Quod si et hoc scirem,
num ab illo scirem? Intus utique mihi, intus in domicilio cogitatio-
10 nis nec hebraea nec gracca nec latina nec barbara ueritas sine oris
et linguae organis, sine strepitu syllabarum diceret: „Verum
dicit" et ego statim certus confidenter illi homini tuo dicerem:
„Verum dicis". Cum ergo illum interrogare non possim, te, quo
plenus uera dixit, ueritas, rogo, te, deus meus, rogo, parce peccatis
15 meis, et qui illi seruo tuo dedisti haec dicere, da et mihi haec
intellegere.

woher mein Verlangen stammt. Sieh woher es kommt, Vater, blicke her, schau es an und billige es! Möge es deiner Barmherzigkeit gefallen, damit ich Gnade finde vor dir, damit mir, wenn ich anklopfe, das Innere deiner Worte geöffnet werde. Ich beschwöre dich bei unserem Herrn Jesus Christus, deinem Sohn, dem Mann zu deiner Rechten, dem Menschensohn. Ihn hast du als Mittler eingesetzt zwischen dir und uns. Durch ihn hast du uns gesucht, als wir nicht nach dir suchten, aber damit wir nach dir suchten. Ich beschwöre dich bei deinem Wort, durch das du alles gemacht hast, darunter auch mich, bei deinem eingeborenen Sohn, durch den du das Volk derer, die glauben, zur Sohnschaft berufen hast – darunter auch mich –, ich beschwöre dich bei dem, der zu deiner Rechten sitzt und für uns bei dir eintritt und in dem alle Schätze der Weisheit und des Wissens verborgen sind. Diese Schätze suche ich in deinen Büchern. Moses meinte ihn, als er schrieb: Das sagt er selbst, das sagt die Wahrheit.

III.5. *Am Anfang hast du Himmel und Erde gemacht* (Genesis 1,1); das will ich hören und einsehen, *wie.* Moses hat das geschrieben; er hat es geschrieben und ging weg. Er ging von hier, wohin er von dir gekommen war, hinüber zu dir, und steht jetzt nicht vor mir. Stünde er hier, dann würde ich ihn festhalten und befragen. Bei dir würde ich ihn beschwören, mir diese Worte zu erklären. Ich würde meine Ohren ganz für die Laute öffnen, die aus seinem Munde kämen. Spräche er hebräisch, so träfen die Klänge freilich vergeblich mein Ohr; nichts davon würde meinen Geist berühren. Spräche er aber lateinisch, dann wüßte ich, was er sagte. Aber woher wüßte ich, daß das Gesagte wahr ist? Wüßte ich aber auch das, wüßte ich es dann etwa von ihm? Nein, die Wahrheit würde mir im Innern, innen im Haus meines Denkens sagen: „Er sagt Wahres", und weder in hebräischer noch in griechischer, noch in lateinischer, noch in irgendeiner barbarischen Sprache; sie würde es sagen ohne Hilfe von Lippen und Zunge, ohne das Geräusch von Silben. Und ich würde sofort mit Gewißheit und Vertrauen zu diesem deinem Mann sagen: „Du sagst Wahres." Da ich ihn also nicht befragen kann, so bitte ich dich, die Wahrheit, die ihn ausfüllte, als er Wahres sagte, dich, mein Gott, bitte ich, sieh nicht auf meine Sünden. Ihm, deinem Knecht, hast du gegeben, das zu sagen. Gib auch mir, daß ich einsehe, was er gesagt hat.

IV.6. Ecce sunt caelum et terra, clamant, quod facta sint; mutantur enim atque uariantur. Quidquid autem factum non est et tamen est, non est in eo quidquam, quod ante non erat: quod est mutari atque uariari. Clamant etiam, quod se ipsa non fecerint:
„Ideo sumus, quia facta sumus; non ergo eramus, antequam essemus, ut fieri possemus a nobis". Et uox dicentium est ipsa euidentia. Tu ergo, domine, fecisti ea, qui pulcher es: pulchra sunt enim; qui bonus es: bona sunt enim; | qui es: sunt enim. Nec ita pulchra sunt nec ita bona sunt nec ita sunt, sicut tu conditor eorum, quo comparato nec pulchra sunt nec bona sunt nec sunt. Scimus haec, gratias tibi, et scientia nostra scientiae tuae comparata ignorantia est.

V.7. Quomodo autem fecisti caelum et terram et quae machina tam grandis operationis tuae? Non enim sicut homo artifex formans corpus de corpore arbitratu animae ualentis imponere utcumque speciem, quam cernit in semet ipsa interno oculo – et unde hoc ualeret, nisi quia tu fecisti eam? – et imponit speciem iam existenti et habenti, ut esset, ueluti terrae aut lapidi aut ligno aut auro aut id genus rerum cuilibet. Et unde ista essent, nisi tu instituisses ea? Tu fabro corpus, tu animum membris imperitantem fecisti, tu materiam, unde facit aliquid, tu ingenium, quo artem capiat et uideat intus quid faciat foris, tu sensum corporis, quo interprete traiciat ab animo ad materiam id quod facit, et renuntiet animo quid factum sit, ut ille intus consulat praesidentem sibi ueritatem, an bene factum sit. Te laudant haec omnia creatorem omnium. Sed tu quomodo facis ea? Quomodo fecisti, deus, caelum et terram? Non utique in caelo neque in terra fecisti caelum et terram neque in aere aut in aquis, quoniam et haec pertinent ad caelum et terram, neque in uniuerso mundo fecisti uniuersum mundum, quia non erat, ubi fieret, antequam fieret, ut esset. Nec manu tenebas aliquid, unde faceres caelum et terram: nam unde tibi hoc, quod tu non feceras, unde aliquid faceres? Quid enim est, | nisi quia tu es? Ergo dixisti et facta sunt atque in uerbo tuo fecisti ea.

IV.6. Siehe, Himmel und Erde *sind*. Indem sie sich wandeln und verändern, rufen sie, daß sie gemacht sind. In allem, was existiert, aber nicht gemacht worden ist, gibt es nichts, das nicht vorher schon da war. Denn eben dies, daß jetzt etwas da ist, was vorher nicht da war, heißt ‚sich wandeln' und ‚sich verändern'. Sie rufen auch, daß sie sich nicht selbst gemacht haben: „Wir sind, weil wir gemacht worden sind; wir waren vorher nicht und konnten daher nicht aus uns selbst entstehen." Ihr Ausruf ist allein der augenscheinliche Beweis dafür. Also hast du, Herr, der du schön bist, sie gemacht, denn sie sind schön, du, der du gut bist, denn sie sind gut, du, der du im höchsten Maße bist, denn sie sind. Aber sie sind nicht so schön, so gut, und sie sind nicht seiend wie du, ihr Begründer. Im Vergleich mit dir sind sie weder schön noch gut noch seiend. Dies wissen wir, und dafür danke ich, und doch ist unser Wissen im Vergleich zu deinem ein Nichtwissen.

V.7. Aber wie hast du Himmel und Erde gemacht? Mit welchem Instrument hast du diese große Tat vollbracht? Natürlich nicht wie ein menschlicher Handwerker aus einem Körper einen anderen machen kann, wie er will, indem er ihm irgendeine Gestalt (species) gibt, die sein inneres Auge in ihr selbst (in semet ipsa) sieht. Und wie könnte er das, wenn du sie nicht gemacht hättest? Er gibt die neue Gestalt einem Ding, das schon da ist und eine Gestalt aufnehmen kann, zum Beispiel dem Lehm, dem Stein, dem Holz, dem Gold oder anderem Stoff. Woher sollten diese Dinge sein, wenn du sie nicht eingerichtet hättest? Du gabst dem Schmied den Körper. Du machtest den Geist (animus), der den Gliedern befiehlt. Du machtest den Stoff, aus dem er etwas macht, die Begabung, kraft derer er das Handwerk (ars) erfaßt und innen erblickt, was außen zu machen ist. Du machtest die Wahrnehmungsorgane, die er braucht, um das, was er macht, aus dem Geist in den Stoff hinüberzuführen und dem Geist zu melden, was gemacht worden ist, damit dieser die in seinem Inneren über ihm wohnende Wahrheit befrage, ob es gut sei. Dies alles lobt dich als den Schöpfer aller Dinge. Aber wie machst du all diese Dinge? Wie hast du, Gott, Himmel und Erde gemacht? Ganz gewiß hast du Himmel und Erde nicht im Himmel oder auf der Erde gemacht, auch nicht in der Luft oder im Wasser, denn auch sie gehören zu Himmel und Erde. Nirgends in der ganzen Welt machtest du die ganze Welt, weil es noch nichts gab, wo dies hätte geschehen können, bevor es entstand, damit es sei. Du hieltest auch keinen Stoff in

VI.8. Sed quomodo dixisti? Numquid illo modo, quo facta est
uox de nube dicens: *Hic est | filius meus dilectus?* Illa enim uox
acta atque transacta est, coepta et finita. Sonuerunt syllabae
atque transierunt, secunda post primam, tertia post secundam
5 atque inde ex ordine, donec ultima post ceteras silentiumque post
ultimam. Vnde claret atque eminet, quod creaturae motus expres-
sit eam seruiens aeternae uoluntati tuae ipse temporalis. Et haec
ad tempus facta uerba tua nuntiauit auris exterior menti pruden-
ti, cuius auris interior posita est ad aeternum uerbum tuum. At illa
10 comparauit haec uerba temporaliter sonantia cum aeterno in
silentio uerbo tuo et dixit: „Aliud est longe, longe aliud est. Haec
longe infra me sunt nec sunt, quia fugiunt et praetereunt: uerbum
autem dei mei supra me manet in aeternum". Si ergo uerbis
sonantibus et praetereuntibus dixisti, ut fieret caelum et terra,
15 atque ita fecisti caelum et terram, erat iam creatura corporalis
ante caelum et terram, cuius motibus temporalibus temporaliter
uox illa percurreret. Nullum autem corpus ante caelum et terram,
aut si erat, id certe sine transitoria uoce feceras, unde transitoriam
uocem faceres, qua diceres ut fieret caelum et terra. Quidquid
20 enim illud esset, unde talis uox fieret, nisi abs te factum esset,
omnino non esset. Vt ergo fieret corpus, unde ist uerba fierent,
quo uerbo a te dictum est?

VII.9. Vocas itaque nos ad intellegendum uerbum, deum apud
te deum, quod sempiterne dicitur et eo | sempiterne dicuntur
omnia. Neque enim finitur, quod dicebatur, et dicitur aliud, ut
possint dici omnia, sed simul ac sempiterne omnia: alioquin iam
5 tempus et mutatio et non uera aeternitas nec uera immortalitas.

der Hand, aus dem du Himmel und Erde gemacht hättest. Woher solltest du auch etwas nehmen, das du noch nicht gemacht hattest, damit du es daraus machtest? Alles, was ist, ist nur, weil du bist. Also hast du gesprochen, und die Dinge sind geworden, und in deinem Wort hast du sie gemacht.

VI.8. Aber wie hast du gesprochen? Etwa so, wie eine Stimme (vox) aus den Wolken ertönte und sagte: *Dies ist mein geliebter Sohn* (Matth. 3,17)? Denn diese Stimme wurde erzeugt und verklang; sie begann und endete. Die Silben erklangen und verschwanden, die zweite nach der ersten, die dritte nach der zweiten und so weiter in der Reihenfolge bis hin zur letzten und bis zum Schweigen nach der letzten. Daraus erhellt ganz deutlich, daß Veränderung eines Geschöpfs diese Stimme erzeugt hat; sie diente deinem ewigen Willen, war aber selbst zeitlich. Und ein äußeres Ohr meldete diese deine in die Zeit gesprochenen Worte einem einsichtigen Geist (mens prudens), dessen inneres Ohr auf dein ewiges Wort achtete. Dieser Geist verglich dann die in der Zeit erklingenden Wörter mit deinem Wort, das im ewigen Schweigen ertönt, und sagte: „Anders ist es, ganz anders. Diese Wörter sind weit unter mir. Sie *sind* nicht einmal, denn sie fliehen und gehen vorbei; aber das Wort meines Gottes über mir bleibt in Ewigkeit." Wenn du also mit erklingenden und vergehenden Worten gesagt hast, Himmel und Erde sollten entstehen, und wenn du so Himmel und Erde gemacht hast, dann gab es vor Himmel und Erde schon ein körperliches Geschöpf, durch dessen zeitliche Veränderungen diese Stimme in der Zeit ablaufen konnte. Aber vor Himmel und Erde gab es keinen Körper, oder wenn es ihn gab, dann hattest du ihn gewiß ohne eine vergängliche Stimme gemacht, um dann daraus eine vergängliche Stimme zu machen, die für dich sagen sollte, Himmel und Erde sollten entstehen. Was auch immer das gewesen wäre, aus dem du diese Stimme gemacht hättest, – wenn es nicht von dir gemacht worden wäre, wäre es überhaupt nicht. Mit welchem Wort also hast du gesagt, es solle ein solcher Körper entstehen, aus dem diese Wörter entstünden?

VII.9. So rufst du uns also zur geistigen Erkenntnis des Wortes. Dieses Wort ist bei dir, Gott. Es wird ewig gesprochen, und alle Dinge werden ewig durch es gesprochen. Dort verklingt nicht, was gesagt wurde. Dort wird dann nicht etwas anderes gesagt, damit so alles gesagt werden kann. Dort ist alles ewig und zugleich, sonst gäbe es dort schon Zeit und Ver-

Hoc noui, deus meus, et gratias ago. Noui, confiteor tibi, domine, mecumque nouit et benedicit te quisquis ingratus non est certae ueritati. Nouimus, domine, nouimus, quoniam in quantum quidque non est quod erat et est quod non erat, in tantum moritur et
10 oritur. Non ergo quidquam uerbi tui cedit atque succedit, quoniam uere immortale atque aeternum est. Et ideo uerbo tibi coaeterno simul et sempiterne dicis omnia, quae dicis, et fit, quidquid dicis ut fiat; nec aliter quam dicendo facis: nec tamen simul et sempiterna fiunt omnia, quae dicendo facis.

VIII.10. Cur, quaeso, domine deus meus? Vtcumque uideo, sed quomodo id eloquar nescio, nisi quia omne, quod esse incipit et esse desinit, tunc esse incipit et tunc desinit, quando debuisse incipere uel desinere in aeterna ratione cognoscitur, ubi nec incipit
5 aliquid nec desinit. Ipsum est uerbum tuum, quod et principium est, quia et loquitur nobis. Sic in euangelio per carnem ait, et hoc insonuit foris auribus hominum, ut crederetur et intus quaereretur et inueniretur in aeterna ueritate, ubi omnes discipulos bonus et solus magister docet. Ibi audio uocem tuam, domine, dicentis
10 mihi, quoniam ille loquitur nobis, qui docet nos, qui autem non docet nos, etiam si loquitur, non nobis loquitur. | Quis porro nos docet nisi stabilis ueritas? Quia et per creaturam mutabilem cum admonemur, ad ueritatem stabilem ducimur, ubi uere discimus, cum stamus et audimus eum et gaudio gaudemus propter uocem
15 sponsi, reddentes nos, | unde sumus. Et ideo principium quia nisi maneret, cum erraremus, non esset quo rediremus. Cum autem redimus ab errore, cognoscendo utique redimus; ut autem cognoscamus, docet nos, quia principium est et loquitur nobis.

änderung und nicht wahre Ewigkeit und wahre Unsterblichkeit. Dies habe ich eingesehen, mein Gott, und ich danke dir. Ich habe es eingesehen und bekenne es dir, Herr, und mit mir erkennt es jeder, der dankbar ist für eine mit Gewißheit erkannte Wahrheit, und preist dich dafür. Wir haben es eingesehen, Herr, wir haben es eingesehen, denn Sterben und Entstehen gibt es nur, wo etwas, das einmal war, nicht mehr ist, und wo etwas ist, das einmal nicht war. An deinem Wort aber gibt es nichts, das vergeht, und nichts, das ihm nachfolgt, denn es ist wahrhaft unsterblich und ewig. Deswegen sprichst du in deinem Wort, das gleichewig ist mit dir, auf einmal ewig alles, was du sprichst. Alles wird, von dem du sagst, es solle werden. Alles, was du machst, machst du durch Sprechen; gleichwohl entstehen nicht alle Dinge, die du durch Sprechen machst, zugleich und als ewige.

VIII.10. Warum ist das so, frage ich, Herr, mein Gott? Irgendwie sehe ich es, kann es aber nicht anders ausdrücken, als daß alles, was zu sein beginnt oder zu sein aufhört, genau dann zu sein beginnt und zu sein aufhört, wann es beginnen oder enden soll, gemäß der Erkenntnis in der ewigen Vernunft, wo nichts beginnt und nichts endet. Dies ist dein Wort; es ist auch der *Ursprung, der zu uns spricht* (Johannes 8, 25). So sprach das Wort im Evangelium auf dem Weg über das Fleisch, und so drang es von außen an die Ohren der Menschen, damit es geglaubt, im Innern gesucht und aufgefunden würde in der ewigen Wahrheit. Dort wirkt es als der Lehrer, der allein gut und der allein wirklich Lehrer ist. Dort höre ich deine Stimme, Herr, die mir sagt, daß nur der zu uns *spricht*, der uns belehrt. Denn wer uns nicht belehrt, *spricht* nicht zu uns, selbst wenn er spricht. Wer also belehrt uns? Allein die Wahrheit, die bleibt. Denn auch wenn ein veränderliches Geschöpf uns von außen anregt, verweist es uns auf die bleibende Wahrheit; dort lernen wir wirklich, wenn wir innehalten und auf ihn hören, voller Freude über die Stimme des Bräutigams, der uns dorthin zurückführt, woher wir stammen. Deswegen heißt er „Ursprung" – denn bliebe er nicht, wenn wir herumirren, gäbe es nichts, wohin wir zurückkehren könnten. Wenn wir uns abwenden vom Irrtum, gewinnen wir Einsicht und gehen dadurch zu ihm zurück. Er belehrt uns aber, damit wir Einsicht gewinnen, denn er ist *Ursprung*, und er *spricht zu uns*.

IX.11. In hoc principio, deus, fecisti caelum et terram in uerbo tuo, in filio tuo, in uirtute tua, in sapientia tua, in ueritate tua miro modo dicens et miro modo faciens. Quis comprehendet? Quis enarrabit? Quid est illud, quod interlucet mihi et percutit cor meum sine laesione? Et inhorresco et inardesco: inhorresco, in quantum dissimilis ei sum, inardesco, in quantum similis ei sum. Sapientia, sapientia ipsa est, quae interlucet mihi, discindens nubilum meum, quod me rursus cooperit deficientem ab ea caligine atque aggere poenarum mearum, quoniam sic infirmatus est in egestate uigor meus, ut non sufferam bonum meum, donec tu, domine, qui propitius factus es omnibus iniquitatibus meis, etiam sanes omnes languores meos, quia et redimes de corruptione uitam meam et coronabis me in miseratione et misericordia et satiabis in bonis desiderium meum, quoniam renouabitur iuuentus mea sicut aquilae. Spe enim salui facti sumus et promissa tua per patientiam expectamus. Audiat te intus sermocinantem qui potest; ego fidenter ex oraculo tuo clamabo: *Quam magnificata sunt opera tua, domine, omnia in sapientia fecisti!* Et illa principium, et in eo principio fecisti caelum et terram.

X.12. Nonne ecce pleni sunt uetustatis suae qui nobis dicunt: „Quid faciebat deus, antequam faceret caelum et terram? Si enim uacabat, inquiunt, et non operabatur aliquid, cur non sic semper et deinceps, quemadmodum retro semper cessauit ab opere? Si enim ullus motus in deo nouus extitit et uoluntas noua, ut creaturam conderet, quam numquam ante condiderat, quomodo iam uera aeternitas, ubi oritur uoluntas, quae non erat? Neque enim uoluntas dei creatura est, sed ante creaturam, quia non crearetur aliquid, nisi creatoris uoluntas praecederet. Ad ipsam ergo dei substantiam pertinet uoluntas eius. Quod si exortum est aliquid in dei substantia, quod prius non erat, non ueraciter dicitur aeterna illa substantia; si autem dei uoluntas sempiterna erat, ut esset creatura, cur non sempiterna et creatura?"

IX.11. In diesem Ursprung, Gott, hast du Himmel und Erde gemacht – in deinem Wort, in deinem Sohn, in deiner Kraft, in deiner Weisheit sprachst du, und das ist wunderbarerweise dein Schaffen. Wer kann das begreifen? Wer kann es in Worte fassen? Was ist das für ein Licht, das mich blitzartig erleuchtet und mein Herz erschüttert, ohne mich zu verwunden? Ich erschrecke, und ich verlange heftig nach ihm. Ich erschrecke, weil ich ihm unähnlich bin; ich verlange nach ihm, weil ich ihm ähnlich bin. Es ist die Weisheit, die Weisheit selbst, die mich erleuchtet. Sie durchbricht meinen Nebel, der mich jedoch aufs neue einhüllt, denn noch leide ich unter dem Dunkel und der Last meiner Strafen. Meine Kraft ist vom Elend so geschwächt, daß ich nicht ertragen kann, was gut ist für mich, bis du, Herr, der du mir all meine Sünden verzeihst, auch all meine Schwachheiten heilst. Du wirst mein Leben aus dem Zerfall erretten, du wirst mich in Gnade und Barmherzigkeit krönen und mein Verlangen mit Gütern sättigen. Du wirst mich verjüngen wie einen Adler. Denn wir sind erlöst auf Hoffnung hin und erwarten deine Verheißungen in Geduld. Wer kann, soll dich in seinem Inneren hören, wo du zu ihm sprichst. Ich will im Vertrauen auf deinen Ausspruch rufen: *Wie herrlich sind deine Werke, Herr. Alles hast du in Weisheit gemacht!* (Psalm 103,24). Sie ist auch der Ursprung. Und in diesem Ursprung hast du Himmel und Erde gemacht.

X.12. Sieh, hängen sie nicht zu sehr an ihrer Vergangenheit, die Leute, die uns fragen: „Was machte Gott, bevor er Himmel und Erde machte?" Wenn er sich Ruhe gönnte und wenn er nichts tat, sagen sie, warum beendete er dann plötzlich diesen Zustand, in dem er vorher immer untätig war? Denn wenn in Gott irgendeine neue Veränderung (motus) und ein neuer Entschluß aufkommt, eine Schöpfung zu begründen, die er vorher nicht begründet hatte, wo bleibt da die wahre Ewigkeit, wenn ein Entschluß aufkommt, der vorher nicht war? Denn Gottes Wille ist kein Geschöpf, sondern besteht vor der Schöpfung. Nichts würde geschaffen, ginge ihm nicht der Wille des Schöpfers voraus. Gottes Wille gehört also zu seinem Wesen. Wenn in Gottes Wesen etwas neu entstanden ist, was vorher nicht war, dann ist die Behauptung nicht wahr, sein Wesen sei ‚ewig'. War es aber der ewige Beschluß Gottes, daß die Schöpfung sein soll, warum ist dann nicht auch die Schöpfung ewig?

XI.13. Qui haec dicunt, nondum te intellegunt, o sapientia dei, lux mentium, nondum intellegunt, quomodo fiant, quae per te atque in te fiunt, et conantur aeterna sapere, sed adhuc in praeteritis et futuris rerum motibus cor eorum uolitat et adhuc uanum est. Quis tenebit illud et figet illud, ut paululum stet | et paululum rapiat splendorem semper stantis aeternitatis et comparet cum temporibus numquam stantibus et uideat esse incomparabilem et uideat longum tempus nisi ex multis praetereuntibus morulis, quae simul extendi non possunt, longum non fieri; non autem praeterire quidquam in aeterno, sed totum esse praesens; nullum uero tempus totum esse praesens: et uideat omne praeteritum propelli ex futuro et omne futurum ex praeterito consequi et omne praeteritum ac futurum ab eo, quod semper est praesens, creari et excurrere? Quis tenebit cor hominis, ut stet et uideat, quomodo stans dictet futura et praeterita tempora nec futura nec praeterita aeterni|tas? Numquid manus mea ualet hoc aut manus oris mei per loquellas agit tam grandem rem?

XII.14. Ecce respondeo dicenti: „Quid faciebat deus, antequam faceret caelum et terram?" Respondeo non illud, quod quidam respondisse perhibetur ioculariter eludens quaestionis uiolentiam: „Alta", inquit, „scrutantibus gehennas parabat". Aliud est uidere, aliud est ridere. Haec non respondeo. Libentius enim responderim: „Nescio, quod nescio" quam illud, unde inridetur qui alta interrogauit et laudatur qui falsa respondit. Sed dico te, deus noster, omnis creaturae creatorem et, si caeli et terrae nomine omnis creatura intellegitur, audenter dico: Antequam faceret deus caelum et terram, non faciebat aliquid. Si enim faciebat, quid nisi creaturam faciebat? Et utinam sic sciam, | quidquid utiliter scire cupio, quemadmodum scio, quod nulla fiebat creatura, antequam fieret ulla creatura.

XI.13. Leute, die so reden, haben dich noch nicht geistig erfaßt, Weisheit Gottes, du Licht der Geister, sie begreifen noch nicht, wie die Dinge entstehen, die durch dich und in dir entstehen. Sie versuchen, das Ewige zu denken, aber noch flattert ihr Herz zwischen Dingen herum, die Veränderungen hinter sich und vor sich haben. Noch ist es leer. Wer wird es in die Hand nehmen und festhalten, daß es ein wenig verharre und sich ein wenig erraffe vom Glanz der immer stehenden Ewigkeit? Dann soll es die Ewigkeit vergleichen mit der Zeit, die niemals steht, und soll finden: Sie sind unvergleichbar. Es soll einsehen: Eine lange Zeit besteht nur aus vielen kleinen Zeitspannen (morulis), die vorübereilen und nicht gleichzeitig sein können. Im Ewigen aber geht nichts vorher, dort ist das Ganze gegenwärtig, während keine Zeit ganz gegenwärtig ist. Es soll sehen: Alles Vergangene wird hervorgestoßen aus dem Zukünftigen, alles Zukünftige geht aus Vergangenem hervor, alles Vergangene und alles Zukünftige wird geschaffen und beginnt von dem seinen Lauf, das immer gegenwärtig ist. Wer nimmt das Herz des Menschen in die Hand, daß es zum Verharren komme und sehe, wie die Ewigkeit in ihrem Stillstand das Zukünftige und das Vergangene bestimmt, ohne selbst zukünftig oder vergangen zu sein? Kann das meine Hand? Bewirkt meine Rede, sozusagen die Hand meines Mundes, eine Sache von solcher Bedeutung?

XII.14. Sieh, das ist meine Antwort, wenn jemand fragt: „Was machte Gott, bevor er Himmel und Erde machte?" Ich antworte nicht wie der, der mit einem Witzwort der harten Frage ausweichen wollte und der gesagt haben soll: „Er baute eine Hölle für Leute, die zu hohe Dinge erforschen wollen." So antworte ich nicht; Lachen und Einsehen sind zwei verschiedene Dinge. Dann würde ich schon lieber sagen: „Was ich nicht weiß, weiß ich nicht", als diese Antwort zu geben, die jemanden lächerlich macht, der nach hohen Dingen gefragt hat, und bei der einer Lob erntet, der Unwahres gesagt hat. Ich hingegen sage: Du, unser Gott, bist der Schöpfer aller erschaffenen Dinge. Und wenn man unter dem Ausdruck ‚Himmel und Erde' alles Geschaffene versteht, sage ich mit Zuversicht: Bevor Gott Himmel und Erde machte, machte er nichts. Denn wenn er etwas machte, was machte er, wenn nicht ein Geschöpf? Ach, wüßte ich doch alles, was ich Nützliches wissen möchte, mit derselben Gewißheit, wie ich weiß, daß er kein Geschöpf machte, bevor irgendein Geschöpf ward.

XIII.15. At si cuiusquam uolatilis sensus uagatur per imagines retro temporum et te, deum omnipotentem et omnicreantem et omnitenentem, caeli et terrae artificem, ab opere tanto, antequam id faceres, per innumerabilia saecula cessasse miratur, euigilet
5 atque attendat, quia falsa miratur. Nam unde poterant innumerabilia saecula praeterire, quae ipse non feceras, cum sis omnium saeculorum auctor et conditor? Aut quae tempora fuissent, quae abs te condita non essent? Aut quomodo praeterirent, si numquam fuissent? Cum ergo sis operator omnium temporum, si fuit
10 aliquod tempus, antequam faceres caelum et terram, cur dicitur, quod ab opere cessabas? Id ipsum enim tempus tu feceras, nec praeterire potuerunt tempora, antequam faceres tempora. Si autem ante caelum et terram nullum erat tempus, cur quaeritur, quid tunc faciebas? Non enim erat tunc, ubi non erat tempus.

16. Nec tu tempore tempora praecedis: alioquin non omnia tempora praecederes. Sed praecedis omnia praeterita celsitudine semper praesentis aeternitatis et superas omnia futura, quia illa futura sunt, et cum uenerint, praeterita erunt; tu autem idem ipse
5 es, et anni tui non deficiunt. Anni tui nec eunt nec ueniunt: isti enim nostri eunt et ueniunt, ut omnes ueniant. Anni tui omnes simul stant; quoniam stant, nec euntes a uenientibus excluduntur, quia non transeunt: isti autem nostri omnes erunt, cum omnes non erunt. Anni tui dies unus, et dies tuus non cotidie, sed hodie,
10 quia hodiernus tuus non cedit crastino; neque enim succedit hesterno. Hodiernus tuus aeternitas: ideo coaeternum genuisti, cui dixisti: *Ego hodie genui te.* Omnia tempora tu fecisti et ante omnia tempora tu es, nec aliquo tempore non erat tempus.

XIV.17. Nullo ergo tempore non feceras aliquid, quia ipsum tempus tu feceras. Et nulla tempora tibi coaeterna sunt, quia tu permanes; at illa si permanerent, non essent tempora. Quid est

XIII.15. Schweift aber jemand flüchtigen Sinns durch die Bilder früherer Zeiträume und wundert sich, daß du, der allmächtige und allesschaffende und alleshaltende Gott, der Künstler des Himmels und der Erde, durch unzählige Zeiträume (saecula) hindurch mit einem so großen Werk gezögert hättest, bevor du es machtest, dann soll er aufwachen und einsehen, daß er sich aufgrund eines Irrtums wundert. Denn wie hätten unzählige Zeiträume vorübergehen können, ohne daß du sie gemacht hättest, der du der Urheber und Begründer aller Zeiträume bist? Oder welche Zeiten wären verflossen, die du nicht begründet hättest? Wie wären sie vorübergegangen, wenn es sie nie gegeben hätte? Wenn du also alle Zeiten bewirkst und wenn es denn irgendeinen Zeitraum gab, bevor du Himmel und Erde machtest, wie kann dann jemand sagen, du hättest mit dem Werk gezögert? Denn genau diese vorangehende Zeit hättest du auch gemacht, und es konnten keine Zeiten vorübergehen, bevor du die Zeiten gemacht hattest. Gab es aber vor Himmel und Erde keine Zeit, warum fragt man dann, was du damals machtest? Denn es gab kein Damals, wo noch keine Zeit war.

16. Du gehst nicht in der Zeit den Zeiten voraus, sonst gingst du nicht allen Zeiten voraus. Durch die Erhabenheit deiner immer gegenwärtigen Ewigkeit gehst du allem Vergangenen voraus und überschreitest du alles Zukünftige, eben weil es zukünftig ist, denn sobald es gekommen ist, wird es vergangen sein, *du aber bist immer derselbe, und deine Jahre nehmen nicht ab* (Psalm 101,23). Deine Jahre gehen nicht und kommen nicht, während unsere Jahre gehen und kommen, damit so alle kommen. Deine Jahre stehen alle zugleich, eben weil sie stehen. Bei dir verdrängen nicht die kommenden Jahre die gehenden, denn sie vergehen nicht. Unsere Jahre hingegen werden erst alle sein, wenn sie alle vergangen sind. Deine Jahre sind wie ein Tag. Und dein Tag ist nicht irgendein Tag, sondern ist das Heute, weil dein Heute nicht dem Morgen weicht und nicht dem Gestern folgt. Dein Heute ist die Ewigkeit. Deshalb hast du einen Gleichewigen erzeugt und ihm gesagt: *Heute habe ich dich erzeugt* (Psalm 2,7). Alle Zeiten hast du gemacht. Vor allen Zeiten bist du, und es gab nicht irgendeine Zeit, in der es noch keine Zeit gab.

XIV.17. Es gab also keine Zeit, in der du nicht schon etwas gemacht hattest, denn du hast die Zeit selbst gemacht. Und keine Zeiten sind gleichewig mit dir, denn du bleibst. Blieben sie hingegen, so wären sie

enim tempus? Quis hoc facile breuiterque explicauerit? Quis hoc
ad uerbum de illo proferendum uel cogitatione comprehenderit?
Quid autem familiarius et notius in loquendo commemoramus
quam tempus? Et intellegimus utique, cum id loquimur, intellegimus etiam, cum alio loquente id audimus. Quid est ergo tempus?
Si nemo ex me quaerat, scio; si quaerenti explicare uellim, nescio:
fidenter tamen dico scire me, quod, si nihil praeteriret, non esset
praeteritum tempus, et si nihil adueniret, non esset futurum
tempus, et si nihil esset, non esset praesens tempus. Duo ergo illa
tempora, praeteritum et futurum, quomodo sunt, quando et
praeteritum iam non est et futurum nondum est? Praesens autem
si semper esset praesens nec in praeteritum transiret, non iam
esset tempus, sed aeternitas. Si ergo praesens, ut tempus sit, ideo
fit, quia in praeteritum transit, quomodo et hoc esse dicimus, cui
causa, ut sit, illa est, quia non erit, ut scilicet non uere dicamus
tempus esse, nisi quia tendit non esse? |

XV.18. Et tamen dicimus longum tempus et breue tempus
neque hoc nisi de praeterito aut futuro dicimus. Praeteritum
tempus longum uerbi gratia uocamus ante centum annos, futurum itidem longum post centum annos, breue autem praeteritum
sic, ut puta dicamus ante decem dies, et breue futurum post decem
dies. Sed quo pacto longum est aut breue, quod non est? Praeteritum enim iam non est et futurum nondum est. Non itaque
dicamus: „Longum est", sed dicamus de praeterito: „Longum
fuit", et de futuro: „Longum erit". Domine meus, lux mea, nonne
et hic ueritas tua deridebit hominem? Quod enim longum fuit
praeteritum tempus, cum iam esset praeteritum, longum fuit, an
cum adhuc praesens esset? Tunc enim poterat esse longum,
quando erat, quod esset longum: praeteritum uero iam non erat;
unde nec longum esse poterat, quod omnino non erat. Non ergo
dicamus: „Longum fuit praeteritum tempus" – neque enim
inueniemus, quid fuerit longum, quando, ex quo praeteritum est,
non est – sed dicamus: „Longum fuit illud praesens tempus",

keine Zeitabschnitte. Was ist denn die Zeit? Wer kann das leicht und schnell erklären? Wer kann das auch nur in Gedanken erfassen, um es dann mit Worten zu erklären? Und doch sprechen wir in unseren Alltagsreden von nichts Vertrauterem und Bekannterem als der Zeit. Wenn wir über Zeit sprechen, wissen wir, was das ist; wir wissen es auch, wenn ein anderer darüber zu uns spricht. Was also ist die Zeit? Wenn niemand mich danach fragt, weiß ich es; wenn ich es jemandem auf seine Frage hin erklären will, weiß ich es nicht. Dennoch behaupte ich, dies mit Sicherheit zu wissen: Ginge nichts vorüber, gäbe es keine vergangene Zeit; käme nichts auf uns zu, gäbe es keine zukünftige Zeit; wäre überhaupt nichts, gäbe es keine gegenwärtige Zeit. Aber wie existieren denn zwei von diesen Zeiten, die Vergangenheit und die Zukunft, wenn das Vergangene nicht mehr und das Zukünftige noch nicht ist? Und was die Gegenwart angeht: Bliebe sie immer gegenwärtig und ginge sie nicht über in die Vergangenheit, wäre sie nicht mehr Zeit, sondern Ewigkeit. Wenn also die Gegenwart nur dadurch Zeit ist, daß sie in die Vergangenheit übergeht, wie können wir von ihr sagen, sie sei, wo doch der Grund ihres Seins der ist, daß sie nicht sein wird? Dann können wir in Wahrheit von der Zeit nur behaupten, sie sei, weil sie zum Nichtsein übergeht.

XV.18. Und doch nennen wir die Zeit „lang" und „kurz", allerdings nur bei Vergangenem oder Zukünftigem. Eine vergangene Zeit von vor hundert Jahren nennen wir zum Beispiel eine lange vergangene Zeit; wenn etwas in hundert Jahren sein wird, sprechen wir von ferner Zukunft. Kurz vergangen nennen wir zum Beispiel etwas von vor zehn Tagen, nahe Zukunft etwas in den nächsten zehn Tagen. Aber wie kann lang und kurz, nah und fern sein, was nicht ist? Denn das Vergangene ist nicht mehr und das Zukünftige noch nicht. Wir sollten daher vom Vergangenen nicht sagen: „Es ist lang", sondern: „Es war lang" und vom Zukünftigen: „Es wird lang sein." Mein Herr, mein Licht, will deine Wahrheit auch hier den Menschen auslachen? Eine vergangene Zeit, die lang war, war sie lang, als sie schon vergangen war oder als sie noch gegenwärtig war? Denn damals konnte sie lang sein, weil es etwas gab, was lang war; das Vergangene war schon nicht mehr, und was überhaupt nicht mehr war, konnte auch nicht lang sein. Wir sollten deshalb auch nicht sagen: „Die vergangene Zeit war lang", denn wir können da nichts finden, was lang war, da es, sofern es vergangen ist, nicht ist, sondern wir

quia cum praesens esset, longum erat. Nondum enim praeterierat,
ut non esset, et ideo erat, quod longum esse posset; postea uero
quam praeteriit, simul et longum esse destitit, quod esse destitit.

19. Videamus ergo, anima humana, utrum praesens tempus
possit esse longum: datum enim tibi est sentire moras atque
metiri. Quid respondebis mihi? An centum anni praesentes
longum tempus est? Vide prius, utrum possint praesentes esse
centum anni. Si enim primus eorum annus agitur, ipse praesens
est, | nonaginta uero et nouem futuri sunt, et ideo nondum sunt: si
autem secundus annus agitur, iam unus est praeteritus, alter
praesens, ceteri futuri. Atque ita mediorum quemlibet centenarii
huius numeri annum praesentem posuerimus: ante illum praeteriti erunt, post illum futuri. Quocirca centum anni praesentes esse
non poterunt. Vide saltem, utrum qui agitur unus ipse sit
praesens. Et eius enim si primus agitur mensis, futuri sunt ceteri, si
secundus, iam et primus praeteriit et reliqui nondum sunt. Ergo
nec annus, qui agitur, totus est praesens, et si non totus est
praesens, non annus est praesens. Duodecim enim menses annus
est, quorum quilibet unus mensis, qui agitur, ipse praesens est,
ceteri aut praeteriti aut futuri. Quamquam neque mensis, qui
agitur, praesens est, sed unus dies: si primus, futuris ceteris, si
nouissimus, praeteritis ceteris, si mediorum quilibet, inter praeter-
itos et futuros.

20. Ecce praesens tempus, quod solum iniueniebamus longum
appellandum, uix ad unius diei spatium contractum est. Sed
discutiamus etiam ipsum, | quia nec unus dies totus est praesens.
Nocturnis enim et diurnis horis omnibus uiginti quattuor expletur, quarum prima ceteras futuras habet, nouissima praeteritas,
aliqua uero interiectarum ante se praeteritas, post se futuras. Et
ipsa una hora fugitiuis particulis agitur: quidquid eius auolauit,
praeteritum est quidquid ei restat, futurum. Si quid intellegitur
temporis, quod in nullas iam uel minutissimas momentorum

sollten sagen: „Lang war jene gegenwärtige Zeit", denn als sie gegenwärtig war, da war sie lang. Sie war nämlich noch nicht vorübergegangen ins Nicht-Sein, und deswegen gab es etwas, was lang sein konnte. Später aber, als sie vorbei war, da hörte sie zugleich auch auf lang zu sein, weil sie aufhörte zu sein.

19. Sehen wir also zu, ob die gegenwärtige Zeit lang sein kann, menschliche Seele, denn dir wurde die Fähigkeit gegeben, Dauer (moras) wahrzunehmen und zu messen. Sag mir, sind etwa hundert gegenwärtige Jahre eine lange Zeit? Sieh zuerst, ob hundert Jahre gegenwärtig sein können. Denn läuft gerade das erste Jahr, dann ist dies gegenwärtig, aber neunundneunzig sind zukünftig, sind also noch nicht. Läuft gerade das zweite Jahr, ist eines schon vergangen, ein anderes ist gegenwärtig, die übrigen zukünftig. Und bei jedem dieser hundert Jahre können wir eines als gegenwärtig annehmen, das dazwischen liegt: Vor ihm werden Jahre vergangen sein, nach ihm werden zukünftige kommen. Deswegen können hundert Jahre nie gegenwärtig sein. Sieh, ob auch nur das laufende Jahr gegenwärtig ist. Läuft gerade sein erster Monat, liegen die übrigen in der Zukunft; läuft gerade der zweite, ist der erste schon vorbei, und die übrigen sind noch nicht. Also ist noch nicht einmal das laufende Jahr ganz gegenwärtig, und wenn es nicht ganz gegenwärtig ist, dann ist überhaupt kein Jahr gegenwärtig. Denn zwölf Monate machen ein Jahr, und von ihnen ist jeweils nur der gerade laufende gegenwärtig, die übrigen sind entweder vergangen oder zukünftig. Nicht einmal der gerade laufende Monat ist gegenwärtig, sondern nur ein Tag. Ist es der erste Tag, sind die übrigen zukünftig; ist es der letzte, sind die übrigen vergangen; ist es einer dazwischen, liegt er zwischen vergangenen und zukünftigen Tagen.

20. Sieh, so ist uns die gegenwärtige Zeit zum Zeitraum (spatium) kaum eines einzigen Tages zusammengeschrumpft. Und dabei hatten wir gefunden, sie allein könnte „lang" genannt werden. Doch untersuchen wir auch den Tag näher, denn auch kein Tag ist ganz gegenwärtig. Er besteht mit der Nacht zusammen aus vierundzwanzig Stunden. Für die erste von ihnen sind die übrigen zukünftig, für die letzte sind sie vergangen. Jede dazwischenliegende Stunde kommt nach den vergangenen und vor den künftigen. Eine Stunde besteht selbst wieder aus flüchtigen Teilchen. Was von ihr verflogen ist, ist vergangen; was von ihr bleibt, ist

10 partes diuidi possit, id solum est, quod praesens dicatur; quod
tamen ita | raptim a futuro in praeteritum transuolat, ut nulla
morula extendatur. Nam si extenditur, diuiditur in praeteritum et
futurum: praesens autem nullum habet spatium. Vbi est ergo
tempus, quod longum dicamus? An futurum? Non quidem
15 dicimus: „longum est", quia nondum est quod longum sit, sed
dicimus: „longum erit". Quando igitur erit? Si enim et tunc adhuc
futurum erit, non erit longum, quia quid sit longum nondum erit:
si autem tunc erit longum, cum ex futuro quod nondum est esse
iam coeperit et praesens factum erit, ut possit esse quod longum
20 sit, iam superioribus uocibus clamat praesens tempus longum se
esse non posse.

XVI.21. Et tamen, domine, sentimus interualla temporum et
comparamus sibimet et dicimus alia longiora et alia breuiora.
Metimur etiam, quanto sit longius aut breuius illud tempus quam
illud et respondemus duplum esse hoc uel triplum, illud autem
5 simplum aut tantum hoc esse quantum illud. Sed praetereuntia
metimur tempora, cum sentiendo metimur; praeterita uero, quae
iam non sunt, aut futura, quae nondum sunt, quis metiri potest,
nisi forte audebit quis dicere metiri posse quod non est? Cum ergo
praeterit tempus, sentiri et metiri potest, cum autem praeterierit,
10 quoniam non est, non potest.

XVII.22. Quaero, pater, non affirmo: deus meus, praeside
mihi et rege me. Quisnam est, qui dicat mihi non esse tria tempora,
sicut pueri didicimus puerosque docuimus, praeteritum, praesens
et futurum, sed tantum praesens, quoniam illa duo non sunt? An
5 et ipsa sunt, sed ex aliquo procedit occulto, cum ex futuro fit
praesens, et in aliquod recedit occultum, cum ex praesenti fit
praeteritum? Nam ubi ea uiderunt qui futura cecinerunt, si
nondum sunt? Neque enim potest uideri id quod non est, et qui
narrant praeterita, non utique uera narrarent, si animo illa non
10 cernerent: quae si nulla essent, cerni omnino non possent. Sunt
ergo et futura et praeterita.

zukünftig. Entdecken wir etwas an der Zeit, was in keine, aber auch nicht in die geringsten Teile geteilt werden kann, dann ist dies das einzige, was ‚gegenwärtig' heißen sollte. Aber dies fliegt so rasch aus der Zukunft in die Vergangenheit hinüber, daß es sich zu keiner noch so kleinen Dauer (morula) dehnt. Dehnt es sich, zerfällt es in Vergangenes und Künftiges; das Gegenwärtige aber dehnt sich über keinen Zeitraum (spatium). Wo ist also die Zeit, die wir ‚lang' nennen könnten? Ist es die Zukunft? Aber von ihr sagen wir nicht: „Sie ist lang", denn was lang sein könnte, existiert noch nicht; sondern wir sagen: „Sie wird lang sein." Wann also wird sie „lang" sein? Etwa, wenn sie noch zukünftig ist? Nein, weil dann noch nicht ist, was lang sein könnte. Oder wenn das, was noch nicht ist, aus der Zukunft heraus anfängt und Gegenwart wird, so daß etwas da ist, das lang sein könnte? Dann ruft die Gegenwart aus – mit den Worten von vorhin –, daß sie nicht lang sein kann.

XVI.21. Und dennoch, Herr, nehmen wir Zeitabschnitte (intervalla) wahr, vergleichen sie untereinander und nennen die einen länger, die anderen kürzer. Wir messen auch, um wieviel eine Zeitspanne länger oder kürzer ist als die andere, und antworten, die eine sei zweimal oder dreimal so lang oder beide seien gleich. Aber wir messen die vorübergleitenden Zeiträume aufgrund von Wahrnehmung. Doch wer kann die vergangenen messen, die nicht mehr sind, oder die zukünftigen, die noch nicht sind? Hat jemand den Mut zu sagen, er könne etwas messen, das nicht ist? Wir können also die Zeit wahrnehmen und messen, während sie vorbeigeht; ist sie vorübergegangen, können wir das nicht, denn dann ist sie nicht mehr.

XVII.22. Ich *frage* hier nur, Vater, ich *behaupte* nichts. Mein Gott, hilf mir und führe mich! Will mir jemand ins Gesicht behaupten, es gebe gar keine drei Zeiten, wie wir es als Jungen gelernt haben und wie wir die Jungen gelehrt haben, nämlich Vergangenheit, Gegenwart und Zukunft, sondern es gebe nur die Gegenwart, weil die anderen beiden nicht sind? Oder sind sie doch, aber nur als ein Versteck, aus dem die Gegenwart hervorkommt, wenn Zukünftiges gegenwärtig wird und in das sie zurückweicht, wenn Gegenwärtiges zu Vergangenem wird? Denn wo haben die, die Zukünftiges besungen haben, es gesehen, wenn es noch nicht ist? Denn was nicht ist, kann auch nicht gesehen werden, und die von Vergangenem erzählen, würden nicht Wahres erzählen, wenn sie im

XVIII.23. Sine me, domine, amplius quaerere, spes mea; non conturbetur intentio mea. Si enim sunt futura et praeterita, uolo scire, ubi sint. Quod si nondum ualeo, scio tamen, ubicumque sunt, non ibi ea futura esse aut praeterita, sed praesentia. Nam si
5 et ibi futura sunt, nondum ibi sunt, si et ibi praeterita sunt, iam non ibi sunt. Vbicumque ergo sunt, quaecumque sunt, non sunt nisi praesentia. Quamquam praeterita cum uera narrantur, ex memoria proferuntur non res ipsae, quae praeterierunt, sed uerba concepta ex imaginibus earum, quae in animo uelut uestigia per
10 sensus praetereundo fixerunt. Pueritia quippe mea, quae iam non est, in tempore praeterito est, quod iam non est; imaginem uero eius, cum eam recolo et narro, in praesenti tempore intueor, quia est adhuc in memoria mea. | Vtrum similis sit causa etiam praedicendorum futurorum, ut rerum, quae nondum sunt, iam
15 existentes praesentiantur imagines, confiteor, deus meus, nescio. Illud sane scio, nos plerumque praemeditari futuras actiones nostras eamque praemeditationem esse praesentem, actionem autem, quam praemeditamur, nondum esse, quia futura est; quam cum ag|gressi fuerimus et quod praemeditabamur agere
20 coeperimus, tunc erit illa actio, quia tunc non futura, sed praesens erit.

24. Quoquo modo se itaque habeat arcana praesensio futurorum, uideri nisi quod est non potest. Quod autem iam est, non futurum sed praesens est. Cum ergo uideri dicuntur futura, non ipsa, quae nondum sunt, id est quae futura sunt, sed eorum causae
5 uel signa forsitan uidentur; quae iam sunt: ideo non futura, sed praesentia sunt iam uidentibus, ex quibus futura praedicantur animo concepta. Quae rursus conceptiones iam sunt, et eas praesentes apud se intuentur qui illa praedicunt. Loquatur mihi aliquod exemplum tanta rerum numerositas. Intueor auroram:

Geist nicht Vergangenes sähen. Gäbe es dies gar nicht, könnte es auch nicht gesehen werden. Also kommt auch dem Zukünftigen und dem Vergangenen Sein zu.

XVIII.23. Erlaube mir, Herr, weiterzufragen, du meine Hoffnung; nichts soll meine Aufmerksamkeit ablenken! Wenn zukünftige und vergangene Dinge sind, dann will ich wissen, *wo* sie sind. Kann ich das jetzt noch nicht, so weiß ich doch, daß sie, wo immer sie sein mögen, nicht zukünftig oder vergangen, sondern gegenwärtig sind. Denn wenn sie auch dort zukünftig sind, sind sie noch nicht dort, und wenn sie dort vergangen sind, sind sie nicht mehr dort. Wie immer sie also sind, was auch immer sie sind, sie sind nur als gegenwärtige. Erzählt man vom Vergangenen wahre Geschichten, dann holt man nicht vergangene Dinge selbst aus dem Gedächtnis hervor, sondern Worte, die wir aufgrund der Bilder prägten, die sie auf dem Weg über die Wahrnehmung wie feste Spuren im Geist hinterlassen haben, als sie vorbeigingen. Denn meine Kindheit, die nicht mehr ist, liegt in der vergangenen Zeit, die nicht mehr ist; aber ihr Bild, das ich heraufhole, wenn ich von ihr erzähle, sehe ich im gegenwärtigen Augenblick, weil es noch in meinem Gedächtnis ist. Ob es auch einen entsprechenden Grund für das Vorhersagen von Zukünftigem gibt, ob man also bereits existierende Dinge wahrnimmt von dem, was noch nicht ist, das, mein Gott, gestehe ich, weiß ich nicht. Sehr wohl weiß ich aber, daß wir oft über unsere künftigen Handlungen vorher nachdenken und daß dieses Vorausdenken gegenwärtig ist, während die Handlung, über die wir im voraus nachdenken, noch nicht ist, weil sie zukünftig ist. Nur wenn wir sie angegangen sind und damit begonnen haben, das Vorüberlegte auszuführen, wird die Handlung wirklich, denn dann ist sie nicht zukünftig, sondern gegenwärtig.

24. Wie auch immer die geheime Vorwegnahme des Zukünftigen zustandekommen mag, gesehen werden kann nur, was ist. Aber was schon ist, ist nicht zukünftig, sondern gegenwärtig. Wenn also behauptet wird, Zukünftiges werde gesehen, dann wird nicht dieses Zukünftige selbst gesehen, das noch nicht ist, also erst zukünftig ist, sondern wohl dessen Ursachen oder Zeichen, die schon sind. Wer sie sieht, dem sind sie nicht zukünftig, sondern gegenwärtig. Aus ihnen erfaßt der Geist das Zukünftige und kann es dann vorhersagen. Diese Vorstellungen (conceptiones) *sind* bereits, und wer Zukünftiges voraussagt, schaut sie als gegenwärtige

10 oriturum solem praenuntio. Quod intueor, praesens est, quod
praenuntio, futurum: non sol futurus, qui iam est, sed ortus eius,
qui nondum est: tamen etiam ortum ipsum nisi animo imaginarer,
sicut modo cum id loquor, non eum possem praedicere. Sed nec illa
aurora, quam in caelo uideo, solis ortus est, quamuis eum praece-
15 dat, nec illa imaginatio in animo meo: quae duo praesentia
cernuntur, ut futurus ille ante dicatur. Futura ergo nondum sunt,
et si nondum sunt, non sunt, et si non sunt, uideri omnino non
possunt; sed praedici possunt ex praesentibus, quae iam sunt et
uidentur.

XIX.25. Tu itaque, regnator creaturae tuae, quis est modus,
quo doces animas ea quae futura sunt? Docuisti enim prophetas
tuos. Quisnam ille modus est, quo doces futura, cui futurum
quidquam non est? Vel potius de futuris doces praesentia? Nam
5 quod non | est, nec doceri utique potest. Nimis longe est modus iste
ab acie mea; inualuit: ex me non potero ad illum; potero autem ex
te, cum dederis tu, dulce lumen occultorum oculorum meorum.

XX.26. Quod autem nunc liquet et claret, nec futura sunt nec
praeterita, nec proprie dicitur: tempora sunt tria, praeteritum,
praesens et futurum, sed fortasse proprie diceretur: tempora sunt
tria, praesens de praeteritis, praesens de praesentibus, praesens de
5 futuris. Sunt enim haec in anima tria quaedam et alibi ea non uideo,
praesens de praeteritis memoria, praesens de praesentibus contuitus, praesens de futuris expectatio. Si haec permittimur dicere,
tria tempora uideo fateorque, tria sunt. Dicatur etiam: „Tempora
sunt tria, praeteritum, praesens et futurum", sicut abutitur
10 consuetudo; dicatur. Ecce non curo nec resisto nec reprehendo,
dum tamen intellegatur quod dicitur, neque id, quod futurum est,
esse iam, neque id, quod praeteritum est. Pauca sunt enim, quae
proprie loquimur, plura non proprie, sed agnoscitur quid uelimus.

in sich an. Es gibt dafür unzählige Beispiele; ich nehme eines davon: Ich sehe das Morgenrot, und ich sage voraus, die Sonne werde aufgehen. Was ich sehe, ist gegenwärtig; was ich voraussage, ist zukünftig. Nicht die Sonne ist zukünftig – sie ist schon –, sondern ihr Aufgang, der noch nicht ist. Doch könnte ich ihren Aufgang selbst nicht vorhersagen, wenn ich ihn mir nicht im Geist vorstellte, so wie ich es jetzt tue, während ich darüber spreche. Aber weder ist das Morgenrot, das ich am Himmel sehe, schon der Sonnenaufgang, obwohl es ihm vorausgeht, noch jene Vorstellung in meinem Geist. Beide werden als gegenwärtig gesehen. Nur so kann man vorher vom Sonnenaufgang sagen, er sei zukünftig. Zukünftiges ist also noch nicht. Und wenn es noch nicht ist, ist es überhaupt nicht. Wenn es nicht ist, kann es auf keine Weise gesehen werden. Aber wir können es vorhersagen aus dem Gegenwärtigen, das schon ist und das wir sehen.

XIX.25. Du, der du die ganze Schöpfung regierst, wie belehrst du die Seelen über Zukünftiges? Du hast doch deine Propheten darüber belehrt. Doch wie belehrst du über Zukünftiges, wo es für dich nichts Zukünftiges gibt? Lehrst du uns vielmehr, die gegenwärtigen Zeichen des Zukünftigen zu lesen? Denn was nicht ist, kann keinesfalls gelehrt werden. Dieser Weg liegt für meinen Blick in zu weiter Ferne. Er liegt mir zu hoch; aus eigener Kraft komme ich nicht an ihn heran. Aber mit deiner Hilfe erreiche ich ihn, wenn du es mir gewährst, süßes Licht meiner verborgenen Augen.

XX.26. Das aber ist jetzt evident und klar: Zukünftiges und Vergangenes sind nicht; die Behauptung, es gebe drei Zeiten, Vergangenheit, Gegenwart und Zukunft, trifft nicht im strengen Sinne zu. Im strengen Sinne müßte man wohl sagen: Es gibt drei Zeiten, die Gegenwart von Vergangenem, die Gegenwart von Gegenwärtigem und die Gegenwart von Zukünftigem. Denn diese drei *sind* in der Seele in einem gewissen Sinne, und anderswo finde ich sie nicht: die Gegenwart des Vergangenen als Erinnern, die Gegenwart des Gegenwärtigen als Anschauen (contuitus), die Gegenwart des Zukünftigen als Erwarten. Erlaubt man mir, dies so auszudrücken, dann sehe auch ich drei Zeiten und gebe zu, es seien drei. Dann mag man auch sagen: „Es gibt drei Zeiten, Vergangenheit, Gegenwart und Zukunft." Die Gewohnheit gestattet es fälschlich, also kann man so sagen. Mich kümmert das nicht, ich sträube mich nicht und tadle

XXI.27. Dixi ergo paulo ante, quod praetereuntia tempora metimur, ut possimus dice|re duplum esse hoc temporis ad illud simplum aut tantum hoc quantum illud et si quid aliud de partibus temporum possumus renuntiare metiendo. Quocirca, ut
5 dicebam, praetereuntia metimur tempora, et si quis mihi dicat: „Vnde scis?" respondeam: „Scio, quia metimur, nec metiri quae non sunt possumus, et non sunt praeterita uel futura." Praesens uero tempus quomodo metimur, quando non habet spatium? Metimur ergo, cum | praeterit, cum autem praeterierit, non
10 metitur; quid enim metiatur, non erit. Sed unde et qua et quo praeterit, cum metitur? Vnde nisi ex futuro? Qua nisi per praesens? Quo nisi in praeteritum? Ex illo ergo, quod nondum est, per illud, quod spatio caret, in illud, quod iam non est. Quid autem metimur nisi tempus in aliquo spatio? Neque enim dicimus simpla
15 et dupla et tripla et aequalia et si quid hoc modo in tempore dicimus nisi spatia temporum. In quo ergo spatio metimur tempus praeteriens? Vtrum in futuro, unde praeterit? Sed quod nondum est, non metimur. An in praesenti, qua praeterit? Sed nullum spatium non metimur. An in praeterito, quo praeterit? Sed quod
20 iam non est, non metimur.

XXII.28. Exarsit animus meus nosse istuc implicatissimum aenigma. Noli claudere, domine deus meus, bone pater, per Christum obsecro, noli claudere desiderio meo ista et usitata et abdita, quominus in ea penetret et dilucescant allucente misericor-
5 dia tua, domine. Quem percontabor de his? Et cui fructuosius confitebor imperitiam meam nisi tibi, cui non sunt molesta studia mea flammantia uehementer in scripturas tuas? Da quod amo: amo enim, et hoc tu dedisti. Da, pater, qui uere nosti data bona

niemanden, solange man nur einsieht, was man da sagt, daß nämlich weder das Zukünftige noch das Vergangene existiert. Wir drücken uns ohnehin selten genau aus. Vieles sagen wir ungenau, aber man weiß schon, was wir sagen wollen.

XXI.27. Ich habe kurz vorher gesagt, daß wir Zeiten in ihrem Vorübergehen messen, so daß wir sagen können, die eine sei doppelt so lang oder genauso lang wie eine andere, oder was wir sonst beim Messen von Zeitteilen feststellen können. Also messen wir, wie ich schon sagte, die Zeiten, während sie vorübergehen. Fragte mich jemand: „Woher weißt du das?", würde ich antworten: „Ich weiß das, weil wir messen und weil wir nicht messen können, was nicht existiert. Vergangenes und Zukünftiges existiert aber nicht." Aber wie messen wir die gegenwärtige Zeit, wenn sie doch keinen Zeitraum einnimmt? Wir messen sie, während sie vorübergeht; ist sie vorübergegangen, wird sie nicht mehr gemessen, denn dann gibt es nichts mehr, was man messen könnte. Aber woher kommt sie, wohindurch geht sie, wohin verschwindet sie, während sie gemessen wird? Woher? Aus der Zukunft. Wohindurch? Durch die Gegenwart. Wohin? In die Vergangenheit. Also aus dem, was noch nicht ist, durch das hindurch, das der Ausdehnung entbehrt, in das hinein, was schon nicht mehr ist. Was wir messen, ist aber gerade die Zeit in einer bestimmten Ausdehnung. Wenn wir von einer einfachen, einer doppelt oder dreimal so langen, einer gleich langen oder einer ähnlich bezeichneten Zeit sprechen, bezeichnen wir immer Ausdehnungen. In welchem Raum messen wir also die vorbeigehende Zeit? In der Zukunft, von der her sie vorbeigeht? Aber wir können nicht messen, was noch nicht ist. In der Gegenwart, durch die sie hindurchgeht? Aber wir können nicht messen, was keine Ausdehnung hat. In der Vergangenheit, wohin sie vorbeigeht? Aber wir können nicht messen, was nicht mehr ist.

XXII.28. Mein Geist brennt darauf, dieses verwirrende Rätsel zu lösen. Herr, mein Gott, ich beschwöre dich bei Christus, verschließ meinem Wissensdrang diese Dinge nicht, die zugleich so alltäglich und so verborgen sind: Hindere ihn nicht, in sie einzudringen, und laß sie mir hell werden im Licht deiner Barmherzigkeit. Wen könnte ich darüber befragen? Wo nutzt es mehr, mein Unwissen zu bekennen, als bei dir? Dir werden meine Studien nicht lästig, in denen ich mich mit heftigem Eifer auf deine Schrift werfe. Gib mir, was ich liebe. Denn daß ich es liebe,

dare filiis tuis, da, quoniam suscepi cognoscere et labor est ante
me, donec aperias. Per Christum obsecro, | in nomine eius sancti
sanctorum nemo mihi obstrepat. Et ego credidi, propter quod et
loquor. Haec est spes mea; ad hanc uiuo, ut contempler delectationem domini. Ecce ueteres posuisti dies meos et transeunt, et
quomodo, nescio. Et dicimus tempus et tempus, tempora et
tempora: „Quandiu dixit hoc ille", „Quandiu fecit hoc ille" et:
„Quam longo tempore illud non uidi" et: „Duplum temporis
habet haec syllaba ad illam simplam breuem". Dicimus haec et
audimus haec et intellegimur et intellegimus. Manifestissima et
usitatissima sunt, et eadem rursus nimis latent et noua est
inuentio eorum.

XXIII.29. Audiui a quodam homine docto, quod solis et lunae
ac siderum motus ipsa sint tempora, et non adnui. Cur enim non
potius omnium corporum motus sint tempora? An uero, si
cessarent caeli lumina et moueretur rota figuli, non esset tempus,
quo metiremur eos gyros et diceremus aut aequalibus morulis agi,
aut si alias tardius, alias uelocius moueretur, alios magis diuturnos
esse, alios minus? Aut cum haec diceremus, non et nos in tempore
loqueremur aut essent in uerbis nostris aliae longae syllabae, aliae
breues, nisi quia illae longiore tempore sonuissent, istae breuiore?
Deus, dona hominibus uidere in paruo communes notitias rerum
paruarum atque magnarum. Sunt sidera et luminaria caeli in
signis et in temporibus et in diebus et in annis. Sunt uero; sed nec |
ego | dixerim circuitum illius ligneolae rotae diem esse, nec tamen
ideo tempus non esse ille dixerit.

30. Ego scire cupio uim naturamque temporis, quo metimur
corporum motus et dicimus illum motum uerbi gratia tempore
duplo esse diuturniorem quam istum. Nam quaero, quoniam dies

hast du mir gegeben. Gib es mir, Vater. Du verstehst dich in Wahrheit darauf, deinen Kindern zu schenken, was gut ist. Gib es mir, denn ich habe den Weg zur Erkenntnis eingeschlagen, es liegt jetzt Mühsal vor mir, bis du mir öffnest. Bei Christus beschwöre ich dich; in seinem Namen, des Heiligen der Heiligen: Laß nicht zu, daß jemand mir bei meiner Untersuchung lärmend in den Weg tritt. Ich habe geglaubt, und deswegen rede ich. Dies ist meine Hoffnung; für sie lebe ich; ich will die Freude des Herrn schauen. Sieh, du hast meinen Tagen bestimmt zu altern, und sie gehen dahin, aber ich weiß nicht, *wie*. Dennoch reden wir wieder von ‚dieser Zeit' und ‚diesen Zeiten': „Vor langer Zeit sagte er das", „Vor langer Zeit machte er das" und „Wie lange Zeit habe ich das nicht gesehen" und „Diese Silbe braucht doppelt soviel Zeit wie jene einfache, kurze". So reden wir, und wir hören diese Wendungen; wir verstehen sie und werden dabei verstanden. Das sind evidente und ganz alltägliche Dinge – und doch bleiben sie zugleich völlig dunkel, und sie aufzudecken, ist etwas Neues.

XXIII.29. Von einem Gelehrten habe ich gehört, die Bewegungen der Sonne, des Mondes und der Sterne seien die Zeiten, aber ich habe nicht zugestimmt. Wären dann nicht eher die Bewegungen *aller* Körper die Zeiten? Wenn die Himmelslichter stillständen, aber eine Töpferscheibe sich drehte, gäbe es denn dann keine Zeit mehr? Womit würden wir denn deren Drehungen messen, um sagen zu können, sie verliefen gleichmäßig oder – wenn sie sich einmal langsamer, einmal schneller drehte – der eine Zeitraum sei länger, der andere kürzer? Und während wir so reden würden, bewegten wir uns dann nicht mit unserem Sprechen auch in der Zeit? Gäbe es dann nicht in unseren Wörtern sowohl lange wie kurze Silben, und zwar nur deshalb, weil die einen eine längere Zeit, die anderen eine kürzere Zeit ertönten? Herr, gib den Menschen, daß sie an kleinen Dingen die allgemeinen Begriffe erfassen, die sowohl für kleine wie für große Dinge gelten. Sterne und Himmelslichter dienen als Zeichen für Jahreszeiten, Tage und Jahre, gewiß. Aber so wenig ich behaupte, die Umdrehung jener kleinen Holzscheibe sei ein Tag, so wenig sollte der Mann sagen, bei ihr gebe es keine Zeit.

30. Die reale Bedeutung und das Wesen der Zeit will ich wissen. Mit ihr messen wir Körperbewegungen (corporum motus) und behaupten z.B., eine bestimmte Bewegung dauere doppelt so lange wie eine andere. Ich

dicitur non tantum mora solis super terram, secundum quod aliud
est dies, aliud nox, sed etiam totius eius circuitus ab oriente usque
orientem, secundum quod dicimus: „Tot dies transierunt" – cum
suis enim noctibus dicuntur tot dies, nec extra reputantur spatia
noctium – quoniam ergo dies expletur motu solis atque circuitu
ab oriente usque orientem, quaero, utrum motus ipse sit dies an
mora ipsa, quanta peragitur, an utrumque. Si enim primum dies
esset, dies ergo esset, etiamsi tanto spatio temporis sol cursum
illum peregisset, quantum est horae unius. Si secundum, non ergo
esset dies, si ab ortu solis usque in ortum alterum tam breuis mora
esset, quam est horae unius, sed uiciens et quater circuiret sol, ut
expleret diem. Si utrumque, nec ille appellaretur dies, si horae
spatio sol totum suum gyrum circuiret, nec ille, si sole cessante
tantum temporis praeteriret, quanto peragere sol totum ambitum
de mane in mane adsolet. Non itaque nunc quaeram, quid sit illud,
quod uocatur dies, sed quid sit tempus, quo metientes solis
circuitum diceremus eum dimidio spatio temporis peractum
minus quam | solet, si tanto spatio temporis peractus esset, quanto
peraguntur horae duodecim, et utrumque tempus comparantes
diceremus illud simplum, hoc duplum, etiamsi aliquando illo
simplo, aliquando isto duplo sol ab oriente usque orientem
circuiret. Nemo ergo mihi dicat caelestium corporum motus esse
tempora, quia et cuiusdam uoto cum sol stetisset, ut uictoriosum
proelium peregeret, sol stabat, sed tempus ibat. Per suum quippe
spatium temporis, quod ei sufficeret, illa pugna gesta atque finita
est. Video igitur tempus quandam esse distentionem. Sed uideo?
An uidere mihi uideor? Tu demonstrabis, lux, ueritas.

XXIV.31. Iubes ut approbem, si quis dicat tempus esse motum
corporis? Non iubes. Nam corpus nullum nisi in tempore moueri

stelle folgende Frage: Da man unter ‚Tag' nicht nur den Zeitraum (mora) versteht, in dem die Sonne über der Erde steht, wodurch Tag und Nacht sich unterscheiden, sondern ihren ganzen Umschwung von Ost nach Ost, aufgrund dessen wir sagen: „So und so viele Tage sind vergangen" – dabei denken wir an die Tage *mit* ihren Nächten, rechnen also die Zeiträume für die Nächte nicht eigens –, da folglich zum vollständigen Tag die Bewegung der Sonne und ihr Umlauf von Ost nach Ost gehört, so frage ich: Ist diese Bewegung selbst schon der Tag, oder ist er die Dauer (mora), in der diese sich vollzieht, oder ist er beides? Im ersten Fall wäre der Tag die Bewegung selbst. Dann hätten wir es schon mit einem Tag zu tun, wenn die Sonne ihren Lauf im Zeitraum einer Stunde vollführte. Im zweiten Fall wäre es noch kein Tag, wenn zwischen einem Sonnenaufgang und dem nächsten die kurze Dauer (mora) einer Stunde läge; dann müßte die Sonne ihren Umschwung vierundzwanzigmal machen, um einen Tag zu bilden. Im dritten Fall – wäre also der Tag sowohl die Bewegung als auch die Zeitspanne, in der sie sich vollzieht – könnte man weder von ‚Tag' sprechen, wenn die Sonne ihren ganzen Umlauf im Zeitraum einer Stunde vollendete, noch dann, wenn sie stillstünde und soviel Zeit verginge, wie sie normalerweise für ihren ganzen Umlauf vom Morgen bis zum nächsten Morgen braucht. Ich will aber jetzt nicht untersuchen, was das ist, was man ‚Tag' nennt, sondern was die Zeit ist, aufgrund deren wir messen würden, wenn wir behaupteten, der Umlauf der Sonne habe sich in der Hälfte der normalen Umlaufzeit vollzogen, wenn er einen Zeitraum von zwölf Stunden gebraucht hätte. Ich will wissen, was die Zeit ist, aufgrund deren wir in diesem Falle die beiden Zeiträume vergleichen und behaupten, der eine sei doppelt so lang wie der andere, einfache, auch für den Fall, daß die Sonne für ihren Umlauf einmal die einfache, ein andermal die doppelte Zeitspanne brauchte. Sage mir also niemand, die Bewegungen der Himmelskörper seien die Zeiten: Als auf das Gebet Josuas hin die Sonne stillstand, damit er die Schlacht siegreich beende, da stand die Sonne zwar still, die Zeit aber ging weiter. Diese Schlacht wurde geschlagen und beendet in dem für sie erforderlichen Zeitraum. Ich sehe daran, daß die Zeit eine Art von Ausdehnung (distentio) ist. Aber sehe ich das wirklich? Oder glaube ich das nur zu sehen? Du wirst es zeigen, Licht und Wahrheit.

XXXIV.31. Befiehlst du, ich solle zustimmen, wenn jemand behauptet, die Zeit sei die Körperbewegung? Nein. Daß Körper sich nur in der Zeit

audio: tu dicis. Ipsum autem corporis motum tempus esse non
audio: non tu dicis. Cum enim moueatur corpus, tempore metior,
5 quandiu moueatur, ex quo moueri incipit, donec desinat. Et si non
uidi, ex quo coepit, et perseuerat moueri, ut non uideam, cum
desinit, non ualeo metiri, nisi forte ex quo uidere incipio, donec
desinam. Quod si diu uideo, tantummodo longum tempus esse
renuntio, non autem, quantum sit, quia et quantum cum dicimus,
10 conlatione dicimus, uelut: „Tantum hoc, quantum illud" aut:
„Duplum hoc ad illud" et si quid aliud isto modo. Si autem notare
potuerimus locorum spatia, unde et quo ueniat corpus, quod
mouetur, uel partes eius, si | tamquam in torno moueatur, possu-
mus dicere, quantum sit temporis, ex quo ab illo loco usque ad
15 illum locum motus corporis uel partis eius effectus est. Cum itaque
aliud sit motus corporis, aliud, quo metimur quandiu sit, quis non
sentiat, quid horum potius tempus dicendum sit? Nam si et uarie
corpus aliquando mouetur, aliquando stat, non solum motum
eius, sed etiam statum tempore metimur et dicimus: „Tantum
20 stetit, quantum motum est" aut: „Duplo uel triplo stetit ad id
quod motum | est" et si quid aliud nostra dimensio siue compre-
henderit siue existimauerit, ut dici solet plus minus. Non [est]
ergo tempus corporis motus.

XXV.32. Et confiteor tibi, domine, ignorare me adhuc, quid sit
tempus, et rursus confiteor tibi, domine, scire me in tempore ista
dicere et diu me iam loqui de tempore atque ipsum diu non esse diu
nisi mora temporis. Quomodo igitur hoc scio, quando quid sit
5 tempus nescio? An forte nescio, quemadmodum dicam quod scio?
Ei mihi, qui nescio saltem quid nesciam! Ecce, deus meus, coram
te, quia non mentior: sicut loquor, ita est cor meum. Tu inluminabis lucernam meam, domine, deus meus, inluminabis tenebras
meas.

bewegen können, das höre ich. Das ist deine Stimme. Aber daß die Körperbewegung selbst schon die Zeit sei, das höre ich nicht. Das sagst du nicht. Denn wenn ein Körper sich bewegt, dann messe ich aufgrund der Zeit die ganze Dauer seiner Bewegung, von Anfang bis Ende. Und wenn ich den Beginn seiner Bewegung nicht gesehen habe und wenn der Körper sich weiterbewegt, ohne daß ich sehe, wie seine Bewegung endet, dann kann ich sie nur vom Anfang bis zum Ende meiner Beobachung messen. Wenn ich sie lange beobachte, kann ich nur sagen, daß eine lange Zeit vergangen ist, nicht aber, wie lang genau sie war. Denn wenn wir etwas über das Wieviel behaupten, sagen wir das aufgrund eines Vergleichs, zum Beispiel: „Dies dauert genauso lange wie jenes" oder „Dies dauert doppelt so lange wie jenes" und so weiter. Können wir allerdings die räumlichen Abstände feststellen, woher ein bewegter Körper oder seine Teile kommen und wohin sie gehen – oder wenn wir dies für markante Teile des Körpers feststellen, wenn er sich zum Beispiel um seine Achse dreht –, dann können wir sagen, wie lange der Körper oder ein Teil von ihm gebraucht hat, um sich von einem Ort zum anderen zu bewegen. Die Bewegung des Körpers ist also etwas anderes als das Maß, womit wir ihre Dauer messen. Da sieht doch wohl jeder ein, welches von beiden wir ‚Zeit' nennen sollen. Schließlich, wenn ein Körper abwechselnd sich bewegen und ruhen kann, dann messen wir nicht nur seine Bewegung, sondern auch seine Ruhe aufgrund der Zeit und sagen: „Er hat so lange stillgestanden, wie er sich bewegt hat", oder: „Er stand zweimal oder dreimal so lange still, wie er sich bewegt hat". Oder wir finden irgendein anderes Zahlenverhältnis, wenn wir messen oder roh schätzen, wobei man oft ‚mehr oder weniger' sagt. Also ist die Zeit nicht die Körperbewegung.

XXV.32. Ich bekenne dir, Herr, daß ich immer noch nicht weiß, was die Zeit ist. Und zugleich bekenne ich dir, daß ich weiß, daß ich dies in der Zeit ausspreche, daß ich hier schon lange über die Zeit spreche und daß dieses ‚lange' nichts anderes ist als eine Zeitspanne (mora temporis). Aber wie kann ich das wissen, ohne zu wissen, was die Zeit ist? Oder weiß ich vielleicht nur nicht, wie ich ausdrücken soll, was ich weiß? Weh mir, wenn ich nicht einmal weiß, was ich nicht weiß! Sieh, mein Gott, daß ich vor dir nicht lüge. Wie ich rede, so ist mein Herz. Aber du, Herr, mein Gott, wirst mein Licht anzünden und meine Finsternis erleuchten.

XXVI.33. Nonne tibi confitetur anima mea confessione ueridica metiri me tempora? Itane, deus meus, metior | et quid metiar nescio. Metior motum corporis tempore. Item ipsum tempus nonne metior? An uero corporis motum metirer, quandiu sit et
5 quandiu hinc illuc perueniat, nisi tempus, in quo mouetur, metirer? Ipsum ergo tempus unde metior? An tempore breuiore metimur longius sicut spatio cubiti spatium transtri? Sic enim uidemur spatio breuis syllabae metiri spatium longae syllabae atque id duplum dicere. Ita metimur spatia carminum spatiis
10 uersuum et spatia uersuum spatiis pedum et spatia pedum spatiis syllabarum et spatia longarum spatiis breuium, non in paginis – nam eo modo loca metimur, non tempora – sed cum uoces pronuntiando transeunt et dicimus: „Longum carmen est, nam tot uersibus contexitur; longi uersus, nam tot pedibus constant;
15 longi pedes, nam tot syllabis tenduntur; longa syllaba est, nam dupla est ad breuem." Sed neque ita comprehenditur certa mensura temporis, quandoquidem fieri potest, ut ampliore spatio temporis personet uersus breuior, si productius pronuntietur, quam longior, si correptius. Ita carmen, ita pes, ita syllaba. Inde
20 mihi uisum est nihil esse aliud tempus quam distentionem: sed cuius rei, nescio, et mirum, si non ipsius animi. Quid enim metior, obsecro, deus meus, et dico aut indefinite: „Longius est hoc tempus quam illud" aut etiam definite: „Duplum est hoc ad illud?" Tempus metior, scio; sed non metior futurum, quia
25 nondum est, non metior praesens, quia nullo spatio tenditur, non meltior praeteritum, quia iam non est. Quid ergo metior? An praetereuntia tempora, non praeterita? Sic enim dixeram.

XXVII.34. Insiste, anime meus, et attende fortiter: deus adiutor noster; ipse fecit nos, et non nos. Attende, ubi albescit ueritas. Ecce puta uox corporis incipit sonare et sonat et adhuc sonat et ecce desinit, iamque silentium est, et uox illa praeterita

XXVI.33. Ist etwa das Bekenntnis meiner Seele nicht wahr, wenn ich dir bekenne, daß ich Zeiten messe? Aber dann messe ich, mein Gott, und weiß nicht, was ich messe. Körperbewegung messe ich mit Hilfe der Zeit. Aber messe ich nicht auch die Zeit selbst? Könnte ich die Bewegung eines Körpers messen, wie lange sie dauert und wie lange er von hier nach dort braucht, ohne die Zeit zu messen, in der er sich bewegt? Aber wie messe ich die Zeit selbst? Messen wir mit einer kürzeren Zeiteinheit eine längere, so wie wir mit der Elle einen Balken messen? So messen wir offenbar mit dem Zeitraum (spatium) einer kurzen Silbe den Zeitraum (spatium) einer langen, wenn wir behaupten, diese sei doppelt so lang. So messen wir die Zeiträume (spatia) von Gedichten an den Versen, die der Verse an den Versfüßen, die der Versfüße an den Silben, die der langen Silben an den kurzen; nicht jedoch auf den beschriebenen Seiten – denn dort messen wir Raumabstände, nicht Zeiten –, sondern wenn wir beim Vorübergehen des Wortklangs urteilen: „Es ist ein langes Gedicht, denn es besteht aus so vielen Versen; es sind lange Verse, denn sie bestehen aus so vielen Versfüßen; es sind lange Versfüße, denn sie erstrecken sich über viele Silben; es ist eine lange Silbe, denn sie ist doppelt so lang wie die kurze". Aber auch so erfassen wir nicht das genaue Maß der Zeit. Denn es kann vorkommen, daß ein kurzer Vers, der langsam vorgetragen wird, für einen längeren Zeitraum zu hören ist als ein langer, der schnell vorgetragen wird. Dasselbe gilt für ein Gedicht, einen Versfuß und eine Silbe. So kam ich zu der Ansicht, Zeit sei nichts anderes als eine Art Ausdehnung (distentio). Aber Ausdehnung von was? Das weiß ich nicht, aber es ist doch wohl die des Geistes selbst. Was messe ich denn, mein Gott, ich beschwöre dich, wenn ich unbestimmt behaupte: „Dieser Zeitabschnitt ist länger als jener" oder wenn ich bestimmt sage „Er ist doppelt so lang wie dieser"? Die Zeit messe ich, das weiß ich. Aber ich messe nicht die Zukunft, weil sie noch nicht ist, ich messe nicht die Gegenwart, weil sie sich über keinen Zeitraum (spatium) ausdehnt, und ich messe auch nicht die Vergangenheit, weil sie nicht mehr ist. Was also messe ich? Vielleicht die Zeiten, die vorübergehen, nicht die vergangenen? Das habe ich vorher behauptet.

XXVII.34. Bleibe bei der Sache, mein Geist, und sieh genau zu: Gott ist unser Helfer; er hat uns gemacht, nicht wir uns. Sieh genau hin, wo das Licht der Wahrheit aufgeht! Da beginnt zum Beispiel eine Stimme zu ertönen. Sie tönt und tönt weiter, und sieh, jetzt hört sie auf; schon ist Stil-

5 est et non est iam uox. Futura erat, antequam sonaret, et non
poterat metiri, quia nondum erat, et nunc non potest, quia iam
non est. Tunc ergo poterat, cum sonabat, quia tunc erat, quae
metiri posset. Sed et tunc non stabat; ibat enim et praeteribat. An
ideo magis poterat? Praeteriens enim tendebatur in aliquod
10 spatium temporis, quo metiri posset, quoniam praesens nullum
habet spatium. Si ergo tunc poterat, ecce puta altera coepit sonare
et adhuc sonat continuato tenore sine ulla distinctione: metiamur
eam, dum sonat; cum enim sonare cessauerit, iam praeterita erit
et non erit, quae possit metiri. Metiamur plane et dicamus, quanta
15 sit. Sed adhuc sonat nec metiri potest | nisi ab initio sui, quo sonare
coepit, usque ad finem, quod desinit. Ipsum quippe interuallum
metimur ab aliquo initio usque ad aliquem finem. Quapropter
uox, quae nondum finita est, metiri non potest, ut dicatur, quam
longa uel breuis sit, nec dici aut aequalis alicui aut ad aliquam
20 simpla uel dupla uel quid aliud. Cum autem finita fuerit, iam non
erit. Quo pacto igitur metiri poterit? Et metimur tamen tempora,
nec ea, quae nondum sunt, nec ea, quae iam non sunt, nec | ea,
quae nulla mora extenduntur, nec ea, quae terminos non habent.
Nec futura ergo nec praeterita nec praesentia nec praetereuntia
25 tempora metimur et metimur tamen tempora.

35. „Deus creator omnium": uersus iste octo syllabarum breui-
bus et longis alternat syllabis: quattuor itaque breues, prima,
tertia, quinta, septima, simplae sunt ad quattuor longas, secundam, quartam, sextam, octauam. Hae singulae ad illas singulas
5 duplum habent temporis; pronuntio et renuntio, et ita est,
quantum sentitur sensu manifesto. Quantum sensus manifestus
est, breui syllaba longam metior eamque sentio habere bis tantum.
Sed cum altera post alteram sonat, si prior breuis, longa posterior,

le eingetreten. Die Stimme ist vorüber, und schon ist sie keine Stimme mehr. Bevor sie ertönte, war sie zukünftig. Damals konnte man sie nicht messen, weil sie noch nicht war, und jetzt kann man es nicht, weil sie nicht mehr ist. Damals, als sie ertönte, konnte man es, denn da gab es etwas, was man messen konnte. Aber auch da stand sie nicht still; sie kam und ging vorbei. Konnte man sie deswegen eher messen? Denn im Vorbeigehen erstreckte sie sich (tendebatur) über einen Zeitraum (spatium temporis), aufgrund dessen sie gemessen werden konnte, da die Gegenwart ja keinen Zeitraum bildet. Wenn sie damals gemessen werden konnte, dann nimm als Beispiel eine andere Stimme: Sie begann zu ertönen und tönt jetzt noch ohne Unterbrechung fort. Dann laß sie uns doch messen, solange sie ertönt; denn wenn sie aufgehört hat zu ertönen, dann ist sie verschwunden, und es gibt keine Stimme mehr, die gemessen werden könnte. Messen wir sie also und sagen dann, wie lange sie ertönte. Aber sie ertönt ja noch; daher könnte sie nur gemessen werden von dem Anfang an, da sie sie zu ertönen begann, bis zu dem Endpunkt, da sie verstummt. Was wir messen, ist also der Zwischenraum zwischen einem Anfang und einem Ende. Deswegen können wir eine Stimme, die noch nicht verstummt ist, nicht messen, um festzustellen, wie lange oder wie kurz sie ertönte. Man kann dann nicht behaupten, sie habe genauso lange wie eine andere getönt; man kann auch nicht sagen, sie sei im Vergleich zu einer anderen gleich lang oder doppelt so lang oder etwas dergleichen. Ist die Stimme aber verstummt, ist sie bereits nicht mehr. Wie könnte man sie also messen? Trotzdem messen wir Zeiträume – aber weder die, die noch nicht sind, noch die, die nicht mehr sind, noch die, die sich über keine Dauer erstrecken, noch die, die keine Endpunkte haben. Wir messen also weder künftige noch vergangene, noch gegenwärtige, noch gerade vorübergehende Zeitspannen, und trotzdem messen wir Zeitspannen.

35. *Deus creator omnium, Gott, Schöpfer aller Dinge:* Dieser Vers besteht aus acht Silben. Eine kurze wechselt mit einer langen ab. Die vier kurzen Silben – die erste, die dritte, die fünfte und die siebte – dauern halb so lange wie die vier langen Silben, also die zweite, die vierte, die sechste und die achte. Jede lange Silbe dauert doppelt so lange wie jede kurze. Beim Aufsagen des Verses nehme ich wahr, daß es so ist, soweit man es beim Hören wahrnehmen kann: Ich messe die lange Silbe mit Hilfe der kurzen und höre – soweit das Hören Klarheit verschafft –, daß

quomodo tenebo breuem et quomodo eam longae metiens applica-
10 bo, ut inueniam, quod bis tantum habeat, quandoquidem longa
sonare non incipit, nisi breuis sonare destiterit? Ipsamque longam
num praesentem metior, quando nisi finitam non metior? Eius
autem finito praeteritio est. Quid ergo est, quod metior? Vbi est
qua metior breuis? Vbi est longa, quam metior? Ambae sonue-
15 runt, auolauerunt, praeterierunt, iam non sunt: et ego metior
fidenterque respondeo, quantum exercitato sensu fiditur, illam
simplam esse, illam duplam, in spatio scilicet temporis. Neque hoc
possum, nisi quia praeterierunt et finitae sunt. Non ergo ipsas,
quae iam non sunt, sed aliquid in memoria mea metior, quod
20 infixum manet. |

36. In te, anime meus, tempora metior. Noli mihi obstrepere,
quod est: noli tibi obstrepere turbis affectionum tuarum. In te,
inquam, tempora metior. Affectionem, quam res praetereuntes in
te faciunt et, cum illae praeterierint, manet, ipsam metior praesen-
5 tem, non ea quae praeterierunt, ut fieret; ipsam metior, cum
tempora metior. Ergo aut ipsa sunt tempora, aut non tempora
metior. Quid cum metimur silentia et dicimus illud silentium
tantum tenuisse temporis, quantum illa uox tenuit, nonne cogita-
tionem tendimus ad mensuram uocis, quasi sonaret, ut aliquid de
10 interuallis silentiorum in spatio temporis renuntiare possimus?
Nam et uoce atque ore cessante peragimus cogitando carmina et
uersus et quemque sermonem motionumque dimensiones quasli-
bet et de spatiis temporum, quantum illud ad illud sit, renuntia-
mus non aliter, ac si ea sonando diceremus. Voluerit aliquis edere
15 longiusculam uocem et constituerit praemeditando, quam longa
futura sit, egit utique iste spatium temporis in silentio memoriae-
que commendans coepit edere illam uocem, quae sonat, donec ad
propositum terminum perducatur: immo sonuit et sonabit: nam
quod eius iam peractum est, utique sonuit, quod autem restat,
20 sonabit atque ita peragitur, dum praesens intentio futurum in
praeteritum traicit deminutione futuri crescente praeterito, do-
nec consumptione futuri sit totum praeteritum. |

sie so lang ist wie zwei kurze. Aber da eine Silbe nach der anderen ertönt, zuerst die kurze, dann die lange, – wie halte ich dann die kurze Silbe fest, und wie benutze ich sie als Maß für die lange, um festzustellen, daß sie diese zweimal enthält? Die lange Silbe beginnt doch erst zu ertönen, wenn die kurze bereits aufgehört hat. Messe ich etwa die lange Silbe, solange sie gegenwärtig ist, wo ich sie doch nur messen kann, wenn sie beendet ist? Ist sie aber beendet, ist sie vergangen. Was ist es also, das ich messe? Wo ist die kurze Silbe, mit der ich messe? Wo ist die lange, die ich messe? Beide sind erklungen, sind verflogen, sind vergangen; beide sind nicht mehr, und doch messe ich sie und behaupte zuversichtlich mit der ganzen Sicherheit eines geschulten Gehörs, die lange Silbe nehme den doppelten Zeitraum ein wie die kurze. Dies kann ich nur, weil sie vergangen und beendet sind. Ich messe also nicht diese Silben selbst, die nicht mehr sind, sondern irgendetwas in meinem Gedächtnis, das ihm eingeprägt bleibt.

36. In dir also, mein Geist, messe ich die Zeiten. Überschrei mich nicht, ich meine: Laß dich nicht überschreien durch das Wirrwarr deiner Eindrücke. In dir, behaupte ich, messe ich die Zeiten. Ich messe den Eindruck (affectio), den die vorübergehenden Dinge in dir bewirken und der bleibt, wenn sie vorübergegangen sind. Wenn ich Zeiten messe, messe ich ihn in seiner Gegenwart, nicht die Dinge, die ihn im Vorübergehen erzeugt haben. Also: Entweder sind diese Eindrücke die Zeiten, oder ich messe überhaupt keine Zeiten. Was ist, wenn wir Zeiträume des Schweigens messen? Wie können wir feststellen, das Schweigen habe so lange gedauert wie das Ertönen jener Stimme? Um Phasen der Stille innerhalb eines Zeitraums bestimmen zu können, denken wir uns dabei nicht die Stimme als Maß – so als ertönte sie? Denn auch wenn Mund und Stimme schweigen, gehen wir in Gedanken irgendwelche Gedichte, Verse und Reden durch und urteilen vergleichend über die Dauer ihres Verlaufs, genau so, als hätten wir sie laut hergesagt. Nehmen wir an, jemand wolle einen ziemlich langdauernden Ton erklingen lassen und setze vorher fest, wie lange er dauern soll. Dann durchläuft er im Stillen diesen Zeitraum, gibt ihn seinem Gedächtnis ein und beginnt, den Ton erklingen zu lassen. Dieser ertönt, bis er das festgesetzte Ende erreicht. Vielmehr: Er ist ertönt und wird ertönen, denn was von ihm schon hervorgebracht wurde, ist jedenfalls ertönt, der Rest aber wird ertönen. So wird er zu Ende gebracht. Dabei führt die gegenwärtige gespannte Zuwendung (in-

XXVIII.37. Sed quomodo minuitur aut consumitur futurum, quod nondum est, aut quomodo crescit praeteritum, quod iam non est, nisi quia in animo, qui illud agit, tria sunt? Nam et expectat et attendit et meminit, ut id quod expectat per id quod attendit transeat in id quod meminerit. Quis igitur negat futura nondum esse? Sed tamen iam est in animo expectatio futurorum. Et quis negat praeterita iam non esse? Sed tamen adhuc est in animo memoria praeteritorum. Et quis negat praesens tempus carere spatio, quia in puncto praeterit? Sed tamen perdurat attentio, per quam pergat abesse quod aderit. Non igitur longum tempus futurum, quod non est, sed longum futurum longa expectatio futuri est, neque longum praeteritum tempus, quod non est, sed longum praeteritum longa memoria praeteriti est.

38. Dicturus sum canticum, quod noui: antequam incipiam, in totum expectatio mea tenditur, cum autem coepero, quantum ex illa in praeteritum decerpsero, tenditur et memoria mea, atque distenditur uita huius actionis meae in memoriam propter quod dixi et in expectationem propter quod dicturus sum: praesens tamen adest attentio mea, per quam traicitur quod erat futurum, ut fiat praeteritum. Quod quanto magis agitur et agitur, tanto breuiata expectatione prolongatur memoria, donec tota expectatio consumatur, cum tota illa actio finita transierit in memoriam. Et quod in toto cantico, hoc in singulis particulis eius fit | atque in singulis syllabis eius, hoc in actione longiore, cuius forte particula est illud canticum, hoc in tota uita hominis, cuius partes sunt omnes actiones hominis, hoc in toto saeculo filiorum hominum, cuius partes sunt omnes uitae hominum.

tentio) das Zukünftige hinüber ins Vergangene. Das Zukünftige nimmt ab, das Vergangene wächst an, bis die Zukunft verbraucht und das Ganze vergangen ist.

XXVIII.37. Aber wie kann das Zukünftige, das noch nicht ist, vermindert und verbraucht werden? Wie kann das Vergangene, das nicht mehr ist, zunehmen? Nur weil im Geist, der das bewirkt, diese drei Tätigkeiten sind: Er erwartet, er erfaßt aufmerksam ein Gegenwärtiges (attendit), er erinnert sich. So kann das, was er erwartet, auf dem Weg über das, worauf er als ein Gegenwärtiges achtet, übergehen in das, woran er sich erinnert. Zweifellos existiert Zukünftiges noch nicht, aber im Geist existiert die Erwartung zukünftiger Dinge. Zweifellos existiert das Vergangene nicht mehr, aber im Geist existiert noch die Erinnerung ans Vergangene. Zweifellos bildet die Gegenwart keinen Zeitraum, da sie im Augenblick vorbeigeht, aber was dauert, ist das aufmerksame Erfassen des Gegenwärtigen (attentio), durch das hindurch das Kommende übergeht ins Abwesende. Also ist nicht die zukünftige Zeit lang, da sie noch nicht ist, sondern eine lange Zukunft ist eine lange Erwartung des Künftigen. Und nicht die vergangene Zeit ist lang, da sie nicht mehr ist, sondern eine lange Vergangenheit ist eine lange Erinnerung an das Vergangene.

38. Ich will ein Lied vortragen, das ich auswendig kann. Bevor ich beginne, richtet sich meine Erwartung auf das Ganze. Habe ich damit begonnen, dann richtet sich mein Gedächtnis auf den Teil, den ich zum Vergangenen hinübergelegt habe. Das Leben dieser meiner Tätigkeit spaltet sich dann auf in die Erinnerung an das bereits von mir Vorgetragene und in die Erwartung dessen, was ich noch vortragen werde. Was in der Gegenwart lebt, ist meine Aufmerksamkeit (attentio): Was zukünftig war, wird durch sie hindurch hinübergebracht (traicitur), daß es so das Vergangene werde. Je mehr sie tätig ist, um so mehr vermindert sich die Erwartung und verlängert sich die Erinnerung, kommt die ganze Tätigkeit zu Ende, ist die ganze Erwartung verbraucht und in die Erinnerung eingetreten. Was so mit dem ganzen Lied geschieht, das wiederholt sich mit seinen einzelnen Abschnitten und in seinen einzelnen Silben. Dasselbe wiederholt sich in einer längeren Tätigkeit, von der dieses Lied vielleicht eine Art Abschnitt ist; es wiederholt sich im ganzen Leben eines Menschen, dessen Teile alle Handlungen dieses Menschen

XXIX.39. Sed quoniam melior est misericordia tua super uitas, ecce distentio est uita mea, et me suscepit dextera tua in domino meo, mediatore filio hominis inter te unum et nos multos, in multis per multa, ut per eum apprehendam, in quo et apprehen-
5 sus sum, et a ueteribus diebus conligar sequens unum, praeterita oblitus, non in ea quae futura et transitura sunt, sed in ea quae ante sunt non distentus, sed extentus, non secundum distentionem, sed secundum intentionem sequor ad palmam supernae uocationis, ubi audiam uocem laudis et contempler delectationem
10 tuam nec uenientem nec praetereuntem. Nunc uero anni mei in gemitibus, et tu solacium meum, domine, pater meus aeternus es; at ego in tempora dissilui, quorum ordinem nescio, et tumultuosis uarietatibus dilaniantur cogitationes meae, intima uiscera animae meae, donec in te confluam purgatus et liquidus igne amoris tui.

XXX.40. Et stabo atque solidabor in te, in forma mea, ueritate tua, nec patiar quaestiones hominum, qui poenali morbo plus sitiunt, quam capiunt, et dicunt: „Quid faciebat deus, antequam faceret caelum et terram?" aut „Quid ei uenit in mentem, ut
5 aliquid faceret, cum antea numquam aliquid fecerit?" Da illis, domine, bene cogitare, quid dicant, et inuenire, quia non dicitur numquam, ubi non est tempus. Qui ergo dicitur numquam fecisse, quid aliud dicitur nisi nullo tempore fecisse? Videant itaque nullum tempus esse posse sine creatura et desinant istam uanita-
10 tem loqui. Extendantur etiam in ea, quae ante sunt, et intellegant te ante omnia tempora aeternum creatorem omnium temporum neque ulla tempora tibi esse coaeterna nec ullam creaturam, etiamsi est aliqua supra tempora.

sind. Es wiederholt sich in der ganzen Menschheitsgeschichte (saeculum), deren Teile alle Menschenleben bilden.

XXIX.39. Aber da deine Barmherzigkeit wertvoller ist als alles Leben, so sieh: Mein Leben ist zerteilendes Ausdehnen (distentio). Doch dein Arm fing mich auf, in meinem Herrn, dem Menschensohn. Er vermittelt zwischen deiner Einheit und unserer Vielheit. Wir leben in vielfachen Lebensbezügen unter vielfachen Rücksichten. Aber durch ihn soll ich erkennen, so wie ich in ihm erkannt bin. So kann ich frei werden vom Vergangenen und dem Einen folgen. Ich kann das Gewesene vergessen. Statt mich im Blick auf das zukünftig Vergängliche zu zerspalten, strecke ich mich aus (non distentus, sed extentus) nach dem, was vor mir ist, so daß ich nicht in Aufspaltung, sondern in einheitlicher Lebensrichtung (non secundum distentionem, sed secundum intentionem) die Ehre meiner höheren Bestimmung ergreife. Dort will ich dein Loblied hören und deine Freude schauen, die weder kommt noch geht. Jetzt aber vergehen meine Jahre unter Stöhnen, doch du, Herr, bist mein Trost und mein ewiger Vater. Ich hingegen, ich bin zersplittert in die Zeiten, deren Zusammenhang ich nicht kenne. Meine Gedanken, die innersten Eingeweide meiner Seele, werden zerfetzt vom Aufruhr der Mannigfaltigkeiten – bis ich in dir zusammenfließe, gereinigt und flüssig geworden im Feuer deiner Liebe.

XXX.40. Ich werde Stand und Festigkeit finden in dir, in deiner Wahrheit, die mein wahres Wesen ist. Dann brauche ich nicht mehr die Fragen von Menschen zu erdulden, die mit der Krankheit bestraft sind, mehr zu verlangen, als sie fassen, und die sagen: „Was machte Gott, bevor er Himmel und Erde machte?" oder „Was kam ihm in den Sinn, daß er plötzlich etwas machte, wo er bis dahin nie etwas gemacht hatte?" Gib ihnen, Herr, gut zu bedenken, was sie sagen, und zu begreifen, daß man von ‚nie' nicht reden kann, wo keine Zeit ist. Sagt man von jemandem, er habe ‚nie gemacht', so sagt man, er habe in keiner Zeit etwas gemacht. Sie sollen also erkennen, daß ohne Schöpfung keine Zeit sein kann, und sollen aufhören, dieses leere Zeug zu reden. Auch sie sollen sich ausspannen auf das, was vor uns ist. Sie sollen einsehen, daß du, der ewige Schöpfer aller Zeiten, über allen Zeiten stehst und daß es keine Zeiten und keine Geschöpfe gibt, die gleichewig wären mit dir, auch wenn es Geschöpfe gibt, die über den Zeiten stehen.

XXXI.41. Domine deus meus, quis ille sinus est alti secreti tui et quam longe inde me proiecerunt consequentia delictorum meorum? Sana oculos meos, et congaudeam luci tuae. Certe si est tam grandi scientia et praescientia pollens animus, cui cuncta
5 praeterita et futura ita nota sint, sicut mihi unum canticum notissimum, nimium mirabilis est animus iste atque ad horrorem stupendus, quippe quem ita non lateat quidquid peractum et quidquid reliquum saeculorum est, quem|admodum me non latet cantantem illud canticum, quid et quantum eius abierit ab
10 exordio, quid et quantum restet ad finem. Sed absit, ut tu, conditor uniuersitatis, conditor animarum et corporum, absit, ut ita noueris omnia futura et praeterita. Longe tu, longe mirabilius longeque secretius. Neque enim sicut nota cantantis notumue canticum | audientis expectatione uocum futurarum et memoria
15 praeteritarum uariatur affectus sensusque distenditur, ita tibi aliquid accidit incommutabiliter aeterno, hoc est uere aeterno creatori mentium. Sicut ergo nosti in principio caelum et terram sine uaerietate notitiae tuae, ita fecisti in principio caelum et terram sine distentione actionis tuae. Qui intellegit, confiteatur
20 tibi, et qui non intellegit, confiteatur tibi. O quam excelsus es, et humiles corde sunt domus tua! Tu enim erigis elisos, et non cadunt, quorum celsitudo tu es.

XXXI.41. Herr, mein Gott, wie tief ist der Schoß deines Geheimnisses? Wie weit weg davon haben mich die Folgen meiner Vergehen vertrieben! Heile meine Augen, damit ich mich freue an deinem Licht. Gewiß, wenn es einen Geist gibt, der so großen Wissens und Vorherwissens mächtig ist, daß er alles Vergangene und Zukünftige so kennt, wie ich das eine, ganz vertraute Lied, dann ist das ein überaus staunenswerter Geist. Wir müssen vor ihm mit Schrecken erschaudern. Einem solchen Geist ist nichts verborgen, nichts, was geschehen ist und nichts, was kommenden Jahrhunderten vorbehalten ist, so wie ich, wenn ich dieses Lied singe, genau weiß, was und wieviel seit seinem Anfang vorbei ist und was oder wieviel von ihm noch fehlt. Aber keine Rede davon, daß du, der Begründer des Universums, der Begründer der Seelen und der Körper, auf diese Weise Zukünftiges und Vergangenes kennst. Weit, weit wunderbarer und bei weitem verborgener weißt du alles. Wer ein bekanntes Lied singt oder hört, der unterliegt beim Erwarten der kommenden Klänge und bei der Erinnerung an die verklungenen einer Veränderung der Stimmung; sein Sinn spaltet sich auf (distenditur). Aber dir, dem unveränderlich Ewigen, dem wahrhaft ewigen Schöpfer der Geister, geschieht so etwas nicht. Du kanntest am Anfang Himmel und Erde, aber deine Kenntnis hat sich nicht verändert. So hast du am Anfang Himmel und Erde gemacht, aber deine Handlung spaltete sich nicht auf in Vergangenheit und Zukunft. Wer das einsieht, der bekenne es dir. Wer das nicht einsieht, der bekenne es dir auch. Wie erhaben bist du, und doch nimmst du Wohnung bei denen, die demütig sind von Herzen. Die am Boden liegen, hebst du zu dir auf. Sie fallen nicht. Denn du selbst bist ihre Höhe.

AUGUSTIN

BEKENNTNISSE
BUCH XI.

Kommentar

VORBEMERKUNGEN ZUM KOMMENTAR

Dieser Kommentar folgt Augustins Text aus historisch-philosophischem Interesse[1]. Er versucht also, die Aussagen des XI. Buches der *Confessiones* inhaltlich zu klären, ohne sie einer vorgegebenen philosophischen Systematik unterzuordnen. Er stilisiert weder Augustins Zeitlehre als die Vorwegnahme irgendeiner neueren Theorie, noch verhehlt er, daß *für uns* zeitgenössische Zeit-Theorien Markierungspunkte schaffen, die zu übergehen nur Unklarheiten begünstigt. Augustins Text soll sein historisches Kolorit behalten – seine spätantik-christliche Eigentümlichkeit im Spannungsfeld von rhetorischer Schulkultur und synkretistischer Kombination, von frühchristlicher Überlieferung, stoischen Allgemeinplätzen und neoplatonisierender Weltdeutung, von individueller Reflexion und kirchlicher Kulturpolitik des ausgehenden vierten Jahrhunderts. Dieser Kommentar sinnt Augustin nicht die spätmittelalterliche oder gar die neuzeitliche Unterscheidung von Philosophie und Theologie an. Wenn von Augustins Gnadenlehre nur in Andeutungen die Rede ist, dann nicht, weil sie einer abgetrennten „Theologie" angehörte oder weil ihre Bedeutung, speziell für die *Confessiones,* geringzuschätzen wäre, sondern weil ich sie zur Vorbereitung dieses Kommentars separat untersucht habe in dem Buch:
Logik des Schreckens. Augustinus von Hippo, Die Gnadenlehre von 397, Mainz 1990.

Von ähnlichen Vorhaben unterscheidet sich dieser Kommentar in folgenden Hinsichten:

1. Er bezieht sich auf Augustins Argumentation, nicht primär unter formal-logischem Gesichtspunkt, sondern in ihrem theoretischen Gehalt. Er entwickelt diesen Gehalt aus dem XI. Buch der *Confessiones* und

---

[1] „Historisch-philosophisches" Interesse wird niemand verwechseln mit „philosophiehistorischem" Interesse, denn ihm geht es um den positiven Nachweis von historischen Vorgaben in sachlich-philosophischen Diskussionen, die, ohne durch solche Nachweise gestört zu werden, schon bei der „Sache" zu sein glauben, aber, wie sich philologisch zeigen läßt, nur beim Herkömmlichen bleiben, oft nur beim Akademisch-Herkömmlichen.

zieht Parallelstellen nur gelegentlich und mit dem Bewußtsein ihrer Verschiedenheit heran. Diese Beschränkung entspringt methodischen Überlegungen, die darauf hinauslaufen: Bevor wir uns zumuten, das *Wesen* des Augustinischen Denkens zu charakterisieren oder aus *einem* Text wie *Conf.* XI die Entstehung *der* christlichen Zeitauffassung zu ermitteln, sollen wir zu sagen versuchen, was genau dieser Text behauptet. Erst *danach* können wir feststellen, wie er sich zu anderen Texten des Autors verhält.

Es war die methodische Prämisse des suggestiven Buches von Jean Guitton über Augustins Zeittheorie, der Interpret habe die genannte weitergehende Aufgabe und er könne sie durch die Synthetisierung von *Confessiones, De Trinitate* und *De civitate Dei* sowie durch die abwertende Charakterisierung der *heidnischen* Zeitauffassung, konkret: derjenigen Plotins, erreichen. Wer heute über Augustins Theorie der Zeit nachdenkt, tut gut daran, zuerst einmal aus dem Schatten dieser globalisierenden Vorgaben Guittons herauszutreten und sein Arbeitsfeld enger zuzuschneiden. Folglich geht es hier „nur" um die Untersuchung von Augustins Theorie der Zeit in *einem* vorweisbaren Text, *Confessiones* XI, geschrieben zu einem angebbaren Zeitpunkt, etwa gegen 398.

Die Zeit ist an Augustins Zeitlehre nicht spurlos vorübergegangen, weder seine Lebenszeit noch die Jahrhunderte, die zwischen seinem Text und uns liegen. Dies am Text selbst aufzuweisen, ist der Zweck meines Kommentars.

Ich habe oben unter dem Titel *Wandlungen* gezeigt, daß Augustin über die Zeit nicht immer dasselbe gelehrt hat. Wir können die Zeitstelle seines Denkens über die Zeit nicht ignorieren. Vielleicht sind wir noch nicht einmal zu der Unterstellung berechtigt, die Argumentation des XI. Buches greife die des X. Buches auf oder setze sie fort.

Am besten vergleicht man diesen Kommentar mit der Einladung, mitzukommen in ein Museum und dort nicht alles, und auch nicht alle Bilder desselben Meisters, sondern ein einziges Gemälde in aller Ruhe anzuschauen, nicht um von ihm zum Ewigen aufzusteigen, sondern um die Zeitlichkeit seines Inhalts an ihm selbst aufzuweisen. Dieses Vorgehen fiel mir um so leichter, als die vortrefflichen Kommentare von E.P. Meijering und James J. O'Donnell bereits eine große Zahl von Paralleltexten zur Verfügung stellen. Um Augustins Zeittheorie zu charakterisieren, ziehe ich auch verwandte oder konkurrierende Theorien bei. Dabei haben allerdings diejenigen Zeittheorien einen methodischen Vorsprung, mit denen Augustin selbst in direktem oder indirektem Kontakt stand, also vor allem die Platons, Aristoteles', der Stoa, der Skeptiker, Plotins, Ciceros und Senecas.

2. Für einen heutigen Leser, der mit Augustin fragt, was die Zeit sei, drängen sich die Fragen der Neuzeit und der Gegenwart auf. Es bildet keinen Vorzug, sie nicht zu haben oder auch nur nicht zu kennen; es bildet freilich eine Eigenheit historischen Denkens, sie nicht unmethodisch in den augustinischen Text zu importieren. Ich möchte sie präsent halten, ohne Augustins Text zu aktualisieren.

Zu einem Text gehört auch, was in ihm fehlt und wodurch er sich von späteren Texten unterscheidet. Es charakterisiert ihn *historisch,* wenn er etwas als selbstverständlich betrachtet, was es für uns nicht sein kann – auch wenn er dies nicht *ausspricht.* Um nicht zu vage zu bleiben, nenne ich drei solcher Vorgaben, die Augustin nicht philosophisch bearbeitet, sondern theorielos entschieden hat:

a) die negative Bewertung der Zeit. Das ewige Leben ist danach das gute Leben. *Zeitlich leben* ist – bei aller Ambivalenz von Untergangstendenz und Bewährungsspanne – vor allem *Verfall.*

b) die relative Kürze der bisher verlaufenen Weltzeit. Augustin billigte dem Weltall etwa 6000 Jahre zu. Damit erleichterte er sich eine religiös-moralistische Einordnung der Zeiterfahrung, aber wie weit er sie dadurch resorbiert hat, ist nicht von vornherein festzulegen, sondern empirisch-philologisch zu erforschen.

c) daß es drei Zeiten, nämlich Vergangenheit, Gegenwart und Zukunft gebe, diese drei, nicht weniger und nicht mehr, dies entnahm Augustin ohne sachliche Kritik der lateinischen Grammatik. Augustin kommentiert im XI. Buch den Anfang der *Genesis,* also einem ursprünglich hebräischen Text, ohne Hebräisch zu können. Hätte er Hebräisch gelernt, hätte er auch ohne unsere vergleichende Sprachwissenschaft die geschichtliche Bedingtheit dieser Zeitschemata erkennen können, die er für naturgegeben hielt.

In allen drei Hinsichten zeigt sich die kulturelle Relativität der Aufstellungen. Ich sage dies nicht als Vorwurf gegen Augustin, wohl aber gegen Interpreten, die solche Relativitäten, die heute vor jedermanns Auge liegen, verschwiegen. Der Text von 398 kann unsere Zeiterfahrung nicht enthalten; er kann sie klären, indem er eine andre Zeiterfahrung bzw. deren Konzeptualisierung und Normierung exemplarisch ausspricht.

3. Augustins Zeittheorie ist Naturdeutung in der Nachfolge des platonischen *Timaios;* zugleich ist sie Bibelauslegung und Ethik. Mein Kommentar interessiert sich für die Konzeption des guten Lebens, die Augustins Zeittheorie impliziert.

Selbst wer den Text Augustins nur abschriebe oder paraphrasierte, ginge von Wertkonzepten aus, die nicht die Augustins sind, nämlich von der Wichtigkeit einer historischen Information über das Denken Augustins. Andersheit des Wertesystems ist unvermeidlich, wenn Zeittheorien irgendetwas zu tun haben mit Zeiterfahrungen; dies möchte ich am Text Augustins nachweisen. Ich suggeriere kein Wertekonzept, etwa dies, es sei ein lebenswerter Inhalt, das Denken Augustins richtig aufzufassen und für die Gegenwart fortzusetzen. Ich möchte nicht das – unaugustinische – Triumphgefühl nähren, auf der Schulter solcher Riesen wie Augustin könnten Zwerge wie wir schon weiter sehen. Diese halbhagiographische, halb historistische Attitude lustvoller Unterwerfung unter den Kirchendenker ist in der Augustin-Literatur nicht eben selten, aber dadurch noch nicht legitimiert.

Insofern ich darauf bestehe, daß wir unsere Maßstäbe von logischer Kohärenz, phänomenologischer Richtigkeit und ethisch-politischer Plausibilität nicht vor der Türe der Textarbeit ablegen können, ist mein Kommentar ein philosophischer. Er ist es jedoch nicht, wenn man darunter einen direkten Anspruch auf überzeitliche Wahrheit versteht. Auch wenn ich von *phänomenologischer Richtigkeit* spreche, beziehe ich dies auf einen historisch vorgegebenen Ansatz. Ich konfrontiere „nur" historisch-kontingente Zeitanalysen; ich sehe keine als normativ-wahr an; insofern ist mein Vorhaben „nur" ein historisches, philologisch begründetes und philologisch kritisierbares. Es ist aber kein ausschließlich philologisches. Was ich nicht treibe, ist augustinisierende Theologie unter der Mimikry von Augustinus-Philologie.

4. Zu einem Text gehört auch, wie er benutzt, wie er kritisiert, verwendet oder *interpretiert* worden ist. Es wäre fiktiv zu glauben, man sei der erste, der es mit dem XI. Buch der *Confessiones* zu tun hat.

Hier ist ein merkwürdiger Umstand zu erwähnen: Zwischen 1950 und 1985 sind in der Bundesrepublik eine Reihe von Dissertationen zu Augustins Zeitbegriff erschienen – sie sind im Literaturverzeichnis leicht aufzufinden –, die alle *eine* Eigentümlichkeit zeigen: Sie nehmen aufeinander keinerlei Rücksicht; sie machen nicht einmal eine Andeutung, daß sie die früheren Arbeiten kennen. Sie stricken monomanisch ihr eigenes Garn weiter; sie setzen eine lehrstuhlkonforme Interpretation des berühmten Textes durch. Dabei kann man leicht an allen deutschen Universitätsbibliotheken diese Dissertationen einsehen. Mit dieser Stummheit und Selbstisolation, die ein merkwürdiges Licht auf die akademische Kultur in Deutschland wirft, will ich brechen. Von Kommentaren wie denen von E.P. Meijering und James J. O'Donnell, welche die erwähnten banalen Fehler aus erforschbaren historischen Gründen nicht begehen und auf die ich als auf wertvolle Sammlungen augustinischer und patristischer Parallelstellen ständig dankbar verweise, unterscheidet sich der vorliegende also durch

- mehr Aufmerksamkeit auf die philosophischen Prämissen,
- intensivere Diskussion der philosophischen Deutungen und Benutzungen,
- Interesse an axiologischen Aspekten, die in dem scheinbar rein theoretischen Problem der Zeitanalyse Augustins nachweisbar sind,
- einen bewußten Gegenwartsbezug bei gleichzeitigem Versuch, die philologisch-historischen Handwerksregeln nicht über Bord zu werfen,
- durch Rücksicht auf mittelalterliche Diskussionen über Augustins Zeittheorien, die freilich kein Auslegungsprivileg für Augustins Text besitzen, die uns aber Abstand verschaffen können von den Deutungsschemata des 20. Jahrhunderts, die vor allem Bergson und Heidegger geschaffen haben.

Abkürzungen und Zitierweise

A	Augustinus, Augustin
AL	Augustinus-Lexikon, hg. v. C. Mayer u.a., Basel–Stuttgart 1986 ff.
AS	P. Agaësse – A. Solignac, Saint Augustin, *La Genèse au sens littéral. De Genesi ad litteram.* Traduction, Introduction et Notes. Œuvres de S. Augustin, 2 Bände, Bibliothèque Augustinienne, Band 48 und 49, Paris 1972.
B	W. Beierwaltes, Plotin, Über Ewigkeit und Zeit (Enneade III 7). Übersetzt, eingeleitet und kommentiert, Frankfurt/M. ³1981.

C	P. Courcelle, Recherches sur les Confessions de S. Augustin, Paris ²1968.
CC	Corpus Christianorum. Series Latina, Turnhout.
Conf.	Confessiones
De	Roberta De Montecelli, Agostino, *Confessioni*. Saggio sull' opera, traduzione e commento, Taschenbuchausgabe bei Garzanti, Mailand 1991.
dt.	Deutsche Übersetzung der *Confessiones* von K. Flasch und B. Mojsisch, Stuttgart 1989.
F¹	K. Flasch, Augustin. Einführung in sein Denken, Stuttgart 1980.
F²	K. Flasch, Logik des Schreckens. Augustinus von Hippo, Die Gnadenlehre von 397. *De diversis quaestionibus ad Simplicianum I 2*, Mainz 1990.
G	J. Guitton, Le temps et l'éternité chez Plotin et Saint Augustin, Paris ³1959.
G – M	J. Gibb – W. Montgomery, The Confessions of Augustine, Cambridge ²1927.
H	F.-W. v. Herrmann, Augustinus und die phänomenologische Frage nach der Zeit, Frankfurt 1992.
J	U.R. Jeck, Aristoteles contra Augustinum. Zur Frage nach dem Verhältnis von Zeit und Seele bei den antiken Aristoteleskommentatoren, im arabischen Aristotelismus und im 13. Jahrhundert, Bochumer Studien zur Philosophie, Bd. 21, Amsterdam 1993.
KrV	Kant, *Kritik der reinen Vernunft*
M	E.P. Meijering, Augustin über Schöpfung, Ewigkeit und Zeit. Das Elfte Buch der *Bekenntnisse* (Philosophia Patrum IV). Leiden 1979.
n.	numerus. Kleine, arabisch numerierte Abschnitte in Augustins Text.
O'D	G. O'Daly, Augustine's Philosophy of Mind, London 1987.
O'Donnell	J.J. O'Donnell, Augustine's *Confessions*, 3 Bände, Oxford 1992.
P	A. Pincherle, La formazione teologica di S. Agostino, Rom 1947.
PL	J.P. Migne (Hg.), Patrologia latina. Paris 1848 ff.

S	A. Solignac, Notes complémentaires, in: Œuvres de S. Augustin. *Les Confessions.* Livres VIII–XIII. Bibliothèque Augustinienne, Bd. 14, Paris 1962.
Sch.	Brigitte Schmitt, Der Geist als Grund der Zeit. Die Zeitauslegung des Aurelius Augustinus, Diss. Freiburg 1967.
Schm.	Ernst A. Schmidt, Zeit und Geschichte bei Augustin, Heidelberg 1985.
Sor	R. Sorabji, Time, Creation and the Continuum, Ithaca, New York 1983.
SVF	Stoicorum Veterum Fragmenta, ed. H. von Arnim, 4 Bände, Leipzig 1905, Nachdruck Stuttgart 1968.
W	J. Weis, Die Zeitontologie des Kirchenlehrers Augustinus nach seinen Bekenntnissen. Augustinus, *Confessiones* XI. Buch, 14–28 Kapitel (geschrieben 1937–1939) Frankfurt/M.–Bern–New York 1984 (Europäische Hochschulschriften: Reihe 20, Philosophie; Band 135).

Zitierweise:

Buch XI der *Confessiones* ohne weitere Angaben nur nach der mit arabischen Ziffern bezeichneten Textnummer (n. mit Zeilenangabe), also *ohne* die Kapitelangabe. Dabei numeriere ich, abweichend von L. Verheijen, die Zeilen jedes kleinen Textabschnitts (= n.) einzeln durch und zitiere dann nach meiner Zählung am linken Rand des lateinischen Textes. Andere Werke Augustins wie im Abkürzungsverzeichnis bei K. Flasch, Augustin. Einführung in sein Denken, Stuttgart 1980, 466–471.

BUCH XI
KOMMENTAR

n. 1, 1–2: *cum tua sit aeternitas*

Der wuchtige Eingangsakkord formuliert die paradoxe Situation des Verfassers der *Confessiones,* der seinem Gott nur Dinge sagt, die dieser weiß, und betont den Abstand zwischen Ewigkeit, *aeternitas,* die Gott zukommt, und der Zeit, *tempus,* in der alles verlaufen ist, was die *Bekenntnisse* erzählen.

Er wehrt die Übertragung zeitlicher Bestimmungen auf die Ewigkeit ab. Für den Ewigen bleibt es nicht bei dem Gegensatz von Ewigem und Zeitlichem: Gott weiß zeitfrei das Zeitliche. Diese Korrektur eines anschaulichen *Gegenüber* von Zeit und Ewigkeit ist festzuhalten, auch wenn im folgenden weiter von einem *Gegensatz* zwischen Zeit und Ewigkeit die Rede sein muß.

Wir sollen uns den Gegensatz von Ewigkeit und Zeit nicht von den Zeitbedingungen her vorstellen: Die Ewigkeit ist von den Zeitbedingungen abzulösen, ohne sie von ihr zu trennen, also ihre qualitative Verschiedenheit als ein räumliches Auseinander vorzustellen. Dennoch fragt es sich, wie Ewigkeit und Zeit sich zueinander verhalten.

Was in Conf. XI insgesamt zur Zeitanalyse steht, löst nicht das Problem der Verbindung von Ewigkeit und Zeit; insgesamt betont A, wie schon in der ersten Zeile, den Abstand. Anders Plotin III 7. 1, 1 und 7, 12. Plotin führt inhaltlich aus, inwiefern die Zeit das Bild des Aion darstellt. Seine Ewigkeit ist – erstmals – ohne jede Sukzession und Dauer; sie ist es, damit die Weltseele Sukzession und Dauer aus dem allumfassenden Leben des Geistes, das keine räumlichen und zeitlichen Abstände kennt, herausholen – oder wie Plotin sagt: *erzeugen* kann.

Daß man *Aion* und Ewigkeit nicht immer schon als Abwesenheit von Sukzession *und von Dauer* gedeutet hat, zeigt D. O'Brien, Temps et éternité dans la philosophie grecque, in: D. Tiffeneau – P. Ricœur (Hg.), Mythes et répresentations du temps, Paris 1985, 59–85. D. O'Brien weist nach: Aristoteles hat das Ewige als Fortdauer, als Abwesenheit von Anfang und Ende, gedacht; erst Plotin hat *Ewigkeit* als totale Abwesenheit von Sukzession und Dauer definiert.

A profitiert von Plotins Theorie der Ewigkeit, wiederholt aber in *Conf.* XI nicht mehr wie in seinen Frühschriften (*De Gen. ad litt. liber imperf.* 13, 18; *Enn. in Ps.* 9, 13; *De musica* VI 29) die platonische Definition der Zeit als eines bewegten Bildes der Ewigkeit (*Timaios* 37 d), sondern betont ihren Kontrast zur Ewigkeit und bietet nicht – anders als Plotin – eine differenzierte Theorie der *Entstehung* der Zeit aus dem Ewigen. Er konfrontiert – in eher metaphysisch-abstrakter Betrachtung – das flüchtige Zeitliche mit dem wahrhaft seienden Ewigen, zeigt aber nicht wie Plotin, wie die Seele die Zeit als Bild der Ewigkeit erzeugt. Die Ewigkeit ist Sein, Wissen und Wollen; sie faltet in sich die neoplatonische Triade zusammen, wie A sie verstand.

Da seit J. Guitton die Tendenz vorherrscht, Augustin in Gegensatz zu Plotin zu bringen, ist auch das Gemeinsame festzuhalten, zunächst dies: A hat in *Conf.* VIII 9, 14 Verheijen 102, dt. S. 183, erklärt, er habe in den platonischen Büchern die Ewigkeit Gottes und des Logos als seiner Weisheit ausgesprochen gefunden:

ante omnia tempora et supra omnia tempora incommutabiliter manet.

Also nicht nur die Zeitlosigkeit Gottes, sondern auch die Göttlichkeit des Logos glaubt A in den neuplatonischen Büchern gefunden zu haben, Kreation *und* Trinität. Vermißt habe er dort, daß Gott, als die Zeit gekommen war, seinen eigenen Sohn nicht geschont und für die Sünder dahingegeben hat.

Welche *platonischen Bücher* gerade für *Conf.* XI wichtig geworden sind, kann nicht als endgültig geklärt gelten. In erster Linie muß *Plotin, Enn.* III 7 genannt werden, doch da sich bei A Neuplatonisches findet, das nicht plotinisch ist, ist auch nach anderen Texten zu suchen. Vor allem ist an Porphyrios zu denken, für die Zeittheorie speziell an das c. 44 seiner *Sententiae*, ed. E. Lamberz, Pophyrii Sententiae ad intelligibila ducentes, Leipzig 1975, 57–59. Dieses Kapitel ist übersetzt und kommentiert bei AS 49, 514–516. Nicht-platonisch, aber ähnlich wie Porphyrius identifiziert A das Eine mit dem Sein, vgl. dazu P. Hadot, Porphyre et Victorinus, Paris 1968, Bd. 2, 74; S. Pinès, Les textes arabes dit plotiniens et le courant ‚porphyrien' dans le Néoplatonisme grec, in: Le Néoplatonisme. Colloques internationaux du Centre National de la Recherche Scientifique, Royaumont 9.–13.6.1969, Paris 1971, 303–313, bes. 306–308.

W. Theiler, Porphyrios und Augustin, Halle 1933, 68 A. 1, hatte behauptet: *Die berühmten Ausführungen über die Zeit müssen von Porphyrios angeregt sein.* Aber Theiler brachte keine Belege; die Debatte dauerte daher an. Vgl. dazu:

Henry, P., Plotin et l'Occident, Louvain 1934;
Courcelle, P., Les lettres grecques en Occident de Macrobe à Cassiodor, Paris 1948, bes. 159–176;
Fortin, E.L., S. Augustin et la doctrine néoplatonicienne de l'âme, in: Augustinus Magister, Band 3, Paris 1954, 371–380;
O'Meara, J.J., The Young Augustine. The Growth of St. Augustine's Mind up to his Conversion, London 1954;
ders., Porphyry's Philosophy from Oracles in Augustine, Paris 1957;
Dörrie, H., Porphyrios ‚*Symmikta Zetemata*‘, München 1959;
Hadot, P., Citations de Porphyre dans Augustin, in: Revue des Etudes Augustiniennes 6 (1960) 205–244;
Pépin, J., Une nouvelle source de S. Augustin: le Zetemata de Porphyre sur l'union de l'âme et du corps, in: Revue des Etudes Anciennes 66 (1964) 53–107, auch in: ders., „Ex Platonicorum persona". Etudes sur les lectures philosophiques de Sant Augustin, Amsterdam 1977, 211–268;
Madec, G., Augustin, disciple et adversaire de Porphyre, in: Revue des Etudes Augustiniennes 10 (1964) 365–369;
TeSelle, E., Porphyry and Augustine, in: Augustinian Studies 5 (1974) 113–147. Letzter Stand: Madec, 1992 b. Weitere Literatur bei O'Donnell 2, 413–424.

A vermißte in den *platonischen Büchern* die Menschwerdung, also die Verzeitlichung Gottes, deren Ziel freilich es ist, A zufolge, uns aus der Zeit zu befreien. Dies hat R.J. Teske gezeigt, ‚*Vocans temporales, faciens aeternos*‘: *St. Augustine on Liberation from Time, in:* Traditio 41 (1985) 29–47. Doch deutete A im Anschluß an neuplatonische Bücher – wobei wir ihn nicht auf Plotin festlegen müssen – *Ewigkeit* nicht nur als Abwesenheit von Anfang und Ende, als endlose Dauer, sondern als Abwesenheit von Sukzession, als innerliche Unveränderlichkeit aufgrund des Vollbesitzes aller Vollkommenheiten. Damit hatte er ein Maß gefunden, die Zeit zu denken – als Feld der Wandelbarkeit, als eine Wirklichkeit, die teilhat am Sein wie am Nichtsein. Sie ist, vom Ewigen her beurteilt, charakterisiert durch den Nicht-Vollbesitz von Leben und damit als Ausgespanntsein in Mannigfaltigkeit und Zufallsabhängigkeit.

Von wo nimmt Augustins Zeitbuch *argumentativ* seinen Anfang? Von der menschlichen Zeiterfahrung oder von der Ewigkeit? Gleich die ersten beiden Zeilen setzen die Zeit in Kontrast zur Ewigkeit. Ontologisch wie axiologisch gehen sie vom Primat der Ewigkeit aus. Doch setzt diese Erkenntnis den in den Büchern VII bis IX beschriebenen Erkenntnisweg vom Zeitlichen zum Ewigen voraus, also den plotinischen Aufstieg, der keineswegs, wie man oft in unbedachter Anschaulichkeit behauptet, von ‚oben' nach ‚unten' verfährt, sondern mit der Erfahrung des Sichtbaren und Wandelbaren beginnt, also *argumentativ* bei der Erfahrung des Zeitlichen. Doch ist die Beschreibung der Erfahrung des Zeitlichen noch nicht die Wesenserfassung der *Zeit*. Bei ihr, also im XI. Buch, ist der Gegensatz von Zeit und Ewigkeit als Ergebnis der intellektuellen Erhebung des Geistes zum Ewigen vorausgesetzt. Doch sind auch dabei Nuancierungen nötig. Denn obgleich dieser Kontrast von Zeit und Ewigkeit das Gerüst der Untersuchung von *Conf.* XI bildet, tritt er in den zentralen Zeitforschungspartien von n. 17 an auffallend zurück. Das heißt: Er verschwindet nicht, denn daß die Zeit – im Gegensatz zur Ewigkeit – zum Nicht-Sein tendiert, macht es so schwierig, die Zeitmessung zu begreifen, aber die Augustinische Analyse der Zeit wird nicht aus dem Gegensatz Zeit–Ewigkeit *abgeleitet*, den Augustin dann aber ab n. 39 wieder religiös-„weltanschaulich" akzentuiert. Verstünde jemand unter „Platonismus" die schulmäßige Wiederholung sog. platonischer Thesen, könnte er sich mit O'D 152 weigern, die Argumentationsweise Augustins, besonders ab n. 17, „platonisch" zu nennen. Sähe jemand in der älteren Metaphysik einen Gegensatz von Spekulation und Erfahrung, könnte er mit H 23, 41 und 46 hervorheben, die Zeituntersuchung ab n. 17 frage nicht mehr nach dem *spekulativen, sondern nun nach dem phänomenalen Sein und Wesen der phänomenalen Zeit.* Daß wir von dem erscheinenden Zeitlichen ausgehen, um uns denkend zum Ewigen zu erheben und daß wir nur von ihm als dem Maß her das Wesen der Zeit erfassen können, wußten sowohl Plotin als Augustin.

A wird im XII. Buch den Gegensatz von Zeit und Ewigkeit näher ausführen. Er wird erklären, daß *wahre Ewigkeit* – er muß also auch einen unbefriedigenden Begriff von Ewigkeit vor sich gehabt haben, von dem er sich absetzen wollte – völlige Unwandelbarkeit und Außerzeitlichkeit, also die Abwesenheit von Sukzession, besagt, ein Zugleich aller Vollkommenheiten und Lebensäußerungen, *semel et simul et semper* (*Conf.* XII 15, 18 Verheijen, 224). Vgl. Teske 1986. Das Zeitliche charakterisiert er dagegen durch seine Veränderlichkeit (bes. in XII 15, 18 Verheijen, 225) und Ausgedehntheit in der Dauer; vom Ewigen sagt er: *nec in tempora ulla distenditur,* XII 11, 12 Verheijen, 222). Hier in unserem Text äußert A sich sparsam resümierend; später bedient er sich ferner unplotinisch der biblischen Herren-Metapher: Gott ist der Herr der Zeiten. Auf seinen Wink hin fliegen die Augenblicke herbei und vorüber (vgl. n. 3, 22).

Nach Plotin, *Enn.* III 7, 1, 16–24 müssen wir die Ewigkeit kennen, um die Zeit denken zu können, denn die Zeit ist das Bild der Ewigkeit. Wir müssen das Maß wissen, um das Abgeleitete beurteilen zu können. Auch Augustin kennt die Ewigkeit, bevor er das Wesen oder Unwesen der Zeit bestimmt. Aber in *Conf.* XI liegt das Urbild-Abbild-Schema nicht der Untersuchung zugrunde, es ist für das Paar Ewigkeit–Zeit suspendiert; dadurch ist eine neue Art der Zeituntersuchung freigesetzt, die eher an die Zeitanalysen der Skeptiker anknüpft. Doch sah Plotin trotz des Vorrangs des Urbilds eine Art Wechselwirkung von Zeit-Erfahrung und der Erkenntnis des Paradigmas, also der Ewigkeit.

Bei Plotin ist auch das Verhältnis des Autors zum ersten Prinzip anders: Man plaudert nicht mit dem *Einen,* wie Augustin mit Gott. A legt seinem Gott einzelne Thesen vor und ruft ihn zu deren Beurteilung auf; wenn er, A, ihnen zustimmt, erklärt er dies für das Urteil Gottes, z.B. n. 31, 3; er mobilisiert seinen Gott gegen seine literarischen Gegner, n. 40, 1–7.

Zur oben S. 76 ff. erörterten Frage der Einfügung von *Conf.* XI in das Gesamtwerk hier nur soviel: In den *Conf.* insgesamt geht es um denkende und danksagende Rechtfertigung, also um Darlegung des Lebenswegs unter dem Leitmotiv der Gnadenlehre. Der Lebensbericht endet mit dem Jahr 387 im IX. Buch. *Conf.* X hebt hervor, was A in sittlich-religiöser Hinsicht zur Zeit der Abfassung der *Confessiones,* also etwa 398, erreicht hat und was er nicht erreicht hat. XI bis XIII zeigen eben dies unter dem Gesichtspunkt des *intellectus fidei,* also nicht des bloßen Glaubensbekenntnisses, für das eine Zeitanalyse nicht nötig wäre. Die memoria-Lehre in X bereitet die Zeittheorie von XI *nicht* vor. XI verweist weder ausdrücklich auf sie zurück, noch setzt es inhaltlich deren charakteristische Ausweitung der *memoria* zur *memoria sui* und zur *memoria Dei* voraus. XI könnte argumentativ ohne X bestehen; es nimmt die *memoria* immer nur im Sinne von *empirischem Gedächtnis,* also in der vorläufigen Beschreibung von X 8, 14 in Anspruch, die A im Fortgang von X übersteigt.

Anders G 243–261, der zwar S. 256 n. 2 *De Trin.* XI 11, 18, 19–25; Mountain 355 zitiert, wonach *diese* Art von Gedächtnis nur zum *tierischen* und *fleischlichen,* nicht zum *inneren Menschen* gehört, aber sich dadurch in seinem Willen zur Synthese von *Conf.* XI und *De trinitate* und zur Aufwertung der Zeit nicht aufhalten läßt.

Über Ewigkeit und Trinität vgl. O'Donnell 3, 253, zum Konzept der Ewigkeit G.J.P. O'Daly in AL 1, 159–164, zur Sonderstellung von Buch X O'Donnell, 3, 153–154.

n. 1, 2–5: *Cur ergo tibi tot rerum narrationes digero?*

A stellt noch einmal die Frage, warum er *Bekenntnisse* ablegt. Nach zehn Büchern *Confessiones* kommt die Erörterung auffällig spät. Daß er sich an Gott wendet, der alles schon weiß, bevor A es ihm sagt, scheint seine Position zunächst zu erschweren, begünstigt aber die literarische Fiktion eines Zwiegesprächs mit Gott vor wie zufällig versammeltem Lesepublikum. A antwortet, durch das Schreiben der *Confessiones* öffne sich sein eigener *affectus* und der seiner Leser für Gott. Das *dixi* in Zeile 5 verweist zurück auf *Conf.* II 1, 1. G–M 332 beziehen es auf X 1. A wiederholt den Psalmvers 47, 2, der den Anfang des 1. Buches markiert: kunstvolle Verknüpfung der Anfänge. Die stilistische Verbindungsfunktion der Psalmzitate, wie sie G.N. Knauer, *Psalmenzitate in Augustins Konfessionen,* Göttingen 1955, untersucht hat, ist an unserer Stelle besonders wirksam: In XI 1 haben wir es – ähnlich wie in *Conf.* I 1 – mit einem Neueinsatz zu tun.

n. 1, 8: *affectus*

1, 4 und 1, 8 beschreiben die Aufgabe des Textes als Lenkung des *affectus* auf Gott. Man beeile sich nicht, *affectus* mit *Gefühl* oder wie H. Chadwick, St. Augustine, *Confessions,* Oxford–New York 1992, 221, mit *feelings* zu übersetzen. Zuviel neuere Sentimentalisierung könnte sonst eindringen. *Affectus* ist, anders als das moderne „Gefühl", der Gesamtzustand der Seele, also die Lebensrichtung insgesamt, *vor* der Absonderung von Denken, Wollen und Fühlen. Die Affektion ist, A zufolge, das, worin die Seele ist, also metaphorisch ihr Ort, *Enn. in Ps.* 6, 9, dazu O'D 47. Danach wäre sie nicht ein *Teil,* sondern das Ganze der Seele in ihrer Gerichtetheit.

Chrysipp hatte die Affekte definiert als *perturbatio animi,* SVF III 426, vgl. O'D 47 A 128; Cicero hatte diese Bestimmung zitiert in *Tusc. disp.* IV 31. Der Bezug auf den *animus* war danach konstitutiv, so daß die Definition ausschloß, daß Tiere Affekte haben, vgl. *De civ. Dei* VIII 17. A insbesondere hat die Affekte enger mit dem Willen verbunden, als dies in modernen Sprachen möglich ist; vgl. nur *De vera rel.* 14, 28 CC 32 Daur 214, 27–28.

Freilich unterschied die antike Philosophie seit Platon, *Republik* und *Phaidros* und Aristoteles, *De anima,* passim und *De gen. animal.* B 3, 736 a 30–b 14, vermittelt durch Cicero, *Tusc. disp.* I 20, gern Seelenteile und teilte die Affekte mit ihrer die Selbstgestaltung des Weisen störenden Beeindruckbarkeit den niederen Sphären zu. So denn auch A, *De civ. Dei* IX 4; CC 47 p. 253 und V 11; CC 47 p. 142; vgl. O'D 12 und A. 17. A zufolge sind die Affekte das, wodurch die Seele veränderlich und folglich zeitlich ist, *De vera relig.* 10, 18; CC 32 Daur 199. Der Ausdruck *Affekt* gehört auch in die Handwerkssphäre des Rhetors. Es ist Sache des Rhetors, Affekte zu *richten.* Dazu muß er stilisieren, muß er, wie hier A, den Leser präsent haben. Die Affektenlehre hatte eine bei Platon, Aristoteles und insbesondere bei Cicero belegbare Tradition auf dem Grenzfeld von Philosophie und Rhetorik. Im *Historischen Wörterbuch der Philosophie.* Band 1. Basel 1971, 89–91 fehlt allerdings bezeichnenderweise die Rhetorik. Vgl. die Affektenlehre bei Cicero, *Tusc. disp.* IV ganz, bes. c. 5 bis 16, und *De civ. Dei* IX 4 und 5, mit Rückverweisen auf Cicero und mit der charakteristischen Verknüpfung der Dominanz über die Affekte mit dem *sapiens*-Ideal. An unserer Stelle setzt A voraus, die Idealvorstellung des *sapiens* mit seinem Selbstbezug bei der Beherrschung seiner Affekte sei kritisiert; Erzählen und Reflektieren haben von jetzt an den Bezug auf Gott, nicht auf die Selbstgestaltungskunst des *sapiens* zum Ziel.

Vgl. O'D 46–54.

n. 1, 9–10: *ut liberes nos omnino, quoniam coepisti*

Gott befreit *uns,* d.h. die wenigen Auserwählten. Er befreit sie auch *aus der Zeit* und verwandelt sie in Ewige. Er befreit sie, *weil er* damit begonnen hat. Andere Gründe als seinen souveränen Willen gibt es nicht. Vgl. F² über Augustins Begriff der Gnade, dazu R. Teske, *Vocans temporales* (oben 291) über die Befreiung aus der Zeitlichkeit, *Schm* 45 bes. A. 79. n. 1, 10–16.

Eine Deutung der Bergpredigt, Matth. 5: Wir sollen aufhören, unglücklich zu sein in uns, und anfangen, glücklich zu sein in Gott.

Nach der Gerechtigkeit dürsten, friedfertig sein – selbst diese Seligpreisungen legt A hier im Sinne innerseelischer Vollendung unter der Führung der innen bewegenden Gnade aus. Er vernachlässigt die sozialethische Perspektive. Für eine genetische Analyse der Lehrentwicklung Augustins ist die Auslegung der Bergpredigt von 394 heranzuziehen, *De sermone domini in monte,* PL 34, 1229–1308; *CC 35 Mutzenbecher. Caelum, Himmel* hieß 394 noch: *in spiritualibus.* Damals pries Augustin denjenigen selig, der sich ganz der *anderen,* der geistigen Welt hingibt. 394 beschrieb A noch den neutestamentlichen Gegensatz von *Himmel und Erde* in den Begriffen der neuplatonisierenden Ontologie. Ausdrücklich lehrte A noch, die Vollendung sei, zumindest für einige wenige wie die Apostel, auf dieser *Erde erreichbar,* I, 10–12. Die *Conf.* behalten Befriedung und Seligkeit dem Jenseits vor; allenfalls ein Anfang der Beseligung ist auf dieser Erde möglich. Vgl. P 74 und 80–82; J. Burnaby, Amor Dei. A study of the religion of St. Augustine, London 1947. I. Duchrow, Der Aufbau von Augustins Schriften Confessiones und De Trinitate, in: Zeitschrift für Theol. und Kirche 62 (1965) 338–367, sah die Seligpreisungen der Bergpredigt als das verborgene Gliederungsprinzip der in ihrem Aufbau ansonsten nicht leicht durchschaubaren *Confessiones.* Unser Text enthält davon keine Andeutung. Vgl. dazu auch kritisch K. Grotz, Die Einheit der Confessiones. Diss., Tübingen 1970, 32–36.

n. 1, 13–16: *narraui tibi multa*

Der Akzent liegt nicht auf dem Erzählen, sondern auf dem *Bekennen.* Dies ist hervorzuheben gegenüber Versuchen, eine Theorie des Erzählens bei A zu finden und ihren Zusammenhang mit seiner Zeittheorie zu behaupten, etwa bei P. Ricœur, Le temps et le recit, Paris 1983 ff.

A zeigt auch kein Interesse, die Inhalte seines bisherigen Erzählens, also die „autobiographischen" Elemente von *Conf.* I–IX, *inhaltlich* mit der Zeittheorie von XI zu verknüpfen. Personalistische Augustin-Deuter mußten diesen Zusammenhang behaupten und etwa auf folgende Weise konstruieren:

Die bisherige Erzählung Augustins berichtet von der Bildung und Neubildung der *Person* (De 387: *formazione e riformazione della persona*); die Absolutheit der Berufung und die Einzigartigkeit der *inneren Geschichte* der Person habe in Augustins Denken zu einer neuen Qualität der Zeiterfahrung geführt, die Augustins Zeitlehre grundsätzlich unterscheide von den Zeittheorien der heidnischen Philosophen der Antike.

Diese Aufstellung, die zuerst Jean Guitton breit ausgeführt hat, setzt zweierlei voraus:

a) Augustins Zeitlehre artikuliere die neue Erfahrung der *inneren Geschichte* der von Gott berufenen und prädestinierten Person.

Ob es in Augustins Zeitlehre primär um die innere Geschichte der Person geht, bleibt am Text zu untersuchen; hier jedenfalls bündelt A sein Erzähltes nicht; er sagte nur: *multa*, vielerlei habe er Gott erzählt. Eine einheitliche, eine sog. *organische* Bildungs- und Neubildungsgeschichte der Person liegt außerhalb seines geschichtlichen Horizonts.

b) Die Aufwertung der Zeittheorie Augustins gegenüber derjenigen der antiken Philosophen. Auch diese Beurteilung muß sich am Text Augustins überprüfen lassen; gegenüber De 378–379 sei nur angemerkt: Die antik-philosophische Zeitlehre war keineswegs ein rein theoretisches Konstrukt. Sie war zugleich Lebenslehre, besonders bei Platon, bei Plotin und bei Seneca.

n. 2, 1–11

A begründet seinen Themenwechsel: Er will nicht weiter fortfahren im Lebensbericht, obgleich noch über zehn Jahre gnadenreicher Führung, etwa von 387 bis 397, zu berichten wären, sondern nachdenken über die Bibel (*lex* hat hier nicht den Sinn von Vorschrift, sondern wie in den Psalmen von „Offenbarungsbuch" und „göttlicher Richtschnur des Lebens"). Daß er hier, zu Beginn des XI. Buchs, erklärt, er habe immer schon mal die Bibel auslegen wollen, und daß er mit dieser Begründung weder von seinem Priesteramt noch von der Bischofsweihe auch nur ein Wort sagt, bleibt merkwürdig. Warum sind ihm jetzt erst die *Tropfen der Stunden, stillae temporum* (A spielt auf antike Wasseruhren an, vgl. G–M 333) zu kostbar, um seine Geschichte weiterzuerzählen? Es klingt eher, als habe A sein Projekt geändert, als fehle ihm für das zuerst Geplante jetzt die Zeit. Warum findet er es nicht wichtig, Gott wegen dieser hohen Würde zu preisen? Warum sieht er es als wichtiger an zu untersuchen, wie wir die Zeit messen? Einem Bischof der Pius-Ära wäre diese Akzentverschiebung schwerlich unterlaufen. *Le catholicisme de S. Augustin* (P. Batiffol) ist der des vierten, nicht der des 19. Jahrhunderts. Daran erinnert auch die Art, wie er in n. 2, 3 das Wort *sacramentum* gebraucht: Es hat hier nicht die enge Bedeutung von *Sakrament*, sondern von *Zeichen, das auf Göttliches verweist, Mysterium*. Vgl. dazu G–M 81 und B. Studer, Sacramentum et exemplum chez S. Augustin, in: ders., Dominus salvator. Studien zur Christologie und Exegese der Kirchenväter, Rom 1992, 141–212. Weitere Literatur dort 174 A. 122.

n. 2, 2: *hortamenta tua et omnes terrores tuos*

Während A 391 in *De vera religione* Jesus wegen seiner Gewaltlosigkeit pries, revidierte er später diese Auffassung. Seit 397 *erschreckt* und *schlägt* sein Gott: Die gewalttätige Art, Saulus vor der Bekehrung vom Pferd zu reißen und zu blenden, wird zum Muster göttlicher Pädagogik, *Retractationes* I 13, 6 Mutzenbecher, 38 f. Man überlese also nicht: *omnes terrores tuos,* alle deine Schreckensakte. Darin lag auch eine neue Sicht der Pädagogik: Ohne Gewalt kann Erziehung nicht auskommen, denn die Macht der bösen Gewohnheit braucht ein starkes Gegengewicht, vgl. *Conf.* I 14, 23 dt. 49 und dazu F^2 14 und 119.

n. 2, 5–7: *Et olim inardesco meditari in lege tua*

A erklärt, er gehe von der eher autobiographischen zur religionsphilosophischen Thematik über; er sagt, was er in den verbleibenden Büchern der *Confessiones* vorhat: Er will Gott seine Einsicht und sein Unwissen bekennen. Es gibt keinen Grund, *scientia* und *imperitia* hier nicht im starken Sinne zu lesen: als Wissen und Nicht-Wissen, als Wesenserfassung und zugleich als Zurückbleiben in der Einsicht, als Anfang der Erleuchtung, deren Vollendung das ewige Leben bilden wird, und als Rest der Finsternis, die zurückgeblieben ist von dem umwegigen Lebensweg des jetzt Erleuchteten.

Erleuchtung erklärt A in Conf. VII 9, 13, dt. 182, im Sinne der Logostheorie: Es ist die Erleuchtung, die j e d e m Menschen zuteil wird, nicht nur den Begnadeten; ihr Ergebnis ist Einsicht in die ewigen Vernunftgründe der sichtbaren Welt. Die Teilhabe an dieser göttlichen Erleuchtung schließt Diskussion und teilweise Ungewißheit nicht aus. A verkündet nicht sieghaft punktuell den Inhalt einer intuitiv erfaßten Einstrahlung, sondern entwickelt, wie hier in *Conf.* XI, eine rationale Theorie, d.h. eine Theorie, die er nach Kriterien entwickelt, wie sie die ihm bekannten philosophischen Texte, etwa die Ciceros, enthalten.

n. 2, 8–11: *Et nolo in aliud horae diffluant*

Ein spätantiker Bischof wuchs in viele Verwaltungsaufgaben hinein. Er war ständig zugänglich, noch nicht in seinem Palast verrammelt, noch nicht von Dienern, Soldaten, Sekretären oder Haushälterinnen abgeschirmt. A schildert *Conf.* VI 3, 3, dt. 144, wie man jederzeit in das Studierzimmer des mächtigen und vielbeschäftigten Ambrosius im kaiserlichen Mailand gelangen konnte. A spricht mit merkwürdigem Überdruß von den bischöflichen Amtspflichten. Er beschreibt das alltägliche Leben als Welt der Notwendigkeit im Gegensatz zur freien Welt des Nachdenkens, der er sich nur selten widmen kann: Er beklagt den Gegensatz von Kontemplation und vita activa. Letztere beschreibt A als *necessitas corporis*, gar als Sklaverei, *servitus*. Am Ende eine verallgemeinernde moralisierende Selbstkritik im Sinne der antiken Popularphilosophie (Cicero, Seneca), die zur Ökonomie der Zeit und zur Suche nach der Wahrheit aufrief: Wir gewöhnen uns an die Zerstreuung, und am Ende lieben wir sie; wir stürzen uns in Dienste, auch wo sie nicht nötig wären.

Die philosophische Moralistik der Antike hat dieses Ziel nicht als *erreicht*, sondern als Kennzeichen der noch zu erreichenden *Weisheit* beschrieben. Augustins Hinweis auf sein bedrängtes Leben markiert keinen Gegensatz zum rein theoretischen Leben der antiken Philosophen; die Erfahrung, daß Zeit knapp ist, machten auch Cicero und Mark Aurel, die mehr im tätigen Leben standen, als der Bischof von Hippo. De 379 A. 10 konstruiert hier einen Gegensatz Augustins zur antiken Philosophie: A wisse sich in Bedrängnis durch die Zeit und die Geschäfte, offen für Affekte, von Gott selbst gelockt und erschreckt *(hortamenta, terrores)*, daher habe er zu einer anderen Zeittheorie finden müssen als die griechischen Philosophen mit ihrem Ideal des unbewegten Weisen. A habe die *Zeitlichkeit seiner Existenz* zunächst erlebt und dann auch in einer neuen Zeittheorie begrifflich gefaßt.

Ein Gott, der lockt und erschreckt, wäre antiken Philosophen als ein anthropomorphes Zerrbild des schlechthin Guten oder des ersten Bewegers erschienen. Daß die Menschen tatsächlich von Affekten bestimmt werden, wußten sie so gut wie A, und A hat ihr Konzept der Weisheit als die Lebensform des Geistes zunächst fortgeführt, dann aber zunehmend dem jenseitigen Leben zugeordnet. Damit dachte er seit etwa 397 zunehmend die zeitliche Existenz als Fremdbestimmtheit und als in sich nichtig und undurchschaubar. Die Zeit wurde ihm somit zum Thema, in neuer und anderer Weise als für Aristoteles und Plotin. Die Zeit erschien ihm nicht mehr als bewegtes Bild der in sich ruhenden Ewigkeit, sondern als das zu Fliehende oder vielmehr als das, woraus uns nur Gottes Macht befreien kann. Dies war allerdings schwer zu vereinen mit einem anderen Hauptmotiv des XI. Buches der *Confessiones,* mit der zeitstiftenden Macht der Seele, die A im Anschluß an Plotin (indirekt auch an Aristoteles) entwickelt hat. Zu der personalistischen Deutung der Zeittheorie Augustins durch Roberta De Montecelli 379 ist ferner zu bemerken:

a) Sie scheint kein Problem darin zu sehen, Gottes Einwirkungen auf den Menschen *(hortamenta, terrores)* mit der Fremdbestimmtheit durch Affekte gleichzusetzen,

b) sie beschreibt die Zeittheorie von *Conf.* XI als eine *Erneuerung der platonistischen Konzeption des Verhältnisses von Ewigkeit und Zeit* (379 A. 12), obwohl sie diejenigen Motive auszeichnet, die zu deren Zerstörung führen,

c) sie faßt – ohne Textgrundlage – die Gedankenführung des Buches XI an dieser Stelle schon dahin zusammen, sie erweise das Verfließen der Zeit und die ganze *ontologische Inkonsistenz des Geschöpfes* als das, was sie im Grunde sei, nämlich als die Zeitlichkeit seiner (d.h. Augustins) Existenz, die sich zeige an affektiven Tumulten, an dem die Kontemplation störenden Gedränge der Ereignisse und an dem Beherrschtwerden von fremdem Willen – als hätte A diese Abhängigkeiten positiv bewertet. Augustins Zeitlehre läuft nicht darauf hinaus, daß der Mensch sich als Opfer der Zeit begreifen lerne, sondern daß er aus dieser Abhängigkeit befreit werde.

n. 3, 2: *non mihi soli*

A sucht bei seiner intellektuellen und schriftstellerischen Arbeit den Nutzen für die Kirche. Schreiben und Denken faßt er als *Dienst.* Die *Be-*

kenntnisse haben nicht nur eine persönliche, sondern auch eine kirchlich-soziale Funktion. Vgl. M 10. Doch hat die Selbstlosigkeit auch eine Rückseite: A versichert, er treibe Schriftauslegung aus brüderlicher Liebe. Er glaubt, sein reines Motiv zu kennen und spricht es ungebrochen und ungeniert aus. Er redet seinen Gott an und läßt sich seine Selbstdarstellung himmlischerseits bestätigen: Gott sieht, daß der Verfasser es so gut meint. Christliche Demut und schriftstellerischer Kunstgriff gehen eine subtile Verbindung ein. Diese Kombination ist ethischer, psychologischer und literaturtheoretischer Aufmerksamkeit wert.

n. 3, 4–5: *Da quod offeram tibi*

Gib mir, was ich dir darbringen soll! Eine charakteristische Wendung der neuen, seit 397 entwickelten Gnadenlehre. A wiederholt diese Formel in n. 28. Ähnlich wie die Wendung aus dem X. Buch (29, 40, dt. 280): *Gib, was du befiehlst, und befiehl dann, was du willst!* hält sie fest: Wir haben nichts, was wir nicht empfangen hätten; auch der erste Anfang einer Bewegung zum Guten hin kommt schon von Gott, ist seine durch nichts verdiente Gnade. Gerade das *Bekennen* – in der vielfachen Wortbedeutung von Sündengeständnis, Gebetsanrede, Preis der Gnade, Selbsterkenntnis vor Gott und der Gemeinde –, das 395 (z.B. *De libero arbitrio* III 19, 53; CC 29, Green 306) noch die letzte Domäne des freien menschlichen Wählens war, führte A seit 397, seit den *Verschiedenen Problemen, Simplician gewidmet (De diversis quaestionibus ad Simplicianum)*, allein auf die souveräne Tätigkeit Gottes zurück. Vgl. auch hier Zeile 21: Wenn wir lieben, hat Gott auch dies bewirkt.
Zu Augustins Lehrentwicklung vgl. F^2 19–32 und 270–297.

n. 3, 8: *castae deliciae*

Die Beschäftigung mit der Bibel soll nicht nur Nutzen (vgl. n. 3, 3), sondern reinen Genuß *(castae deliciae)* bringen. Es kommt darauf an, Augustins Interesse an der Bibel zu unterscheiden von dem einer neuzeitlichen theologischen Teildisziplin (Exegese) an den biblischen Texten. A sucht Nutzen und Genuß, Kirchendienst und beseligende Wahrheit, vor allem ein christologisches und ekklesiologisches Wiedererkennen in der Bibel; er legt sie entsprechend aus. A kennt weder die spätmittelalterliche Abtrennung von Philosophie und Theologie noch die moderne Aufspaltung in Meditation und Philologie: Die Schrift enthält ihm alle Wahrheit, auch die philosophische. Gleichzeitig erfüllt sie die Funktion, die im spätantiken Bildungssystem die Dichtung eingenommen hat. Dies erfährt der Leser Augustins schon am Ende des ersten Buchs der *Bekenntnisse*, 15, 24, dt. 50. Nach Horaz soll die Dichtung Freude und Nutzen bringen, *delectare et prodesse*. Vgl. C.O. Brink, Horace on Poetry, Cambridge 1963 und bes. B. Studer, Delectare et prodesse. Zu einem Schlüsselbegriff der patristischen Exegese, in: ders., Dominus salvator, Rom 1992, 431–461.

Beides erreicht nach A die Bibel besser; sie erbringt *wahren* Nutzen und *reine* Freuden; das philosophische Denken findet in ihr nicht wie in der antiken Dichtung primär den Anlaß zur Kritik, sondern Wahrheit. Die Auslegung muß aber eben dies einlösen; nur dann kann das *Bekennen* auch die Ergebnisse der Bibellektüre mitumfassen. Auf den ersten Blick wirkt es gewaltsam, daß A den Ertrag seiner Bibelmeditation *bekennen* will, vgl. bes. n. 3, 22. Aber das persönliche *Bekennen* soll alle Inhalte der für die Beglückung des Menschen wesentlichen Wahrheit mitumfassen.

n. 3, 13–14: *Tuus est dies*

A erinnert an das Thema der Zeit. Gott ist der Herr der Augenblicke, auf seinen Wink hin fliegen sie vorbei. A erklärt nicht, was das heißt. Ihm genügt es, als vielbeschäftigter Bischof sich Zeit zum Nachdenken zu erbitten und die Souveränität seines Gottes über den Naturablauf und damit auch über die Zeit auszusprechen. Die Zeit ist nicht mehr, wie in der *Physik* des Aristoteles, die natürliche Folge der Kontinuität von Naturprozessen. Allerdings darf man diese Neuerung A nicht als einhellig, gar schematisch durchgeführt unterstellen; sie ist eine Tendenz. In welchem Grad sie A in der Zeituntersuchung inhaltlich durchhält, muß die Textanalyse im einzelnen zeigen. Vorwegnehmend hier nur soviel: A hat den Zusammenhang von Zeit und Naturwerden viel weniger aufgelöst, als die meisten Darstellungen seiner Zeittheorie, die sie als die *innere Geschichte* der prädestinierten *Person* deuten, suggerieren. Vgl. dazu den Kommentar zu n. 17 und n. 30, ferner zu n. 33, 3.

Was es heißt, Herr über die Zeit zu sein, wird in verschiedenen Gesellschaftsformen verschieden beantwortet. Im 20. Jahrhundert könnte es heißen: Reich genug sein, um sich dem Zwang zur Steigerung des Sozialprodukts ohne größeren Schaden entziehen zu können. Bei A kann es heißen, daß der Herr der Zeit nicht warten muß, wie seine Knechte, denen Termin und Auftritt, also Lebenszeit und Aufgabe vorgegeben sind. So bestimmt im Christentum Gott als der Zeitenherr die Epocheneinschnitte – die Zeiten der Bestrafung, der Erbarmung bzw. der Erprobung –, vor allem aber das Ende der Weltzeit. Ferner wird es bedeuten: Was der Herr der Zeiten will, geschieht genau dann, wann er will, daß es geschieht, d.h. er hat das Vorrecht, seine Handlungsimpulse in eine Ereignisabfolge nach seinem Plan einzureihen.

n. 3, 16–20: *Neque enim frustra scribi uoluisti*

Auch die Dunkelheit der Schrift ist von Gott intendiert und enthüllt dem tiefer Eindringenden ihren vernünftigen Gehalt. Die Bibel ist das Werk göttlicher Planung und Erziehung; sie ist für *uns* bestimmt, und Gott will, daß diese Sinnbeziehung durch den Leser eingelöst wird. Freude und Erkenntniszuversicht sind die Folge. Der Lebenssinn der Schrift wird eingelöst – durch Leser, die in der Bibel sich bewegen wie Hirsche in Wäldern, die für sie bestimmt, in ihrer wenn auch unübersichtlichen Reichhaltigkeit vielfältige Genußmöglichkeiten bereithalten: frei herumlaufen, sich erholen, weiden, ruhen, das Gefressene genüßlich zerkauen und wiederkäuen.

Augustins Schriften enthalten Momente tiefer Düsternis. Aber sie malen auch Visionen des Gelingens und der Erfüllung aus, so hier das schöne Bild der frei sich auslaufenden Hirsche. G–M 335 und S 274 A. 1 erinnern an Augustins Erklärung des Psalms 28, besonders Vers 9: Die Hirsche sind die Überwinder der bösen Zungen, die Wälder sind die heiligen Schriften. Diese Waldmetapher wirkt auf uns, nach Jahrhunderten der naturalistischen Waldsymbolismen, eher befremdlich; für A bezeichnet der *Wald* die Schatten der Mysterien, die dem tiefer Eindringenden sich lichten. A betont die Vielfalt und die Vorläufigkeit der Dunkelheit. Er gewinnt dem alttestamentlichen Lied, das die Macht des Gewittergottes besingt, der mit seiner Stimme, dem Donner, die Wehen der Hirschkühe auslöst, die Aufforderung zur intellektuellen Anstrengung ab: Die tiefen Einsichten der Schriften werden offenbar; ihre Freuden werden erreichbar, in dieser Welt, beim Nachdenken über ihre dunklen Seiten.

Die göttliche Teleologie der Bibelpädagogik ist nicht auf Philologie, sondern auf poetisch-philosophisch-theologische Wahrheitserfahrung und Lebenserfüllung angelegt; daraus ergibt sich Augustins charakteristische Hermeneutik der biblischen Texte: Auch wenn sie sich sonst gegen die Mutwilligkeiten der manichäischen Exegese wendet (vgl. M 11), so geht es ihr doch um Freuden, die unser Lebensverlangen mehr erfüllen als jedes Übermaß an Genuß, nicht um Gelehrsamkeit. Wer an der Quelle trinkt, löst die von Gott vorgesehene Finalität ein; trockene Textanalyse lag A nicht im Sinn. Daß er folglich nicht qualifiziert war zu historisch-philologischer Exegese, haben ihm seit dem Ende des 17. Jahrhunderts, also seit Richard Simon und Jean LeClerc, sprachkundigere Textforscher vielfach nachgewiesen. In dieser Hinsicht ist jeder Verteidigungsversuch aussichtslos. Wohl kann man an A und seiner Exegese den zuversichtlich subjektiven Genußsinn bewundern, mit dem er wie ein Hirsch in den Schriftwäldern unmethodisch herumläuft und äst.

In der Frage der Augustinischen Art der Bibelerklärung erzeugt die apologetische Literatur eine Art Dauernebel. Ihre Strategie beruht auf zwei verschiedenen Schachzügen:

1. Zunächst verteidigt sie die Bibelauslegung Augustins als gut und historisch korrekt.

2. Ist dies absolut unmöglich, weil A offensichtlich Übersetzungsfehler begangen hat oder Übersetzungsfehler anderer nicht korrigieren konnte, dann erklärt sie, die betreffende Stelle – bedeutendstes Beispiel: *Römerbrief* 5, 12, wo A seine Erbsündenlehre einem Übersetzungsfehler verdankt – sei nicht wichtig, jedenfalls habe A eine Fülle anderer Stellen für dieselbe These vorgebracht. Dies ist oft richtig, denn A leert Körbe von Zitaten über seine Leser aus, ohne je ein einzelnes Zitat im philologischen Sinne genauzunehmen.

Philologisch genaunehmen ist ein historisch-kontingentes Konzept, eine philosophisch motivierte, aber deshalb nicht ewigkeitliche Rahmenbedingung des Textumgangs. Wenn ich dies feststelle, also A *nicht* philologische Richtigkeit abverlange, allerdings noch weniger seine Exegese für *philologisch vertretbar* halte, kritisiere ich nicht A, sondern allein eine Literatur, die den geschichtlichen Rahmen von Textexegesen nicht als solchen erkennt, während doch seit Lorenzo Valla, dann wieder seit Erasmus, dann wieder seit Richard Simon die geschichtliche Kontingenz der Rahmenbedingungen der Exegese Augustins scharf, d.h. auf *philologischer Basis unwidersprechlich* diagnostiziert worden ist.

Um aus dem genannten apologetischen Nebel aufzutauchen, empfehlen sich immer noch als Lektüre die Kapitel XVII bis XX der *Histoire critique des principaux commentateurs du Nouveau Testament,* par Richard Simon, Prêtre, Amsterdam 1693. Aus der neueren Literatur scheint mir unentbehrlich:

Marrou, H.I., *S. Augustin et la fin de la culture antique,* Paris ⁴1958, 422 bis 453.

Bonner, G., *Augustine as Biblical Scholar,* in: The Cambridge History of the Bible. Bd. 1, Cambridge 1970, 541–563.

Vgl. auch AS 48, 575–580 und die zu n. 3, 8 zitierte Arbeit von B. Studer.

n. 3, 24–25: *usque ad regnum tecum perpetuum sanctae ciuitatis tuae*

Hatte A in n. 2, 5 seinen Themenwechsel von der Autobiographie zur Schriftauslegung nur notdürftig begründet, so lädt er sich hier eine Aufgabe auf, die ohne allegorische Sprünge im Rahmen des Werkes *Confessiones* unerfüllbar bliebe, nämlich die ganze Schrift zu erklären, von der Welterschaffung bis zum Jüngsten Gericht, also von der *Genesis* bis zur *Apokalypse.* Er deutet an, wie er das zu schaffen hofft: Er will nicht die Einzelheiten, sondern die Wundertaten Gottes behandeln. Aber da die ganze Bibel nichts als Wundertaten Gottes enthält und da A sein Verfahren nicht als allegorisch ankündigt, bleiben Bedenken über Augustins Vorhaben trotz der harmonisierenden Bemerkung von O'Donnell 3, 261 im Sinne von C 23–26 berechtigt.

Die Zeitperspektive klingt hier an: von der Erschaffung der Welt bis zum ewigen Reich der heiligen Stadt. Von zwei *ciuitates* ist noch nicht die Rede. Die Geschichte ist noch nicht zum Thema geworden. Man darf den Satz nicht überfordern; er spielt auf zwei Bibelstellen an, auf *Gen.* 1, 1 und auf *Offenbarung* 5, 10 bzw. 21, 2 und 10.

Es empfiehlt sich, schon von hier an das scharfe Diktum von Beutler-Theiler vor Augen zu haben, die im Hinblick auf *Conf.* XI urteilten: *Von einer christlichen Zeitwertung ist hier nichts zu finden.*

R. Beutler – W. Theiler, in: Plotins Schriften, gr.-dt., Bd. 4 b, Hamburg 1967, 515. Zur Entwicklung der zwei *ciuitates*-Lehre vgl. F 368–384 mit der 457 A. 11 zitierten Studie von F.E. Cranz.

Dieses Urteil von Gelehrten wie Beutler–Theiler muß uns noch beschäftigen, vgl. bes. zu n. 15 und n. 39. Daß die knappe Stelle in n. 3, 25 keine Neubewertung der Zeiterfahrung ausspricht, liegt auf der Hand.

Man könnte entgegenhalten, A deute hier seinen linearen Zeitbegriff an, der eine eindeutig gerichtete, unwiederholbare Zeitspanne von der

Erschaffung bis zum Jüngsten Tag meine, De 380 A. 20. Aber der Satz Augustins präformiert nicht seine Zeittheorie; er sagt nichts über die Natur der Zeit, schon gar nichts über eine Neubewertung von Individualität und Person; er markiert die Zeitspanne, innerhalb deren Gott seine Wunderwerke, *mirabilia*, wirkt, sonst nichts. Man muß unterscheiden, ob ein Autor erklärt, er wolle die Wunderwerke Gottes vom Anfang bis zum Ende der Zeit beschreiben, oder ob er die Absicht ausspricht zu untersuchen, was es für die Natur und den Begriff der Zeit bedeutet, daß sie Anfang und Ende hat. A spricht die erstere Absicht aus, nicht die zweite, die philosophisch weitergeht und die viele Interpreten seit Jean Guitton A unterstellen.

n. 4, 1–6

A gibt eine Skizze seiner Güterlehre. Er unterscheidet, was er – innerhalb der rechten Vorzugsordnung – will und was er nicht will. Er will *nicht*:
Erde (Grundbesitz),
Silber, Gold, Edelsteine,
Prunkkleider,
Ehrenämter,
Macht,
Fleischeslust.
Innerhalb dessen, was er *nicht* will, unterscheidet er von der genannten großen Gruppe den notwendigen Lebensunterhalt für dieses irdische Leben in der Fremde. Zu *peregrinatio* vgl. wertvolle Hinweise bei Schm 84–88.

Was A will, ist Erkenntnis der Wahrheit der Schrift. Schematisch ließe sich diese Güterlehre in folgender Weise darstellen:
1. Lebensnotwendiges,
2. Besitz, Macht, Ehren, Prunkt, Lust,
3. Erkenntnis.

Dies ist die Einteilung der antiken Popularphilosophie.

n. 4, 7: *Narrauerunt mihi iniusti delectationes*

Die *Ungerechten*, sind es die Manichäer, sind es die Jugendfreunde, die ihn zu falschen Genüssen geführt haben? Das dürfte schwer zu entscheiden sein, doch vgl. auch M 16. Bemerkenswert die rigorose Trennung von Gerechten und Ungerechten sowie die Unterscheidung von zwei Bereichen, die A hier schroff-dualistisch einander entgegenstellt: Beides sind Bereiche von Genüssen. Es geht darum, aus der Welt der falschen Genüsse in die der wahren Genüsse zu gelangen.

n. 4, 18–20: *omnes thesauri sapientiae*

Der Einleitungsabschnitt nn. 1–4 endet mit einem feierlichen Gebet voller biblischer Anklänge. Mit dem nachfolgenden Abschnitt beginnt dann die theoretische Suche.

Erneuter Hinweis auf Augustins Erwartung an die Bibel: Er ist überzeugt, in ihr alle Schätze der Weisheit und der Wissenschaft zu finden, notfalls durch allegorische Auslegung. Augustin will sie nicht nacherzählen, nicht philologisch analysieren, sondern in ihr *Inneres* eindringen (n. 3, 10) und dort die Schätze der Weisheit und der Wissenschaft heben. Es geht also beim *Bekennen* hier nicht mehr darum, ob A an das Geoffenbarte glaubt, sondern darum, es als *wahr* zu wissen, also seinen allumfassenden religionsphilosophischen Inhalt aufzudecken. Das *Innere* von Z. 10 entspricht den *Schätzen* von Zeile 18. A erklärt hier nicht den Unterschied von Weisheit und Wissenschaft. Doch verweisen S 465 und M 17 mit Recht auf die terminologische Unterscheidung, wonach *Weisheit* die ewigen und bleibenden Dinge erfaßt, *Wissenschaft* das Vergängliche und Zeitliche nach ewigen Regeln beurteilt. Wichtig ist, daß die Bibel beides schon enthalten soll und daß die rechte Auslegung eben dies zu Tage fördern soll.

Auch das Alte Testament will A lesen als Kunde von dem Menschensohn, der alle Schätze der Weisheit und Wissenschaft bringt. A bezieht also das Alte Testament ganz auf die christliche Offenbarung, wobei er Jesus als den Inbegriff der Weisheit, als das göttliche Wort deutet: Von ihm handelt der Anfang des Johannesevangeliums, von ihm reden die *platonischen Bücher* (*Conf.* VII 20, 26, dt. 192), von ihm redete auch Moses.

Den modernen Leser überrascht, daß nach A Moses von Jesus geredet haben soll. Aber die typologische Auslegung ermöglicht dies. A hat sie nicht erfunden; sie war im frühen Christentum üblich, vgl. nur Johannes 5, 46, wo Jesus von Moses sagt: *de me enim ille scripsit,* worauf A in den Zeilen 19–20 anspielt. Diese Art der Auslegung ermöglicht keine histori-

sche Erfassung des Alten Testaments, folgt aber kohärent aus den – ihrerseits kontingenten – Prinzipien einer typologischen und ekklesialen Bibelauslegung.
Vgl. oben zu n. 3, 16–20 und unten zu n. 5, 1–16.

n. 5, 1–16

A beginnt die Suche nach dem *intellectus* der ersten Worte der *Genesis* und nennt einleitend das Thema von Buch 11: Er will zuerst *hören* (A nennt den akustischen Vorgang und denkt ihn als: glauben) und dann einsehen, wie Gott am Anfang Himmel und Erde gemacht hat. Dies sagt der erste Vers der *Genesis;* aber A will ihn nicht bloß zitieren, sondern seine Wahrheit, den Hervorgang der zeitlichen Welt aus dem ewigen Logos, theoretisch einsehen. Seit 386 dachte A, dies gelinge mit Hilfe der neuplatonischen Philosophie, die den Prinzipiendualismus der Manichäer widerlege. A sah keinen Gegensatz zwischen der plotinischen sog. Emanation und dem biblischen Gedanken der Erschaffung, vgl. *Conf.* VII 9, 13–14, dt. 182.

S 573 erinnert an das Programm *credo ut intelligam;* O'Donnell 263 sieht darin, daß A zuerst den Glauben, dann die Einsicht nennt, *a triumph of scripture over Platonism in A's thought,* was wiederum einen modernen, nicht einen Augustinischen Widerstreit voraussetzt. Das ist ungeschichtlich denkender fundamentalistischer Triumphalismus mit historistischen Mitteln.

Jean Guitton, *Le temps et l'éternité chez Plotin et Saint Augustin,* Paris, zuerst 1933, ³1959, bes. 46, 83, 133, 136–139, 192–205, wollte am Beispiel der Zeittheorie Augustins exemplarisch den Einfluß des christlichen Glaubens auf das philosophische Denken beweisen und statuierte, Augustin habe, motiviert durch den biblischen Schöpfungsbegriff und die biblische Lehre von der Vorsehung, den *christlichen und den modernen Zeitbegriff* geschaffen (vgl. G 16 und 17). Guitton akzentuierte im biblischen Schöpfungskonzept die anthropomorphen Motive der Wahlfreiheit und der *effizienten* Kausalität Gottes; er betonte die Kontingenz der Welt und die Einseitigkeit der Beziehung zwischen Welt und Gott. Er mußte zugeben, daß A selbst die Beziehung der christlichen Erschaffung zur neuplatonischen Weltentstehung *anders gesehen* hatte: A hatte bei den Neuplatonikern zwar den Gedanken der Menschwerdung vermißt, nicht aber den der Weltschöpfung, da der Logos das Sein der Welt begründe. Guitton mußte A für diese Annäherung kritisieren; er erklärte kurzweg und schonend, A sei über die Neuplatoniker schlecht informiert gewesen (besonders G 205–208). Die forciert kreationistische Position von Guitton und sein einflußreiches Buch entstanden im Kontext der Debatte der Dreißiger Jahre um die *christliche Philosophie:* Guittons Untersuchung zum Augustinischen Zeitbegriff sollte im Sinne der Historiographie von Etienne Gilson den wohltätigen Einfluß des Christentums auf die Philosophie beweisen. Seine These ist vielfach übernommen worden – ohne Rücksicht darauf, daß für A selbst die voluntaristischen Elemente des Schöpfungskonzepts nicht so wichtig waren, daß er ihretwegen einen Gegensatz zu Plotin und/oder Porphyrios gesehen hätte. Offenbar hat auch die christliche Lehre von der *creatio* eine Geschichte: Sie verlangte gegen 400 noch nicht, daß Augustin die christliche Schöpfungsidee gegen die neuplatonische Logoslehre ausspielte, über die er sehr wohl *informiert* war. Es ist daran zu erinnern, daß Heinrich Dörrie schon 1965 gegen die Charakterisierung des Neuplatonismus als eines Systems der *Emanation* protestiert hat.[1] Wie A über die platonische (d.h. neuplatonische) Weltentstehungslehre geurteilt hat, steht in den bekannten Passagen des VII. Buches der *Confessiones.* Er hat es in *De civitate Dei* XII 27, 28–31; CC 48, 384 noch einmal zusammengefaßt:

Et si Deus, quod adsidue Plato commemorat, sicut mundi uniuersi, ita omnium animalium species aeterna intellegentia continebat: quo modo non ipse cuncta condebat?

A sah also in dem (neu-)platonischen Vorgang der Weltbegründung eine ebenso umfassende Seinsstiftung wie im biblischen Gedanken der Erschaffung. Vgl. dazu auch O'D 72. Wer dennoch die Position Guittons teilt, widerspricht Augustin selbst und übernimmt die Beweislast für folgende drei Behauptungen:

a) Die kreationistische Annahme, Gott habe als *artifex* die Welt nach einem *Plan* gemacht, stellt argumentativ nachweisbar einen *gedanklichen Fortschritt* gegenüber der plotinischen Logoslehre dar.

b) Die These von der Einseitigkeit (Nicht-Reziprozität) der Beziehung Welt–Gott geht *nicht* daran zugrunde, daß sie zuerst den Begriff

---

[1] H. Dörrie, Emanation. Ein unphilosophisches Wort im spätantiken Denken, in: K. Flasch (Hg.), Parusia. Studien zur Philosophie Platons und zur Problemgeschichte des Platonismus. Festgabe für J. Hirschberger, Frankfurt 1965, 119–142.

Gottes als das Grundes der Welt in die philosophische Rede einführt (wobei er allein in dieser seiner Prinzipienfunktion einen Sinn hat), ihn schließlich aber dieser Funktion doch beraubt, indem sie behauptet, das Prinzip könne ohne das von ihm Begründete sein.

c) Die These, Gott sei die *Wirkursache* der Welt, führt argumentativ (also nicht assoziativ durch den Appell an das jederzeit produzierbare Vorstellungsbild eines Handwerkers) zu den inhaltlichen Bestimmungen der Gottesidee, die de facto beansprucht werden.

Diese Beweisaufgaben hat Guitton nicht einmal ins Auge gefaßt; er beschreibt die geschichtliche Beziehung Augustins zu Plotin als einen triumphalen Fortschritt. F.M. Sciacca, S. Augustin et le Néoplatonisme, Louvain 1956, 41 ist ihm – ohne neue Argumente – mit auftrumpfender Kritiklosigkeit gefolgt. De 380 A. 29 behauptet in seinem Sinne, A habe in *Conf.* XI die *christliche* Konzeption des Verhältnisses von Zeit und Ewigkeit gegen die philosophischen Zeittheorien der Antike entwickeln wollen, die neue Zeittheorie ergebe sich aus dem unübersteigbaren Graben zwischen Augustins Schöpfungsbegriff und der plotinischen Emanationslehre. A lehre die *Freiheit und Personalität Gottes* (wo A doch die *Drei*personalität lehrt und ausdrücklich erklärt, er wisse nicht, was man in diesem Falle bei dem Wort „Person" denken solle), er hebe die radikale Abhängigkeit der Welt vom göttlichen Willen und damit ihre Kontingenz, vor allem aber die Einmaligkeit aller Weltereignisse hervor, die keine Wiedergeburt und keine Zyklen kennten. Philosophisch gesehen geht es wesentlich um die Technomorphie im Denken Augustins. Diese Frage wird uns noch mehrfach beschäftigen; zunächst ist festzuhalten, daß A vom *Machen, facere,* Gottes spricht. A behält dieses technomorphe Wort bei, versucht dann aber, ihm mit Hilfe der neuplatonischen Philosophie die groberen anthropomorphen Assoziationen zu nehmen. Daher sollte man auch in der Übersetzung das handwerkliche „Machen" stehenlassen und nicht durch „Erschaffen" ersetzen. Nur so kommt Augustins Versuch zur Geltung, die Anklänge an handwerkliches Tun zu *reduzieren.* Vgl. hier zu n. 7, ferner *Conf.* XII 16, 23 mit S 572–581, vor allem aber mit Chr. Parma, Pronoia und providentia, Leiden 1971, 32–33 und 87.

Zur Klärung des Verhältnisses von Philosophie und Bibel bei A ist ferner zu bedenken: A denkt Worte, Texte und folglich auch die Bibel unter den generellen Bedingungen seiner Philosophie: Sie enthalten Einsichten, aber in der Form sinnlicher Gegebenheiten, die immer äußerlich bleiben. A hat ein intuitionistisches Modell des Wissens, das ihn zur Reduktion der Sprache verleitet. Ursprünglich brauchte der Mensch – so Augustin – keine Zeichen; er sah das Wahre direkt. Der Umweg des Wissens über das Sinnliche ist peinlich; er soll und wird, meint A, aufhören, so wie die Zeit aufhören wird, wenn Gott uns ganz befreit haben wird von den Folgen der Sünde. Aber schon im irdischen Leben leuchtet – A zufolge – das Wahre *sofort, statim,* ein. Die Erkenntnis, daß ein Satz wahr oder falsch ist, erfolgt jenseits der Sprache, die A konsequenterweise in n. 5, 11 als bloßes Geräusch von Silben, *strepitus syllabarum,* abqualifiziert – eine Bewertung der Sprache, die sich in dieser Form nicht auf Platon berufen kann. Alles Äußere ist für A nur Anlaß.

Auch an die Kirche als Übermittlerin des Sinns der Schriften denkt A hier nicht; Augenzeugen haben nach ihm mehr Autorität, wenn sie tot sind, vgl. dazu S 455 A. 2 und M 18. Denn dann sind sie eingetreten in die geistige Welt. Alle äußeren Tatsachen, auch die der Offenbarung, gehören zur Sinnenwelt und sagen dem Geist des Menschen nur dann etwas, wenn er es mit seiner inneren Einsicht verknüpft. Dazu muß ihn der *innere Lehrer,* das heißt: das göttliche Wort selbst, in seiner Vernunft belehren. Die äußere Gegebenheit, auch der Schrifttext und die Kirchenautorität, kann nur äußerer *Anlaß* innerer Erkenntnis sein.

Die Wahrheit wohnt innen. Darin bleibt A bei seinen neoplatonisierenden Prämissen, die er seit 386 umformend sich aneignete und seit 397 zunehmend relativierte, vgl. F^1 149–154, 181–185 und F^2 ganz.

Wenn A etwas zu wissen glaubt, dann nicht durch äußere Information, sondern durch den inneren Vernunftlehrer anläßlich äußerer Information. Man fragt sich, warum die ewige Wahrheit überhaupt den Umweg über zeitliche und stets äußerlich bleibende Zeichen wählt; dies kann nur einen pädagogischen Sinn haben: Der ins Äußere verfangene Mensch soll in der Außenwelt zur Rückkehr ins Innere gerufen werden. Was der Mensch wirklich weiß, weiß er von innen: *num ab illo scirem?* Der äußere Offenbarungsträger findet sich entwertet. Andererseits stachelt diese Offenbarungstheorie zur philosophierenden Suche nach der Wahrheit unter der Hülle des äußeren Offenbarungsbuchstabens an. Der Weg führt vom Hören über den Glauben zum Einsehen: *da et mihi haec intellegere* (n. 5, 15). *Intellegere* in Zeile 1 und Zeile 15 heißt daher *einsehen, intellektuell das Wesen erfassen;* es geht um mehr als um die Erfassung der Intention eines menschlichen Autors. Deswegen übersetze ich es nicht wie M 18 mit *verstehen.* Auch in Zeile 7 möchte ich das *scirem quid diceret* nicht abschwächen zu einem Nachvollzug des Innenlebens eines anderen Menschen; ich übersetze also nicht mit M 18: *dann wüßte ich, was er meinte.* Es geht nicht um Nachvollzug subjektiver Intentionen anderer Menschen, sondern um die Erhebung des Geistes zum objektiv-intellektuellen Gehalt des äußerlich ertönenden, aber in der inneren Einsicht durch das ewige Wort noch zu erklärenden Offenbarungswortes. Anders ausgedrückt: um die beginnende Bergung aller Schätze des Wissens und der Weisheit (nach n. 4, 18).

Zum ganzen Themenkomplex vgl. außer unten n. 8 und n. 18 sowie n. 41, 19 auch *De magistro.* Dazu vgl. R.A. Markus, St. Augustine on signs, in: Phronesis 21 (1957) 81 s.; M 19–20; C.P. Mayer, Die Zeichen in der geistigen Entwicklung und in der Theologie Augustins, 2 Bde., Würzburg 1969–74, F[1] 121–126 mit den wertvollen Ergänzungen von T. Borsche, Macht und Ohnmacht der Wörter. Bemerkungen zu Augustins ‚De magistro' in: B. Mojsisch (Hg.), Sprachphilosophie in Antike und Mittelalter, Amsterdam 1986, 121–161. Ferner vgl. G. Madec in seinem Kommentar zu *De magistro,* Bibliothèque Augustinienne, Bd. 6, [3]Paris, besonders die Anmerkung, 540–543: *Foris admonet, intus docet.*

n. 5, 2–3: *transiit hinc a te ad te*

Moses kam von Gott und ging dahin zurück, von wo er gekommen war. Dieses a te – ad te wendet das neuplatonische Schema von Ausgang und Rückkehr zum Ursprung auf eine biblische Figur an.

n. 5, 10–12: *nec hebraea nec graeca nec latina*

Dem augustinistischen Vorrang der innerlich-intellektuellen Einsicht sind Glaube, Offenbarung und selbst die Menschwerdung Gottes nur äußerliche Hilfsmittel zur Einsicht. Diese bleibt das Ziel: A will nicht nur glauben, sondern einsehen. Vgl. dazu *Contra academicos* III 20, 43. Daher kann nicht überraschen, daß die Wahrheit selbst mit der Sprachenvielfalt nichts zu tun hat. Da die Einzelsprachen folglich keinen differierenden Wahrheitsgehalt haben, also keine eigene Weltansicht im Sinne W. v. Humboldts entwickeln, bestand von seiten der Philosophie Augustins her kein Impuls zum Sprachstudium und zur Philologie.

n. 6, 1–12

Die nn. 1–5 bilden die Einleitung des relativ separat stilisierten XI. Buches: A motiviert seinen Themenwechsel, erläutert, was er unter *Bekenntnissen* versteht, und spielt locker auf sein Thema zu, den Ursprung des Zeitlichen aus dem ewigen Wort. Hier in n. 6 beginnt er mit der Argumentation; sie ist nicht autoritätsbezogen exegetisch, sondern philosophisch. Sie schafft den erfahrungsbezogenen spekulativen Ausgangspunkt für die Analyse der Zeit. A entwickelt Grundzüge seiner Ontotheologie, wie wir sie auch aus dem VII. und VIII. Buch der *Conf.* kennen, vgl. bes. VII 11, 17, dt. 185: Die Dinge sind gut, schön, seiend; dadurch haben sie Teil am Sein, am Guten, am Schönen selbst, d.h. an Gott. Sie sind aber wandelbar, folglich nicht aus sich entstanden, folglich begrenzt und gemacht. Sie sind in sich gut, schön, seiend, aber im Vergleich zum wahren Sein und schlechthin Guten, das sich nicht wandelt, sind sie nicht-gut, nicht-schön und nicht-seiend. Wenn auch die Trias gut-schön-seiend den neuplatonischen Ursprung des Raisonnements verrät, gerade in der charakteristischen Rangfolge dieser Attribute, und wenn Augustins Argumentation derjenigen Plotins gegen die Manichäer, *Enneade* III 2 und 3 nahesteht, so unterscheidet sich A doch vom reinen Plotinismus hier wie in seinen Frühschriften dadurch, daß sein Gott nicht das Gute jenseits des Seins ist. Das Wort *Teilhabe* fällt hier nicht. Aber A bewegt sich in der Logik des Teilhabedenkens, wie er es aus dem Platonischen *Timaios*, besonders 27 d und 29 d bis e, aber auch aus Plotins Abhandlung *Über das Schöne* (Enneade I 6) kennen mochte. A erklärt dessen Gehalt rhetorisch anschaulich: Die Dinge selbst rufen es ihm zu. Das Teilhabeschema vereinigt Abstand und Gemeinsamkeit, Transzendenz und Immanenz Gottes; es relativiert die dualistischen Ansätze, denen sich A an anderen Stellen eher überläßt. *Teilhabe* kennt A in der doppelten Funktion, erstens als Anwesenheit göttlicher Formkraft, Ideenhaftigkeit und Gutheit in der Struktur der Dinge selbst, zweitens als abbildliche Anwesenheit des göttlichen Wissens im menschlichen Wissen. Wir können nur *weise* werden, sofern wir *teilhaben an der göttlichen Weisheit,* und die göttliche Weisheit ist Gott selbst. Wie diese Theorie einer natürlichen Verbundenheit der Welt und des weltlichen Wissens mit Gott zusammenbestehen kann mit der seit 397 entwickelten radikalen Gnadenlehre, stehe dahin; Tatsache ist, daß A sie auch gegen 400 noch behauptet. Da man dies bestritten hat, verweise ich auf den besonders deutlichen Text in *De consensu evangelistarum* I 23, 35 PL 34, 1058: *Nos vero esse quamdam summam sapientiam, cuius participatione fit sapiens quaecumque anima fit vere sapiens, non tantum concedimus, verum etiam maxime praedicamus.* Vgl. auch F¹ 63, 65–66, 302 und 398, bes. aber F² 65–71 und 88.

n. 6, 6–7: *uox dicentium est ipsa euidentia*

A spricht von *euidentia*, augenscheinlichem Beweis offensichtlicher Erfahrung. G–M 337: *and their very appearance is the voice with which they speak.*

Cicero, *Acad.* 2, 17, hatte das Wort *euidentia* als lateinische Übersetzung der griechischen *enargeia* eingeführt; es soll hervorheben, daß die Sache unzweifelhaft präsent und offenkundig ist. Vgl. Hist. Wörterbuch der Philosophie Bd. 2 (1972) Sp. 829–832 (W. Halbfass) und O'D 95 mit A. 36.

Die Welt stammt aus dem göttlichen Wort; sie ist gut kraft dessen Gutheit, auch wenn sie als wandelbare dem Verfall und damit dem Übel ausgesetzt bleibt – dies meinte A seit dem Studium der *platonischen Bücher* und damit seit seiner Abkehr vom Manichäismus nicht nur zu glauben, sondern strikt zu wissen. Dies trennt A von allen Fideisten, die sich ihn heute anzueignen suchen. Diese Einsicht leitete A nicht aus der Schöpfungsgeschichte ab, sondern wertete er als eine eigene, philosophisch-theoretische Basis. Er sah darin eine metaphysische Einsicht, in die der schlichte Offenbarungsglaube verwandelt werden kann und soll: Das Ewige ist, weil unveränderlich, das *wahre Sein;* das Zeitliche als solches ist wandelbar, also *ist* es eigentlich nicht. Diese in den Frühschriften (dazu vgl. F¹ 91) entwickelte Theorie hielt A auch in den *Conf.* fest, VII 11, 17–12, 18, 185–186.

n. 6, 11–12: *scimus haec*

Es ist – gerade auch für die Interpretation von Augustins Zeitlehre – wichtig, diesen Satz auf keinen seiner entgegengesetzten Akzente hin eindeutig festzulegen: *Dies wissen wir,* dabei bleibt es. A schränkt im folgenden den Gewißheitscharakter des Teilhabe-Theorems nicht ein; es bleibt bei der *euidentia* von Zeile 7. A fügt allerdings hinzu: Dieses Wissen ist Nicht-Wissen im Vergleich zum göttlichen Wissen. Ähnlich wie das begrenzte Gute nicht-gut ist neben dem schlechthin Guten, wie es aber doch gut ist – und zwar auf wißbare Weise –, und wie die Verteidigung dieser Einsicht der wichtigste Schritt gegen den manichäischen Dualismus darstellt, so bleibt unser Wissen wirkliches Wissen, wenn es auch neben dem göttlichen Allwissen eher ein Nichtwissen ist. Eine weitere Analyse des nichtwissenden Charakters unseres Wissens nimmt A nicht vor; er erklärt auch nicht, wieso wir das Wort *Wissen* sowohl für das göttliche wie für das menschliche Wissen gebrauchen können; insofern trennen ihn (geschichtlich wie systematisch) Welten von der *docta ignorantia* des Nikolaus von Kues.

P. Thillet diskutiert *docta ignorantia* bei Porphyrios in: Le Néoplatonisme. Colloques internationaux du CRNS, Royaumont 7.–13.6.1969, Paris 1971, bes. 297–302.

n. 7,1–22

Schon steht als gewußt fest: Gott hat die Welt gemacht. Wie aber, mit welchem Instrument etwa, soll Gott die Welt gemacht haben? A antwortet mit einer Analyse der *ars.*

Ars, griechisch *techne,* bedeutet Handwerk und Kunst, also jede Art technischer Hervorbringung. Genauer meint *ars* das, was die Vorstellung des Handwerkers oder Künstlers mit dem Produkt objektiv verbindet; G–M 338 umschreiben *ars* eher einseitig als *constructive imagination.*

Die Welt als Produkt der göttlichen *ars* zu denken lag nahe, schon weil A das Erschaffen in aller Regel als ein Machen, *facere,* beschreibt. Auch die Bildersprache der *Genesis* drängt in diese Richtung. Aber A setzt zu ihrer Korrektur an: Gott macht die Welt nicht wie ein menschlicher Handwerker, der in eine vorhandene Materie den Plan einbringt, den er in seinem Inneren vor sich hat. Alle Elemente des handwerklichen Hervorbringens, die der Handwerker voraussetzen muß, sind von Gott geschaffen: die vorgegebene Materie, die Organisation seines Leibes, der Geist, mit dem er die *ars* erfaßt und schließlich die innere Wahrheit befragt, um aufgrund ihrer das außen Bewirkte zu bewerten. A scheint alle Technomorphie hinter sich zu lassen: Sein Gott bewirkt die Welt *nicht* wie ein Handwerker; Gott *macht* die Welt, indem er sie *spricht.* Dennoch bleiben folgende Elemente des Techne-Denkens oder der ars-Analogie, die das Denken Augustins leiten:

der Gegensatz Innen–Außen, auch wenn er kein unüberbrückbarer Dualismus ist,
die Doppelung Materie–Form, *species,* Idee, *ars,*
der eindeutige Vorrang der Wesensform, die nach n. 7, 4 in ihrem reinen An-Sich erfaßt wird,
die entsprechende Doppelung von Geist, *animus,* und corpus,
die Doppelung von äußerer Verwirklichungssphäre, die inhaltlich zum Seienden nichts hinzufügt, die nur eine numerische Vervielfachung des *einen* Form-Gedankens darstellt, die immer hinter der Norm oder der species zurückbleibt, und die bewertet werden muß im Aufblick zu der ars-Wahrheit, die allein *in semet ipsa* ist.

A beschreibt die *ars* mit Begriffen, die dem Platonismus bzw. dessen Umformung im aristotelischen Hylemorphismus entspringen: Hervorbringen ist das Einführen einer *Gestalt, species,* in einen Stoff. Aus dieser Beschreibung wird dann wiederum der Hylemorphismus „bewiesen". A ist die Technomorphie nicht schon dadurch losgeworden, daß er sie insofern verneint hat, als Gott nicht die Welt mit einem Instrument gemacht hat. Sie bestimmt indirekt seine Denkweise. Dafür gibt der Abschnitt n. 7, 15–22 eine deutliche Illustration: Alles, was ist, ist irgendwo, ist *in* einem anderen. Da bei der Kritik der technomorphen Weltentstehungsvorstellung deutlich wird, daß Himmel und Erde nicht *in* einem Himmel oder *in* einer Erde gemacht worden sind, folgert A daraus nicht, die Denkvorstellung des Inseins sei konsequent aufzugeben, sondern er fragt, worin denn sonst, wenn nicht in einem Himmel oder in einer Erde, Himmel und Erde geschaffen sind, und er antwortet: Sie sind *im* göttlichen Wort geschaffen. Er behält also die generelle Voraussetzung der Technomorphie bei, daß alles *in* einem anderen sei. Die Welt ist also ursprünglich im *Plan* des Weltbegründers. Die Tendenz zur Verräumlichung geistiger Relationen liegt dem Abschnitt insgesamt zugrunde. Welche Folgen dies hat, zeigt n. 11, 1–3: *In* diesem Ursprung, *in deinem Wort* hast du Himmel und Erde gemacht, *in deinem Sohn,* in deiner Kraft, *in* deiner Weisheit ... Eine der entscheidenden Fragen an die Augustinische Zeittheorie wird sein, ob A bei der Analyse der Zeit dieser Tendenz zur Verräumlichung erlegen ist. Das Problem ist nicht gelöst, wenn Interpreten Augustins Abwehr der Analogie artifizieller Herstellung aus n. 7 zitieren, ohne zu untersuchen, wieweit A die begrifflichen Hilfsmittel konsequent kritisiert und reformiert hat. Plotin hat in *Enn.* V 8, 7 die Technomorphie weitergehend kritisiert als A. Vgl. dazu

G 83, bes. aber Parma, 30–36. Zum Problem der Technomorphie in der alten Metaphysik vgl. auch E. Topitsch, Vom Ursprung und Ende der Metaphysik, Wien 1958.

n. 7 zeichnet den Grundriß der Kreationstheorie Augustins: Gott hat *alles* gemacht, Stoff und Geist. Er hat die Welt *nicht* aus vorher Vorhandenem oder *in* einem vorher Vorhandenen gemacht. Es gab kein Wo und kein Wann, in dem die Welt hätte gemacht werden können. Sie hängt vollständig vom Schöpfer ab.

Im Anschluß an Guitton hat sich die rhetorische Manier breitgemacht, Augustins Denken ohne weitere Prüfung als Fortschritt gegenüber dem „heidnischen" Denken Plotins zu bewerten. Demgegenüber ist festzuhalten: Auch vom plotinischen Einen hängt *alles* ab. A bleibt auf den Spuren Plotins, wenn er hervorhebt, daß es keinen Raum gab, bevor die Welt war, *in* dem die Welt hätte gemacht werden können, *Enn.* V 5,9. Nichts kann sich, Plotin zufolge, selbst zum Dasein bringen, *Enn.* VI 8, 7, 26, schon gar nicht die Materie. Diese Übereinstimmung Augustins mit Plotin sieht auch H. Chadwick, St. Augustine, *Confessions,* S. 225. Daß *alles* durch das göttliche Wort geworden ist, hat A immer als die gemeinsame Wahrheit der Platoniker und der Bibel hervorgehoben.

n. 7, 10: *et uideat intus*

Der Geist befragt in sich die Wahrheit, die über ihm ist, *intus … praesidentem sibi ueritatem.*

Diese Formel bezeichnet konzentriert den Weg des Augustinischen Denkens: Rückwendung aus der Außenwelt, Selbsterfassung des Geistes *(animus),* Übersteigen des Geistes zur unwandelbaren Wahrheit, die wir allein im Geist, nie in der Sinnenwelt finden. Diese Wahrheit ist die Richtschnur für unsere Urteile über Gut und Böse, Schön und Häßlich, Seiend und Nicht-Seiend. Sie ist unwandelbar, also *ist* sie im Vollsinn des Wortes „sein". Sie dient dem Geist als Maßstab dafür, etwas, was de facto in der Erfahrung vorkommt, als nicht-seiend zu beurteilen. Daß das Böse nicht *sein* kann, ergibt sich aus diesen Voraussetzungen.

Für die Zeituntersuchung bedeutet dies: Augustin öffnet sich der eigenen Zeiterfahrung und der Erfahrung anderer; aber er konzeptualisiert und bewertet diese Zeiterfahrungen von der Ewigkeit her, die die Wahrheit ist. A unterscheidet zwischen dem Material und dem Maßstab; auch diese technomorphen Termini sind ihm dabei nicht fremd. Die

Zeiterfahrung und das alltägliche Sprechen über sie können als Ausgangspunkt einer näheren Bestimmung der Zeit dienen, aber immer nur in einem platonistischen Gesamtrahmen und mit der Ewigkeit als Maßstab. Das Alltagsbewußtsein von der Zeit ist also im Laufe der Untersuchung zu korrigieren und zu übersteigen. Es mit Hilfe skeptischer Argumente zu erschüttern, den Leser darin zu *üben*, in dieser Erschütterung auszuhalten, ihm seine Korrekturbedürftigkeit vorzuführen und ihn psychagogisch weiterzuleiten, ist die Aufgabe von Buch XI.

Zum Charakter der antiken Philosophie als einer intellektuellen *Übung* vgl. P. Hadot, Exercices spirituels et philosophie antique, Paris ²1987. Hadot hat gezeigt, wie sehr Heilung vom Alltagsirrtum und *Einübung* in die Befreiung vom Gewohnten die antike Philosophie charakterisieren. Dies unterscheidet sie von der reinen Systematik der Zeit seit Cartesius.

So ist auch das XI. Buch eine Führung des Lesers bei seinem mühseligen Aufstieg zur intellektuellen Einsicht. Dies erklärt sein zögerndes Vorgehen und die Wiederholungen, vor allem in den Passagen, die gegen das Alltagsbewußtsein mit skeptischen Argumenten das Nicht-Sein der Zeit zu erweisen suchen. Gerade wenn es um die Herausarbeitung des argumentativen Gehaltes dieses Buches geht, ist seine quasi-sokratische Indirektheit, sein Zögern bei der Annäherung an das Ziel und die scheinbare Unsicherheit bei dessen Berührung mitzusehen. Das gewöhnliche Bewußtsein erweist sich, gerade indem es als Ausgangspunkt genommen wird, als zur Welt der Gewohnheit gehörig, die gegen die Vernunft aufschreit, weil sie an ihrer Einnistung ins Gewohnte gestört wird. Das ‚normale' Denken über die Zeit zeigt sich zuletzt als hilflos. Weit davon entfernt, so etwas wie ‚Basis', ‚Fundament' oder ‚Überlieferungssubstanz' zu sein, erweist es sich als Derivat, mit dem die Vernunft kein gleichberechtigtes ‚Gespräch' führen kann. Sie knüpft vorläufig an es an, um aus seiner Ratlosigkeit herauszuführen. H 54, 57, 58, 61–64, 75 und 117 bewertet die Alltagsansichten über Zeit im Sinne Augustins wohl zu hoch. A nimmt sie auf, um sie zu überwinden.

n. 8, 1–13

Die Welt ist entstanden durch das Sprechen Gottes. A fragt nun, *wie* Gott die Welt gesprochen hat. Unser Abschnitt klärt: Nicht durch körperliches, zeitliches Sprechen. Sonst hätte es ein Körperding vor der Körperwelt und ein zeitliches Verändern vor der Zeit gegeben. Nimmt man an, es habe vor den Körperdingen bereits ein Körperding gegeben, stellt sich die Frage nach dessen Entstehung, und der Fragende gerät in einen regressus in infinitum.

A argumentiert nicht biblisch, sondern philosophisch, mit einer Überlegung, die sich ähnlich bei Plotin, *Enn.* V 3, 17 24 findet. Er beschreibt das sinnlich erklingende Sprechen mit Hilfe platonistischer Begriffe: Es erklingt und verklingt, Silbe für Silbe, bis es dem Schweigen weicht, weil es seinen bleibenden *Sinn* erwiesen hat. Vgl. auch Augustins Analyse des Sprechens unten n. 38.

Das Zeitliche *als solches* hat keinen Sinn; es ist Instrument, das der ewige Logos für seine Zwecke gebraucht – eine weitere, folgenreiche Technomorphie. Dieses sein Modell zeitlicher Prozesse beschreibt A mit der Kennerschaft des Rhetors. Die sinnlich erklingenden Worte sind in die Zeit gesprochene Worte. A unterscheidet äußeres und inneres Ohr; das innere Ohr ist das Ohr des Geistes. Dieses hört auf das ewige Wort, vergleicht die zeitlich erklingenden Wörter mit dem Schweigen des ewigen Verbum und urteilt, dieses sei anders. Wieder stellt A nicht erst die Frage, warum wir diese einseitig als *anders* charakterisierten Instanzen mit dem gemeinsamen Ausdruck „Wort" bezeichnen dürfen. Deutlich zeigen sich Augustins Wertmaßstäbe: Was vorübergeht, was zeitlich verläuft, *ist* nicht wirklich und hat geringeren Wert. Das im Innern antreffbare Wort Gottes, der Logos des Johannesevangeliums und der *platonischen Bücher,* bleibt und ist das wahre Sein. Das wahre Sein ist ewiges Sein. Der Geist steht zwischen Ewigkeit und Zeitlichem; A hebt hier seinen größeren Abstand vom Zeitlichen als vom Ewigen hervor: *longe infra me sunt.*

A tritt mit bestimmten metaphysischen Grundbegriffen an die Zeiterfahrung heran:

Der äußere Klang in seiner okkasionellen Verbindung mit bleibendem Sinn dient ihm als Modell des zeitlichen Prozesses; das Zeitliche beschreibt er von Anfang an in der Differenz von Außen und Innen. Es wird erfahren und bewertet vom inneren Ohr, der *mens.* Sie steht über dem äußeren Geschehen und orientiert sich am Schweigen des ewigen Wortes. Dieses „Schweigen" bedeutet Abwesenheit sinnlichen Klangs; es bedeutet nicht, daß das ewige Wort für uns inhaltslos bliebe. Der Geist findet in ihm Maßstäbe zur Weltbeurteilung. So urteilt er: Nur das

Bleibende *ist* im wahren Sinne dieses Wortes. Das Bleibende, das Ewige ist *besser* als das Zeitliche. Das Vorübergehende *ist* nicht, n. 8, 12 – mit dieser Prämisse beginnt Augustins Zeitabhandlung. Was „seiend" heißt, bestimmt A nicht vom tatsächlichen Vorhandensein, sondern vom inneren Wertkonzept her. Danach *ist* nur, was dauert und was insofern höheren Wertes ist. Dabei geht es nicht nur um Seinsstufen, sondern vor allem um Rangordnungen und Wertaspekte. Der Geist *ist* wesentlich diese Beurteilungsinstanz; er ist das lebendige Geltend-Machen der Vorzugsordnung; er ist das Sich-Orientieren an dem ewigen Regelsystem des göttlichen Wortes. Urteilen, nicht *Fakten feststellen* oder *Verstehen* ist nach A das Leben des Geistes. Vgl. dazu *Conf.* X 6, 10, dt. 257 f.

Man beachte die Terminologie: *motus* (n. 8, 6) ist nicht nur *Bewegung* im modernen, auf Ortsbewegung festgelegten Sinn, sondern allgemeiner: Werden überhaupt, Veränderung. Ich habe Probleme mit der Übersetzung: *Bewegung* ist zu eng, da seit dem 17. Jahrhundert auf die Ortsbewegung festgelegt. Für *Veränderung* steht der lateinische Terminus *mutatio* zur Verfügung, der zudem enger ist als *motus*. Man könnte *Naturprozeß* sagen. Doch damit legt man die Interpretation bereits in die Übersetzung. Da ich keinen Ausweg aus dem Dilemma gefunden habe, bitte ich meinen Leser, den Ausdruck *Bewegung* weiter als im Neuhochdeutschen üblich, den Terminus *Veränderung* weiter als das lateinische *mutatio* aufzunehmen.

Der Terminus *motus* wird für die Zeitanalyse wichtig, vgl. z.B. n. 33, 3. Schon in n. 8, 6 verknüpft A die Zeit mit körperlicher Veränderung als deren Voraussetzung. Er deutet mitnichten an, daß er sich nur für die *innere Geschichte* der Seelen interessiert, wenn er die Zeit erforscht.

Zu beachten ist auch der Terminus *motus temporales* in n. 8, 16. Er legt nahe, körperliche Veränderungen seien *in sich* zeitlich, so wie sie in sich räumlich sind. Vom Endpunkt der Untersuchung Augustins her fragt sich, ob sie dies nur kraft der Tätigkeit des Geistes sind.

n. 9, 1–14

Der Glaubende ist aufgerufen zu intellektueller Einsicht. Vgl. n. 4, 18 und n. 5, 2. Diese Bewegung vom Glauben zur Einsicht führt A hier in bezug auf die Entstehung des Zeitlichen aus dem Ewigen vor. Es geht darum, einen ersten Begriff vom ewigen Sprechen des ewigen Wortes zu gewinnen, das nach Joh. 1, 1 Gott bei Gott ist. Der Geist kraft seiner

Mittelstellung (vgl. n. 8, 8) unterscheidet einerseits Zeit und Veränderung (*tempus, mutatio,* auch *motus*), andererseits wahre Ewigkeit und Unsterblichkeit. Er ist sich dieser Unterscheidung sicher, wie A ausdrücklich hervorhebt, n. 9, 6–9. *Jeder* Denkende weiß das, nicht nur der Glaubende. Diese Einsicht steht höher als das bloße Glauben. Sie ist der Gewinn einer mit Gewißheit erfaßten Wahrheit, *certa ueritas,* n. 9, 7. Sie leugnen hieße der offen daliegenden Wahrheit widersprechen. Dies war eben die neoplatonisierende Einsicht, die A vom Manichäismus abgebracht hatte. Die so erfaßte Ewigkeit ist einerseits die Negation des Zeitlichen; aber sie ist mehr als dessen bloße Negation: Sie ist das Ensemble von Maßstäben des Zeitlichen; sie ist der Ursprung von allem und zugleich das Wort, das diesem Ursprung gleichewig ist und das zu dem inneren Ohr des Menschen, zu seiner *mens,* spricht. Dieses Sprechen erfolgt nicht sinnlich und zeitlich; Augustins Theorie des Verbum ist ganz auf Ewigkeit abgestellt. Sie faßt keine wechselseitige Beeinflussung von sinnlichem Klang und Wortbedeutung ins Auge; sie spricht metaphorisch vom *Wort* und meint den *sinnentbundenen, zeitfreien Gedanken.* Von dieser theoretischen Konstruktion her fällt es A leicht, den Menschen als normenorientiertes, urteilendes und an eine Vorzugsordnung gebundenes Wesen zu denken; schwer fällt es ihm, die Fleischwerdung des ewigen Wortes theoretisch zu fassen, denn sie schließt das Sinnlichwerden des zuvor in seiner Reinheit herausgearbeiteten Gedankens ein. Die Stimme des Wortes, das ist ein anderer: A kann, wie später Meister Eckhart, Johannes den Täufer als die Stimme, *vox,* des göttlichen Wortes bezeichnen. Belege bei M 31.

n. 9,9–14

Das ewige Wort spricht, ohne sich in einem Zeitprozeß zu verlieren; es legt aber die zeitliche Dimension des Gesprochenen fest. Nichts vergeht, wenn es spricht. Nichts kommt hinzu. Im Kontrast dazu zeigt sich als die Struktur des Zeitlichen: Es ist nicht, was es war. Es ist, was es nicht war. Dies heißt es, wenn man von ihm sagt, es *sei* nicht im wahren Sinne des Wortes. Im Kontrast zu den Dingen, die viele sind in vielerlei Hinsichten und die sich aufzehren in der Zeit, ist das Verbum, das gleichewig dem Ursprung ist, alle seine Inhalte zugleich und zeitlos immer; wenn es die Welt *spricht,* spricht es sie simultan, nicht sukzessiv, sondern *simul omnia,* wie es – nach *Conf.* VII 9, 14 – Plotin erfaßt hat. Der biblische Bericht von sechs Schöpfungstagen ist der symbolische Ausdruck dieses zeitfreien Sprechens. Zumindest gilt das nach A für die ersten drei Schöpfungstage, an denen es noch nicht die Sonne und den Mond gab. Vgl. dazu *Conf.* XIII 29, 44 dt. S. 401 und dazu G 177–192, ferner S 653–668 sowie M 33. Die religionsphilosophische Umdeutung des ersten Verses der Bibel, wonach „Im Anfang" soviel bedeute wie „Im zeitlosen Prinzip" oder „Im Logos", dürfte von Philo stammen und könnte A über Origenes durch Ambrosius vermittelt worden sein. Sie hält Zeitvorstellungen vom Beginn der Zeit fern und schiebt historische Welten – *Genesis* 1 und *Johannesevangelium* – ineinander. Sie kam auf dem Weg über A in die Philosophie des Mittelalters und wurde von Meister Eckhart und Nikolaus von Kues weiterentwickelt.

n. 10, 1–5

Ein neuer Grundbegriff taucht auf: Die *aeterna ratio,* die ewige Vernunft, als Inbegriff des *debere,* d.h. aller inneren Normen aller Dinge und Verhältnisse. Das Zeitliche, nur als solches genommen, wäre unwahr; wahr wird es in dem Maße, in dem es seine innere Norm, sein von der ewigen Vernunft vorgegebenes und ihm eingeprägtes Sollen *(debere)* erfüllt. A geht wie selbstverständlich davon aus, daß der Geist imstande ist, dieses Sollen zu erkennen, nicht in den Dingen selbst, sondern in ihrer ewigen ratio, die ihr gesamtes Sein festlegt, auch ihre Zeitstelle, also ihren Anfang und ihr Ende.

n. 10, 5–18

Der Text bildet ein kunstvolles Gewebe von Bibelstellen, vor allem aus dem *Johannesevangelium* (besonders wichtig: 8, 25 und 3, 29), ausgelegt im Sinne der Metaphysik des göttlichen Wortes als des inneren Lehrers, wie A sie in *De magistro* entwickelt hat. Wahrheit hat bei A eine primär normative Bedeutung, meint mehr als faktische Richtigkeit. Sie tritt exemplarisch auf in der Notwendigkeit mathematischer und ethischer Urteile. Solche Notwendigkeit ist nicht aus dem tatsächlichen Vorkommen irgendwelcher Weltereignisse abzuleiten, auch nicht aus dem immer schwankenden Seelenleben von Menschen. Daher ist die Wahrheit das Ewige. Nichts kann uns *belehren,* im Sinne bleibender und notwendiger Einsichten, als die *stabilis ueritas.* Dies liegt auch darin beschlossen, daß

A als die wahre Erkenntnis nur die Erkenntnis des *Sollens in der ewigen Vernunft* definiert: Entweder ist solche Erkenntnis absoluter Normen möglich oder nicht. Ist sie unmöglich, können wir aus Vernunfteinsicht nicht leben. Nach A sollen wir aber aus Vernunfteinsicht leben können. Dies gilt auch trotz radikaler Gnadenlehre. Also müssen wir eine Normenerkenntnis im ewigen Wort erreichen, also ist nur Gott die Wahrheit. Vgl. dazu F¹ 19, 55–66 und das Stichwort *Wahrheit* im Register.

Die Weltdinge sind unstabil und zeitlich; die Wahrheit über sie ist stabil und ewig; diese so verschiedenen Bereiche sind nur zusammenzubringen in der menschlichen *mens,* zu der der Welturspung *spricht.* Daher wird für A das Zitat aus dem *Johannesevangelium* 8, 25 so wichtig: Hier ist von einem Ursprung, einem Prinzip, die Rede, das sich nicht in sich verschließt, sondern das zugleich Rede ist. Es ist zugleich „Bräutigam", der uns zu unserem Ursprung zurückführt, n. 10, 15: *reddentes nos, unde sumus.* Die christliche Inkarnation trägt A ein in das neuplatonische Schema von Hervorgehen und Rückkehren. Daß die Seele sich mit dem „Bräutigam" (Joh. 3, 20) vereint, diesen mystischen Aspekt der neutestamentlichen Metapher entwickelt A hier nicht weiter; er bleibt dabei stehen, daß wir die Stimme des „Bräutigams" *hören* und uns *freuen.* Jedenfalls ist das geistige Leben für A Freude in der Wahrheit, also nicht nur Suche, gar ergebnislose. Es ist, wie A in n. 10, 16 mit neuplatonischem Anklang sagt, ein *Zurückgehen* – dorthin, wo wir hergekommen sind. *Principium, arche,* bezeichnet eine, vielleicht *die* Leitidee der antiken Philosophie. A denkt sie zusammen mit Offenbarung: Der Ursprung, als einfacher und ewiger immer im Kontrast zum Vielen und Zeitlichen, zeigt sich gleichwohl; er redet in uns. Es ist ein Ursprung, der nicht fern von uns ist, sondern der *in uns* ist, als Inbegriff aller Normen, als logische und ethische Notwendigkeit. Es bleibt freilich bei dem Gegeneinander von Außen und Innen, *foris* und *intus* (n. 10, 7). Nur *innen* redet das innere Wort. Dort belehrt die *ewige Wahrheit* selbst als der *einzige Lehrer* alle, die etwas Normatives wissen. Daraus entspringt Erkenntniszuversicht. Sie geht so weit, daß A sagen kann: Wir wissen, was Gott weiß. Wir wissen mit dem Wissen Gottes. Nicht wir wissen, sondern Gott weiß in uns, vgl. *Conf.* XIII 31, 46, dt. 402.

A lehrt nicht die Ohnmacht des Wissens zugunsten des Glaubens; die wahre Erkenntnis ist die Anwesenheit Gottes im Menschen. Durch „Erkenntnis" (gemeint ist eine qualifizierte Erkenntnis, die unseres Ursprungs und Ziels) kehren wir zu unserem Ursprung zurück; sie schließt den metaphysischen Kreislauf. Dies war ein Grundmotiv der Gnosis. Auch Plotin hat die Einsicht so gedacht, *Enn.* V 5, 9 und VI 5, 9. A fügt diesem Zyklus die Fleischwerdung des Wortes hinzu, verändert ihn dramatisch durch die Einengung auf die wenigen Erwählten, deutet aber Fleischwerdung des ewigen Wortes und Erlösung im Rahmen des neuplatonischen Konzepts. Die Inkarnation soll uns vom Fleisch weg in unser Inneres und dort auf das göttliche Wort als an den inneren Lehrer verweisen, von dem wir auch sonst alles lernen, was wir einsehen. Äußere Zeichen und menschliche Lehrer *ermahnen* uns nur (n. 10, 13: *admonemur*), uns auf das ewige Wort in unserem Innern zurückzubesinnen.

n. 10, 18: *principium est et loquitur nobis*

„Der Ursprung, der zu uns spricht" – eine theoretisch wichtige und historisch folgenreiche Wendung, *principium est, quia et loquitur nobis,* wie es nach *Joh.* 8, 25–26 in n. 10, 5–6 heißt.

A hat den Ausdruck, begünstigt durch ein Mißverständnis des Übersetzers, abgelöst von seinem neutestamentlichen Kontext. Zur Übersetzung und patristischen Deutung der Bibelstelle vgl. G–M 340, O'Donnell 269 und vor allem den parallelen Text Augustins in *De Genesi ad litteram* I 5. Die Formel drückt die Spannung und deren Überbrückung aus, die zwischen dem Weltgrund (dem *Prinzip*) und dem menschlichen Denken besteht: Je strenger wir das Prinzip denken, um so weniger können wir ihm die Bestimmungen beilegen, die wir vom Begründeten (dem *Prinzipiierten*) kennen. Das Prinzip, dem wir unsere Gedankenbestimmungen abstreifen, versinkt ins Unerkennbare, wie Platon im *Parmenides* gezeigt hat. Die neuplatonische Tradition hat dieses platonische Motiv groß, aber einseitig herausgearbeitet: Das Prinzip in seiner Erhabenheit denken heißt alle Bestimmungen von ihm fernhalten: *negative Theologie*. Augustins Theorie vom *inneren Lehrer* versucht, ein *Prinzip* zu denken, das als Norm einzelner Gedanken und Wertungen uns etwas, d.h. etwas Bestimmtes, sagt. Im plotinischen Denken war dies der Nus, der wir auch selbst sind, während das Eine, das erhaben-stumme *Prinzip,* nicht spricht, weil es sich nicht vervielfacht, um alles Sprechen und alles Besprochene zu ermöglichen. War es ein gedanklicher Fortschritt, wenn A demgegenüber das göttliche Wort als die *vollständige Beschreibung der Fakten in all ihren Umständen* (De 383 A. 41) deutete, um so seine Ewigkeit begreiflich zu machen? Dann hat – obwohl A das Gegenteil behauptet: das göttliche Wort sei *anders* als das menschliche – das ewige Wort auch keinen anderen Inhalt als die Tatsachenbeschreibungen in menschlicher Sprache. Ein weiteres Stadium dieses Nachdenkens bilden Eckhart, *In Ioannem* n. 451; LW III und Nikolaus von Kues, besonders *De principio*, ed. M. Feigl, H. Vaupel, P. Wilpert, Padua 1960. Deutsch von M. Feigl mit Vorwort und Erläuterungen von J. Koch: Nikolaus von Kues, *Über den Ursprung,* Heidelberg 1949.

n. 11, 1–5

A weiß nun, *worin* die Welt erschaffen wurde – nicht in einer vorgegebenen Materie, sondern im ewigen Wort, in der ewigen Weisheit. Das Wort der lateinischen Bibelübersetzung *in principio* soll nicht schlicht heißen: *Am Anfang.* Die darin enthaltene zeitliche Assoziation stört A; er deutet den Ausdruck – ohne nach dem Urtext zu fragen – wie schon in n. 10, 5 spiritualistisch und metaphysisch um zu: im ewigen Verbum als dem Prinzip: *Am Anfang,* das heißt jetzt: *im Prinzip von allem,* in dem Ursprung, der zu uns spricht, also im ewigen Verbum, das *Johannesevangelium* und *platonische Bücher* übereinstimmend als Grund der Welt bezeichnen. Dabei führt A die Metaphysik des Verbum weiter; er bestimmt es als *Sohn* in der Bibelsprache, aber zugleich auch als *Weisheit,* als *Kraft,* als *Wahrheit.* Diese Ausdrücke kommen zwar auch alle in der Bibel vor, aber A deutet sie im Sinne seiner neoplatonisierenden Philosophie.

n. 11, 5–6: *inhorresco in quantum dissimilis ei sum*

A beschreibt das Zusammenspiel von Erschrecken und Verlangen, von Anziehung und bleibendem Abstand, das begründet liegt in Ähnlichkeit und bleibender Unähnlichkeit zwischen Geistseele und ewiger Wahrheit. A bewegt sich auf neuplatonischem Boden, vgl. Plotin, *Enn.* I 6, 7 und *Conf.* VII 10, 16: *in regione dissimilitudinis.* Trotz äußerem Anklang entspricht Augustins Gedanke nicht der irrationalistischen Religionsphilosophie von Rudolf Otto und ihrem Leitmotiv des Tremendum und Fascinosum: Augustin denkt an Teilhabe der Geistseele kraft der Vernunft, die Normatives in Mathematik, Logik und Ethik zu erfassen imstande ist, die aber auch sieht, wie sie sich wandelt und wie die Normen, die sie in der ewigen Wahrheit erfaßt, nur unvollständig verwirklicht sind, eben so, wie die Kreisdefinition in jedem gezeichneten Kreis zwar verwirklicht ist, aber immer Unähnlichkeit zurückläßt. Es handelt sich um eine Grundspannung platonisierender Philosophie, nicht um eine nachkantianische Verteidigung der Sonderart der religiösen Erfahrung.

Zur Einführung unerläßlich ist das platonische Beispiel von den Hölzern, die *gleich* immer nur annäherungsweise genannt werden können, die also *gleich* sind, aber hinter der Gleichheit immer in Unähnlichkeit zurückbleiben, Platon, *Phaidon*, bes. 75 a. Zur neuplatonischen Herkunft des Zugleich von *dissimilis–similis* vgl. C 405–440; eine recht andersartige Theorie bei Rudolf Otto, Das Heilige, zuerst 1917, seitdem viele Auflagen, z.B. 30. A., München 1958.

Für die Analyse der Augustinischen Zeittheorie fragt es sich, ob das hier beschriebene Zugleich von Ähnlichkeit und Unähnlichkeit zwischen Geistseele und Verbum übertragbar ist auf das Verhältnis von Zeit und Ewigkeit oder ob die Ähnlichkeit der Geistseele mit dem Verbum gerade auf ihrer Zeitüberlegenheit beruht. Dann wäre das Zeitliche qua Zeitliches dem Ewigen prinzipiell unähnlich, wie jeder Mangel. Vgl. Schm 54 und 57, auch O'Donnell 2, 443–444.

n. 11, 7–19

Als habe A den menschlichen Geist zu nahe an das ewige Wort gerückt, läßt er der zuversichtlichen Erklärung: *Die Weisheit, die Weisheit selbst ist es, die mir Licht bietet,* den Hinweis auf die Sünde und menschliche Bedürftigkeit folgen. Unser Leben ist verdorben; wir sind nur auf Hoffnung hin erlöst; wir leiden trotz göttlicher Erleuchtung an Dunkelheit und Sündenstrafen. Die Folgen der Erbsünde bedrücken uns; wir können unser eigenes Gutes nicht frei ergreifen. Die soeben noch neu bestätigte Logosmetaphysik mit der Teilhabe des Geistes an der *Weisheit selbst, die Gott ist,* wird abgeschwächt durch Erbsündenlehre, durch Erlösungsbedürftigkeit, Schwachheitsgeständnis und eschatologische Hoffnung. Es stellt sich die Frage nach der inneren Verbindung beider Theoriekomplexe: War Gott nicht soeben noch ganz in uns? Spricht er nicht in Zeile 16 wieder trotz aller Nebel innen in uns? Kann nicht ein Ungetaufter und ein Unbegnadeter die innen ertönende Wahrheit hören? Fordert nicht A selbst in Zeile 16 jeden auf, sich zum Anhören des inneren Wortes zu entschließen? A spricht, als liege dies in der Vollmacht freien Wollens; die allen Geistern gewährte Erleuchtung ist doch wohl unabhängig von souveräner Gnadenwahl und Taufritual. Man kann fragen, ob die Erleuchtung nur immer vorübergehend aus dem Blick gerät, also nur temporär verdeckt werden kann. Sie verbürgt Gottesgegenwart, die das Dazwischentreten der Kirche entbehrlich erscheinen lassen könnte. Vgl. dazu auch S 632–634 und M 39.

n. 12, 1–2: *Nonne ecce pleni sunt uetustatis suae*

Neueinsatz. Ein erster Kreis ist abgeschritten: Nach den einleitenden Bemerkungen von nn. 1–5 hat A in n. 6 bis n. 11 den Ursprung des Zeitlichen aus dem unveränderlichen ewigen Wort erklärt und am Schluß eine die Erlösung überflüssig machende Annäherung von Menschengeist und ewiger Weisheit abzuwehren versucht. n. 12 bis n. 16 bringen eine polemische Einlage, bevor mit n. 17 die Zeitanalyse einsetzt.

Augustins Polemik bezieht sich auf den Einwand gegen den kirchlichen Glauben an die zeitliche Erschaffung der sichtbaren Welt durch Gott. Er wurde formuliert als die Frage: Was machte euer Gott, bevor er die Welt machte? Wenn er nicht von Ewigkeit her schuf, warum wartete er dann einen bestimmten Zeitpunkt ab? Was hätte ihn dann zu einer neuen Initiative bewogen? Wollte er plötzlich etwas, was er zuvor nicht gewollt hatte? Wie sollte es im ewigen Gott zu einer Veränderung und zu einem neuen Willensentschluß kommen?

Die Fragestellung gehört hierher, denn sie betrifft die zeitliche Vorstellungsart ewiger Realitäten; sie fällt unter die von A (teilweise) kritisierte anthropomorphistische Übertragung von Zeitverhältnissen auf das Ewige. Der Einwand berührt Augustins eigene Position, denn er geht von einer These aus, die A teilt, nämlich daß Gott ewig ist und daß sein Wollen sein Wesen ist, also keine neuen Impulse entwickeln kann. Dies ist neuplatonisch, auf aristotelischer Grundlage (*Metaphysik* XII): Zum *Einen* Plotins und zum *Nus* kommt nichts zufällig hinzu; der Wille ist das Wesen, *Enn.* VI 8, 13, 7; vgl. *Conf.* XII, 14, 18. A hat sich die Frage im eigenen Namen vorgelegt, *Conf.* VII 5, 7, dt. 175. Er hat in n. 11 den ersten Vers der Bibel umgedeutet, so daß aus dem biblischen *im Anfang* ein ewiges Prinzip oder die ewige Vernunft wurde. Auch er kann nicht zulassen, daß sein Gott einen *neuen* Willensimpuls entwickelt. Denn Gott ist reine Aktualität und pure Nicht-Zufälligkeit.

Der argumentative Kern des Einwandes könnte der Gnosis sowie verschiedenen spätantiken Philosophien entspringen: Er könnte von Epikureern stammen, die annehmen, die Götter kümmerten sich überhaupt nicht um die Welt. Er wird von Cicero, *De natura deorum* I 9, 21 als epikureisch berichtet. Er könnte auch von Platonikern und Neuplatonikern stammen, die zeitliche Bestimmungen vom ewigen Prinzip der Welt ferngehalten wissen wollen. Er könnte von Aristotelikern erhoben werden, die es für sinnlos halten, der Welt als ganzer einen zeitlichen Anfang zuzuweisen, weil dies die innere, notwendige Verbindung zwischen dem göttlichen Welt-Beweger und der Welt dem Zufall aussetzen, also die Rationalität ihres gesamten Systems bedrohen würde. Die Gründe der Platoniker und der Aristoteliker konnten auch zusammenfließen; so geschah es vielfach in der arabischen Philosophie des Mittelalters, die das christliche Denken ab etwa 1200 erneut mit dem Problem des zeitlichen Ursprungs der Welt konfrontierte. Vgl. dazu E. Behler, Die Ewigkeit der Welt, München 1965; Sor 129, 186–187, 196 A. 23, 209, 232 ff., bes. 250; L. Bianchi, L'errore di Aristotele, Florenz 1984; K. Flasch, Aufklärung im Mittelalter? Die Verurteilung von 1277, Mainz 1989 (Sachregister: Ewigkeit der Welt).

Für Augustins Text brauchen wir den Hintergrund des Einwands nicht mühsam zu rekonstruieren; er hat ihn selbst als den der Manichäer bezeichnet, *De Genesi contra Manichaeos* I 2 PL 34, 174. Dieser Text stammt aus den Jahren 388/89. A hat damals den Manichäern erwidert, *Im Anfang*, das bedeute nicht: nach einer Weile des Zögerns, zu einem bestimmten Zeitpunkt, sondern es bedeutete: *in principio*, im göttlichen Vernunftgrund der Welt, in Christus als der *Weisheit* Gottes. Diese Antwort nach A in n. 11 bereits wiederholt; von da an ist abzusehen, wie er den Einwand widerlegen will. Dies ist für uns hier deshalb von besonderem Interesse, weil A nicht etwa die Zeittheorie, wie er sie ab n. 17 entwickelt, gebraucht hat, um mit dem manichäischen Einwand fertig zu werden. Er hat an keiner Stelle argumentiert: Man muß von Gott Zeitvorstellungen fernhalten, denn die Zeit ist eine subjektive Tätigkeit der menschlichen Seele und hat im Ewigen keinen Anhalt. A hat also nicht auf diese Weise die Einheit der großen Abschnitte nn. 12 bis 16 und n. 17 bis n. 39 herzustellen versucht. Der apologetische Teil war mit dem Text bis n. 16 erledigt. A kommt in n. 40 auf ihn noch einmal zurück; aber auch dort bringt er kein Argument aus dem Zeitanalytischen Abschnitt n. 17–n. 39. Es sieht alles danach aus, als habe A seine Zeittheorie in n. 17–39 aus einem eigenen philosophischen Impuls heraus entwickelt, nämlich um zum *intellectus fidei* zu kommen; der manichäische Einwand war in seinen Augen bereits vor zehn Jahren widerlegt, als er mit n. 17 neu einsetzte und die prinzipielle Frage stellte, was denn überhaupt Zeit sei.

Die anti-manichäische Polemik Augustins gegen eine Zeit *vor* der Zeit wird in der Literatur umfangreich und kundig erörtert; vgl. besonders G 177–191, 200–222, S 295 und 581, vor allem aber M 40–49, die soeben zitierten Stellen bei Sorabji, E. Peters in: Augustiniana 34 (1984) 53–74 und O'Donnell 3, 272–274. Zur Situierung von *De Genesi contra Manichaeos* vgl. P 24–26 und Brown, 116. Im Hinblick auf diese Autoren kann ich mich kurz fassen, in drei Bemerkungen:

1. Die Fragestellung nach einer Zeit *vor* der Entstehung von Himmelskörpern und Erde ist so töricht nicht, wie sie zuweilen dargestellt wird. Die *Genesis* sprach von den drei Tagen vor der Entstehung der Sonne. Kirchliche Autoren reden bis heute davon, Gott sei gewesen, *bevor* es die Welt gab. Hier bedurfte es einer philosophischen Reinigung der biblischen Erzählung durch Allegorie.

2. A ist in *De civitate Dei* XI 4 (413–426) auf den manichäischen Einwand zurückgekommen, *ohne* dabei die Zeittheorie von *Conf.* XI 17–38 zu wiederholen. Er war also von 388 an bis in sein Alter davon überzeugt, den manichäischen Einwand widerlegen zu können, ohne dazu die spezielle Zeittheorie von *Conf.* XI zu brauchen. Der thematische Zusammenhang von *Conf.* XI, 12–16 mit *Conf.* XI, 17–38 ist also weniger eng, als er meist unter dem Einfluß von Guitton dargestellt wird.

A hat die polemische Argumentation in nn. 12–16 als in sich selbständig behandelt und von der Analyse in nn. 17–38 getrennt vorgetragen. Ich sehe auch nicht, inwiefern sie eine petitio principii sein soll, die erst durch die Zeitanalyse in n. 17 ff. ihr argumentatives Gewicht erhalte. Sie beruht auf dem einfachen Nachdenken über den Sprachgebrauch, der es ausschließt, von einem *Vor* zu sprechen, wenn es keine Zeit gibt. Auch der beachtenswert klare Artikel von R. Jürgeleit, Der Zeitbegriff und die Kohärenz des Zeitlichen bei Augustinus, in: Revue des Etudes Augustiniennes 34 (1988) 209–229, bes. 211, beweist nicht die verbreitete gegenteilige Ansicht.

3. *De civ. Dei* XI 4 zufolge wurde der erwähnte Einwand nicht nur von Manichäern, sondern in anderer Weise auch von Neuplatonikern erhoben.

n. 13, 1–5: *Qui haec dicunt, nondum te intelligunt*

Der in n. 12 wiedergegebene Einwand geht nach A aus mangelnder Einsicht in die Differenz von Zeit und Ewigkeit hervor. Zugleich verrät dieser Irrtum eine verkehrte Lebensrichtung; das *Herz* eines Menschen, der so redet, hängt unruhig flatternd an Dingveränderungen. Wir sollen es aber zum Stehen bringen in dem, was immer steht, im Ewigen. Die Zeit ist das, was nie steht. A gebraucht nicht ausdrücklich das Bild vom *Fluß der Zeit*, spielt aber darauf an.

Die Diskussion wurde zunächst ausgelöst durch bildhafte Wendungen im biblischen Schöpfungsbericht. Sie verrät aber zugleich eine Verschiebung im Konzept von „Welt": Antike Philosophen, die unter „Welt" die Gesamtheit verstanden, also das Ganze von Natur, Menschen und Göttern, mußten sie als ewig ansehen und gerade die Vorstellung einer zeitlichen Erschaffung als vorstellungsgebundene Verzeitlichung des Ewigen kritisieren. A nutzt diese vorgegebene philosophische Argumentationsfigur gegen die Manichäer aus und wirft ihnen vor, sie hätten die Überzeitlichkeit Gottes nicht begriffen. Insofern setzt A die Polemik Plotins gegen die Manichäer fort. Der Text bietet keinen Anlaß, Augustins Denken gegen das der antiken Philosophen auszuspielen; er enthält – gegen De 384 A. 52 – keinen Hinweis auf das Mysterium, das der griechischen Weisheit verborgen geblieben wäre, aber den Christen offenbart worden sei. Er sagt auch nicht, die Beziehung des Ewigen zur Zeit sei ein Mysterium, und schon gar nicht behauptet er, diese Beziehung sei das Mysterium der Inkarnation, De 384 A. 52. Diese modern-fideistische Tendenz teilt A hier nicht: Gott ist die Weisheit, n. 13, 1, die *das Licht des Geistes* ist. Dies ist die neuplatonische Lehre vom Logos, die A mit der des Johannesevangeliums identifiziert und auf die *sapientia Dei*-Texte der Paulusbriefe (G–M 342 verweisen auf 1 Kor 1, 24) bezogen hat. Es geht also gerade um ein Element der Kontinuität zum antiken Denken.

n. 13, 5–14

A führt die Differenz von Zeit und Ewigkeit näher aus: Das Ewige ist das Wertvolle, ist Glanz, *splendor*. In ihm ist alles gegenwärtig. Es steht unvergleichlich und andersartig über den Zeiten, *tempora* – man beachte den Plural. Die Zeitabschnitte sind niemals alle zusammen. Im Laufe der späteren Zeitanalyse, ab n. 18, wird es A zum Problem werden, wieso man von *langer* Zeit sprechen kann. Hier weiß er es noch, dem Ductus des täglichen Sprechens folgend: Lange Zeiträume bestehen aus vielen vorübergehenden kleinen Zeitspannen *(morulis);* diese kleinen Zeitspannen sind noch nicht zu ausdehnungslosen Augenblicken geschrumpft. Für die Widerlegung des manichäischen Einwands wichtig ist die Bemerkung: Im Ewigen ist nichts vorübergegangen. In ihm ist alles gegenwärtig, so wie in der Zeit nie alles gegenwärtig ist. Die Totalität des Ewigen schließt aus, daß es zerteilt und zerdehnt ist wie das Zeitliche. Dieses wichtige Motiv der gesamten Zeitabhandlung Augustins ist plotinisch, *Enn.* III 7, 3.

In der Zeit kommt alles Vergangene aus einem zuvor Zukünftigen und alles Künftige folgt aus einem Vergangenen. A berührt hier den Gedanken der Homogeneität und Kontinuität zeitlicher Sukzession, aber er zeigt sich – anders als Plotin – daran nicht interessiert; sein Interesse gilt dem Gegensatz zwischen Zeitlichem und Ewigem. Theoretisch könnte man erwarten, A stelle zwischen Zeit und Ewigkeit dasselbe Zugleich von Ähnlich und Unähnlich heraus wie in n. 11 zwischen Seele und Gott. Aber hier betont er die Unvergleichlichkeit des Ewigen. Dies ist um so auffallender, als A das platonische und neoplatonische Theorem der Zeit als Spur und Nachahmung der Ewigkeit kannte und früher im eigenen Namen vorgetragen hatte, Belege bei M 47 und Schm. 48 S. 90 n. 13, 14–17.

Seit etwa 397 verliert das haltlose Herz sich in der haltlosen Zeit. Von sich aus kann es sich keinen Stand mehr verschaffen. Die Gnade muß ihm jetzt den Halt schenken, den es sich selbst nicht geben kann. Dies prägt die Zeitanalyse von *Conf.* XI, ohne freilich ihren argumentativen Gang zu bestimmen. Es erklärt das Desinteresse an der Homogenität des Zeitlaufs und damit auch die Vorliebe für den Plural: *tempora, die Zeiten,* so daß die Zeit von vornherein als zersplitterte Unsumme von Zeitabschnitten vor den Blick Augustins tritt und es gar nicht zu der Überlegung kommen kann, gerade weil *das Zeitliche* ständig wechselt, müsse *die Zeit* bleiben (KrV B 226).

Wer aber das immer stehende Jetzt der Ewigkeit begreift, sieht auch, wie sie das Zeitliche bestimmt, ohne selbst Zeitbedingungen zu unterliegen.

n. 13 ist insgesamt auch eine Meditation über das ruhelose, in die Zeit verlorene *Herz* von *Conf.* I 1. Die Zeitanalyse der *Conf.* insistiert auf der Differenz der Zeit zur Ewigkeit, nicht auf ihrem Abbildcharakter, wie noch die verstreuten Bemerkungen der Frühschriften über die Zeit. Dies entspricht der Tatsache, daß jetzt die Ruhe nicht mehr durch Philosophieren zu gewinnen ist, wie noch in *De beata vita* I 1. Andererseits ist es ungeschichtlich gedacht, diese Differenz im Sinne Karl Barths zu überzeichnen und die Beziehung jedes *mens* zur *lex mentium*, n. 13, 2, in existenzialistischer Verdüsterung abzuschneiden. Wie *Conf.* IX beweist, ist der Mensch zur Einsicht in die ewige Vernunft fähig; unser Text sagt, genau genommen, daß er sich nicht in ihr halten kann, *ut paululum stet*. Von plötzlichem Aufleuchten der Gotteserkenntnis im Geist der nichtchristlichen Philosophen spricht A auch noch in *Civ.* IX 16, 1.

Augustins Begriff des *Herzens* darf weder modern sentimentalisiert noch erbaulich von Augustins Theorie der Geistseele abgetrennt werden. Vgl. S. 579 n. 2, ferner C 480 und M 45–47. Instruktiv auch der Art. von W. Biesterfeld, *Herz*, in: Histor. Wörterbuch der Philosophie, Bd. 3, Basel 1974, 1100–1112.

n. 13, 13: *omne praeteritum ac futurum*

Die Zeit wird von der Ewigkeit geschaffen. A sagt nicht, wie. Denkt er an die innere Abmessung der Zeitabschnitte aufgrund des *debere*, das festliegt in der ewigen Vernunft? Argumentiert er mit der Wiederkehr des Präsens: Wie die Ewigkeit immerstehende Gegenwart ist, so schiebt sich das Zukünftige durch die Gegenwart in die Vergangenheit und geht das Zukünftige via Gegenwart aus dem Gewesenen hervor? A spricht dies nicht aus. Sollte man dieses Argument hier unterstellen dürfen, hätte er doch die Zeit als Abbild der Ewigkeit und insofern als ihr Geschöpf analysiert. Das Präsens des Zeitlichen ist niemals vollständig und stabil, aber als Präsens ähnelt es doch der totalen und bleibenden Gegenwart des Ewigen. In diesem Sinne möchte ich den Akzent verschieben im Vergleich zu Schm. 53, dem ich zustimme in der Herausarbeitung des Neuen in den *Conf.* gegenüber den Frühschriften, der aber in berechtigter Abneigung gegen harmonistische Synthesen und gegen Berlingers restidealistische *Dialektik von Zeit und Ewigkeit* dem protestantisch-theologischen Schlagwort des radikal Anderen zuviel zugesteht. A interessiert sich nicht für die Frage, ob das Jetzt der Zeit dem stehenden Jetzt der Ewigkeit entspreche oder gar mit ihm identisch sei, wie ein im Mittelalter oft erörtertes Problem lautet.

n. 14, 1–5: *Ecce respondeo*

A ist für witzige Antworten bei seinen feierlichen Themen nicht zu haben. Vor allem aber will er nicht, daß man den auslacht, der nach Hohem, nach den *alta,* fragt. Der Mensch darf nach den *alta* fragen. A respektiert mehr als Luther den Wissensdrang, auch wenn er *curiositas* verwirft. Er wendet sich hier gegen eine fideistische Position, vielleicht gegen Tertullian. Vgl. dazu M 48 und M 50–51 mit neuerer Lit. zur *curiositas.*

n. 14, 9–13: *Antequam faceret deus caelum et terram*

Worin besteht, genau, die Antwort Augustins? In der Einsicht in die Absurdität der Behauptung, Gott habe Geschöpfe gemacht, bevor er Geschöpfe gemacht hatte. Etwas machen heißt für Gott: ein Geschöpf machen. A hebt den hohen Gewißheitsgrad seiner Erkenntnis hervor: *audenter dico.* A macht gegen die Manichäer die Wortbedeutung von *Machen* geltend; daß sie Absurdes unterstellen, zeigt die Analyse der Wortbedeutungen. A argumentiert nicht „theologisch", sondern im Sinne einer rhetorisch-dialektischen, formalen Schulkultur.

In Zeile 12 beachte man das *utiliter scire.* Die antike Philosophie, vor allem die platonisierende, sprach vom *Nutzen* nicht gering. Wissen, das Nutzen bringt, beruht nicht auf bloßer *curiositas.* Vgl. schon n. 3, 3. Den Begriff des Nutzens faßt A nicht utilitaristisch. Dieser Begriff deckte für A, wie das Beispiel zeigt, noch Fragen, die wir für spekulativ ausgeben würden. Berechtigtes, sinnvolles Wissenwollen bewirkt – in diesem weit gefaßten Sinne – *Nutzen.*

n. 15, 1–14

Eingangs spricht A sein Konzept von Gott aus, von dem die Leser der *Conf.* wissen, unter welchen Umwegen er es erreicht hat: Gott als der allmächtige, kein Material voraussetzende, folglich alleserschaffende (*omnicreans,* nach G–M 342 vermutlich das erste Vorkommen dieser Vokabel) Werkmeister, der alles erhält, ohne darin aufzugehen. A formuliert noch einmal dieses durch die *platonischen Bücher* erreichte Konzept, weil es die Einwände theoretisch widerlegt, die Fideisten nur spottend verwerfen.

Was ist Augustins Argument?

a) Der Einwand der Manichäer gebraucht Zeitbestimmungen, wo er Zeit nicht als gegeben voraussetzen kann. Eine Zeit *vor* der Zeit ist in sich widersprüchlich.

A sah wie Platon und Aristoteles den Zusammenhang *und* die Nicht-Identität von Zeit und Naturveränderung. Daher konnte es keine Zeit geben, bevor es die Welt gab, wie für Platon, *Timaios* 38 b 6, und Plotin, *Enn.* III 7, 12, 23.

b) Selbst wenn man zugäbe, daß Zeit *vor* der Welt war, wäre diese Zeit, wie alle Zeit, von Gott gemacht. Einige Platoniker hatten eine derartige Theorie entwickelt: Danach gab es eine Zeit des ursprünglichen Chaos, der dann die Zeit des geordneten Universums folgte. A selbst hat erwogen, den Engeln, die er noch nicht wie Dionysius Areopagita für reine Geister hielt, eine Zeit eigener Art vor der Entstehung der sichtbaren Welt zuzuordnen, *Civ.* XII 16, vgl. dazu G 173 A. 2 und M 54 und B 277, vor allem Sor 31–32, 37, 52, 72, 186, 196 A. 23, 268–272, 279–280, O'D 160 und O'Donnell 272–274.

Jedenfalls hat Gott alle Zeiten bewirkt, auch die, die man sich fälschlich als eine Zeit vor der Erschaffung der sichtbaren Welt vorgestellt hat. Schon die griechischen Kirchenväter hatten gelehrt, Gott habe die Welt nicht *in der Zeit,* sondern *mit der Zeit* geschaffen. Ambrosius war ihnen darin gefolgt, vgl. M 50–53.

Widerlegt n. 15, bes. Zeile 9 bis 12, die These von Beutler-Theiler, *Conf.* XI zeige keine Spur eines christlichen Zeitbegriffs? Gott heißt der *operator omnium temporum,* dies mit allen bildhaften Assoziationen des Augustinischen Schöpfungsbegriffs und wieder mit dem Plural von *Zeit,* d.h. Gott *will* die Schöpfung und legt vorausdenkend und planend ihre Zahlen, Maße und Gewichte fest, die auch ganz andere sein könnten; er könnte die Erschaffung auch unterlassen oder die Welt ins Nichts versinken lassen. Diese Anthropomorphismen, die De 385 A. 58 als theoretischen Gewinn darstellt, unterscheiden A von Plotin. Man kann solche Anthropomorphismen poetisch und tiefsinnig finden. Man kann sie damit empfehlen, A habe hier die Einzigartigkeit zeitlicher Prozesse und die Freiheit des Weltbegründers als erster gedacht. Doch diese Anthropomorphismen haben in einer philosophischen Argumentation einen Nachteil: Sie führen zunächst ein Prinzip ein, das zur Erklärung der Welt notwendig sei, um dann zu versichern, dieses Prinzip hätte die Begründung der Welt ebensogut unterlassen können, d.h. es könne ebensogut auch kein Prinzip sein.

Die Differenz zu platonisierenden Theorien des Ursprungs der Zeit aus der Ewigkeit (im Sinne von *Timaios* 37 d und *Plotin* III 7) belegt Augustins Hinweis auf die göttliche Allesverursachung, n. 15, 2. Aber er entwickelt daraus keine spezifisch christliche Z e i t - Theorie, jedenfalls hier nicht. Vgl. auch B 276–277.

n. 15, 14: *Non enim erat tunc, ubi non erat tempus*

Ohne Zeit gibt es kein Vorher und kein Nachher. Dies ist das einfache und in sich vollständige Argument Augustins gegen die manichäische Annahme einer Zeit *vor* der Zeit. Ob A dieses Argument später hat durchhalten können, ist hier nicht zu entscheiden. Bezweifeln kann man es. Denn er hat später doch von einer Zeit der Engel *vor* der Erschaffung von Sonne und Mond gesprochen, *De civ. Dei* XI 9. Dies hängt mit seiner spezifischen Fassung des *motus* zusammen: Wenn es außer dem *motus corporalis* auch einen *motus spiritalis* gibt, wenn Gott die Engel also nur durch die Zeit, die irdischen Geschöpfe aber durch die Zeit *und* den Ort *bewegt,* dann muß es Zeit geben, wenn es Engel gibt, auch wenn der Himmel noch nicht existiert oder wenn er stillsteht, *De Gen. ad litteram* VIII 26. H. Chadwick, *Confessions* 230 A. 18, verweist für Augustins Hauptargument auf Aristoteles, *Metaphysik* XII 6, wonach es ohne Zeit kein Vorher und kein Nachher gibt.

n. 16, 1–13

Der Bischof Etienne Tempier von Paris erklärte 1277, das Nichtsein der Welt gehe ihrem Sein der Dauer, *duratione,* nach voraus (These 99). Heißt das, es gehe ihr der Zeit nach voraus?

Man sieht, wie die Kirchentradition die Vorstellung einer *Zeit vor der Zeit* begünstigt hat. A wollte nicht, daß man von Gott sage, er gehe den Zeiten der Zeit nach voraus. Dies hielt er für eine Verzeitlichung der ständigen Gegenwart Gottes, die als der Inbegriff von allem und als das Maß alles Zeitlichen der Paradoxie enthoben ist, daß Ganzheit erst erreicht ist, wenn alles ins Vergangene verschwunden ist. Gott ist das Bleibende und wahrhaft Seiende, vgl. auch n. 17: *tu permanes.* Wahrhaft seiend ist, was unverändert bleibt, *Conf.* VII 11, 17, dt. 185. Die Identifikation von „seiend" mit „bleibend" entspringt der Parmenideischen Philosophie; die Konzeption der Ewigkeit als sukzessionsfreien Zugleichsbesitzes aller Vollkommenheiten stammt von Plotin. Das Zugleichsein in n. 16, 7 steht ebenfalls vor dem Hintergrund des plotinischen Denkens: Das Ewige als das wahrhaft Seiende ist nicht das unendlich Ausgedehnte, ist nicht infinite Zeit, sondern unveränderlicher Selbstbesitz, der in sich konzentriert ist. Es ist unzerdehnt, *adiastatos,* also überzeitlich, *Enn.* III 7, 3. Vgl. J. Whittacker, God, Time, Being, Oslo 1971.

Die antik-philosophische Komponente in Augustins Konzept der Ewigkeit besteht also nicht nur in der Parmenideischen Identifikation des Seienden mit dem Bleibenden, sondern vor allem in der Plotinischen Konzeption der Unzerteiltheit, Unzerdehntheit des Zugleichbesitzes aller Facetten. De 385 A. 63 setzt Guittons Abwertung Plotins mit der Überlegung fort, A verdanke der antiken Philosophie nur die platonische Gleichsetzung des wahren Seins mit dem Ewigen, und die *kühne Neuerung, l'audace innovazione,* Augustins bestehe darin, die Ewigkeit als *sprechendes Subjekt* zu denken, das alles zugleich und auf einmal ausspreche, im göttlichen Verbum.

R. De Montecelli begründet ihre Ansicht von der *kühnen Neuerung* in Augustins Theorie der Ewigkeit mit dem Textabschnitt n. 16, 9–12: A denke das bleibende Sein, also die Ewigkeit, als *Ich.* A spreche vom ewigen Ich und seinem dauernden *Heute.* Der Ausdruck *Heute* beziehe sich auf den Augenblick, in dem er ausgesprochen werde, und verweise daher notwendig auf ein sprechendes Subjekt. Damit habe A die Grundlage seiner Zeitphilosophie gelegt. Sie bestehe in der Einsicht, daß es keine Gegenwart gibt ohne ein Ich. Die erste Person der Trinität spreche den Sohn in einem notwendigen Zusammenhang von Gegenwart und gesprochenem Wort. Die moderne Phänomenologie des Zeitbewußtseins – *fenomenologia della coscienza del tempo* –, die von den Philosophen des 20. Jahrhunderts wiederaufgenommen werde, habe also einen theologischen Ursprung.

Diese Art von Hypothesenbildung findet sich in der neueren Augustin-Literatur öfter; sie verdient daher einige Bemerkungen:

1. Weder Plotin noch Augustin gebrauchen den modernen Terminus *Subjekt.* Ihn bezüglich Augustin zu gebrauchen heißt geschichtliche Welten ineinander schieben. Wer ihn dennoch weiter verwenden möchte, müßte z.B. erst einmal erklären, wie physische Vererbung von Schuld mit diesem Subjektbegriff vereinbar ist.

2. Daß die Ewigkeit *spricht,* also den Logos in seinem Zugleich aller

Formen hervorbringt, charakterisiert die neuplatonische Logoslehre, die A freudig aufgenommen hat. Gerade hier sah er keine Notwendigkeit zu einer *kühnen Neuerung.*

3. Daß der Ausdruck *Heute* auf die Gegenwart eines sprechenden Subjekts, daß er auf einen Augenblick und einen Ort verweist, ist eine richtige Einsicht, die aber A nicht ausspricht. A widerspricht ihr sogar, denn er lehrt ein *ewiges* Heute, dem kein empirischer Augenblick und kein Ort entsprechen. A extrapoliert Gegenwart, Sprechenden und Heute; er nimmt all diesen Bestimmungen ihren konkreten Leib- und Augenblicksbezug, auf dem die Philosophen des 20. Jahrhunderts bestehen, weshalb sie auch nicht mehr wie A bei ihrer Zeitanalyse von der *Ewigkeit* ausgehen.

4. Zu der Frage, ob A eine *Phänomenologie* des Zeit*bewußtseins* geben wollte, wie R. De Montecelli mit Husserl sagt, vgl. jetzt H. Doch gebe ich, ohne mich in einen Streit über den Terminus *Phänomenologie* einlassen zu wollen, auch zu bedenken:

D'abord, il faut avouer qu'il n'y a pas, chez Augustin, de phénoménologie pure du temps. Peut-être n'y en aura-t-il jamais après lui.
P. Ricœur, Temps et récit, 1983, 1, 23.

Keineswegs ergibt es sich daraus, daß man A Konsequenzen ansinnt, die er nicht gezogen hat, wie z.B. jene, daß jedes *Heute* ein hier und momentan sprechendes Ich voraussetze.

5. Daß die Tendenz zur Subjektivierung der Zeit eine *theologische* Grundlage habe, ist eine im Anschluß an E. Gilson und J. Guitton gebildete Hypothese, die a) A moderne Zeittheorien unterschiebt, b) die Rolle der *psyche* in der *Physik* des Aristoteles und besonders in Plotins *Enneade* III 7 vergißt und c) den Widerstand der Theologen gegen die Subjektivierung der Zeit im 13. und 14. Jahrhundert nicht zur Kenntnis nimmt. Reiches Material dazu jetzt bei J 231, 243, 251–254, 274–275, 282 f., 286 A. 18, 291–294, 367–389, 399 f., 400, 407, 410–417.

Eine andere methodologisch bedenkliche Modernisierung der Zeittheorie Augustins:

K. Gloy, Die Struktur der Augustinischen Zeittheorie im XI. Buch der Confessiones, in: Philos. Jahrbuch 95 (1988) 82 und Anm. 26, diskutiert die These von L. Boros, Gottes Ewigkeit kenne sowohl ein Zugleich wie ein Nacheinander; sie nennt dies die *dialektische Interpretation* des Verhältnisses von Zeit und Ewigkeit und stellt sie der *undialektischen Interpretation* entgegen, nach der die *Zeit zeitlos der*

Ewigkeit eingefaltet ist, wie O. Lechner, Idee und Zeit in der Metaphysik Augustins, München 1964, 143, sagt. Augustins Text schließt, bes. in Zeile 5 bis 11, ein Nacheinander in Gott aus.

n. 17, 1–8: *Quid est enim tempus?*

Die Zeilen 1 bis 3 schließen die in n. 12 begonnene Diskussion ab, ohne ein neues Argument zu bringen: Es gab keine Zeit, in der Gott nichts gemacht hätte, denn er hat die Zeit gemacht. Existierte etwas, das ihm gleichewig wäre, wäre es nicht die Zeit, sondern das Bleibende, also das Ewige.

Mehr als diese verbale Anknüpfung bringt A nicht vor, um zu der Frage zu kommen: Was ist die Zeit? Er stellt diese Frage *argumentativ* unvermittelt. Was wir über die Zeit wissen müssen, um das Verhältnis Zeit und Ewigkeit richtig zu denken (nn. 6–11) und um den Einwand der Manichäer zurückzuweisen (nn. 12–16), ist in dem bisherigen Text gesagt: Die Zeit *ist* nicht und erlaubt wegen des Dahinschwindens ihrer Elemente keinen Vergleich mit dem Ewigen als dem allein wahrhaft Seienden. Als Zerlegung steht sie im Gegensatz zum ewigen Zugleichbesitz, bes. n. 13. Überaus bezeichnend und selten beachtet: Wo A später noch einmal auf den manichäischen Einwand zurückkommt (n. 40), greift er auf die in den nn. 2 bis 16 gegebenen Argumente, nicht auf die Zeitanalyse von n. 17 bis n. 39 zurück. Der Text von n. 17 bis n. 39 stellt auf dem Hintergrund von nn. 6–11 eine vertiefende Frage, steht aber im Verhältnis zu nn. 12–16, *argumentativ* gesehen, autonom da. Dies gibt der an sich problematischen Wendung, mit n. 17 beginne Augustins „Zeittraktat", ein gewisses Recht. Auch die mittelalterlichen Autoren, die Augustins Zeittheorie diskutierten, bezogen ihr Referat der Lehre Augustins ausschließlich auf diesen Teil von Buch XI; das wird besonders deutlich bei Heinrich von Gent, vgl. J 342–398.

Quid est enim tempus? Die Frage, in Zeile 8 eindrucksvoll wiederholt, formuliert das Thema des hier beginnenden großen Textabschnitts. Dabei sind zwei Beobachtungen wichtig:

a) Die mit dieser Frage beginnende Untersuchung ist für Widerlegung des manichäischen Einwandes entbehrlich und wird nicht ausdrücklich für sie verwendet. Auch die *Genesis*-Erklärung kommt ohne sie aus, wie A dadurch beweist, daß er weder in *De Genesi ad litteram* noch in *De civitate Dei* die Zeituntersuchung wieder aufgreift.

b) A macht bei der Frage, was die Zeit ist, keinerlei Einschränkung bezüglich der zu erforschenden Sache: Er will wissen, was *die* Zeit ist. Er will nicht den psychologischen Aspekt der Zeit darstellen. Er stellt die *Was*-Frage in der Art der philosophischen Tradition seit Sokrates. Er will nicht die christliche Zeittheologie entwickeln. Er unterscheidet weder hier noch im folgenden zwischen objektiver und subjektiver Zeit. Er will allgemein und einschränkungslos erforschen, was die Zeit ist. Er bezog sich auf die alte Philosophenfrage, die wir bei Zeno, bei Aristoteles und vor allem bei den Skeptikern nachweisen können, ob der Zeit überhaupt Sein zukommen könne.

Die meisten neueren Ausleger unterstellen A eine irgendwie geartete Einschränkung. Sie entlastet A. Bestimmte argumentative Mängel seiner Zeittheorie, die uns noch beschäftigen werden, lassen sich so kaschieren. Damit vermeidet man Fragen wie diese: Wie kann *mein* individuelles Erinnern den zeitlichen Vorsprung Adams vor Christus bewirken?

Sind die Zeitverhältnisse innerhalb des 20. Jahrhunderts durch die Erwartungen des Menschen des 16. Jahrhunderts begründet?

Gibt es nicht Zeitverhältnisse, in Natur und Geschichte, die vom subjektiven Erinnern und Erwarten unabhängig sind?

A hat in *Conf.* XI diese Frage *nicht gestellt.* Es ist schwer zu sehen, wie er sie hätte beantworten können. Aber er ist nicht vor ihnen dadurch ausgewichen, daß er sich auf die menschliche Zeiterfahrung beschränkt hätte. Halten wir also fest: A hat keinerlei Unterscheidung innerhalb seines Zeitkonzepts vorgenommen. Er hat mit keinem Wort angedeutet, nur *einen Aspekt* der Zeit beschreiben zu wollen. Auch die Unterscheidung von *phänomenaler und nichtphänomenaler Zeit,* die H 51–53 behauptet, ist ihm fremd. Ich erkenne an, daß eine derartige Unterscheidung Schwierigkeiten behebt, die der Text uns bereitet. Aber es ist belehrender, diese Schwierigkeiten rein herauszuarbeiten, als sie durch eine unhistorische Unterscheidung zu verdecken. Es ist eine Tatsache von sachlichem Gewicht, daß weder A noch einer seiner mittelalterlichen Ausleger eine irgendwie geartete Unterscheidung innerhalb des Zeitbegriffs von *Conf.* XI vorgenommen hat. Mir scheint: Niemand *vor* Bergson hat an eine solche Differenzierung gedacht. K. Gloy, Die Struktur der Augustinischen Zeittheorie, in: Philos. Jahrbuch 95 (1988) 73, sowie 74 und 92–95, hat noch einmal die Gewohnheit der von Bergson abhängigen Ausleger fortgesetzt, A eine eingeschränkte Fragestellung zu unterlegen, so, als wolle A nur einen bestimmten, begrenzten „Aspekt" der Zeit darlegen, neben dem der Interpret dann noch andere Aspekte geltend machen könnte. Dies geht an der klaren Ausgangsfrage Augustins vorbei und schafft doppelte Böden der Interpretation. Wir kennen, wie Udo R. Jeck gezeigt hat, mindestens *vier* Philosophen des Mittelalters, die eine Zusammenfassung der Zeittheorie Augustins gegeben haben. Es sind Autoren, die A mit großem Respekt, aber auch mit der Freiheit zu sachlicher Kritik gegenüberstanden: Robert Grosseteste (J 211, bes. A. 14 und 15), Albertus Magnus (J 222–244, 251–254, 404), Heinrich von Gent (J 342, 348, 353–398) und Petrus Johannis Olivi (J 399–425). Keiner dieser Autoren hat im XI. Buch der *Confessiones* zwei Arten von Zeit oder die Unterscheidung zweier Aspekte der Zeit gefunden. Keiner dieser Autoren trat leichtfertig gegen die große Autorität des Kirchenlehrers an, aber auch keiner hat A mit der bequemen Unterscheidung, er handle nur von der *inneren Geschichte der Seele*, den Kirchenvater aus der Schußlinie der philosophischen Kritik zu bringen versucht.

Keiner dieser Autoren hat bezweifelt, daß A eine Definition der Zeit hat geben wollen. O'Daly, *Augustine on the Measurement of Time*, in: *J.J. Blumenthal – R.A. Markus, Neoplatonism and early Christian Thought, London 1981, 171*, O'D 153, findet, A habe zwar in n. 17 den Anschein erweckt, als wolle er eine Definition geben, sie dann aber nicht vorgelegt. In der Tat drängt sich das Problem der Zeitmessung ab n. 17 so sehr vor, daß der Anschein entsteht, A habe seine Was-Frage vergessen. Dennoch gibt er, wie der Fortgang zeigen wird, eine Wesensbestimmung der Zeit. Nicht im Sinne einer modernen oder auch spätmittelalterlichen schulmäßigen Definition. Es geht ihm nicht um eine formallogische Übung, wohl aber im Sinne der antiken Dialektik um ein Wesenswissen, das in Definitionen zum Ausdruck kommt und das ontologische, religionsphilosophische und ethische Konsequenzen hat. Freilich: Grundbegriffe wie „Zeit" oder „Wirklichkeit" können nicht definiert werden wie der Angelfischer in Platons *Sophistes*. Solche Erstbestimmungen können umschrieben und verdeutlicht, aber nicht nach Gattung und Art eingegrenzt werden. Definiert man das Wort „Definition" im letzteren, engeren Sinn, können Stammbestimmungen (Kategorien) prinzipiell nicht definiert werden. Hingegen entspricht es dem umfassenden Charakter der hier zu untersuchenden Grundbestimmungen, daß Metaphern aufblühen, die in Definitionen von Einzelbestimmungen keinen Platz hätten. A sucht mit seiner einleitenden Frage eine sprachliche Formel, welche die Natur oder das wirkliche Sein der Sache, hier der Zeit, anzeigt. Das heißt: A will wissen, ob der Zeit überhaupt Sein zukommt, ferner was sie ihrem Wesen nach ist.

Spätere Zeiten hätten eine solche Frage *ontologisch* oder *physiktheoretisch* oder *naturphilosophisch* genannt; A sind solche Einteilungen hier gleichgültig bzw. sie bestanden damals nicht. Aus Gründen, die zu n. 7, 15 und zu n. 11, 1–5 genannt sind, verwandelt sich ihm die Wesensfrage zu der Frage: *Wo* ist die Zeit? Sie scheint nirgendwo zu sein, wird aber *gemessen.* So drängt sich ab n. 18 die Frage nach der Möglichkeit von Zeitmessung vor. – Ferner will A wissen: *Wie* wird die Zeit gemacht? Und: *Wer* macht die Zeit? Dabei sprach n. 15, 9 die Gewißheit aus, daß Gott der *operator temporum* ist.

H. Chadwick, *Confessions,* 230 A. 19, behauptet schon zu dieser Stelle, A beantworte seine Frage nicht. Ähnlich O'D 153. Nun hat jeder, der über A schreibt, das Recht, eine von A gegebene Antwort als unbefriedigend und in diesem Sinne als *keine Antwort* zu beurteilen. Die Frage ist, ob der Text eine Antwort gibt. Dies ist erst zu entscheiden nach der Analyse von nn. 17–39. Weiter führt der Einwand des Robert Grosseteste, der gegen Augustins gesamte Untersuchung vorbrachte, A *suche* nach einer Wesensbestimmung der Zeit, aber sein Vorgehen beweise, daß er schon im Besitz einer solchen sei, denn er unterstelle durchgehend, die Zeit sei das Maß der Bewegung, und dies sei eben, wie Aristoteles gezeigt habe, die Definition der Zeit. Belege bei J 211 A. 15. Aber die Erörterungen von Erstbestimmungen haben es an sich, daß sie nur *explizieren,* nicht durch genus und species definieren können. Sie lassen sich nicht klären, ohne sie irgendwie dabei zu verwenden.

Zur Zeituntersuchung ab n. 17 vgl. S 581–91, M 57 ff., Sor 29–32, 80–81, 94–95, 124, 163 u.ö., O'D 152–161, ferner H passim.

n. 17, 9: *Si nemo ex me quaerat, scio*

Die Erklärung Augustins, wenn niemand ihn danach frage, wisse er, was die Zeit ist, aber wenn er gefragt werde, habe er Erklärungsschwierigkeiten, hat ihrem Autor viel Ruhm eingetragen. Aber einmal ist zu beachten, daß A das Denken nicht wie viele neuere Autoren seit W. v. Humboldt an das Sprechen bindet; in n. 17, 5 deutet er noch einmal an, daß er sprachfreies Denken kennt. A arbeitet daher auch nicht – wie De 386

A. 66 und 387 A. 68 modernisierend behauptet – die Sprachlichkeit der Zeit heraus, so daß er Zeitdimensionen als rein oder primär sprachliche Referenzsysteme beschriebe, die sich auf das Hier und Jetzt eines einzelnen Sprechenden beziehen.
Sodann: Seit Heraklit und den Eleaten, spätestens aber seit Platons *Sophistes* (224 a), haben Philosophen die Selbstverständlichkeit kritisiert, mit der wir im Alltag Wörter zu verstehen meinen, z.B. das Wort *seiend*. Plotin hat dies ausdrücklich auf das Alltagswort Zeit bezogen, am Anfang seiner Zeitabhandlung, *Enneade* III 7, 1, 7. Vgl. dazu B 147: Plotin, nicht A ist der Begründer einer von Husserl wiederaufgegriffenen Reflexion, wonach wir mit der Zeit als dem Allerbekanntesten vertraut sind, ohne doch zu erkennen, was sie ist. Zur Sache vgl. E. Husserl, *Vorlesungen zur Phänomenologie des inneren Zeitbewußtseins,* Halle 1928, 368, Heidegger, *Logik,* Gesamtausgabe, II. Abt. Bd. 21, 238 und L. Wittgenstein, *Philosophische Untersuchungen,* § 89 bis 91, Schriften Bd. 1. Frankfurt/M. 1969, 336–338, der anhand von Augustins Frage in unserem Text die Eigenart philosophischer Fragen – im Unterschied zu Fragen der Naturwissenschaft – erklärt: Es handelt sich um Dinge, die man weiß, wenn niemand danach fragt, auf die man sich aber *besinnen* muß, wenn danach gefragt wird. Wir besinnen uns auf die *Art von Aussagen,* analysieren unsere Ausdrucksformen, dürfen daraus aber nicht folgern, wir berührten mit solchen Untersuchungen den Grund der Dinge, während Einzelwissenschaften und Alltagswissen sie nur oberflächlich berührten. *Unsere Betrachtung ist daher eine grammatische ... Daher besinnt sich auch Augustinus auf die verschiedenen Aussagen, die man über die Dauer von Ereignissen, über ihre Vergangenheit, Gegenwart oder Zukunft macht,* § 90, Schriften Bd. 1, 337. Wittgenstein will also, der Sache nach antihusserlianisch, die Ambition einer aprioristischen Fundamentalwissenschaft durch Analyse des Vorgehens Augustins abbauen. Wir haben, wenn wir wie A fragen, den Eindruck, etwas Sublimes oder etwas besonders Tiefes zu tun, als suchten wir das Fundament oder das verborgene Wesen der Alltagserscheinungen. Wir neigen dazu zu glauben, wir müßten zu dem Zweck die Alltagserscheinungen *durchschauen,* aber eine derartige Untersuchung geht nicht auf Erscheinungen, schon gar nicht auf neue Tatsachen, sondern auf die *Möglichkeiten der Erscheinungen.*

n. 17, 10–12: *fidenter tamen dico scire me*

Die neuere Literatur über A steht vielfach unter dem Einfluß des Existenzialismus oder fideistischer Theologien und erweckt oft den Eindruck, als sehe sich A ständig vor lauter Rätseln oder auch Geheimnissen; als taste er sich zwischen Glauben und Ahnen unsicher voran. Demgegenüber sagt der Text, daß A seiner Sache völlig gewiß ist: *fidenter tamen dico me scire*. Vgl. auch das *audenter dico* in n. 14, 9. In 14, 9 bezog sich das auf eine grammatische Erklärung; hier nicht im gleichen Sinne: A ist sich gewiß, daß, wenn nichts vorübergegangen wäre, es keine vergangene Zeit gäbe, daß, wenn nichts auf uns zukäme, es keine zukünftige Zeit gäbe, und daß, wenn es überhaupt nichts gäbe, es keine Gegenwart gäbe. Dies erklärt er selbst zum gewissesten Ausgangspunkt aller Zeituntersuchungen. Auch wenn A im folgenden Argumente der Skeptiker vorbringen wird, hat er bereits jetzt gegen die radikale Skepsis einen festen Ausgangspunkt gesichert.

Damit ist mindestens zweierlei festgelegt:

1. Zeit setzt Weltveränderungen voraus. Ohne daß (objektiv) etwas auf uns zukommt, gibt es keine zukünftige Zeit. Ohne daß (objektiv) etwas vergangen, vorübergegangen ist, gibt es keine Vergangenheit. Gäbe es keine Veränderungen, *motus,* gäbe es keine Gegenwart.

Dies kann man A bestreiten, sowohl in sich als auch in seiner Tauglichkeit als gewissester Ausgangspunkt der Zeitforschung. Aber man kann nicht bestreiten, daß A dies so gesagt hat, daß er also die Frage, was die Zeit sei, sofort in einen ontologisch-kosmologischen Rahmen gestellt hat, und zwar so, daß er von den Weltveränderungen oder auch den Naturprozessen her das Verlaufen der Zeit und die menschlichen Zeiterfahrungen untersuchen will. An dieser Stelle scheitern alle Auslegungen, die A auf die subjektive Seite der Zeit, etwa auf die Psychologie der Zeiterfahrung oder ähnliches festlegen wollen. Von-außen-Erfahrung, nicht Weltinnenraum, gibt A als Leitfaden seiner Zeitanalyse an.

De 386 A. 65 sieht richtig, daß A hier nicht mehr die früher von ihm übernommene platonisierende Deskription der Zeit als eines *bewegten Bildes der Ewigkeit* wiederholt; sie hebt hervor, diese *relativ neue* Zeittheorie Augustins denke die Zeit als *Seinsweise der endlichen Kreatur,* doch legt sie diese Theorie sogleich fest

a) auf den Gegensatz, gar auf einen *direkten Gegensatz zu der anderen großen Zeittheorie der Antike,* nämlich zu der des Aristoteles

b) auf die Vorläuferrolle zu modernen Zeittheorien, denn A denke die Zeit als Funktion der Tätigkeitsweise, die einen endlichen Geist charakterisiere, der außerstande sei, Gegenstände anders aufzufassen als im Nacheinander.

Zu a) Von einem *direkten* polemischen Bezug auf Aristoteles kann in unserem Text nicht die Rede sein, nicht einmal von einem *indirekten:* n. 17, 10–12 beschreibt der Sache nach den *motus*-Aspekt der Zeit, den Aristoteles für grundlegend hielt, aber keineswegs mit der Zeit identifiziert hat.

Zu b) Es kann nicht zu Beginn von Augustins Zeitabhandlung bereits als ausgemacht gelten, er habe die Zeit als *Funktion* des endlichen Geistes aus dessen typischem modus operandi, der durch Sukzession gekennzeichnet ist, abgeleitet. n. 17 zeigt, daß A gerade *nicht* einsetzt mit der Analyse des endlichen Geistes, sondern mit der Objektivität von *motus*.

Seit Guitton, Schaeffler und anderen wurde vielfach versucht, die zeittheoretischen Elemente in Augustins *De Genesi ad litteram* an die als subjektivistische Zeittheorie oder als Beschreibung der Seelenzeit gedeutete Zeitanalyse von *Conf.* XI anzugleichen. Mit historisch unhaltbaren Modernisierungen. Man sehe zunächst, wie A in *De Gen. ad litt.* die Zeit beschreibt:

Die erste Weltbegründung durch Gott, also die Erschaffung, fand statt ohne zeitliche Intervale. Anders verwaltet Gott die Welt in der Zeit, nämlich

> *per temporum moras, quibus videmus sidera moveri ab ortu ad occasum, caelum mutari ab aestate ad hiemem, germina certis dierum momentis pullulare, grandescere, virescere, arescere, animalia quoque statutis temporum metis et cursibus et concipi et perfici et nasci et per aetates usque in senium mortemque decurrere et cetera huiusmodi temporalia.*

De Gen. ad litt. V 11, 27 CSEL 28, 1 Zycha S. 155, 4–9, BA 48, 410.

A beschreibt die Zeit vor allem als Zeit der Himmelskörper, dann der Jahreszeiten, dann der Lebewesen, die geboren werden und sterben. Man könnte einwenden, A sehe hier die Zeit primär als Naturphänomen, ohne den Menschen auch nur zu erwähnen, weil es um die Erklärung der *Genesis* gehe. Aber genau darum geht es auch in *Conf.* XI–XIII. Dieser Zusammenhang wird verdunkelt, wenn man mit Guitton die Zeitlehre der *Confessiones* als Beschreibung der *inneren Geschichte* des Menschen zurechtlegt.

2. A setzt schon bei dieser ersten Beschreibung der Zeit die Dreizahl der Zeitdimensionen als ursprüngliche Bestimmungen voraus – vgl. dazu auch Heidegger, *Sein und Zeit,* 326 – und erteilt der Gegenwart unter den drei Zeitdimensionen den eindeutigen Vorrang. Weil etwas gegenwärtig war, aber vorübergegangen ist, gibt es vergangene Zeit. Weil in der Gegenwart etwas auf uns zukommt, gibt es zukünftige Zeit. Weil die Welt actu existiert, gibt es Gegenwart. Vor allem in Zeile 12 ist Gegenwart als die Seinsseite der Zeit ausgezeichnet. Wenn überhaupt etwas ist, muß es gegenwärtige Zeit geben. Dies gehört zu dem von A als *gewiß* markierten Ausgangspunkt; es stürzt A freilich, schon in den Zeilen darauf, in Aporien. Um so wichtiger ist es, diese Ausgangsgewißheit nicht aus dem Auge zu verlieren oder sie bereits im Sinne eines erwünschten Ergebnisses auszulegen.

n. 17, 12–19: *Duo ergo illa tempora, praeteritum et futurum,*
quomodo sunt?

Aus dem, was nach 17, 9–12 mit Zuversicht gewußt werden kann, ergibt sich die Aporie, ob der Zeit überhaupt Sein zukomme. Am deutlichsten zeigt sich die Verlegenheit für Vergangenheit und Zukunft: Wie können sie sein, da sie doch entweder nicht mehr oder noch nicht sind? Aber auch das Sein der Gegenwart ist zweifelhaft: Sie ist nur Gegenwart, wenn sie ins Vergangene übergeht. Ginge sie nicht vorüber, wäre sie nicht gegenwärtige Zeit, sondern Ewigkeit. Wieder zeigt sich Gegenwart als das, was Zeit und Ewigkeit ähnlich macht. A hebt aber diese Ähnlichkeit nicht hervor, sondern arbeitet im Gegenteil das Prekäre am Sein der Zeitdimension der Gegenwart heraus: *Kann* sie *seiend* heißen, wenn der Grund dafür, daß sie ist, der ist, daß sie nicht mehr sein wird? Wie kann man mit Recht von der Gegenwart sagen, sie sei, wenn sie nur als Übergehen ins Nichtsein vorkommt?

Aristoteles hatte in *Phys.* IV 217 b 31–33 das Problem genannt, aber rasch wieder verlassen: Wie kann die Zeit *seiend* heißen, wenn ein Teil von ihr nicht mehr, ein anderer Teil noch nicht ist? Aristoteles folgerte aus dieser Überlegung nicht etwa, daß die Zeit nicht sei. Im Rahmen einer *Physik* hielt er den Zweifel für unfruchtbar. Ausgebaut hatten ihn dann die Skeptiker, vgl. Sextus Empiricus, *Adversus Mathematicos* 10,

192, doch siehe 10, 169 bis 247. Stoiker hatten das Problem mehrfach diskutiert; auch Plotin hatte es gekannt, aber auch er hatte es an den Rand gedrängt, III 7, 13, 49–53. Vgl. B 288–289. A stellt es in den Mittelpunkt; er entwickelt aus ihm die Aporie, die ihn zwingt, seine Anfangsgewißheit neu zu begründen.

Zur antiken Geschichte des Problems vgl. J.F. Callahan, Augustine and the Greek Philosophers, Villanova USA 1969; V. Goldschmidt, Le système stoïcien et l'idée du temps, Paris ²1969. Beachte J 72 ff., 211 ff., 344 ff.

Wertvolle Informationen bei M 58–59, der sich durch Nachgiebigkeit gegenüber existenzialistischen Aktualisierungen berechtigte Kritik von Schm 39 eingehandelt hat: Die Zeilen 18–19 sprechen nicht vom *Sein zum Tode*. 18–19; sie formulieren einen Topos, den Aristoteles als außerphysikalische Überlegung abwies und den die Skeptiker ausbauten. Sie stehen dem Spieltrieb und der Disputationslust antiker Philosophen, die nach der Art des Zeno Aporien durchspielen, näher als den Geworfenheiten der zwanziger Jahre.

n. 18, 1–20

A formuliert einen ersten Einwand gegen die am Ende von n. 17 aufgebaute Aporie, die seinen theoretischen Fixpunkt (n. 17, 10) gefährdet hatte: Müssen wir der Zeit nicht doch zugestehen, daß sie *ist*, wenn wir im Alltag von ihr behaupten, sie sei kurz oder lang? A verweist also auf das alltägliche Zeitbewußtsein, das von zenonischen oder skeptischen Einwänden gegen die Wirklichkeit von Zeit unberührt bleibt.

A spricht keine philosophische Fachsprache; er konstruiert nicht seine Terminologie. Beweistechnische Finessen liegen ihm fern: Hatte *tempus* in n. 17, 4 die Bedeutung von *Zeit überhaupt*, heißt es in n. 18, 1 offenbar: *Zeitspanne*. Hingegen interessiert es A, daß wir von langer bzw. kurzer Zeit nur bei der vergangenen oder der künftigen Zeit, nie bei der Gegenwart sprechen. Dabei macht er wiederum keinen terminologischen Unterschied zwischen der abstrakten grammatischen und gedanklichen Form *Vergangenheit* und der einzelnen vergangenen Zeitspanne. Er zielt darauf ab, daß wir gerade bei denjenigen Zeitdimensionen, deren Existenz zweifelhaft ist, eben bei vergangener und zukünftiger Zeit, Prädikate wie *kurz* oder *lang* gebrauchen. Wie sollten diese Zeitdimensionen nicht *sein*? Dabei unterstellt A, wir könnten diese Prädikate nicht gebrauchen, wenn die Zeit nicht real wäre. Sein Argument: Wie kann etwas lang oder kurz *sein,* dessen Sein wir bestreiten, geht davon aus, Langsein oder Kurzsein seien eine Unterart von Sein. Die Argumentation versteht die Funktion der Kopula *ist* nicht. Sie deutet sie als Existenzbehauptung. Vgl. dazu W 26. Man muß nicht behaupten, dies sei A nicht klar gewesen; wir sind in einer Art Disputationsübung. A spielt eine Argumentation durch: Müßte man nicht von einer vergangenen Zeitspanne sagen, sie *war* lang, nicht: sie *ist* lang? Der Gebetsausruf der Zeilen 9 und 10 markiert einen neuen aporetischen Moment: *Lang* konnte eine Zeitspanne nur sein, als sie real existierte, als sie also gegenwärtig war. Müßten wir also sagen: *Lang war die damals gegenwärtige Zeit?* A bereitet hier die Einsicht vor, daß auch das Vergangene nur in der Gegenwart existiert. Die Skeptiker hatten eben diese Überlegung angeführt, um zu zeigen, daß die Annahme realexistierender Zeit zu Absurditäten führe. Denn dann erhob sich der Einwand, wie der ausdehnungslose Augenblick der Gegenwart *lang* heißen könne. Vgl. Sextus Empiricus, *Adversus Mathematicos* 10, 191 und M 61. Der Abschnitt endet mit der Aporie: *Lang* konnte die Zeitspanne nur sein, als sie *war.* Weil wir es wohl nicht lassen werden, Zeitspannen als *lang* oder als *kurz* zu bezeichnen, werden wir wohl zu der Annahme zurückkehren, die Zeit *sei.* Daß wir Zeitspannen als *kurz* oder *lang* beurteilen, nennt A hier noch nicht, wohl aber gleich in n. 19, 3, das *Messen* der Zeit. Hier führt er vor, was er unter *Messen der Zeit* versteht: Er denkt nicht an Apparate zur Zeitmessung, die es in der Spätantike sehr wohl gab; er denkt an das umgangssprachliche Vergleichen von Zeitspannen, an ein alltägliches Abschätzen von der Art, wie man Entfernungen schätzt oder, mehr noch, wie der Rhetor Silbenlängen mißt, vgl. n. 33.

Augustins Fragestellung ist nicht wissenschaftstheoretisch, gar protophysikalisch, bezieht sich allerdings auf die Zählbarkeit von Naturvorgängen. Sie impliziert keinen Konflikt zwischen *gelebter Zeit* und *gemessener Zeit.* Solche Thesen bilden nur die Anwendung der Systematik Bergsons auf Augustins Text, zuerst bei J. Guitton, passim, dann noch De 387 A. 68. Die Zeit*messung,* von der A spricht, bezieht sich de facto auf Alltagssituationen und auf Individuen, die zurückblicken oder an die Zukunft denken. In n. 21, 1–2 sagt A, worin sie besteht: Wir nehmen Intervalle wahr und nennen die einen „kürzer", die anderen „länger".

Wir können von dieser Stelle aus den Gang der Zeitabhandlung Augustins überblicken: Aus n. 17 steht einerseits fest, daß es Veränderungen gibt in der Welt und daß, weil Dinge auf uns zukommen und wieder verschwinden, Zeit sein muß. Andererseits ist nicht einzusehen, wie die Zeit, insbesondere die noch nicht seiende Zukunft und die nicht mehr seiende Vergangenheit *sein* können. Auch das Sein der Gegenwart löst sich vor unseren Augen auf, wie A mit einem Argument der antiken Skeptiker zeigt, vgl. dazu M 63–64 und De 387 A. 69. Ab n. 18 ermahnt sich A immer wieder, zur Lösung dieser Aporie auf der Tatsache zu beharren, daß wir – in der angegebenen nicht-spezialistischen Weise – Zeitspannen abmessen. Das ist nach n. 17, 12–19 unmöglich; aber nach n. 18, 1–2 geschieht es de facto. Aber dann muß die aus der in n. 18, 6 enthaltenen ontologischen Prämisse unserer Verwendung von Zeitprädikaten entspringende Aporie gelöst werden: Die Zeitspannen, auch die gewesenen und die zukünftigen, müssen existieren; sie müssen in der Gegenwart existieren, und sie müssen, um gemessen werden zu können, eine Art Ausdehnung aufweisen. Die langen Diskussionen von n. 19 bis n. 33 suchen diesen Ausweg aus der Aporie. In n. 33 zeigt sich dann als Ausweg: Die Zeiten existieren in der Gegenwart, sie weisen eine Art Ausdehnung auf und sind folglich meßbar, wenn wir die Zeit als eine Art *distentio animi* definieren. Dann und nur dann ist die zentrale Prämisse von n. 17, 10 neu gerechtfertigt.

n. 19, 1–3: *Videamus ergo, anima humana*

Einladung zur Selbstreflexion: Die menschliche Seele muß sich mit sich selbst bekannt machen. Dann wird sie auch das Problem lösen können, wie eine gegenwärtige Zeitspanne *lang* heißen kann. Denn ihr ist es gegeben, Zeitspannen zu empfinden und zu beurteilen. Seit n. 17 hat A drei Ausgangsbehauptungen entwickelt und als ‚gewiß' qualifiziert:
 1. Es gibt Zeit, weil es Veränderungen gibt.
 2. Wir beurteilen de facto Zeiträume als lang oder kurz.
 3. Die menschliche Seele ist so ausgestattet, daß sie Dauer wahrnimmt.
In der dritten Behauptung deutet sich die Lösung des Problems an. Aber zunächst verstrickt sich A bzw. verstrickt A seinen Leser tiefer in die Aporie: Wenn *wirkliche* Zeit nur die gegenwärtige Zeit ist, was ist dann gegenwärtig, so daß es eine lange oder kurze Zeit heißen kann?

n. 19, 3 – n. 20, 12

Weder hundert Jahre, noch ein Jahr, noch ein Monat sind eine gegenwärtige Zeit. In n. 20 setzt A dieses Spiel fort für den Tag und die Stunde. Es ist das Spiel der Skeptiker, die Zeitdimensionen auf die Gegenwart und die Gegenwart auf das ausdehnungslose Jetzt zu reduzieren. Vgl. dazu Sextus Empiricus, *Adv. Math.* 10, 182–184; J.F. Callahan, Augustine and the Greek Philosophers, S 82 und M 63–64. Wir treffen dieses Spiel auch bei Seneca, vgl. J 81 f.

Zeiteinheiten, die kleiner sind als eine Stunde, benennt A nur ungenau. Ein weiteres Indiz, daß er Zeitmessen nicht im gegenwärtigen Sinn des Wortes untersucht. Er ist nicht an Präzision interessiert, also nicht an *Messen* im modernen Wortsinn. Doch sollte nicht übersehen werden: Für Augustin ist – wie für Aristoteles – die Zeit das *Gezählte*. Er sucht den Zeitraum, der allein gegenwärtig ist. Ein solcher allein könnte als Kandidat dafür gelten, real zu existieren. Nur zeigt sich jetzt sein Nachteil: Er geht so rasch in die Vergangenheit über, daß er ausdehnungslos ist. Dies wiederum bedroht die oben genannte zweite Prämisse der Zeitlehre Augustins.

Gegen diese progressive Annihilierung des Jetztpunktes haben Bergson und Yorck, Husserl, Heidegger und Wittgenstein protestiert. Doch wurde nicht erst im 20. Jahrhundert Widerspruch laut. Albertus Magnus, Ulrich von Straßburg, Nikolaus von Straßburg und Petrus Johannis Olivi forderten eine konkretere Analyse des Jetzt, vgl. J 244, 402 und 403 A. 18.

n. 20, 12–26

Die gegenwärtige Zeit kann nicht *lang* sein. Sie *ist* zwar, aber sie ist nicht ausgedehnt. A versucht es noch einmal mit der Zukunft. Aber sie kann nach der Prämisse von n. 18, 6 als noch nicht seiend auch nicht *lang* sein.

Seit Bergson uns gelehrt hat, Zeittheorien nach ihrer Verräumlichungstendenz zu untersuchen, ist hier leicht zu sehen, wie A die Verräumlichung herstellt, weil er sie braucht: Von n. 20 an nimmt A das Wortfeld von *tendere, extendere* einschließlich *distentio* und *attentio* zunehmend in Anspruch, vgl. besonders Zeile 12 und das *spatium* in Zeile 13, doch auch n. 13, 9 und 30, 29 und 33, 20, aber auch 38, 15–16. Daß das *praesens* kein *spatium* habe, sagt auch Seneca, vgl. J 82. Zum Wortfeld von *tendere* vgl. O'Donnell 3, 125–126 und 276.

Auffälliger noch: Soeben hat es sich als unmöglich erwiesen, die Zeit in der gegenständlichen Welt zu finden, und sogleich formuliert A seine daraus resultierende Verlegenheit in einer Weise, die Raumvorstellungen nicht nur voraussetzt, sondern auch für das Weiterfragen zum Leitfaden wählt, indem er fragt: *Wo* ist also die Zeit, die wir *lang* nennen könnten? Natürlich denkt A an ein metaphorisches Wo, aber auch ein metaphorisches Wo ist ein Wo.

Bei der Analyse des Gedächtnisses stieß A schon früher auf einen unräumlichen Raum, auf Innenraum, vgl. *Conf.* X, 9, 16, dt. 262. Man kann unter diesem Gesichtspunkt den Grundriß der Augustinischen Ontologie und Zeitlehre – um selbst in der Raummetapher fortzufahren – folgendermaßen zeichnen:

Was ist, ist irgendwo. Vgl. oben n. 7 und n. 11.

Was ist, ist irgendwie gegenwärtig. Vgl. n. 17, 12.

Was ist, ist irgendwie sichtbar, sinnlich oder intellektuell.

Für die Welt bedeutet das:

Die Welt ist in einem *Worin* gemacht,

nicht in einem Ort, nicht in einem Material,

aber doch in einem unräumlichen Ort;

sie ist *im Verbum* gemacht.

Für die Zeit bedeutet das:

Sie muß *in* etwas sein.

In diesem *In* müssen Anfangs- und Endpunkt gegenwärtig und irgendwie sichtbar sein.

Der Fortgang des Zeittraktats soll zeigen: Alle diese Bedingungen sind nur erfüllt, wenn die Zeit *in* der Seele ist. Vgl. auch Sch 86–87 und O'D 154.

A hat die Dreiheit von *memoria, contuitus, expectatio* hier nicht als Analogie zur Trinität entwickelt. Cicero hatte in der *prudentia* die drei Teile unterschieden: *memoria, intellegentia, providentia.* Zu weiteren antik-philosophischen Vorlagen vgl. M. O'R. Boyle, in: Recherches augustiniennes 22 (1987) 129–150 und O'Donnell 3, 283–285.

n. 21, 1–10

A insistiert auf seiner Ausgangserfahrung: Wir nehmen Zeiträume und deren Unterschiede wahr. Wir „messen" sie (d.h. wir finden sie in Alltagssituationen „kurz" oder „lang") aufgrund von Wahrnehmung. Wahrnehmung kann nur die Wahrnehmung eines Gegenwärtigen sein. Die Zeit kann nur wahrgenommen und gemessen werden, solange sie gegenwärtig ist. A sagt es hier nicht, aber seine Sätze drängen in diese Richtung: Dies ist aber nur möglich, wenn im Jetztpunkt zugleich eine Ausdehnung vorliegt, wenn der Jetztpunkt nicht nur punktuell genommen wird; sonst käme kein Zeitfluß zustande. Aber wie kann das als punktuell konstruierte ausdehnungslose Jetzt gleichwohl eine Erstreckung aufweisen?

Aristoteles hatte die Schläfer von Sardes erwähnt, die den Jetztpunkt des Erwachens an den Jetztpunkt ihres Einschlafens knüpfen. Er hatte gesehen, daß verschiedene Personen die Länge von Zeiträumen verschieden erfahren und beurteilen. Aristoteles hat diese Relativierung der Zeiterfahrung nicht weiter verfolgt. Man könnte seine Position dahin zusammenfassen: Man kann einen Zugang zur Zeit haben oder nicht. Dabei gibt es individuelle Differenzen. Aber für alle diejenigen, die diesen Zugang haben, ist die Zeit gleich. A, dem viele eine Psychologisierung der Zeit nachsagen, interessiert sich hier, wo es doch nahelege, nicht im geringsten für Individualdifferenzen in der Zeitabschätzung. A nennt den unentbehrlichen sinnlichen Anteil der Zeiterfahrung: *sentimus interualla temporum.* Er unterscheidet diesen sinnlichen Anteil offenbar auch von dem Vergleichen der Zeitabschnitte und hält das messende Beurteilen, also das endgültige Behaupten, Abschnitt A sei *lang,* für verschieden von beidem. Leider verteilt er die Rollen von Sinnlichkeit, Einbildungskraft und Verstand, die er – wie die platonisierende Tradition überhaupt – sonst sorgfältig unterscheidet, vgl. O'D 110–111, in der Zeiterfahrung nicht genauer. Daß beim Messen und Zählen der Verstand tätig ist, versteht sich. Er spricht auch nicht die Ansicht aus, die sinnliche Zeiterfahrung sei begrifflich prinzipiell nicht zu fassen, sie zerfließe also als Nicht-Seiendes unter dem Zugriff des Denkens; dies würde sein Beweisziel gefährden, das sich in dieser Hinsicht eher „rationalistischen" Prämissen verdankt. Eine der zahlreichen unausgesprochenen Prämissen deutet sich in Zeile 1, aber auch in Zeile 6 an: Während es Aristoteles als absurd ansah, eine Vielzahl von *chronoi* anzunehmen, war es dies für A offenbar nicht. Er bewegt sich auf die Wesensbestimmung von *tempus* zu auf dem Weg über die Meßbarkeit von *tempora.* Für ihn ist der Plural so selbstverständlich, wie er für Aristoteles absurd war. Dies dürfte damit zusammenhängen, daß für ihn die einheitliche Kosmoszeit mit der Sonne als metaphysischer Normaluhr an Autorität eingebüßt hat.

Die Abschnitte von n. 17 bis n. 21 bilden eine Einheit. Sie stellen das Problem der Wesensbestimmung der Zeit vor Augen und entfalten deren Aporie auf dem Hintergrund der skeptischen Einwände gegen die Realität der Zeit. Sie zeigen, daß man bei dem Versuch, auf die Gegenwart als auf die einzig reale Zeit zu rekurrieren, tiefer in die Aporie gerät: Ihr fehlt Ausdehnung, folglich die Meßbarkeit. Dies trifft nur unter der Voraussetzung zu, das „Jetzt" sei ein Teil der Zeit und nicht, wie Aristoteles, *Phys.* IV 13, 222 a 10–b 27, lehrte, eine Art von mathematischer Grenzmarke, die dazu dient, das Früher und Später in der Naturveränderung zu bezeichnen. Vgl. auch O'D 156. Je weiter die Untersuchung unter dieser Augustinischen Prämisse fortschreitet, um so mehr ungelöste Probleme zeigen sich. Aber es deutet sich auch der Ausweg an: Die Seele muß über sich selbst reflektieren. Sie muß drinnen, nicht draußen suchen. Und zu den drei Gewißheiten, die oben zu n. 18 zusammengestellt wurden, scheint eine vierte hinzuzutreten, die in der Augustinischen Ontologie verankert ist:

Die Seele nimmt die Zeiten wahr, während sie vorübergehen. Also in der Gegenwart. Doch noch ist ungelöst, wie sie in der Gegenwart, deren Punktcharakter A im Anschluß an Reflexionen antiker Skeptiker urgiert hat, zugleich ausgedehnt und folglich meßbar sein können.

Zum Ergebnis von n. 17–n. 21 vgl. W 30 und 43 sowie O'D 154–157. Zu beachten ist auch Senecas *natura currit, ratio dilatat*, dazu J 82.

n. 22, 1–4: *praeteritum, praesens et futurum*

Quaero, pater, non affirmo, d.h. ich gehe hier der Aporie nach; ich untersuche beide Seiten entgegenstehender Behauptungen: Legt mich nicht auf Zwischenphasen der Reflexion fest, auch nicht auf das Nicht-sein der Zeit, das sich aus den skeptischen Überlegungen bislang ergeben hat.

Das heißt nicht, A erwarte kein Ergebnis: Er will das Wesen der Zeit *finden*. Nur an dieser Stelle im Buch, nicht im Zeittraktat als ganzem, beschränkt er sich darauf, die Aporie herauszuarbeiten. Zum philosophischen Hintergrund der Terminologie vgl. M 66.

Bisher sprachen die Argumente gegen die Wirklichkeit der vergangenen und der zukünftigen Zeit; jetzt behauptet A wiederum ihre Existenz. Mit zwei Argumenten:

1. Als Jungen lernten wir, und wir lehren die Jungen (die Mädchen sind ausgeschlossen, versteht sich), es gebe drei Zeiten: Vergangenheit, Gegenwart, Zukunft. Das lasen Grammatik- und Rhetoriklehrer bei Cicero, *De inventione* I 26, 39–27, 40 und bei Quintilian. Die römische Grammatik

und Rhetorik hatte aus einer geschichtlich-sprachlich kontingenten Tatsache eine Weltauffassung und Zeitontologie entwickelt. Sie war so zeitresistent wie der Gebrauch des Latein; dies beweist das Auftauchen derselben *Weisheit* bei Abaelard. Vgl. dazu G.R. Evans, 1977, 109.

2. Erkennen heißt: etwas sehen, irgendwie sehen. Die Weissager haben das Zukünftige gesehen. Also ist das Zukünftige irgendwo. Geschichtsschreiber erzählen wahr vom Vergangenen: Wie sollte das möglich sein, wenn das Vergangene nicht irgendwo existiert? Man muß hier nicht zuerst an Propheten denken. In der antiken wie in der arabischen Zivilisation war die Weissagung eine wichtige und viel diskutierte Praxis. Die Stoiker berufen sich auf Weissagungen, um damit ihr Konzept von Providenz, also von lückenloser Weltordnung, zu beweisen. Vgl. Cicero, *De divinatione,* dazu M 66. Es ist beachtenswert, daß A die Zeitanalyse an allgemeinen grammatischen Kategorien und an der Vorhersage von Zukünftigem, z.B. von Sonnenaufgängen, festmacht. Dies schließt es aus, in *Conf.* XI nur eine Untersuchung der *persönlichen Zeit* im Unterschied zur *Zeit der Geschichte* und zur *Naturzeit* zu sehen.

E. Corsini, Lettura del XI libro delle *Confessioni,* in: AA. VV., *Le Confessioni* di Agostino d'Ippona. Libri X–XIII, Palermo 1987, 64 lehnt es ab, in *Conf.* XI eine *Reduktion der Zeit auf bloß Subjektives* zu sehen, findet aber dennoch, es gehe um die Zeit nur der Person, *il tempo personale*, a.a.O., S. 37. Augustins Zeiterörterung habe keinen *theoretischen* Charakter; sie diene nur dem Abschluß der autobiographischen Erzählung der Bücher I bis IX, a.a.O. S. 52. Dagegen ist festzuhalten:

1. Augustins argumentatives Vorgehen (Orientierung an Grammatik, Zusammenhang mit Zukunftsvorhersage) wie seine programmatische Erklärung, er suche das *Wesen der Zeit,* bes. in n. 30, 1, schließen es aus, hier nur die Erörterung der Zeit des Menschen zu sehen.

2. Wer das Wesen der Zeit analysiert, beschreibt auch das Leben der Menschen und befindet sich insofern nie in einer *rein theoretischen* Untersuchung. Die antiken Philosophen kannten eine solche moderne Konstruktion einer „rein wissenschaftlichen" Zeitanalyse nicht.

3. Ein Zusammenhang mit der Autobiographie besteht, aber er liegt darin, daß A jetzt, nach vielen Irrwegen, imstande ist, die philosophische Quintessenz des ersten Buches der Bibel darzulegen und dabei die Entstehung der Welt und das Wesen der Zeit in ihrer ganzen Allgemeinheit zu erklären. Wenn O'Donnell 3, 286 beklagt, die meisten modernen Erörterungen zum XI. Buch behandelten dieses als einen Beitrag zur *na-*

tural philosophy, während es für A eine exegetische Untersuchung zu *Genesis* 1, 1 gewesen sei, so übersieht dieser Philologe, daß „Exegese" als philologische Disziplin im christlichen Altertum kaum und bei A schon gar nicht existierte, daß *natural philosophy* zwar tatsächlich eine zu enge, an Aristoteles angelehnte Disziplinenbezeichnung wäre, daß A aber in der Bibel *Wahrheit* im emphatischen, antik-philosophischen Sinne suchte und daß ihn dies von allen modernen Biblizisten noch mehr trennt als von modernen Naturphilosophen. Die Alternative ist unhistorisch.

Kehren wir zu n. 22 zurück: A bewegt sich jetzt wieder weg von der skeptischen Bestreitung der Wirklichkeit von Vergangenheit und Zukunft. Nach n. 22, 10–11 ist festzuhalten: Auch die zukünftigen und die gewesenen Dinge *sind.* K. Gloy, Die Struktur der Augustinischen Zeittheorie, in: Philos. Jahrbuch 95 (1988) 86, urteilt: *Nach dieser Stelle ist der kontinuierliche Zeitfluß eine Realität außerhalb des Subjekts.* So kann man sich ausdrücken, auch wenn der Subjektbegriff nicht so überzeitlich sein dürfte, daß er A angesonnen werden könnte. Die These vom *objektiven* Charakter von Vergangenheit und Zukunft, abgesehen davon, daß sie in Zeile 10–11 klar ausgesprochen steht, folgt aus Augustins Prämissen: Was ist, wird irgendwie gesehen. Was gesehen wird, muß irgendwo sein. Ehe er dies bestreitet, greift er zu der Konstruktion, das Gegenwärtige komme aus einem verborgenen Raum des Zukünftigen in die Gegenwart herüber und wandere in einen verborgenen Raum des Vergangenen aus der Gegenwart hinaus, bes. n. 22, 5–7. Dies folgt auch aus seinem als einzig gewiß bezeichneten Ausgangssatz in n. 17, 10, den A hier, in n. 22, theoretisch einzuholen versucht: Das Zukünftige *ist,* denn es kommt etwas auf uns zu. Das Vergangene *ist,* denn es ist etwas an uns vorübergegangen. Jetzt muß A nur noch das Okkulte genau bezeichnen, *in dem* Vergangenes und Zukünftiges sind. Ich stimme K. Gloy, 1988, 86, also *nicht* zu, wenn sie schreibt:

> *Eine definitive Entscheidung über die epistemologische oder ontologische Auslegung der Aporie läßt sich nicht herbeiführen, da Augustin die Konsequenzen seines Ansatzes offensichtlich nicht hinreichend durchdacht hat.*

Mich stört hier nicht die muntere Sicherheit, mit der A kritisiert wird. A hat vieles nicht *hinreichend durchdacht,* z.B. nicht die Verräumlichung, die selten gröber formuliert wurde als in n. 22, 5–8. Man sieht förmlich zu, wie A einen Raum des Okkulten schafft, weil nach seiner ontologischen Dogmatik alles Seiende irgendwo sein muß, um dort gesehen werden zu können. Gegenüber dem weitverbreiteten anbetenden Tonfall ist die kritische Gangart von K. Gloy eher begrüßenswert; es ist dies unter Philosophen außerhalb der augustinistischen Subkultur glücklicherweise die Regel und bedarf weiter keiner Entschuldigung; Albertus Magnus und Thomas von Aquino sind schroffer mit dem Heiligen von Hippo umgesprungen. An dem Dictum von K. Gloy ist nur der äternistische Anspruch der Alternative von *epistemologisch* oder *ontologisch* bedenklich. Doch ich insistiere nicht auf terminologischen Fragen. Es geht um die quaestio facti. Und da scheint mir unbestreitbar:

A hat klar entschieden. Dies zeigt das Zusammenstimmen von n. 22, 10 mit n. 17, 10. Auffällig, wie mühelos A von der grammatisch-philosophischen Kategorie der *Vergangenheit* bzw. der Zukunft überwechseln kann zu *vergangenen und zukünftigen Dingen*. Er bereitet seine Theorie vor, daß Vergangenes und Zukünftiges *in* der Gegenwart sein müssen. A wirft also in n. 22 frühere Aufstellungen um. Auch wenn er hinzufügt, er behaupte hier nichts definitiv, muß man seiner Bewegung folgen. Was definitiv bleibt, ist später zu prüfen. Hier argumentiert er jedenfalls gegen die bisherigen Zugeständnisse an die Skeptiker, nach denen Zukunft und Vergangenheit nicht sind: Das Vergangene *ist*, als Ursache des Gegenwärtigen und des Kommenden. Es *ist*, als ein Zeichen, aus dem wir das Kommende und das Gegenwärtige lesen können. Vgl. außer der Studie von K.Gloy auch J. McEvoy, 1983/84, 570.

n. 23, 1–7: *Sine me, domine, amplius quaerere*

A wiederholt noch einmal seinen ontologischen Obersatz, nach dem alles, was *ist*, irgendwo ist. Er fragt, diesen voraussetzend, wo Vergangenes und Zukünftiges sind, wenn sie sind, was als Ergebnis von n. 22 vorläufig feststeht. Bevor er dies für Vergangenes und Zukünftiges getrennt untersucht, macht er noch einmal eine Prämisse seines Suchens deutlich: Das Vergangene, wenn es denn *ist*, kann dort, wo es *ist*, nur als *Gegenwärtiges sein;* das Zukünftige, wenn es denn *ist*, kann dort, wo es ist, nur als Gegenwärtiges sein. Ich würde bei solchen generellen Ansichten wie dieser Identifikation des Seienden mit dem Präsenten nicht mit K. Gloy davon reden, A habe sie nicht *hinreichend durchdacht*, da es sich nicht um einen logischen Schnitzer, sondern um epochale Vorgaben handelt. Vgl. auch noch das Lotze-Zitat bei Heidegger, *Logik*, Bd. 21, 246 f., wonach die Gegenwart „zwei ungleiche Arme des Nichtseins hat, einen Arm, der sich in die Vergangenheit erstreckt, und einen des Nichtseins in die Zukunft". Immerhin hat A diese Vorgabe angezeigt; begründet freilich hat er sie nicht, vermutlich, weil sie gegen 400 nicht begründungsbedürftig erschien. Das wurde im 13. Jahrhundert anders. Das folgende Zitat aus Alberts Kommentar zu *De praedicamentis* (tr. 3 c. 6, Borgnet 1, 204 b) ist der Sache nach eine Kritik an *Conf.* XI 23:

Sed nec ea quae sunt particulae temporis habent in suis partibus positionem, quia quamvis habent connexionem et terminum communem in quo connectuntur et continuantur, tamen nullam habent in esse permanentiam: quod autem in esse non permanet, de illo non potest dici ubi situm sit.

Albert kritisiert zweierlei:

a) Man darf den Jetzt-Punkt nicht isolieren. Er kommt in einer spezifischen Verbindung mit anderen Jetzt-Punkten vor. Er ist de facto nicht das abstrakte ausdehnungslose Jetzt, das A konstruiert, um es zu destruieren.

b) A verfehlt die spezifische Art des Zusammenhangs der Zeitteile, indem er sie lokalisieren will. Er behandelt sie als feste Dinge, was sie gerade nicht sind.

A hat selbst seine Schwierigkeiten mit dieser Präsenz-Ontologie; jetzt versucht er, Vergangenes und Zukünftiges, denen zunächst in ihrem Namen die Existenz aberkannt werden mußte, innerhalb dieser Ontologie unterzubringen. Dies läuft darauf hinaus, daß Vergangenes und Zukünftiges nur als je Gegenwärtige sein können. Wie ist das möglich? A antwortet in zwei Stufen:

n. 23, 7–21

Recht einfach scheint ihm dies für die Vergangenheit zu sein. Sie ist im Gedächtnis als vergangen gegenwärtig. Ich hole das *Bild* des Vergangenen – dessen, was nach n. 17, 10 draußen vorübergegangen ist – hervor und schaue es in der Gegenwart an. Die generellen Bedingungen jedes Wirklichen, Augustins metaphysische Antizipationen: Gegenwart als Realitätsbedingung und Sichtbarkeit als allgemeinster Charakter des Seienden – sind gewahrt. Kraft des Gedächtnisses beziehe ich mich denkend auf etwas, das gegenwärtig ist, obwohl es nicht mehr ist.

Mit deutlich herabgesetztem Gewißheitsgrad spricht A vom Zukünftigen. Er erklärt, nicht zu wissen, ob das Zukünftige schon als Bild im voraus präsent und somit wirklich und sichtbar ist. G–M 349 vermerken in einer antiquierten Diktion: A entscheidet sich nicht, ob Zukunftsvorhersagen „mystischen" oder rationalen Ursprungs sind.

Zum Problem der Zukunftserkenntnis vgl. R.A. Markus, The Eclipse of a Neo-Platonic Theme: Augustine and Gregory the Great on Visions and Prophetics, in: H.J. Blumenthal – R.A. Markus (Hg.), Neoplatonism and Christian Thought. Essays in honor of A.H. Armstrong, London 1981, 204–211, ferner O'D 127–129. – Nur in einem Fall von Zukünftigem ist er sich sicher: Wir nehmen beim Planen zukünftiger Handlungen diese vorweg, setzen sie als Plan in uns gegenwärtig; wenn wir dann planmäßig handeln, wird die als Bild längst präsente Aktion auch als Aktion gegenwärtig.

A gibt in n. 23, 7–10 einen Grundriß seiner „realistischen" Erkenntnislehre. Wirklich ist ihm, was sichtbar ist. Daß Sichtbarkeit immer einen Bezug zum Betrachter einschließt, dem das Sichtbare gegenübersteht, ist richtig, wird aber von A nicht ausgesprochen. In der Geschichte des Denkens kommt es aber nicht auf das an, was in einer Aussage *enthalten* ist, sondern was *ausgesagt* wird. Und da ist für unseren Text charakteristisch, daß er das Sehen vom Sichtbaren her denkt, nicht umgekehrt (wie es De 388 A. 79 eindrucksvoll, aber ahistorisch konstruiert). Er folgert auch nicht etwa: Weil uns endlichen Wesen nicht immer alles gegenwärtig sichtbar sein kann, bewegen sich unser Sehen und *folglich* auch das Sichtbare in der Zeit. A hätte so folgern können. Aber der historische Tatbestand ist, daß er es nicht tat. Er macht ferner keine Andeutung, daß die Zeit nicht nur den Dingen, sondern auch den Kategorien und Wertkonzepten des Denkens innewohne. Bei A dringt die Zeit *nicht* ein in den direkten Dingbezug des Denkens. Das spricht gegen Schm 58–63. A dachte auch die Sprache nicht als historisch-kulturelle und in diesem Sinne als *zeitliche* Form. Die Sprache zeigt, A zufolge, die Spuren, welche die Dinge im Geist eingeprägt haben. Von Spontaneität, gar Zeitlichkeit des Denkens, die über die Zeitlichkeit des naturhaften Wandels und den Ablauf des Erkenntnisvorgangs hinausginge, ist keine Rede.

A bittet zu Beginn dieses Abschnitts darum, ihn nicht festzulegen; wir werden dies auch nicht tun. Aber wir dürfen feststellen, daß er, so offen er seine Aporien darlegt, an dem Prinzip festhält, aus dem sie entstehen, am Vorrang der Gegenwart. Könnten nicht auch Vergangenheit und Zukunft ihrerseits zum Prinzip gemacht werden? Vielleicht würden daraus andere Bewertungsmöglichkeiten, Kategorien und vielleicht sogar Lebensformen entspringen. Die Auszeichnung des Gegenwärtigen und dieses als Gegenwärtigen eines räumlich vorgestellten Gegenüber, das sichtbar sein soll, wäre in einer Philosophie angebracht, die im sichtbaren Einzelding die ursprüngliche und einzig wesenhafte Realität sieht. Eine solche realistische, eventuell materialistische Dingontologie hat A spätestens seit der Lektüre der *platonischen Bücher* verlassen. Warum hält er aber an der abstrakten Struktur einer solchen Ontologie als Vorbedingung von Realität fest? Er spricht hier nicht darüber; deswegen bleibt meine Antwort hier hypothetisch. Ich vermute, A wollte die Realität der Seele und die Realität Gottes vor allem anderen sichern und griff zu diesem Zweck zu bereitliegenden Konzepten. Er korrigierte, was der Geistigkeit und Transzendenz Gottes und was der Unsterblichkeit der Seele im Wege stand; aber er ging das prinzipielle Problem der philosophischen Grundlagenforschung nicht an, jedenfalls nicht in einer Weise, die entfernt den Vergleich mit Aristoteles, gar Platon oder Plotin aushielte. Er punktualisierte seine Ontologie des wahren Seins als des Bleibenden und Ewigen auf seinen Gott und auf die Geistseele hin und steigerte somit noch den Präsenzcharakter des wahren Seins. Das eigentliche Sein hat weder Vergangenheit noch Zukunft; es ist faltenlose, veränderungsfreie Ewigkeit, der nur der ahistorische Aktualisierungsversuch von L. Boros eine *Dialektik,* gar ein *wahres Nacheinander* nachrühmen konnte.

Sehen wir uns nun die beiden Anläufe Augustins zur Gegenwärtigsetzung und Wirklichkeitssicherung des Gewesenen und des Zukünftigen näher an. Zunächst, n. 23, 7–13, schlägt er das Gedächtnis als Raum des Verflossenen vor. Hier ist er seiner Sache sicher. Warum? Zunächst könnte man antworten: Gedächtnistheorien haben A immer besonders interessiert, sowohl *vor* wie nach 400; ich verweise nur auf *De musica* VI 8, 21 mit G 154–160 und De 392 A. 102, auf *Conf.* X, bes. 8, 12 bis 27, 38, dt. 258 bis 279 mit S 557–567, auf *De trin.* XIV 11, 14 und *De Genesi ad litt.* XII 24, 50. Auch die spezielle Literatur geht auf die Gedächtnistheorie sorgfältig ein, vgl. bes. G. 228–243, allerdings mit der Tendenz zu ungenauen Synthesen zwischen *Confessiones* und *De Trinitate,* ferner W 36, S 557–567, Sch 91–95, M 68, J.A. Mourant, St. Augustine on Memory, Villanova 1980, besonders O'D 41, 87–88, 97–98, 106–108, 114,

131–151, O'Donnell 3, 174–178. Aber nicht nur, weil A sich hier auf *seinem* Gebiet wußte und weil er gedächtnistheoretische Vorarbeiten wie die Ciceros in *Tusc. disp.* I 57 ff. nutzen konnte, zeigt er mehr Zuversicht als bei der Analyse des Zukünftigen. Zunächst einmal fällt auf, daß er sich in keiner Weise auf das X. Buch und dessen ausführliche *memoria*-Abhandlung zurückbezieht. Wenn irgendwo die Verknüpfung des XI. Buchs mit dem Gesamtwerk der *Confessiones* angebracht gewesen wäre, dann hier. Aber A war entweder daran nicht interessiert, oder das X. Buch war noch nicht geschrieben, als A unsere Passage verfaßte. Dies ist hier nicht zu entscheiden. Was zählt, ist:

a) *Conf.* XI nimmt die *memoria* ausschließlich als empirisches Gedächtnis in Anspruch, nirgendwo als *memoria sui* (Selbstbewußtsein) oder *memoria Dei.*

b) Es besteht eine sachliche Differenz zwischen Gedächtnis und Handlungsplanung: Das Gedächtnis kann auch das enthalten, was mir widerfahren ist, nicht nur das, was ich getan habe. Die Vor-Vergegenwärtigung künftiger Handlungen erfaßt nur einen kleinen Ausschnitt des Zukünftigen, einen viel zu kleinen, um wissen zu können, was ich bei meiner Handlung wirklich bewirken werde. Die Planung von Handlungen als Sicherung der Existenz des Zukünftigen vorzuschlagen, war ein ingeniöser, aber unzureichender Einfall, den A mit Recht als fraglich einführt.

Aber gelingt ihm die Präsenzsicherung des Gewesenen mit Hilfe des Gedächtnisses? Sein Wortlaut, besonders Zeile 13, ist eindeutig: Er spricht von *meinem* individuellen Erinnern, so wie er auch Zeile 16–17 von *unseren* individuellen Handlungsabsichten redet. Aber wie soll ein individuelles Gedächtnis, das ebenso durch Vergessen wie durch Erinnern charakterisiert ist – nachdenkenswerte Analysen dazu bei Sch 91–94 –, wie soll ein solch situationsgefangenes privates Erinnern den Bestand des Reichtums der Vergangenheiten fassen? Das Argument, das Augustins Vorschlag von n. 23, 12–21 als unzulänglich erscheinen ließ, wendet sich ähnlich, nur in quantitativ abgeschwächter Form, gegen seinen Vorschlag mit dem Gedächtnis, also n. 23, 7–13. A weiß doch, daß vieles vorübergegangen ist, n. 17, 10. Soll nur das „vorübergegangen" heißen dürfen, woran ich persönlich mich erinnere? Soll nur das „zukünftig präsent" genannt werden dürfen, was ich oder eine kleine Gruppe, die A *wir* nennt, planen? Weise Menschen, welche die Zukunft vorherwissen, müßten wohl mehr wissen als die aktuell bestehenden

Absichten. Wir werden im Fortgang von *Conf.* XI sehen, daß A daran gearbeitet hat, die Mängel seines zweiten Arguments zu beheben. Daß er die Mängel des ersten gesehen hätte, kann ich nicht finden. Als er in Zeile 15 seine Unsicherheit eingestand, war er der Sache näher, als da, wo er einschränkungslos das Vergangene im Gedächtnis, in *meinem* Gedächtnis, lokalisierte.

n. 24, 1–19

A verbessert seine Analyse der Präsenz des Zukünftigen. Er kommt von der Handlungstheorie weg und wendet sich der Natur zu. Er verdeutlicht am Beispiel des künftigen Sonnenaufgangs, dessen Ursachen oder Vorzeichen im Geist, *animus* (so in Zeile 7, 12 und 15), präsent sind, wie wir, auch außerhalb von Handlungsplänen, durch präsente Vorstellungsbilder das Künftige wissen und folglich Zukünftiges als wirklich ansehen können. Vgl. Plotin, *Enn.* IV 4, 12, 28–32, auch H. Chadwick, *Confessions*, 234 A. 22.

Von Kant her gesehen muß man bedauern, daß A die Rollen von Wahrnehmen, Vorstellen *(imaginatio)* und Begriffen *(conceptiones)* nicht genauer untersucht. Kein Wort über Analogien der Erfahrung, die doch erst erlauben, aus einmalig Beobachtbarem künftige Naturereignisse vorherzusagen. Auch nichts über Gewißheitsgrade solcher Prognosen. Augustins Interesse ist ausschließlich auf sein Thema gerichtet: Erkennen heißt bei ihm Sehen, auf irgendeine Art des Sehens sehen. Erkennen heißt bei ihm: etwas als gegenwärtig sehen. Schroffer denn je formuliert er sein Prinzip: Gesehen werden kann nur, was ist. Und, können wir hinzufügen: Was ist, kann irgendwie gesehen werden. Daher setzt A alles daran, in den *conceptiones* und in der *imaginatio* des Geistes, *meines Geistes,* wie es mit klarer Hervorhebung des individuellen Charakters des Sehenden in Zeile 15 heißt, das Zukünftige als präsent nachzuweisen, als ein aus Ursachen und Vorzeichen abgeleitetes Bild. O'D 128 präzisiert: Was A hier „Ursache" nennt, ist nicht die effiziente Ursache des künftigen Ereignisses, sondern dessen Zeichen: Die Morgenröte ist in unserem Sprachgebrauch nicht die Ursache, sondern das Zeichen des Sonnenaufgangs.

W 37 bringt die glückliche Formel, es gehe A um die *gegenwärtige Vergegenwärtigung der Zukunft.* Sagen wir vielleicht genauer: der zukünftigen Begebenheiten, *futura.* Über A anderswo vorgetragene Unterscheidungen zwischen Alltagsvorhersagen und Prophezeiungen vgl. M 70 und O'D 127. Wichtig ist hier, daß A nicht von Prophezeiungen, sondern vom Vorherwissen von Naturereignissen spricht. Auch die Frage, ob Vergangenes und Zukünftiges *sind*, zeigt sich in neuem Licht: Hieß es n. 22, 10: *Sunt ergo et futura et praeterita*, so geht A jetzt wieder einen Schritt auf die Skeptiker zu, allerdings auf dem Boden seiner eigenen neuen Vergegenwärtigungstheorie: Das Zukünftige als Zukünftiges ist noch nicht, ist also überhaupt nicht, kann auch nicht gesehen werden, aber es kann aus dem Gegenwärtigen vorhergesehen werden, n. 22, 17–19. Es *ist*, aber nur als Vorausgegenwart in der Seele, erfaßt aufgrund von gegenwärtigen Ursachen und Vorzeichen des Kommenden. Es hat sein Sein nur in meiner *imaginatio* und in meinen *conceptiones*.

n. 25, 1–7: *quis est modus, quo doces animas*

Eine andere Art der Zukunftsvergegenwärtigung als die alltägliche Naturbetrachtung ist das Wissen der Propheten. A erklärt, dieses Problem hier ausklammern zu wollen – er hat es später in *De civ. Dei* XI 22 erörtert –, hebt aber eine Gewißheit hervor, die seine Präsenzontologie betrifft: Niemand, auch Gott nicht, kann belehren über etwas, das nicht präsent ist, Zeile 4–5. Wichtig ist, daß A solche Gewißheiten besitzt und in Anspruch nimmt. Auch sein Gott ist an sie gebunden; er muß die Propheten über Gegenwärtiges (seien dies Ursachen, seien dies Vorzeichen) bezüglich des Zukünftigen belehren. Auch ihm ist der direkte Weg zum Zukünftigen verschlossen, denn als solches soll es Nichtseiendes sein. Schwer entscheidbar, warum A die Theorie der Prophetie hier nicht erörtern will. Einerseits erklärt er, diese Frage liege ihm zu hoch. Andererseits erklärt er zuversichtlich, daß er die Wahrheit finden werde, wenn Gott sie ihm gebe. Nach A gibt ihm Gott alle Wahrheiten, auch die über das Vorherwissen von Naturereignissen. Will er die Frage näher an der Bibel orientiert erörtern, was hier stören würde, denn von der Bibelauslegung hat sich unser Autor schon recht weit entfernt? Schwebt ihm doch eine Art Trennung der Disziplinen vor, wenn nicht prinzipiell, so doch hier, wo es um die Natur der Zeit geht? Fürchtet er, die Prophetie zu naturalisieren, wenn er sie als eine der vielen Formen des Zukunftswissens behandelt? Zum Problem des Zukunftswissens vgl. G 243–261, O'Donnell 3, 282, besonders aber O'D 120 ff.

n. 26, 1–5: *Quod autem nunc liquet*

A legt ein Resümee der Abschnitte n. 22–25 vor: Entgegen n. 22, 10: *Sunt ergo et futura et praeterita,* und im Sinne von n. 24, 17–18: *si nondum sunt, non sunt, et si non sunt, uideri omnino non possunt,* entscheidet er jetzt in Zeile 1–2 definitiv: *nec futura sunt nec praeterita.* Ein Sieg der Skeptiker ist das aber keineswegs, auch wenn ihre Argumente als Teilaspekte anerkannt sind. Das Alltagswissen von den Zeiträumen muß korrigiert werden, ebenso die Schulwissenschaft der Grammatiker mit ihrer Lehre von den drei Zeiten. *Sein* kommt nicht der Vergangenheit, der Gegenwart und der Zukunft zu, sondern allein der Gegenwart; alle Zeiten, *tempora,* sind wirklich nur in der Gegenwart, aber diese Gegenwart hat drei Modalitäten: Ein gegenwärtiges Haben des Vergangenen, ein gegenwärtiges Haben des Gegenwärtigen und ein gegenwärtiges Haben des Zukünftigen.

n. 26, 5–7: *Sunt enim haec in anima*

Kaum hat A diese vollendete Reduktion der Zeitdimensionen auf die Gegenwart ausgesprochen, beantwortet er die Frage, *wo* die drei Zeitdimensionen ihren Ort haben: allein in der Seele, *anima.* Aus n. 24 können wir die Gleichsetzung dieser *anima* mit *animus,* also mit der Geistseele, unterstellen; dort war diese Seele als individuell, als *meine* (n. 24, 15) charakterisiert. Dies wiederholt A hier nicht; er widerspricht ihm auch nicht. Er erklärt, *wie* Zeitdimensionen in der Seele sind: als gegenwärtiges Erinnern des Vergangenen, als gegenwärtiges Anschauen von Gegenwärtigem und als gegenwärtige Erwartung von Zukünftigem. Hier erreichen wir das Zentrum der Augustinischen Zeittheorie: Unter der Voraussetzung, daß alles, was ist, irgendwo verortet sein muß, ortet A die Zeitdimensionen *in* der Seele, und zwar als deren erinnernde, als deren Gegenwärtiges auffassende und als deren erwartende Tätigkeit. Die Dreiteilung der Seelentätigkeit und die Einzelheiten ihrer Beschreibung entnahm A Ciceros *De inventione* II 53, 160; er hatte sie schon früher zitiert, um, wie es Cicero auch getan hatte, mit ihrer Hilfe die *prudentia* zu umschreiben. Ich zitiere Augustins von ihm nicht gekennzeichnetes Zitat in *De diversis quaestionibus* 83, qu. 31, 1 CC 44 A; Mutzenbecher, 41:

> *Prudentia est rerum bonarum et malarum et neutrarum scientia. Partes eius: memoria, intellegentia, providentia. Memoria est per quam*

animus repetit illa quae fuerunt; intellegentia per quam ea perspicit quae sunt; providentia per quam futurum aliquid videtur antequam factum est.

A sagte über diesen Text im Rückblick, es sei nicht sein Text, sondern der Ciceros, *Retractationes* I 26, CC 57; Mutzenbecher, 77. Man beachte den Zusammenhang zwischen dieser Beschreibung der Seelentätigkeit und der ebenfalls aus Ciceros *De inventione* entnommenen Lehre von den drei grammatischen Zeiten. Vgl. dazu oben n. 22, 3; M. Testard, S. Augustin et Cicéron. 2 Bde., Paris 1958, bes. Bd. 2, 18–20; H. Hagendahl, Augustine and the Latin Classics. 2 Bde, Göteborg 1967 und zuletzt: M. O'Rourke Boyle, The Prudential Augustine: The Virtuous Structure and Sense of his *Confessions,* in: Recherches Augustiniennes 22 (1987) 129–150.

An dieser Stelle lädt A selbst ein, das sachliche Resultat der Gesamtuntersuchung seit n. 17 zu überblicken: Die Zeit ist nicht einfach ein Naturbestand. Als Naturbestand *sind* Vergangenes und Zukünftiges nicht.

Die Zeit und die drei Zeitdimensionen sind nicht bloße Illusion oder Fiktion. Zwar stehen die drei Zeitmodi nicht so selbständig und gleichberechtigt nebeneinander, wie man es naiverweise der grammatischen Theorie von den drei Zeiten entnehmen könnte. Diese Theorie ist in ihrem ontologischen Anspruch zu kritisieren: Seiend ist nur das Gegenwärtige. Aber einen objektiven Gehalt haben die drei Zeitmodi dennoch; sie sind das gegenwärtige Erinnern an objektiv Vorübergegangenes, dessen Bild in der Seele zurückblieb und wiederaufgerufen wird; sie sind das aktuelle Wahrnehmen eines actu objektiv Präsenten; sie sind die gegenwärtige Erwartung eines Zukünftigen, objektiv auf uns Zukommenden.

Die Einfügung des Wortes *objektiv* in alle diese Sätze stammt freilich von mir. A konnte sich so nicht ausdrücken; ihm lag keine transzendentalphilosophische Theorie der Erfahrung vor, von der er sich hätte absetzen oder mit der er sich hätte konform erklären können. Mein Zusatz nimmt auf eine spätere theoriegeschichtliche Situation Rücksicht und fordert, das Naturhafte der Zeit in Augustins Theorie nicht zu vernachlässigen. Eine solche Umschreibung, die auf die neuzeitliche Theorieentwicklung Rücksicht nimmt, ohne sie in den antiken Text zu transponieren, ist nötig, wenn wir heute sagen wollen, was in Augustins Text steht. Ich habe insbesondere deshalb das Wort *objektiv* eingefügt, weil A nicht das Gewesene vom Erinnern, nicht das Anwesen vom Erblicktwerden, nicht das Zukünftige vom Erwarten abhängig macht, sondern umgekehrt. A begründet die menschliche Zeiterfahrung *nicht* aus der Enge eines endlichen Bewußtseins, das seine Gegenstände nie alle zugleich überblicken kann und sie also in der Zeitabfolge auseinanderlegen muß. Freilich zeigt er, daß nur das Bewußtsein oder vielmehr: der *Geist* zugleich die Gegenwart des Gewesenen, des Gegenwärtigen und des Vergangenen sein kann und daß das Gewesene und das Zukünftige nur als modi des Gegenwärtigen, und zwar der gegenwärtigen geistigen Tätigkeit, wirklich sind. A zeigt hier nicht, wie Erinnern und Erwarten Momente des Gegenwartsbewußtseins sind; er untersucht nicht die Abhängigkeit eines zeitlich-räumlichen Koordinatensystems von einer leiblichen Präsenz hier und jetzt; er verfolgt nicht die Bildung eines einheitlichen Ichbewußtseins aus den drei Zeitdimensionen; er trägt keine Trinitätsanalogien vor. Er hält den kosmologischen Bezug ständig gegenwärtig: Es kommt etwas auf uns zu; es ist etwas vorübergegangen; es gibt eine gegenwärtige Welt – dies sind nach n. 17, 10 ebenso Prämissen der Zeittheorie wie die Identifikation des Seienden mit dem Gegenwärtigen und die Reduktion der Zeitdimensionen auf die Gegenwart, genauer auf die psychischen Tätigkeiten des Erinnerns, Anschauens und Erwartens in der Gegenwart.

De 388–389 A. 79 bringt eine wertvolle Analyse dessen, was A in der Zeittheorie bis hierher erreicht hat und was nicht. Sie weist darauf hin, daß nicht schon jede Art von Erinnern und von Voraussicht ein Zeitbewußtsein ist: Ein Lebewesen, das Erinnerung hat und Zukunftsfürsorge betreibt, *mißt* nicht die Zeit; die Einordnung von Naturerfahrungen in Zeitkoordinaten setzt ein konstituiertes Zeitbewußtsein voraus. Für dieses ist das *Zählen* unerläßlich, zumal A die Zeiterfahrung oft am Modell des Liedes analysiert, dessen Verse gezählt und nach Länge bzw. Kürze geordnet werden.

W 39 hat das Ergebnis von nn. 22–26 so resümiert: A *nimmt die Zeit auf das Subjekt zurück*. K. Gloy, 1988, 87 formuliert, A schlage *die Transferierung der Zeit aus der Realität in das Subjekt (Ich) vor, in welchem sie nun als Zeitvorstellung auftritt*.

Ich kann mir diese Wendungen nicht zu eigen machen. Zunächst einmal nicht, weil A die Zeit nicht aus der *Realität* heraus transferieren, sondern gerade als Realität erweisen wollte, allerdings als Tätigkeit der Seele. Die Naturdinge waren für A nicht schon *die* Realität. Ich mißtraue sodann der rückdatierenden Anwendung des Terminus *Subjekt*. Steht es so fest, daß A bei *Seele* das oder ungefähr das dachte, was seit Kant als *Subjekt* gilt? Und schließlich hat auch Kant *Objektivität* und *Realität* der Zeit sichern wollen: Allein in der Zeit ist nach Kant die Wirklichkeit der Erscheinungen möglich. Kant hat die *empirische Realität* der Zeit gelehrt, d.h. er hielt sie für eine objektiv gültige Form der Anschauung aller Gegenstände unserer Sinne; sie besaß für ihn allerdings keine absolute Realität, sondern war empirisch real, aber transzendental ideal (*KrV* A 33–49). Man braucht sich nur ein wenig auf Kants Zeittheorie einzulassen, um zu sehen, daß seine Theorie des Subjekts wie seine Lehre von der Zeit die Unterscheidung von Ding an sich und Erscheinungen voraussetzen; außerhalb dieser Theorien ist *Subjekt* nur ein bloßes Wort. Niemand wird Kants Unterscheidung von Ding an sich und Erscheinung in die Zeittheorie Augustins einführen wollen; folglich ist die Einführung des Subjektbegriffs in die Beschreibung der Augustinischen Zeitlehre eine irreführende Modernisierung. Diese Verzeichnung hat nachweisbar inhaltliche Folgen: Man unterbewertet die in Augustins Theorie ständig vorausgesetzte Gewißheit, daß in der Welt Vieles auf uns zukommt und Vieles vorübergegangen ist. Durch die Evokation kantischer Termini lenkt man ab von der Differenz zwischen den Ausgangsfragen Kants und Augustins. A hatte nicht das Kantische Problem zu lösen, ob Zeit ein empirischer Begriff ist, also aus Erfahrung gewonnen werden kann, oder ob wir die Zeitvorstellung schon mitbringen müssen, um sagen zu können, zwei Ereignisse ereigneten sich zugleich oder nacheinander. A wollte nicht wie Kant die Möglichkeit apodiktischer Grundsätze über die Zeitverhältnisse begründen, z.B., daß die Zeit nur eine Dimension hat. Bei A ist die Zeit keine Form des Anschauens unserer selbst, sondern sie ist Erinnern an Gewesenes außerhalb unserer selbst, Anschauen von Gegenwärtigem außerhalb unserer selbst und Erwartung dessen, was von außerhalb auf uns zukommt. Von Selbstaffektion im Sinne von Kant kann bei A keine Rede sein, der von den Eindrücken redet, welche die *res ipsae* der Seele auf dem Weg über die Sinne eindrücken, n. 23, 8, vgl. O'D 70–105 und 131–132.

Ich sehe es nicht als sinnvolle Tätigkeit an, die Lehren Augustins in eine kantianische oder in eine andere moderne Sprache zu übersetzen; wohl aber muß man kantianische ebenso wie andere Theorien gelegentlich gebrauchen, um die Eigenart eines spätantiken Denkers historisch zu charakterisieren.

Um es offen zu sagen: Augustins Erkenntnislehre, nach der die Dinge selbst auf dem Weg über die Wahrnehmung in die Seele eindringen und die Seele Bilder dieser Eindrücke der Dinge selbst bewirkt, kann schwerlich verteidigt werden, jedenfalls sehe ich mich dazu außerstande. Aber man entgeht Augustins Schwierigkeit nicht, indem man das Palliativ einer kantianisierenden Terminologie um sie wirft. So verdeckt man nur das Charakteristische. Die Augustinische Theorie gibt Fragen genug auf; man muß sie nicht erst in einen anderen philosophischen Dialekt umschreiben. Eine der Fragen, die Augustins Text aufdrängt, ist diese: Wenn die Vergangenheit das Erinnern ist, das Erinnern an vorübergegangene *res ipsae,* hat dann die Seele selbst keine Vergangenheit? Ist nicht auch das aktuale Anschauen, weit davon entfernt, nur die Gegenwart als Zeitdimension zu bilden, das Ergebnis einer Vergangenheit der Seele selbst? Geht die Seele selbst die Zukunft nichts an? Das heißt: Ist die Zukunft der Seele selbst nur das Erwarten und nichts als ihr Erwarten? Die Verwendung des Subjektbegriffs verdeckt den Mangel der Augustinischen Zeitlehre, daß die Seele selbst nicht zeitlich ist, sondern daß sie nur durch Erinnern, Anschauen und Erwarten Zeitdimensionen tätigt. Statt aktualisierender Umschreibung empfiehlt sich die Analyse von Argumenten. So ist zu fragen, ob nach A eine individuelle Seele die Zeitdimension des Gewesenen allein auf sich nehmen kann. Für Augustin, den Erfinder der Erbsündenlehre, war Adam, in dem wir alle nicht nur sterben, sondern in dem wir alle *gesündigt* haben, mehr als nur die Erinnerung eines einzelnen frommen Christen. Die Tat Adams war für A realer als alle Willensentschlüsse der in Adam gefallenen Menschheit zusammengenommen. Abgesehen davon, daß eine stellvertretende Sünde mit dem Kantischen Subjektbegriff unvereinbar wäre, hat A offenbar dem Gewesenen eine ungeheuer überlegene Autorität zuerkannt, auch wenn Adam jetzt als empirisches Individuum nicht mehr *ist* und nur in der Erinnerung präsent bleibt. Aber dann fragt sich, ob Adam nur in *meiner* Erinnerung präsent ist und ob das Vergangenheitsverhältnis der Menschheit auf die Schulter nur privater Erinnerung gelegt werden kann. Was meine, was unsere, was die gesamtmenschheitliche Erinnerung ist, hat A mit keinem Wort geklärt; er spricht von einzelmenschlichen Erinnerungsakten so zuversichtlich, weil ihm die Gesamtvergangenheit als Quasi-Gegenwart wie selbstverständlich war. Die Menschheitsgeschichte war ihm in ihren Grundzügen ebenso vorgegeben wie das Vorbeiziehen der *res ipsae* an der Seele. Es gibt keinen Grund, diesen naiven Realismus mit dem Kantischen Subjektbegriff zu „nobilitieren". Richtig O'D 100: *despite features of his account of perception that differ fundamentally from that of the Stoics, he is a child of Stoic dogmatism* (Unterstreichung von mir).

Die Dreiheit von *memoria, contuitus* und *expectatio* betrachtet A hier nicht als Analogie zur Trinität. Die Zeit war ihm zu geringwertig, um zu dieser Vergleichung mit Gott aufzufordern, außerdem war die genannte Dreigliederung antike Tradition. Cicero unterschied drei Teile der *prudentia: memoria, intellegentia, providentia.* Auch andere antik-philosophische Vorlagen drängten in diese Richtung, vgl. dazu M.O'R. Boyle, in: Recherches Augustiniennes 22 (1987) 129–150 und O'Donnell 3, 283–285.

n. 26, 8–13: *Tempora sunt tria*

A zeigt sich tolerant gegenüber dem alltäglichen und einzelwissenschaftlichen Sprachgebrauch. Vokabeln sind Mittel zum Zweck. Was er ablehnt, ist, daß man die Lehre von den drei Zeiten ontologisiert, also dem Vergangenen und dem Zukünftigen Sein zuschreibt. Im übrigen ist die Gewohnheit des Sprechens ohnehin durchweg ungenau.

n. 27, 1–10

Einordnung in den Aufbau von Buch XI

n. 26 erbrachte das Ergebnis, daß alle drei Zeiten nur *in* der Gegenwart und *in* der Seele sind. Aber wir machen Zeiterfahrungen unterschiedlicher Ausdehnung, was in der Sprache Augustins heißt: Wir messen Zeiten von unterschiedlicher Länge. Wie ist dies möglich, wenn wir sie *in* der Gegenwart messen, die Gegenwart aber keinerlei Ausdehnung hat, also keinen *Raum, spatium*, einnimmt?

In n. 27 setzt A mit dieser neuen Fragestellung ein; er vernachlässigt zunächst das in n. 26 ja auch erreichte Resultat, daß die Zeit *in* der Seele ist. Die nn. 27–28 beschreiben die neue Aporie, die sich aus der Ausdehnungslosigkeit der Gegenwart ergibt und der die Erfahrung entgegensteht, daß wir Zeiträume auf ihre Länge hin abschätzen und in diesem Sinne *messen*.

Der Abschnitt von n. 29 – n. 31 untersucht, ob wir dieser Aporie dadurch entgehen können, daß wir Zeit anders definieren, nämlich als Bewegung der Himmelskörper. Diese Definition scheitert.

Dieser Vorschlag ist zurückzunehmen, aber dies steigert die Ratlosigkeit, n. 32.

A schlägt eine letzte Lösungsformel vor: Zeit als *distentio animi.* Er stellt diese Lösung vor, n. 33.

Er problematisiert diese Lösung, indem er die in n. 27 gestellte Frage diskutiert: Wie können wir Zeit messen, da Vergangenheit und Zukunft nicht sind, die Gegenwart aber keine Ausdehnung hat? Letzte Zuspitzung der Aporie, n. 34.

A baut seine Lösung auf, jetzt auf der Basis des Ergebnisses von n. 26, daß die Zeit in der Seele gemessen wird: nn. 35–37.

A erläutert seine Lösung an der Zeiterfahrung bei dem Vortrag eines Liedes, n. 38.

Abschließende Einordnung der Zeiterfahrung, n. 39,
im Rückgriff auf den manichäischen Einwand von nn. 12–16: n. 40.
Abschluß von Buch XI. n. 41.

n. 27, 1: *praetereuntia tempora metimur*

A greift seine Formulierung aus n. 21, 5–6 auf, daß wir Zeitabschnitte messen, während sie vorübergehen. Wie ist dies möglich, wenn man, wie A zuvor getan hat, die vorbeifließende Zeit aufteilt in Vergangenheit und Zukunft, die nicht sind, und in die Gegenwart, die zwar ist, aber keinerlei Ausdehnung hat?

n. 27, 6: *Unde scis?*

Woher weißt du das? A erfindet sich einen Mitunterredner, der ihm diese Frage stellt; er schafft sich Gelegenheit, die Erkenntnisquellen seiner Gewißheit, daß wir die Zeiten nur messen können, während sie vorüberfließen, darzulegen. Die Bibel spielt bei seiner Antwort hier gar keine Rolle; er hat sich in Gedanken weit vom ersten Buch Moses entfernt. Daß wir nur in deren Vorübergehen die Zeiten messen, dessen ist A sich gewiß, weil wir Zeiträume de facto messen und weil wir nicht messen können, was nicht existiert. Wir können nicht das rein Vergangene und das rein Zukünftige messen, also bleibt nur die gegenwärtig vorüberfließende Zeit. Aber wie können wir sie messen, wenn der Jetztpunkt ausdehnungslos ist?

n. 27, 10–20

A illustriert die Paradoxie der tatsächlich erfolgenden quantitativ bestimmbaren Zeiterfahrung. Er verräumlicht den Vorgang des Vorüberfließens zunehmend: Woher, wodurch, wohin fließt die Zeit vorüber? Schon in n. 22, 5–6 hatte er die Frage gestellt, aus welchem verborgenen Raum in welchen verborgenen Raum, *ex aliquo procedit occulto ... in aliquod recedit occultum,* die Zeit fließt, so thematisiert er ab n. 27 die Jetztschleuse des Zeitflusses: *in quo ergo spatio metimur tempus praeteriens?*

Um das Ergebnis vorwegzunehmen: Die geheimnisvollen Räume sind Gedächtnis und Erwartung. Zu einer Rücknahme der Spatialisierung der Zeiterfahrung entschließt sich A nicht, wenigstens nicht ausdrücklich, auch wenn nach n. 37 die drei Zeitdimensionen drei Tätigkeiten des Geistes sind und wenn er mit unbestimmten Pronomen *ex aliquo* occulto ... *in aliquod* occultum eine gewisse Lockerung vornimmt.

n. 28, 1–20

A formuliert seinen aporetischen Zustand nach n. 27 in einer religiösen Sprache um. Er wendet sich an Gott, bittet ihn, das Rätsel der Zeitmessung lösen zu helfen; sein Eifer gelte ja der Erkenntnis der Schrift. Wem, wenn nicht ihm, soll er seine Unwissenheit bekennen? Ganz im Sinne der Augustinischen Gnadenlehre bittet A: *Gib mir, was ich liebe. Denn daß ich liebe, das hast du mir auch gegeben,* eine Wendung, die wir aus n. 3, 20–21 kennen.

Prämissen der Augustinischen Theorie gehen in dieses Gebet mehrfach ein: A deutet seinen philosophischen Erkenntnisdrang als Gottesliebe, vgl. M 77. Er studiert die Schrift, auch in ihren kosmologischen Gehalten, als Weg der Seele zu sich und zu ihrem letzten Grund. Er sieht schon die erste Regung des Begehrens als Geschenk Gottes an, das im Sinne einer göttlichen Erziehungskunst fast schon eine Erfüllung verspricht.

Er deutet die Analyse der Zeitmessung als eine Phase seiner von Gott gewünschten und geförderten Entwicklung vom Glauben zum Wissen, von der einfachen Glaubensbereitschaft zur philosophierenden Kontemplation, wobei wir diese Kontemplation nicht neuprotestantisch als Düsternis und bloßes Abstandsbewußtsein denken sollen, erklärt A doch, dafür zu leben, die Lust des Herrn zu schauen, also durch Kontemplation und durch Analysen von der Art unseres Textes an der überschwenglichen Freude des göttlichen Lebens Anteil zu gewinnen.

Die Zeitanalyse hat mit der Erforschung unserer selbst zu tun. Selbst bei einem so neutral scheinenden Problem wie dem der Möglichkeit der Zeitmessung geht es auch um uns selbst: Gott hat unseren Tagen bestimmt zu altern. Er hat uns als zeitliche Wesen gewollt, wir aber wissen nicht, was das ist. Wir wissen nicht, was unser Leben bestimmt und wovon wir im Alltag ständig reden. A wiederholt in n. 28, 3–4 und n. 28, 14–20 noch einmal sein Erstaunen von n. 17, 6, daß uns etwas so Vertrautes und Alltägliches wie die Zeit so unbekannt ist. Er hebt dies hervor, nicht um die Zeit für immer ein Rätsel sein zu lassen, sondern um jetzt an die Darstellung seiner Lösung zu gehen, die es ausschließen soll, daß Skeptiker die Realität der Zeit hinwegdisputieren.

n. 29, 1–9: *Audiui a quodam homine docto*

A diskutiert eine Zeitdefinition, die den Blick wegführt von dem in n. 26 Erreichten – von der Seele als dem Ort der Zeiten –, da sie die Zeit ausschließlich kosmologisch, nämlich als Bewegung der Himmelskörper definiert. Nicht als dächte A die Zeit nicht auch als primär kosmologisch, aber wie Aristoteles und Plotin bestimmt er sie nicht *ausschließlich* kosmologisch: Sie kann nicht sein ohne die Seele.

A berichtet, er habe diese Definition von einem gelehrten Mann *gehört*. Gab es im Kreis der gelehrten Plotinkenner und Porphyriosleser in Mailand Diskussionen über das Wesen der Zeit? Las man gemeinsam die *Enneade* III 7? Augustins Formulierung schließt kaum aus, daß er die Zeitdefinition *gelesen* hat. Woher stammt sie? Die Frage ist nicht entscheidend, sonst hätte A wohl den Urheber genannt. Doch verschiebt sich durch falsche ideengeschichtliche Einordnung für manche Leser die Augustinische Polemik. Die Schaffung eines – historisch gesehen: unbegründeten – Kontrastbewußtseins zum antiken Denken dient heute der Apologie des Christentums. Um dafür ein Beispiel zu geben: Alle antiken und fast alle mittelalterlichen Theorien zur Weltentstehung stehen unter dem direkten oder indirekten Einfluß des platonischen *Ti-*

maios, besonders 29 d–e, der von der neidlosen Selbstmitteilung des Guten spricht. Dennoch kommentiert E. Corsini, Lettura, 42 (zitiert oben zu n. 22) die Augustinische Zeittheorie primär als Gegensatz zum antiken Denken, unter anderem mit der Begründung, der neuplatonische Gott sei *leidensunfähig, willenlos, bar jeder Liebe (impassibile, privo di volontà, privo di amore).* Aber weder ist der Gott Augustins als Gott leidensfähig, noch ist das Gute der Neuplatoniker, das sich neidlos mitteilt, bar jeder Liebe. Solche ahistorischen Gegensätze zerschneiden nur den geschichtlichen Zusammenhang des Christentums mit der Antike. Freunden des Christentums sei empfohlen, über dieses gewalttätige Abgrenzungsbedürfnis nachzudenken, das nicht nur bei der Erforschung der Augustinischen Zeittheorie irreführt.

Die von A verworfene Zeittheorie findet sich in der Antike vielfach; wegen *Timaios* 39 c–d hat sie bereits Simplikios mit Platon zusammengebracht, wogegen aber schon Plotin protestiert hat, *Enn.* III 7, 12, 26. Mit Recht: Die platonische Metaphysik der Seele wäre damit eskamotiert.

Die Definition ist auch nicht die des Aristoteles, wie Corsini, 53 (mit Einschränkungen auf S. 56 A 76) behauptet. Aristoteles definiert die Zeit als *Zahl* oder als *Maß* der Bewegung, und er hat sich, bei aller Bedeutung der Sternenbewegung für seine Kosmologie, dagegen gewehrt, die Bewegung mit deren Maß zu identifizieren. Der platonische und bei Aristoteles z.T. erhaltene Pythagoreismus des Maßbegriffs steht dem entgegen. Ich hebe dies hervor, weil in der Literatur eine Neigung besteht, A zu weit von Aristoteles zu entfernen. Zwar sind die Augustinische und die Aristotelische Zeittheorie historisch wie systematisch recht verschieden. Aber weder fehlt bei Aristoteles der Rückbezug der Zeit auf die Seele noch bei A die Fundierung der Zeit in der Körperveränderung, *motus,* auch wenn Aristoteles den Seelenbezug der Zeit auf deren Zählbarkeit reduziert und A in seiner Zeitanalyse den *motus* der Körperwelt zwar ständig voraussetzt, aber in den Hintergrund treten läßt. Etwas pauschal formuliert könnte man sagen, die Augustinische Zeittheorie fange dort an, wo die Aristotelische aufhört. Falsch ist es, die Aristotelische Zeitauffassung als *kosmisch,* die Augustinische hingegen als *psychologisch* oder *personal* zu charakterisieren.

Wieder hilft ein Blick auf die mittelalterlichen Zeitdebatten, um die Frontstellungen des 20. Jahrhunderts zu suspendieren, ohne daß wir die Aristoteles- und Augustinauslegung der mittelalterlichen Philosophen als ‚richtig' anerkennen können. Aber Dietrich von Freiberg war ein genauer Leser sowohl Augustins wie Aristoteles', und er war der Ansicht, er könne die Zeittheorie des Aristoteles (und Averroes) mit derjenigen Augustins ergänzen. Vgl. J 444.

Ist die von A kritisierte Zeittheorie stoisch? Hier sind einige Unterscheidungen nötig. Auch die Stoiker unterschieden die Zeit als die *Ausdehnung (diastema) der Bewegung (kinesis)* von der *kinesis* selbst; auch sie hielten die Zeit für unkörperlich und hatten insofern, ähnlich wie Aristoteles, eine „psychologische Zeittheorie", SVF II fr. 331, p. 117, 18–22 und fr. 335 p. 117, 40–43, dazu O'D 157, ferner R. Beutler – W. Theiler in: Plotins Schriften, griech.-dt. Bd. 4, Hamburg 1967, 526 bis 527, B 218, vgl. aber auch 217 bis 227. V. Goldschmidt, Le système stoïcien du temps, Paris 1969; S. Sambursky, Physics of the Stoics, London 1959, 98–108. Vgl. auch P.F. Conen, Die Zeittheorie des Aristoteles, München 1964, 22. – J.F. Callahan, Augustine and the Greek Philosophers, S. 86 führt die von A kritisierte Theorie auf den Arianer Eunomius zurück. Basilius beschreibt dessen Zeittheorie, die er bekämpfte, ähnlich wie es A hier tut. Die Tendenz dieser Theorie war weit verbreitet; man muß sie bei A nicht auf griechische Kirchenväter zurückführen. Näherliegend: Ambrosius, *In Hexameron* IV 4, 12.

Wichtiger als die Herkunft der von A verworfenen Zeitlehre sind die Argumente, die er gegen sie vorführt. In Zeile 2 bis Zeile 9 bringt A zwei Einwände vor:

1. Wenn man schon die Zeit mit Körperveränderung identifiziert, wären eher die Veränderungen *aller* Körper, nicht nur die der Himmelskörper die Zeit.

2. Auch abgesehen von der Himmelsbewegung gibt es Vorgänge, die in sich zeitlich verlaufen. So könnte bei Stillstand der Sonne eine Töpferscheibe schneller oder langsamer laufen. Auch dann verliefe unser Sprechen in der Zeit: Kürzere Silben brauchten auch dann weniger Zeit als lange. Vgl. die Analyse Bonavenuras bei J 276.

A löst hier die Zeitanalyse nicht völlig ab von den Sternen und von den Veränderungen der Körperwelt, *motus*. Sonne, Mond und Sterne sind ihm *Zeichen* der Zeit, nicht deren Wesen. Damit spielt er auf 1 Moses 1, 14 an, aber auch Plotin hat III 7, 12, 25 hervorgehoben, dies sei Platons Auffassung von der Rolle der Gestirne. Vgl. auch Beutler-Theiler, Bd. 4, 535 (zu 12, 36, auch zu 12, 19). Überhaupt ist Augustins Polemik traditionell. Sie setzt die Polemik des Aristoteles gegen die Identifikation der *kinesis* mit dem *metron* der *kinesis* fort; sie übernimmt nicht präzis die Argumentation von Plotin, *Enn*. III, 7, 8 gegen die stoische Zeitlehre (Bewegung kann aussetzen, ohne daß Zeit aussetzt), bewegt sich aber in deren Sinn: Wie Plotin zunächst die Identifikation der Zeit mit der Bewegung verwirft, um sie dann als eine Art von *distentio* zu beschreiben, so kommt auch A in n. 30, 29 zu diesem Resultat. Man sollte die Abschnitte nn. 29–32 parallel lesen zu Plotin, *Enn*. III 7, 7–9. Vgl. B 218, ferner W 48, De 389 A. 87 und 390 A. 88–90.

n. 29, 10–11: *Deus, dona hominibus uidere in paruo communes notitias rerum paruarum atque magnarum*

A bittet Gott, er möge es den Menschen gewähren, im Kleinen, im Alltag, z.B. an der Bewegung der Töpferscheibe, das Allgemeine zu begreifen, das für die kleinen wie für die großen Dinge, z.B. die Sternbewegungen, gilt. *Communes notitiae, koinai ennoiai*, ist ein stoischer Ausdruck für allgemeine Grundbestimmungen, zugleich des Denkens und der Welt. Sie bilden das allgemeinste Wahrheitskriterium. Cicero hat den griechischen Ausdruck latinisiert, Belege im Art. *Notiones communes,* in: Historisches Wörterbuch der Philosophie, Band 6, 1984, Sp. 938–940 (J. Schneider).

Die Funktion von Prinzipien nicht mit Quantitäten der Anwendungsbereiche zu verwechseln, ist der Anfang der Prinzipienerkenntnis. Der Feinsinn, mit dem A diesen philosophischen Anfangsgrund formuliert hat, kann nicht darüber hinwegtäuschen, daß A die Rolle der Kosmologie und insbesondere der Himmelskörper als beliebige Anwendungsfelder erscheinen lassen will, weil er an ihrer Notwendigkeit und an der Gesetzlichkeit ihrer Bewegung zugunsten der Wunderwirkungen des Weltherrschers, der die Sonne anhalten kann, nicht mehr interessiert ist. Er sieht vor, daß Töpferscheiben sich weiter meßbar eine Stunde lang drehen dürfen, wenn der gesamte astronomische Apparat angehalten wird – eine mit dem Wissenschaftsbegriff des Aristoteles und der antiken Astronomen schwer vereinbare Annahme. Aristoteliker des 13. Jahrhunderts erklärten diese Annahme für willkürlich und widersprüchlich; der Bischof von Paris verurteilte sie 1277 wegen dieser These, vgl. Flasch 1989, 182 und die Diskussion Heinrichs von Gent bei J 397.

n. 30, 1–9: *Ego scire cupio uim naturamque temporis*

A erinnert noch einmal an seine Absicht, die Bedeutung und das Wesen der Zeit zu erforschen. Er macht keinerlei Einschränkung, etwa in dem Sinne, daß er nur die religiöse oder die psychologische Seite der Zeiterfahrung beschreiben oder eine Bibeltheologie der Zeit (in einem modernen Sinne des Wortes) entwickeln wolle. Er will wissen, was die Zeit ihrer Natur nach ist. Und er fügt sogleich hinzu, was er generell unter Zeit versteht: das, womit wir Körperveränderungen *(corporum motus)* messen. Das Wesen der Zeit erforschen heißt also: sowohl den Zusammenhang der Zeit mit den Körperveränderungen wie ihre Differenz zu ihnen darstellen. Der Text sagt dies klar. Nur wegen der entstellenden Modernisierungen muß man es noch einmal wiederholen: Augustins Fragestellung enthält keinerlei Restriktion: Es geht um die Zeit in ihrer ganzen realen Allgemeinheit, nicht etwa nur um Seelenzeit (was immer das sein mag) oder um die moralisch-religiösen Aspekte menschlicher Zeiterfahrung.

Augustins Fragestellung zeigt eine gewisse Nähe zu der des Aristoteles, auch wenn er sich mit Plotin in anderer Richtung bewegt. A erklärt noch einmal, wie alltagsnah, also nicht im Sinne moderner Zeitmessung, er vom Zeitmessen spricht: Wir sagen z.B., irgendein Naturvorgang dauere doppelt so lange wie der andere. Nach einer Zwischenbemerkung über die Doppeldeutigkeit des Wortes *Tag* (1. Zeitspanne von Sonnenaufgang bis Sonnenuntergang, 2. Einheit je einer solchen Zeitspanne mit der Nacht) unterteilt er seine Frage dreifach:
1. Ist die Bewegung der Sonne der Tag?
2. Ist die Tagesdauer, *mora ipsa*, also die Zeitspanne der Sonnenbewegung, der Tag?
3. Ist beides zusammen der Tag?

n. 30, 10–25: *Si enim primum dies esset*

Zu 1. Mit einem Argument, das schon Aristoteles, *Phys.* IV 10, 218 b 1–20 und Plotin, III 7, 8, 1 ss. gegen die Identifikation von Bewegung und Maß der Bewegung vorgebracht haben, betont A: Man muß unterscheiden zwischen dem Zurücklegen einer Strecke zwischen zwei Raumpunkten und der Geschwindigkeit dieses Zurücklegens. Zu einer gegebenen Bewegung wäre leicht eine andere denkbar, die in der Hälfte der Zeit ihr

Ziel erreichte. Vgl. auch dazu B 217 und den zitierten Plotintext bei B 113. A allerdings, an Naturkonstanz wenig interessiert, kann sich auch vorstellen, die Sonne vollzöge ihren Umlauf innerhalb einer Stunde, und wendet gegen These 1 ein, in diesem Fall dauerte ein Tag nur eine Stunde.

Zu 2. Trifft These 2 zu, bedeutet *Tag* eine Dauer, die von der Sonnenbewegung unabhängig ist. Sollte die Sonne also in einer Stunde ihren Umlauf vollenden, würde sie nach dieser Hypothese 24mal den Umlauf machen.

Zu 3. Versteht man unter *Tag* beides, Dauer und Sonnenumlauf, Zeitspanne und Naturprozeß, dann könnte man weder von *Tag* sprechen, wenn die Sonne in einer Stunde ihren Umlauf vollendet, noch in dem Fall, daß die Sonne stillstünde, aber andere zeitliche Vorgänge, etwa das Laufen einer Töpferscheibe für eine Stunde, fortgingen. Wie Plotin, *Enn.* III 7, 8, 10–13 (bei B 113), argumentiert A in Zeile 20 damit, daß, wenn der Sonnenumlauf doppelt so schnell erfolgte, wir dennoch nicht von zwei Tagen sprächen.

Ich fasse den Text so auf, als gebe A bis hierher zwei Hauptargumente für These 2. Ohne die Verbindung mit *motus* aufzulösen, unterscheidet A (wie Aristoteles und Plotin) Körperveränderungen und die Zeit als ihr Maß mit der Begründung, daß Körperveränderungen in wechselnder Geschwindigkeit vollzogen werden können und wir diese Verschiedenheit beurteilen können. Die Bewegung der Töpferscheibe soll nach A beweisen, daß zeitgebundene Veränderungen unabhängig von der Sonnenbewegung verlaufen und von uns gemessen werden können.

n. 30, 25–30: *Nemo ergo mihi dicat*

Die Zeilen 25–30 entnehmen der biblischen Geschichte (*Josua* c. 10, 12–14) – Gott ließ die Sonne so lange stillstehen, bis die Israeliten ihre Schlacht gewonnen hatten – eine Illustration des vorher gegebenen Arguments: Die Himmelsbewegung stand still, die Schlacht verlief aber in der Zeit. A hatte dies in n. 29 an der Töpferscheibe illustriert. n. 30, 24–29 bietet also keinesfalls das Hauptargument, auch kein neues Argument, sondern nur eine neue Illustration eines zuvor gegebenen Arguments. Keineswegs hat A seine Zeitauffassung aus der Josua-Geschichte, mit der noch Galilei seine Sorgen haben wird, abgeleitet.

Zeile 29 zieht ein erstes, noch ungesichertes Resultat aus der Polemik von n. 29 und n. 30: *Ich sehe also, daß Zeit eine gewisse distentio ist.* Den Terminus *distentio* hat A nicht in die Zeitdiskussion eingeführt; er spielt in den stoischen Texten, SVF I, Nr. 93, 26, und bei Plotin *(diastema, diastasis),* und zwar unmittelbar nach der soeben genannten Stelle, in III 7, 8, eine Rolle. Unbegründetes Fortschrittsbewußtsein ist es, mit E. Corsini, Lettura 57 zu behaupten, die Augustinische Zeittheorie bringe diejenige Plotins erst zum Bewußtsein ihrer Konsequenzen. Zur Herkunft vgl. B 219–227, Beutler-Theiler, Bd. 4, 527 und O'D 154.

Was heißt hier: Zeit ist *distentio?* Sie ist eine Ausdehnung in der Dauer. Sie ist wie ein Raum, ohne ein Raum zu sein. Sie ist vergleichbar dem Abstand zwischen den Endpunkten einer Entfernung. Nur *ist* sie keine Entfernung, auch nicht ein Maßstab räumlicher Entfernungen, sondern das eigentümliche Maß, mit dem wir das Zurücklegen von Entfernungen unter dem Gesichtspunkt der Dauer messen, ohne dabei an die tatsächliche Ausführung einer bestimmten Bewegung gebunden zu sein.

Die Übersetzung des Wortes *distentio* enthält meist eine Interpretation des Abschnitts, zuweilen gar des ganzen Buches:

Sagt man *Ausdehnung,* bleibt man am ehesten im Gedankengang des Abschnitts, muß aber zwei Korrekturen hinzufügen:

a) Es handelt sich nicht um eine räumliche Ausdehnung, schon gar nicht im Falle der Gegenwart, sondern um eine aktive *Spannung (tonos, intentio),* die das Auseinanderliegende unräumlich durch psychische Aktivität zusammenhält.

b) Es bleibt zu untersuchen, wo eine *Ausdehnung* sein kann, deren Ausgangs- und Endpunkt nicht existieren.

Es kann sich also nur um eine *Ausdehnung* handeln, die real, aber nur metaphorisch, die Charaktere räumlicher Ausdehnung trägt, also um eine unausgedehnte Ausdehnung. Der Ausdruck *Ausdehnung* führt hin zum Wesen der Zeit, wenn man seinen metaphorischen Gehalt nicht verdinglicht; versucht man nicht, ihn zu übertragen, führt er in die Irre. De 233 und 391 A. 94 und 98 schlägt daher vor, *distentio* zu übersetzen mit *Sich-Hinziehen.* Vgl. auch G–M 355. Übersetzt man *distentio* als *Anspannung,* nimmt man n. 33 vorweg. Legt man n. 39 hier schon zugrunde, erhält das Wort einen eher negativen Klang, im Sinne von Zerdehnen, Zerteilen, Auseinanderspannen, Zerstreutsein. Religionsphilosophie und Gnadenlehre spielen dann herein. Aber hier, scheint mir, liegen weder der Aspekt seelischer Tätigkeit von n. 33 noch die negative

Assoziation von n. 39 vor. A behauptet in n. 30, 28 im Blick auf antike Naturphilosophen, das *Maß* von Körperveränderungen (von Naturprozessen, von Gestirnbewegungen, also alles dessen, was *motus* heißt) könne nicht selbst eine Körperveränderung sein. Der Satz spricht keinerlei Wertung aus. Im Zusammenhang gelesen sagt Zeile 28: Zeit ist eine Ausdehnung, die eigenen Charakter hat. Die Eigenart dieser *Ausdehnung* ist noch näher zu bestimmen. Mit *Ausdehnung* im räumlichen Sinne darf sie nicht verwechselt werden, vielmehr ist sie Maß, das Maß der Dauer einer Veränderung. Man erkennt dies leichter, wenn die normalerweise mit ihr korrelierte Gestirnbewegung ausfällt, wie bei der Schlacht des Josua. Aber man kann es auch im kleinen erkennen, so bei dem Gedankenexperiment mit der Töpferscheibe, die sich auch dreht, wenn der Himmel stillstehend gedacht wird.

Zur Bedeutung von *distentio* vgl. O'D 153, kritisiert von Schm 23 f.

n. 31, 1–17: *Iubes ut approbem …?*

A reformuliert die Fragestellung von 29–31, nun in der religiösen Form, ob Gott befehle, daß er zustimmt, wenn jemand behauptet, die Zeit sei die Körperveränderung oder die Summe der Naturprozesse, *motus corporis.* A erweitert die Fragestellung von den Himmelskörpern auf die Gesamtnatur. Hier kommt eine weniger beachtete Nuance dessen zum Vorschein, was A unter Befehlen Gottes versteht: Was rational begründet ist und ihm einleuchtet, das befiehlt ihm sein Gott auch zu bejahen. Der Befehl ist hier kein Willkürakt, keine äußere Zutat zum Einleuchten eines rationalen Arguments. Gott ist die Wahrheit, und A denkt ihn hier strikt in dieser Funktion.

Also: Die Wahrheit befiehlt nicht, zuzustimmen, wenn jemand die Zeit mit Naturveränderungen identifiziert. Freilich ist es die Stimme der Wahrheit, folglich das Votum des inneren Lehrers, das A nicht abtrennt von seiner philosophischen Argumentation, wenn jemand behauptet, kein Körper könne sich anders als in der Zeit verändern. Hier berührt A das Problem, daß ausnahmslos alle Körper sich in der Zeit verändern müssen. Hier fragt er leider nicht, wie in n. 27, 6: *Unde scis?* Indirekt bestätigt A noch einmal, daß auch er die Zeit im Rahmen von Naturveränderungen denkt. Alle Darstellungen, die A einseitig als Theoretiker eines psychologischen, gar eines transzendentalen Zeitbegriffs empfehlen, schneiden diesen antiken Zusammenhang ab und ignorieren Augustins

Desinteresse an einer Begründung der Ausnahmslosigkeit der Zeitlichkeit von Naturveränderungen.

Augustins Hauptinteresse liegt hier allerdings in der Abwehr der Identifikation von *motus corporis* und Zeit: Zeit bezieht sich auf Körperbewegung – von innerem Zeitsinn, vom psychologischen Aspekt der Zeit ist nicht die Rede –, ist aber nicht dasselbe wie sie. Zeit ist das Maß von Naturveränderungen. Als aktuelles Messen wird sie unterstützt durch das Beobachten von Raumpunkten und setzt unabdingbar voraus, daß der Messende Anfang und Ende der Bewegung wahrnehmen kann. Die pure Naturveränderung, ohne Beobachter gedacht, ergäbe nie Zeit. Jeder Mensch – nicht nur der Begnadete und in diesem Sondersinn Erleuchtete – sieht, daß das Maß der Bewegung etwas anderes ist als die Bewegung. *Bewegung* immer in dem schon umschriebenen antiken allgemeinen Sinn: *kinesis*, jede Art von Veränderung, Naturprozeß.

n. 31, 17–23: *Nam si et uarie corpus aliquando movetur*

Im Unterschied zu n. 30 bezieht n. 31 bereits den Messenden mit in die Zeitanalyse ein, bewegt sich also allmählich auf das in n. 26 Gewonnene zurück, um das in n. 30 anvisierte Zwischenergebnis zu stützen: Zeit als Maß der Veränderung ist nicht selbst Naturveränderung. Zeit ist Naturveränderung, sofern sie von jemandem gemessen wird. Über Veränderungen, deren Anfang und Ende niemand beobachtet hat, können wir keine Zeitbestimmungen treffen. In diesem Fall können wir nur sagen, wie lange wir die Veränderung beobachtet haben.

In der Passage n. 31, 1–15 ist A so sehr an Naturvorgängen orientiert, daß er sich nicht fragt, wie er die Zeit zwischen Adam und Christus auf etwa 4000 Jahre hat festsetzen können.

Ab Zeile 17 führt A ein weiteres Argument ein, das der Leser der Aristotelischen *Physik* und der Plotinischen Zeitabhandlung kennt: Mit der Zeit messen wir nicht nur die Veränderung, sondern auch den Stillstand, die Ruhe, vgl. Plotin, III 7, 9, 65–69 bei B 117, vgl. auch B 216 und M 87–88.

Bis jetzt weiß der Leser Augustins von der Zeit, daß sie ein Maß des Naturvorgangs ist, nicht dieser selbst, daß sie eine Tätigkeit der Seele ist, die bestimmt, wie lange, *quandiu* (n. 31, 16), ein Naturvorgang oder auch das Ausbleiben eines Naturvorgangs, also der Stillstand, dauert. Die Nähe zu Naturprozessen hält A immer ein; insofern bleibt er auf der Spur der antiken Naturphilosophen. Er faßt die *Genesis*-Erklärung auf als die christliche Philosophie der Natur und verlangte von sich, in argumentierender *Genesis*-Auslegung zu beweisen, wieso der Buchstabe dieses Buches alle Schätze der Weisheit und des Wissens enthält. Der heutige Leser hat die Schwierigkeit, daß nach A die Naturvorgänge offenbar in sich ein *quandiu* haben, also eine bestimmte Dauer, die nicht vom Betrachter abhängt. Wieso diese Dauer keine Zeitbestimmung sein soll, also nicht von der Seele getätigt worden sein soll, ist schwer einzusehen. Wieso soll gerade die *Dauer* ein Naturphänomen sein, die Zeit aber nicht? Definierte jemand die Zeit als das mathematische Maß unserer Erfahrung vom Dauern, dann sähe heute jeder, daß die Zeit als Zahlengröße unserer zählenden Tätigkeit und damit unserer Innenwelt angehört, er sähe aber auch, daß die Naturdauer eine an die Natur ausgeliehene Psycho-Funktion wäre. Die Zeit ist nach n. 31 das Maß, mit dem wir das *quandiu* der Naturveränderungen messen. Von geschichtlichen Veränderungen ist nirgends die Rede; A rechnete sie hier, so scheint es, zu den *motus corporum;* später hob er hervor, es gebe auch *motus spiritales* mit ihrer eigenen Zeit. Aber diese Überlegung findet sich in *De Genesi ad litteram,* nicht in den Confessions. Hier denkt A nicht Geschichtszeit, sondern Naturzeit. Daß Sterne und Pflanzen, Flüsse und Pferde ihr eigenes *quandiu,* ihr immanentes Dauern haben, deutet A ständig an, ohne uns das Verhältnis von Dauern und Zeitmessen zu erklären. Was wir *Zeit* nennen, ist schon in seinem Dauern enthalten; in dem, was er Zeitmessen nennt, ist die Seele nicht tätiger als in dem Zählen, das Aristoteles als unabdingbar für die Zeit erklärt hat. Aber A könnte nicht sagen, alle Bewegung sei in der Zeit. Bei ihm ist die Zeit, als Bewegungsmaß, dem Naturvorgang hinzugefügt, ohne daß wir erfahren, wieso diese Zufügung das Maß des Naturvorgangs selbst sein könne. Nach n. 31, 5 muß *ich* den Anfang des Naturprozesses gesehen haben, um seine Zeitdauer bestimmen zu können – eine ungeheure Einschränkung des zeitlich Bestimmbaren. Nach W 68 prägt die Seele die Dauer einer Bewegung zur eigentlichen Zeit-Dauer um. Dies ist eine ungewöhnlich gelungene Formulierung; nur entspricht sie nicht Augustins Text. Denn wo war je von eigentlicher und von uneigentlicher Zeit die Rede? Hinter dieser Distinktion steckt der Zeitanteil im Dauer-Begriff, von dem oben die Rede war: Nur versteckt sie ihn, affirmativ, statt ihn aufzudecken. Nach dieser Auslegung müßten Naturvorgänge doch schon so etwas wie eine eigene Zeit, eben eine uneigentliche, noch nicht gezählte Zeit aufweisen – aber hatte A nicht gesagt, er wolle die Natur und das Wesen der Zeit erforschen, ohne Unterscheidung von eigentlicher und uneigentlicher Zeit? Und soviel wir bislang von der Tätigkeit der Seele erfahren haben, vor allem in n. 26, prägt die Seele nicht eine vorhandene, aber uneigentliche Zeit in eine eigentliche um, sondern sie sichert allererst die Existenz des Gewesenen und des Zukünftigen. Ohne die Seele ist die Vergangenheit nicht uneigentliche Zeit, sondern nichts. Freilich muß man sofort hinzufügen, daß A in n. 31, 16 von einem Wielange-schon der Naturveränderung spricht, die beim Auftreten eines Messenden gemessen werden soll – aber es ist besser, dies als Problem offenzulegen als eine geschickte Versöhnungsformel auszudenken, die mit nicht-augustinischen Distinktionen (eigentliche Zeit – uneigentliche Zeit) das Problem als gelöst erscheinen lassen soll.

n. 32, 1–9: *Et confiteor tibi, domine, ignorare me adhuc, quid sit tempus*

Die Identifikation von Zeit und Bewegung ist zurückgewiesen, die Notwendigkeit des *motus* ist sowohl festgestellt wie eingegrenzt, die Rolle der Himmelskörper für die Zeitanzeige ist geklärt, die Funktion der Seele hat sich bestätigt, aber damit weiß A noch nicht, was die Zeit sei, *quid sit tempus*. Wieder, wie in n. 17, 3 und 30, 1, nennt A keinerlei Unterteilung; er nimmt keine Abschneidung von Aspekten vor, deutet keine Einschränkung der Untersuchungsabsicht an. Er bekennt, er wisse noch nicht, was die Zeit ist, aber gleichzeitig muß er bekennen, daß er wisse, daß er dies in der Zeit sage. Sein Bekennen selbst ist ein zeitlicher Prozeß, und er weiß dies auch. Dies bedeutet nicht, die Zeit habe das Erkennen inhaltlich geprägt. Von Zeitlichkeit, gar Geschichtlichkeit des Denkens ist nicht die Rede. A sagt nur: Das Nachdenken und das Aussprechen erfordern Zeit. Er weiß, daß er schon lange darüber redet und daß dieses *lange* nichts anderes bedeutet als eine Zeitdauer, *mora temporis* – Dauer nicht als naturhafte Vorstufe der Zeit, die der Umprägung durch die Seele harrte, sondern in eins Zeit und Dauer. A deutet an, daß er mitten in allen Ungewißheiten doch einige gewisse Elemente berührt habe und daß er nur noch nicht wisse, wie sie zu formulieren seien. Wir wissen, daß wir in Zeitbestimmungen leben, während wir die Zeit zu bestimmen suchen – insofern sind wir keine Skeptiker mehr, auch wenn wir ungelöste Fragen haben, vgl. M 88–89.

n. 33, 1–3: *Nonne tibi confitetur anima mea*

A kehrt zurück zum Problem der Zeitmessung. Er bestätigt sich erneut den Ausgangspunkt, daß wir tatsächlich Zeitabschnitte messen, spitzt dann aber in n. 33 und n. 34 die Aporie der Zeitmessung noch einmal zu. Man beachte, wie A den Begriff des *Bekennens* viel weiter faßt als die meisten Interpreten; es geht hier weder um Lobpreis noch um Schuldeingeständnis, noch um Glaubensbekenntnis, sondern um die Tatsache, daß es wahr ist, daß wir die Zeit messen – eines der vielen Indizien, die gegen eine erbauliche Verkürzung der *Bekenntnisse* sprechen. Ob man diese vermeidet, kann man am ehesten daran überprüfen, ob man nicht nur denkt, daß Gott die Wahrheit, sondern auch, daß die Wahrheit Gott ist.

Die dritte Zeile festigt noch einmal den Zusammenhang von Zeit und Kosmologie: Die Zeit ist das, womit wir die Körperveränderungen, also Naturprozesse, messen. Wiederum kein Hinweis auf typisch historische Zeiterfahrung. Ein gewisses terminologisches Schwanken scheint A selbst aufgefallen zu sein, wenn er dann fortfährt: Aber messe ich nicht auch die Zeit? Also mit der Zeit messen wir die Naturvorgänge, aber wir messen auch die Zeit selbst. Keinesfalls will A, daß wir Zeiterfahrung von Naturvorgängen abgetrennt vorstellen.

n. 33, 4–10: *An uero corporis motum metirer*

Die materielle Ausfüllung einer Zeitspanne macht nicht deren Dauer aus. A illustriert das wiederum an einem Lied. Das Lied ist als Exempel der Zeitmessung besonders geeignet, da wir seine rhythmische, also zahlenmäßige Struktur selbst bestimmen oder doch leicht durchschauen. Seine kürzeste Einheit, die kurze Silbe, ergibt kein verläßliches Maß seiner Zeitdauer. Man kann einen kürzeren Vers zerdehnt vortragen, dann nimmt er ebensoviel Zeit ein wie ein längerer Vers. Ergebnis: Zeit ist ein eigenes Maß von Ausdehnung. Deswegen sei ihm, A, in n. 30, 29 die Zeit als eine Art von *distentio* erschienen. Hier gebraucht A das Wort *distentio* zum zweiten Mal, fügt aber hinzu, er wisse nicht, wessen *distentio* dies sei –, jedenfalls nicht die des materiellen Inhalts einer Veränderung, also z.B. eines Sonnenumlaufs, denn dieser könne ja auch in der halben Zeit erfolgen. So würde es ihn nicht wundern, wenn es die *distentio* des Geistes, *animus,* wäre. Diese nach n. 26 nicht mehr überraschende Statuierung eines von der Seele her aufgebauten Zeitbegriffs darf nicht vergessen machen, was A zu Beginn von n. 33 noch einmal über die Zeit als Maß von Körperveränderungen wiederholt hat. Es geht wohl zu weit, von einer Subjektivierung des Zeitbegriffes zu sprechen; hiergegen gelten die Bedenken gegen den Subjektbegriff, die ich bereits entwickelt habe; dieser Sprachgebrauch läßt leicht den von A nie verlassenen kosmologischen Zusammenhang vergessen – *metior motum corporis tempore*. Von einer ‚Individualisierung' (K. Gloy 1988) kann in Augustins anti-skeptischer Untersuchung nicht die Rede sein.

Was *distentio* genau heißt, ergibt sich wie in n. 30, 28 aus dem Ableitungszusammenhang, ferner aus den Kontrastbegriffen *attentio* (n. 37), *intentio* (n. 39, dazu die Erläuterungen von O'D 22, 29, 43 f., 84–87, 91 und 108) und aus der Analogie zur plotinischen *diastasis*. A resümiert jeweils: Eine Schlacht hat Anfang und Ende, und dazwischen liegt eine Erstreckung, die nicht von der Sternenbewegung bestimmt ist. Sie hat ihre eigene Dauer (so in n. 30, 28). Hier: Ein Gedicht kann man langsam oder schnell vortragen. Die kleinste Aufbaueinheit, die Silbe, ergibt kein objektives Maß. Und doch hat jedes Gedicht Anfang und Ende, und dazwischen liegt eine Erstreckung, die ich mit räumlichen Strecken vergleichen kann, die aber keine räumliche Größe ist: *distentio,* eine nichträumliche Ausdehnung, ein Beieinander von Anfang und Ende, aber nicht im Raum, sondern in der Seele. Zeit ist also ein Zusammenhalten eines nicht-räumlichen Anfangs und eines nicht-räumlichen Endes in der Seele, eine Quasi-Strecke in der Seele.

Moderne Leser verkürzen den Gedanken Augustins, wenn sie ihn dahin zusammenfassen: Die Zeit hat den Ursprung in der *Seele.* Es ist der *animus,* der die Zeit bewirkt, also nicht „der Mensch" und auch nicht einfach „die Seele", *anima,* sondern der „beste Teil der Seele", der *Geist, mens,* oder *die Vernunft,* vgl. De civ. Dei V 11, 17–18; CC 47, 142. Platon, Aristoteles und die Neuplatoniker hatten gelehrt, *nus* und *psyche* zu unterscheiden. Cicero, der die lateinische Terminologie geschaffen hat, hatte aber sowohl *psyche* wie *nus* mit *animus* übersetzt. Daher war auch Augustins Terminologie nicht streng, doch vermied er es konsequent, *animus* auf die Tierseele anzuwenden. *Animus* im strengen Sinne war für ihn die *mens,* der *Geist.* Vgl. O'D 7–8.

A spricht hier das Hervorgehen der Zeit aus dem Geist nur zögernd aus. In n. 26 war er schon weitergegangen: Er hatte das Erinnern, das aktuelle

Anschauen und die Erwartung als Tätigkeiten der Zeitbildung beschrieben. Inzwischen hat ihn die Frage der Zeitmessung bei Nicht-Existenz von vergangener und zukünftiger Zeit und bei mangelnder Ausdehnung der Gegenwart, in der wir doch messen, lange aufgehalten. Jetzt, in n. 33, resümiert er: Weil die Vergangenheit nicht mehr ist und die Zukunft erst noch sein wird, und weil die Gegenwart, in der wir die vorbeifließende Zeit messen, keine Ausdehnung hat, muß die Zeit zwar eine Art Ausdehnung sein, aber gewiß nicht als eine Art Naturding, sondern vermutlich der Seele. Also in negativer Hinsicht – Zeit kein reiner Naturbestand – hat A hier ein klares Resultat erreicht. Es fehlt hier noch die Wiedergewinnung des in n. 26 Erreichten, inzwischen aber wieder zurückgedrängten Motivs der Seelentätigkeiten als der Bildung der Zeitdimensionen.

Zur Herkunft von *distentio* verweise ich noch einmal auf Plotin, III 7, 11, 41 und auf die stoische Formel: *diastema der kinesis,* SVF I, frg. 93, p. 26, 11. Dazu vgl. oben zu n. 30, 29, bes. S 588 s., B 267 und M 92, selbst De 391 A. 98 und 392 A. 106, O'D 154 und A. 11. J. F. Callahan, A New Source, der auf Basilius, adv. Eun. I 21 verweist. *Distentio* beruht auf einer Raummetapher. Dazu paßt die Beschreibung der *memoria* als einer riesigen Halle in *Conf.* X. Dazu vgl. Sch 90, doch auch J. McEvoy, 1983/84, bes. 569, der A gegen Wittgensteins Vorwurf der Verräumlichung der Zeit zu verteidigen sucht.

Wer unter dem Halbdunkel mystifizierender und existenzialistischer Augustin-Deutungen gestöhnt hat, erfreue sich am knapp-britisch-philologisch-banal-klaren Kommentar von G–M 357 zu n. 33, 21: *The riddle is out!*

n. 34, 1–25: *Insiste, anime meus, et attende fortiter*

A ermahnt sich, von seinem Vorhaben nicht abzulassen: Das Licht der Wahrheit beginnt ihm zu dämmern. Noch einmal betont er die Schwierigkeit, zu denken, wie wir die Zeit messen. Er wiederholt noch einmal, daß sie als vergangene und als zukünftige nicht gemessen werden kann, weil sie nicht existiert. Wir messen sie, wenn sie vorübergeht, denn dabei spannt sie sich aus in einen Zeit-Raum, *spatium temporis*. Ohne Ausspannung, ohne die Bildung eines ver-teilten Ganzen, das wir messend umgreifen, können wir Zeiträume nicht abschätzen. Aber wo soll sich das Ganze bilden, wenn der gegenwärtige Augenblick ins Nichtsein verläuft?

Man beachte in Zeile 9 das *tendebatur* und seine sprachliche Verwandtschaft mit *distentio*. Aber indem A die Notwendigkeit einer solchen Ausdehnung beschreibt und gleichzeitig hervorhebt, daß die vorübergegangene Zeit nicht mehr ist, die Gegenwart gerade aber keine Ausdehnung *(spatium)* hat, steigert sich ihm zum letzten Mal die Unbegreiflichkeit dessen, was wir täglich tun – die Zeit messen. Die Zeit ist eben nicht vorhanden wie eine Strecke, deren Anfang wir noch vor uns haben, wenn wir auf ihr Ende blicken.

n. 35, 1–20: „*Deus creator omnium*"

Erneuter Versuch, die Zeitmessung zu erklären. Zusammen zu sehen sind die Abschnitte n. 35 bis n. 38. Doch gehen wir Schritt für Schritt vor: A, der Rhetor, verdeutlicht die Zeiterfahrung am Hören eines ambrosianischen Hymnus, den er schon im IX. Buch (12, 32) zitiert und früher bereits, in *De musica* VI, analysiert hat. A demonstriert an diesem Hymnus: Was verklungen ist, *ist* nicht mehr und kann daher nicht gemessen werden. Aber der Teil des Hymnus, der vorübergegangen ist, verbleibt im Gedächtnis (Rückgriff auf n. 26), kann dort mit dem soeben erklingenden Teil einen Zeitbogen bilden, der eine Erstreckung hat und folglich gemessen werden kann. Wir brauchen nicht die vorübergegangenen Dinge selbst zu messen; es genügt, daß etwas von ihnen im Gedächtnis verbleibt. Man achte hier darauf, wie die Naturveränderungen nicht vergessen, nicht für gleichgültig gehalten werden; nur *verlaufen* sie (sich) in der Zeit und können, sofern sie vergangen sind, nur als erinnerte festgehalten und gemessen werden. Auch hier wieder beginnt A die Analyse von der Vergangenheit, nicht von der Zukunft her.

Von Zeile 14 bis 20 leitet wiederum die Frage *Wo?* die ganze Untersuchung. Soviel wie möglich will A die Raumanalogie der Zeitverläufe festhalten. Er ist dabei, einen Quasi-Raum zu konstruieren, eben seine *distentio*. Frühere *memoria*-Studien unterstützen ihn dabei. Vgl. De 392 A. 104.

n. 36, 1–7: *In te, anime meus, tempora metior*

In dir also, mein Geist, messe ich die Zeiten. A akzentuiert, daß es sich um *meinen*, also einen individuellen Geist handelt. Dies ist hervorzuheben, auch im Hinblick auf n. 41. Zugleich ist festzuhalten, daß A erstaunlicherweise kein Wort verliert über die Gefahr einer individualistischen Relativierung der Zeitmessung. Er spricht, als bestehe diese den Skeptizismus herbeiführende Möglichkeit nicht, als seien also alle individuellen Geister in ihren Zeitmessungen einig. Dies bedarf einer historischen Erklärung: es gab philosophische Prämissen, unter denen Individualität und Allgemeinheit nicht als Gegensätze anerkannt werden. Vgl. unten zu n. 41.

A erklärt den *animus* zum Ort der Zeit. Um eine Art *Wo* handelt es sich auch hier. A formuliert schon an dieser Stelle sein Resultat, obwohl er die Zukunft noch nicht behandelt hat. Es genügt, von dem erinnerten Vorübergehen der Dinge bis zur Gegenwart einen Bogen messen zu können. In Zeile 1 bis 3 fingiert A einen Dialog mit sich selbst, mit seinem Geist: *Schrei nicht gegen mich an!* Aber sofort nimmt er seinen Vorwurfston zurück. Im Rahmen seiner dualistischen Anthropologie kann er nicht zulassen, daß Verwirrung, Einspruch gegen das Wahre oder Geschrei vom Geist kommen. Der Geist ist allenfalls aufgrund eigener Unaufmerksamkeit das Opfer von Verwirrung und Geschrei. In diesem Sinne fährt A fort: *Laß dich nicht überschreien von der Menge deiner Affektionen!* Die Affektionen beruhen auf der Macht der Außenwelt über uns. Sie gelten der Gewohnheit als das Selbstverständliche und Mächtige, als die wahre Realität. A will den Geist zur Umkehr, zur Einkehr in sich selbst bewegen. Dazu muß er die einseitige Realitätsunterstellung zugunsten der Körperwelt aufgeben. Dies kann er nicht ohne Widerstand vollziehen. Daher hier der kleine Dialog. An dessen Ende wiederholt A: Wir messen die Zeitabschnitte im Geist, nicht in der Außenwelt. Über die Übersetzung von *affectio* kann man lange sprechen. W 80–81 problematisiert die Übersetzung von *affectio* mit *Eindruck;* er fürchtet, dies führe zu einer empiristischen Zeittheorie. Er schlägt *Erfülltheit* vor, was zwar empiristische Assoziationen vermeidet, aber dafür gesucht klingt und die Naturbasis der Zeitanalyse Augustins aus dem Blick bringt. A setzt naiv realistisch voraus: Draußen sind die Dinge, sie drücken auf dem Weg über die Sinne ihr Bild in uns ein; das Gedächtnis bewahrt es auf. Dies ist nicht die *ganze memoria*-Lehre Augustins, aber es bildet einen Teil von ihr, und gerade den für die Zeituntersuchung gebrauchten Aspekt. Die *affectio* ist nach A eine Art *Leiden: patitur qui afficitur, De civ. Dei* XII 17. Die Affektion verbürgt eine Art direkt übertragener Wahrheit. Wenn die Augen melden, was ihre Affektion ist, täuschen sie uns nicht, *De vera religione* c. 33. Hier in Zeile 3 heißt es ausdrücklich, daß die vorüberziehenden Dinge in mir eine *affectio* bewirken. Man könnte, den geäußerten Bedenken Rechnung tragend, übersetzen: *Die Naturdinge, die mich, als sie vorübergingen, bestimmt haben.* *Affectio* bedeutet freilich mehr noch: angetan-sein, angemacht-sein, zugetan-sein, eine seelische Wendung auf etwas genommen haben, eine Willensrichtung, eine Neigung. Aber in unserem Kontext geht es um Einwirkung der vorübergehenden Dinge, eben um *Eindrücke*. Und nach Zeile 6–7 sind diese Eindrücke die Zeitabschnitte, die wir messen können – oder wir messen überhaupt keine Zeiten. Wir messen aber Zeiten, also *sind* die *affectiones,* welche die vorüberziehenden Dinge im Geist machen, die Zeiten. Es ist nicht der Geist allein, in freier Tätigkeit, der die Zeiten setzt. Es ist die Einwirkung der Dinge auf den Geist auf dem Wege über die Sinne, die Zeiten zu messen erlaubt. *Ipsa sunt tempora* – eine erstaunlich kategorische Aussage, hinter der der Geist zu verschwinden droht. Die Eindrücke im Geist sind die Zeiten. Von Zeit im Singular ist nicht die Rede, ebensowenig von einer über das Erinnern hinausgehenden, also Erinnern und Erwarten umgreifenden Tätigkeit des Geistes. Auch Robert Grosseteste hat die Augustinische Zeittheorie so gedeutet. Zeit, schrieb er, sei *affectio in anima ex transitu rerum mobilium,* J 210 Anm. 14. Diese Zeitbeschreibung ist außen-orientiert; kein Hinweis auf die ‚Innerlichkeit'.

Erstaunlicher noch: A thematisiert hier nicht den Fall, daß wir sagen „ich trauerte nur kurze Zeit" oder „ich freute mich lange darüber". Auch in diesen Fällen „messen" wir die Zeit, empfangen aber keine Eindrücke von außen. A spricht hier, als habe er vergessen, daß auch die Seele eine eigene Geschichte hat, obwohl er doch sonst betont, die Seele wandle sich durch ihre Affekte und erfahre so die Zeit, *De Gen. c. Manich.* II 6, 7; PL 34, 200. Er weiß, daß das Gedächtnis sich nicht nur auf vorübergegangene Dinge, sondern auch auf Gefühle bezieht, *Conf.* X 8, 14 und 14, 21.

Daß wir Zeiten messen, steht für A jetzt fest. Dann müssen die Affektionen selbst die Zeiten sein. Man wagt kaum nach der Zukunft zu fragen. Das Zukünftige kann uns nicht affizieren. Dennoch hat der Gedankengang von *Conf.* XI mit n. 31, 1 einen Ruhepunkt erreicht. Die immer wiederholte Frage, *wo* die verflossene und die kommende Zeit seien, wird hier beantwortet: Sie sind im *animus.* Die Aporie ist damit gelöst; man überbewerte also nicht den aporetischen Charakter von *Conf.* XI. Doch macht A sich selbst sogleich neue Schwierigkeiten, setzt aber dabei die soeben gegebene Antwort weiter voraus:

n. 36, 7–22: *Quid cum metimur silentia*

Was geschieht, wenn wir Zeiträume des Schweigens messen? Ein Rhetor bemißt im voraus auch Pausen. Dabei gibt es keine auf die Sinne wirkenden Dinge. Wie messen wir dann? A muß die Autorität der Außenwelt erneut einschränken: In diesem Falle spannen wir *unsere Vorstellung (cogitatio)* aus – nach dem Maß der Stimme; wir bilden eine Ausdehnung, so, als erklänge die Stimme sinnlich in einem Zeitraum.

Da A erklären muß, wieso es zu Zeitmessungen kommen kann, wenn keine Affektion von außen vorliegt – im Falle der Dauer der Stille –, stößt er erneut auf die Tätigkeit des *animus.* Dessen Tun besteht darin, die Stille mit der Vorstellung der Stimme zu füllen, so, als ertönte sie. Er bildet mit seiner Tätigkeit ein Als-Ob. Bei der Zeitenbildung ist also nicht nur das Gedächtnis tätig; es braucht auch die *cogitatio,* n. 36, 8. Sie erzeugt das *Bild* des Ertönens der Stimme. Wir könnten sie daher *Einbildungskraft* nennen. A erklärt sich nicht genauer. An anderen Stellen unterscheidet er ein gewöhnliches *cogitare* von einem *vera ratione cogitare.* Im ersten Fall „denkt" man sich irgend etwas, dessen Wirklichkeit dahinsteht; im zweiten Fall handelt es sich um eine sichere geistige Erkenntnis, also um *intellektuelle* Einsicht, *De lib. arb.* III 13, 49; Green 283. Die Menschen können sich Gott verschieden denken, *cogitare;* die intellektuelle Einsicht ist immer nur eine. Doch können wir Gott nur denken, *cogitare,* als das, worüber hinaus es Besseres nicht geben kann; diese Formel Augustins, *Conf.* VII 4, 6 Verheijen 95, steht terminologisch und argumentativ vorrangig am Ursprung von Anselms „Argument". *Cogitare* bezeichnet nach A immer ein Haben in der Seele. *Wie* das Gehabte in der Seele ist, bleibt weiterer Präzisierung vorbehalten, vgl. bes. *Conf.* X 11 Verheijen 164.

Soll man im Fall des vorgestellten Schweigens von Selbstaffektion sprechen? In einem anderen Sinne hat A in *De civ. Dei* XIV 5; CC 48, 1, 420 davon gesprochen. Es kommt nicht auf diesen belasteten Terminus an. A beschreibt, woran er denkt: Wir gehen in Gedanken ein Gedicht durch und halten uns dabei Zeitmaße im Sinn. Wer etwas vortragen will, plant vorher die Zeitmaße ein; wieder springt die Berufserfahrung des Rhetors und Predigers ein. Sie zeigt, verallgemeinert ausgedrückt: Wir erstellen in uns Bilder von Dimensionen, von Zeitausdehnungen – auch ohne daß in der Sinnenwelt ein Ton erklungen ist. Die Frage nach dem Messen von Zeit beim Ausbleiben von Dingaffektionen führt A auf das zeitgestaltende Vortragen eines Gedichtes und damit auf Gegenwart und auf Zukunft, bes. ab Zeile 14: Die gegenwärtige Absicht, *intentio* (wieder ein Terminus aus dem Wortfeld von *tendere!*), ein Gedicht von geplanter Länge mit eingeplanten Pausen vorzutragen, die Aufmerksamkeit auf ein vorstrukturiertes Ganzes, das geordnet in die Klangwelt tritt, wird zum Modell der Bewegung aus dem in n. 22 noch als *okkult* geltenden Raum der Zukunft durch die Gegenwartsschleuse in den Raum der Vergangenheit. Insofern illustriert A am Ende von n. 36 die eingangs aufgestellte Behauptung, daß wir im Geist die Zeiten messen, auch die Gegenwart und die Zukunft. Die in n. 35 noch ausschließlich maßgebliche Rolle des Gedächtnisses tritt ab Zeile 7 zurück gegenüber produktiver Imagination und planendem Verstand. Albertus Magnus resümierte diese Seite der Augustinischen Zeittheorie folgendermaßen:

distentio animi accepta per imaginationem, J 222.

A faßt jetzt zunehmend ins Auge, daß die Seele nicht nur die Affektion des Vorübergegangenen festgehalten haben muß, sondern daß sie Anfang und Ende eines Einwirkungszeitraums zusammenhalten, ja sogar Zeitverhältnisse ohne Außeneinwirkung dimensionieren kann. Wahrnehmen, Erinnern, Vorstellen, Erfassen und Wollen durchdringen einander. Indem A dies für die Präsenz der Zeit im Geist zeigt, tritt er der Einsicht Plotins näher, Zeit sei das Weitergehen der Seele von einem ihrer Zustände zu einem anderen, *Enn.* III 7, 11.

n. 37, 1–10: *Sed quomodo minuitur aut consumitur futurum*

A hat mehrfach erklärt, es sei unbegreiflich, wie das nichtseiende Gewesene und das nichtseiende Zukünftige eine Art Vorrat bilden könnte und wie das nichtseiende Kommende in das nicht-mehr-seiende Vergangene übergehen könne. Jetzt kann er die Erklärung geben: Was als Naturbestand noch nicht ist bzw. nicht mehr ist, wird von der Seele bewirkt. Und auch die Schwierigkeit, die A sich mit der Punktualisierung des Augenblicks, der kein *spatium* sei, geschaffen hat – M 99 vermerkt instruktiv, zum ersten Mal nenne A hier die Gegenwart einen *Punkt* –, kann er jetzt lösen: Wenn nicht der Augenblick dauert, so dauert doch die Hinwendung des tätigen Geistes zu dem Augenblick. *Natura currit, ratio dilatat*, schrieb Seneca, J 81–82. Der Geist verbindet das Hinüberlegen des Erwarteten zum zu Erinnernden mit einem Vorblick auf die Struktur des Ganzen, wie bei einem Gedicht. Es ist die *attentio*, durch die das Erwartete hinübergeht zum Vergangenen. *Attentio* ist das aktive Erfassen eines Gegenwärtigen. Auch ein Erinnerungsbild oder eine Erwartung sind gegenwärtig; insofern geht die *attentio* auch in das Erinnern und in das Erwarten ein. A hat die *attentio* in *De musica* VI 8 und *De trin.* XI 5 und 19 näher beschrieben und dabei die wechselseitige Durchdringung der Geistestätigkeiten hervorgehoben, die in unserem Text nur anklingt. Der moderne psychologisierende Ausdruck „Aufmerksamkeit" gibt nicht befriedigend die philosophische Bedeutung der *attentio* Augustins wieder. *Attentio* ist: Zuwendung der Seele, aktives Erfassen des Gegenwärtigen, Bewußtsein beim Haben seelischer Inhalte, zu denen auch die Affektionen gehören. Sie ist Anstrengung, die bei Schwierigkeiten wächst. Sie ist Konzentration, die der Tendenz zur Zerstreuung widersteht. Sie ist Sorge der Seele für sich selbst. Sie versucht, die Trübungen fernzuhalten, die unsere Selbsterkenntnis erschweren.

Die *attentio* dauert an, *perdurat attentio*, n. 37, 9. Sie hält das Bild der vorübergehenden Gegenstände über Zeitspannen hinweg fest; sie bringt das Erinnerte mit dem Erwarteten in der Gegenwart zusammen; sie verknüpft das zuvor gegenwärtig Gewesene mit dem jetzt Gegenwärtigen. Dies macht die Zerdehntheit der zeitgebenden Seele aus, die ihr Leben nicht in einem einheitlichen Zugleich, sondern im Nacheinander lebt, vgl. Plotin, *Enn.* III 7, 11, dazu De 392–393 A. 106.

Die Zeitdimensionen, Vergangenheit, Gegenwart und Zukunft, werden also bewirkt von dem Geist, der erinnert, der als gegenwärtig auffaßt und der erwartet. Diese psychischen Tätigkeiten bewirken den Vorrat des Kommenden und des Gewesenen bzw. das Hindurchlaufen des Kommenden durch den Jetztpunkt ins Gewesene. A spricht davon, daß der Geist, *animus,* diese drei Dimensionen *bewirkt, agit.* Dies ist ebensowenig abzuschwächen wie der ständige Bezug auf den *motus corporum,* den wir mit Hilfe der Zeit messen. Daß der Geist *tätig* ist, ist bei A kein singulärer Aspekt. Seine Theorie des Geistes ist längst nicht mehr so entfaltet wie die Plotins, zehrt aber von dieser und behauptet z.B., daß die Wahrnehmung kein rein passiver Vorgang sein könne, also nicht nur auf der *impressio* durch die vorüberziehenden Dinge, sondern mindestens ebenso, eher mehr auf der Tätigkeit der Geistseele beruht. Vgl. dazu F[1] 355 bis 359 und Stichwort *Geist* im Sachregister.

n. 37, 11–13: *Non igitur longum tempus futurum*

Seit n. 18 und 19 quälte A die Frage, wie die künftige und die gewesene Zeit, die nicht existieren, *lang* oder *kurz* sein können. Hier gibt er die definitive Antwort in zwei Schritten:
1. Kein Naturbestand, der noch nicht bzw. nicht mehr existiert, kann *lang* oder *kurz* sein. Denn etwas, das nicht existiert, kann keine Eigenschaft haben.
2. Eine lange Zukunft ist eine lange Erwartung des Zukünftigen. Eine lange Vergangenheit ist eine lange Erinnerung an Gewesenes.

Beide Teile der These Augustins erscheinen mir problematisch:
Zu 1. Auch fiktive Gegenstände können Eigenschaften haben. Rotkäppchens Kappe kann sehr wohl rot sein, ohne zu existieren. A verwechselt die Funktion von *ist* als Kopula mit der prädikativen Verwendung von *sein*.

Zu 2. Was sagt A hier genau? Die *lange Zukunft,* ein langdauernder zukünftiger Zeitabschnitt, existiert nicht und kann deshalb nicht als langdauernd bezeichnend werden. Unter der Leitfrage *Wo?* sucht A die langdauernde Zukunft. Er findet sie ausschließlich in der gegenwärtigen Erwartung, also als Tätigkeit der Seele. Hier scheint es zwei Auslegungsmöglichkeiten zu geben:

a. A sagt hier: Eine langdauernde künftige Zeit ist die psychische Tätigkeit des Erwartens einer langdauernden künftigen Zeit.

Oder b. A sagt hier: Da die Zukunft nicht existiert, kann sie auch nicht lang sein. Was allein die langdauernde Zukunft als etwas Reales sichert, ist ein langdauerndes Erwarten der Zukunft, *longa expectatio futuri.* Dasselbe gilt für Vergangenheit und Erinnern.

Wohl jeder Leser würde im Interesse des Prestiges des Heiligen von Hippo gern annehmen, er habe hier These a vertreten. K. Gloy, 1988, 88–89 hat mich getadelt, daß ich dies in F^1 275–276 nicht getan habe. Sie meint: Wenn A sagt, eine langdauernde zukünftige Zeit ist eine *longa expectatio,* so bedeut dies: eine *expectatio longi futuri.* Aber A hat unter dem Applaus der meisten neueren Ausleger die Vorstellung eines objektiven Vorrats künftiger Ereignisse verworfen. So blieb ihm nichts anderes übrig, als die langdauernde Zukunft allein in der langen Erwartung anzusiedeln. Eine lange Ereignisreihe, die wir zu erwarten hätten, existiert nach A doch nicht; nach These 1 kann sie folglich auch nicht *lang* heißen. A schreibt, die Erwartung eines langen zukünftigen Zeitraums sei in sich nichts, sie existiere allein als lange Erwartung. Weil A eine Philosophie vorträgt, die ich oben zu These 1 zusammengefaßt habe, muß er konsequent zu These b kommen. Sie allein entspricht dem Gedankenfortgang von n. 37 und Augustins Überzeugung, hier mit dem Hinweis auf die Tätigkeit der Geistseele die Aporien von n. 18 bis n. 20, vor allem aber die von dem okkulten Zukunftsraum und dem Vergangenheitsstapel von n. 20, 5 im Sinne von n. 36, 14–20 gelöst zu haben. A vollbrachte damit eine erhebliche Innovation mit ebenso erheblichen Folgelasten.

Daß These b schwer nachvollziehbar ist, liegt auf der Hand. Wenn A sie gelehrt hat, dann gelten gegen seine Zeitanalyse die Einwände, die Lord Russell vorgetragen hat (vgl. oben 71) und die in meiner Kommentierung insofern weiteres Gewicht gewonnen haben, als ich immer auf den Zusammenhang der Zeitlehre mit der von A nie vergessenen Naturveränderung hingewiesen habe. Dann gibt es ebenso viele Zukunftsvorräte, wie es subjektive Erwartungsakte gibt. Dann liegt in der Zukunft des Individuums X real nur das, was in seiner Erwartung vorkommt. Dies ist nicht damit vereinbar, daß A im Gegenwärtigen, also in den actu existierenden Naturvorgängen selbst, die Ursachen und die Vorzeichen des Künftigen sehen lehrt, wie er n. 24, 4 schreibt. Dennoch kann ich den Satz in n. 37, 11 nicht anders lesen, als ich es getan habe. Ich kann nur die terminologischen und theoretischen Steuerungen analysieren, die A in diese Sackgasse geführt haben. Die wichtigsten habe ich genannt: Die Wo-Frage als Leitfaden der Zeitanalyse und die angebliche Unmöglichkeit, von Prädikaten fiktiver Gegenstände zu sprechen. Zur Terminologie: Man kann erwägen, ob die lateinische Sprache die Vokabeln *expectatio* und *memoria* in Augustins Sprache nicht so objektbezogen vorgegeben hat, daß *expectatio* Erwartungsinhalt und nicht so sehr das tätige Erwarten, also das von A anzielte Ausspannen der Seele auf das Zukünftige meint, und A so nicht präzis sagen konnte, was ihm vorschwebte. War *memoria* eher als Erinnerungsgehalt denn als tätiges Sichzurückbesinnen objektivistisch vorbelastet? Vgl. auch W 90–95.

n. 38, 1–9: *Dicturus sum canticum*

A illustriert die Frage, die ihn seit n. 22 beunruhigte: – wie der Zukunftsvorrat durch die Gegenwart hindurch in die Vergangenheit abgelegt wird. Nach der prinzipiellen Klarstellung von n. 37 erklärt A jetzt diesen Vorgang am Beispiel des Vortrags eines Liedes: Zuerst richtet sich die Erwartung auf das Ganze. Wir gehen nicht fehl, wenn wir den Akzent auf der Eigentätigkeit der Seele sehen; sie imaginiert und dimensioniert das, was zu erwarten ist. Sie prägt die Strukturen, plant Pausen und Text, Ruhe und Bewegung. A hat es sich leicht gemacht, indem er einen künstlerischen Vortrag zum Exempel unserer Zeiterfahrung gewählt hat; die Erwartung eines Gewitters, gar des Weltuntergangs, kurz: die Einbeziehung der Natur, also der von ihm selbst immer betonten Dingveränderungen, *motus corporum*, hätte ihn vor ganz andere Probleme gestellt.

Wer das Lied vorträgt, legt Teil für Teil zur Vergangenheit hinüber; er speichert, was er zuvor erwartet hat, im Gedächtnis. Erwartend spannt er sich nach vorn, ablegend wendet er sich rückwärts; und wenn wir dies analysieren, verstehen wir *distentio* als eine Ausdehnung in zwei Richtungen zugleich, nach vorn und rückwärts, kraft einer aktuellen Konzentration, welche die beiden auseinanderlaufenden Zeitperspektiven zusammenhält.

Distentio bedeutet hier auch Aufspaltung, aber eine Aufspaltung, die das Auseinanderlaufen auch vereinigt, die jedenfalls nur möglich ist kraft eigener *attentio*. A beschreibt hier die Aufspaltung noch im wertneutralen Sinne; er feiert allerdings auch in keiner Weise die synthetische Kraft des menschlichen Geistes, der Zukünftiges strukturiert und kraft gegenwärtiger Anspannung sich in die selbstgestaltete Zukunft und in die Vergangenheit ausspannt. *Zerstreuung* wäre hier als Übersetzung jedenfalls unangebracht: Wer ein Gedicht vorträgt, hat dessen Gestalt vor sich und richtet seinen Vortrag danach ein, er achtet dabei zugleich auf das Kommende wie auf das Abgelegte – wir können von ihm wohl sagen, er sei *aufgespalten in die Zeitperspektiven*, nicht aber, er sei *zerstreut*.

Auffällig ist in n. 38, 7–9, daß, A zufolge, die Erwartung sich „verkürzt" und die Erinnerung sich „verlängert". Müßte er nicht sagen: Die Zahl der Objekte der Erwartung (oder die Elemente der Quantität des Erwarteten) nimmt ab, aber die Erwartung „verkürzt" sich nicht? Es kehrt hier die These von n. 37, 10–13 wieder, die lange Dauer des Vergangenen sei ein langes Erinnern.

n. 38, 10–14: *Et quod in toto cantico, hoc in ...*

A überträgt das Exempel des Gedichtvortrags mit seinem eigentümlichen Ensemble der drei Zeitperspektiven

1. auf eine längere Tätigkeit, von der ein Gedichtvortrag vielleicht ein Teil ist, also sagen wir: auf die Planung eines Nachmittags,
2. auf das ganze Leben eines Menschen, von dem die einzelnen Aktionen des Menschen jeweils ein Teil sind, wie die Strophen Teile eines Gedichtes sind,
3. auf die gesamte Weltzeit des Menschengeschlechts, dessen Teile die einzelnen Biographien sind.

Lied – Menschenleben – Geschichte der Gattung, sie bilden nach A eine Reihe; sie sind verbunden durch die gemeinsame Umwandlung des Erwarteten ins Gewesene via Gegenwartsgestaltung. Die Erwartungsinhalte nehmen ab, die Erinnerungsdaten wachsen. Am Ende ist die Erwartung völlig aufgebraucht; alles ist hinübergewandert ins Erinnern.

Man muß fragen, ob diese Übertragung vom Liedvortrag auf das Einzelleben und vom Einzelleben auf die Menschheit nach den Prinzipien der Augustinischen Zeitlehre möglich ist. Beim noch vorzutragenden Gedicht kann ich meine Erwartung auf das bevorstehende Ganze richten (wobei A die Rolle des Gedächtnisses hierbei unterdrückt), aber wie soll ich mich auf meine ganze Lebenszukunft richten? A beschreibt in n. 38, 12–13 das Menschenleben so, als bestünde es nur aus den von mir vorbedachten, eigenen *actiones*. Dies erfordert sein theoretischer Ansatz hier, aber es ist nicht wahr. Auch was mir zustoßen wird, was in den mir unbekannten Absichten anderer Personen noch schlummert und was irgendwelche Naturvorgänge mir antun werden, wird mindestens ebenso wie meine eigenen Handlungen mein künftiges Leben ausmachen. Ich kann nicht erwarten, was ich nicht weiß. Selbst wenn ich hinzunehme, was ich nach A (n. 24, 4) aus den gegenwärtigen *causae* und *signa* des Kommenden vermuten kann, erwächst daraus nicht der Inhalt des zukünftigen Lebens. Aber anders als in der Erwartung *ist* nach A meine Zukunft nicht. Völlig uneinsehbar wird die Menschheitszukunft unter der Voraussetzung der Identifikation der Zukunft mit den Erwartungen einer individuellen Seele. Die Übertragungsreihe in n. 38, 10–14 könnte nur plausibel gedacht werden, wenn es für die Menschheit eine Gesamtseele gäbe, die sich ausspannte auf die Menschheitszukunft. Aber dann bliebe immer noch der überwiegende Anteil des unerwarteten Zukünftigen im Einzelleben unbedacht. Der Aktualismus der Augustinischen Zeitlehre rächt sich jetzt. Sie muß die Zukunft auf das Erwartete, das menschliche Leben auf seine *actiones* und alle Zeitdimensionen auf gegenwärtige Tätigkeit reduzieren. Der ansonsten von A durchweg als unerläßlich bewertete Blick auf die Körperwelt und die Naturveränderungen fehlt hier. Hier kommt – im ganzen XI. Buch in einer einzigen Zeile, außer in der Andeutung in n. 3, 25 – nur die auf Aktionen reduzierte Geschichte in den Blick. Aber wenn Zeit auf die Individualerwartung eingeengt wird, kann es keine Naturgeschichte und keine Menschheitsentwicklung geben. Manche postmodernen Leser würden sich mit dem von A Erreichten begnügen, wenn ihnen nur Eigenzeit und Eigensinn, individuelle Gestaltungskompetenz und subjektives Erinnerungsspiel zugestanden würden – aber war es das, was A beweisen wollte?

Sch 96–97 und W 98–103 (vgl. auch 109, 145 und 147) haben an der Ausgleichung der augustinischen Unebenheiten, die ich lieber als bedeutende, aber historisch kontingente Ansätze stehen lasse, eindrucksvoll gearbeitet. Vor allem hat Weis die Einengung der Zeit auf die individuelle Erwartung und Erinnerung als Gefahr erkannt und versucht, sie zu überwinden. Er unterscheidet zu diesem Zweck a) die objektive Abfolge der Bewegungsstadien, also die Naturprozesse in ihrem an sich festliegenden Nacheinander, b) die seelische Umprägung der Phasen der Bewegung zur Zeit. Aber dann muß man bedauern, daß A über ein solches Umprägen kein Wort verliert. Ferner muß man fragen, ob das Nacheinander objektiver Phasen der Naturprozesse, also der *motus corporum,* denn nicht etwa auch *Zeit* heißen muß. Nach A messen wir doch eben diese *motus corporum* mit Hilfe der Zeit (n. 33, 3). In n. 38 kann man fragen, ob A diesen Naturbezug über der Analyse des Gedichtvortrags vergessen hat oder ob er nicht doch an eine Gesamtseele denkt. Weis erörtert diese Möglichkeit nicht, weil er die *Weltseele* für eine *mythologische Konstruktion* hält, was *Gott* und *Seele* für ihn offenbar nicht sind. Die Annahme einer Weltseele würde hier zwei Mißstände zugleich beheben: Sie würde die Naturbetrachtung hier nicht plötzlich fallenlassen müssen. Oft blenden moderne Ausleger sie aus Augustins Text aus, um auf ein einhelliges Resultat zu stoßen: die ‚Psychologisierung der Zeit‘, die man dann an irgendeine moderne Philosophie annähert, so daß A einmal als Vorläufer Kants (Lachièze-Rey, in: Augustinus Magister, Paris 1954, Band 1, 425–438), dann wieder Heideggers (so ähnlich sogar S 587) oder schlicht als ‚Idealist‘, *locating time in consciousness* (so soeben noch O'Donnell 3, 292) erscheint. Gegen solche Aktualisierungen habe ich immer wieder an den antiken Zusammenhang von Zeit und *motus,* von Zeitmessung und Naturprozeß erinnert; ich hebe noch einmal hervor:

n. 17, 10; 24, 4; 30, 1–2, aber auch nn. 29–31 ganz; 31, 3; 33, 3, hinzu kommt die Affektionentheorie von n. 36, 4.

Ich habe oben unter dem Titel *Wandlungen* gezeigt, daß es eine Reihe von späteren Texten Augustins gibt, in denen er die Zeit aus dem *motus* der Körper ohne Erwähnung der Seelentätigkeit ableitet und in denen er die Ewigkeit im Kontrast dazu als die Abwesenheit von *motus* und *mutabilitas* charakterisiert:

omne mutabile aeternum non est, Conf. XII 15, 18 Verheijen 225,
sine uarietate motionum non sunt tempora, Conf. XII 11, 14 Verheijen 223. Vgl. insgesamt XII 9, 11–15, 18 und oben 92 ff.

In einem Text aus der Zeit von ca. 401 bis 414, aus *De Genesi ad litteram* V 5, 12; CSEL 28, 1 Zycha 145, BA 48, 390 erörtert A die Entstehung der Zeit nur aus den *motus* der Geschöpfe, ohne die Seele und ihre Tätigkeit zu erwähnen. Danach hat die Natur nicht auf die Menschen gewartet, um in der Zeit zu sein:

Factae itaque creaturae motibus coeperunt currere tempora: unde ante creaturam frustra tempora requiruntur, quasi possint inveniri ante tempora tempora. motus enim si nullus esset vel spiritalis vel corporalis creaturae, quo per praesens praeteritis futura succederent, nullum esset tempus omnino. moveri autem creatura non utique posset, si non esset. Potius ergo tempus a creatura quam creatura coepit a tempore, utrumque autem ex deo.

Diese Zeittheorie ist nicht mehr die von *Conf.* XI, dennoch gibt dieser Text zusätzlichen Anlaß, den Naturbezug der Zeit bei A gegen spiritualistische Engführungen hervorzuheben.

U. R. Jeck hat aufmerksam gemacht auf einen Text Dionysius' des Karthäusers, wonach A der Verurteilung der These 200 durch den Bischof von Paris anno 1277 nur durch die soeben zitierte Zeittheorie entgangen sei. Dionysius Carthusianus faßte also die Zeittheorie von *De Genesi ad litteram* als die Korrektur der Zeitlehre von *Conf.* XI auf, während man sich seit Guitton daran gewöhnt hat, sie mit ihr zu synthetisieren, vgl. J 338 A. 20.

Weis will den Naturaspekt der Zeitlehre retten, was jedenfalls tiefsinniger ist, als ihn zu übersehen oder ihn zu vergessen. Aber einerseits verwirft er die radikale Individualisierung der Zeit ohne ausreichende Argumente, nur durch den Appell, wir bewegten uns nun doch einmal in der einen, allumfassenden Weltzeit (W 98), die individuelle Konstitution der Zeit ändere an der allgemein-verbindlichen und ontologischen Konstitution der Zeit nichts (W 100) – was nur eine argumentlos gewordene Anleihe beim transzendentalen Subjekt Kants ist, was auch in der Terminologie von Weis zum Ausdruck kommt –, andererseits läuft seine Analyse auf zwei Arten von Zeit hinaus, eine objektive Naturzeit, die er als Nacheinander von Bewegungsphasen beschreibt und der er die *eigentliche* Zeit, also die zur Seelenzeit umgeprägte Bewegungsabfolge, entgegensetzt. A spricht aber nirgends von zwei Arten der Zeit.

Ich sprach von einem zweiten Handicap der Augustinischen Zeitlehre, das er durch die Einführung der Weltseele hätte beheben können. Nach der Analyse von n. 37 kann nicht zweifelhaft sein, worin dieses besteht: in der Unmöglichkeit, die Menschheitsgeschichte aus der individuellen Erwartung bzw. Erinnerung bestehen zu lassen. Die Weltseele würde Individualleben und Gattungsleben ebenso zusammenschließen, wie sie Naturbewegungsphasen und psychische Zeiterfahrungen tätig vereinigen könnte. Nun hat A aber von *animus* als von *meinem* Geist (n. 34, 1 und 36, 1) und von Erwartung wie von Erinnerung als je *meiner* gesprochen, und man sieht nicht, wie eine solche individuelle Geistseele zugleich Menschheits- und Naturgeist sein könnte. Man sieht aber die Lücken, die das Fehlen einer solchen Theorie in unserem Text hinterläßt, und man kann im Rückblick auf Plotins Zeittraktat sehen, wie vergleichsweise rational dessen Einführung der *Weltseele* in die Zeittheorie war. Die historische Bewertung des Denkers A leidet immer noch unter einer meist unausdrücklichen Fortschrittsperspektive; man nimmt mehr oder weniger deutlich an, der später lebende Denker – oder doch der Bischof nach dem Heiden und Christen-Gegner Plotin – habe sich der Wahrheit mehr genähert. Plotin konnte die Naturveränderungen zur Grundlage des Messens machen, weil er die Bewegungen mitsamt der Zeit von der Seele erzeugen ließ.

n. 38, 12–13: *hoc in tota uita hominis, ... hoc in toto saeculo filiorum hominum*

Ein Konzept von Menschheitsgeschichte deutet sich an, wird aber nicht ausgeführt. Vgl. J.R. Markus, *Saeculum. History and Society in the Theology of St. Augustine*, Cambridge ²1983. De 393 A. 107 bemerkt zur

Stelle, der Gedanke bewege sich wieder einmal vom Kleinen zum Großen (im Sinne von n. 28, 10), nur sei das *Große* hier nicht mehr der Kosmos im Sinne der griechischen Philosophie, sondern die Weltgeschichte. Zuletzt verweise Augustins Zeittheorie auf *die Sphäre der Aktion und des Willens.*

Abgesehen davon, daß A den Blick auf die Weltgeschichte nur in einer einzigen Zeile andeutet, während er der Entstehung des Universums drei Bücher der *Confessiones* und seine mehrfachen Kommentare zur *Genesis* gewidmet hat, daß also der Gegensatz von „griechischem" *Kosmos* und „christlicher" *Geschichte* ein modernes Vorurteil und kein Motiv Augustins ist, verweist A *in ultima analisi* keineswegs auf Aktion und Geschichte, sondern auf die Ewigkeit und damit auf das Verlassen der Handlungssphäre.

n. 39, 1–10: *Sed quoniam melior est*

Die drei verbleibenden Textabschnitte integrieren die Ergebnisse der Zeitanalyse in das Ganze des Buches; sie knüpfen in Stil und Themenwahl an den Text *vor* n. 17 an, also an das Verhältnis von Ewigkeit und Zeit und an die Rolle des Menschen; in n. 40 erinnert A abschließend noch einmal an die Diskussion von n. 12–16.

Das Stichwort *Leben,* für Plotins Zeitdefinition wesentlich und in III 7, 11, 41 wörtlich vorweggenommen, ist hier schon in n. 38, 12 gefallen, in anderer Funktion als bei Plotin, aber insofern vergleichbar, als A hier die Zeiterfahrung als Auseinandergezogensein der Lebensenergie, als ein Zerdehntsein zwischen dem Einen und dem Vielen beschreibt. Sein kunstvolles Spiel mit *distentus, extentus* und *attentus* in den Zeilen 7 und 8 läuft auf die Aufforderung hinaus, die Zeiterfahrung auszusetzen zugunsten der Übersteigung der Zeit. *Distentio* nimmt hier einen negativen Sinn an, *radically disjoined from eternity,* O'Donnell 3, 295. Nach G–M 362 haben Duchrow 1966, 284 und K. Gloy 1988, 95 vorgeführt, wie A Formeln der paulinischen Eschatologie verschmilzt mit neoplatonisierender Metaphysik und Anthropologie, wobei für die Zeitlehre zwei Aspekte wichtig sind:

1. A faßt das *Vor-uns,* nach dem wir uns ausstrecken sollen, nicht mehr wie Paulus zeitlich, eschatologisch, sondern im Sinne einer Erhebung des Geistes aus der Zeit zur Ewigkeit. Hier ist Schm 43 darin zuzustimmen, daß die Zukunft bei A (wenigstens in unserem Text) keine

hervorgehobene Bedeutung hat: A äternalisiert den Zukunftsbezug des Paulustextes (Phil. 3, 12–14), insofern setzt sich bei ihm – in dieser Hinsicht – die plotinische, nicht die paulinische Zeitkonzeption durch. A gab in der Beschreibung der sog. Vision von Ostia in *Conf.* IX 10, 23 dazu die autoritative Interpretation. De 393 A. 110 vermerkt kritisch, hier werde das paulinische Motiv aus 1 *Tim.* 2, 5 *kontaminiert* mit dem der platonischen Vermittlung zwischen dem Einen und dem Vielen. Doch war A von jedem biblischen Fundamentalismus weit entfernt und hat versucht, mit Hilfe Plotins die paulinische Botschaft *denkend zu erfassen*. Er fand die Rede vom Einen, zu dem alles Viele zurückkehrt, einleuchtender als die bloße Wiederholung von Pauluszitaten. Vgl. auch Schm 46 und die Zitate zu *in multis per multa* bei O'Donnell 3, 294.

2. A begrüßt mit Paulus, daß man vergißt, was hinter einem liegt. Dies kommt überraschend nach so vielen Ausführungen über die *memoria;* man darf es wohl so deuten, daß wir das Zeitliche insgesamt vergessen, d.h. aus unserer Wert- und Willensrichtung ausschließen sollen. Abgeleitet aus seinen Zeitanalysen hat A dies nicht. Überhaupt fügt sich n. 39 nicht nahtlos an das Frühere. Wer erwartet hätte, A erwähne zumindest die Kraft der Seele, die Zeitperspektiven zu bilden und zusammenzufassen, oder gar, ihre Tätigkeit würde als Vermittlung zwischen dem Einen und dem Vielen wenn schon nicht gerühmt, so doch wenigstens genannt, findet sich enttäuscht. Der Erlöser hat inzwischen diese Eigenleistung des *animus* verdrängt. Die *distentio* erscheint einerseits als unser Leben, andererseits fast als ein Übel, keinesfalls als Erweis der gottebenbildlichen gestalterischen Kraft des Menschengeistes. Hier, wo sich A zur Einordnung der Zeiterfahrung in das menschliche Leben äußert, erscheint *Zeit* keineswegs als Lebensgestaltungsraum des menschlichen Geistes. Wenn W 102 A nachrühmt, er beschreibe *den gestalterischen Aufbau einer [Welt] durch den zeitschöpferischen Menschen*, so finde ich davon bei A kein Wort. Im Gegenteil: Gott, nicht der Mensch ist der Bewirker aller Zeiten, n. 15, 9: *operator omnium temporum*. Der heutige Leser hat nicht zu ergänzen, was A hätte sagen sollen, aber de facto nicht gesagt hat; es ist für ihn instruktiver zu sehen, daß A es offenbar für keinen Beweis menschlicher Größe, für keine metaphysische Vermittlung zwischen dem Einen und dem Vielen ansah, was er über die Tätigung der Zeitdimensionen gefunden hat. Er sieht uns in die Dimensionen aufgespalten, die wir soeben noch bewirkten. Er fordert uns auf, das Zeitli-

che zu verlassen, nicht unsere Gestaltungskraft als Reflex göttlicher Kreativität zu bewundern. Daß A hätte anders weiterfolgern *können*, ist richtig. Um so instruktiver, daß er es nicht getan hat. Sein Mißbehagen, ein zeitliches Wesen zu sein, dominierte über seine Entdeckung der Zeitbildung in der Seele. Ich meine dieses *Mißbehagen* nicht als psychologischen Zustand in der Seele Augustins, die mir unbekannt bleibt, sondern als das in seinen Texten ausgesprochene Bewertungssystem, das eine Abwertung der Zeit zur Folge hat. Nach diesem Wertesystem ist das menschliche Leben nur dann wertvoll, wenn es die Flucht aus der Zeit verwirklicht. Nach A ist Gott Mensch und damit ein zeitliches Wesen geworden, nicht, um das Zeitliche anzuerkennen, sondern um uns aus dem Zeitlichen zu befreien. A dachte den Zustand vollendeter Erlösung, also das Leben nach dem Tode, als Verewigung, d.h. als Ablösung von Zeit und jedem Wechsel. Der Himmel wird seinen Lauf beenden; es wird keine Zeit mehr geben. Dies stellte mittelalterliche Aristoteliker vor schwierige Fragen, denn es drohte den Naturbegriff zu zerstören. Dennoch stimmte auch Thomas von Aquino zu: Die Himmelsbewegung hört nach dem Jüngsten Tage auf, da sie ihren Sinn erfüllt hat, nämlich die Zahl der Auserwählten zu vervollständigen. Für die Verbindung von Wertkonzept und Zeitanalyse ist nun aufschlußreich:

Thomas sah für *die Verdammten* vor, daß sie von einem Übel wie der Zeit nicht gänzlich befreit würden. Die Hölle ist der Ort, wo allein es immer Zeit geben wird:

in inferno non est vera aeternitas, sed magis tempus.
Summa theol. I 10, 3 ad 3. Vgl. auch Duns Scotus, In 4 *Sent.* d. 48 q. 2, ed. Vivès 20, 523–542.

Weitere spätmittelalterliche Diskussionen darüber bei J. Capreolus, Defensiones Theologiae D. Thomae, Bd. 7, Tours 1902, 144 b–145 b. Die Geretteten wie die Verdammten sollen zwar noch einen *motus spiritalis* und also die Engelzeit, aber keinerlei Verlust und also *in unserem Sinne* keinerlei Entwicklung mehr erfahren können. Diese Spiritualisierung und Entzeitlichung und ihre Langeweile haben moderne Leser so erschreckt bzw. abgestoßen, daß sie in ihren Büchern über A vorziehen, davon nicht zu sprechen. Doch man lese die gut dokumentierte Studie von R.J. Teske, ‚Vocans temporales, faciens aeternos': St. Augustine on Liberation from Time, in: Traditio 41 (1985) 29–47.

n. 39, 10–14: *Nunc uero anni mei in gemitibus*

Dies ist eine der seltenen Stellen, wo der Leser, der im XI. Buch die *christliche Zeiterfahrung* sucht, eine Andeutung finden könnte: Es bleibt bei dem Kontrast von ewigem Gott und zeitverlorenem Menschen. Wenn es denn *christliche Zeiterfahrung* sein sollte, daß man seine Jahre unter Weinen verbringt, hat A sie hier ausgesprochen, ohne argumentativen Zusammenhang mit dem Vorhergehenden; A bringt ein Psalmzitat. Die Zeit erscheint jetzt plötzlich als ein Chaos, in dem wir verloren sind, oder jedenfalls als eine Vielheit, über die wir Menschen keine Übersicht haben. Kann der Mensch kraft seines *animus* immer nur Einzelstrecken der Zeit tätigen, so daß ihm ihr Zusammenhang entgleitet? Man rätselt über den Bewertungsumschlag: Wie kommt es plötzlich zu so negativen Assoziationen? Zersplitterung, Unwissen, Aufruhr des Mannigfaltigen – wenn dies das menschliche Leben und seine Zeitlichkeit ausmacht, dann rettet uns nur die Rückkehr in das alles zur Einheit zusammenschmelzende Feuer der göttlichen Liebe. Mit dieser fast mystischen Aussicht endet der Abschnitt. *Fast* mystisch, sage ich – denn die Reinigung und Vereinigung, diese Wege der Mystik, setzen nach unserem Autor doch wohl den endgültigen Abschied von der Zeit voraus, also den Tod. Hier bleiben uns die Tränen.

Ich sprach von einem Bewertungsumschlag und vom plötzlichen Vordrängen negativer Assoziationen bezüglich der Zeit. Aber dieser Eindruck entsteht vermutlich nur unter Wertprämissen der neueren Zeit, nicht unter Augustinischen Voraussetzungen. Von Konstitution der Zeit durch den *animus* hat A ohnehin nie gesprochen; nur neuere Interpreten haben diesen Ausdruck aus Husserl oder Kant auf A unhistorisch übertragen, ohne den historischen Vorgang vor Augen zu haben, der es zwischen 400 und 1300 ermöglicht hat, daß Dietrich von Freiberg von der konstitutiven Kraft des menschlichen Denkens hat sprechen können. Auch das Leistungspathos, mit dem man in der ersten Hälfte des 20. Jahrhunderts von Konstitutionsleistung sprach, lag A fern. Gewiß sagte er, die Seele *tätigt* die Zeitdimensionen. Das *agit* in n. 37, 3 darf nicht übersehen werden, zumal A die Tätigkeit als *attentio, expectatio* und *memoria* differenziert und in dieser differenzierten Form die Seelentätigkeit ständig in Erinnerung bringt. Aber es ist nicht ausgemacht, daß A diese *actiones* als etwas Rühmenswertes, Gottähnliches ansah; in unserem Text war auch *vor* n. 39 von solchen positiven Assoziationen keine Spur. Wir kennen Augustins Wertsystem: Das Glück liegt nur in der *contemplatio;* gleich in n. 2, 5–7, aber vor allem in n. 28, 12 erinnert A daran. Im XII. Buch bei der Besprechung des *caelum caeli* führt er näher aus: Das glückselige Leben beruht auf der ruhigen Kontemplation des höchsten Gutes, ohne die Notwendigkeit, nach außen zu gehen. Zeit und Aktion erscheinen da als Ausdruck der Bedürftigkeit, die im *Himmel des Himmels* keinen Platz haben, *Conf.* XII 11, 12 Verheijen 222. Die Tätigkeit der zeitbildenden Seele erscheint hier rückblickend in negativem Licht: Würde diese Seele bei der Seligkeit selbst, also bei Gott, verharren, entstünden auch nicht ihr umtriebiges Suchen, ihre Verwirrungen und ihr Zersplittern in der Zeit. Die Zeitbildung sah A nur als ein Werk der Seele in der Fremde, in der Verbannung, in der *peregrinatio,* was nicht *Pilgerschaft,* sondern *Exil* und *Elend* heißt. Unterstellen wir diese Bewertung, dann liegt in n. 39 kein axiologischer Umbruch vor. Dann stellt sich aber die Frage, ob A hier nicht wiederum nahe an Plotins Zeitlehre herankommt. Nach Plotin entsteht die Zeit durch Vielgeschäftigkeit der Seele, die danach strebt, Herr ihrer selbst zu sein und sich zu gehören: Sie entfernt sich von ihrem wahren, dem ungeteilten Leben und sucht durch Aktion zu erwerben, was so nie zu finden sein wird: Jetzt bewegt sie sich zum immer Zukünftigen, spannt sich aus, ohne Erfüllung finden zu können, denn die Heimat hat sie übermütig verlassen. *Enneade* III 7, 11. Vgl. dazu B 63, 244, 250. Unter solchen Bewertungskoordinaten bildet die Aktion, die neuere Ausleger als Konstitutionsleistung bewundern, nichts als törichte Unruhe und heimatlose Geschäftigkeit. Dies heißt nun wieder nicht, Augustins Zeitlehre sei die einfache Wiederholung von Plotins *Enneade* III 7. Zwar verdankt ihr A – direkt oder indirekt, das ist hier nicht die Frage – so viel, daß man Augustins Denken zerstört, wenn man das Plotinische darin als *Kontamination* des Biblischen darstellt:

Plotinisch sind im XI. Buch der Begriff von Ewigkeit als Abwesenheit nicht nur von Anfang und Ende, sondern von jeder Sukzession und Dauer, ferner die – gegenüber Aristoteles vertiefte, nicht vollständig neue – Distanzierung von primär kosmologischen Zeitkonzepten, schließlich die Kontrastbetrachtung des vollendeten Lebens auf der einen Seite, das *semel, simul et semper* (*Conf.* XII 15, 18) alle Vollkommenheit in sich trägt, und einer *distentio* andererseits, die durch Tätigkeit der Seele entsteht. Die Seele schafft sich, indem sie die Zeit bewirkt, eine Sphäre der Verlorenheit und Zerstücktheit. Die Seele findet in der

Zeit nicht sich selbst und ihren Ursprung; sie muß umkehren und sich aus ihr zurückziehen. Flucht aus der Zeit, nicht Standsuchen in ihr durch Aktion und Willen – Erhebung des Geistes zum Ewigen, dies ist die Wertkonzeption, die *Conf.* XI mit Plotins Zeitabhandlung verbindet. Daneben stehen bei A unplotinische Züge und Undeutlichkeiten: Gott als der *operator* aller Zeiten, seine souveränen Eingriffe in den Naturablauf, die Vereinfachung der Hypostasenlehre. Plotinisierend wiederum sind die Rolle des Lebensbegriffs und die Bewertungsskala von Kontemplation und Aktion. Aber auch diese verschiebt sich, da Augustins Gott direkt eingreifend agiert. So ergibt sich in *Conf.* XI kein eindeutiges Bild. Charakteristisch ist die Vermischung von Motiven, das Andeuten von Tendenzen, das Nebeneinander von auseinanderstrebenden Denkweisen. Insofern, aber nur *insofern:* Kontamination. Vgl. zum Ganzen vor allem R.J. O'Connell, S.J., St. Augustine's Confessions. The Odyssey of Soul, Cambridge, Mass. 1969, 135–144, aber ebenso von dems., St. Augustine's Early Theory of Man, Cambridge, Mass. 1968 und ders., The Origin of the Soul in St. Augustine's Later Works, New York 1987, ferner Schm 43–46 und die zu n. 39, 1–10 zitierte Studie von R.J. Teske, S.J.

n. 40, 1–13: *Et stabo atque consolidabor in te*

A beschreibt in der ersten Zeile anschließend an n. 39, 14 das jenseitige Leben in der Diktion der Formenmetaphysik, aber so, als erhielten Wesensform und Wahrheit des Menschen erst im Jenseits volle Macht über ihn. Mit gesuchter Überleitung – im Jenseits wird er nicht mehr von dummen Fragern belästigt werden, die aufgrund einer geistigen Verkehrtheit mit Strafcharakter mehr wissen wollen, als sie fassen können – greift A auf den manichäischen Einwand von n. 12 zurück. Ohne positiv-biblische Argumentation, mit einer philosophierenden Überlegung, die auf dem Bedeutungsgehalt bestimmter Vokabeln insistiert, weist A ihn noch einmal zurück: Die Manichäer sollten sich besser über die Bedeutung der Vokabeln klar werden, die sie zu gebrauchen gedenken; d.h. sie sollten sehen, daß, wenn sie nach einem *Vor* fragen oder wenn sie *nie* sagen, sie bereits Zeit implizieren. Zu behaupten, jemand habe *nie etwas gemacht*, ist gleichbedeutend mit der Aussage: *Er hat zu keiner Zeit etwas gemacht.* Sie sollten einsehen, daß keine Zeit sein kann, ohne daß es ein Geschöpf gibt.

A sagt hier nicht, es habe keine Zeit geben können, bevor es eine menschliche Seele gab, die sie bildete. Dies wäre nach n. 17–n. 39 zu erwarten. Aber A greift hier nicht auf den eigentlichen Zeittraktat zurück; der lockere Verbund von nn. 1–16 einerseits, nn. 17–39 andererseits tritt noch einmal zutage: Für den apologetischen Zweck war die Reduktion der Zeit auf die Seelentätigkeit überflüssig.

Der Abschnitt endet mit guten christlichen Wünschen für die so verächtlich behandelten Gegner *(poenali morbo plus sitiunt quam capiunt)* – auch sie sollen sich nach vorne, d.h. auf das Ewige ausspannen und erkennen, daß Gott der Schöpfer aller Zeiten ist und daß es keine dem Schöpfer gleichewigen Zeiten geben könne. Noch einmal wird offensichtlich, wie weit A davon entfernt ist, die zeitschöpferische Kraft des Menschen zu feiern.

In 40, 14 behauptet A, es gebe *ein bestimmtes Geschöpf, aliqua creatura* (im Singular), das jenseits der Zeit stehe. Wir sind überrascht. Von Engeln war bisher in der Zeituntersuchung nicht die Rede.

Die Engel dachte A als spirituelle Wesen mit einem subtilen Körper, folglich zeitgebunden, wenn auch in einer Art von Sonderzeit, weil ihr Körper unzerstörbar sei. Allerdings hat A seine spezielle Theorie der Engelzeit in *Conf.* XI noch nicht entwickelt. Über die Körperlichkeit der Engel: *De Trin.* III 1, 5; CC 50, 131 Mountain.

Erst seit Dionysius Areopagita wurden die Engel reine Geister. Die Körperlichkeit der Engel war für A nicht, wie für einige Franziskanerlehrer des 13. Jahrhunderts, ein metaphorischer Ausdruck, der die Rezeptivität bezeichnen sollte; A dachte an subtile Luftkörper. Der Autor erzeugt Spannung, der Leser weiß noch nicht, worauf sich Augustins letzter Satz bezieht. Ist es der *animus* von n. 41? S 341 n. 1 dachte an das *caelum caeli* von *Conf.* XII, *notion ... malaisé à définir*, S. 597. Vgl. S 592–598. A spricht dort von einer einzigen, rein geistigen Kreatur, von einer *creatura intellectualis*, XII 9, 9 Verheijen 221, also nicht sofort von Engeln *im Plural*. Ist der *eine* reine Geist zugleich auch viele? Vgl. oben 94–96. A spricht von etwas Geschaffenem, das oberhalb der Zeiten steht. Durchbräche es die deutliche Absetzung von ewigem Schöpfer und zeitlichem Geschöpf? Diese Vorstellung scheint A an unserer Stelle nicht zu erschrecken. Sehen wir dem Fortgang des Textes zu:

n. 41, 1–3: *Domine deus meus, quis ille sinus est*

Kommentare sind keine auf Dramatik angelegte Literaturgattung. Dennoch hoffe ich, die meisten meiner Leser an dieser Stelle zu überraschen. Denn wer einen beschaulichen Abgesang erwartet hat, stößt in n. 41 auf eine Überraschung: A faßt den Gedanken der Weltseele ins Auge. Nicht, daß er ihn offensiv und explizit verträte. Er erwägt ihn als eine sinnvolle Hypothese. Jedenfalls zeigt er, daß ihm dieser Gedanke nicht so fremd war wie seinen meisten heutigen Auslegern. Doch gehen wir Schritt für Schritt vor:

Eben noch, in n. 40, 10, genügte A die bloße Einlösung von Wortbedeutungen, um den Einwand der Gegner zurückzuweisen. Jetzt, n. 41, 1, sieht er sich vor dem tiefen Schoß eines göttlichen Geheimnisses, von dem ihn die Folgen seiner Sünden fernhalten. *Meine Delikte,* das schließt in Augustins Denkweise die Sünde Adams mit ein. Denn seit 395 hat sich die *menschliche Natur* versündigt, alle Individuen eingeschlossen. Man sieht, wie leicht A von individuell Seelischem zu kollektivem übergehen kann, auch wenn er sich so ausdrückt, als sähe er den Einzelmenschen als den eigentlich Handelnden an.

Der Schoß göttlichen Geheimnisses in n. 41, 1 – ist er ein Aspekt der schwer zu erfassenden, alles hervorbringenden Ewigkeit? Oder ist es die Kreatur von n. 40, 14, die jenseits der Zeiten steht und aus deren Schoß das Naturwerden hervorkommt? Ich lege A nicht fest; sein Text ist nicht eindeutig.

A präzisiert hier auch die Sündenfolgen nicht näher. Wir dürfen annehmen, daß er das Gewicht der Zeitlichkeit meint, das seit Adams Fall den Menschen niederdrückt, ihn ins Ungeordnete hinausweist und ihm den Gegensatz zwischen seinem durch *distentio* gekennzeichneten Leben und der göttlichen Aktion *sine distentione* – vgl. die Zeilen 15 und 19 – fühlbar macht. Hinzu kommt die Verfangenheit ins Sinnliche; sie bewirkt, daß Menschen das Ewige nach Zeitverhältnissen beurteilen, so wie es die Manichäer mit ihrem Einwand tun.

Auch hier koordiniert A in keiner Weise seine sündentheologischen Ansätze über die Zeit mit den philosophischen Zeitanalysen von n. 17– n. 39. Man hat wiederum den Eindruck, er verfahre zweigleisig. Natürlich nicht, um Disziplineneinteilungen Genüge zu tun, sondern weil er das Heterogene nicht zusammenbringen kann. Die Zeitanalyse könnte zum Krafterweis menschlichen Geistes benutzt werden; dies muß A seit

397, seit der Entwicklung seiner Gnadenlehre, verhindern. Andererseits kann sich der Denker A nicht begnügen mit bloßer Empfehlung der Gnade Gottes. Dies hätte er einfacher haben können als durch seine so umwegige Zeituntersuchung, die gegen seine Intention gelegentlich so gelesen werden könnte, daß der Mensch größer erscheint, als ihn der Verfasser der *Confessiones* gesehen haben wollte.

Oder sagt Zeile 1–3: Ich weiß nicht, was der *Schoß* überzeitlichen Seins ist, jene zeitüberlegene Kreatur von n. 40, 13, aus der ich stamme und aus deren glückseligem, überzeitlichem Leben ich herausgefallen bin als Folge der Adamssünde? Ist es der alle Zeiten erfassende und schaffende Weltgeist, von dem in n. 41, 3–10 die Rede sein wird? Spätestens seit dem platonischen *Timaios* 30 ff. war der antiken Philosophie der Gedanke der Weltseele vertraut. Aristoteles polemisierte zwar gegen deren platonische Form, ließ aber den Himmel beseelt sein. Vgl. J 21–23. Seine griechischen Kommentatoren sahen gerade in der Bildung der Zeit eine vorzügliche Aufgabe der Weltseele, vgl. J 52–54. A ist diesem Theorem vielfach begegnet, gerade in der Zeittheorie. Er fand sie bei Plotin und bei Porphyrios. Er hat sich auf diese platonische Theorie gegen Porphyrios berufen, der die Auferstehung der Leiber für sinnlos erklärt hatte, *De civ. Dei* X 29, vgl. X 2 und *sermo* 241, 7. Zumindest zwischen 386 und 391 stand A der Lehre von der Weltseele nahe. Öfter sprach er von ihr als von einer wahrscheinlichen Möglichkeit; er erhob gegen sie keine prinzipiellen theologischen Einwände. Vgl. *De imm. animae* 24, *De ordine* II 30, *De musica* VI 44 mit Augustins Selbstbeurteilung in den *Retractiones* I 11, 4 und *De vera religione* 18 mit *Retractiones* I 13, 2.

Der Geist, der nach dem Bericht der *Genesis* 1, 2 über den Wassern schwebte, war nach *De Genesi ad litt. imper.* 4, 17 vielleicht die Weltseele.

In den *Retractationes* I 11, 4 und I 13, 2 hat A rückblickend erklärt, er finde keine beweisenden Argumente zugunsten der Weltseele, weder in der Bibel noch bei den Philosophen. In der Tat hat A diese Hypothese zwar nie verworfen, aber durch sein Konkurrenzmodell außer Funktion gebracht: Die Weltseele hat in seiner Sicht der göttlichen Welterschaffung keinen Platz mehr, weil sie – anders als bei Plotin und Porphyrios – als Konkurrent des Schöpfers aufträte. Die von neueren Autoren oft erwähnte Gefahr des Pantheismus sah A hingegen nicht, waren es doch gerade die *Bücher der Platoniker,* die ihm Abstand vom stoischen Materialismus verschafft hatten (*Conf.* VII 1–3). A kannte den Neuplatonismus zu gut, um nicht zu wissen, daß in diesem Denkentwurf die Weltseelenlehre die Transzendenz des *Einen* nicht antastete, vgl. *De civ. Dei* XIII 7. Es gab auch Gründe *für* die Weltseele, die A einleuchtend, wenn auch nicht beweisend fand: Wenn jeder Körper seine Form von der Seele erhält, sollte dies etwa nicht vom Universum als ganzem gelten? Vgl. O'D 62–70.

A wollte die Weltseelentheorie nicht dogmatisch behaupten. Er spricht in *Conf.* XI nie von der *anima mundi*, wohl aber vom *animus iste*, der weit über dem Menschengeist steht, also von einem Zentral- oder Weltgeist. A bringt keine ausdrückliche Argumentation zu seinen Gunsten vor, wohl aber spielt er auf ihn als auf einen letzten Einheitsgrund der zersplitternden Zeiten. Man verfehlt den Fragepunkt, um den es hier geht, wenn man unterstellt, Weltgeist und/oder Weltseele und individuelle Geistseele seien Gegensätze. Innerhalb der plotinischen philosophischen Systematik vernichtet die Weltseele nicht die Individualität der Einzelseelen, sondern begründet sie. Sie ist ursprünglich zugleich viele und eine. Daß A mehrfach von *seinem Geist* spricht, der die Zeiten mißt, schließt deshalb einen umfassenderen Geist keineswegs aus.

Auch wer die Hypothese des Weltgeistes in *Conf.* XI übersieht oder a limine abweisen möchte, steht vor folgenden drei Fragen, die Augustins Text aufwirft und die sich bei Annahme einer Weltseele leicht lösen ließen:

a. Warum sieht A keinen Augenblick lang die Gefahr des Skeptizismus – eine Gefahr, die er von den Frühschriften an bekämpft hat –, wenn die Zeitmessung, die ihm so wichtig ist, zersplittert in die als getrennt gedachten Einzelseelen? Die Weltseele begründet zugleich die Naturbewegungen und die Akte der Zeitmessung; sie sichert deren Korrespondenz, also ihre Wahrheit.

b. Warum stellt sich A nicht das Problem der Objektivität der Zeit, wo er doch keineswegs nur die psychologische Seite der Zeiterfahrung, sondern das *Wesen* der Zeit, und zwar in ihrem Zusammenhang mit den Körperveränderungen darstellen will? Warum kümmert er sich nicht darum, ob seine Seelenzeit auch *Weltzeit* ist? Wo liegt der argumentative Grund dafür, daß eine Reihe von Interpreten A *ihre* Unterscheidung von Innenzeit und Naturzeit glauben unterschieben zu müssen?

c. Warum mündet Augustins Untersuchung der zeitstiftenden Tätigkeit des *animus* nie in den Preis der Würde und Bedeutung des Menschen?

Sollte A *ausschließlich* gnadentheologische Motive haben, davon abzulenken? Die Gnadentheologie hat ihn auch sonst nicht gehindert, die Besonderheit des menschlichen Geistes als des Bildes der Trinität hervorzuheben. Wo liegt der argumentative Grund dafür, daß personalistische Augustindeuter die Trinitätsanalogie in den Text des XI. Buches der *Confessiones* einführen möchten, wo sie der Autor gerade nicht haben wollte?

n. 41, 3–19: *Certe si est tam grandi scientia*

Dieser für die Frage nach Zentralgeist oder Weltseele entscheidende Abschnitt beginnt mit einem Vergleich, der auf das bei der Zeitanalyse mehrfach von A gebrauchte Beispiel des Gedichtvortrags zurückgreift. Das Erwarten des noch ausstehenden Liedanteils, die aktuelle Hinwendung zu dem gerade jetzt vorzutragenden Text, das Hinüberwandern des Erwarteten und Gegenwärtigen in den Gedächtnisvorrat – dies zusammen war besonders in n. 38 Augustins Modell menschlicher Zeiterfahrung. Ich habe bei der Kommentierung dieser Stelle gezeigt, daß nicht einzusehen ist, wie dieses Modell auf das Gesamtleben eines Menschen und schließlich gar auf die Gattungsgeschichte übertragbar wäre. Genau dieses Problem scheint A in n. 41 zu sehen. Denn er erwägt:

Wenn es einen Geist gibt – *animus*, das war das Schlüsselwort, vgl. n. 23, 9; 24, 12; dem entspricht *anima* in n. 26, 5, in n. 33, 21 wieder ausgetauscht gegen *animus*, wie n. 34, 1 und n. 36, 1–6; 37, 3 –, wenn es also einen Geist gibt, der alles Vergangene und alles Zukünftige so kennt wie ich das eine Lied, dann ist dieser *animus* bewunderungswürdig und mit Schrecken zu bestaunen.

Der Leser, dem das Bedürfnis nach der Weltseelenhypothese in n. 38 nicht gekommen ist oder der es unterdrückt hat mit der Begründung, der christliche Theologe A werde doch wohl nicht eine so heidnische Vorstellung ins Spiel bringen, muß in n. 41, 3–7 annehmen, A rede von Gott. Auch die Ausdrücke religiös-scheuer Verehrung – *mirabilis ... ad horrorem stupendus* – führen ihn in diese Richtung. Aber zunächst beschreibt A die Funktion eines solchen Geistes: Wenn es ihn gibt, erwartet und erinnert er den Gang aller Zeiten so, wie ich den Gang eines Liedes erwarte, aktuell inszeniere und erinnere. Daß der Einzelmensch dies nicht vermag, zeigt die Analyse von n. 38; daß eine solche zusammensehende Kraft für die überindividuelle Zeiterfahrung und für die Naturveränderungen anzunehmen ist, erfordert die gesamte Zeittheorie Augustins. Gut, wird sich der frommgestimmte Augustin-Leser sagen, dann hat eben Gott diesen Gesamtüberblick – aber dann werden ihm die Zeilen 10–19 rätselhaft: Nein, nicht von Gott war in Zeile 3–10 die Rede: Gottes Verhältnis zur Zeit, betont A, sei ganz anders als das dieses wunderbaren zeitübergreifenden Geistes, dessen Leben ebenso wie das menschliche noch ausgespannt zu denken ist – so wie mein Geist ausgespannt ist in die Zeitdimensionen des Liedes, so spannt sich das Leben eines solchen Geistes über Weltgeschichte und Naturlauf. Gott unterscheidet sich von dem in Zeile 3 bis 10 erwogenen Geist, der sich von meinem Geist durch den Bezug auf das Alleben unterscheidet, durch unveränderliches Ewigsein, d.h. durch die völlige Abwesenheit von *distentio*. Der Text n. 41, 3–19 kennt also nicht zwei Rangstufen der Zeitbeziehung des Geistes, sondern drei:

1. Mein Geist, der das Gedicht überblickt, der aber die Abfolgen der Zeiten nicht durchschaut, vgl. n. 39, 12.

2. Der mit numinosem Schrecken zu bewundernde Geist von Zeile 3 bis 10: Er überschaut die *saecula* wie ich mein Gedicht.

3. Mit aller wünschenswerten Deutlichkeit unterscheidet ihn A von Gott.

Dies wird in Zeile 10–14 so scharf ausgesprochen, daß davon alle Texterklärung ausgehen muß. Der Geist von Zeile 8 kennt das Gewesene und das Zukünftige der Weltzeit, und er ist doch nicht Gott. Dabei ist ebenfalls klar, daß A die Existenz eines solchen *animus* nicht strikt behauptet; er erwägt sie; er legt nahe, wie sinnvoll es wäre, seine Existenz zu behaupten. Auf das Wort *Weltseele* kommt es dabei nicht an. Dies empfiehlt sich aber im Blick auf die Rolle der Seele in Plotins Zeittraktat, in Porphyrios' *Sententiae* und im Hinblick auf die sachliche Notwendigkeit, die sich ergibt, sobald man der Seele mehr zu tun ansinnt als ein bloß nachträgliches Zählen der verfließenden Zeiteinheiten. Die Aristotelische Zeittheorie setzt nach Ansicht aller griechischen *Physik*-Kommentatoren die Weltseele voraus, ohne dies auszusprechen; die Plotinische Zeittheorie erreicht ihre Geschlossenheit nur durch sie und spricht dies auch aus. Die Augustinische Zeittheorie wertet gegenüber Aristoteles die Seelentätigkeit auf; das sachliche Gewicht ihrer Argumente drängt auf eine umfassende, zeitenüberspannende Seele. Anders kann sie die *Übertragbarkeit* der menschlichen Erfahrung des Lieds auf die Biographie, danach auf das Gesamtwerden der Natur und der Geschichte nicht begründen.

Interessant zu sehen, wie die Dreistufigkeit von n. 41, 3–19 in der Forschungsliteratur bisher behandelt worden ist. Die meisten Autoren übergehen sie oder reduzieren sie rasch auf eine Zweistufigkeit, d.h. auf den Kontrast von zeitlichem Menschengeist und ewigem Gottesgeist. Selbst der immer sorgfältige Meijering geht sofort auf den nicht nur quantitativen, sondern qualitativen Unterschied von Gottesgeist und Menschengeist zu, M 109. Ein scharfsichtiger Philologe wie Ernst A. Schmidt zitiert die Stelle 3 bis 19, entnimmt ihr aber nur, was er aus seiner berechtigten Ablehnung einer harmonisierenden Abschwächung schon vorher weiß: A betreibe die Gegenüberstellung von Menschengeist und Gottesgeist. Die menschliche Erkenntnis erscheine nicht als Abbild, sondern als das Gegenteil göttlicher Erkenntnis; eine kontingente Art evangelischer Theologie führt die Feder und verdeckt die schöne Eigentümlichkeit eines spätantik-christlichen Textes, der mit Thomas von Aquino gewiß nichts, aber mit Karl Barth noch weniger zu tun hat. Vgl. Schm 57–58.

Josef Weis quält sich nach deutscher Philosophenart, eine systematische Vermittlung zu erstellen zwischen der Tendenz Augustins, Zeit als Individualleistung zu sehen, und der unleugbaren Tatsache, daß es mehr Prozesse gibt, als ich erwarte, beobachte oder erinnere. Es gibt Geschehen, das mein Erwarten und auch meine Lebenszeit überragt, in beiden Zeitdimensionen. W 99 erklärt daher: *Die Reichweite meiner Erinnerung und Erwartung geht vielmehr über den Anfangs- und Endpunkt meines Lebens hinaus.* Ganz recht, das *müßte* A sagen. Er *müßte* ein Gesamtgedächtnis der Menschheit annehmen und sich Gedanken machen, wie es zustande kommt. Er *müßte* hinzufügen, wie die Naturvorgänge der Erdgeschichte in ihm enthalten sein könnten. Diesem Müssen ist der historische A aber de facto nicht nachgekommen; ich empfehle, zunächst dieses Faktum unbeschönigt zur Kenntnis zu nehmen und dann Hypothesen zu seiner Erklärung zu bilden. Im Hinblick auf n. 41, 3–19 schlage ich vorläufig als eine mögliche Hypothese vor: A war dem Gedanken einer Weltseele noch zu nahe, um das volle Beweisgewicht einer Individualisierung der zeitzeugenden Seele erkennen zu können. Er war am Ausbau der Kreativität der Seele und an deren schöpferischen Weltgestaltung seit 398 desinteressiert; sie hätte seine Gnadenlehre und den von Ernst A. Schmidt hervorgehobenen, wenn auch überbetonten Kontrast von Mensch und Gott gefährdet. Um noch einmal auf die von Weis vorgeschlagene Synthese zurückzublicken: Weis sieht auch, daß er bei aller Ausdehnung der Einzelseele zu einem Menschheitsgedächtnis nicht alle früheren und künftigen Naturvorgänge in der Erwartung und der Erinnerung der Individualseele unterbringen kann. Er nimmt daher ein gegliedertes Nacheinander der Naturprozesse an, das noch nicht *Zeit* heißen soll, sondern das erst durch die individuelle Seelentätigkeit zur *Zeit umgeprägt* werde. Dies ist die mehrfach berührte Hypothese einer zweifachen Art von Zeit, über die W 99 ins zweifelnde Nachdenken kommt:

Dabei bleibt eigentümlich, daß diese Umfassung eines größeren Zeitraums, etwa der Weltzeit, eine klare und bestimmte zeitliche Erfassung der Dauer und Erstreckung des Geschehens nach Teilen, Entwicklungen und Phasen ist und dennoch nicht zeitliche Kommensuration ist.

Diese komplizierte Auskunft ist *eigentümlich,* aber nicht für A, sondern für ein anti-historistisches Verfahren, die Philosophiehistorie zu betreiben. Es ist charakteristisch nicht für die christliche Spätantike, sondern für das systematisierende Glätten von Weis, der hier – im Hinblick auf eine sachliche Notwendigkeit, die gesehen zu haben dem Philosophen Weis alle Ehre macht – zwei Arten von Zeit unterscheidet und die zweite Art als *Kommensuration* charakterisiert, worunter man wohl die minimale Zählfunktion verstehen darf, die auch im Aristotelischen Zeittraktat der Seele zukam. A hat aber der Seele das Tätigen der Zeit zugeschrieben, und er hat das Wesen der Zeit in seinem ganzen Umfang angeben wollen. Und er hat, im Gegensatz zu Weis, eine Weltseele nicht von vornherein als eine, wie Weis sagt, *mythologische Konstruktion* aus der philosophischen Analyse ferngehalten.

G-M 364 und De 393–394 übergehen den Textabschnitt n. 41, 13–10 stillschweigend; K. Gloy, 1988, 90 hat ihn beachtet. Sie bleibt auf der Generallinie bisheriger Auslegungen, betont aber nicht wie Ernst A. Schmidt den Kontrast und die Opposition, sondern eher die Analogie (der Unterschiede eingeschrieben sind) von Menschengeist und Gottesgeist. Dazu paßt, daß K. Gloy den mit *horror* zu bewundernden Geist als eine andere Form des *menschlichen* Gegenwartsbewußtseins deutet. Danach rede A hier von dem einen menschlichen Gegenwartsbewußtsein, einmal als endlichem, einmal als unendlichem. K. Gloy umschreibt das *unendliche menschliche* Bewußtsein im Hinblick auf Zeilen 4 bis 7 als *ein überdimensionales menschliches Bewußtsein, das das gesamte Vergangene, Gegenwärtige und Zukünftige schaut und somit allumfassend und allvergegenwärtigend ist.*

Wie J. Weis eine zweifache Zeit postuliert, so K. Gloy ein zweifaches menschliches Bewußtsein. Sie sagt uns nicht, wie es allvergegenwärtigend sein kann, wenn es in die Zeiten zersplittert. Sie sagt uns nicht, wie es unendlich sein kann bei Fortgelten der Gnadenlehre und innerhalb des Augustinischen Kontrastes zwischen Schöpfer und Geschöpf. Sie sieht die Notwendigkeit, das gesamte Weltwerden in einer Seelentätigkeit begründet sein zu lassen; aber sie schlägt dies ahistorisch dem menschlichen Geist zu und mildert dabei zu stark, trotz des Hinweises auf das veränderungsfreie göttliche Bewußtsein, den von E.A. Schmidt forcierten Kontrast von Menschengeist und Gottesgeist.

Nun hat 1983 der amerikanische Jesuit Roland J. Teske eine Studie vorgelegt, *The World-Soul and Time in St. Augustine*, in: *Augustinian Studies* 14 (1983) 75–92, die hier weiterführt und die vielleicht noch nicht die Beachtung gefunden hat, die sie verdient. Teske hat wie Lord Russell sachliche Schwierigkeiten mit einer *subjektivistischen* Zeittheorie; er ist mit L. Grandgeorge, S. Augustin et le Néoplatonisme, Paris 1896, 76–79 und mit S 581–591 davon überzeugt, daß A den Zeittraktat Plotins kannte. Aber Teske argumentiert nicht mit diesen Überzeugungen, sondern mit Augustintexten, die beweisen, daß A nicht nur in den Frühschriften, und da besonders in *De quantitate animae* 22, 68 und 69, CSEL 89 Hörmann 216–217, überlegt hat, ob die individuelle Seele nicht zugleich eine Gesamtseele sei und ob Individuation und Teilung vielleicht nur auf Kosten der Leiber, nicht aber auf die Natur der Seele zurückgehen, sondern daß A auch gegen 400 noch, also zur Zeit der Abfassung der *Confessiones*, die Hypothese einer Weltseele nicht verworfen hat. Teske, 80 n. 13 zitiert folgenden Text aus der gegen 400, *nach* den *Confessiones*, geschriebenen Schrift *De consensu evangelistarum* I 23, 35; PL 34, 1058; CSEL 43, Weihrich 34/35:

nos uero esse quandam summam dei sapientiam, cuius participatione fit sapiens, quaecumque anima fit uere sapiens, non tantum concedimus, uerum etiam maxime praedicamus. utrum autem uniuersa ista corporalis moles, quae mundus appellatur, habeat quandam animam uel quasi animam suam, id est rationalem uitam, qua ita regatur sicut unumquodque animal, magna atque abdita quaestio est, nec affirmari debet ista opinio nisi conperta, quod uera sit, nec refelli nisi conperta, quod falsa sit.

Die Stelle steht im Zusammenhang einer Polemik gegen neuplatonische Deutungen der antiken Religion. Jupiter war als *Weltseele* gedeutet worden, als höchste Weisheit, an der jeder teilhaben müsse, der weise werden wolle. A nimmt die Theorie einer höchsten Weisheit auf, deutet sie aber, wie schon 386, im Sinne seiner Trinitätslehre. Er insistiert, daß es eine Teilhabe an dieser Weisheit geben muß, wenn irgendein Mensch weise werden will. Opposition zwischen menschlichem und göttlichem Geist ist also auch gegen 400 nicht sein letztes Wort.

Die Weltseele, fährt A fort, wirft schwierige philosophische Probleme auf; bei ihr handelt es sich nicht um eine Glaubensfrage, sondern um ein diskussionsbedürftiges philosophisches Problem, über das niemand schnell entscheiden soll.

Überall, wo christliche Denker den platonischen *Timaios* gelesen haben, konnte diese Frage wieder auftauchen; ich erinnere nur an Boethius, *Consolatio* III metrum 9 und an die Geschichte der Weltseele im 12. Jahrhundert. Vgl. dazu T. Gregory, Anima mundi. La filosofia di Guglielmo di Conches e la scuola di Chartres, Rom 1955 und L. Ott, Die platonische Weltseele in der Frühscholastik, in: K. Flasch (Hg.), Parusia. Studien zur Philosophie Platons und zur Problemgeschichte des Platonismus, Frankfurt/M. 1965, 307-331.

Auch bei der Kommentierung des vierten Buches der Aristotelischen *Physik* stellte sich das Problem, was es denn heiße, daß nach Aristoteles die Zeit nicht ohne die Seele sein könne, *Phys.* IV 14, 223 a 21–29. Die Vorstellung, der Mensch bewirke die Zeit, lag antiken Philosophen fern. Ich verweise noch einmal auf die Studie von U.R. Jeck, der gezeigt hat, daß die antiken *Physik*-Kommentatoren den Text *Phys.* IV 14, 223 a 21–29 überwiegend so ausgelegt haben, daß es die Weltseele sei, ohne die es keine Zeit geben könne. Vgl. J 17–70. Weltseelen-Theorien waren in der Antike weit verbreitet. Ob A derartige Theorien aus Plotin oder aus anderen neuplatonischen Texten, vielleicht aus direkter Lektüre des *Timaios* kannte, möchte ich hier nicht entscheiden. Dies ist auch nicht nötig; ein einziger Text wie der aus *De consensu evangelistarum* I 23, 35 genügt, um zu beweisen: Die Diskussion ist neu zu eröffnen,

nec adfirmari debet ista opinio nisi comperta, quod uera sit, nec refelli nisi conperta, quod falsa sit.

Teske, 90 hebt mit Recht hervor, A spreche in n. 41, 3–10 gewiß hypothetisch, aber ähnlich hypothetisch spreche er öfter, z.B. auch über das *caelum caeli* in Buch XII. Er weist weiter nach, daß das *non lateat* von Zeile 7 eine für A charakteristische Wendung zur Beschreibung von Sinneserkenntnis ist, vgl. *De quantitate animae* 24, 46 CSEL 89, Hörmann 189, 25. Teske ist jedenfalls darin zuzustimmen, daß in n. 41 von drei Ebenen der Zeiterkenntnis die Rede ist und daß man folglich den Text unterbelichtet, wenn man ihm nur die Differenz von menschlicher und göttlicher Erkenntnis entnimmt.

Das Problem der Weltseele im Zeittraktat Augustins hängt nicht wesentlich davon ab, wie man das *caelum caeli* im XII. Buch der *Confessiones* deutet, sondern wie man n. 41, 3–10 in den Textabschnitt 41 eingliedert und wie man die oben zu n. 41, 1–3 aufgeworfenen Fragen der Sache nach beantwortet. Die Verknüpfung beider Probleme durch Teske erscheint mir wenig glücklich. Allerdings führt es auch nicht weiter, wenn gegen Teske eingewendet wird, Seele und Nus seien bei Plotin verschieden. Denn abgesehen davon, daß die sog. Hypostasen Plotins nicht verräumlicht werden dürfen, sondern ihre Begründungsfunktion miteinander ausüben, ist gerade bei der Zeit der Zusammenhang von *nus* und *psyche* besonders eng: Die Seele als Bewegungskraft überträgt die zahlenhaften, rhythmischen Gliederungen des Nus in den Stoff. Schon Aristoteles vereinte Psyche und Nus bei der Zeitbegründung auf diese Weise. An der berühmten Stelle *Phys.* IV 14, 223 a 25–28, formulierte er, die Zeit könne nicht ohne die Seele sein, da sie *Zahl* sei, Zählen könne aber nur die *psychē kai psychēs nus*. Die Nicht-Beachtung der Differenz von *Nus* und *Psyche* hat in der Geschichte des Zeitproblems eine sachlich wohlgegründete Tradition, auch unabhängig von der Terminologie Ciceros. Wie eng der Sachzusammenhang von Zeitbildung und Weltseele war, zeigt die Rekonstruktion ihrer Verbindung durch Bischof Robert Grosseteste und Erzbischof Aegidius Romanus im Mittelalter. Auch Roger Bacon zog diese Verbindung, vgl. J. 213–218.

n. 41, 19–22: *Qui intellegit, confiteatur*

Noch einmal unterscheidet A einfache Gläubige und solche, die zur Einsicht, *intellectus,* durchgedrungen sind: Beide sollen sie *bekennen;* in religiös-praktischer Hinsicht stellt A sie gleich. Nur zeigt er, wie schon in n. 2, 5, n. 6, 6–12 sowie in n. 9, 1 und 13, 1, noch einmal an, daß dieses Buch den Weg vom einfachen Glauben zum Wissen zu zeigen beansprucht. Aber sowohl wer mit A zu höherer Einsicht – fast einer Art Gnosis, die wenige erreichen – gelangt ist, als auch wer diesen Weg nicht mitgehen konnte, soll sich dankbar an Gott wenden.

BIBLIOGRAPHIE

I. Antike und mittelalterliche Texte

AEGIDIUS ROMANUS, Commentaria in octo libros physicorum Aristotelis, Venedig 1502.
- In primum librum sententiarum, Venedig 1521.
- In secundum librum sententiarum, Venedig 1581.

ALBERTUS MAGNUS, Logica, ed. A. Borgnet, Opera omnia, Tom. I, Paris 1890.
- Physica (I–IV), ed. P. Hossfeld. Editio Coloniensis IV/1, Münster 1987.
- Summa de creaturis I (De IV coaequaevis), ed. A. Borgnet, Opera omnia, Tom. XXXIV, Paris 1895.

ARISTOTELES, Opera, ex recensione I. Bekkeri ed. Academia Borussica, 5 Bde., Berlin 1831–1870.
- Physica, ed. W.D. Ross, Oxford 1950.
- Physica. Translatio Vetus, ed. F. Bossier/J. Brams (Aristoteles Latinus VIII 1.2), Leiden 1990.

AUGUSTINUS, Opera omnia, ed. J.P. Migne, Patrologiae Cursus Completus. Series Latina (PL), Band 32–47, Paris 1861–1862.
- Einzelausgaben im Corpus Scriptorum Ecclesiasticorum Latinorum (CSEL), Wien 1887 ff. und im Corpus Christianorum (CC), Turnhout 1953 ff. Daraus insbesondere:
- Confessiones, ed. L. Verheijen. CC Series Latina, Band XXVII, Turnhout 1981.
- Chronologisches Verzeichnis der anderen Werke Augustins, der Abkürzungen ihrer Titel und der Editionen bei K. Flasch, Augustin, Einführung in sein Denken, Stuttgart 1980, 466–471.

AVERROES, Aristotelis Opera cum Averrois Commentariis, Venedig 1562.

AVICENNA, Opera, Venedig 1508.
- Liber de Philosophia prima sive scientia divina, ed. S. Van Riet, Louvain–Leiden 1977–1980.

CICERO, Scripta quae manserunt omnia, Leipzig 1914 ff.
- Paradoxa Stoicorum – Academicorum reliquiae cum Lucullo – Timaeus, ed. O. Plasberg, Leipzig 1908.

DIETRICH VON FREIBERG, Opera omnia, hg. unter Leitung von K. Flasch, 4 Bde., Hamburg 1977–1985, daraus insbesondere:
- De natura et proprietate continuorum, ed. R. Rehn, in: Opera omnia, Bd. 3, 203–239.

ECKHART, Die deutschen und lateinischen Werke, hg. im Auftrage der Deutschen Forschungsgemeinschaft, Stuttgart 1936 ff., daraus insbesondere:

- Quaestiones Parisienses, ed. B. Geyer, in: Lat. Werke V, 37–83.

HEINRICH VON GENT, Quodlibeta, Paris 1518.
- Opera omnia, ed. R. Macken, Louvain–Leiden 1979 ff.
- Quodlibet III 11, ed. U.R. Jeck, in U.R. Jeck, Aristoteles contra Augustinum, 459–476.

NIKOLAUS VON STRASSBURG, Summa II, 8–14, ed. T. Suarez-Nani, Corpus Philosophorum Teutonicorum Medii Aevi V, 2 (3), Hamburg 1990.

PETRUS JOHANNIS OLIVI, Quodlibeta, Venedig 1509.

PLATO, Opera, ed. I. Burnet, 5 Bde., Oxford 1900 ff.

PLOTIN, Opera, ed. P. Henry – H.-R. Schwyzer (Editio maior), 3 Bde., Paris–Brüssel 1951 ff.
- Plotins Schriften. Übersetzt von R. Harder. Neubearbeitung mit griechischem Lesetext, Bd. 1, Hamburg 1956, ab Bd. 2, Hamburg 1962 ff., fortgeführt von R. Beutler und W. Theiler.
- Plotin über Zeit und Ewigkeit. Enneade III 7, übersetzt, eingeleitet und kommentiert von W. Beierwaltes. Klostermann – Texte: Philosophie, Frankfurt ³1981.

PORPHYRIOS, Porphyrii Sententiae ad intelligibilia ducentes, ed. E. Lamberz, Leipzig 1975.

ROBERT GROSSETESTE, Commentarius in VIII libros Physicorum Aristotelis, ed. R.C. Dales, Boulder (Colorado) 1963.

ROBERT KILWARDBY, On Time and Imagination. De tempore. De spiritu fantastico, ed. O. Lewry, Oxford 1987.

SENECA, Opera, 4 Bde. und Suppl., Leipzig 1905–1914.
- Philosophische Schriften, lat.-dt., hg. v. M. Rosenbach, 5 Bde., Darmstadt 1971 ff.
- De brevitate vitae, ed. L.D. Reynolds, in: Seneca, Dialogorum Libri Duodecim, Oxford 1977.

SEXTUS EMPIRICUS, Opera, ed. H. Mutschmann – J. Mau – K. Janaczek, 4 Bde., Leipzig 1914–1962.
- Opera, griech.-engl., ed. G. Bury, 4 Bde., Oxford 1933 ff.

SIMPLICIUS, In Aristotelis physicorum libros quattuor priores commentaria, ed. H. Diels, Commentaria in Aristotelem Graeca IX, Berlin 1882.

STOICORUM VETERUM FRAGMENTA, ed. I. ab Arnim, 4 Bde., Leipzig 1903–1924.

THOMAS VON AQUINO, In octo libros Physicorum Aristotelis expositio, ed. M. Maggiòlo, Turin–Rom 1954.
- Scriptum super libros Sententiarum Petri Lombardi, ed. P. Mandonnet/ F. Moos, 4 Bde., Paris 1929–1947.

ULRICH VON STRASSBURG, De summo bono IV 2, 15–24, ed. B. Mojsisch, Corpus Philosophorum Teutonicorum Medii Aevi I, 4 (3), Hamburg. In Vorbereitung.

II. Zum Problem der Zeit. Antike Zeittheorien

ALLIEZ, E. 1991, Les temps capitaux, Bd. 1: Récits de la conquête du temps, Paris.
ANNAS, J. 1975, Aristotle, Number and Time, in: Philosophical Quarterly 25 (1975) 97–113.
AUBENQUE, P. 1976, Plotin, philosophe de la temporalité, in: Diotima 4 (1976) 78–86.
– 1987, (Hg.), Etudes sur Parménide, 2 Bde., Paris.
BALTES, M. 1976, Die Weltentstehung des platonischen Timaios nach den antiken Interpreten, 2 Bde., Leiden.
BEIERWALTES, W. 1985, Denken des Einen. Studien zur neuplatonischen Philosophie und ihrer Wirkungsgeschichte, Frankfurt/M.
BERGMANN, W. 1983, Das Problem der Zeit in der Soziologie. Ein Literaturüberblick zum Stand der ‚zeitsoziologischen' Theorie und Forschung, in: Kölner Zeitschrift für Soziologie und Sozialpsychologie 35 (1983) 462–504.
BRAGUE, R. 1982, Du temps chez Platon et Aristote, Paris.
BRAND, G. 1955, Welt, Ich und Zeit, Den Haag.
CALLAHAN, F. 1948, Four Views of Time in Ancient Philosophy, Cambridge, Mass.
CONEN, P.F. 1964, Die Zeittheorie des Aristoteles, München.
DÖRRIE, H. 1959, Porphyrios' „Symmikta zetemata". Ihre Stellung in System und Geschichte des Neuplatonismus, München.
DUBOIS, J. 1967, Le temps et l'instant selon Aristote, Paris.
DUHEM, P. 1913, Le Système du monde, 10 Bde., Paris 1913 ff.
ELIAS, N. 1984, Über die Zeit, Frankfurt/M.
FESTUGIÈRE, A.J. 1934, Le temps et l'âme selon Aristote, in: Revue des sciences philosophiques et théologiques 23 (1934) 5–28.
FINK, E. 1957, Zur ontologischen Frühgeschichte von Raum-Zeit-Bewegung, Den Haag.
GLOY, K. 1986, Studien zur platonischen Naturphilosophie im Timaios, Würzburg.
– 1988, Die Struktur der Zeit in Plotins Zeittheorie, in: Archiv für Geschichte der Philosophie 70 (1988) 303–326.
GOLDSCHMIDT, V. 1979. Le système stoïcien et l'idée du temps, Paris.
HADOT, P. 1968, Porphyre et Victorinus, 2 Bde., Paris.
– 1987, Exercices spirituels et philosophie antique, Paris.
HEIDEGGER, M. 1977, Sein und Zeit (zuerst 1927), Gesamtausgabe I. Abt., Bd. 2., Frankfurt/M.
– 1988, Prolegomena zur Geschichte des Zeitbegriffs (Marburger Vorlesung 1925), Gesamtausgabe II. Abt., Bd. 20, Frankfurt/M.
– 1989 a, Beiträge zur Philosophie (verfaßt 1936), Gesamtausgabe III. Abt., Bd. 65, Frankfurt/M.

- 1989 b, Die Grundprobleme der Phänomenologie (Marburger Vorlesung 1927), 2. A., Gesamtausgabe II. Abt., Bd. 24, Frankfurt/M.
- 1989 c, Der Begriff der Zeit. Vortrag vor der Marburger Theologenschaft Juli 1924, hg. v. H. Tietjen, Tübingen.

HELD, K. 1992, Zeit als Zahl. Der pythagoreische Zug im Zeitverständnis der Antike, in: Zeiterfahrung und Personalität, hg. v. Forum für Philosophie Bad Homburg, Frankfurt 1992, 13–33.

HELLER, B. 1970, Grundbegriffe der Physik im Wandel der Zeit, Braunschweig.

HINTIKKA, J. 1973, Time and Necessity, Oxford 1973.

HUSSERL, E. 1980, Vorlesungen zur Phänomenologie des inneren Zeitbewußtseins, hg. v. M. Heidegger, Tübingen².

JANICH, P. 1980, Die Protophysik der Zeit, Frankfurt/M.

JONAS, H. 1962, Plotin über Ewigkeit und Zeit, in: Politische Ordnung und menschliche Existenz (Festgabe E. Voegelin), München, 295–319.

LEFTOW, B. 1990, Boethius on eternity, in: History of Philosophy Quarterly 7 (1990) 123–142.

LEISEGANG, H. 1913, Die Begriffe der Zeit und Ewigkeit im späteren Platonismus. Baeumkers Beiträge XII 4, Münster.

MANCHESTER, P. 1978, Time and Soul in Plotinos, III 7 (45) 11, in: Dionysius 2 (1978) 101–136.

MAY, G. 1980, Schöpfung aus dem Nichts, Stuttgart.

MEYER, H. 1969, Das Corrolarium de Tempore des Simplikios und die Aporien des Aristoteles zur Zeit, Meisenheim.

MEYER, R.W. (HG.) 1964, Das Zeitproblem im 20. Jahrhundert, Bern.

NOWOTNY, H. 1989, Eigenzeit. Entstehung und Strukturierung eines Zeitgefühls, Frankfurt/M.

O'BRIEN, D. 1985, Tiffeneau, D. – Ricœur, P. (Hg.), Mythes et représentations du temps, Paris.

OWEN, G.E.L. 1966, Plato and Parmenides on the timeless present, in: The Monist 50 (1966) 317–340.

PLASS, P.C. 1978, Timeless Time in Neoplatonism, in: The Modern Schoolman 55 (1978) 1–20.

RAU, C. 1953, Theories of Time in Ancient Philosophy, in: Philosophical Review 62 (1953) 514–525.

RICŒUR, P. 1983–85, Temps et récit, 3 Bde., Paris.

RUDOLPH, E. 1986, Zeit und Gott bei Aristoteles, Stuttgart.

SAMBURSKY, S. – PINES, S. 1971, The Concept of Time in late Neoplatonism, dt. als Der Begriff der Zeit im späten Neuplatonismus, in: C. Zintzen (Hg.), Die Philosophie des Neuplatonismus, Darmstadt, 475.

SCHAEFFLER, R. 1963, Die Struktur der Geschichtszeit, Frankfurt/M.

SHARPLES, R.W. 1982, Alexander of Aphrodisias, On Time, in: Phronesis 27 (1982) 58–81.

SIMONS, J. 1985, Matter and Time in Plotinos, in: Dionysius 9 (1985) 53–74.
SOLMSEN, F. 1960, Aristotle's System of the Physical World, Ithaka.
SONDEREGGER, E. 1982, Simplikios zur Zeit, Göttingen.
SORABJI, R. 1983, Time, Creation and the Continuum. Theories in Antiquity and the Early Middle Ages, Ithaka.
TEMPORINI, H. – HAASE, W. (Hg.) 1987, Aufstieg und Niedergang der römischen Welt. Geschichte und Kultur Roms im Spiegel der neueren Forschung. Teil 2: Prinzipat. Bd. 36: Philosophie, Wissenschaften, Technik. 2 Teilbände. Berlin.
THEILER, W. 1966, Forschungen zum Neuplatonismus, Berlin.
– 1933, Porphyrios und Augustin, Halle.
VOLKELT, J. 1925, Phänomenologie und Metaphysik der Zeit, München.
VOLPI, F. 1988, Chronos und Psyche. Die aristotelische Aporie von Physik IV 14, 223 a 16–29, in: Rudolph, E. (Hg.), Zeit, Bewegung, Handlung. Studien zur Zeitabhandlung des Aristoteles, Stuttgart 1988, 26–62.
WARREN, E.W. 1965, Memory in Plotinos, in: The Classical Quarterly, N.S. 15 (1965) 252–260.
WENDORFF, R. 1980, Zeit und Kultur. Geschichte des Zeitbewußtseins in Europa, Opladen.
WHITTACKER, J. 1968, The ‚Eternity' of the Platonic Forms, in: Phronesis 13 (1968) 131–144.
– 1971, God, Time, Being. Two Studies in the Transcendental Tradition in Greek Philosophy, Oslo.
WIELAND, W. 1970, Die aristotelische Physik, ²Göttingen.

III. Mittelalterliche Zeittheorien

ARIOTTI, P. 1972, Celestial Reductionism of Time. On the Scholastic Conception of Time from Albert the Great and Thomas Aquinas to the End of the 16th Century, in: Studi internazionali di filosofia 4 (1972) 91–120.
BEEMELMANS, F. 1914, Zeit und Ewigkeit nach Thomas von Aquino, in: Beiträge zur Geschichte der Philosophie des Mittelalters XVII 1 (1914) 1–64.
BIANCHI, L. 1984, L'errore di Aristotele. La polemica contro l'eternità del mondo nel XII secolo, Florenz.
CRISTIANI, M. 1973, Lo spazio e il tempo nell'opera dell'Eriugena, in: Studi medievali, terza serie 14 (1973) 39–136.
DALES, R.C. 1988, Time and Eternity in the Thirteenth Century, in: Journal of the History of Ideas 49 (1988) 27–45.
EVANS, G.R. 1977, Time and Eternity: Boethian and Augustinian Sources of the Thought of the Late Eleventh and Early Twelfth Centuries, in: Classical Folia 31 (1977) 105–118.

- 1978, Past, Present and Future in the Theology of the Late Eleventh and Early Twelfth Century, in: Studia Theologica 32 (1978) 133–149.
FAES DE MOTTONI, B. 1971, Il commento di Bertoldo di Moosburg all',Elementatio theologica' di Proclo. Edizione delle proposizioni riguardanti il tempo e l'eternità, in: Studi medievali 12 (1971) 417–461.
FLASCH, K. 1972, Kennt die mittelalterliche Philosophie die konstitutive Funktion des menschlichen Denkens? Eine Untersuchung zu Dietrich von Freiberg, in: Kant-Studien 63 (1972) 182–206.
- 1983, Einleitung, zu: Dietrich von Freiberg, Schriften zur Naturphilosophie und Metaphysik. Opera omnia Bd. III. Hamburg 1983, XV–LXXXV.
- 1986, Das philosophische Denken im Mittelalter. Von Augustin zu Machiavelli, Stuttgart.
- 1989, Aufklärung im Mittelalter? Die Verurteilung von 1277. Das Dokument des Bischofs von Paris, eingeleitet, übersetzt und erklärt, Mainz.
GHISALBERTI, A. 1967, La nozione di tempo in S. Tommaso d'Aquino, in: Rivista di filosofia neoscolastica 59 (1967) 343–371.
GREGORY, T. 1955, Anima mundi. La filosofia di Guiglielmo di Conches e la scuola di Chartres, Florenz.
GROSS, C. 1984, Twelfth Century Views of Time. Philosophical Concepts and Poetic Structures. Diss. Columbia University.
- 1985, Twelfth Century Concepts of Time. Three Reinterpretations of Augustine's Doctrine of Creation *Simul,* in: Journal of the History of Philosophy 23 (1985) 325–338.
HOSSFELD, P. 1986, Studien zur Physik des Albertus Magnus. I. Ort, örtlicher Raum und Zeit, in: Miscellanea Medievalia 18 (1986) 1–41.
LARGIER, N. 1989, Zeit, Zeitlichkeit, Ewigkeit. Ein Aufriß des Zeitproblems bei Dietrich von Freiberg und Meister Eckhart. Deutsche Literatur von den Anfängen bis 1700, Bd. 8, Bern–Frankfurt a.M.
LECLERCQ, J. 1974, Zeit und Zeiterfahrung im späten Mittelalter, in: Miscellanea Medievalia 9 (1974) 1–20.
LEROUX, J.-M. (Hg.) 1984, Le temps chrétien de la fin de l'Antiquité au Moyen Age – IIIe–XIIIe siècles, Paris.
LOCK, R. 1985, Aspects of Time in medieval Literature, New York.
MACKEN, R. 1971, La temporalité radicale de la créature selon Henri de Gand, in: Recherches de théologie ancienne et médiévale 38 (1971) 211–271.
MAIER, A. 1951, Die Subjektivierung der Zeit in der scholastischen Philosophie, in: Philosophia naturalis 1 (1951) 361–396.
- 1955, Das Zeitproblem, in: Metaphysische Hintergründe der Spätscholastischen Naturphilosophie. Studien zur Naturphilosophie der Spätscholastik IV, Rom 1955, 45–137.
MANSION, A. 1934, La théorie aristotélicienne du temps chez les péripatéticiens médiévaux, in: Revue néoscolastique de philosophie 36 (1934) 275–307.

PARODI, M. 1981, Tempo e spazio nel Medioevo, Turin.
PORRO, P. 1987, Enrico di Gand nella scolastica del XIII secolo. Una questione controversa: La natura del tempo, Bari.
– 1988, Enrico di Gand sul problema della realtà del tempo in Agostino, in: M. Fabris (Hg.), L'Umanesimo di S. Agostino, Bari, 589–612.
QUINN, J.M. 1978/79, The Concept of Time in Giles of Rome, in: Augustiniana 28 (1978) 310–352 und 29 (1979) 5–42.
– 1980, The Concept of Time in Albert the Great, in: F.J. Kovach – R.W. Shahan (Hg.), Albert the Great. Commemorative Essays, Norman USA, 21–47.
REHN, R. 1984, Quomodo tempus sit? Zur Frage nach dem Sein der Zeit bei Aristoteles und Dietrich von Freiberg, in: K. Flasch (Hg.), Von Meister Dietrich zu Meister Eckhart, Hamburg 1984, 1–11.
SANTINELLO, G. (Hg.) 1986, Tempo storico ed esperienza religiosa. Studi filosofici 9, Padua.
SCHREINER, K. 1987, Diversitas temporum. Zeiterfahrung und Epochengliederung im späten Mittelalter, in: R. Herzog – R. Kosellek (Hg.), Epochenschwelle und Epochenbewußtsein, München 1987.
WIELAND, W. 1973, Kontinuum und Engelszeit bei Thomas von Aquino, in: E. Scheibe – G. Süssmann (Hg.), Einheit und Vielheit. Festschrift für C.F. v. Weizsäcker, Göttingen 1973, 77–90.
ZIMMERMANN, A. (Hg.) 1983, Mensura, Maß, Zahl, Zahlensymbolik im Mittelalter. Miscellanea Medievalia Bd. 16. Berlin.

IV. Allgemeines zu Augustins Confessiones

AGAËSSE, P. – SOLIGNAC, A. 1972, Notes complémentaires. S. Augustin, De Genesi ad litteram. Bibliothèque Augustinienne, Bd. 48 und 49, Paris.
AUTORI VARII 1984/87, ‚Le Confessioni' di Agostino d'Ippona: Lectio Augustini, Settimana Agostiniana Pavese, 4 Bde., Palermo.
BEATRICE, P.F. 1989, „Quosdam Platonicorum libros". The Platonic Readings of Augustin in Milan, in: Vigiliae Christianae 43 (1989) 248–281.
BRUNNER, P. 1933, Zur Auseinandersetzung zwischen antikem und christlichem Zeit- und Geschichtsverständnis bei Augustin, in: Zeitschrift für Theologie und Kirche 14 (1933) 1–25.
COOPER, J.C. 1971, Why Did Augustine Write Books XI–XIII of the Confessions? in: Augustinian Studies 2 (1971) 37–46.
COURCELLE, P. 1968, Recherches sur les *Confessions* de S. Augustin, ²Paris.
– 1972, „Verissima philosophia", in: Epektasis. Mélanges patristiques offerts au Cardinal J. Daniélou, hg. v. J. Fontaine und Ch. Kannengiesser, Paris, 653–669.
CROUSE, R.D. 1976, ‚Recurrens in te unum'. The Pattern of St. Augustine's ‚Confessions', in: Studia Patristica 14 (1976) 389–392.

Duchrow, U. 1965, Der Aufbau von Augustins Schriften *Confessiones* und *De trinitate*, in: Zeitschrift für Theologie und Kirche 62 (1965) 338–367.
- 1966, Der sogenannte psychologische Zeitbegriff Augustins im Verhältnis zur physikalischen und geschichtlichen Zeit, in: Zeitschrift für Theologie und Kirche 63 (1966) 267–288.

Flasch, K. 1980, Augustin. Eine Einführung in sein Denken, Stuttgart.
- 1990, Logik des Schreckens. Augustinus von Hippo, Die Gnadenlehre von 397, Mainz.

Fontaine, J. – Christiani, M. et al. (Hg.) 1992, S. Agostino, Confessioni, vol. 1. Libri I–III, Testo – Traduzione – Commento a cura di M. Cristiani, L.F. Pizzolato, P. Siniscalco, Mailand.

Gibb, J. – Montgomery, W. 1927, The Confessions of Augustine, Cambridge ²1927.

Grotz, K. 1970, Die Einheit der ‚Confessiones'. Warum bringt Augustinus in den letzten Büchern der ‚Confessiones' eine Auslegung der Genesis? Diss. Tübingen.

Herzog, R. 1984, Non in sua voce. Augustins Gespräch mit Gott in den Confessiones. Voraussetzungen und Folgen, in: K. Stierle – R. Warning (Hg.), Das Gespräch (Poetik und Hermeneutik Bd. 11).

Kirwan, C. 1989, Augustine, London.

Knauer, G.N. 1955, Psalmenzitate in Augustins Konfessionen, Göttingen.

Löwith, K. 1953, Weltgeschichte und Heilsgeschehen, Stuttgart.

Madec, G. 1987, Le spiritualisme augustinien à la lumière du *De immortalitate animae*, in: L'opera letteraria di Agostino tra Cassiciacum e Milano, Palermo 1987, 179–190.
- 1992 a, S. Augustin et la philosophie, Paris.
- 1992 b, Augustin et Porphyre. Ebauche d'un bilan des recherches et des conjectures, in: Sophiēs maiētores. ‚Chercheurs de sagesse'. Hommage à J. Pépin, Paris 1992, 367–382.

Markus, R.A. 1983, Saeculum. History and Society in the Theology of St. Augustine, ²Cambridge.

Marrou, H.I. 1950, L'ambivalence du temps de l'histoire chez S. Augustin, Paris.

De Monticelli, R. 1991, S. Agostino, Le Confessioni, Mailand 1989, zitiert nach der Taschenbuchausgabe Mailand 1991.

Moreau, J. 1965, Le temps et la création selon S. Augustin, in: Giornale di metafisica 20 (1965) 276–290.

O'Connell, R.J. 1969, St. Augustine's Confessions. The Odyssey of Soul, Cambridge, Mass.
- 1984, St. Augustine's Platonism, Villanova USA.

O'Donnell, J.J. 1992, Augustine, Confessions. Latin Text with English Commentary, 3 Bde., Oxford.

O'MEARA, J.J. 1954, The Young Augustine, London.
PARMA, C. 1971, Pronoia und Providentia. Der Vorsehungsbegriff Plotins und Augustins, Leiden.
PELLEGRINO, M. 1956, Le ‚Confessioni' di S. Agostino. Studio introduttivo, Rom.
PÉPIN, J. 1977, „Ex Platonicorum persona. Etudes sur les lectures philosophiques de S. Augustin", Amsterdam.
PFLIGERSDORFFER, G. 1970, Augustins „Confessiones" und die Arten der Confessio, in: Salzburger Jahrbuch für Philosophie 14 (1970) 15–28.
PINCHERLE, A. 1947, La formazione teologica di S. Agostino, Rom.
– 1974, Intorno alla genesi delle Confessioni, in: Augustinian Studies 5 (1974) 167–176.
PIZZOLATO, L.F. 1968, Le ‚Confessioni' di S. Agostino. Da biografia a ‚confessio', Mailand.
SCIACCA, M.F. 1956, S. Augustin et le Néoplatonisme. La possibilité d'une philosophie chrétienne, Louvain–Paris.
SOLIGNAC, A. 1962, Notes complémentaires. S. Augustin, Les Confessions. Bibliothèque Augustinienne, Bd. 13 und 14, Paris.
STEIDLE, W. 1982, Augustins *Confessiones* als Buch (Gesamtkonzeption und Aufbau), in: Romanitas–Christianitas. Untersuchungen zur Geschichte und Literatur der römischen Kaiserzeit, hg. v. G. Wirth, Berlin, 436–527.
SUAREZ-NANI, T. 1989, Tempo ed essere nell' autunno del medievo. Il *De tempore* di Nicola di Strasburgo e il dibattito sulla natura ed il senso del tempo agli inizi del XIV secolo. Bochumer Studien zur Philosophie, Bd. 13, Amsterdam.

V. Das Problem der Zeit im XI. Buch der Bekenntnisse

ALICI, L. 1975, Genesi del problema agostiano del tempo, in: Studia Patavina 122 (1975) 43–67.
– 1975 b, La funzione della ‚distentio' nella dottrina agostinana del tempo, in: Augustinianum 15 (1975) 325–345.
BACHSCHMIDT, H. 1950, Der Zeitbegriff bei Augustinus und die Orientierung eines modernen Zeitbegriffs an seinen Gedanken, in: Philos. Jahrbuch 60 (1950) 438–449.
BALÁS, D.L. 1976, Eternity and Time in Gregory of Nyssa's Contra Eunomium, in: H. Dörrie (Hg.), Gregor von Nyssa und die Philosophie, Leiden.
BEZANÇON, J.N. 1965, Le mal et l'existence temporelle chez Plotin et S. Augustin, in: Recherches Augustiniennes 3 (1965) 133–160.
BRUNNER, P. 1933, Zur Auseinandersetzung zwischen antikem und christlichem Zeit- und Geschichtsverständnis bei Augustin, in: Zeitschrift für Theologie und Kirche 14 (1933) 1–25.

CALLAHAN, F. 1958, Basil of Caesarea. A new source for St. Augustine's theory of time, in: Harvard Studies in Classical Philology 63, 437–459.
- 1960, Gregor of Nizza and the psychological view of time, in: Atti del XII Congresso Internazionale di Filosofia, Band 9, Florenz, 59–66.

CHAIX-RUY, J. 1956, S. Augustin. Temps et histoire, Paris.

DUCHROW, U. 1966, Der sog. psychologische Zeitbegriff Augustins im Verhältnis zur physikalischen und geschichtlichen Zeit, in: Zeitschrift für Theologie und Kirche 63 (1966) 267–288.

DYSON, R.W. 1982, St. Augustine's Remarks on Time, in: The Downside Review 100 (1982) 221–230.

GILSON, E. 1962, Notes sur l'être et le temps chez S. Augustin, in: Recherches augustiniennes 2 (1962) 205–223.

GLOY, K. 1988, Die Struktur der Augustinischen Zeittheorie im XI. Buch der Confessiones, in: Philos. Jahrbuch der Görres-Gesellschaft 95 (1988) 72–95.

GREEN, W.B. 1965, Saint Augustine on Time, in: Scottish Journal of Theology 18 (1965) 148–163.

GUITTON, J. 1959, Le temps et l'éternité chez Plotin et S. Augustin, 3. A. Paris (zuerst 1933).

GUTWENGLER, E. 1953, Der Zeitbegriff bei Augustinus, Diss. Wien.

HÄFFNER, G. 1988, Bemerkungen zur augustinischen Frage nach dem Wesen der Zeit im XI. Buch der Confessiones, in: Theologie und Philosophie 63 (1988) 569–578.

HERRMANN, F.-W. v. 1992, Augustinus und die phänomenologische Frage nach der Zeit, Frankfurt.

JANICH, P. 1972, Augustins Zeitparadox und seine Frage nach einem Standard der Zeitmessung, in: Archiv für Geschichte der Philosophie 54 (1972) 168–186.

JORDAN, R. 1955, Time and Contingency in St. Augustine, in: The Review of Metaphysics 8 (1955) 394–417.

JÜRGELEIT, R. 1988, Der Zeitbegriff und die Kontingenz des Zeitlichen bei Augustinus, in: Revue des Etudes Augustiniennes 34 (1988) 209–229.

KAISER, H.-J. 1969, Augustinus. Zeit und Memoria, Bonn.

LACEY, H.M. 1968, Empiricism and Augustine's Problems about Time, in: The Review of Metaphysics 22 (1968) 219–245.

LAMPEY, E. 1960, Das Zeitproblem nach den *Bekenntnissen* Augustins, Regensburg.

LECHNER, O. 1964, Idee und Zeit in der Metaphysik Augustins, München.

LIUZZI, T. 1984, Tempo e memoria in Agostino. Dalle ‚Confessioni' al ‚De Trinitate', in: Rivista di storia della filosofia 1 (1984) 35–60.

MAZZEO, P. 1972, Il problema agostiniano del tempo nelle „Confessiones" e nel „De civitate Dei", in: Annali della Facoltà di lettere e filosofia, Bd. 15, Bari, 281–313.

MEIJERING, E.P. 1979, Augustin über Schöpfung, Ewigkeit und Zeit. Das XI. Buch der Bekenntnisse, Leiden.
MOREAU, J. 1965, Le temps et la création selon S. Augustin, in: Giornale di Metafisica 20 (1965) 284–290.
MORRISON, J.L. 1971, Augustine's two theories of time, in: New Scholasticism (1971) 600–610.
MUNDLE, C.W.E. 1966, Augustine's pervasive error concerning time, in: Philosophy 41 (1966) 165–168.
O'DALY, G.J.P. 1977, Time as Distentio and St. Augustine's Exegesis of *Philippians* 3, 12–14, in: Revue des Etudes Augustiniennes 23 (1977) 265–271.
– 1981, Augustine on the Measurement of Time: Some Comparisons with Aristotelian and Stoic Texts, in: H.J. Blumenthal – R.A. Markus (Hg.), Neoplatonism and Early Christian Thought, London 1981, 171–179.
– 1987, Augustine's Philosophy of Mind, London.
QUINN, J.M. 1965, The Concept of Time in St. Augustine, in: Augustinianum 5 (1965) 5–57.
RAVIEZ, M.W. 1959, St. Augustine: Time and Eternity, in: The Thomist 22 (1959) 542–54.
SCHMIDT, ERNST A. 1985, Zeit und Geschichte bei Augustin. Sitzungsberichte der Heidelberger Akademie der Wissenschaften. Philos.-histor. Klasse, Heidelberg.
SCHOBINGER, J.-P. 1966/67, Augustins Begründung der ‚inneren Zeit', in: Schweizer Monatshefte 46 (1966/67) 179–192.
SIMON, W. 1986, Zeit und Zeitbewußtsein nach den „Confessiones" des Aurelius Augustinus, in: Wissenschaft und Weisheit 49 (1989) 30–43.
SUTER, R. 1962, Augustine on Time with some Criticism from Wittgenstein, in: Revue internationale de Philosophie 16 (1962) 378–394.
TESKE, R.J. 1976, Memory in Plotinos and two early texts of St. Augustine, in: Studia Patristica Bd. 14 (1976) 461–469.
– 1983, The World-Soul and Time in St. Augustine, in: Augustinian Studies 14 (1983) 75–92.
– 1984, Platonic Reminiscence and Memory of the Present in St. Augustine, in: The New Scholasticism 58 (1984) 220–235.
– 1985/86, Divine Immutability in St. Augustine, in: The Modern Schoolman 63 (1985/6) 233–249.
VERWIEBE, W. 1933, Welt und Zeit bei Augustin, Gießen.
WEIS, J. 1984, Die Zeitontologie des Kirchenlehrers Augustinus nach seinen Bekenntnissen, XI. Buch, Frankfurt/M.–Bern.

INDICES

I. Personen

(9–230, 282–414; Personen in den Anmerkungen kursiv; Personen im Kommentarteil 282–414 mit *)

Abaelard   353*
Abel, K.   *150*
Ableitinger, D.   89
Adam   44, 73, 97, 205, 223, 339*, 366*, 378*, 404*
Aegidius Romanus   162, 173–176, 184, 194, 203, 413*, *173, 175*
Agaësse, P.   290*, 305*, *99–100*
Albertus Magnus   161, 163, 165–175, 177–178, 180–184, 189, 193–195, 210, 227, 340*, 349*, 355*–356*, 388*, *161, 165, 210*
Alexander von Hales   192, *161*
Ambrosius   322*, 334*, 372*
Anselm von Canterbury   387*
Aristarch   129
Aristoteles   9, 11, 29, 33, 36, 53, 55–57, 60–62, 67, 71, 74, 76, 109–110, 112, 115, 118–128, 130, 144–146, 150–151, 160, 162–163, 165–173, 175, 177–186, 189–191, 193–194, 203–204, 209–210, 215, 217, 226, 284*, 289*, 295*, 300*, 302*, 328*, 334*–335*, 337*, 339*, 343*–346*, 349*, 351*–352*, 354*, 358*, 370*–375*, 379*, 382*, 401*, 405*, 408*, 412*–413*, *112, 116, 163, 176, 223*
Armstrong, A. H.   357*
Averroes   29, 162, 164, 167, 169–174, 177–180, 184, 189–190, 193–194, 372*, *161*
Avicenna   160, 166–167, 169, 171, 185, 193

Baeumker, C.   190
Ball, H.   24
Balthasar, H. U. von   206, *206*
Barth, K.   332*, 409*
Basilius   372*, 383*
Batiffol, P.   298*
Behler, E.   328*
Beierwaltes, W.   334*, 342*, 346*, 373*, 375*, 378*, 383*, 401*, *132*
Béné, C.   *15*
Bergson, H.   17–18, 27–36, 42, 44, 52, 62–63, 66–67, 195, 198, 218, 222, 286*, 339*, 347*, 349*, *30, 33, 36, 70*
Berlinger, R.   48, 61, 332*, *222*
Beutler, R.   305*, 334*, 372*, 376*
Bianchi, L.   328*
Biel, G.   190–191
Biemel, W.   52
Biesterfeld, W.   332*
Blumenthal, J. J.   340*, 357*
Boethius   141, 162, 164, 172, 412*, *110, 161*
Böhme, G.   *112*
Böhme, S.   44
Bonaventura   192, 372*
Bonner, G.   305*
Borgnet, A.   166–168, 171, 356*
Boros, L.   44, 48, 61, 337*, 358*
Borsche, T.   312*, *228*
Borst, A.   *16*
Boss, M.   55
Bouillet, M. N.   132–133
Brague, R.   *112*

Brentano, F.   29, 55–56, 63, 74–75, 122, *43, 74–75, 116, 122*
Brink, C. O.   302*
Brown, P.   329*
Brunner, E.   *114*
Büchner, K.   *110*
Burger, H.   *16*
Burnaby, J.   296*
Bury, R. G.   *126*

Calcidius   *110*
Callahan, J. F.   346*, 349*, 372*, 383*
Cassiodor   132, 291*
Chadwick, H.   294*, 317*, 335*, 341*, 360*
Chelius, K. H.   *89*
Chisholm, R. M.   *43, 74*
Christus   73, 142, 213–214, 223, 307*, 339*, 378*, *114*
Chrysipp   295*
Cicero   107, 109–111, 114, 125–126, 150, 152, 284*, 295*, 299*, 314*, 328*, 350*, 352*–353*, 359*, 362*–363*, 367*, 373*, 382*, 413*, *110–111, 126*
Ciliberto, M.   *30, 228*
Claesges, U.   43
Conen, P. F.   372*, *116*
Cornford, F. M.   *112*
Corsini, E.   353*, 371*, 376*, *161*
Courcelle, P.   132, 192, 291*, 305*, 326*, 332*, *83, 89*
Cranz, F. E.   305
Cristiani, M.   230, *84*
Cullmann, O.   *114*

Dales, R. C.   161, 164, *163, 164–165*, 216
Daur, K. D.   295*
De Angelis, E.   *112*
Delius, H. U.   *15*
Delorme, F. M.   194
De Montecelli, R.   297*, 299*–300*, 306*, 310*, 324*, 330*, 334*, 336*–337*, 341*, 343*, 347*–348*, 357*–358*, 364*, 373*, 376*, 383*–384*, 389*, 396*, 398*, 410*, *161*
Descartes, R.   40, 112, 218
Dietrich von Freiberg   29, 72, 160–161, 187–190, 194–195, 372*, 400*, *104, 188*
Dilthey, W.   30, 37, *37, 228*
Dinkler, E.   48
Dionysius Areopagita   166, 334*, 403*
Dionysius Carthusianus   395*
Dönt, E.   *83*
Dörrie, H.   133, 136, 291*, 309*, *309*
Duchrow, U.   48–49, 61, 296*, 397*, *88*
Duhem, P.   *112, 160*

Eckhart (Meister)   29, 160, 321*, 322*, 325*, *188*
Elias, N.   *16*
Epikur   128
Erasmus von Rotterdam   15, 304*, *15*
Eunomius   372*, 383*
Evans, G. R.   353*

Fabris, M.   *176*
Faggin, G.   *132*
Feigl, M.   325*
Feldmann, E.   *89, 110*
Fetscher, I.   30, 37, *37–38*
Fichte, J. G.   29
Findley, J. N.   68–70, 195, *68–69*
Flasch, K.   296*, 298*, 301*, 305*, 312*, 314*, 323*, 328*, 373*, 389*–390*, 412*, *30, 65, 104, 172, 188, 225, 228, 309*
Fleischer, M.   52
Fontaine, J.   230, *84*
Fortin, E. L.   291*
Fortuna   152–153
Fränkel, H.   *112*

Gadamer, H. G.   48
Gale, R. M.   *68*

Galen   171, 177
Galilei, G.   112, 218, 375*
Garcia, M. F.   185–186
Garin, E.   *30*
Gibb, J.   294*, 297*–298, 303*, 314*–315*, 324*, 330*, 333*, 357*, 376*, 383*, 397*, 410*
Gilson, E.   309*, 337*
Gloy, K.   337*, 339*, 354*–355*, 364*, 382*, 390*, 397*, 410*, *112*
Görland, I.   52
Goldschmidt, V.   346*, 372*
Gouhier, H.   *33*
Grabmann, M.   190
Grandgeorge, L.   132–133, 411*
Green, W. M.   301*, 387*, *132*
Gregor der Große   357*
Gregory, T.   412*
Grimm, J.   *16*
Grimm, W.   *16*
Gross, C.   *111*
Grotz, K.   296*, *88–89*
Gründer, K.   *37*
Gugel, H.   *89*
Guitton, J.   95, 98, 149, 219, 283*, 290*, 294*, 297*, 306*, 308*–310*, 317*, 322*, 329*, 334*, 337*, 344*–345*, 347*, 358*, 361*, 395*, *30, 132*

Hadot, I.   133, *150*
Hadot, P.   132, 290*–291*, 318*
Hagendahl, H.   363*, *110*
Halbfass, W.   314*
Hanson-Smith, E.   *83*
Harnack, A.   *37*
Hegel, G. W. F.   29, 55, 61, 204
Heidegger, M.   9, 19, 28, 42, 44, 47, 51–63, 66–68, 74, 80, 191–192, 195, 198, 286*, 342*, 345*, 349*, 355*, 394*, *51, 53–56, 59–60, 62–63, 81, 116*
Heinrich von Gent   162, 176–188, 194, 227, 338*, 340*, 373*, *176*
Held, K.   *112*

Henry, P.   132, 136, 291*
Heraklit   37, 342*, *38*
Herrmann, F.-W. v.   52, 292*, 318*, 337*, 339*, 341*
Hertling, G. v.   57–58
Herzog, R.   *83*
Hippokrates   151
Hirschberger, J.   *309*
Hörmann, W.   134–136, 411*
Horaz   302
Hossenfelder, M.   *126*
Hossfeld, P.   160–161, 169, 170–171, *161, 165*
Humboldt, W. v.   312*, 341*
Hume, D.   221
Husserl, E.   9, 28–29, 42–51, 61, 63, 66, 74, 337*, 342*, 349*, 400*, *45*

Isidor von Sevilla   *161*

Jaeger, P.   52
Jamblich   131
Janacek, K.   *126*
Jeauneau, E.   *111, 165*
Jeck, U. R.   11, 56, 160, 183, 189, 337*–338*, 340*–341*, 349*, 352*, 372*–373*, 386*, 388*, 395*, 405*, 412*–413*, *116, 128, 161–162, 176, 188, 193, 217, 223*
Jesus s. Christus
Johannes Capreolus   192–193, 399*
Johannes der Täufer   321*
Johannes Duns Scotus   185, 192, 399*
Josua   140, 209, 375*, 377*
Jürgeleit, R.   329*

Kamper, D.   *16*
Kant, I.   9, 27–29, 36, 40, 53–57, 60, 62, 71–72, 110, 197–198, 220, 331*, 360*, 365*, 394*, 396*, 400*, *112*
Kastil, A.   *43, 74*
Knauer, G. N.   294*
Knauer, V.   *89*
Koch, J.   325*
Kopernikus, N.   *112*

Körner, S. *43, 74*
Kranz, W. *114*
Kühn, W. 11
Kusch, H. 89

Lacey, H. M. *69*
Lachièze-Rey, P. 394*
Lamberz, E. 133, 290*
Lampey, E. 48, 61
Largier, N. 160, *188*
Lechner, O. 338*
LeClerc, J. 304*
LeGoff, J. *16*
Leibniz, G. W. 70, 192, *112*
Lenzen, H. *150*
Lewry, O. 161
Liuzzi, T. *225*
Lorenz, R. *83*
Lotze, H. 355*
Luongo, G. *83*
Luther, M. 15, 190–191, 333*, *15*

MacKendrick, P. *110*
Macrobius 132, 291*
Madec, G. 291*, 312*, *89, 96, 110, 136*
Maggiòlo, M. *173*
Maier, A. 162, 176, 185, 188–190, 220, *161, 185, 220*
Manchester, P. *132*
Mandonnet, P. *172, 174*
Mansion, S. *161*
Marius Victorinus 131, 290*
Mark Aurel 299*
Markus, J. R. 396*
Markus, R. A. 312*, 340*, 357*
Marrou, H. I. 79, 85, 305*
Mau, J. *126*
Maurach, G. *150*
Mayer, C. P. 89, 312*
McEvoy, J. 355*, 383*, *69*
McGuiness, B. 9, 64, 70, *64*
McMahon, R. *84*
Meijering, E. P. 9, 110, 150, 283*, 286*, 301*, 303*–304*, 307*, 311*–312*, 322*, 327*, 329*, 331*–334*, 341*, 346*–349*, 352*–353*, 361*, 369*, 378*, 380*, 383*, 388*, 409*
Misch, G. 57–58
Mohrmann, C. *89*
Mojsisch, B. 11, 312*
Monica 17
Monk, R. 9, 64, *64*
Montgomery, W. 294*, 297*, 299*, 314*–315*, 324*, 330*, 333*, 357*, 376*, 383*, 397*, 410*
Moos, F. *172, 174*
Moreaux, J. *114*
Moreaux, P. *217*
Morrison, J. L. 196
Moses 77, 100, 307*, 312*, 368*
Mountain, W. J. 294*
Mourant, J. A. 358*, *83, 126*
Muller, P. *110*
Mutschmann, H. *126*
Mutzenbecher, A. 296*, 298*, 362*–363*

Newton, I. 218
Nietzsche, F. 30
Niewöhner, F. *172*
Nikolaus von Kues 322*, 325*
Nikolaus von Straßburg 29, 161, 190, 349*, *161*
Novotny, H. *16*

O'Brien, D. 141, 289*
O'Connell, R. J. 402*, *83*
O'Daly, G. J. P. 292*, 294*–295*, 309*, 314*, 334*, 340*–341*, 350*–352*, 357*–358*, 360*–361*, 365*, 367*, 372*, 376*–377*, 382*–383*, 406*, *132*
O'Donnell, J. J. 9, 230, 283*, 286*, 291*, 294*, 305*, 308*, 324*, 326*, 329*, 334*, 349*–350*, 353*, 359*, 361*, 367*, 394*, 397*–398*, *89, 110*
O'Meara, J. J. 132, 291*, *89*

O'Rourke Boyle, M.   350*, 363*, 367*
Origenes   322*
Ott, L.   412*
Otto, R.   325*–326*

Parban, C.   192
Parma, C.   310*, 317*
Parmenides   38
Paulus   397*–398*
Pègues, T.   192
Pellegrino, M.   *83*
Pépin, J.   96, 136, 291*, *96, 136*
Peters, E.   329*
Petrarca, F.   17
Petrus Johannis Olivi   162, 194, 227, 340*, 349*, *162*
Pfligersdorffer, G.   *89*
Philo   99
Pincherle, A.   329*
Pinès, S.   290*
Pizzolato, L. F.   *83*
Plasberg, O.   *110*
Plass, P. C.   *132*
Platon   33, 67, 109–116, 121, 126, 130, 143, 145–146, 150, 174, 177, 204–205, 215, 226, 284*, 295*, 297*, 324*, 326*, 334*–335*, 340*, 342*, 358*, 371*–372*, 382*, *112, 114, 165, 309**
Plotin   11, 15, 30, 56, 67, 69, 70–71, 76, 90, 96, 109–110, 114, 130–133, 135–150, 205, 209–210, 215, 217, 223, 226, 283*–284*, 289*–293*, 297*, 305*, 309*–310*, 313*, 317*, 319*, 321*, 324*–325*, 327*, 330*, 334*–337*, 342*, 346*, 358*, 360*, 370*–376*, 383*, 388*–389*, 396*–398*, 401*–402*, 405*, 408*, 411*–413*, *30, 111*
Porphyrios   15, 131–133, 135–138, 140, 290*–291*, 309*, 315*, 370*, 405*, 408*, *133, 136, 139*
Porro, P.   *176*
Proust, M.   18, 36, 222

Pyrrhon   126
Pythagoras   38
Quintilian   352*

Rehn, R.   161, 188, *188*
Rhees, R.   *64*
Ricœur, P.   90–91, 141, 289*, 296*, 337*, *90*
Richard von Mediavilla   192
Robert Grosseteste   161–167, 172, 183, 193–194, 216, 340*–341*, 386*, 413*, *163–165, 216*
Robert Kilwardby   161
Robinet, A.   33, *33, 36*
Roger Bacon   194, 413*
Ross, W. D.   *116*
Rudolph, E.   *116*
Russel, B.   64, 70–75, 391*, 411*, *70–71*

Sambursky, S.   372*
Saulus   298*
Schaeffler, R.   208, 344*, *208*
Schelling, F. W. J. v.   29
Schierse, F. J.   *114*
Schlegel, F.   *228*
Schleiermacher, F.   42
Schmidt, E. A.   47–51, 61, 93, 115, 142, 214, 216, 296*, 306*, 326*, 331*–332*, 357*, 377*, 397*–398*, 402*, 409*–411*, *112, 115, 213*
Schmitt, B.   350*, 358*–359*, 383*, 394*
Schneider, J.   373*
Schönberger, R.   *228*
Schulenburg, S. von der   37
Sciacca, F. M.   95, 310*
Seneca   109–110, 150–158, 205–207, 209, 227, 284*, 297*, 299*, 349*, 388*, *150, 158*
Sextus Empiricus   109–110, 125–130, 159, 202, 345*, 347*, 349*, *126*
Simon, R.   304*–305*
Simonetti, M.   230
Simplikios   371*

Skutella, M. 230
Sodano, A. R. *133*
Sokrates 20, 155, 339*
Solignac, A. 9, 96, 99–100, 133, 290*, 303*, 305*, 307*–311*, 322*, 327*, 332*, 394*, 403*, *83, 89, 96, 99–100, 126*
Solmsen, F. *116*
Sorabji, R. 328*–329*, 334*, 341*, *99, 112, 116, 123*
Southern, R. W. 164, *164–165*
Stegmaier, W. *228*
Steidle, W. *89*
Stern, W. 43
Stierle, K. *84*
Straton 128
Studer, B. 298*, 302*, 305*
Suarez, F. 56, 191–193, *191*
Suarez-Nani, T. 160–161, 190, *161, 188*
Suter, R. *69*
Svevo, I. 36

Taylor, A. E. *112*
Tempier, E. 176–177, 335*, *209*
Tertullian 333*
TeSelle, E. 291*
Teske, R. 96, 214, 291*, 293*, 296*, 399*, 402*, 411*–413*, *96, 215*
Testard, M. 363*, *110*
Theiler, W. 132, 291*, 305*, 334*, 372*, 376*
Thillet, P. 315*
Thomas von Aquino 29, 56, 161, 166, 172–174, 180, 190, 355*, 399*, 409*, *161, 172, 174*
Thomas von Straßburg 192
Tiffeneau, D. 141, 289*
Topitsch, E. 317*
Trapé, A. *15*

Ulrich von Straßburg 349*

Valla, L. 304*
Vasoli, C. *30, 228*

Vaupel, H. 325*
Verheijen, L. 9, 178, 215, 230, 290*, 293*, 387*, 395*, 401*, 403*
Vitalis de Furno 185, 187
Vogelsang, E. 191
Volpi, F. *116*
Voltaire 193, *193*
Vossenkuhl, W. *228*
Vrestska, K. *89*

Wagner, H. 118–119, *116*
Walser, M. 18
Warning, R. *84*
Warren, E. W. *132*
Weihrich 411*
Weis, J. 114, 347*, 352*, 358*, 360*, 364*, 373*, 379*, 385*, 391*, 394*–396*, 398*, 409*–410*, *116*
Whittaker, J. 336*
Wilhelm von Alnwick 185
Wilhelm von Conches *110–111, 165*
Wilhelm von Ockham 189, *228*
Willinger, E. *89*
Wilpert, P. 325*
Wirth, G. *89*
Wittgenstein, L. 9, 64–70, 72, 195, 342*, 349*, 383*, *64–65, 69*
Wolfskeel, W. *136*
Wright, v. G. H. 64
Wulf, C. *16*

Yorck von Wartenburg, P. 28, 30, 37–42, 44, 52–53, 55, 62–63, 66, 118, 195, 226, 349*, *37–42*

Zeno 339*, 346*
Zepf, M. *83*
Zimmermann, A. 162
Zoll, R. *16*
Zycha, J. 344*, 395*, *100*

II. Sachen

Alle Stichworte sind in ihrem Bezug zu „Zeit" und zu „Augustins Zeittheorie" zu denken.

affectus   294–295, 299–300,
   s. Wertaspekte
Affektionen   73, 385, 386,
   s. Natur, Wahrheit
Aktualität, Aktualisierungsdruck
   10, 15, 31, 195, 197–198, 209, 220, 225,
   s. Modernität, Mensch, *motus,* Natur, Subjektivierung, Zeitarten
Anfang   130, 143, 158, 174, 325, 327
   s. Zeit *vor* der Zeit
animus, anima   22, 25, 46, 62, 67, 81, 98, 114–115, 117, 120, 123, 124, 126, 129, 130, 134–138, 139–150, 157, 166–173, 174, 178, 179–191, 193, 203, 213, 218–225, 300, 316, 350, 360, 363–365, 381, 382–383, 407,
   s. Geist, Mensch, *motus,* Subjektivierung, Weltseele
Aristotelesrezeption   29, 162–195,
   s. Mittelalter
ars, Technomorphie   315–317,
   s. Gott, Schöpfung, Technik
Aufwertung, keine, der Zeit   104, 108, 119, 152, 214–215, 294, 297, 299–300,
   s. Befreiung, „Christliches" Zeitverständnis, Wertaspekte
Auge, Okularisierung der Zeit, „Sehen"   40, 118, 226
Außenzeit   31, 42, 218,
   s. Innenzeit, Subjektivierung, Zeitarten

Befreiung aus der Zeit   18, 24, 61, 88, 91, 142, 152, 199, 205, 214–215, 284, 291, 295–296, 299–300, 399,
   s. Aufwertung, Erlösung, Ewigkeit, Modernität, Wertaspekte
Begründung der Zeit   22–24, 25, 49, 93–108,
   s. *animus,* Gott, Konstituieren, Mensch, Modernität, *motus,* Natur, Sterne
Bekennen   17, 85, 87, 199, 207, 381, 413,
   s. Glaube-Einsicht
Bewegung   112–125, 128–129,
   s. *motus,* Natur, Sterne
Bibel, Bibelauslegung   77, 79, 83, 84, 86, 87, 97, 99–105, 124, 199, 207, 209, 297–308, 310–312, 333, 353–354,
   s. *Genesis,* Glaube-Einsicht
Bild
   Zeit als Bild der Ewigkeit   57, 101, 103, 112, 113, 138, 140, 142, 196, 213, 290, 331–332,
   s. Ewigkeit
   Bilder der Dinge im Gedächtnis   21, 389,
   s. Affektion
Biographie und Zeitanalyse   86–91, 97, 215, 296–297, 353

„Christliches" Zeitverständnis   48, 54, 73, 129, 134, 145, 168–173, 205–212, 226, 297, 299–300, 305–306, 308–310, 330, 334, 335, 397–402, 404, 405,
   s. „Griechisches" Zeitverständnis, Kosmos, Modernität, *motus,* Natur, Physik, Sterne
cogitare   387
Confessiones
   als individuelles Erinnern bis zum

Vergessen der Zeit 17, 91, 98, 215,
s. Befreiung, Bekennen, Biographie
Confessiones XI Strukturanalyse
76–91, 293–294, 296, 298,
– Verhältnis zur Zeittheorie in *Conf.*
XII–XIII 92–98, in *De Gen. ad litt.* 99–105, in *De civ. Dei* 105–108

Dauer 31, 33, 82, 104–105, 114, 214–215, 379,
s. Engelszeit, Ewigkeit, Kontinuum, Wertaspekte
Definition der Zeit 64–65, 68, 119, 128, 163, 197, 216, 339–341, 381, 389,
s. *animus, distentio*
distentio animi 49, 50, 57, 58, 65, 81, 96, 109, 121, 128, 135, 137, 141, 149, 197, 349, 376–377, 381–383, 397,
s. *animus,* Definition, Gegenwart, Mensch, *motus,* Natur, Zeitmodi

Einkehr in sich selbst 21, 57, 58, 151–159, 202, 203,
s. *animus,* Befreiung, Ewigkeit, Geist, Wertaspekte
Engelszeit 101, 103, 104, 403,
s. Dauer, *motus*
Erinnern 16–19, 21, 30–36, 43, 153, 154, 156, 391,
s. Gedächtnis, Vergangenheit, Gegenwart
Erleben der Zeit 33–36, 44–46
Erlösung 24, 142,
s. Befreiung, Engelszeit, Wertaspekte
Erwartung 369, 391, 392, 393,
s. Zukunft
Erzählen 21, 90–91, 215, 296–297,
s. Biographie
Ethik s. *affectus,* Befreiung, Erlösung, Ewigkeit, Wertaspekte
euidentia 314,
s. Wahrheit

Ewigkeit 37 f., 39, 49, 59, 60, 67, 77, 78, 103 –105, 108, 110 A. 3, 112–114, 116, 119, 121, 125, 138, 139–142, 149–150, 155, 163, 198, 205, 210, 216, 226, 289–293, 317–318, 330–331, 335–338, 339–341, 397,
s. Aufwertung, Befreiung, Engelszeit, Wertaspekte
extensio 32,
s. Jetzt, Raum, Zeitmessung

Form als Bedingung von Zeit 93, 316

Ganzheit 31–33, 103, 335
Gedächtnis 16–19, 21, 30–36, 43, 55–56, 81, 89, 90, 147, 154, 156, 215, 356, 369,
s. Erinnern, Gegenwart, *memoria,* Vergangenheit
Genesis, Genesisauslegung 77, 79, 83, 84, 86, 88, 93, 99–105, 124,
s. Bibel, Glaube-Einsicht
Gegenwart 16, 18–20, 23, 24, 66, 129, 149, 151, 154, 171, 216, 345, 348–349, 362, 367,
s. Zeitmodi
Geschichte, Geschichtsphilosophie 66, 67, 73, 80, 98, 106–108, 215–216, 305, 393–397, 408,
s. Befreiung, Individualität, *ordo temporum,* Prädestination
Geist 22, 23, 56, 59, 61, 81, 94–98, 103, 134–138, 139, 198, 218–225, 384–391, 407–413,
s. *animus,* Begründen, Konstituieren, *motus,* Natur, Weltseele
Glaube-Einsicht 79, 84, 85, 206, 207, 208, 213, 303–305, 308, 311, 312, 318, 320–321, 322–323, 343, 369–370, 398,
s. Bekennen, Bibel, *Genesis,* Wahrheit

Gnadentheorie 59, 62, 120, 142, 149, 152 f., 154, 205–206, 282, 301, 323, 326

Gott
- bewirkt die Zeit 22, 87, 94, 98, 99, 100, 102, 105, 106, 111 (Platon), 144, 147, 203, 211, 289–293, 371 (Neuplatoniker), 398,
  s. Begründen, Konstituieren, Modernität
- greift ein in die Zeit 122, 124, 140, 301, 302,
  s. Erlösung, Ewigkeit, Gnadentheorie, Kontinuum

„Griechisches" Zeitverständnis 48, 54, 59, 111–150, 283, 297, 299–300, 308–310, 370–373,
  s. Aufwertung der Zeit, „Christliches" Zeitverständnis, Kosmos, Modernität, *motus*, Natur

Ich 16, 24, 31–34, 40, 63, 134–138, 147,
  s. Einkehr in sich, Geist, Individualität, Person
imaginatio, Phantasie, Vorstellen 20, 40, 43, 167, 178, 360,
  s. Raum, Raumvorstellung
Individualität der Zeiterfahrung 16, 24, 31, 71–74, 137, 144, 147, 148, 168, 193, 203, 359, 379, 382, 384–385, 396, 411,
  s. *animus*, Erleben der Zeit, Ich, Person, Skepsis, Weltseele
Innenzeit 20, 31–32, 42, 49, 218,
  s. Außenzeit, Ich, Person, Zeitarten
Interdependenz der drei Zeitmodi 18–20, 36, 134,
  s. *animus*, Gegenwart, Konstituieren
intellegere 311, 312, 322–323,
  s. Glaube-Einsicht, Wahrheit

Jetzt, Jetztpunkt 33, 35–36, 39, 43, 54, 57, 59, 60, 65, 66–67, 68–69, 70, 80–81, 117, 119, 123, 127, 151, 182, 183, 186–187, 191 f., 349, 356,
  s. Kontinuum, Kritik

Kindheit 17–18,
  s. Biographie, Erinnern, Erzählen
Kirche, Kirchendienst 21, 300–301, 311,
  s. Glaube-Einsicht
Konstituieren der Zeit 22–24, 25, 49, 188–189,
  s. *animus*, Begründen. Gott, Mensch, *motus*, Natur
Kontinuum 118–119, 123, 144, 171, 181–185, 188, 302, 331,
  s. Jetzt
Kosmos, Kosmologie 30, 32, 42, 46, 59, 111–150, 226, 227, 344–345,
  s. „Griechisches" Zeitverständnis, *motus*, Natur, Weltseele
Kritik an Augustins Zeittheorie 54 (Heidegger), 64–68 (Wittgenstein), 68 (Findlay), 71 (Russell), 74–75 (Brentano), 144 (von Plotin her), 163–165 (Grosseteste), 167–173, 210 (Albert), 174–176 (Aegidius Romanus), 179–185 (Heinrich von Gent), 211–212 (als Verkennung der Zeitlichkeit), 349, 354–355, 355–356

Leben, Lebenseinheit 38, 141, 151, 154–155, 292, 397,
  s. Interdependenz, Gegenwart, Geist, Weltseele
Lied als Paradigma der Zeitanalyse 32, 81, 217, 384–393
Logos 84, 105, 131, 142, 213, 290, 315–317, 318–320, 321–325, 327, 330, 336–337,
  s. Gott, Neuplatonismus, Schöpfung, Sprache, Wertaspekte

Manichäismus 78, 110, 131, 213, 313, 328

Maß 117–119, 128, 129, 143, 146, 163, 166, 168, 217, 378–379,
s. Zahl, Zeitmessung
memoria 89, 90, 154, 156, 293–294, 358–360, 383,
s. Erinnern, Gedächtnis, Vergangenheit
Mensch 22, 24, 25, 50–51, 57, 58, 59, 62, 101–102, 108, 173, 174, 188–190, 194, 195, 209, 224–225, 226, 353, 398,
s. *animus*, Begründen, Konstituieren, Modernität, Natur
Metaphysik im Kontrast von Zeit und Ewigkeit 38, 40, 55, 69 f.,
s. Ewigkeit, Sein
Mittelalter
kannte Augustins Zeittheorie 161, 192–193, Deutungen der Augustinischen Zeittheorie 79, 163–195, Klage über Vielfalt der Zeittheorien 163, 165 f., 167, 168, 185
„Modernität" der Augustinischen Zeittheorie 15–26, 161, 192, 209, 220, 225,
s. Aktualisierungsdruck, Begründen, Konstituieren, Mensch, Mittelalter, *motus*, Natur
motus als Grund der Zeit 46, 49, 57, 58, 61, 81, 82, 93, 94, 100–106, 112, 115–124, 126, 128, 129, 134, 143, 144, 146, 163, 166–173, 179–191, 193, 203, 207, 209, 217, 320, 343–345, 372, 373, 374–383, 384, 393–396,
s. *animus*, Mensch, Modernität, Natur, Physik, Sterne

Natur 17, 19, 21, 46, 49, 58, 59, 93, 100, 106, 111–125, 126, 143, 146, 153, 343–344, 353–354, 360, 363–365, 384, 393–396,
s. „Griechisches" Zeitverständnis, Kosmos, Modernität, *motus*, Physik, Sterne

Neuplatonismus 15, 47, 289–291,
s. Logos, Schöpfung
Nichtsein des Zeitlichen 46,
s. Befreiung, Ewigkeit, Sein, Wertaspekte

ordo temporum 102, 106, 107,
s. Geschichte, Wandlungen

Person, Personalität, Personalismus, „personale" Zeit 49–50, 95–96, 134–138, 222, 296–297,
s. Aktualisierung, Aufwertung, Individualität, Modernität, Wertaspekte, Zeitarten
Philosophie und Philosophiehistorie 37, 38, 226–228, 282–286
Physik 30, 98, 115–124, 125, 145, 146, 162, 164, 165–189,
s. *motus*, Natur, Sterne
Prädestination 98, 102–103, 107, 210, 211,
s. Gnadentheorie, Gott

ratio 134–135, 153
Raum, Raumvorstellung, Verräumlichungstendenz im Zeitkonzept 31–35, 39, 63, 65, 67, 68, 210–211, 316, 349–350, 354, 356, 369, 383, 384,
s. Auge, *imaginatio,* Jetztpunkt
Rhetorik, römische 15, 22, 55, 109, 110, 199–201, 295, 352
Ruhe 97, 103, 128, 142–143, 149, 151,
s. Aufwertung, Befreiung, Erlösung, Ewigkeit, Wertaspekte

Schöpfung, Erschaffung, 55, 58, 85, 87, 97, 104, 111 (Platon), 131, 133, 290, 308 (Platoniker), 309–310, 315–317, 327
s. Gott, Logos, Neuplatonismus
Seele 16, 19–20, 22–23, 49, 53, 57, 60, 65, 67, 69, 93, 101, 107,

s. *animus,* Ich, Individualität, Mensch, Weltseele
Sein/Nicht-Sein der Zeit 54, 101, 116–117, 121, 123, 127, 128, 143, 145–146, 147, 158, 171, 175, 177, 186, 203, 345–367,
s. Gegenwart, Skeptizismus
Selbstbesinnung 37, 42, 61,
s. Einkehr in sich, Ich, Wertaspekte
Skepsis, Skeptizismus 66, 88, 125–130, 144, 145–146, 147, 203, 204, 345–346,
s. Individualität, Sein
Spätantike 15, 20–21, 47, 57, 131,
s. Neuplatonismus, Skepsis, Rhetorik
Sprache 17, 20–22, 80, 113, 135, 190, 199, 311, 318–320, 321, 341–342, 357
– verführt zur Verräumlichung der Zeit (Bergson) 34,
s. *imaginatio,* Raum
– Zeitkonzeption der Schulgrammatik 109, 202, 284, 352–353, 362–363,
s. Zeitmodi
Sterblichkeit 37–42, 44, 205, 222,
s. Vergänglichkeit, Wertaspekte, Zeitlichkeit
Sterne, Sternenbewegung, Himmelskörper 16, 38, 81, 109, 111–115, 117, 120, 122, 128, 146–147, 149, 166–176, 210, 370–373, 375–378, 399,
s. *animus,* „Griechisches" Zeitverständnis, Kosmos, Modernität, Mensch, *motus,* Natur, Weltseele
„Subjektivierung" der Zeit 29, 40–41, 45–46, 53–54, 71, 73–75, 101, 188–189, 221–225, 336–338, 353, 354, 364–365, 366–367,
s. *animus,* Begründen, Gott, Konstituieren, Mensch, Modernität, *motus,* Natur

Sukzession, *Successiva* 167–168, 171, 175, 176, 181, 184, 194–195, 291, 331,
s. Kritik

Technik 16, 23–24, 31–32, 33, 36, 39, 40–41, 54, 55,
s. *ars,* Auge, Metaphysik, Raum, Uhr, Zeitmessung
Teilhabe 313–314, 325–326, 411,
s. Bild
Trinität – abwesend in der Zeitanalyse 22–23, 98, 219

Uhr 16, 297

Vergangenheit 16, 17–10, 69, 355, 356,
s. Erinnern, Erzählen, Gedächtnis, Kindheit, *memoria,* Zeitmodi
Vergänglichkeit 42, 44,
s. Sterblichkeit, Zeitlichkeit
Vergessen der Zeit 91, 98,
s. Aufwertung, Befreiung, Engelszeit, Modernität, Wertaspekte
Verlorene Zeit 17, 36, 151–159,
s. Erzählen
Vernunft und Zeit 27–29, 153,
s. *animus,* Geist Mensch, *ratio,* Zeitlichkeit
Vielfalt der Zeittheorien 163, 168, 185

Wandlungen in Augustins Zeittheorien 92–108
Wahrheit 199, 201, 213, 214, 303–304, 311, 317, 321, 323, 377
Weltseele 22, 25, 94–96, 114–116, 120, 124, 126, 134–138, 139, 140, 143, 144, 148–149, 165, 194, 223–224, 226, 393–396, 402–413,
s. *animus,* Konstituieren, Modernität, *motus,* Natur
Weltzeit 20, 25, 31, 33, 47, 52, 60, 61,
s. Außenzeit, „Griechisches" Zeit-

verständnis, Innenzeit, Modernität, *motus*, Natur, Person, Subjektivierung, Zeitarten
Wertaspekte in der Zeitanalyse 39, 41, 57, 103–104, 119, 122, 124, 125, 139–140, 142–143, 157, 204–212, 214–215, 285, 306, 399, 400–402,
s. Aufwertung, Befreiung, Ewigkeit, Modernität

Zahl, Zählen 32–33, 63, 102, 107, 113, 115–125, 149, 170, 173, 174, 188, 216–218
Zeit *vor* der Zeit 77–79, 109, 130, 158, 327–329, 333–336,
s. Ewigkeit, Gott, Manichäismus, Schöpfung
Zeitarten, bei Augustin unbekannt 31, 42, 45–46, 49, 50, 59, 72, 101, 145, 193, 218, 222, 339–340, 374,
s. Aufwertung, Befreiung, Ewigkeit, Modernität, Natur, Subjektivierung

Zeitlichkeit 44, 48, 49, 52, 60, 61, 97, 142, 205, 211, 214, 222, 299–300,
s. Mensch, Sterblichkeit, Vergänglichkeit
Zeitmessung 22, 31, 33–35, 58, 65–67, 80–81, 117–119, 121, 122, 129, 143, 197, 198, 199, 203, 216, 347, 350–351, 352, 367–395,
s. *animus*, Gegenwart, Geist, Maß, *motus*
Zeitmodi (Vergangenheit, Gegenwart, Zukunft s. auch dort) 18–20, 43, 44, 57, 80–83, 134, 153, 154, 155, 156, 352–368,
s. *motus*, Natur, Sprache, Sterne, Zahl
Zeit-Raum 63, 383,
s. Raum
Zukunft 16, 19–20, 48, 49, 60, 67, 151, 152, 156, 211–212, 216, 357, 360–362, 386, 397,
s. Erwartung, Gegenwart, Vergangenheit, Zeitmodi